档案文献·甲

抗战时期的四川
——档案史料汇编（中）

四川省档案局（馆） 编

主　　　编：丁成明　胡金玉
副 主 编：周书生　刘海锦
编　　辑：林　红　张洁梅　陈　翔
　　　　　王晓春　李泽民　刘严付

重慶出版集团　重慶出版社

第三章
四川对抗日战争的贡献

一、抗战宣传与动员

1. 顾祝同报告刘湘表示四川愿出兵参战密电（1937年7月16日）

特急。牯岭。委员长蒋：寒辰渝电谅邀钧鉴。○密。顷据刘甫澄咸秘电称：潘仲三旋省，转述奉委座电询川省出兵事，敬悉。在此国难当前，正我辈捍卫国家报效领袖之时，弟昨已径谒委座，陈明下悃，并通电各省，主张于委座整个计划之下，同德一心，共同御侮。自当漏夜整军方案赶速改编，以期适于抗敌之用。拾师之数，决当遵办。川省应负责任，不惟不敢迟误，且思竭尽心力，多所贡献也。耿耿此心，尚乞代陈。等语。查整军会后，甫澄心理确已较前好转，出兵事当可做到。谨先电呈。职顾祝同叩。铣午。渝。印。

（原件存中国第二历史档案馆）

2. 川康绥靖公署主任刘湘为民族救亡抗战告川康军民书（1937年8月26日）

中国民族为谋巩固自己之生存，对日本之侵略暴行，不能不积极抵抗，此盖我全国民众蕴蓄已久不可动摇之认识。今者，自卢沟桥事件发生，此一伟大之民族救亡抗战，已经开始；而且本更乘时攻我上海，长江、珠江、黄河流域各大都市，更不断遭其飞机之袭击。我前方将士，奋不顾身，与敌作殊死战，连日南北各路，纷电告捷；而后方民众，或则组织后援，或则踊跃输将，亦均有一心一德、誓复国仇之概。

默察此次战事，中日双方均为生死关头，而我国人所必须历尽艰辛，从尸山血海中以求得者，厥为最后之胜利。目前斗争形势，不过与敌人搏斗于寝门，必须尽力驱逐于大门之外，使禹域神州，无彼踪迹，不平条约，尽付摧毁，然后中国民族之独立自由可达，而总理国民革命之目的可少告完成也。惟是艰苦繁难之工作,必须集四万万人之人力财力以共赴。而四川为国人期望之复兴民族根据地与战时后防重地,山川之险要,人口之众多,物产之丰富,地下无尽矿藏之足为战争资源,亦为世界所公认。故在此全国抗战已经发动时期,四川七千万人民所应担荷之责任,较其他各省尤为重大。我各军将士,应即加紧训练,厉兵秣马,奉令即开赴前方,留卫则力固后防。各界奉公人员与文化知识分子,更应集中精力,分配部门,一致努力于后方民众之组织训练与战时管理建设诸工作。我农工商各界广大民众,为组织中华民国之主要分子,尤应认清责任及民族解放与民族抗战之不可分割,敌忾同仇,毁家纾难,在国家统一指挥下,整齐步调,严整阵容,在整个民族解放战线上作最前进之先锋,在实际战事上为前方之后盾。如此军民一心,上下共济,舍国家民族无意识,掷身家性命于脑外,只知抗敌是目前唯一的中心,只知抗敌解放中国是唯一的坦道,排除一切歪曲的认识,克服一切事实的障碍,前仆后继,百折不挠,则最后胜利必属于我民族,而抗战始于斯时告其完成。

湘忝主军民,誓站在国家民族立场,在中央领导之下,为民族救亡抗战而效命。年来经纬万端,一切计划皆集中于抗敌。睹我七千万同胞抗敌情绪之高亢激昂与其意识之坚决,所以领导提挈之者,惟恐落后。今战幕已启,正吾人躬行实践之时,是非诚伪,正于斯时判决。我各界人士尚不及时奋然兴起,平日空言高论之谓何?务即摩顶放踵,贡献民族斗争。湘倘或不忠于抗战,愿受民众之弃绝;抑或各界人士反暴弃退缩,湘亦执法以绳其后。须知国家民族之生命系于此时,非可再容吾人之瞻顾与假借也。至敌我长短,政府知彼知己,早经分析;连日前方战报,亦已予吾人以事实上之证明。

总之,我民族为自己生命及世界人类公理与正义而奋斗,势逼处此,虽赤手空拳,犹当与彼飞机重炮一角,何况我优势正多,前途利钝,只系于吾人今后决心与努力之程度如何。我各界人士,其共兴起!我各界人士,其共懔之哉!

3. 四川省政府秘书长邓汉祥谈川军出兵经过(1937年10月4日)

四川抽调十四师出川,中央原限八月底开拔,四川于诸种困难环境下,先头部队已于九月一日开拔。由东路出川之田冠五等部早已到达指定地点，陈师亦均分别由渝、万乘轮出川，其他各部均已离开原驻地点，分别向渝、万两地开拔，候轮东下。至于由北路出川之孙、邓各部，已早有一部到达宝鸡，大约不出一月，即可全部开赴指定地点。因大部队之移动，一切准备自须相当时日，如交通不方便而必须步行，则每日行程不能超过百里，凡非轻装之长途行军，都是如此。四川出征军之所以不能迅速到达前线，实有数因：

1. 整军问题

四川整军结束时间，原定为八月十五日，一因各军一切整编骤来不及，一因刘主任月中晋京，后方整编效率因以减少。但未到八月底，仍即全部告竣，并赓即抽调各师立即出动。

2. 经费问题

各省应调部队所有开拔作战各费，多由中央补助，川省因为向来情形较各省略佳，责成本省自筹。故刘主任商承中央及行营，于万分困难中，另筹四百万元，作开拔及补发欠薪各费，刻已分别筹发，这是与他省出征部队有异的地方。

3. 交通问题

大部队之活动固须全赖交通工具之帮助。川中部队之开拔，东路经川湘、川鄂两路，北路经川陕路，皆须步行，不能利用少数汽车，以作军运。至于渝汉两线之少数轮船，因早由行营统制，以供运输中央驻川各部出川之用，无有余剩。除田旅系轮运外，陈鸣谦师等近始商得行营同意，拨轮运输，所以能提前出川。否则川鄂相距数千里，自非数日之时间，即可集中。

4. 四川大学抗敌后援会刊布敦促川军出川抗日与川军将领来往电文（1938年4月26日）

本会依照本届第一次常务委员会议决，于本月养日分电川康绥靖主任公署邓主任晋康、第二十九集团军王总司令治易，第三十集团军王总司令方舟暨流川各师旅长，请其迅速出兵加入会展〔战〕，歼彼倭寇，收复河山去讫，兹准邓主任王总司令复电，均允立即出兵应援，特将电文露布如后：

(1)本会去电

川康绥靖公署邓主任晋康,第二十九集团军王总司令治易,第三十集团军王总司令方舟暨留川各军师旅长勋鉴:抗战发生,于今九月,牺牲壮烈,艰苦备尝。前敌后方,益臻联系,曲直显判,盈竭斯分。沂水台庄频传大捷,最后胜利已兆先机。当民族决战之会,正川人报国之秋,在昔张虞败金,辉生巴蜀,近顷王饶效死,光被梓桑。吾川地处后防复兴根据,资源接济,应献国家。诸公职司捍卫民族干城,忠勇懋昭,宁能多让。虽明知请缨投袂,川军夙具决心,援晋取京,中枢早颁大计。第念兵贵神速,所争者时;先声夺人,所利者势。诚宜藉各线胜利,敌气已夺之际,克日出兵,加入会战。我阮得势得时,敌当愈竭愈溃,胜负之数,无待蓍龟。时乎不再急起直追,万世之功,伫待饮至。掬诚敦促,尚乞垂鉴。国立四川大学抗敌后援会叩。养。

(2)邓主任复电

秘字第七七一号。成都。国立四川大学抗敌后援会:养电奉息。台庄献捷,略挫凶锋,顽寇未清,应援敢后,日内准备就绪,即当仰承枢命,共竟全功也。知注特复。邓锡侯绥秘宥。

(3)王总司令复电

参字第一号。成都。国立四川大学抗敌后援会公鉴:养电奉悉。国难方亟,前线战事正殷,绪分属军人,职在捍卫,驰驱奔赴,曷敢后人,业经严饬所部克日集中,待命出动,以赴事机,刻正积极向指定地行进中。秉承勖励,弥深淬奋,特电布复即祈郎登。王瓒绪叩。未总秘印。

5. 四川省政府制发川军抗战周年纪念宣传纲要(1938年11月)

(甲)川军抗战周年纪念的意义

1. 此次中倭战争系我国历史上仅有的民族战争。讲述川军此次参与国战可说是最光荣的勋业。

2. 川军是为四川争光荣为中国争生存而抗战,为实现三民主义而抗战。

3. 讲述川军抗战一周年以来吾人应为死难将士作纪念。

4. 讲述纪念川军抗战一周年是为鼓励前方将士及后防驻军努力继续

抗战。

5. 讲述抗战周年纪念即是检讨一年的抗战勋业以策将来。

(乙)抗战周年纪念之沿革

1. 原定九月一日为川军出征抗敌周年纪念,因筹备不及改于十一月九日举行,以后仍为九月一日。

2. 去年十一月九日适于刘故司令长官出川抗战,故本日纪念适含有两种意义。

(丙)一年来川军抗战的事迹

1. 川军杀敌脚迹在北已遍及山西、陕西、山东、河南等省,在南踏至三江两湖及安徽等省。

2. 川军将领之英勇牺牲,在南方有广德之役的饶师长,在北方有滕县之役的王铭章师长,其他为国牺牲之将士皆为我川军之无上光荣,尤以上海罗店之战的杨森部及台儿庄之战的孙震部之奋勇中外咸钦。

3. 川军出川抗战与敌军时周旋者有杨子惠军、李其相军、邓锡侯集团军、孙德操集团军、潘文华集团军、唐式遵集团军、王治易集团军、王芳舟集团军,共二十余师约出兵三十万。

(丁)现阶段之抗战情况

1. 中国长期抗战之国策是中日战争未爆发之前夕我政府及领袖早定不变的,吾人应在蒋委员长领导之下继续奋斗。

2. 中国抗战已转入第四阶段,将作山地战,敌愈深入,于我更有利。

3. 武汉、广州之失陷非战争之结束乃战地之转移,对我长期抗战之决心并无若何影响,对最后胜利我愈有把握。

4. 现川军分布情形:李其相军在山西闻喜一带,孙邓军在皖北一带,王治易军在湖北浠水黄梅一带,王芳舟军在江西南昌一带,潘唐军在芜湖一带,杨森军在××一带。

(戊)刘故司令长官出川抗战周年纪念之感想

1. 刘故司令长官是为中国争生存而抗战。

2. 刘司令长官是为拥护领袖及国策而抗战。

3.刘司令长官是为政府命令而出征。

（己）兵役

兵役宣传要点见前次印发第二次兵役宣传大会印发之兵役纲要。

（庚）川军抗战周年纪念应有认识和努力〈略〉

（辛）口号〈略〉

6. 四川省抗战救亡宣传纲要（1938年底）

我国既决定对日长期抗战之策略，以保持国家自由独立的生存，则此次所以不辞绝大牺牲，以与敌作殊死战的意义，以及今后全国人民应如何一致奋斗的趋向，自非民众以普遍的深刻的认识，无以坚固其信心而加强其力量。四川为民族复兴最后根据地，关于前方应援与后方建设，任务均极重大，尤非使川省七千万的民众，充分了解其应尽的责任，同心协力以赴之，莫非完成此伟大的使命。惟激励民众抗敌情绪，必须统一意志整齐步伐，方收事半功倍之效。爰本斯意，拟订宣传纲要如下：

一、宣传的目的

1.使民众理解全民抗战救亡之意义。

2.使民众理解前方战事之起初情况。

3.使民众理解敌人之残酷手段。

4.使民众理解防避敌人空袭之一切常识。

5.使民众理解政府战时统制政策之意义。

6.使民众理解后方国防基本建设之重要。

7.使民众理解战时应尽之义务。

8.使民众理解团结救亡及肃清汉奸之必要。

二、宣传的方法

1.文字的宣传

（1）利用日报及壁报。

（2）利用标语及图表。

2.语言宣传

(1)指导学校教职员及学生讲演。

(2)指导各剧院、茶楼戏剧演唱歌曲。

3.幻灯、影片、模型等宣传

(1)征求战地之各种影片制广布,使民众明了前方实况。

(2)指导各学校、各民教馆制作并陈列各有关我领土资源之模型。

(3)指导各影片业者,多采用有关我全民抗战增发民族意识之照片。

(4)制作各种防备空袭之模型,令各民教馆陈列。

(5)组织幻灯影片模型等流动的表演团,分赴各市县流行表演。

三、宣传的材料

1.关于一般的

(1)现代国际战争为国力之比较,非仅军力之比较。国力者,即包括所有人力、财力、物力而言,即所谓总动员是也。

(2)日本侵华最终目的,在并吞全中国后,进而作独霸世界之谋,故日本不仅中国之仇雠,直已成为破坏世界和平、摧毁人类幸福之公敌。

(3)中国受日本暴力侵略,忍无可忍,乃发动全民抗战。此乃延续民族生命之必要手段,舍此别无幸生之路。故我全体国民,均宜一致动员,协助政府,争取民族最后生存。

(4)政府作领导,人民为后盾,上下一心,和衷共济,始能造成全民族整个力量,否则敌倾全务来犯,□□□□□□□□各个击破,彼时纵能觉悟振奋已无及矣。

(5)中国地大物博,人口众多,有五千余年的历史文化。这样的民族万无被人灭亡之理,尤其蕞尔三岛小如弹丸之日本,要并吞中国,更是梦想。凡我国民必存中国不亡的最大信念,意志丝毫不能动摇。

(6)无敌国外患难与共者国恒亡。中国今日遭逢空前国难,国人已饱尝强寇的凌辱,应卧薪尝胆,雪耻复仇,收复既失河山,挽回既失权利。

(7)日本是工业国家,原料大半取自中国,货品几乎全向中国倾销。我如长期抗战,绝其资源,断其销路,敌方工业必致崩溃,经济必致破产。最后胜利,必属于我。

（8）世界列强，莫不同情，痛恨暴日，其所以未采取军事行动者，因国际间关系复杂，牵制太多，但到最后关头，必有诉诸武力之一日。我国正好利用国际环境，达到痛惩暴日之目的。

（9）操绝对胜算，仍在我国国民之努力。如仗恃国际同情，而自身毫无能力与办法，其结果只有覆亡。纵第三者欲加援手，亦无能为力。

（10）抗战展开以后，吾人深知惟有抗战到底，始能挽救危亡，绝不因胜利而妥协，绝不因失败而屈辱。主非战的是间谍，谈和平的是汉奸，故必尽全力与敌长期抗战，以争取最后胜利。

（11）报国是无上光荣，有报国之机会而不努力，必是无血性，无良心，应为国人所共弃。

（12）有力的尽量出力，有钱的尽量出钱，有聪明才智的尽量贡献聪明才智，不辞劳怨，不避艰险。此为自救救国的唯一良策。

（13）要国家不灭亡，自己不做奴隶，必须奋起作英勇的战士。中华民族多一人当兵，中华民族即多一人杀敌，人人能当兵，人人便能杀敌。实行全民抗战，即是要国民尽能当兵，尽能杀敌。当兵的是爱国志士，是救国的健儿。

（14）打破自私自利的观念，对人磊落光明，处事公正坦白。这是救亡的基本条件。

（15）暂牺牲个人自由，争取民族自由，才是实心爱国的好百姓。

（16）非发扬民族的抗战精神，不能获得民族的解放自由。

（17）人民须与国家共存亡。国既不存，人民必为奴隶，身家性命，皆非我有。往例昭然，可为殷鉴。

（18）临事不惧，临难不苟，义之所在，赴汤蹈火不辞。此种大无畏之精神，可维系国脉于不坠。

（19）长期抗战，胜利在于最后，上前的小胜小败，决不能作喜惧的标准。

（20）人人下大决心，实行焦土抗战，宁使全国化为灰烬，不让敌人轻得利益。

2. 关于个别的

（1）战时统制：1）要健全一切机构，非实施统制不为功。统制是集中力量,化零为整。战争期中,只有厉行统制,才能收全民抗敌伟大的效果。2)战时统制乃政府集中一切力量抵抗敌人侵略最有效的手段,全国民众均应各尽其能,协助政府,使战时统制顺利进行。3)战时统制不仅为摧毁强敌的工具,也是安定社会、巩固后防的必要方策。

(2)后防建设:1)中国经济落后,人民生计陷于绝境,完全是受帝国主义侵略之赐,尤其是日本帝国主义,以武力排挤经济侵略,非使中国趋于灭亡不可。2)川省是国家后防,有广大的土地,有丰富的物产,应加紧开发建设,使成为国家资源之宝库,庶不致徒拥民族复兴根据地之虚名。3)省府所拟的国防建设计划,内容是开发五大资源,创建八大工业,修筑三大铁道。民众应该以最大之努力,协助政府,促其实现,以充实长期抗战能力。4)在未实现国防建设计划之前,现有工业要扶持改进,能出口之货物要尽量出口,使金融市场不致陷于停滞。5)抗战期中,人民生活要绝对趋于简朴,以节省的金钱,作为协助政府建设之用,或自动移作生产事业,方无负于国家。6)安定后方秩序,招致外来资金及技术专门人才,俾后防建设及早完成。7)唯生产始能救贫。非努力生产,不能抵御帝国主义的经济侵略。故当非常时期,任何人都要生产,任何人都不许游手好闲。8)毁家纾难,义不容辞。所有金银财宝,均宜献给政府,充国防建设之用。9)增加生产,不限于一方面,任何家业工业,均可各就范围,力求改进增加。除供给川省需要外,并可接济前方。

(3)购买救债:1)冲锋杀敌是前方将士应有的责任,踊跃购债是后方民众必尽的义务。2)到国破家亡的时候,全国同胞都变成敌人的牛马奴隶,个人财产岂容保持?现在前方忠勇健儿正努力与敌人浴血拼命,后方有钱的民众,亟应慷慨购债,以尽爱国爱家爱身之道。3)千万莫忽略个人的责任,能购买一分救债,即是表现一分国力。视国力之强弱,决民族之生死。4)购救国公债,既可还本,并有利息。如尽力购买,既纾国难,又不毁家。

(4)防空防毒:1)现代战术已由平面扩大到立体战,无空防即是无国防。2)敌机到处轰炸我们非武斗的都市,民众生命财产之损失不可数计。如要避免这种惨剧的继续发生,必须厉行空防。3)堆积沙包,构筑防空壕沟,是民众消极防空的有效的办法,全国民众应速起准备。4)毒气杀人比武器杀人尤为残酷,不设法防毒等于束手待毙。战争期中,全国民众应该有防毒的知识与技能,免作无谓的牺牲。5)肃清汉奸:①敌人未足畏,最可畏的是汉奸。汉奸丧心病狂,不惜卖国与卖同胞。汉奸不肃清,则我们不能把握着最后的胜利。②全国民众都应该协助政府,检举甘为日寇鹰犬、卖国求荣的汉奸,以巩固我们全民抗战的阵线。③汉奸认贼作父,贪小利而忘大义,终必为敌人所唾弃。此种不明义利的败类,结果身败名裂。应辨明义利,勿贻万世的骂名。④我们要保持五千年光荣的历史,要保持全国一致抗战精神,必须首先肃清害群的汉奸。

附:宣传标语

中华民国已到了存亡的关头。

中华民族已到了生死的关头。

中华民族要一致为自由独立而战。

要国家不亡,只有实行全民抗战。

要种族不亡,只有抗战到底。

我们要做民族的卫士。

不怕飞机大炮,只怕无勇气。

不怕炸弹毒气,只怕无热血。

只要万众一心,就能摧破敌胆。

人人负起救国的责任。

人人服从政府的命令。

有钱的出钱救国,无钱的出力救国。

节省无益消耗,增加战时生产。

在前方的努力杀敌,在后方的努力助战。

沉着准备应战,闻胜勿骄,闻败勿馁。

沉着准备应战,临危勿乱,授命勿避。

百折不回,争取最后胜利。

长期抗战,争取最后胜利。

保全领土,收复失地。

实行对日经济绝交。

购买日货,便是以金钱援助敌人。

贩卖日货,就是通敌,就是汉奸。

当汉奸的,杀无赦。

肃清汉奸,巩固后防。

后防抗敌工作是要加速建设。

我们万众一心,协助后防建设。

我们决〔绝〕对服从政府的指挥,努力后防建设。

拥护蒋大元帅抗战到底。

拥护刘主席出兵前线抗战,完成后防建设。

7. 内江伍学文作四季杀敌歌(1939年3月26日)

一

春,春,春,

男儿为国去从军,

男女同胞,大家欢迎!

伫送征骑影,

迤逦踏歌行!

鸟语花香逐征尘,

青山绕道,

征马狂鸣,

为国争光万里行!

二

夏,夏,夏,

英雄共起保中华!

离乡背井暂别爸妈,

战地争先,

横冲直杀!

怎怕你炸弹坦车，

长戈挥日，

杀敌如麻，

赤胆忠肝为国家！

　　　　三

秋，秋，秋，

河山破碎恨未休！

试看胡骑遍神州，

轰轰弹声吼，

共赴沙场复国仇！

金风肃然，

争取自由，

男儿英名万古留！

　　　　四

冬，冬，冬，

血花烽火相映红！

青山雪压，奇景无穷，

哪管征衣重！

大狂风送，倭奴消灭顷刻中！

鞭催快马，

横刀狂笑饮黄龙！

8. 梁山聚奎镇各界纪念"七七"抗战两周年大会宣言（1939年7月7日）

亲爱的同胞们：

　　伟大神圣的民族自卫战争，已经进行整整的两周年了。伟大的两年，在中华民族解放斗争的历史上，写上了最光辉的一页。

　　首先，我们向阵亡将士们及死难同胞们致以哀悼的敬礼！向正在前线英勇抗战的将士们及一切努力参加抗战事业的同胞致以最热烈的敬礼。

两年来,我们不仅丧失了十几省的土地,牺牲几百万的将士,而且,日寇带给我中华民族空前的苦难,的确是罄竹难书的。

日寇的飞机每日轰炸我们不设防的城市,炸死成千累万的同胞,炸毁成千累万的家屋财产,毁灭成千累万的学校和文化机关,屠杀成千累万的青年,奸淫和惨杀从七岁到七十五岁的妇女,蹂躏无数量的田园和庐墓,抢掠和运走无数量的财产……,就是远居在重庆成都万县梁山的我们,已经不能幸免了。看吧!许多亲爱的慈母在日寇蹂躏至死后犹紧紧怀抱着自己热爱的婴孩;许多热血的青年在日寇侮辱至死后犹怒睁着复仇的双眼和紧握着奋斗的双拳;许多同胞被炸死后暴露出惨绝人寰的情景。一切这些,还不过是日寇兽行带给我们苦难的千分之几的缩影,它[使]我们更加相信,日寇法西斯军阀是吃人的野蛮禽兽,是人道正义的公仇,是中华民族不共戴天的死敌。

同时,两年来也表现了我中华民族为保卫祖国,为民族解放而奋斗的英勇坚决的意志,团结统一的精神,表现了中华民族不可欺侮不可战胜的力量,粉碎了日寇"以华制华"、"速战速决"的阴险狂妄的幻想。中国人民的力量和抗战建国的基础,已经在两年来许多可歌可泣的事迹中生长和强固起来。

近百年来一向被人藐视欺侮凌辱蹂躏压迫和侵略的中华民族,在这伟大两年的神圣自卫战争中,已经像个巨人样的站起来了,怒吼起来了!一向被人鄙视和辱骂为没有组织没有团结,长于内争而怯于外御的中华民族,在这伟大两年的神圣自卫战争中,已经洗去这种侮辱。伟大的中华民族,的确能遵守"兄弟阋墙、外御其侮"的先哲明训,空前未有的团结统一了。

不过,在抗战已经进入第二期的今天,全国力量的团结还不够,政治的进步还赶不上战争形式[势]发展的需要。这使着日寇乘机唆使汪逆精卫及一切汉奸卖国贼到处散布和平妥协谣言,破坏国内团结,诬蔑政府,诋毁领袖,企图组织所谓"联邦"伪中央,以达到日寇"以华制华"、"速战速决"和整个亡我国家、灭我民族的梦想与毒计。

因此,当我们纪念抗战两周年,首先应当加强国内团结,克服动摇妥协、悲观失败的情绪与倾向,反对任何破坏抗战、破坏团结的罪行,在蒋委员长及国民政府的领导之下,坚决抗战到底,来回答日寇的兽行,揭露和粉碎汉奸汪精卫之流的无耻阴谋。

第二,两年来的成功和进步,虽然已经奠定了抗战建国、争取最后胜利的基础,但还需我全体同胞沉痛的研究两年我中华民族用血肉和土地换来的经验与教训。从这些经验与教训中,找到争取民族解放争取最后胜利的道路。

第三,由于我中华民族坚固的团结、不屈不挠的抵抗,已使日寇疲于奔命,陷入泥沼,暴露出它行将崩溃的弱点。近来敌机的滥施轰炸,鼓浪屿的占领,天津英租界的被封锁,对粤东汕头新的进攻,伪蒙边境的纠纷以及肆意造谣淆乱视听等,正说明了日寇无法继续战争,以此掩饰其军事进攻的失利。

亲爱的同胞们:日本帝国主义崩溃的时期临到了,胜利已经接近我们了,光明就在前面。认清目标,坚定决心,愈艰苦,愈坚强,愈持久,愈奋勇,誓死驱逐日寇出中国,完成抗战建国的伟大事业。举起手臂来,让我们高呼:1.拥护政府抗战到底！2.拥护最高领袖蒋委员长！3.加强民族大团结！4.肃清汉奸！5.踏着先烈的血迹前进！6.打倒日本帝国主义！7.中华民族解放万岁！8.独立自由幸福的新中国万岁！

9. 梁山县反汉奸宣传文（1939年7月7日）

朋友们,快快起来扫荡这些抗战建国的障碍物吧!

宇宙间的一切皆变动的,非静止的。同样,社会是向前发展和进步的,决非一成不变的,可是他发展进步的速度,是决定在组成这社会的成员些(些是衍文)推动力的强弱上。

我们今天的社会尚停留在这血腥的资本主义制度帝国主义时代(指一般的,有的先进的已经进入社会主义制度,有的落后的还在奴隶制度、封建和半封建的制度中),这不能不说是推动欠够。但最令人恼怒的、憎恨的、痛心的,在组成这社会的成员中往往有些落后的顽固的分子,他非但不能推动,反而扭住时代的巨轮,不让他的发展和进步,牵制他的发展和进步,破坏他的发展和进步。试看许多的混蛋,他们害怕改造,恐惧革新,他们那可怜可耻的保守性,简直固不可澈〔彻〕,甚至有些人,他们认清了时代的趋向,他却偏偏无耻

[地]背道而驰——开倒车。

朋友们,先进的朋友们,我们应该取隔岸观火的态度吗?我们袖手旁观吗?我们漠不关心吗? 我们任凭他们逆行吗?我们去向他们屈膝讨好吗?我们甚至去帮助他们附和他们吗?不,决不这样,一点也不这样!我们应当拿出我们的勇气和毅力,高举起我们的拳头,同那时代叛徒作无情的、残酷的、不可调和的斗争,坚决砸碎他,击破他,以致消灭他为止。

我们中国这个社会,今天还桎梏在这半封建半殖民地的地方,当然那些万恶的专制魔王是要负很大的责任,但辛亥革命告成后,照理就应踏上时代光明的坦道,然而不幸得很,又遭受了不少的枝节和意外,使他仍得不着上进,尤其是第二次革命的失败及十年的血肉教训,我[们]应当憬然猛省的。

卢沟桥的炮火,把分裂的中国振荡得联合成一团,它像巨人一样站立起来了,表现出了她伟大不可战胜的力量。

我们所进行的民族自由解放斗争是正确的进步的革命的斗争,但却有不少的民族败类,他专门来造谣中伤,挑拨离间,诋毁污蔑,分裂团结,破坏抗战。卑鄙毒辣的手段无不用尽。虽然他们的头儿汪精卫、周佛海等被淘汰了,被驱逐了,抗战的阵营剥去了中国人的面皮,可是正有不少的余孽带着假面具,隐藏在抗战的各个阵营里。所以我们今天展开反奸除奸的斗争,来肃清他们的余党,并纠正和挽救那些对抗战动摇的悲观失望主义及恐日病者,这的确是每个不愿做亡国奴的中国人刻不容缓的紧急任务。

朋友! 瞧吧! 我们的四周已有不少的汪精卫、王克敏的徒子徒孙……小汉奸(有些被小汉奸影响和唆使),或明或暗的表露出了他们为日寇服务效劳的狰狞丑态(指他们的言行)。我们试举几个一般的例子来证明吧!

1. 有些人无耻的说:"救亡完全是演花剧或别有用意的烟幕。"他们这样见解委实是非常"高妙"和"独到"得多! 这种"高妙""独到"固然是他们神经过敏的感觉,是值得十六万分的钦佩的,但无奈这"高妙""独到"仍不免要从天上掉下来,掉到地上最不干净的地方去!

2. 亲日分子(小汉奸)装腔作势的说:"我们赞成救亡,但某些人却不必而且不应该救亡。"说这种话的人他显系别具心肝。他外表上虽然是中国人的面孔,而骨子里却是日本鬼子的走狗。我们想,今天中华民族的危机是空前的,是生死存亡的紧急关头,凡是一个有人性而不愿做亡国奴的中国人,救亡的责任是不容推辞的,救亡的权利是不受丝毫剥削〔夺〕的,救亡的机会是不受任何限制的。他们所说的某些人不必而且不应该救亡,不识到底指的什么样的人,工农商学兵吗?士农工商兵吗?党政人员吗?我想恐怕是而且只有是那些汉奸卖国贼才不必、才不应该救亡的。

3. 有些愚昧之徒他武断的说:"我们本不应当学习救亡的理论和知识(反对读救亡书报)。"他这样说法我们暂且姑息他,不说他已是汉奸,但他至少也是汉奸日寇的代言人。他在开始学习(向汪逆学习),他在表现功绩,他准备投靠汉奸的本能和资格,所以他做小汉奸至少也有十分之三的把握。他反对学习救亡的理论和知识就是反对救亡的行动,就是要停止抗战,妥协投降,将整个中华民族的命运送给日本军阀,这当然是日寇汉奸所欢迎期待所渴望。然而他表面上救亡的高调却喊得格外的响亮和有劲,简直是足够惹人趣〔取〕笑,无法捉摸了。他意欲借此来掩饰自己的丑态和罪恶,他们狼心狗肺的险毒更难形容了,也不难知晓了。

4. "救亡么,到前线去。"说这种话的人,他骨子里不外有三点用意:A. 因为日寇汉奸最仇恨的是救亡工作者,他希望这些热心救亡者完全都到前线去,便易于达到其灭亡中国的毒谋。B. 因"后方重于前方",假如后方不接济(或拖延)前方的粮食枪弹和用品,那不管前线如何的英勇和努力,根本是不能作战的。他愿望这些忠诚于抗战事业者都赴前线,他们便可狼狈为奸,任意捣乱,甚至叛变联敌夹击前线,消灭前线。C. 他们是没有一点艰苦奋斗的勇气和决心,他们那能即愿上前线,他们只图而且只能在后方抓饭碗,争地位,剥刮人民的脂膏来满足其私欲。

5. 有些人主张"反对苏联,不与苏联合作"。他们说"中国不亡于日本,必亡于苏联,与其如此,不如将中国送予日本"。这简直是胡说!伟大社会主义的苏联,她是反侵略的柱石,是世界和平的堡垒,是被压迫民族解放事业的忠实帮手,是弱小民族的好朋友。我们看看俄国革命后,在各国的一切不平等条约和权利完全自动放弃。我国一九二五至一九二七〔年〕的大革命,苏联在精神上物质上及各种技术工作人员上皆给了我们巨大的帮助。前年抗战开端,她就同我们订立了互不侵犯条约,不久前又同我国订立经济协定,在这两年的抗战中苏联给予我们[的]援助,是任何资本主义国家所不及。这是我们大家耳所共闻,目所共睹的。假如我们不与苏联合作的话,那岂不是自绝良友,自趋灭亡吗?孙总理说"列宁革命的理论,是给全人类的真遗产"。又说:"中国革命非以俄国为师,断无成就。"我们对俄国革命的精神和建立社会主义的奋斗经验,应用来作我们抗战建国的借鉴和榜样。我们如果反对苏联,中国革命就要缺少一页光辉,就是违背总理遗教。说中国不亡于日本,便亡于苏联,这正是荒唐已极。苏联是一个没有侵略野心的国家,这是昭示全球尽人皆知的。他们这种说法显然是在第四国际指示之下来挑拨中苏友谊,来达其为日寇服务的目的,来实现将整个中国送给日寇的诡计和宣传。

6. 有些人说"……",又有些人说"……",还有些人说"……"。他们的花言巧语真是罄竹难书,不胜枚举的,所以我们只能够记他千分之一 —— 再没有勇气写下去了。

10. 抗战金钱板——日寇侵华暴行(1939年夏①)

　　日本做事太可厌,把我们中国硬马干。想灭我国早有预算,不是最近天把天。从前事实难得叹〔谈〕,三天三晚都谈不完。单说芦〔卢〕沟桥以后这一段,在中国暴行事实表一番。详细情形另有一板,今天只把大概言。去年他在北平来打野战,目的岂只在赶走宋哲元?炮轰芦〔卢〕沟桥宛平县,正是七月七的天。一方又攻我南苑,赵登雨〔禹〕打死在永定门前。宋哲元奉命撤退平汉线,他跟倒沟子追上前。跟倒把我们北平占,大批军队开进山海关。完全一味恨倒干,什么民族如此野蛮?占了北平就乱干,城内惨状说不完。日本兵通城窜,夜间不准那家把门关。那里对头那里干,那里好耍那里玩。年纪大小他不管,七十老妈都难过那一关。看到你是学生打扮,一刺刀送你到鬼门关。一面又把天津占,进攻德州和桑园。一面又向西方进展,南口高坡打成平原。把汤恩伯追得四分五散,轰毁我们古迹居庸关。李服膺不会指挥

---

① 原件无时间,此系编者判断。

抗战,失大同又失平地泉。日兵一直杀过了绥远,占了包头又占五原。又由大同南下直冲同浦〔蒲〕线,几天打破雁门关。进占忻口原平县,估倒把我们壮丁编。衣裳裤子一齐换,逼倒把日本军服穿。空手叫你走前面,你说惨然不惨然?不但拯〔整〕得妻离子散,大小房子尽烧完。飞机乱炸平汉正太线,进攻我们娘子关。太原炸得稀巴烂,飞机两次侦察四川。占了太原不足愿,一直逼到黄河边。过不到河就蛮干,大炮天天轰潼关。这是华北一方面,还有华中和华南。海军在吴淞登了岸,许多兵船囤黄浦滩。集中大炮轰我罗店,惨状才叫说不完。找不出一块好瓦片,又轰我闸北和江湾。外籍同胞一概不管,只要他炮火比得端。不问有皮判无皮判,良心横顺不放中间。逃难同胞千千万,机枪扫射丧黄泉。只怕他眼睛不看见,滑脱除非是神仙。三个月把我上海占,兵船又进杭州湾。占了杭州更难叹,采茶妇女不敢上山。苏州无锡炸得惨,舰队沿长江逞凶残。几路进逼把南京占,飞机乱炸难民船。美国一只巴纳舰,他不管三七二十三。几下炸沉再来谈,日本比癫狗还要癫。一心想打通津浦线,占了青岛又占济南。飞机常常来武汉,二月十八飞四川。广阳坝投下十二弹,一个荡荡〔凼凼〕几丈宽。破片大的九斤半,小的都有一指尖。华北华中已经谈,回头我再说华南。尤倒广东和福建,兵船随时来妖颜。沿海一带常常来扰乱,炮轰厦门虎门和中山。广九铁路炸得惨,粤汉路炸得烟都烧不燃。亡国灭种这话要实现,不单是只占我们地盘。我们车子出来到处转,而今正是艳阳天。各位站到不动都在流汗,我们衣裳裤子都湿完。到底为的那一件?是不是在哄你们铜元?是使大家知道日本凶险,是使大家知道日本野蛮,使大家知道日本不要脸,而今正是艳阳天。让他咬手指拇咬到手湾湾〔弯弯〕。他比老二还不讲理点,而今占去这样宽。看你们有不有点国家观念,不要尽做梦扯卜鼾。这不是从前打内战,与人民一点不相干。不是从前自己人抢饭碗,不是从前弟兄争地盘。民族生存在此一战,希望大家都要动员。不要只是口头呻唤,有力的出力,有钱的出钱。

11. 荣县程慕仁作"反日"儿歌(十二首)(1939年夏)

第一:天上星宿排打排,地下幺姑好人才,日本人民是好的,只有军阀是祸胎。心儿坏,爱乱来,杀我中国人,抢我百姓财;坚决反对,把他打下台!

第二:日本军阀讨人嫌,开起飞机到处钻,丢下些炸弹,死人一大摊。你快老〔拷〕楼梯,我来拿杆杆,夺它下来,忙把索索拴。交人民审判,彻底镇压这日奸!

第三:么姑么姑捡干柴,捡到梯子崖,碰到日本军阀来,问他来做啥?他来抢钱财。小朋友,快快来,举起红缨枪,队伍拉成排,打完鬼子才回来。

第四:洗青菜,洗白菜,日本武人真正坏,带起日货来,到处估倒卖。我国工厂挤垮台,工人受大害。抵制"日货"干到底,大家才痛快。

第五:豌豆花,胡豆花,儿歌唱得笑哈哈。突然来了日鬼子,强占我们的国家。哪个肯当亡国奴,我们不要他。我们是钢铁,不是稀泥巴,"反日"永远不会垮。

第六:办酒酒、姑姑筵,日鬼乱想吃汤圆。强把青岛估,又想进四川;有了我们红小鬼,就叫日本鬼子寸步难。

第七:山螺蛳,快出来,后坡有人偷干柴,偷柴不是别一个,就是日寇小奴才。"不平等条约",他就大不该。我们大声吼:"反对,反对",硬把它,屎尿吓出来。

第八:熊家婆,施诡计,它要一口把我吃。谁人想把中国亡,就是日本军阀主义。叔叔阿姨们,拿起刀枪别着急。"反日"一定要反彻底,大家一路冲上去。

第九:蚂蚂灯、赶场场,告诉日本小姑娘:快劝你们的军阀,别来中国充霸王;他们杀人又放火,奸淫又偷抢,有我们小伙伴,打得他们一吓亡。

第十:狮蚂,要请客,拉回苍蝇办酒席。军阀主义的日本,侵华也如小蚂蚁,蚕食又鲸吞,谁也不同意;睡狮醒了吼起来,决把日寇撵下东洋去。

第十一:烟子烟,烟上天,中中是个万花圈,日本鬼子直起了,横顺朝我国内钻。用洋布、用仁丹、用鸦片、用枪尖、用武辣的手段,估倒乱抓钱。我们坚决反仇货,四亿同胞,快把刀枪扛上肩,冲上前,搜尽,烧完!

第十二:亮火虫,打灯笼,日寇凶恶象〔像〕夔龙。张开血盆口,想吞我亚东;有唏小伙伴,打虎大英雄,消灭你倭寇,不需半点钟。你看看,神州已是满天红。

　　作者说明：当时想用这套"反日"儿歌，收到扩大宣传效果：①多用旧儿歌的词语作起句，好引起儿童的兴趣。②广教城乡的少年和儿童，习熟歌咏。③写成标语或小传单的形式，普遍张贴。④作儿童歌剧，在舞台演出。⑤任何场合，可由儿童朗诵。⑥小学教师，可作学生的唱歌课。

12. 荣县反日大会制作的"反日"传单（1939年夏）

　　日本小倭族，人民本善良；几个烂军阀，竟敢发猖狂。说是本土小，决心侵邻邦。区区小蜉蝣，梦想吞太阳。欺负清王朝，软弱不成行。不平等条约，强订一大邦。辛亥革命后，继续演跳梁。强占我青岛，并占东北方。二十一条约，简直是荒唐。妄想亡我国，蚕食不掩藏。老〔拽〕起膏药旗，闯进我边防。残杀我人民，强奸我女娘。抢走我财宝，烧毁我村庄。践踏我禾稼，填平我鱼塘。砍伐我森林，掳走我牛羊。霸占我城市，改变我学堂。奴化我儿童，没收我矿藏。破坏我铁道，封锁我通商。干挠〔扰〕我电台，打断我通航。如此等罪恶，定〔非〕是我夸张。遗漏还很多，以后再说详。我东亚病夫，现在已健康。睡狮已觉醒，怒吼震四方。正告日本鬼，你赶快投降。稍慢一点点，送你见阎王。支那同胞们，休再睡梦乡。既是中国人，就该再思量。能忍此辱么？岂可听国亡；不当亡国奴，快下定心肠。展开"反日"旗，挺起大胸膛。扛起〔铁〕镰锤，紧握手中枪。向着大目标，枪口对扶桑。先毁日本货，再打狗豺狼。通把日鬼子，打它下东洋！再高呼口号：工农兵学商，"反日"不胜利，决不下战场。"反日"反到底，神州放红光。

13. 四川省慰劳抗战将士委员会工作概况（节录）（1945年）

　　溯自本会筹组以来，会务之进展时缓时急，工作之推行忽动忽静，直如歌咏之节奏，大江之洪流。惟在经济不充分条件之下，作此在在需钱之慰劳工作，顾此失彼，捉襟肘见之情，实所难免。兹就会务之进展言，约可分为五期：第一为发展时期（本会正式成立以前），全部工作均在会议商讨筹组机构；第二为沉默时期（自成立时起至三十二年九月一日正式开始办公时止），在此时期中首要工作,为调用工作人员,寻觅会址,借用办公桌椅等等,准备开始正式办公,少与外界接触;第三为滋长时期(三十二年九月正式开始办公时起至三十三年七月增议专任干事以前止),在发动各县市局限期筹组慰劳会与健全本会组织、聘用专任工作人员,作开展业务之准备;第四为业务发展时期(三十三年七月至三十四年九月庆祝胜利后),此期开始即已聘用专任干事四人办理一切日常事务,加强工作之效率,后随时派员与各界接洽,大举发动各项献金献物与〔以〕及各种各式的劳军运动,因之本会业务活跃非常,每日报端亦可见慰劳新闻数则,或本会公告、谢启以及随同劳军记者特写稿件之披露,可称本会业务之活跃时代;第五为完成时期(三十四年九月三日胜利劳军以后),慰劳工作系适应抗战需要而发动,自日本无条件投降以后,是项工作已无需要,自应随之结束。故自举行九月三日庆祝胜利劳军以后,渐趋沉寂,步向结束之途径。至于办理工作方面,约言之可分述如下六项:

一、季节劳军

甲、元旦劳军

本会举办元旦劳军,计分三十三年与三十四年两次。前者因本会成立未久,工作尚未展开,且每月仅由四川省政府社会处补助国币一千元,以作办公费用,慰劳经费更属无着。仅商由四川省各界庆祝大会拨款五千元,购买鲜花、水果等礼品,以劳蓉郊我国空军。另发动蓉市各娱乐场所免费欢迎荣军、驻军、遗族、家属及在营壮丁观看戏剧,并函请各县市政府(此时各县市慰劳会多未成立)同时分别发动举行。至三十四年元旦,已在本会工作活跃时期,经事先呈准省府及全国慰劳会就七七劳军献金中拨出国币五十五万元以作慰劳经费。订购肥猪、干酒、锦旗、牙粉牙刷、药品、鲜花等(详细数目见劳军物品统计表),函请省会各机关及妇女团体派遣代表携同慰劳函件分赴盟我空军、荣军、青年军驻地与伤兵医院致送,以示慰劳。在各县市方面,则由各县市慰劳会主办。至旧历元日日,本会亦比照前者从事办理。

乙、端节劳军

端节劳军仍分三十三年与三十四年两次。第一次仅发动全川各界径直捐赠财物劳军。省会方面,复由本会商请戏剧院分别表演京剧、川剧、汉剧及放映电影以娱各营壮丁、荣军、征属、遗族,并发动各大商店八折欢迎荣军、征属及遗族采购物品。第二次略与第一次相同,惟另增加发动蓉市市民向盟我空军献旗及由本会采购健美牙粉牙刷、万金油、八卦丹、猪肉等分别赠送遗族、征属、荣军、女青年[军]及集训营士兵等。节目较之上次,当更增色不少。其余各县市方面,远在三十二年端节时,如自贡市之发动民众团体致送军警部队338员官佐又3 612名士兵代金21 490元;长寿业余俱乐部之聘请名票数人表演旧剧,以慰劳驻寿将士、荣誉军人及征属等。值此搞大劳军之昨今两年佳节,当更有一番惊人表示也。

丙、七七劳军

七七劳军亦分两次。第一次系于抗战第七周年纪念日举行。此次劳军着重精神方面,因之发动各学校学生书写慰劳信件邮寄前线,报道后方社会安宁及优待征属情形,以释壮士后顾之忧,并由本会分电各战区壮士与空军,致敬及招待荣军、征属、遗族观剧;复照中央规定,发起七七劳军献金运动,通电省会各机关、团体、学校与各县市政府、党部、青年团、参议会及慰劳会积极倡导,期能募足国币一千万元,结果成绩尚为良好(详见下章七七劳军献金报告)。第二次系于抗战第八周年纪念日举行。此次规模颇为宏大,经拟具工作计划(见附五)电请慰劳总会核备后,当即依据实施。经于六月二十七日商请省临参会秘书长联同本会正副会长署名,宴请留蓉名书画家数十人义务书画单条、杭扇数十件及由成都市商会捐送手巾十张、银器三百件赠送盟友,在致送之前日,曾假省党部会议厅全部展览,博得各界好评。另外并购买肥猪、香烟、药品、书籍及其他日用品分赠女青年军、荣军、集训营官兵及空军遗族,计此次经费经撙节,开支仅达725 244.90元,较原订一百三十万元预算,节约几乎一半。至各县市慰劳分别举办此项劳军成绩,亦觉斐然可观。

附五

四川省慰劳抗战将士委员会办理七七劳军工作计划

一、慰劳盟我空军

1. 于七七纪念日假励志社或五世同堂街国际联欢社举行预祝胜利晚会,会同外交特派员公署办理。经费方面,由本会单独负担,并由本会正副会长担任大会主席。同时分赠盟我空军以绢扇、书画等物,但事先则仍应商呈正副会长,如张兼主席举行招待会,则本会拟办之晚会,得予合并举行或停办。

2. 分电各附近空军基地县分,就近发动当地各界举行慰劳晚会;必要时本会得派员早日前往各该县慰劳会指导。

二、慰劳空军遗族

赠送空军遗族慰劳金,每户一千元(以造册名额为根据)。

三、慰劳荣誉军人及抗属

1. 洽商蓉市各影剧院于是日开放日场,欢迎观剧。

2. 函请蓉市商会转知各商店廉价欢迎荣军同志及抗属购买用品。

3. 赠送荣军每人香烟一包及全体肥猪两只,以作荣军加餐之需;又赠送《总理全集》、《中山先生传》等书籍,以作荣军闲时阅读进修之用。

4. 代电市政府确实以物质慰劳抗属。

四、慰劳在营壮丁

1. 购赠香烟及肥猪、菜蔬等物,并派员前往营地进行慰问。

2. 商洽美新闻处映放电影或接洽音乐团体前往营地举行劳军大会。

3. 函知省会社会团体于是日分别携带鲜花、水果径往营地慰问及慰劳。

五、慰劳女青年军

1. 购赠《总理全集》、《中山先生传》及文具等物。

2. 洽赠娱乐剧票并派员前往慰问。

丁、双十节劳军

三十二年双十节劳军,系本会成立后破天荒第一次。经费人员,两无储备,故仅能作些表面而不花钱的慰劳工作,如发动成都市电影院放映电影及剧院表演新旧戏剧,免费欢迎征属、遗族、在营壮丁等往观。三十三年劳军,规模则较为扩大,经呈准全国慰劳总会在本省七七劳军献金内拨出国币199 490元,以作购买礼品分赠盟军及荣誉军人与征属以冰糖、蜜饯、雪梨、红橘、黄橙等物;其赠送方式,系由省垣各机关团体学校代表及新闻记者组织慰劳团,分组携带慰劳物品与本会慰劳函件前往各地致送,宣送全川父老昆弟爱戴之忱。在慰劳盟军一组,系由本会与川康外交特派员公署、四川省政府、四川省党部、中央通讯社等各派高级人员一员参加,率领各大学男女学生代表三十人所组成之歌咏队一队,同赴新津、双流盟国空军驻地进行慰劳,并在新津空军基地举行临时联欢会表演歌舞,欢娱之声,响彻宵〔霄〕汉。计参加联欢会盟友约数百人,午夜兴尽方告终止。当时慰劳团汽车失灵不能行驶,更烦盟军彻夜驱车送返锦城。中美友情之流露,于此欢洽之中,已可窥见一般〔斑〕。至三十四年之双十节劳军,则系比照昨前二年之遗规,予以斟酌损益,并无多大出入者。

戊、防空节劳军

十一月二十一日为我国防空节,上年省会方面举行是项纪念大典时,经筹备会议决定办理。经费由大会担任,并推定本会担任慰劳组组长,除于是日在少城公园举行扩大纪念典礼外,并印制慰劳信四千八百份,分送各殉职防空防护人员家属及抗战出征军人家属与灾区民众。组织慰劳队十三队分赴省会各区镇慰问防空防护殉职人员家属及被炸征属与外侨等。印制荣誉奖状四百份,请由张主任岳军题字,分发历年办理防空防护出力工作人员。绣制锦旗九面,分赠本省防空主管长官及空军第三路司令、美空军三一二驱逐司令、二零轰炸队、十四航空队、英国皇家空军等各一面,并散发历年办理防空防护殉职人员家属及受伤人员慰劳金,殉职者每名五百元,受伤者每名二百元。

己、耶诞节劳军

耶稣圣诞节,为欧美人士普遍庆祝、举家狂欢之日。本会为崇敬来华助战盟友与联慰远辞家乡之寂苦起见,特于三十三年耶诞节,举行慰劳。由妇女代表献花,本会赠送名家对联,与盟友祝福,更请由有关团体或私人举行宴会分别款待联络。

二、慰劳过境将士

甲、慰劳青年军

西康及川西各县青年军因奉命到达泸县指定地点集训,多结队来蓉,待车转往。本会特派员会同四川省知识青年志愿从军征集委员会等有关机关团体学校代表,于莅蓉之日赶往四郊欢迎。在留驻蓉垣期稍长者,如西康省及东北大学青年军等,均由本会邀请在成都大□□英餐厅欢宴或开会联欢,赠饮茶点。至行色匆促者,亦最低招待观剧或看电影一次,并于出发之日,举行献旗、献花及鸣放鞭炮以壮士气。其有在蓉集训或值本会办理季节劳军时,则另赠以慰劳品或慰劳金等。此在季节劳军与临时劳军两项中,均可窥其梗概。如本年五月二十六日,蓉女青年军在华西坝集训营第一二期结业及开训时,本会特派员前往慰问并赠送慰券金一万元,群情兴奋异常。此亦可见本会慰劳女青年军一般〔斑〕也。

乙、慰劳远征军

我国派驻印度远征军于二〔三〕十三年十一月前后自渝来蓉,待机赴印者约五千人,本会奉总会电令,特作此项慰劳工作之办理,特派员携带慰劳金前往致送每人国币五十元及猪肉等物,并由省会妇女团体遣派代表前往献旗献花致敬,各远征壮士咸各喜形于色。

丙、慰劳过境部队

本省各驻军及保安队奉命抽调熟练士兵十一营参加远征、因之由蓉开赴前线者,时有所闻。本会为表达礼敬微忱起见,除尽量宣传使官兵明了参加远征之光荣,并电各县市发起欢送大会致赠礼品外,特向征属烟厂及征属食品厂订购香烟、糖果,以示慰敬之意。于各部队到达时,辄派员前往慰勉,并散发香烟、糖点及鸣放爆竹,以壮军威。此外自贡市方面于奉到本会电令后,也曾举办是项工作。其办法也颇详密,兹特载于后,用备参考。

附

各抽调部队经蓉转留时间

一、九十五军三个营。

1. 李树骅旅一营于十二月一日由蓉出发;2. 一二六师一营于十二月三日集蓉出发;3. 新九师一营于十二月五日由蓉出发一部分,余由南充出发。

二、五十六军计有二个营由蓉出发,时间尚未据报。

三、新十八师计有一营经蓉出发,时间尚未据报。

四、保安团计两个营由蓉出发,时间尚未据报。

附记:以上时间数字及出发地点尚未确定者容续函达

五、新十七师计一营,由眉山出发。

附

自贡市慰劳过境国军办法

一、凡慰劳过境国军均依照本办法办理。

二、本市所辖区域划为四段:以大山铺为第一段,自井大文及由富顺邓关到自井为第二段,高长丘为第三段,贡井小溪艾叶滩为第四段。

三、各段慰劳事宜指定各中学校及市立师范分别担任,用专责成。

四、各学校担任区段如次:

1. 第一段,剑甫中学;2. 第二段,蜀光中学;3. 第三段,市立师范及培德中学;4. 第四段,旭川中学。

五、慰劳事务如左〈下〉:

1. 交通服务及炊事协助;2. 代运行李;3. 零物存放;4. 信件留转;5. 读写书信;6. 表演各种话剧及音乐;7. 书报赠送;8. 馈赠各种礼品及代金;9. 其他慰劳事宜。

六、慰劳过境部队所需经费由各学校就捐募慰劳国军款项内截留一部分充用之。

七、每区于有国军过境时,应立由担任慰劳事务学校报告市政府,并由市政府通知警备司令部国民兵团以资联系。

八、各校每次办理慰劳经过及赠送代金物品,应详报市政府备查。

九、本办法由市政府通令各校施行。

十、本办法如有未尽事宜随时改订之。

三、临时慰劳工作

甲、慰劳盟国空军

三十三年冬,适当我国黔桂战事转危为安之际,本会为答谢盟军来华助战之盛意,乃呈请全国慰劳总会先后核准,在七七劳军献金内先后拨出国币2 440 330元,绣刺白色绸质手巾赠送盟友以作纪念。旋即会同教育厅召集蓉市各中级学校校长会商决定,由本会订购绸料分送各校女生代绣,共约一万张,复承南虹艺术专科学校师生义务绘画各绸巾盒封面及由四川省托儿所主任彭荣章设计包装,至十二月二十九日即全部完成。内容表面均极精美,翌日在本会办公室展览半日,中午齐集各机关及妇女团体代表,持同慰劳函件送请美大使馆驻蓉办事处转为分送及代为慰问,并在其中提出二千六百张,分送空军三路司令部转赠我国各飞将军。嗣准美大使馆驻蓉办事处函谓,原送手巾不敷分配,嘱再购赠。是时适值各学校已放寒假,乃改请妇女团体会员如数绣制共成前数,所有包装赠送手续亦无异。计检讨此次工作,动员人数在八千人以上,各学校校长学生及妇女团体会员,均各相当出力,尤以中华女中学生特具热忱,于代绣五百张外,另自动捐送同样绸质手巾五百张。本会于先后披露报端及分别颁赠奖旗用示勉励而外,于此亦不能不表示感谢者,其余在前季节劳军中,均略述及。

乙、慰劳我国空军

我国空军驻在蓉市近郊者,系空军第三路司令部所属各部分。本会以元旦日午前七时须往参加该部举行之授勋典礼,一切应赠之绸质绣花手巾二千六百张、国画一幅、慰劳函及致赠空军遗族之每户慰劳金五百元(39户共19 500元)、慰劳信三十九件及水果等,提前于三十一日午后派员先行送达。元旦日晨并由本会派遣代表手携鲜花前达集会地址参与典礼,即席致慰劳词,并望各空军人员胸怀绣花手巾飞往富士山头攀摘樱花。各空军受勋受奖人员、机械学校毕业学员及与会各空军人员,莫不忻然,顿生凌空而降摘樱花之飞翼。迄十时许散会,事后该部及空军遗族均有谢函到会。

丙、慰劳各战区将士

本会于成立之初,即具满腔热念,筹组一前线慰劳团,会同各机关及地方绅耆前赴各战地慰劳。一面宣达后方安绥情形,使前方将士无后顾之忧;一面将前方战况报道后方,使后方明了前线[杀]敌之英勇。此案复经省临参会之一再向省府建议,辄以经费无着而中止。本会意犹未已,再呈请省府核准就蓉各娱乐场每票加收五元以解决经费困难。殊辗转经年,而胜利到临,此案已无再提之必要,而本会始终未能派员亲临前敌,与各战士相见,诚一大遗恨也。幸全国慰劳总会,曾数度组织慰劳团前往各地,本省人力财力,也曾于各战区战事吃紧之际发动各县市或募巨金以兑往,或酿物资以慰劳,均尽应尽之责任。至如滇缅慰劳之发动，黔桂慰劳之兑款，湘鄂闽慰劳工作之擘划，尚其小者耳。

丁、慰劳炉〔泸〕璧二县青年军

本省青年军集中于璧山、炉〔泸〕县二地受训。本会为举行是项慰劳工作起见，曾于三十三年冬，商请四川大学举行募捐，所有收支悉由川大教职员生负责主持，并由本会会长以兼任川大校长名义督饬进行。街头勤〔劝〕募，化装宣传，情绪热烈，空前未有。所得物品，均经义卖，连同献金于本年四月十七日由黄会长带领川大学生自治会理事长李在发及男女学生数人，专车携同本会向成都市新药业劝募所得之一部分药品及本会采购之《总理全集》六十部、万金油二十打，前往二地举行慰劳。本年九月，本会黄副会长仲翔自蓉前赴炉〔泸〕县进行慰劳。在两地集中训练期间，本会均曾电知各该县慰劳会就近代为办理慰劳工作，成绩均颇良好。

戊、慰劳荣誉军人及伤病官兵

荣誉军人之在省会者，有荣誉军人习艺所，驻蓉市外东；伤病官兵之在省会者，有第九伤兵医院，分驻外东簣门铺及外北天回镇二处。本会对于此种官兵之爱护，素具热衷。除于季节劳军时就财力之所及略有表现外，并发动成都市靴鞋业同业公会捐送拖鞋二百双以作伤兵养伤之用，更于本年旧历秋节，派遣本会组长曾淮浦前赴天回镇第九伤兵医院面致慰问，携带面巾、布袜、药品、书籍等物。受慰赠士兵莫不喜形于色，咸盼病体得早日康复，重赴战场杀敌。至临时过蓉前来本会请求救助之官兵，本会均各予以热忱协助，使各安其所。

己、慰劳集训壮丁

本省壮丁，因征调转运不及，滞留蓉市者颇多，军区司令部特设集训营加以整训。因之本会亦曾发动募集药品运动，并购赠烟、糖、书籍等物，以示慰劳。本年四月十一日，值羌民代表团来蓉时，复由本会请往参观，表演歌舞及分别向新兵握手致敬慰问。四月十五日，复邀请美国新闻处成都分处前往营地放映新闻影片，以资调剂集训期中之枯燥生活，用收寓教育于娱乐、籍〔藉〕电影以灌输新智识之效。

庚、办理胜利劳军

本年八月十日，倭寇接受波茨坦会议宣言无条件投降后，举国腾欢。本会特响应全国慰劳总会发动胜利劳军献金运动，电各县市扩大举行，将所得献金，一半留县自行举办慰劳，一半汇寄总会作筹组慰劳团之用。省会方面，由本会函请军政部荣军习艺所派遣荣军代表二十人，成都市国民兵团召集市区征属三十人、先烈遗族二十人，参加九月三日四川省会各界庆祝胜利大会，接受各界敬礼与本会之献旗、献花及慰劳物品，计征属代表每人毛巾二张、袜子二双、点心一包、鲜花一束及团体红色缎质大旗一面。会毕特备汽车二辆，载驶于火炬游行行列前面，周游市街，受市民欢呼敬礼；争睹为国流血壮士征属颜面者人山人海，途为之塞，经万唤千呼，汽车始得徐徐开过；荣军征属伫立车上，时而呼喊口号，时而高声简述杀敌流血或儿子丈夫出征情事，兴奋异常。直至午后九时许始各归家休息。至招待盟军晚会，系请由省府主持一切，本会则由黄副会长前往参加。

辛、慰劳征属及征属儿童

欲安定前方将士杀敌情绪，对于征属及征属儿童之慰劳，非着重不可。本会对于此项工作，因本省方面设有优待征属之专管机关，兼以征属数字相当巨大，非少数财力所能举办，本会特权衡仅有力量，商同优待会议举行。例如蓉市征属共约八千余户，本会除由精神慰劳将以戏剧娱乐或商同市府共同办理外，季节慰劳时，每次辄代为请命，思有加惠于征属也。如去年冬季之协助办理冬季救济运动及本年冬季向花纱布管制局成都办事处洽购棉布、订制冬衣以赠送省立救济院所收容之征属贫苦儿童，悉为此项工作而设，亦使征人聊滋鼓舞也。

四、协办有关慰劳工作

甲、办理空军幼校七七献物

灌县空军幼年学校，于三十三年[七月]七日自动发起募捐运动。经将现金兑交全国慰劳总会，并由总会电令本会对于该校所献衣物运交本会处理，乃拟订处理办法，于上年十一月十四日，召集蓉市估衣业公会估定价格，并于二十日约集各有关机关开会商决标卖，得价十六万五千元，当即悉数兑交总会核收,并经呈准总会将棉袜二百四十四双全数提□,以作慰劳征属儿童之用。

乙、协助发放抚恤慰劳金

上年七月军事委员会抚恤委员会派员来省,会同当地政府召集成都市及成都华阳二县共一千二百名阵亡将士遗族,计官佐遗族抚慰金四千元,士兵遗族抚慰金二千元;曾函请本会予以协助。经发动三市县团体募集慰劳物品及面巾等物,并于七月九日蓉市在蓉光电影院、十四日成都县在成都县府大礼堂、二十一日华阳县在华阳县府大礼堂分别开会之际,派员前往散发自备之征属香烟及募集之影剧座票,以慰生者之心灵而安死者于泉下。

丙、协导湘籍学生游艺募捐

协导湘籍学生游艺募捐。蓉市华西坝五大学湖南同学会于上年一月二十一日发起筹办舞蹈音乐会,以募得捐款,作慰劳湘北将士之用。当即派员前往指示并协助于二十四日假蓉光电影院演出,成绩良好,所得收支悉由发起人自动经管,剩余者即以兑寄前方。

丁、指导太白牙粉公司义卖

三十二年十二月,蓉市太白牙粉公司见国军于湘北方面大捷,觉慰劳工作为后方民众应尽之天职,乃函请本会准许该公司提出万盒牙粉于第一行政区内举行太白牙粉义卖献金,售出所得数目,仅提成本,余则悉数捐献。每盒封面,均由本会加盖印章并贴本会黄副会长所题"义卖劳军"四字封条,以示区别而资纪念。该公司乃因游于省会四境各县,所得收入,均已悉数捐赠。

戊、其他临时慰劳工作

自本会成立以来,发动蓉市电影院、剧院免费招待青年军、荣军、在营壮丁、征属、遗族先后凡五十七次,季节开放尚属例外;商店减价欢迎荣誉军人、征属采购物品计三次,是皆得力于蓉市商会之赞助者。

五、推动各种捐献运动

甲、劳军献金

本会劳军献金,分奉令发动及自行发动二种:前者仅上年七七劳军献金一项,后者有黔桂劳军及滇缅湘西胜利劳军(详情见后)。

乙、鞋袜劳军

此项劳军运动,本省先后凡二次:第一次为三十二年本会成立以前,由省党部青年团代为发动各县市党部青年团办理者,成绩较后者为差。第二次则为本年度响应全国慰劳总会发动,系由本省妇女会举办者,成绩宏著,另由该会报告。总计本会仅收此项捐款为494 929元(详情见后)。

丙、募集拖鞋

此次募集运动之动机,系起于本年元旦日本会慰劳陆军第九伤兵医院时,见一般卧病士兵,跣足行走,旋复上床,棉被为污,情殊可悯。特发动成都市靴鞋业捐送拖鞋二百双,于本年二月派本会组长邓定钟、干事张勋德,会同靴鞋业理事长彭金廷、成都市妇女慰劳会代表等,前赴该院致送,并由本会加送香烟,分别慰问病兵及宣达慰问之意。被慰问士兵咸各举手加额,喜慰非常,虽卧病床褥,似亦不知其痛苦者,且频频点首示答谢意。

丁、募集药品

本会因蓉市附近有征集飞印训练之新兵五六万人,时值夏令缺乏药品,奉准总会得就近发动捐献。乃于十二月五日召集有关机关团体议决,由成都市商会、成都市政府会同中西药业同业公会办理,所需自制药品费用,由市商会负责劝募,以痧药及其他有关热带药品为主,于配制完善时,交省卫生处审查后交由本会分发。本会于收到后,均曾登报公告,并将分送情形,随时向社会人士公布。

戊、募集面巾

本年七月奉总会渝二己艳电,以暑季各部队缺乏面巾,饬大量募集,就近分送各部队,质料并不加以限制;当即转电各县市办理,并于七月五日召集省会有关机关团体开会商讨,由省级机关团体及成、华、成三市县分别担负募集,并由各募集单位加盖经募机关蓝色圆记于其上,以免淆乱。事后本会分别送出,颇得接受人士好誉。

六、其他慰劳事项

甲、指导各县市慰劳会事项

本会成立后,随即代电各县市政府、参议会、党部、青年团,转发总会所颁各省市县慰劳抗战将士委员会组织通则,限期筹组县市慰劳会。至三十三年五月以前,各县市已普遍成立。各县市随即遵照规定,指导各县办理季节劳军,慰劳过境国军,慰劳及扶助出征军人家属与夫各种献金献物事宜。综观情形,尚属良好。

乙、筹组战地慰劳团及其他

筹组战地慰劳团为本会成立后第一个大计划。经两度拟定该团组织大纲、经费预算书表及人事配备办法各项文件,辗转呈准提付四川省政府委员会议讨论,以经费来源无着,决议从缓。嗣复拟定在蓉市各娱乐场所募集慰劳基金五百万元办法,提付三十三年七月本会第三次常务委员会议讨论,修正通过。尤冀在此项募集基金内拨出三百万元,以作慰劳经费而期实现。殊经先后检附提案及拟定募集收支及保管办法呈准省府准予募集时,已是三十四年四月矣。本会随即会商成都市政府及戏剧界,须俟募集来川难民救济费五百万元及军鞋费六百万元完毕后,始能开始。事尚待毕,而胜利来临。是项募捐未即开募,遂即停止。后仅由成都市政府就该府统一募捐项下拨来五十万元,数既不多,时亦较迟,以致尚有待于基金募集后而再举办之荣军、征属、遗族福利事业,如工厂及子弟学校与过境将士服务站等事宜,俱成泡影。

各种劳军献金总报告

本会响应中央或自行发起之劳军献金运动,先后凡五次。其中成绩最佳者,为三十三年七七与黔桂两劳军献金总额达10 267 518.16元。兹将各项献金情形分别阐述如后:

一、七七劳军献金

三十三年六月二十九日,奉全国慰劳总会代电饬发动七七劳军献金,随即于七月三日召集第三次常务委员会研讨决定献金额为一千万元。其运动方式,由本会函达省会各机关团体学校提倡,并由本会配定数额,发动各县市慰劳会举办,呈请省府转令县市政府协助倡导。结果募得国币6 333 412.47元汇交本会转兑总会。且此次献金先后据各县呈报,贫民节衣缩食献金请求嘉奖者凡十二人。由此可见川中父老昆弟爱国热忱,直可与前方将士杀敌英勇之精神相辉映(献金情形详[见]成都中央日报五月四日本会省慰告字第七号及十二月九日本会慰告字第十号公告)。

二、黔桂劳军献金

此项献金之发动,系于三十三年十二月黔境独山失陷后,我军反攻获胜逐敌于桂境时。本会为酬庸浴血杀敌将士功劳起见,特发动黔桂劳军献金。冀组织慰劳团前往黔桂战地进行慰劳,第以献金集中缓慢,而前线战事重心转移,乃决定除已直接径交重庆大公报汇往前线劳军献金者外,余即作他项劳军经费。计各县慰劳会及各机关团体学校径汇渝大公报转解报本会有案者,有省成女中、列五中学、成都县中、成城中学、成都市绸布业公会及华西大学等,共2 782 753.55元,又成都市复与实业社捐献军毯二百床径交总会国币一万元。其他情绪之热烈,非文字所能形容者(献金情形详[见]成都中央日报十二月八日本会省慰告字第九号公告)。

三、滇缅湘西及胜利劳军献金

滇缅劳军献金之发动,率由于远征军自缅北胜利凯旋国境时;湘西劳军献金之发动,则系由于国军在湘鄂豫闽各战场迭复各城时;胜利劳军献金之发动,则系由于敌人投降,我国艰苦多年之抗战,获致胜利时。计滇缅劳军献金,共达216 228元,湘西劳军献金共达162 582.20元,胜利劳军献金共达145 100元。均以发动时间较为短促,因之收效较微(献金情形详[见]成都中央日报十二月九日本会省慰告字第十号公告)。

四、鞋袜劳军献金

本省历年鞋袜劳军,兼募实物及代金二种。其在三十三年以前者,有总会径收本省各单位兑到之代金共56 657元,自三十三年八月至本会结束时,收到各地捐赠代金共达494 929元及由中央军捐献之布袜五百双。此外由各地募集就地分发者尚多,未及备载(献金详情见成都中央日报本会省慰告字第八号公告)。

此外,如彭水县于青年节募得献金10 957元等,也经本会于收到后赓即转解并登报函谢,期使捐献人得以明了。

各种劳军献金统计图表
1943年七七军献金数目统计表

县(市)	献金分配额	实募献金数
成都市	400 000.00	373 300.00
自贡市	400 000.00	109 862.95
温 江	200 000.00	
成 都	130 000.00	
华 阳	180 000.00	185 500.00
灌 县	200 000.00	
新 津	130 000.00	
崇 庆	200 000.00	85 975.00
新 都	200 000.00	
郫 县	200 000.00	201 076.40
双 流	110 000.00	70 000.00
彭 县	200 000.00	193 000.00
新 繁	180 000.00	27 455.00
崇 宁	130 000.00	
资 中	150 000.00	94 000.00
资 阳	70 000.00	75 883.00
内 江	200 000.00	
荣 县	130 000.00	132 000.00
仁 寿	130 000.00	
威 远	70 000.00	14 000.00
简 阳	180 000.00	180 000.00
井 研	35 000.00	
永 川	100 000.00	120 068.50
巴 县	130 000.00	130 000.00
江 津	180 000.00	
江 北	35 000.00	42 929.00
合 川	200 000.00	1 239 322.60
荣 昌	100 000.00	33 000.00
綦 江	70 000.00	70 000.00
大 足	70 000.00	

续表

县(市)	献金分配额	实募献金数
铜 梁	50 000.00	44 000.00
璧 山	100 000.00	100 000.00
眉 山	100 000.00	
蒲 江	35 000.00	16 187.00
邛 崃	90 000.00	40 000.00
大 邑	100 000.00	9 215.00
彭 山	50000.00	
洪 雅	50 000.00	53 500.00
夹 江	70 000.00	28 000.00
青 神	50 000.00	
丹 棱	35 000.00	35 000.00
名 山	15 000.00	
乐 山	250 000.00	
屏 山	100 000.00	50 000.00
马 边	10 000.00	9 345.75
峨 边	10 000.00	
雷 波	10 000.00	
犍 为	130 000.00	
峨 眉	16 000.00	17 055.70
沐 川	4 000.00	
宜 宾	200 000.00	
南 溪	35 000.00	8 460.00
庆 符	16 000.00	16 000.00
江 安	50 000.00	50 000.00
兴 文	10 000.00	10 000.00
珙 县	16 000.00	16 000.00
高 县	16 000.00	17 511.50
筠 连	16 000.00	17 000.00
长 宁	16 000.00	12 950.00
泸 县	240 000.00	
隆 昌	100 000.00	100 000.00
富 顺	180 000.00	180 000.00

续表

县(市)	献金分配额	实募献金数
叙 永	35 000.00	35 000.00
合 江	70 000.00	
纳 溪	16 000.00	25 000.00
古 宋	16 000.00	180 438.00
古 蔺	16 000.00	
酉 阳	35 000.00	35 000.00
涪 陵	180 000.00	180 000.00
丰 都	70 000.00	
南 川	60 000.00	
彭 水	16 000.00	26 750.00
黔 江	16 000.00	
秀 山	16 000.00	
石 柱	16 000.00	19 739.00
武 隆	16 000.00	21 200.00
万 县	280 000.00	280 000.00
奉 节	35 000.00	
开 县	100 000.00	100 000.00
忠 县	35 000.00	35 000.00
巫 山	10 000.00	10 000.00
巫 溪	10 000.00	
云 阳	35 000.00	
城 口	7 000.00	7 000.00
大 竹	50 000.00	50 000.00
渠 县	35 000.00	9 000.00
广 安	70 000.00	
梁 山	35 000.00	
邻 水	35 000.00	33 600.00
垫 江	16 000.00	16 200.00
长 寿	35 000.00	40 000.00
南 充	240 000.00	
岳 池	70 000.00	55 000.00
蓬 安	35 000.00	40 130.00

续表

县(市)	献金分配额	实募献金数
营 山	35 000.00	35 000.00
南 部	35 000.00	45 000.00
武 胜	50 000.00	
西 充	16 000.00	15 840.00
仪 陇	16 000.00	
遂 宁	200 000.00	30 000.00
安 岳	100 000.00	30 000.00
中 江	70 000.00	66 500.00
三 台	100 000.00	31 600.00
潼 南	16 000.00	
蓬 溪	16 000.00	30 000.00
乐 至	16 000.00	16 000.00
射 洪	50 000.00	50 000.00
盐 亭	16 000.00	16 000.00
绵 阳	180 000.00	
绵 竹	100 000.00	75 960.00
广 汉	130 000.00	11 400.00
安 县	180 000.00	124 040.90
德 阳	50 000.00	43 554.00
什 邡	100 000.00	100 000.00
金 堂	100 000.00	
梓 潼	16 000.00	16 000.00
罗 江	16 000.00	15 649.00
剑 阁	16 000.00	36 580.00
苍 溪	10 000.00	14 354.00
广 元	35 000.00	35 000.00
阆 中	35 000.00	40 776.70
江 油	3500.00	
昭 化	7 000.00	7 000.00
彰 明	16 000.00	
北 川	7 000.00	
平 武	10 000.00	9 450.00

续表

县(市)	献金分配额	实募献金数
青 川	7 000.00	7 000.00
旺 苍	15 000.00	
达 县	7 000.00	70 000.00
巴 中	16 000.00	20 520.00
开 江	16 000.00	
宣 汉	35 000.00	
万 源	7 000.00	
通 江	7 000.00	
南 江	7 000.00	
茂 县	16 000.00	38 523.00
理 番	3 000.00	
懋 功	4 000.00	
松 潘	3 000.00	3 500.00
汶 川	3 000.00	3 500.00
靖 化	3 000.00	
北碚管理局	6 000.00	
银行存息	50 010.47	
合 计	10 500 000.00	6 333 412.47

黔桂劳军献金数目统计表

捐献者名称	献金数目	捐献者名称	献金数目
华美女中	111 035.00	四川省水警局	8 512.50
华阳女中	156 850.00	道教会	2 000.00
南虹艺专	6 105.00	成都市女青年会	12 812.00
省立高工校	20 088.00	成公中学	69 260.60
省立女职校	200 000.00	树德中学	45 000.00
高级制革校	8 600.00	燕京大学	6 600.00
省立医职校	12 680.00	协进中学	75 024.00
太白公司	45 520.00	志诚商高	5 700.00
南薰中学	67 054.00	高琦中学	40 375.00
纳 溪	135 866.00	石室中学	39 006.00

续表

捐献者名称	献金数目	捐献者名称	献金数目
富顺	345 000.00	荫唐中学	10 826.00
蓬安	44 505.00	汶川	5 000.00
遂宁	84 000.00	北川	20 000.00
岳池	30 000.00	渠县	48 700.00
马边	11 215.00	彭水	1 000.00
叙永	10 000.00	江油	20 000.00
西充	10 000.00	平武	9 525.00
荣县	50 000.00	懋功	3 000.00
宣汉	80 000.00	珙县	26000.00
绵竹	100 000.00	崇庆	15 926.00
旺苍	20 000.00	开县	10 000.00
安县	48 818.36	安岳	781 000.00
德阳	50 000.00	靖化	20 300.00
四川省府民政厅	4 900.00	彭县	43 062.60
四川省府建设厅	13 500.00	专户账未列抬头者共	56 000.00
四川省审计处	18 637.88	中央通讯社	3 000.00
四川省府财政厅	21 450.00	省成女中	301 100.00
成都市眼镜公会	39 700.00	列五中学	174 642.55
成都市棉织公会	496 700.00	成都县中	178 000.00
成都市纸烟公会	122 500.00	成都市绸布公会	2 000 000.00
成都市酒业公会	83 000.00	华西大学	13 000.00
成都市薪炭公会	10 000.00		

滇缅湘西胜利劳军献金数目统计表

捐献者名称	献金数目	捐献者名称	献金数目
德阳	40 000.00	四川省建设厅	7 500.00
荣县	50 000.00	新民报转来华西大学	50 000.00
绵竹	60 000.00	成都行辕	23 143.20
崇庆	15 428.00	水上警察局	1 000.00
武隆	12 000.00	新新新闻转来	50 300.00
岳池	28 800.00	中央日报社	20 000.00

续表

捐献者名称	献金数目	捐献者名称	献金数目
汶 川	10 000.00	四川省财政厅	50 300.00
南 充	10 000.00	水上警察局	5 000.00
四川省财政厅	15 000.00	成都护士学会	10 000.00
四川省审计处	10 210.00	彭水县	9 800.00
四川省保安处	55 729.00	合 计	523 910.00

鞋袜劳军代金暨现品数目统计表

捐献者名称	代金数目	现品数目	备 注
中 江	24 000.00		
峨 眉	19 990.00		
璧 山	90 470.00	布袜3 351双	现品系分送军政部九补训处陆军战炮总队
蓬 溪	6 000.00		
汶 川	2 000.00		
江 北	12 100.00		
胡文□\金恩忠\庞锦垣三君	700.00		
崇 庆	2 000.00		
广 汉	5 000.00		
珙 县	26 000.00		
江油中坝妇女分会	100 000.00		
石柱县	46 667.00		
宣汉县党部	160 000.00		
合 计	494 929.00		上系兑由本会收
永川县	18 317.00		三十三年三月解总会
高 县	7 200.00		三十二年十月购毛巾22打,送新五师十五团
乐 至	3 300.00		三十二年十月二十七日汇交省党部
秀 山		布鞋14 000双	分送八七军400双、新二三师1000双
马 边	29 700.00		购置面巾布鞋药水,送补充兵二团
黔 江		布鞋1 000双	三十二年拨交八七军工兵
酉 阳		布鞋2 290双	拨交八七军四二师
合 计	58 417.00		上系由各县自行收交

经募成都市新药业捐赠慰劳药品数目统计表〈略〉

承省会各中学暨妇女会负责刺绣手巾数目统计表

刺绣单位	刺绣手巾数	所在地
成都县立女子中学	600	蓉西外土桥附近雍家渡
私立中华女子中学	800	蓉外东水巷子
私立益州女子中学	400	蓉外东大田坎
私立华美女子中学	550	蓉外北崇义桥
华阳县立女子初级中学	250	蓉外东中和场
私立仁济护士职业学校	110	蓉市惜字宫街
省立成都妇女职业补习学校	110	蓉市红照壁街
私立进益助产职业学校	20	蓉外南小天竺
省立成都医事职业学校	200	蓉外东天仙桥
省立成都染织职业学校	130	蓉外东多宝寺
省立成都幼稚师范学校	200	蓉外东青龙巷
成都市立中学	500	蓉外北绳溪花园
私立树德中学	500	蓉外西万福寺
私立甫澄中学	450	蓉外南武侯祠
私立建国中学	600	蓉外南武侯祠
私立济川中学	600	蓉外南小天竺
私立蜀华中学	680	蓉外西抚琴台
私立民新中学	180	蓉外西北巷子
私立南薰中学	640	蓉外西花牌坊
私立立达中学	300	蓉外西正法寺
私立志诚高级商业职业学校	100	蓉新东门猛追湾
私立协进中学	80	蓉西胜街
成都市妇女会及会员	2 000	蓉白丝街
合计	10 000	

14. 感谢四川人民——重庆《新华日报》社论（1945年10月8日）

在八年抗战之中,这个历史上最大规模的民族战争之大后方的主要基地,就是四川。自武汉失守以后,四川成了正面战场的政治军事财政经济的中心。随着正面战线内移的军民同胞,大半居于斯、食于斯、吃苦于斯、发财亦于斯。现在抗战结束了,我们想到四川人民,真不能不由衷的表示感激。

四川人民对于正面战场,是尽了最大最重要的责任的。直到抗战终止,四川的征兵额达到三百零二万五千多人；四川为完成特种工程,服工役的人民总数在三百万人以上；粮食是抗战中主要的物质条件之一,而四川供给的粮食,征粮购粮借粮总额在八千万石以上,历年来四川贡献于抗战的粮食占全国征粮总额的三分之一,而后征借亦自四川始。此外各种捐税捐献,其最大的一部分也是由四川人民所负担。仅从这些简略统计,就可以知道四川人民对于正面战场送出了多少血肉,多少血汗,多少血泪！

虽然四川人民的热血洒遍了整个正面战场,滇西缅北之役,更把四川男儿的大量头颅抛掷到国境之外。然而出征军人的父母妻子,却仍在家乡为抗战忍受着一切的痛苦。这几年来,由于官贪吏恶,特务横行,役政、政府的腐败,物价的狂涨,黄金的戏法,更使得四川人民处于水深火热之中,但是四川人民吞下一切的痛苦,像一头牛,被人们挤着多多的奶,被人们喂着少少的草,没有一句说的！单凭这一点,那些抢着吃它的奶,抢着扣它的草的人们,难道不应该愧死么？

现在抗战结束了,全国规模的复员虽还在开始,但是我们对这个为正面战场出了最多力量的四川人民,决不能忘恩负义,无所报答。一切稍有良心的人们,都应在经济上努力使四川人民有一个休养生息,安居乐业的机会,废除苛杂,豁免粮款,发还侵占人民的财产粮食,撤销一切统制专卖的机构；在政治上,努力使四川人民能够解除身上的一切束缚,实现四川的地方自治,结束一党专政与特务活动,解散四川的一切集中营,建设一个新的民主的四川。

写到这里,我们忽然打了一个寒噤：这一切在今天岂不有点痴人说梦的嫌疑么？真的,这些年的四川,无论如何,总算还有两个民主运动的中心

——重庆与成都,这两个地方总算还有人能够替人民讲几句话。"复员"以后,希望由这个基础向前发展。

我们站在老百姓的立场上,只希望无论什么地方,总要越变越民主,而不要越变越不民主。对于向来在中央政府直接统治下的四川,我们当然抱着同样的希望。我们说了一大篇四川人民的丰功伟绩,末了只提出这样一个希望,这总该是四川人民最低限度的低调,不该再感到失望了呢!

二、川军出川抗战

(一)第七战区

1. 中央社报道刘湘抵汉口并将赴南京晋见蒋介石消息(1937年11月10日)

汉口十一月九日电:刘湘九日晨由蓉乘欧亚机晋京,刘航琛等随行。十一时过西安略停,会晤蒋鼎文、孙蔚如。十二时由西安起飞,于下午四时到汉。何成濬代表陈光组、警备司令郭忏、黄文植等到机场欢迎。刘下机后即由陈等陪至省银行休息,何成濬旋往访晤,叙谈甚欢。刘并接见潘文华、郭勋祺等。据悉,刘日内即晋京谒蒋请训,然后转前方指挥军事。中央社记者往访刘氏,承发表谈话,大意如下:(一)抗敌最后胜利必属于我。(二)川除已抽调壮丁三万赴京及补充团二万五千外,拟在两月内调足十二万;物力方面,川蕴藏可供全国抗战两年以上之需,现拟有计划呈请委座核定,幸已分别着手进行。(三)本人必尽其所能报效国家,以副我最高领袖之倚□及全国同胞之希望。关于抗战方向和策略及川后防计划,俟得委座核定即遵照施行,本人亦即赴前方指挥所部,以热血换取国家民族之自由平等。

(原件存中国第二历史档案馆)

2. 第七战区司令长官刘湘致蒋介石报告（1937年11月20日）

报告　十一月廿日午前十二时

于南京赤壁路司令长官部

一、效酉一作元电奉悉。

二、职部遵照部署如下：

1. 第二纵队行动如次：

A. 以一个师担任长兴，一个旅担任宜兴附近湖岸之警戒，并于廿三日完全到达。

B. 以两个师集结于五里店、广德、七里店、十八里店地区间，并推进一部至泗安镇附近警戒，廿二日前须到达一个师。

C. 以一师半集结于溧阳张渚镇、戴埠镇地区间，限廿二日全部到达。

2. 直属部队行动如次：

A. 独立十三旅集结于清水河附近（芜湖以东廿公里）。

B. 独立第十四旅集结于芜湖。

C. 宪兵营驻南京。

右呈委员长　蒋

第七战区司令长官　刘湘呈

（原件存中国第二历史档案馆）

（二）第二十二集团军

1. 孙震、邓锡侯报告一二四师等部在阳泉平定一线战况密电（1937年10月）

(1) 10月27日密电

南京委员长蒋钧鉴：枕密。职有亥秦参电计入钧览。职刻行抵潼关，渡河北岸。顷据〈124〉师曾旅感亥电称，职旅有夜赶到阳泉，奉黄副长官、孙总[司令]连仲命令：星夜兼程赴平定县前方石门口，部署阵地。感已方到石门泺[口]，午刻即与敌人接触。敌以飞机、大炮、机枪猛攻石门，我阵地自午至亥，死伤甚重。职督部尽力撑持，暂以牺牲决心，固守该点。等语。至王师战况,候得报,即转呈。职孙震叩。感亥潼参。印。

(2)10月30日密电

急。委员长蒋钧鉴:枕密。职等本晨到达太原。〈122〉师及〈124〉师曾旅,现在南磐、平定、阳泉之线,正激战中,归孙连仲指挥。〈127〉师之一旅已到达榆次,一旅在同蒲道上,〈125〉师在宝鸡至西安路上。除战况另电详报外,谨呈。职邓锡侯、孙震叩。卅巳。晋。印。

京委员长蒋:○密。宥亥秦参电计入钧览。顷据王师俭申电称,职师王、童两旅在西回村与敌遭遇,经有、宥两日激战后,官兵伤亡二分之一以上。计蹇团陈营在争夺阵地中全营牺牲殆尽,王团连长伤亡十员,排长廿余员。现奉黄副长官命令,撤守平定县西南上下磁头大道,并从事整理。等语。又据曾旅俭电称,职旅奉命扼守平定前方石门口、西郊村一带,感巳起迄俭止,与敌激战。我七四四团伤亡颇重,其黄营因迭次向敌逆袭,全营牺牲,仅余数十。现奉命移守北阳、夏庄之线。等语。谨呈。职孙震叩。卅亥。并参战。印。

(原件存中国第二历史档案馆)

2. 邓锡侯、孙震致蒋介石密电(1938年3月18日)

特急。武昌委员长蒋:勉密。一二四师自滕县冲出之通信兵丁世俊报称:我军死守滕城,自删迄篠,敌军大部突攻,飞机、大炮猛轰不绝。铣日城已轰塌数处,随以麻袋填补。友军联络迄未取得。篠日城垣轰毁尤多,王师长、税副师长督临官兵浴血抗御,伤亡无数。至篠日敌乘城倾塌冲入城内,我军誓死巷战,全军完全壮烈殉城。等语。职军迭受军训成仁尽职。此次为保障津浦北段,王、税两师长及王永械团在滕城、谭团在龙山、姚团在普阳山均全部牺牲以尽军人天职。除派员侦查最后冲出官兵设法收容外,谨呈。职邓锡侯、孙震。18·14。柳战。印。

(原件存中国第二历史档案馆)

3. 第二二集团军滕县战役战斗详报(1938年春)

第一,战斗前敌我态势之概要

甲、敌军态势概要

敌自二十六年十二月十二日陷我首都后,即企图打通津浦铁路,以便南北兵力互相转用,并期领有陇海路,配合沿江进犯之敌,包围武汉,乃以攻击重点指向我战略要点之徐州。

二十七年二月初旬,由津浦南段之敌第十三师团、第一〇二师团及一六师团之一部,突破临淮关、蚌埠、怀远之线后,强渡淮河,另向五河、固镇、蒙城三路进攻,配合津浦北段及蒙阴、兖州、济宁之敌,向陇海路作迂回之进攻,企图一鼓而下徐州,经我分头予以痛击,敌遭受惨败而退。

敌经此打击后,乃变更计划,一面以伊藤指挥之第一军团扫荡我在豫北与晋东南之挺进军,突破黄河防线,而达截断陇海之目的,一面以西尾寿造指挥之第二军团意图突破津浦北段之鲁南阵地,直窥徐州。自三月上旬起,与我张自忠、庞炳勋各军,于临沂附近激战。

沿津浦北段南下之敌,其中央部队为矶谷廉介指挥之第十师团,附第一〇八、一〇六两师团所属之福荣、重藤千秋两个联队。邹县及两下店之敌,原为一〇八师团之一部,约步骑三千余人,由福荣指挥,继于三月上旬,增加重藤千秋之一〇六师团,约八九千人,于三月九日及十二日,迭以一部向我界河及左翼长峪、季寨阵地局部进攻,均经击退。

乙、我军态势概要

集团任(任为衍文)受领巩固津浦北段、确保徐州、打破敌人贯通津浦线企图之任务。战略上在阻止优势敌军之攻击获得时间之余裕,俾我主力军得以适时赶到,从容部署对敌反攻,期于滕县以北地区,予以致命打击。战术上,则以持久之手段,达成防御目的。当时集团之部署如左〈下〉:

1. 四五军之一二五师主力,扼守香城、普阳山、白石山、堡子之线一部(三七三旅姚超能团),占领龙山五一三高地,为阵地支撑。以一二七师占领龙山五二三、五二二高地,与前后枣庄及津浦正面之南北界河构成纵深阵地,并由该师派遣一部占领黄山,侧防津浦正面阵地。

2. 四一军之一二四师三七〇旅占领石马坡、石墙之线,并以一部占领大山、小山、长峪、季寨各要点,阻止敌之右翼旋回。一二二师除三六六旅于泗水至费县道上之太平邑,布置阵地,掩护我友军侧背外,余集结滕城附近,相机策应第一线作战。敌于九日至十三日以来,不断以小部队向我进攻,均被我击退。

第二,影响于战斗之天候地形

三月中旬,正农历二月蒲月之际,严冬甫去,春寒料峭。我士兵因历晋东南诸役之故,棉衣大多破旧,且有一部仍着短裤,挺立于北国原野之中,与风寒暴敌同时搏斗。当滕县攻守战激烈之时,适月明如昼,有利敌空军之活动,故我军日夜遭受轰炸,增援补给均极困难。

鲁南、苏北地势开阔,仅有岗陵起伏,如龙山、晋阳山、马山、大山等,断续分布。界河以北,铁道东西地区,津浦铁路南北纵贯,并有与铁道平行之公路一条。此外,图上点线片点线路,皆可通行骑炮兵,双实线路,更无论矣。故对敌机械化部队与重炮兵之运动,毫无阻碍,遂使敌得以充分发挥新式[武]器之威力,以绝对优势火力压倒我军。且因土质概为沙质,无构法(法构)筑坚强御防工事。综观鲁南地形,对攻者极为有利,而于防者,则极为不利也。

第三,敌我交战兵力及指挥官之姓名

与我交战之敌为第十师团全部及第一〇八师团、第一〇六师团之各一部,共约步兵二万九千余,骑兵千五百余名,野炮百余门,重炮三十余门,战车四十余辆,飞机轻常以九架或十余架之编队,轮番向我阵地投弹,或参加地上战斗,昼夜不息。其指挥官为矶谷廉介与福荣、重滕千秋等,其部队为敌军四联队制之师,而第十师团又为敌常备师团中之最精锐者,战斗力极强。

我军在敌未发动向我攻击前,系以四十五军之一二五师、一二七师两师及四十一军一二四师,任第一线守备指挥官为四十五军副军长兼一二七师陈离。以一二二师(欠三六六旅)守备第二线及滕县城防,继于敌人攻击滕县城时,四十一军之一二四师即由第一线撤回,加入作战指挥官为一二二师师长代理四十一军长之王铭章。四十一、四十五两军合计虽为四个师,而实际自西山(山西)战役后,伤亡迄未补充,每旅不过一团之众,总兵力不过两万员名。主要武器为川造步枪、手榴弹、少数机关枪,与数门迫击炮而已。

第四,各期战斗经过及决战时之情况

集团当侦知邹县之敌源源增加及观察自九号起讫十二号敌向我中央及左翼迭攻情形,即判断敌军将大举进犯。除一面呈报长官部请求增援外,一面电令两军严阵以待,其要旨如下:

1. 津浦北路之敌连日源源增加,似有大举进犯模样;

2. 集团以确保滕县之目的,决于滕县以北地区,拒止敌之前进,催〔摧〕破敌之攻势;

3. 四五军为右,第一线守备兵团占领晋阳山、金山、龙山、界河、黄山附近各地区,加强工事,依火力拒止敌之前进,并向〔相〕机摧破之;

4. 一二四师为左,第一线守备兵团占领石马坡、石墙、长峪、季寨附近各地区,依火力拒止敌之前进,并向〔相〕机摧破之;

5. 四一军(欠一二四师)为总预备队,占领滕县附近地区,并以一部占领太平邑附近地区,掩护集团之右侧背;

6. 余略。

两军奉命后,即加强工事,严阵以待。兹将各日战况分述于次:

三月十四日

是日拂晓,有敌机五架,于我阵地上空盘旋良久,投下轻磅炸弹数枚,旋即逸去。至六时四十分,有步骑三千五六百名之敌,藉飞机、战车之掩护,分四路犯我普阳山、黄山、界河、石墙等阵地,以重点指向黄山,并行两翼包围。经我奋勇迎击,至十五时,我黄山阵地因敌飞机之猛烈轰炸及炮火之猛击,致被突破,我死守黄山之一连,全部牺牲。又防守石墙之一二四师三七〇旅吕康部,于上午七时起,即遭受优势敌人之攻击,伤亡甚重。十一时,退守季寨、大山、小山之线,敌跟踪追击,又发生激烈战斗,该旅扼守季寨之陈康两营,受损极大,不得已乃于十九时利用夜暗遵令向滕县转进。

突破黄山之敌,未稍停滞,即继续前进,进攻我九山庄、王福庄、张庄后,屹村金山一二七师主阵地势极凶猛,幸赖我将士用命誓死抵抗,激战至十七时许,我阵地仍屹然未动。敌乃变更战略,分兵千余,自龙山、普阳山间,该师右侧偷入我阵地后方,陈师长离闻讯即亲率一营前往堵截。随后,敌又增援千余,并有大批迂回部队,自龙山、前后枣庄进攻柳泉庄,截断滕县至界河公路。该师除以主力退守龙山,占领向西之侧面阵地,猛力侧击外,另派遣一部尾击。占我柳泉庄之敌至,一二五师仍死据普阳山,但因装备太劣,虽牺牲惨重,亦未能阻止敌之挺进。于是,我突出之界河正面阵地,即被包围,致前后受敌,战斗异常激烈。

集团鉴于界河正面阵地之必被突破,为持久抵抗计,乃抽调位置于滕县作总预[备]队之一二二师三六四旅(王旅兵三营)二营及收容一二七师王团永械之数百人,于北沙河配备第二线阵地左翼。为制止敌之包围,以一二四师三七二旅于大坞村、小坞村另设阵地,为守势钩形。入夜,我左右各部队仍据普阳山、龙山,与大小坞村各据点,继续与包围之敌成一种激烈之混战。

当界河正面战事激烈之际,担任滕县城防之部队,仅一二二师三六四旅之一部及由石墙退回之一二四师三七○旅残部(刘止戎营)。继感城防部队兵力过于薄弱,我四一军王军长乃于十六时电调驻太平邑之三六六旅童澄部,星夜驰回滕县增防。

三月十五日

本日,集团军奉到委座及长官李电,令以滕县为津浦北段要点,关系全局,务应竭力死守,支持时间,以待增援。集团奉令后,乃电饬各部整顿部署,务予来犯之敌以至大之打击,必要时即以全力死守滕城,流最后一滴血,争取时间,以待友军之到达。拂晓,敌以机械化部队二千余之众,绕道攻我北沙河阵地,我一二二师三六四旅之张宣武团当予迎击,并编组决死队,潜伏铁道两侧,以手榴弹炸毁敌之战车达五六辆之多,并广泛破坏道路,阻滞敌之前进。敌步兵失其掩护,战斗力骤减,复遭我机枪之扫射,死伤甚重,敌局促不敢再进,仅不断炮击而已。

正午,敌之后续部队陆续增加,达万余之众,由龙山以东向南运动。十三时,我界河正面阵地亦被突破,两处之敌合向龙山之四十五军一二七师之三七九旅杨庶咸部及一二五师三七三旅姚超能团,包围攻击,敌我肉搏争夺,死伤枕藉,终因敌火过于猛烈,我龙山阵地遂于十四时三十分失陷。集团当饬该军占领龙阳店、北明、东廓附近各地区,以掩护我北沙河阵地之右侧,俾与敌于滕城外围作最后之支撑。惟该军转进时,敌跟踪追击,致既定之线,无法领有,不得已乃布防城头及其以南高地,死力拒止敌之前进。此时,我一二二师三六六旅童旅长,率王文振团(缺第一营),正向滕县急进,行抵常相村附近,即与追击杨旅之敌机械化部队遭遇,激战一时许,卒被敌战车冲散,退至官桥,收容整理后,企图继续向滕县前进,但又被阻于敌。除王文振团得钻隙仍向滕县前进外,余不得已折经虎山、龙山(滕县东南十六公里),向峄县方向转进。

是时,我配置于大小坞村方面,以为守势钩形之一二四师三七二旅曾苏元部,亦遭优势敌人之压迫,大部向滕县城郊转进,小部仍死据原阵地,继续抵抗。

入夜,由龙山以东向南运动,击破我四十五军之敌,大部停止于滕县城东北之城头,东廓、北明、龙阳店诸地区,左翼大小坞村方面之敌,亦大部向东北推移。于是,敌将由右翼迂回围攻滕县之企图已暴露无遗,而我正面各部队,亦因后方为敌截断,遂成混战。除一部在攻围中死力拒守普阳山、大小坞村,并夺回龙山外,余均于混战中,或由敌后方,或由敌左翼突围冲出脱离战场。集团深知滕县为当时津浦北段战略要点,兹后方友军既未到达,遂决心死守,俾友军将来容易进出滕县以北地区,歼灭该敌。乃令代理四十一军军长之王铭章指挥四十一军一二二、一二四两师位置滕县城内之部队,担任此伟大之任务。

由泗水太平邑抽回之三六六旅王文振团,其先头严翊营于本日十七时始到达县城,担任东关外部防务。二十时以后,敌由东沙河进攻滕县东门,该营沉着迎击,毙敌甚多,敌不得逞。午夜,敌以炮兵施行扰乱射击,并派遣部队实行夜袭数次,俱经我严营沉着击退。

当开战之初,集团深感任繁,正面太宽,兵力单薄,装备又劣,总预备队仅有一团(原有两团,后有一团派去泗水方面策应友军作战),虽抱澈〔彻〕底牺牲之决心,以尽天职,但恐万一有失,危及整个战局,故催请派兵增援。继奉委座及长官复谕,知已派汤恩伯军驰援。十八时,汤军先头约一团之众到达临城,我官兵得此消息,益加奋勇,益知巩固津浦北段、确保徐州之伟大任务,定能在汤军协力之下得以达成也。

三月十六日

天肖〔稍〕黎明，敌以便衣队二十余名，搜索前来，我防守东关外郊之严营隐藏于墙边屋角，待敌既近，遂以狙击，敌全遭歼灭。六时许，敌以重炮八门及步骑联合约千余之众，逼近滕城。其炮兵阵地位置于城东五公里之处，猛烈轰击城厢，我严营沉着应战，待敌接近，即以手榴弹掷击之，毙甚多。敌复继续猛攻，我以东关危急，守兵兵力平薄，乃抽调一二四师三七〇旅及三七二旅之各一营增援，协力严营，与敌往返冲杀，均多数牺牲。是时，我城内部队为一二二师张宣武团之司营及刘营（缺一连），依据城垣，坚强抵抗。九时许，敌机二十余架侵入滕县城郊上空，将我城郊工事悉数炸毁，敌步兵凭借战车掩护，再度冲锋。我东关守兵挥刃与敌肉搏，伤亡奇重。又有敌一部七八百人，由北门攻击滕县城厢，张团长即令第九连连长张进如率队前往堵击，与敌死拼，我官兵前仆后继，卒将该敌击退。旋北门之敌又开始第二度猛攻，我张团之张继先连编组敢死队百余，以大刀、手榴弹予以击退。傍晚，东关外郊之敌又增援猛扑，我东门外廓经敌大轰击后，外廓城垣多被摧毁，敌得以乘势冲入，守兵奋力抵抗，死伤殆尽，东关乃被敌占领。我各部队被迫退入城内，严营生还者仅二十余人。

敌既占据东关，当夜续向城内炮击，我军手榴弹与步枪已失效用，我守城官兵，均抱定待敌近临城下与敌肉搏之决心。十七日二时许，东门附近之城垣，被轰塌两处，每处长两三丈，王师长即令将储藏司令部之食盐千余包，填补缺口，各处城门同时加添沙包，敌夜袭数度，俱不得逞。

当时，守城官兵仅有七连，加入由太平邑驰回之严翊营，不过十一连，后将北沙河之守兵一二二师三六四旅张团王、吴两营，调来协守。吴营配置于东门（不含）至南城角，司营配置于东门（含）至北门间，王营为预备队，控置于城内东南角一带。并因大小坞村方面之敌大部已转移，乃令一二四师之三七〇旅（旅长曾苏元）痛击该方面之敌后，留一小部监视，大部均调入滕县城内，协力固守。时我一二七师王永诚团亦赶到加入，我士气因此大振。且知由豫东归德调来增援友军可以立到，城围自解，且以内外夹攻，必可歼灭该敌。故守城官兵无不相互激励，以期流尽最后一滴血，保卫此战略要点之古滕城。惟是日午,汤军第四师有抵官桥及临城东北高城一线,而敌之一部亦于此时到达滕县南之南沙河,我铁甲车曾分队力战拒止,以待友军到达,不幸车头被毁,南沙河为敌占领。至此,滕县遂沦为孤城。集团当电饬王代军长集结残部,勉力杀敌,城存与存,城亡与亡。

三月十七日

十七日黎明,敌陆续增援,运来攻城重炮八门,战车及装甲汽车百余辆,继续围攻滕城。敌机五六十架狂炸城厢,轰或稍止,其排炮密如雨下。六时许,敌突击队三百余开始攀城,被我居高临下以步枪手榴弹全数击毙。敌又增加二百多名,蜂拥爬登,又悉被歼灭。正午,南城城垣被敌炮火推〔摧〕塌两丈余,城厢民房中,敌烧夷弹到处起火焚烧。我一二七师三七〇旅王麟团长率部前往南城缺口据堵,在敌炮击轰炸之下,完成堵塞工作,惟王团长不幸中弹阵亡。十三时许,敌机轰炸益烈,城内房屋半被炸平,浓烟迷漫,火光冲天,我城内守兵已伤亡过半。王师长铭章率同赵、邹两参谋长及各旅长团长、周同县长,沿城垣往来督战,鼓励残卒,死力抵抗,以待援军到来。十四时三十分,南城缺口复被敌炮火掩没,已堵塞之缺口遂再被崩塌,且增大缺口长度。敌复以俯冲轰炸机二十余架,掩护步兵千余,蜂拥突入,被我迎头痛击,歼其大部,残敌纷纷退去。十五时许,城南缺口之左侧又被敌炮摧毁成一小缺口,有敌十余布梯攀登,被我张团第三连之上等兵潘玉即以手榴弹击毙七八名,余逃去。无奈大缺口处,又有数百之敌突入,张团之王、吴两营竭力堵御,即发生剧烈巷战,第一连连长张奎智率队奋战,身先士卒,手刃敌寇数名,卒以殉难。十五时三十分,敌复增援二千余,突入城内,我军愈战愈少,敌更集中炮火,以烧夷弹猛向城内射击,我阵亡将士忠骸及重伤不能行动官兵多遭毒焰延及尽成灰烬,其壮至惨,其情至烈。

王师长见援兵不到,敌众我寡,城破敌入,大势已去,知杀身报国之时机已至,乃自持手枪,率同赵参谋长等转登西城督战。是时,轰炸炮击更烈,全城陷入火光烟尘之中,巷战愈形混乱。王师长回顾左右,所余无几,吕康旅长弹贯面部,路卧不能行动。王志远旅长、张宣武团长、汪朝濂副旅长等均负重伤,指挥残部奋力死战,王师长观状,泫然欲泣。旋赵参谋长渭滨被敌弹击穿腹，蹭地挣扎，王师长急趋前救护，不幸遭敌机关枪扫射，当其执赵参谋长之手而泣慰时，一弹飞来，直中腹部，竟卧地不起，然犹挥臂狂呼："杀敌不已！"时有敌兵数人欲趋前加辱，被王师长连毙其三，余惊骇而退，无奈伤势太重，竟于手刃敌贼后，大呼"中华民国万岁！"以亡，赵参谋长亦同时殒命，罗副官长辛甲亦被枪伤，坠城而亡，少校参谋谢天坝同于城上为敌平射炮击中头部而死，一二四师税副师长仅以身免，该师邹参谋长绍孟、傅副官长哲明均阵亡，其余营长以下官佐死伤几达十分之八九，城内数百重伤士兵不愿受敌残杀，均以手榴弹自毙而死。因赖我忠勇将士之奋斗牺牲，克以保障徐海，巩固津浦北段，争取时间，使汤恩伯军团得以从容展开，达成尔后台儿庄之大捷。自抗战以来，除宝山之役外，如此悲状〔壮〕战役，尚属第一幕也。

当是日战况紧张之际，本部于临城接王师长最后电三，通观此，可以想见当时战斗之猛烈，惨状为何如也！

1. 立到。临城军长孙：密。黎明，敌即以大炮向城猛攻，南东（东南）角城墙被冲破数处，王团长冲锋阵亡。现正督各部死力堵塞中。谨呈。王铭章。12.12。叩。

2. 立到。临城军长孙：密。敌以炮兵猛轰我城内及东南城墙，东门附近又被冲毁数段，敌步兵登城经我军冲击，毙敌无算，已将其击退。若友军再无消息，则孤城危矣。谨呈。王铭章。12.13。叩。

3. 立到。临城军长孙：密。独坐山方面，本日无友军枪声，想系被敌阻止。目前，敌用野炮飞机，从晨至午不断猛轰，城墙缺口数处，敌步兵屡登城，屡被击退。职忆委座成仁之训，开封面谕嘉慰之词，决以死拼，以报国家，以报知遇。谨呈。王铭章。12.15。叩。

是日，我据守龙山、普阳山之四五军残部，因见敌猛攻滕县，企图袭击敌之侧背，解救滕县之围。行抵鲁寨附近，遭遇优势之敌包围攻击，不得已突围向南沙河方向转进，又遭遇敌之截击，死伤逾半，残存者亦疲惫不堪，由陈师长率领转至徐州，整理清检所部，仅余三千余员名。

敌既入城，争劫商店，恣意烧杀。我城内零星部队，尚有五六百人，仍集合与敌巷战，入晚始冲出北门，且战且向临城方向退却，途中又续有伤亡。到达临城后,陆续收容零残部队,清查人数,一二二师之三六四旅仅余三百余员名,三六六旅仅余四百余员名,一二四师所余较多,然亦不过千余员名已耳。旋奉长官命令四十一军调回韩庄整理,后即转至柳泉待命补充;四十五军转至□□整理补充。固守滕县之战至此结束。

第五,战斗后敌我行动之概述

敌占领滕县后,即沿铁路直趋临城,然后以一部仍沿铁路南下,牵制我军主力。由临枣台支路直趋台儿庄,企图截断陇海路,而抴徐州之背。战区按照预定计划,以孙连仲军团固守台儿庄,迎头痛击;汤军团猛袭敌之侧背,将敌包围截断于枣庄、峄县、台儿庄之线。矶谷所部七个联陷队〔队陷〕入绝地,弹尽援绝,矶谷廉介变成斧底游魂,至四月六日下午三时,被我全部歼灭于台儿〔庄〕以北之三角地带,造成第二次坦能堡大歼灭战之伟大胜利。

我军战斗后,残破不堪。乃令一二二师由柳泉开驻拾屯,整将残部编为步兵四营开赴韩庄、运河之线,归一二四师曾苏元旅长指挥,准备再战。令王志远代理师长,率师部人员前往砀山,接收新兵,就地训练。一二四师于临城稍加整理后,即开赴韩庄、运河之线,一面整顿,一面作战。四十五军除小部钻隙,由铁路以西向徐州转进外,大部经滕县以东之虎山、沂山,向枣庄转进,继集结徐州附近整理。

第六,敌我伤亡之数目

是役,毙伤敌军官佐三百二十余员,击毙士兵一千五百余名,击伤士兵五千七百余名。我阵亡官兵三千余人,负伤官兵四千余人,四十一军占伤亡总数四分之三。

第七,此役所生之成绩及影响

1. 我集团以绝对劣势之装备,抵抗高度机械化敌兵,于极不利于防御之地形上,阻敌锐进达三昼夜之久,弹尽援绝,继以白刃,更继之以拳,复继之以齿,终继之以血、以头颅,以达成巩固津浦北段,保障徐海,争取余裕时间,使友军得以从容布置之任务。虽牺牲殆尽,亦不稍顾,则我军战意之坚强,奉行命令之澈〔彻〕底,官兵之视死如归,可谓趋今迈古,罕有其匹。而死事之烈,报国之忠,虽与日月争光可也。

2. 滕县血战,达到拘束敌人之目的。若无滕县之血战,则汤、孙两军不能于临城台儿庄从容布置,汤、孙两军若布置未成,则运河危,徐州殆,焉有台儿庄之大捷?敌军若不受挫于台儿庄,徐州必被一鼓而下,徐州既失,陇海路不保,则武汉之失陷,势必提早半年。武汉之过早失陷,影响于国人抗战意志之萎坠至大,而各种军事计划设施等,亦必随之瓦解,其危险岂堪想象?故人谓滕县之役,乃保证抗战胜利之表现,实不虚也。

3. 我军于滕县浴血苦战,虽势力悬殊,然能取得同等代价,而将矶谷部队之锐气消磨殆尽。此役结果,影响所及我国军自南京退却后,几将不振之士气为之复活;反之,敌军可不(不可)一世之矫妄气焰,为之挫戢。尔后矶谷所部之徘徊韩庄、台儿庄、运河线上,迟迟不进,能不谓为非受士气消沉之影响也?〈下略〉

4. 四十一军一二四师三七〇旅鲁南战役战斗详报(1938年7月16日)

一、战斗前彼我形势之概要

敌寇以邹县为战略据点,以两下店为战术据点,厚集兵力于邹县,其主力指向我津浦路以西山地本旅地区,位置于石墙、羊宿,其迂回部队绕向三山,威胁我高庄、池头集之侧背,拟一鼓将我扫荡后,直扑滕县,进陷徐州。我师以巩卫滕县及巩固界河阵地为目的,以本旅(缺两营又两连)位置于东深井、纪寨、长峪一带地区,掩护界河之左翼,以三七二旅余团(缺一营)位置于池头集、高庄,掩护我左翼。

二、影响及于战斗之天候气象及战斗地之状态

旬日以来,天候晴明,日出于午前五钟左右,日没于午后七钟左右,晚有星光月色,颇可辨识途径。敌常于黎明后运动部队,午前九钟或十钟试攻,十一二钟则全力攻击,至午后五钟左右则停止攻击。敌飞机亦常从午前八、九钟活动,至午后四钟左右。我则常利用夜间运动部队,规整阵地及作一切补给之处置。然敌战车在开旷地中,亦常于夜间不断活动,敌攻滕城时,因目标显著,夜间仍炮轰不绝。东深井、长峪、纪寨、高庄均为小山丛绕,可以扼制敌

之战车活动,堆山皆石质,于我守御无益。又金斗山以东及以北,窟窿山及界河以南,同滕县附近,均系开旷之平坦地,足资敌之战车活动,我攻守均感困难。

三、敌我之兵力交战、敌兵之部队番号及将帅姓名

沿津浦本道南侵之敌,为矶谷师团及板垣师团同刘桂堂匪部,我当面之敌为矶谷师团之福蕊旅团。

四、各时间之部署及其附带之理由

三月八、九两日,据陆续侦报,敌从津济专车运兵到邹县,日夜不息。本旅奉命由游击态势转为防御准备,当部署如下:吕团蔡营附陈营(缺两连)为右地区队,就长峪至金斗山一带地区,占领阵地;王团康营为左地区队,就金斗山迤北至纪寨一带地区,占领阵地;王团雷营为预备队,位置于东南深井,并就窟窿山东西一带高地构筑预备阵地。

三月十五日,敌突破我右翼及界河,而进扑滕县,我后防空虚,乃乘夜移转至李店和福村及大小坞一带地区占领阵地,本旅位置于李店和福村,曾旅位置于大小坞,互为犄角。

三月十六日,敌围攻滕县甚急,午后三时三十分,奉副师长税命令,其要旨如后:1.师有巩固滕县、待汤军团增援之目的;2.曾旅肃清西门外之敌,保持后方交通;3.本旅肃清南门外之敌,巩固滕城。午后四时三十分,分两纵队:曾旅为左纵队,本旅为右纵队,向滕县转进。午后七时占领大小阎村,午后九时完全肃清滕城西外一带敌寇。当又奉副师长税命令(要旨):1.曾旅即在西门外占领阵地,保持交通;2.本旅以一营接守东门外一二二师严营阵地,其余为城防预备队,位置于城内,当作如下之处置:(1)令雷营驰赴东门外,接守一二二师严营阵地;(2)令蔡营、康营(战后新编不足两连)、陈营(缺两连)为城防预备队,位置于城内,并各赶筑坚固防御工事。

五、各时间之战斗经过及其关联之邻接团队之动作

三月十二日正午十二时,敌之攻击部署似已完成,以步兵约三四百,附炮两门,攻我簸箕掌蔡营徐连阵地,炮轰后并以步兵冲击,激战约三小时,经派高连从左翼出击,敌即引退。是役,毙敌约数十人,我亦略有伤亡。

三月十三日午后一时,敌之迂回部队已到三山,并以步兵约一营,骑兵数

十、山炮四门,由羊宿绕攻纪寨迤北我康营阵地,中途被我伏兵截击,毙敌指挥官一名,敌骑十余,步兵数十,敌前锋完全溃散,故未敢再进,乃以大炮向我阵地轰击,约两小时之久。此役,我只伤亡十余人。同日午后,三七二旅余团长率兵两营到达池头集,并奉命归职指挥,当令进驻高庄监视三山方面之敌。

三月十四日午前十一时,敌以大炮七八门,轰我金斗山陈营阵地约一小时后,续以骑兵五六十,步兵七八百,分路进扑,激战至午后二时,经我蔡营抽兵三连由右翼出击,敌不支,溃回石墙。

三月十五日午前七时,敌步兵约二千余人,骑兵百余,大炮十余门,沿石墙至南阳镇公路向我康营阵地进扑。又敌约七八百,附骑兵数十,山炮四门,由三山向我侧背之高庄绕袭。另有敌千余,骑兵数十,大炮八门,由大颜村向长峪、金斗山我蔡陈两营阵地进袭,各路敌炮同时轰击,达九时许,我全部警戒阵地被敌攻陷。但长峪、金斗山一带阵地因地形良好,十分巩固,敌乃集中炮火,用主力向纪寨我康营阵地猛攻,炮轰后以步骑联合冲锋,同时敌机五架低飞助战,几度冲入我阵地,均被我奋勇击退,敌机亦被我击毁两架,落于石墙附近,迄十一时许,康营官兵伤亡过重,已不能支持,乃立令雷营程子仪连跑步往援,到达时,敌已陷入阵地,程连长即率领该连猛勇反冲,并身先陷阵,敌不支挫退,不幸程连长于此时负伤,其部下亦伤亡过半。十二时许,敌增援部队又到,继续猛扑康营汪连阵地,我增援未及,敌已陷入,汪连及其全连官兵同时殉职。敌既得势,乃奋其全力,以扑高庄,冀从池头集绕截我后方,置我于包围之中。赖我余团长坚奋力抗战,予敌痛创,敌乃未逞,然仍继扑不已。我一面规整部队,就窟窿山东西高地进入预备阵地,同时令陈营长洪刚率兵两连,从东深井出击,奇袭敌之侧背,藉以支援我高庄之余团。午后三时许,高庄战况至为激烈,敌人枪声极为隆密,当以为我侧击之陈营业已得手。俄顷,高庄枪声反向南进,故甚诧异,立即派员侦察,据报陈营并未出击,尚滞留于深井附近民家,造整午饭。职当愤集雷营余部,拟亲出击,适得余团方面消息,敌已进陷高庄,该团现就池头集附近高地扼拒敌人。同时,得官长谍报及军部魏副官函告,谓敌已突破右翼友军阵地,界河车站已有敌踪,切嘱注意。正疑难间,奉副师长税函令(要旨):1.曾旅长率兵两营兼程增加我左翼

(余团即归还建制);2.本旅即扼守现阵地。其时虽已午后四钟,敌仍续轰池头集我余团阵地不止,当即规整阵地,编配部队,拟入夜后发起逆袭,规复原阵地。五时许,敌攻击停止,只断续以大炮向我阵地轰击,黄昏前敌已占领界河,向北沙河及我阵地后方之韩庄附近活动。我左翼之敌亦已越过池头集之侧后,入夜后曾旅长到达职处,乃研究情况,加以判断,决心于本晚就大小坞、和福村、李店一带地区占领阵地,免于明日为敌所乘。曾旅即于是晚移大小坞,本旅移和福村及李店,并黉夜将各处主要阵地完成。

三月十六日午前十时许,敌以战车五辆,直冲和福村雷营阵地,被我赶逐之外壕阻滞。同时,我又以密集火力猛射,敌不遑,退去。午后三时三十分,奉令(要旨见前)为守城部队,午后九时许,进入滕城,十时许各部到达指定位置(处置及经过见前)。敌澈〔彻〕夜炮轰不绝。

十七日午前四时许,敌攻东关外雷营阵地甚烈,先以重炮及山炮数十门,集中东外十里许之高地临下猛轰。至五时许,东外房屋尽燃,墙壁全塌,敌步兵利用场四周低地凹道,乘拂晓进扑,势极汹勇〔涌〕,但每次均被我击退。敌既受挫,复以重炮如密雨向城内城外乱轰,至八时左右,东外悉成焦土,雷营工事全毁,伤亡累累,敌再度进扑,[我]几难支持,立命七四零团王团长麟率陈营营长陆续移转阵地于西门外。东外阵地既陷,滕城完全失所凭借,敌更移重炮一部至南关外数里处,向城夹轰,并以坦克车掩护步兵冲锋,但每次接城,均被我击退。敌乃集中炮火专轰东南城墙两点,同时以大量烧夷弹向城内轰射,至午后三时左右,南门城墙轰塌丈余,敌即乘势攀登,守城之刘营部队竟以不支,同时城内房屋全皆着火,烟尘弥漫,几难睁眼,职当亲率蔡营冲上南门城墙,将登城之敌尽数歼灭,蔡营第三连奋勇杀敌,前仆后继,几全部阵亡,徐连长树森、杨排长汉三、傅排长用乾、张排长月清均英勇殉职。但敌以炮火掩护,仍不断向此坍城缺口猛扑,冲入几次,均被我反冲击退,但蔡营伤亡已极惨重,故职一面令在盐店抬运盐包堵塞缺口,一面选派勇迈士兵数人,潜身伏于坍城之内斜面,不断以手榴弹向坍城外投掷,间隔一分钟即投掷一次,使敌无法接近。四钟许,闻东城亦坍丈余,敌已登城,职即立令蔡营高连飞往驱逐,鏖持至六时左右,敌炮火之猛,倍于午前,一分钟之内,计有百余炮弹着于城内，故阖城悉成灰烬，城垛全平，工事尽毁，南门城墙又坍数丈，我伤亡过半，预备队亦已用尽，职面部亦受破片搽〔擦〕伤，然仍亲赴各处勉励各级官兵，誓死抵抗，勿稍回顾。全体官兵及各负伤将士，无不奋励十倍，齐呼杀贼，如此鏖持至七钟左右，敌由东南数处缺口登城益众，并已抢夺西门城楼。汪副旅长朝濂闻报，立督特务排奋勇夺取，汪副旅长竟因以连负两伤，特务排士兵伤亡殆尽，同时东门之敌，亦沿城墙进扑北门城楼，城内各部残队，虽尚有七八百，但混杂无序，指挥困难，然如敌占北门城楼而合围，则此七八百之我军，必同陷绝地，职当奋声急呼，励众一战，并集合蔡营残部数十，亲身先导，冲上北门城楼，将由东门来袭之敌击退，当分配其余官兵，抢据工事，向东南西三方敌寇抗战。是时，东南西三方城上之敌寇机枪火力，完全集射北门城上，我英勇士兵当被击中不少，参谋主任罗毅威随侍职侧立即阵亡，上尉参谋纪文典身负两伤，职头部连中两弹，当即昏蹶〔厥〕。事后据报，幸蔡营长铤继续督饬残部，与敌鏖持，入夜后始自毁北门（原系堙塞），分前后两队冲出敌围，一直突贯敌之后方约十余里，再折向西南，追寻本队。职则由梁宴清排士兵以楼梯绑作临时担架，抬负随行。

十八日至夏镇，而临城、韩庄业已失守。归路既断，乃越微山湖，到沛县回徐归队。

（原件存中国第二历史档案馆）

5. 陆军第四十五军战斗详报（1938年7月30日）

一、战斗前彼我形势概要

敌自台庄会战受创后，其残余部队及新由后方抽调来之生力军，凭据峄县及韩庄各要点顽强抗拒。另以大部一由金乡鱼台，一由萧县掠占砀山、黄口，截断陇海交通，会攻徐州。

本军自四月二十日攻略韩庄未收成果后，即奉命转饬一二五师就周家营、张厂、曹庄之线，对刘庄及韩庄之敌取攻势防御，一二七师协同友军负守备运河由新□子至姚庄一段之责。连日以来，因情势转变，于五月十四日午后十一时奉命全军撤回南岸，守备运河。除以一二五师之一团及一二七师之两团担任河防外,其余部队位于柳泉,为军预备队。

二、敌我兵力及长官姓名

当面敌为矶谷师团、坂垣师团及东北伪军,约数万人。本军自滕县战役后,一二五师并编为两团,即七四六团谭尚修所部,与七四九团李传林所部,统受三七五旅旅长瞿联丞指挥。一二七师并编为两团,即七五七团王永械所部,与七六一团李岳嵩所部,统受三七九旅旅长陈泽指挥。以上瞿、陈两旅为作战部队,统归一二五师王师长士俊指挥。又两师之空旅团营部,因杨、卢两旅长一因病调养后方,一在军训团受训未归,命令统交三八一旅副旅长刘公笃指挥,驻徐州附近训练干部,鲁南转进全数参加。

三、转进经过

五月十八日午后九时奉总司令孙命令节开:本集团奉命取道孤山集、潘塘镇、官桥、高村、永固镇、观音堂,向亳县转进,该军立即开始运动,等因。当转令王师长士俊督率所部,准上列路线开始运动,军师部同特务连及陈龙光营取道清山泉、大庙、韩刘庄、杨庄,向亳县运动。十九日午前八时,军师部及陈营行抵大庙南端,即被敌机十二架往返轰炸至二三小时之久。该处地形开阔,毫无隐蔽,同时,由徐州撤下之部队甚多,麇集一处,疏散不及,以致人马伤亡甚重。午后十二时到达杨庄,彼时情况如下:

1. 王师瞿旅所部正向阻断津浦路敌人冲击中,是否可以越过铁路,尚不可知。

2. 徐州情况不明,我杨庄当面铁路一线之敌,已向我严密布防。

3. 第三集团于总司令会商结果,采取避实就虚之方式,向泗县转进,再相机越过津浦线。

上项办法确定后,当转饬王师飞令瞿旅改道向泗县。讵此命令因距离过远,未能送达,而该旅于十九日晚即已越津浦线。此后,师旅间联络即行断绝。军师部同特务连及陈龙光营跟随陈泽旅后,于二十日入暮开始运动,取道前后尘、张山子、大李集向泗县前进。午后十二时,行抵张山头附近,即与敌人遭遇,激战至拂晓,卒因众寡悬殊,被敌冲散。二十三日,在泗县收容各部溃兵约千四五百人,奉令编为若干小队,统拨归曾代师长甦元指挥,就泗县、宿迁等地区发展游击战术。约一周后奉命突围,取道明光临淮关间、合肥定远间、凤阳寿县间,冒雨奔驰,不分昼夜,虽途中累遇敌小部队,但无激烈战斗。到达六安后,再经立煌、信阳等处,到达樊城。且为避免敌人注意计,部队均系化整为零,以故被服、装具等除遇敌损失外,沿途复累被汉奸、土匪及所谓红枪会、刀儿会等之劫夺,损失特重。

王师瞿旅自与该师失去联络后,即独断处置,仍取避实就虚方式,于十九日晚越过津浦线,取道高村、桃墟、柴里,向睢溪口前进。二十九日到达项城,再到信阳,调赴樊城整理。该旅在转进中,累与敌遇,亦无剧烈战斗。但在官桥、桃墟、睢溪口,均被敌机多队往返轰炸,械弹、行李、公物、马匹损伤特大。又两师之空旅团营及新领之新兵二营,当徐州吃紧之际,奉总司令孙命令统归一二二师王代师长志远指挥。五月十六日午后四时,奉王代师长志远令向拾屯转进,再经安集、新集、王集,向高寨前进。一二七师一部于五月十八日拂晓,在周家寨附近旧黄河故道内行进,遇敌坦克车二十余辆及步骑兵数百人,往复冲击,伤亡甚大。其他各部沿途冲过敌之警戒数道,亦逐有伤亡。十九日,奉王代师长志远命令,在商邱西南门外收容两师失散新兵。二十一日到达柘城,再经周家口、郾城,于六月十日到达信阳。

总合此次转进经过,各部一再遇敌发生战斗,备受敌飞机、战车之威胁、轰炸及汉奸、土匪、红枪会等之掠夺,公私物品、武器、被服、装具等损失甚重。所有此役人马伤亡、械弹损耗附表呈报。

四、转进后本军现态

本军各部到达信阳后,奉命集中樊城,整理训练,于七月二十日编整完竣,计编作战部队一师,其余新兵编为训练部队,分驻于樊城通老河口公路及通南阳大道附近,遵照总部临时训练大纲开始训练。

(原件存中国第二历史档案馆)

6. 陆军第四十五军鲁南战役报告书

甲、部队转进经过

一二五师瞿联丞旅及一二七师陈泽旅四营,五月十八日以前,担任姚庄至新闸子运河一线防务。五月十八日夜,奉命向西转进,指定路线由青山泉集—大庙—韩刘庄—杨村越津浦南段,取道永城、蒙城间之观音堂向亳县集中。沿途因遭敌阻击及敌机尾追,秩序、联络稍有紊乱。除瞿旅大部、陈旅一部越过津浦铁路,西进到达指定地点集中外,军部及两旅残余到达杨村后,因敌情变迁,奉令改道东进,经大李集到泗县集中。行进间,在前城、后城迭遭敌人袭击。到泗县之马公店,全军共收集枪五百余支、官兵共一千七百余人,复奉令归一二四师曾代师长甦元指挥,联合友军继续抗战。至本军未补充兵员武器之空师旅团营部及新兵两营,于十六日奉命受一二二师王师长志远指挥,先行西进。五月十八日,在郝寨附近数度遇敌步骑兵及坦克车袭击,损失亦大。

乙、现有力量

瞿旅之大部及陈旅之一部与新兵两营到达信阳后,点查一二五师,共收容官兵三千七百余员名,步马枪一千一百六十七支,重机枪十一挺,轻机枪二十六挺。一二七师收容官兵二千六百一十二员名,步马手枪五百二十六支,轻机枪九挺。除将前领存之步枪提出八百支、轻机枪九十四挺平均发给两师外,尚领存步枪九百支,拟以补充由川开拔将到之一二七师邹团,计军现有武器、兵员如下:

1. 一二五师共有官兵三千七百员名,步枪一千五百六十七支,轻机枪七□□挺,重机枪十一挺。

2. 一二七师共有官兵二千六百一十二员名,步枪九百二十六支,轻机枪五十六挺。

丙、临时处置

军现奉令移驻樊城整顿,到达后拟以枪支为准,将现有人枪分编为作战部队与训练部队,计:一二五师可编作战部队步兵十四连、重机枪两连成为四营,步连各配步枪九十支、轻机枪六挺,尚欠轻机枪十一挺;一二七师整编为作战部队两营,共九连配备,与一二五师步连同,剩余人员、武器则编为训练部队以待武器补充。至在泗之官兵一千余人,俟西移到达后再为整编。

丁、兵员补充

本军除现有员兵外，一二七师于山西战后派七六二团邹团长迪僧在川募补之新兵一团，已由川开拨并将补充团。两团请调补充外，不足之兵已奉邓主任电令，派员回川募集，预计两个月以内可望补充齐全。

戊、武器补充

1. 每连请配步枪九十支、轻机枪九挺，全军应需步枪八千六百四十支、轻机枪六百四十八挺。除现有数目及领存待发之九百支外，尚差步枪五千二百四十七支、轻机枪五百一十九挺。

2. 每营请附重机枪一连以六挺，计全军共需一百四十四挺。除现有一十一挺，尚差一百三十三挺。

3. 每团请附步兵炮一连（平射炮两门、曲射炮四门），计全军共需平射炮十六门、曲射炮三十二门。

4. 师请附山炮一营以三连，计全军共需二十四门。

己、通信器材之补充

1. 现只军部与一二七师各存五瓦无线电机一部，拟请补充军部十五瓦电机一部，各师旅部五瓦电机共五部。

2. 电话。拟请补充军部十门总机一部、分机六部，师部五门总机共二部、分机共八部，旅团各三部，营各一部，共计十门总机一部、五门总机两部、分机七十四部。

庚、被服装具卫生材料之补充

全军应需之工作器材、被服、雨具、水瓶、卫生材料等项均损失殆尽，拟请全数补充。

谨呈军令部长　徐

（原件存中国第二历史档案馆）

7. 陆军第四十一军八年抗战纪实

第一，二十六年十月晋东战役

一、民[国]二六年十月下旬，敌矶谷师团与板垣师团企图会攻太原，乃以全力猛攻娘子关，我友军战况已临不利状态。军率一二二师、一二四师即奉令由西安兼程增援,于平定附近与敌之侧翼部队遭遇,当时以铁道运输部队迟缓,部队尚未能集结完毕,仅适应战况依先后下车之次序使用。赖我官兵奋勇,前仆后继,激战三昼夜,始能掩护由娘子关退却之友军安全西撤。军于达成任务后,奉命转移于上下龙泉、寿阳附近各地区,继续阻敌西进。十一月六日,军复于太原附近之南畔村及其附近地区,与敌发生激战,敌我伤亡均极重,旋奉命转移至洪洞整理,并以一部布防于沁源一带。十一月下旬,复奉命向沿同蒲南犯之敌攻击,予敌重创,卒将平遥克复。

二、使用地图十万分[之]一。

三、是役,毙伤敌官兵二千余,俘敌四名,击毁敌战车、装甲车十余辆,卤〔虏〕获敌步枪十一支,望远镜九具,钢盔二〇顶,步弹二〇〇〇粒。我阵亡官佐四二员,士兵一二九〇名,负伤官佐四九员,士兵一四七八名,损失步枪一四二支,手枪二〇支,重机[枪]四挺,迫[击]炮二门,消耗步弹三二〇四一粒,迫[击]炮弹二四〇颗,手榴弹二五三颗。

四、一二二师师长王铭章,一二四师师长税梯清。

五、敌军装[备]优良,情报确实,行动迅速,经常集中兵力向我施行锥形突击。我军以仓卒〔促〕参战,装备亦远逊于敌,兼当时运输部队迟缓,以致无法集中兵力形成重点,致蹈逐次使用兵力之过失。

第二,鲁南各战役〈略〉

第三,豫南信罗会战

一、民[国]二七年七月上旬,敌第三师团主力沿信潢公路西进,第十三师团一部由息县迂回至正阳,企图攻占信阳。军奉命以一二四师扼守罗山东北,并相机袭击由正阳向西南进犯之敌,一二二师控置于五里店附近,为军预备队。部署甫毕,敌已近迫信阳,与友军激战一昼夜,敌有增无减,并以飞机、大炮掩护,一部突破城垣,演成激烈巷战。敌复向我施放毒气,乃奉命掩护友军撤出城外,一二四师亦撤至五里店附近,继续抵抗。斯时各方情况不明,与胡军团部失[去]连〔联〕络,战况已趋于不利状态,乃奉命向安陆转进。八月中旬,全军残部始先后返襄樊原地整训。

二、使用地图十万分之一。

三、是役,我阵亡官佐二一员,士兵二三一名,负伤官佐一九员,士兵一七一名,失踪士兵三九名。损失步枪一〇支,轻机枪一挺,迫[击]炮二门,电话机一部。俘获敌军马七匹,步枪二〇支,铅线三二斤,手榴弹四一颗,望远镜一具,其他文件甚多。

四、一二二师师长王智远,一二四师师长曾苏元。

五、敌军官兵一般体格强壮,射击精确,熟习劈刺,且步炮动作协调。而我军补给困难,通信连〔联〕络欠周,以致于此战役中发生粮弹缺乏,与失掉连〔联〕络之现象。

第四,随枣会战

一、民[国]二八年五月二日,敌集一万五千余,由随县、钟祥、桐柏方面分向枣阳进犯,企图击破我野战军后,一举攻略襄樊。我奉命以一二二师配属四十五军,迎击由襄花路正道进犯之敌人于厉山,敌受创甚重,乃窜向均川、安居一带地区,与我友军一二五师及一二七师发生激战。军为策应友军之作战起见,乃以一二二师由净明铺、唐县镇攻击之侧背,掩护一二五师向其王家城一带转移,并阻敌西进。斯时桐柏方面之敌,已越过天河口,窜向榆树岗以东地区,一二二师即奉命固守枣城,不幸于十日拂晓遭受敌机惨炸,伤亡极重。同日,枣阳即陷入敌手。一二二师复奉命渡过滚河,于十一日由孟家集向北协力友军侧击敌人,激战至烈,敌伤亡甚重。同时,四十五军方面已将由钟祥进犯之敌击溃,我一二二师乃乘势出击,卒造成十七日之随枣大捷。

二、使用地图十万分[之]一。

三、是役,毙伤敌四千余员名,俘敌二名。卤〔虏〕获战马二匹,驮马一匹,手枪一支,步枪十二支,掷弹筒一具,轻机枪二挺,毒烟罐一二个,发烟筒一七个,防毒面具一四具,钢盔七顶,圆锹五把,太阳旗八面,慰问袋四个。我阵亡官佐七员,士兵三二八名,负伤官佐四员,士兵一二五名。损失步枪四〇支,轻机枪四挺,重机枪一挺。消耗步弹四二九七粒,迫[击]炮弹二五九颗,手榴弹二二四颗,机枪弹一二五四〇粒。

四、一二二师师长王智远。

五、我军防线辽阔,形成弱点太多。敌此次以钻隙分进之战法,至收丰富之效果。

第五，随北高城战役

一、二十八年八月十五日，敌二千余、炮八门，分由凉水沟、塔儿湾向我厉山偷击。十六日，厉山阵地被其突破，与我一二二师激战于净明铺，一二四师乃由唐县镇向东，将尚市店附近之敌击退，并协攻净明铺、厉山间地区之敌，激战至烈，敌伤亡惨重。同时，四五军方面敌之局势亦趋于不利，乃弃甲回窜。

二、使用地图五万分之一。

三、是役，毙伤敌官兵九百余。卤〔虏〕获步枪六枝，掷弹筒一具，毒式抛射筒四个，发烟筒九个，防毒面具七个，钢盔十二顶，太阳旗三面，战刀二把，望远镜二具，水壶十八个。我阵亡官佐七员，负伤六员，阵亡士兵一七一名，负伤一四九名，失踪士兵三六名。损失步枪三支，轻机枪一挺，刺刀二把，防毒面具三具。消耗步机弹共三六二七四粒，迫击炮弹二四一颗，手榴弹三五九颗。

四、一二二师师长王致远，一二四师师长曾苏元。

五、此次战役，敌系使用以攻为守之方法，以求消耗我之战力，扰乱我反攻准备。至于作战中我之缺点，即搜索警戒欠周密，邻接部队之连〔联〕络不够，士兵之射击亦多盲目，至〔致〕白耗弹药甚多。

第六，冬季攻势

一、二十八年冬季反攻，本军为集团军之右翼，并担任主攻，于十二月四日攻占凉水沟、塔儿湾，并以一部向随淅间地区钻隙进袭。迄至六日，我攻占郭家墩，并突入指城山敌据点，敌数度增援，均被击溃。八日，钻隙部队进至打狗店，正与敌激战之际，我即开始猛攻滚山敌之主要据点，激战至十日拂晓，滚山为我完全占领。十六日，敌三百余，藉飞机之掩护，猛扑打狗店，与我钻隙部队反复冲杀，演成拉据〔锯〕，我以据点工事未固，被迫放弃阻敌于余家老湾及其以东地区。十八日拂晓，敌复反攻滚山，未逞。十九日，我钻隙部队又克打狗店，滚山据点得以支援。二十二日至二十六日，敌均以飞机掩护步兵，反攻滚山，赖我官兵奋勇冲杀，得能确保。二十七日，又克擂鼓墩敌内围据点，并以一部进至随县近郊，与敌战（战为衍文）展开极惨酷之肉搏达四五次。三十日,军奉命停止攻击,乃自动放弃各据点,恢复原有态势。

二、使用地图五万分[之]一。

三、是役,毙伤敌官兵一千二百余员名,俘敌士兵二名。卤〔虏〕获野炮一门,重机枪三挺,轻机枪三挺,掷弹筒二具,步枪一七枝,有刺〔刺〕铁丝二五六公斤,手榴弹二颗,防毒面具一九具,望远镜一具,呢大衣十一件,呢军服八套,水壶二十四个,军毯一二条,背包七个,饭盒七个,书报杂志十七件。我军阵亡官佐九员,士兵二一四名,负伤官佐二员,士兵二七名。损失步枪八支,铁丝剪二把,园〔圆〕锹三把。消耗迫[击]炮弹一二一颗,步机弹三四九七二粒,手榴弹二四颗。

四、一二二师师长王致远,一二四师师长曾苏元。

五、攻击据点必需〔须〕预先使用谍报,并利用土人,将其地形、水源、仓库、工事、兵力、配备与副防御物等行绵密之侦察。主攻部队长应选派干练而富有作战经验者,主攻之部队亦应选择久经战场者。在主攻部队向据点开始攻击时,其他部队应尽力协助,如滚山据点之攻占成功,乃利用钻隙部队与打狗店敌人激战之时机,是其明证。

第七,随北高城战役

一、敌第六联队及六八联队共七千余,于二十九年元月十四日,分由随县城及塔儿湾向七姑店、高城我友军阵地攻击,被其击退。十六日,高城友军被迫撤至刘家河、饶家店一带。十八日,友军伤亡过大,复转移至土门吐、余家寨一带。十九日,我军为策应友军作战,以一部由太山庙侧击敌后,主力由七姑店、指城山、三清观猛攻,当即克复高城,并截断由高城南退敌之归路,斩获甚众。

二、使用地图五万分[之]一。

三、是役,计毙伤敌军官兵二五员,士兵一千六百余名。卤〔虏〕获战马一匹,步枪、毒面具二一具,毒烟罐九个,发烟筒十四个,皮鞋九双,皮绑腿六双,饭盒四个,背包三个,太阳旗四面,慰问袋三个。我负伤官佐三员,士兵阵亡八四名,负伤一〇七名。损失步枪二支,消耗步机弹一二四三五粒,迫[击]炮弹一二三颗,手榴弹七六颗。

四、一二四师师长曾苏元,一二二师师长王致远,一二三师师长曾宪栋。

五、敌寇以速战速决之手段,不能征服中国,反而陷入泥淖,无法拔出。因此,敌军官兵对于政府之信心减低,反之,我国士兵战斗中不断学习,一切技能已随战争之时日而长进。初期作战,我们不仅对于作战无把握,甚至对敌人异常畏惧,但在此次战斗中,已深切证明我们是有长进,能够以少数兵力牵制敌人多数兵力,而且能够以少数兵力战胜多数敌人。

第八,鄂北枣宜会战

一、二十九年五月初,敌集中步骑约三万余,附战车二十余辆,炮四十余门,企图会攻襄樊,击破我川陕门户。分为三路:一系敌第十三师团主力,由钟祥沿襄河北犯;一系敌第三十九师团主力及第六师团一部,附骑兵旅,由襄花正道直趋枣阳;一系敌第三师团全部及四十一师团之一部,由信阳西犯唐白河。斯时我军担任襄河东北两岸防务,并相机迎击沿襄河北犯之敌。五日,敌窜至枣阳。九日,唐白河失守,窜犯之敌被我一二二师拒止于田家集、板桥店,激战三昼夜,双方伤亡惨重,尸骸枕藉,卒以敌藉飞机大炮之猛烈轰击,战力减弱。于十三日,旋奉命担任襄河岸欧家庙迄襄阳间河防,以激战之后兵力损耗甚大,乃以一二三师固守樊城,一二四师死守南漳。二十一日,敌窜襄河东岸,并分别在上下王家集、老营、东津湾各处施行强渡,均被我河防部队阻击未逞。

二十三日拂晓,敌复施放大量毒气烟幕之掩护,继以飞机大炮之猛轰,再行强渡,我受创甚重。在襄宜县界之小河、欧家庙间,在两军接合部突破,敌窜入襄阳,与我巷战至烈,我终以众寡悬殊,被迫撤至泥嘴,继续抵抗。二十四日,敌强渡襄河,企犯樊城,为我一二三师河防部队猛予阻击,敌伤亡甚大,仍未得逞。二十五日,敌旋攻南漳,曾一度突入城内,卒赖我忠勇官兵奋力击退,敌势大挫,一二二师乃集结残部,由泥嘴举全力反攻,遂克复襄阳,敌受重创狼狈回窜。

二、使用地图五万分[之]一。

三、是役,毙伤敌军官兵三千五百余员名,俘虏一二[员名]。卤〔虏〕获战马二四[匹],步枪十一支,轻机枪二挺,掷弹筒二具,钢盔二十一顶,战刀四把,防毒面[具]十八具,毒烟罐十三个,毒气抛射筒六个,发烟筒十六个,呢大衣三件,军毯五床,背包四个,皮裹腿三付〔副〕,皮鞋四双,饭盒八个,水壶六个,慰问袋十四个,太阳旗八面。击毁敌橡皮船五艘,装甲车四辆,战车三辆。我阵亡官佐一四员,士兵七一五名,负伤官佐一九员,士兵三四三名。损失步枪二〇支,轻机枪二挺,防毒面具四〇具。消耗步机弹三七八九四粒,迫[击]炮弹二九八颗,手榴弹二六一颗。

四、一二四师师长曾苏元,一二二师师长王志远,一二三师师长曾宪栋。

五、敌强渡襄河凡失败达四五次,最后敌由[我]两军接续部突过襄河,实由于[我]两军之连〔联〕系欠紧密所致。同时,在敌人回窜时,我军不能把握机会,牵制敌人,使其无法逃出战场,以收最大之战果者,实由于我搜索不周到,连〔联〕络通信不迅速、确实,指挥官之处置迟缓之各种因素。

第九,随北厉山战役

一、随县之敌为扰乱我部署及战地整训计,乃纠集两个联队之兵力,约步骑五千余,附大小炮二十余门,于二十九年十一月二十四日,于飞机掩护下,沿襄花路正道西犯,入夜陷我厉山。二十五日,敌窜至尚市店附近,与我一二二师主力激战,敌受创甚巨,即以骑兵窜占净明铺,旋袭何家店友军一二七师。二十六日,敌占何家店后,分向环潭、唐县镇窜犯。我侦知其后续部队,即以一二三师之一部,严密守备太山庙、唐王庙,主力协同一二四师攻击唐县镇之敌,一二二师由尚市店径攻厉山、净明铺。二十七日,我各部队齐力奋勇攻击,当即克复何家店、厉山,毙敌甚众,完成包围态势。敌军震骇,企图突围,施放毒气,我军略有伤亡。二十八日,我紧缩包围圈,一二三师猛击唐县镇,战斗至烈,敌尸枕藉,入夜再克净明铺。二十九日,我各攻击部队搜敌捕歼,骤起混战,敌四散逃窜,狼狈弃甲,我跟踪追击,毙敌无算。

二、使用地图五万分[之]一。

三、是役,计毙敌大佐山本太郎及池田少佐以下官兵二千余员名。卤〔虏〕获步枪二十五支,子弹四六七〇粒,轻机枪五挺,重机枪一挺,毒烟罐十个,毒气抛射筒三个,发烟筒六个,钢盔四〇顶,战刀三把,防毒面具七个,呢军服六套,呢大衣一件,马靴一双,背包八个,皮鞋十双,太阳旗六面,慰问袋四个。我阵亡官佐三员，士兵二九七名，负伤军官二员，士兵一五七名，失踪官佐一员，士兵一八员[名]。损失步枪八支，防毒面具十个。消耗步机弹三四二五九粒，迫[击]炮弹二四八颗，手榴弹二二九颗。

四、一二四师师长曾苏元，一二二师师长张宣武，一二三师师长陈宗进。

五、多一天训练，即增强战斗力一分。初期作战，我军士兵对于战斗动作异常生疏，常遭受极大损伤，射击技术更无素养，以致消耗多量弹药，杀敌极少，历经多次作战及不断训练，干部之指挥与士兵射击动作均有长脚〔足〕进步，于此次战役即发生极大效果。

第十，随西均川、安居战役

一、随淅马之敌约二千余，附战车四辆，炮四门，于三十年一月十一日，分由茶庵及浪河店，向友军四五军之均川、安居进犯，发生激战。至十二日，均川、安居相继为敌突破，四五军撤守梅丘迄何家店一带，继续坚强抵抗，战斗甚为激烈。军即命一二二师以有力一部，由净明铺予以侧击，敌势受挫甚巨。十三日，四五军乘势反攻，军复命一二二师协力夹击，毙敌甚多，敌无力再战，急图回窜。十四日，四五军当面之敌纷纷回窜，军即命一二二师迅速指向安居攻击，以期断其归路，四五军又尽力追击，敌拼死冲突，入夜始窜回老巢。

二、使用地图五万分[之]一。

三、是役，计毙伤敌官兵六百余。卤[虏]获步枪三支，钢盔五顶，饭盒三个，背包七个，太阳旗二面。我军阵亡官佐二员，士兵五一名，负伤官佐三员，士兵二七名。损失步枪二支，防毒面具七具。消耗步机弹一六六四五粒，俄机弹二二三〇粒，迫[击]炮弹一四五颗，手榴弹二七九颗。

四、一二四师师长曾苏元，一二二师师长张宣武，一二三师师长陈宗进。

五、战胜之因素，除装备训练等而外，于民众之利用亦甚为重要。民众可以掩护我谍报工作，可以帮助军队运送弹药、粮秣、伤病官兵，传递消息，更可以组织游击队等。战争时间愈长，部队之常识愈丰富，在此次战斗中，军民能办到切实合作，组织伤兵运送队和粮弹运送队，给与军队帮助至巨。

第十一，策应豫南作战

一、为策应豫南作战,军奉命向随县之敌进攻。三十年二月二十六日,军攻占凉水沟、指城山,敌窜据擂鼓墩、滚山,二十八、九两日,复向滚山及擂鼓墩据点猛攻,数度突入阵内,搏斗至烈,终以敌工事坚固,破坏不易,复被敌机炮狙击,稍有伤亡。三十一日,我军协同四五军,举力全面攻袭,我军一部抵达随县城郊,敌怆〔仓〕惶固守,不敢越雷池一步。四月二日,敌增援四百余,向我围攻部队反扑,仍被击退。迄至四月八日豫南敌军崩溃后,军奉停止攻击命令,乃撤回原阵地。

二、使用地图五万分[之]一。

三、是役,毙伤敌官兵一千六百余员名,俘敌一名,伪军十五名。卤〔掳〕获步枪二三支,轻机枪一挺,钢盔七顶,呢大衣四件,马靴三双,慰问袋五个,有刺铁丝九四公斤,无刺铁丝一三四公斤,被覆线六三公斤。我军阵亡官佐二员,士兵二九三名,负伤官佐一员,士兵三六七名。损失步枪十二支,枪榴弹筒二具。消耗步机弹一四四三二粒,俄机弹二三六九〇粒,枪榴弹八九三颗,迫[击]炮弹二三五颗,手榴弹三二三颗。

四、一二二师师长张宣武,一二四师师长刘公台,一二三师师长陈宗进。

五、据点攻击,除预先绵密侦察,并派遣富有战斗经验之部队与指挥官外,担任攻击之部队,更应携带大量之破坏器材。至于其他辅助攻击之部队,应设法疲惫敌之兵力,消耗其弹药,同时更应尽力封锁,使之孤立。

第十二,枣阳会战

一、三十年五月,信阳、应山之敌抽集第三师团主力及第四师团之一部,共约一万二千余人,编为丰岛兵团,企图扫荡我襄花路南北地区野战军。自六日起,以主力约万人,先由信阳佯动后,即转至应山西北郝家店,分股经高城、天河口、青苔镇西犯;以一部攻我侧背。七日,即与我发生激战,进至随阳店,被我由榆树岗迂回部队侧击,溃败南窜。

二、使用地图十万分[之]一。

三、是役,我伤亡官佐三十余员,士兵约三千名。

四、一二二师师长王志远,一二三师师长陈宗进,一二四师师长曾苏元。

五、敌以扫荡姿态行锥形突击,不顾后方,其攻击精神至为旺盛。我军应以沉着,于其再竭三衰之后,予以有力之反击,使其陷于溃败,惜我机动性小,未克收穷追之效,扩大战果。

第十三,钟祥战役

一、三十年九月,敌以约四个师团之众,沿平汉路两侧北犯,第二集团战况不利,同时钟祥之敌亦集四五千人,分犯长寿店、张家集一带。军以一二四师向之迎击,敌败退,我遂克高坡、红石坡、高堰垣各据点,敌增兵反攻,亦被击退。迄十月二日,奉命停止攻击。

二、使用地图十万分[之]一。

三、是役,我伤亡官佐十余员,士兵四百余名。损失步枪三十余枝。毙敌三百余,生俘一名。

四、一二四师师长曾苏元。

五、敌企图心旺盛,有再接再厉精神,攻防筑城均良好。我军以彻底集中优势兵力,予敌迎头痛击,粉碎其企图,使敌尔后数月均无力再犯。

第十四,策应江南之作战

一、三十二年三月初,长江下游之敌陆续西运,京钟、平汉之敌粉粉〔纷纷〕南调,有会窜湖南常德模样。军奉命以一二二师进攻京钟路之敌第五八师团,牵制其兵力转用,十九日开始行动。二十五日,一二二师即将应城以北敌重要据点屈家场、武街攻克,毙敌百余。二十六、七两日,续将应城、皂市以北各要点攻占,遂乘胜猛攻应、皂城区敌军,因敌工事坚固,我攻击器材缺乏,进展较难。四月,敌调队增援,遂成对峙状态。五月中旬,敌又向江南蠢动,军以一二二师立攻应、皂之敌,以策应江南友军,当占领伍家、小义堂镇、上巡店、圣场市各据点。十月秋,当阳之敌又向第六战区猛犯,常德亦再度告急。军复以一二二师自十一月六日起,至十二月二十五日止,猛攻应、皂之敌,以策应友军之作战,曾一度突入皂市,占领敌大据点孙桥、官桥,毙敌五百余。

二、用图五万分[之]一。

三、是役,我伤亡官长十余员,士兵二千余人。卤〔虏〕获步枪十余支,铁丝三百余斤及文件被服多种。

四、一二二师师长张宣武。

五、敌军战斗意志日渐消沉,攻击精神已不如昔。我军则在抗战中日有进步,故能在此三次策应作战中,均能牵制敌大部兵力不得抽调,使友军作战容易,因此曾奉委座及层峰嘉奖。

第十五,策应江南作战

一、三十三年八月,敌在第九战区发动攻势,军奉命策应友军作战,当以一二二师进攻京钟。自十四日开始行动,激战至十七日,先后攻克洋梓以东各据点,并两度突入洋梓市,毙敌中队长田中布世及以下官兵二百余人,至九月二日奉命停止攻击。

二、用图五万分[之]一。

三、是役,我伤亡官长二十员,士兵二百余名。

四、一二二师师长张宣武。

第十六,豫鄂边区会战

一、三十四年三月中旬,敌以第三十九师团及第十三师团各一部,约步兵八千余,骑兵千余,炮十余门,由荆门北犯。以第一一五师团第八五旅团全部骑兵、第四旅团一部战车,第三师团一部,共约步兵五六千,骑兵千余,炮七八门,由确山、汉阳南窜,会犯第五战区。军奉命将襄花路防务交替后,主力立向吕堰镇集中,截击由新野、邓县西南窜之敌。一二二师集中茨河,阻敌西窜。军主力二十六日集中完毕后,二十七、八、九及三十日,均迭向构林关及邓老公路侧击敌人。四月五日,奉命南渡至襄河右岸,阻击犯陷襄樊西窜茨河之敌。甫到庙滩,部署初定,即与西犯之敌激战于襄河右岸之老军山、白虎山。十日,敌进突南河口,四次强渡,均被我击退,死伤惨重,战力削弱。我于十一日,即以一二二师、一二四师渡南河反攻,敌不支溃退。十二日,我克庙滩,十三日克茨河,乘胜直追,进达襄阳近郊。此役,毙敌联队长一员及以下官兵约千人,遂以主力北渡襄河,向窜豫河口之敌猛攻,数度突入城内,因受敌增援夹击,被迫退出。二十八日,奉命协同四五军再攻河口,于占领外围据点马头山、牛头山后,天候骤变,空军炮兵均难协力,乃奉命停止攻击,调整部署,与敌隔河对峙,直至八月十日敌无条件投降。

二、使用地图五万分[之]一。

三、是役,毙伤敌官兵三千余,俘虏敌官兵十五员名。卤〔虏〕获步枪二十八支,轻机枪一挺,其他文件及战利品甚多。我军伤亡官长四十一员,士兵二千余名。消耗步弹三十五万九百余粒,轻重机弹九十余万粒,迫[击]炮弹四千二百余颗,手榴弹二千余颗,枪榴弹七千余颗。损失步枪三百余支,轻机枪十余挺。

四、一二二师师长张宣武,一二四师师长刘公台,独立团长何升阳,一二三师三六八团团长黄伯亮。

五、我军士气振奋,攻击精神旺盛,干部指挥沉着,兵力运用得当,步兵重火器亦使用适当,故能于此战役中收致〔至〕丰之效果。惟步炮空之协同尚欠密切,通信亦不甚灵活,更有炮弹不炸者,足见平素保管不良。

(原件存中国第二历史档案馆)

(三)第二十三集团军

1. 陆军第五十军范子英部机密作战日志(1943年4—6月)

(1)四月三日　星期六　天候　温度　F560军部位置黟县渔亭

司令长官顾寅俭申电指示防范奸匪南窜办法:

为防奸匪南窜,已令陶副总司令统一部署,并用忠义救国军主力,先定计划,妥慎防范准备,暂不挺进陷区进剿,注意诱敌于战斗有利地区,即可以必胜兵力,一鼓聚歼,俾收实效。必要时,得用使(使用)新七师、一四四师主力,期予以彻底打击。特电知照。由贵军长自行准备,并注意勿时企图及令般部过早转两师为要。军之处置:预定新七师及一四四师各抽出一个团另两营,准备使用。但于必要时,便令知该两师。新七师二十一团守备青弋江至木镇防务为日已久,该师为使部队交换整训,以十九团附二十团第三营前往接替示〔廿〕一团防务。

第十九团之防务部署:

(一)第三营为右翼守备队,担任西河至黄墓渡之线守备。

(二)第二营为中央守备队,担任繁昌至下山缪之线守备。

(三)第二十团第二营(缺第三营)为左翼守备队,担任周家祠(了山附近)至木镇之线守备。

(四)第二营附二十团第三连驻三里店附近之大黄冲为预备队,并编组轮袭队,实施轮袭。

(五)团部驻三里店指挥。

(2)四月四日　星期日　天候　温度　F540　军部位置黟县渔亭

陶副总司令部与本军作战协同计划(副总司令陶卯江未慰电),本区左翼与贵军紧密联络协同动作起见,特依据当前敌情、任务,拟定作战协同如次:

(一)敌如向贵军方面流窜时,本区苏南军即以有力一部进出泾县附近侧攻尾击敌人(奸匪蠢动照此实施),同时向当面之敌发动攻势,以策应贵军之作战。

(二)贵军如对当面之敌发动攻势时,苏南军同时进行协助以牵制,使贵军攻击容易(对奸匪亦准此实施)。

(三)敌如向苏南军守备区流窜时,贵军以有力一部向泾县、青弋江方面侧攻击敌人,同时向当面之敌发动攻势,以资策应(奸匪蠢动照此实施)。

(四)如(下脱数字)及泾县旌德青阳太平大举进犯徽、屯时,贵军遵照集团军作战指导照案第十三号之指示,以有力部队于黄山附近侧击敌人,策应本方面之作战,并于谭家桥附近要点阻止敌军侵入。军奉到协定后,当覆呈副总司令陶遵照办理。同时电知田师遵照,并与右翼友军切取联系为要。兼总司令唐对作战协定复电:江未慰会电悉。所拟作战协同意见甚佳。希准照实施。长官顾对作战协定指示:江未慰会电悉。准予备查。但敌大举进犯徽、屯,主力仍应遵照该集团军总部寅鱼午谷电所呈保卫徽、屯作战指导腹案,协同作战为要。

(3)四月九日　星期五　天候　温度　F500　军部位置黟县渔亭

奉委座寅世令一亨电:查皖、赣沿江敌一一六师团大队已有他调,防务空虚,希排除万难,继续奋勇实施布雷。其能达成任务者,准从优叙奖。军当以佳巳笠尤电转令一四四、一四八两师遵照实施,最低希望每月务达成布放十五具至二十具之成果。新七师二十团便衣组在黄墓渡前方潜伏阻击敌伪交通,捕获敌寇林直过一名。长官部颁下一、二两月份轮袭成果比较表,一月份平常,二月份劣。一待军奉到后,当转令各师严密督导、加紧实施,以符委座之(下脱数字)兼总司令唐卯支稀期电略开:河川封锁情形及封锁计划,布雷、屯雷地点,限删日报部凭转。军拟定河川封锁计划呈报并实施。总司令部颁发四月份较大轮流袭击实施计划表。

(4)四月十四日　星期三　天候　温度　F640　军部位置渔亭

兼总司令唐卯元辰英电:新七师即以两个营兵力开往泾县附近集结,仍归该师指挥,另以一个团兵力集结章家渡附近。军当转令该师遵照具报。军为顾虑师后调后防务单薄,电总司令部:职军正遵照部队改进实施办法整编中,将来唐师后调,前线师虽充实,但防线辽阔,交通不良,既〔机〕动部队既少,恐不能适时利用,徒疲兵力,于事无补。拟恳酌予缩减防线或暂指派部队归军指挥,以利戎机。当否,乞示。兼总司令唐电示:所请暂从缓议。

(5)四月二十四日　星期六　天候　温度　F680　军部位置黔县渔亭

新七师轮袭队之编组:

1. 十九团第一营营长刘方哲率步兵两连、机枪一排,编为第一轮袭队。

2. 二十团第六连连长彭超编为第二轮袭队。

3. 两袭击队均配属便衣、破坏等组。

新七师派二十一团集结章家渡——调驻泾县之两个营,因整编在急,请暂缓调,俟整编就绪即遵令开往。军以皓笠元电转请核示,兼总司令唐卯马辰英电指示:新七师整编后,希饬速派前往,并与刘指挥官确取联络。层奉委员长蒋一元特电附发各战区对剿匪意见军事部分一件:(一)第一线部队应严密封锁,不使匪向外发展。(二)应贯彻清剿计划及制定赏罚。(三)剿匪部队除万不得已外,不得付与其他任务,以专责成。(四)各清剿部队应认真突入追剿,彻底捕捉奸匪,如不可能时,亦须将匪向敌方压迫而封锁之。(五)每清剿一地,应速重建党政机构,俟该机构有独立支持能力时,清剿队方可撤去。(六)应着歼灭奸匪部队,勿陷过去此剿彼窜之弊。(七)实行纪律胜于武器之口号。

(6)五月一日　星期六　天候　晴　温度　F620　军部位置黔县渔亭

新七师十九团第一营(欠第三连及小炮排)原驻大黄冲,于宥日移驻戴家会集结,准备轮袭。军以东午策元电转报兼总司令唐。

(7)五月五日　星期三　天候　晴　温度　F600

第一四八师四四四团第一营冬日二时于马当附近之新洲布放漂雷五具。军以微策未元电转报兼总司令唐。一四八师电请转令祁门构筑工事之四四三团第三营暂行归还建制,俟编整完竣再令赴工作。军之处置,以微未策元电转令该团第三营遵照归还建制。以微策午元电复该师,准予归还。以微午策元电转报兼总司令唐核备。去后,奉兼总司令唐辰齐英电开:准予备查。

(8)五月六日　星期四　天候　晴　温度　F630

师椶子店,一四八师黄粟树①(4)希望成果:出敌不意,奋勇袭击,相机占领之。②

第二次:(1)日期:齐至寒日。(2)兵力:同上。(3)任务:新七师袭击峨桥据点,一四四师殷家汇,一四八师马路口。(4)希望战果:奋力袭击,破坏交通、通信及诸种设施,务获战果。

第三次:(1)日期:删至梗日。(2)兵力:同上。(3)任务:新七师袭击黄浒据点,一四四师黄溢,一四八师长安铺。(4)希望战果;尽力猛袭敌阵,并详侦敌据点编成与调查该据点附近兵要地志。

第四次:(1)日期:迥至世日。(2)兵力:同上。(3)任务:新七师袭击顺安据点,一四四师齐山街,一四八师花尖山。(4)希望战果:依据上月所得经验,拟具周密腹案,猛力袭击,务获成果与详侦敌据点前后兵要地志具报。军以文未策元电转一四八师、文策午元电转一四四师遵照实施。又以文未策元电复呈兼总司令唐,新七师在剿匪期内,奉准暂不实施轮袭在案,兹未转该师实施。去讫,奉兼总司令唐辰删与电复准予备查。一四八师四四四团为防务平均劳逸计,第二营守备任务交第一营接替,于五月俭日交接完竣。皖南行署张主任电报:已派第六行政督察专员邓昊明指挥六、八行政区之两清剿大队

---

①② 原文如此,显有脱漏。

并协同田师长清剿。军以鱼策未元电转知邓专员昊明,又以鱼未策元电转新七师知照,并切实连〔联〕络,清剿奸匪。

(9)五月七日　星期五　天候　晴　温度　F600

层奉长官顾卯陷电开:新七师在剿匪期内准予暂不实施轮袭。军以虞辰策元电转新七师知照,但须将剿匪情形随时具报。

(10)五月八日　星期六　天候　雨　温度　F560

兼总司令唐辰交午与电开:着调海军布雷第五大队属陶副司令指挥,克日前报到。军以齐辰策元电转布雷五大队遵照。布雷第五大队长电称:遵于本(五)月养日前往报到。

(11)五月十二日　星期三　天候　阴　温度　F590

兼总司令唐卯宥巳兴电颁发五月份轮袭计划:第一次:(1)日期:五月东至虞日。(2)兵力:各师轮袭兵力一营至一个团,配以必要特种兵。(3)任务:新七师袭击鲢鱼山据点,一四四〈以下缺〉。

(12)五月十五日　星期六　天候　雨　温度　F570

新七师十九团第一营(欠第三连山炮排)由戴家江于佳日移驻南陵,集结待命。军以删策未元电转报兼总司令唐核备。去讫,奉兼总司令唐辰三巧祥电复:准予备查。

(13)五月十九日　星期三　天候　雨　温度　F530

层奉长官顾辰元未电开:查地方武力为数不少,迭经明令规定应受当地驻军最高长官指挥。乃因人事更动,日久玩生,为求实效,重申前令,希确实掌握,行政机关妥为配合、运用,并将军作战境内地方武力具报。军以皓申策元电转泾县、太平、南陵、铜陵、繁昌、青阳、贵池、东流、至德、都昌、浮梁、湖口、鄱阳、彭泽、黟县、石埭、祁门、歙县、旌德、休宁各县长遵照。兼总司令唐辰铣与电转奉长官顾辰文卓一电开:为实地督导轮袭,研究其成败得失,供尔后参考检讨计,兹派本部高级参谋李致中会同军委会派驻战区联络参谋谢慕庄前来考察,该部即斟酌情形,各备一个营至一个团兵力,配以必要特种兵,择定有利目标,详拟计划,先作图上作业及沙盘兵棋诸演习,预就准备位置,俟该员等抵达,及付诸实施。发起日期迄终止日,不得超过五日为限。各袭击队所属师、团长应于实施日亲往指导。等因。希饬田师照轮袭方式改为剿匪,潘师遵照实施。军以皓午策元电转并指示如次:1.新七师着以两个营兵力照轮袭方式向当面匪军主力实行清剿,并拟定清剿计划与要图呈核。2.一四八师着以一个团(缺一营)附工兵一排选择有利目标,向敌作大规模之袭击,并拟定轮袭实施计划与要图呈核。3.各师清剿、轮袭计划与要图统限五月宥日前专差送部,并由各该集合担任清剿与轮袭部队连长以上之部队长,先作图上兵棋及沙盘诸演习,以期周密准备,完善待命实施。新七师养电称:为顾及部队劳逸平均起见,令二十团第三营前往接替第二营守备下山缪(不含)亘木镇之绥[靖]防务,遵于皓日交接完毕。军以有辰策元电转报兼总司令唐。去讫,奉兼总司令唐检巳英电:准备查。

(14)五月二十三日　星期日　天候　雨　温度　F550

层奉长官顾辰鱼巳卓一电开:该集团军三月份以一连以上兵力对敌袭击虽有十五次之多,然未显著战果,等级列为平常。尔后改以强有力之部队(一营至一团),配以必要特种兵,选定目标,每月应实施较大轮袭四次,每次务获显著成果。每日袭击可以便衣、侦察、破坏等特种部队编成小组实施,并随时派员督导,考察其结果,有无困难呈核。兼总司令唐之指示:希即遵于本(五)月内选定东流附近为第一袭击目标,大通为第二袭击目标,遵照(一营至一团)编组实施。军以策梗辰元电转一四四师长向大通、一四八师向东流遵照实施。

(15)五月二十五日　星期二　天候　晴　温度　F590

新七师田师长养佳亨电称:准邓专员电话:刻因政务殷繁,担任指挥清剿大队非军事专长,经辞去职务等语。为彻底清剿计,请将该两清剿大队拨归职师统一指挥,以收实效。军以有午策元电转请总司令唐,电皖南行署张主任将两清剿大队拨归田师指挥。层奉委座辰筱令一元略开:依据六战区最近三个月战斗经验,发觉敌个别战法,利用伪军编为所谓谋略远射程队,一部着国军军服,一部着便衣,潜入我各级司令部位置,于发动攻势时先袭击我司令部,使指挥与部队失去连[联]络,并行广正面搜索。如发现我守备部队,即以少数部队牵制,主力深入,两者配合行动,使我间隙部队陷于混乱。长官顾之指示：希切实注意研究，并拟具对策。

(16)五月三十日　星期日　天候　晴　温度　F600

军以辰世性筱电拟具对敌个别战法对策呈报兼总司令唐如次：甲、对敌利用伪军着国军军服之对策：一、各级指挥官须注意部署之适切，不能使间隙过大，俾可互相策应。发现敌此种部队时，亟应保持镇静，指定一部应付，主力不能受其牵制。二、战斗发生前，应于战场地带各处要隘及重要村落设置盘查哨，严密检查往来行人，并派出少数骑兵或便衣队，专事搜索此种伪军。三、于战斗发生前规定暗号（号音旗语或口令）通令各部严厉实施。在战斗发生之前后，任何部队通过须以暗号联络为主，并以师为单位特制成代字符号一种，于战斗开始前下发给配用，以资识别，免其混入。四、各级司令部本身须掌握有力之自卫部队。乙、对敌利用伪军一部着便衣潜入我方之对策：一、对敌此种部队须防范未然，平时应组织民众谍报网，以军为单位，每甲设民众谍报员数人，每保设民众谍报员组一组，由保长兼任组长主持，层层督促，随时查询，密切监视，使敌无处匿迹。二、办理连保、连坐切结，由各县通令各乡、保以甲为单位，书具不作奸谍之连保、连坐切结，一家犯奸谍罪，令甲连坐，使各甲自相监视。三、在防区重要道路口，由军民合组盘查哨，严密检查形迹可疑之人，使奸谍不易混入防区。四、普遍检查户口，严订旅店业住客登记呈报办法，由军警机关逐日负责严查，使奸谍无法容留。五、对敌[散]兵游勇、乞丐及无有字号之小贩严厉取缔，并驱逐戍区以外。六、禁止军人在戍区内开设酒馆、饭店。七、各级司令部及部队应派遣防谍侦探，组成严密之防谍网，并应派专员监督指导。

(17)六月一日　星期二　天候　晴　温度　F780　军部位置黟县渔亭

奉长官顾辰世戌卓一电：(一)转委座辰敬令一元子阁二电开：大通为第五二师与廿三集团军之接合地带，该处奸匪万一南窜，或平时对部队士兵施以煽动，均不易防范，可自大通东蓉桥、施家、古竹桥、甘棠镇、汤口、休宁划归陶副总部负责守备、清剿，俾专责成。(二)着新七师即与第一四四师对换防务，限巳月删日前对调完毕，并以一四四师暂归陶副总司令指挥，以资统一剿匪。(三)陶副总部与唐总司令部作战地境为大通、东蓉桥、施家、古竹桥、甘棠镇、汤口、休宁之线,线上属右。第一四四师右与第五二师、新七师,左与一四八师作战地境同前。除分令外,希即遵照。军之处置如次:1.以东亥筹元电转令一四四师唐师长遵照规定,依限整拨完竣。以四三二团为后调团,限号日开休宁集结,归本部直接指挥。其余两个团仍由该师长率领,限巳月删日前分别接替新七师防务,并归陶副总司令指挥,并将遵办情形具报。去后,据江午办电称,已转饬遵照。2.以东亥筹元电转令新七师田师长遵照,依限交接具报。3.以东亥筹元电转令一四八师潘师长知照。4.以东亥筹元电将上项处置情形呈报司令长官顾核示。5.以东亥筹元电将处置情形呈报兼总司令唐核备。去后,奉兼总司令唐巳微英电复悉。据兵站总监部屯溪办事处王主任辰艳卫禹电请,派枪兵一排,前往担任泾县下坊第二五仓库监护勤务。军以东辰筹元电转令新七师遵照,派兵一排前往担任监护勤务。以东筹辰元电复,已饬新七师照派。

(18)六月三日　星期三　天候　晴　温度　F780

据一四八师潘师长巳东电称,四四三团第二营东日一时四十五分于毛林洲布雷拾具,经过情形、成果另报。军以冬辰筹元电转报兼总司令唐。

(19)六月四日　星期五　天候　阴　温度　F740

层奉委座辰赖电开:长江游击布雷,希督所队排队万难,加紧不断实施,俾达扰乱敌人航运。其达成任务者,每具给奖金一百元,阵亡者从优抚恤。长官顾之指示:本战区为策应六、九两战区,应即加紧布雷,确达成任务者,除委座辰赖电规定奖金以外,本长官另加给三百元,以示鼓励,敷衍塞责者,定予严惩。军以筹申支元华代电转令唐、潘师长遵照。

(20)六月七日　星期一　天候　晴　温度　F760

兼总司令唐巳英电转奉长官顾辰世午电开:查鄂西湘北战争剧烈,近据报战区之敌已有调动,为策应六、九两战区作战,特处置如次:(一)第一线右翼部队自巳月鱼日起实施全面袭击方式,其兵力可适应任务、敌情自定之。(二)第廿三集团军应加紧长江布雷,断敌航运。军以虞辰筹元电转令新七师、一四四师、一四八师遵照实施。

(21)六月八日　星期二　天候　晴　温度　F780

奉兼总司令唐巳冬午英电开：据郭分监电称，唐师担任兵站勤务之两连，刻因整编调回，请派队接替等情。希遵派。军以齐巳筹元电转令新七师遵派步兵两连，前往接替，一四八师四四四团第二营担任防务已久，为劳逸平均计，已该派团第一营前往接替。

(22)六月十日　星期四　天候　晴　温度　F780

新七师十九团第一营于陷日前往接替第三营守备西河镇至黄墓渡之线防务并限世日接替完竣。军以灰巳筹元电转报兼总司令唐。去后，奉兼总司令唐巳覃午英电复，准备查。据一四八师潘师长巳微参纬电略称，遵拟较大轮袭计划与要图，以步兵两个营配工兵一排、无线电一班，向历山袭击，并遵上峰规定，以不超过五日为原则，遵照准备，候令实施。军以筹灰未元华代电指示如次：希对历山各种障碍物之通过、破坏应周密准备，预行演习。袭击队袭据历山后，应即与潜伏队扩张战果，乘势攻略长安铺，尔后进出望江山、东流之线，席卷敌阵而歼灭之。据一四八师潘师长巳虞午纬电称，转据下隅坂土民报称，江辰东流下游廿里内江内敌中型兵船一艘被我漂雷炸沉，伤毙敌约千余人。军以灰午筹元电转报兼总司令唐。层奉长官顾巳微企三电开：查潘师河川封锁范围既经五十军指定，速按规定详细计划及材料表层层严核报部。军以灰未筹元电指示如次：（一）该师战斗地境仍旧。前颁之河川封锁计划所示封锁地区改由张溪镇以左各河流负责封锁之。（二）希将全般河流封锁位置、方法及封锁材料作有系统之呈报。

(23)六月十四日　星期一　天候　晴　温度　F780

据田师长倡巳元申璜电称，职师防务辽阔，且值整编，兼以奸匪乘间猖獗，大有发动窜扰之势，实无法抽派步兵两连担任监护勤务，请另予派对。军以删午筹元电复，准予派兵一连前往太平滕所长处报到，听候分配任务。军以皓午筹元电转报兼总司令唐，饬郭分监就田师派出担任太平监护之一连，自行分配使用。据唐师长巳真巳袭电称：职师五月份奉令整编，人事派遣纷忙，未及实施轮袭，无战果。军以寒午筹元电转报兼总司令唐。去后，奉兼总司令令唐巳筱辰与电复，准备查。

(24)六月十五日　星期二　天候　晴　温度　F840

奉兼总司令唐巳真与电开：黄山游击根据地及婺德浮根据地，应妥为准备必要时之应用，并速将构筑情形具报。军以删申筹元电呈复如次：（一）黄山游击根据地之修筑已于去年元月以前完成，具报在案。查此次奉令整修与太平工事之构筑，经饬田师遵照去讫。复查该师防务辽阔，兵力不敷，又值整编在急，尚未构筑。（二）浮梁核心工事潘师正构筑中。（三）祁门工事仅完成城郊附近之土工作业，亦因整编，将筑工部队调回。复奉钧部四月卯皓与电饬缓筑在案。

(25) 六月十六日　星期三　天候　阴　温度　F800

奉兼总司令唐巳寒巳英电转奉长官顾巳文辰企一电开：查本部辰世午电规定之全面攻袭，自鱼日开始，现已持续一周，着予停止。各部加强轮袭与布雷。军以铣未筹元电转田、唐、潘师长遵照，努力实施。

(26) 六月十七日　星期四　天候　雨　温度　F700

据田师长删未璞电称，东亥筹元电奉悉。遵即准备交换防务，迄因唐师整编尚未就绪，尚未前来接替，如何办理，乞示。军处置如次：（一）以筱未筹元电转唐师长遵照本部铣丑侍灿电之规定，务于本（六）月底前交换完竣具报。（二）以筱午筹元电复田师，已饬唐师长前来接替，仍希遵照本部铣丑侍灿电之规定，于六月底交接完竣具报。

(27) 六月二十一日　星期一　天候　晴　温度　F780

准郭分监巳筱参民电开：渔亭十八军械库原任监护部队调回，请贵部派兵一排前往接替。军防务辽阔，兵力不敷，以马申筹元转令搜索营罗营长派兵一排，前往该库接替任务。

(28) 六月廿二日　星期二　天候　晴　温度　F780

奉长官顾巳马企一电略开：希饬四三二团担任兵站监护部队归还建制，迅即整编，并饬该师与新七师防务交接务于巳月底以前完成勿延。军以养未筹元电转唐师长黄团担任勤务之两连已饬还建制，防务依限交接具报。

(29) 六月廿四日　星期四　天候　阴　温度　F760

据田师长倡文璞电称，遵拟具当面匪军清剿计划一份，乞示。军以迥午筹元电指示如次：查该计划与要图系全般清剿计划，与电意不符，前电所示系照轮袭方式(如以洋湖冲为目标,我兵力使用各时期之部署与运用剿击方法等)对某地区匪军进剿计划,其作为例示如下:第一,匪军状况与地形之判断。第二,方针。第三,指导要领。第四,兵力编组及部署(各部队行动与任务)。第五、六,通信、卫生等。希遵照重拟计划与进剿要图,限艳日专差送部。

(30)六月廿六日　星期六　天候　雨　温度　F740

据唐师长巳养午布电称,职师与田师交换在即,海军布雷第一大队及漂雷如何处置。军以寝未筹元电令田师长着海军布雷第一大队配该师指挥,唐师所存之漂雷亦拨该师接收使用。军以宥午筹元电复唐师,着海军布雷第一大队改配田师指挥,漂雷亦移交。军以东巳佳元电据情转报兼总司令唐。去后,奉兼总司令唐午微辰与电复准查。奉兼总司令唐巳敬辰英电开:查防务交接限期已届,希饬该两师防务交接情形及布置具报。军以寝未筹正元电转令田、唐师长遵照,务于本(六)月底以前交接完竣具报勿延。

(31)六月廿七日　星期日　天候　阴　温度　F750

奉兼总司令唐巳有巳与电开:奉长官顾巳皓企一电规定,本集团军应加强长江方面布雷,希严督所属加紧实施,务获优良成果。军以感巳筹元电转令一四八师遵照,加强实施。

(32)六月廿八日　星期一　天候　阴　温度　F780

奉兼总司令唐巳敬午与电开:查祁、太、浮等处工事亟应开始构筑,指示如次:(一)太平、谭家桥、乌泥关等处增筑工事。(二)祁门附近未完工事均应派队着手构筑,浮梁附近工事应限期迅速完成,并将各该处筑工部队番号、兵力并按周呈出工作进度表。军以感未筹元电,转令工兵营何营长率领该营遵照,克日前往祁门,依照前订计划构筑,限七月底前完成,并按周具报工作进度表二份。军以俭午筹元电,转令潘师长遵照加强构筑浮梁工事,迅速完成。军以俭甲筹元电呈复如次:(一)谭家桥、乌泥关系含黄山区汤口据点工事内。经卅一年九月修筑完成具报在案。太平亦系黄山区据点工事之内,且职军整编后仅辖四个团,担任皖南、赣北数百里之防线,兵力不敷,无法构筑。(二)祁门工事已令工兵营前往构筑。(三)浮梁工事已令潘师加强构筑。

奉兼总司令唐迴申军虞电开：希遵照长官部抗六字第三号指导腹案中之指示，实施参谋旅行，实地练习及机动之训练具报。军以俭午筹元电呈复：查长官部抗六字三号腹案未奉到，所示参谋旅行、机动力之训练一节无从办理。即钧部十五号指导腹案中亦无该项目指示，如何办理，乞示。据一四四师张代师长已感未名正电称，职师奉命接防，经饬各团赶速整编完竣，并限七月东日起开始交接。兹接田师长倡敬璞电：该师整编就绪，但粮饷手续亟待速结。关于互调防务，刻正准备中。拟于七月灰日起开始接替。等语。应如何办理，乞示。军以俭筹午元电转报司令长官顾，并请准于该两师防务于七月东日开始交接。军以俭筹未元电分令田、唐师长，该两师防务于七月东日起开始交接完竣具报。

（33）六月三十日　星期三　天候　阴　温度　F800

一四四师张代师长已艳名正电请：甲、遵令张团派兵一营于七月冬日由曹家湾出发，经岭下苏、包村（冬日宿营地）、苏岭、云岭、汀潭、三里店（江日宿营地），限支日前到达南陵，预定虞日接替田师担任西河镇（不含）亘繁昌之线防务。乙、李团派兵一营冬日由石埭出发，经古竹桥厚岸（冬日宿营地）、石堰桥，江日到达向家湾，预定微日接替繁昌（不含）亘周氏祠之线防务。丙、李团派兵一连东日到达木镇，预定微日接替繁昌（不含）亘周氏祠（不含）亘丁桥（木镇以北）之线防务，并请田师同时派队接替职师防务。军以卅戌筹元电转报兼总司令唐、副总司令陶。军以卅申筹元电，转令田师长知照，并克日遵照派队接替唐师防务。一四四师师部交防后即移驻云岭村。据田师长保支午璞电称：（一）田团率一、三两营虞日由章家渡出发，限灰日到达横船渡，接替唐师磨溪头亘张溪镇之线防务，该团潘营交接后归还建制，随团部位于香口。（二）有团率三营齐日由云岭出发，限灰日到达青阳，接替东蓉桥亘磨溪头之线防务。该团交接后以一营随团部位于陵阳镇，以一营位于石埭、柳村，作师预备队。（三）师部文日移驻夏村。（四）各团防务统限文日前交接完竣。军以微未佳元电转报兼总司令唐、副总司令陶。

(原件存中国第二历史档案馆)

2. 第二十三集团军抗战经过要录

第一篇　奉命动员与北征

二十六年秋,川康各军奉命实施整编,适值全面抗战展开,川康各军遵奉委座电令,动员参加抗战。彼时,本集团军各部均散驻成、渝、万各地,乃迅速整编完毕,跟即积极动员,准备出征。旋奉第二预备军司令长官刘命令,将本集团军各部编为第二纵队,以陆军第二十一军军长唐式遵、二十三军军长潘文华为第二纵队正、副司令(邓锡侯、孙震[为]第一纵队副司令,北出陕西)并以左列各部编成之:陆军第二十一军军长唐式遵,陆军第一四五师师长饶国华,陆军第一四六师师长刘兆藜,陆军第二十三军军长潘文华,陆军第一四七师师长杨国桢,陆军第一四八师师长陈万仞,陆军第一四四师师长郭勋祺,陆军独立十三旅旅长田钟毅,陆军独立十四旅旅长周绍轩。二十六年十月中旬,各部队先后到达渝万一带集中,候轮东下。十月三十日,本纵队先头陈万仞师到达郑州附近,旋调新乡待命,其余杨国桢、郭勋祺两师均陆续到达新乡、郑州一带,惟饶、刘两师及田、周两旅,尚在渝汉道上输运中。本部军官佐及直属部队于十一月八日到达新乡附近,并受第一战区司令长官程潜之指挥,陈万仞师旋推进汲县,郭师则推进至博爱策应。十一月十四日,第二纵队全部奉命即开南京附近,集结待命。本部当命郭、杨、陈三师,即取道津浦路开京;饶、刘两师则由汉直航南京;本纵队部于十六日晨离新乡搭车,十八日到达南京;其陈、杨、郭三师亦于十七、八、九等日,先后达浦口、下关一带,集结完毕。十九日,我刘师在芜湖登陆。二十日,我饶师到达芜湖。十一月十九日,本纵队在京奉命向广德、长芜之线前进,以策应吴兴方面之作战。当令在京之郭、杨、陈三师迅取道京杭国道,向泗安、长兴、宜兴一带前进;在芜湖之饶、刘两师取道宣城,向广德前进。各师先后分自京芜一带出发,本纵队司令官唐则率幕僚数人,偕大本营副总参谋长白崇禧于二十二日自京向长兴前进,视察前方情形,纵队部则取道宣城、宁国前进。二十二日晚,司令官唐到达长兴得悉左列情况:一、我第七军现在吴兴前方,与敌相持中;二、我刘建绪部在临平、德清之线,与敌相持中。二十三日,司令官唐到达广德附近,接奉第七战区司令长官刘命令,本纵队应占领安吉、长兴之线,以协同友军作战。

当即指示各部任务,并以是日先到广德之刘师推进至安吉附近,占领阵地;饶师尚在宣城、广德道上行进中,郭、陈、杨各师在京杭道上行进中。

第二篇　广德泗安长兴之役

时间:二十六年十一月二十四日至十二月四日

参加作战部队:第一四四师、第一四五师、第一四六师、第一四七师、第一四八师

作战经过概要:

十一月二十四日,本纵队司令唐在广德附近得悉,敌约两联队之众,本日午刻陷我吴兴城,我第七军现仍扼守吴兴西南北一带高地,与敌对峙。同时,接奉司令长官刘命令,本纵队应以先到广德、长兴一带之部队,于二十六日拂晓攻击吴兴之敌,以策应第七军之作战。当查除刘师已到安吉外,郭师尚未到长兴,陈、杨各师行动尚未具报,预计郭师本日可到长兴。当令郭、刘两师于二十五日由长兴、安吉开始运动,取道小溪镇、和平镇、妙西市两侧地区路径,前进至适宜地点,完成攻击准备,于二十六日拂晓前向吴兴南侧之敌攻击。十一月二十五日,我刘师正由安吉向吴兴前进,郭师正到长兴之际,本纵队司令唐在广德又得悉,我第七军于二十五日晚因不堪敌之压迫,在长兴之界牌附近被敌猛攻不支,刻已退至泗安镇前方之大灵寺附近,情势甚紧张。本部基于目前情况,乃令刘师自安吉向敌侧击,并令方到广德之一四五师佟旅之四个营,由团长戴传薪率领,赶往泗安前方占领阵地,以策应友军作战。十一月二十六日晚,一四八师到达,即令在广德前方之十里岗一带,构筑阵地,并以一部位置于槐花墈市、先峰岭、八都等处,以掩护军之左侧。一四五师之佟旅全部,亦适时赶到,当令该旅长佟毅率部赴泗安负责指挥。十一月二十七日午刻,泗安前方已发现少数敌兵出没,二十八日步骑炮联合之敌约四千余人,附坦克车二十余辆,向我佟旅进攻,并以大炮飞机猛烈轰击,我官兵抵死鏖战,至二十一时因伤亡甚大,且阵地全毁,不得已乃向泗安后方大界牌一带地区转移。复以佟旅兵力薄弱,乃调一四八师袁旅附饶师长指挥,向敌反攻,限二十九日将泗安原阵地完全恢复。另令一四六师由泗安以南地区侧击敌人,以收夹击之效。十一月二十八日,饶师长率佟旅向泗安之敌反攻,

到达泗安附近,天已渐明,敌军飞机、大炮、坦克车联合向我反攻,我官兵整夜疲劳,且夜间攻击队形不免混乱,经敌猛攻不支后退,午后复与敌接触于大界牌附近,当发生激烈战斗,我伤亡甚大。当令一四八师在十里岗、大塘口之线,拒止敌人。同日,本部转移于十字铺指挥。十一月二十九日夜,敌继续进犯我一四八师十里岗、大塘口一带阵地,该师拼命固守,激战至深夜,敌更包围该师两翼,卒因阵地工事构筑时间太短,左右又无友军连〔联〕系,该师遂被迫向广德附近转移。当令在广德整顿之一四五师佟旅迅往增援,一时战况至为激烈,敌我肉搏血战,往复冲锋不下十余次,一四五师师长饶国华亲临前敌督师,士气为之大振,虽伤亡甚重,仍拼命不退,该师长亦于十一月三十日午前三时许杀身成仁,我军旋转移至誓节渡附近,拒止敌之前进。先是我饶师于泗安鏖战之际,即令一四六师自泗安以南侧击敌人,因该师电台被炸,连〔联〕络困难,致未达成协同夹击敌人之目的。当我军在广德附近激战之际,我在泗安以南地区之一四六师,亦积极向敌之侧背进击。三十日,接刘师艳电称:一、潘团于二十一时三十分克服泗安及尖山等高地,杨团已自龙岭正向界牌进攻,林团亦由东亭湖向广德之观音堂攻击前进;二、我各团共毙敌数百人,夺获大炮一门,毁敌装甲车三十余辆,机步枪、防毒面具、钢盔、大衣等无算。等情。当呈奉委员长蒋电令嘉奖,并给奖金壹万元。十二月一日,本集团又向广德之敌攻击,以策应我一四六师之作战,当令一四五师佟代师长毅为前敌指挥官,率所部并指挥一四七师之章安平旅,一四八师之潘左旅,于二日五时向广德及其以南地区攻击前进。同时,敌亦以攻势之目的,向我前进,遂与孟旅发生激烈之遭遇战于广德东郊地区,结果我击毁敌坦克车六辆,击落敌飞机一架,敌我伤亡均重,我攻击未竟全功,仍撤回誓节渡附近,与敌对峙。又我一四四师、一四七师,自二十日由京出发,沿京杭道前进,一四四师于二十五日以□□到达距长兴十余里之夹浦附近,因第七军已向后撤退,长兴不守,该师遂在夹浦之线与敌遭遇,敌以大部企图沿京杭道前进猛攻,该师激战竟日,该师长郭勋祺赴前线督战受伤,官兵伤亡数百人,我一四七师担任宜兴附近太湖沿岸警戒,未与敌接触,该两师与本集团军之主力失却连〔联〕络,直致〔至〕本集团转移至誓节渡之线时,始得取道郎溪,归还建制。查是役,与我交战之敌兵力及番号,据报为敌板原〔垣〕师团之主力,兵约七八千人,系由华北调来者。

第三篇　皖南整理及接任皖南防务〈略〉

第四篇　第一次攻击芜湖石硊镇、奎潭镇、竹丝港及卡子口一带战役

时间:二十七年一月十三日至十九日

参加作战部队:第一四四师之一旅、第一四七师之一旅

作战经过概要:

敌自攻陷我南京后,即移其主力北渡,协同津浦北段之敌,夹击我徐、蚌,企图夺取我徐州,以完成其第二期侵略计划。本战区为策应第五战区作战容易之目的,奉命向当面之敌攻击,本部当以一月元电规定,各部攻击动作如次:一四四、一四七两师,各选有力部队一团,于石硊镇、奎潭镇完成攻击准备,限十六日拂晓开始进攻芜湖,由晨至午攻击进展甚速。一四四师之唐团,将竹线港、陶村、桃家山一带攻占,一四七师周团亦将都陡门占领,十七日继续进攻。唐团占领祠堂山,进至汪家祠、卡子口与敌对峙。十八日又将火龙岗克服,十九日周团占领白马山,唐团攻克烟墩山,正继续进攻之际,殊敌又于二十日由芜增援约二千余,向我反攻,我以伤亡甚大,仍撤回原阵固守。二十三、四两日,敌更大举向我进攻,我乃退竹丝港、石硊镇之线,与敌对峙。查本战役,虽未克服芜湖,但敌因芜湖为南京之屏障,由攻徐、蚌之主力中转用万余人,向芜湖增援,我在战略上确已达成牵制任务。是役,我伤亡九百余人,敌伤亡约六七百人。

第五篇　荻港、三山镇战役

时间:二十七年一月二十七日至三十一日

参加作战部队:第一四七师之四三九旅、独立十三旅

作战经过概要:

敌为巩固芜湖之占领及防止我军向芜湖进攻为目的,乃于二十七年一月二十七日十五时起,以敌约二百,在敌舰炮猛烈掩护下,向我八七八团荻港阵地进攻,企图将我守军向繁昌附近压迫,当经我一四七师刘团率兵一营前往增援,将敌击退。二十八日拂晓,敌舰十余艘,掩护敌兵,向我荻港阵地猛

攻。同时，另一部之敌由小河口方面进犯，我守兵苦战至十一时，终以众寡悬殊，乃转移至石青巷之线，继续抵抗。十四时，我增援反攻，曾一度将澛港夺回。三十一日辰〔晨〕，敌舰十余艘，行驶至五显庙前方，掩护敌兵三四百名，向我三山镇阵地猛攻，该地守兵与敌苦斗，战至十二时，因伤亡过半，乃转移至三山镇附近。十五时，我增援一营反攻，卒将该镇完全夺回。是役结果，我伤亡官兵百八十余员名，敌伤亡百余人。我因澛港位置低下，且滨江岸易受敌炮威胁，乃改扼三山镇前方之线。

第六篇　第二次攻击芜湖、湾沚、竹丝港、白马山战役

时间：二十七年二月三日至十七日

参加作战部队：第一四四师、第一四七师、独立十四旅、第一四五师之四三五旅

作战经过概要：

二月三日，奉命以策应第五战区之作战，编组有力之一支队，向芜湖之敌攻击；另以一部由湾沚、芜湖间进出于敌之侧背，相机破坏京芜交通。本部当令一四四师范代师长，率四三〇旅为攻击部队，并限鱼日前到达奎潭附近，旋又奉司顾令，着本部抽调两个师，以一部向溧水、主力向芜湖之敌攻击，限庚日开始行动。当令范代师长率该师以主力沿公路经清水河，向芜湖之敌攻击，一部取捷径直趋黄池，以遮断宣城之敌归路。一四七师除以一部固守现阵外，大部应向芜湖之敌攻击，独立十四旅向湾沚之敌攻击（彼时，独立十四旅守备南陵，一四四师集结三里店附近）。二月八日，各部遵限开始行动，八、九两日进展颇速，范师占领朱公湖、何梗村、张家花园等地，并到达芜湾公路线上，将公路交通破坏。一四七师周团占领白马山，与敌对峙；独十四旅猛攻湾沚，已到湾沚附近，与敌激战甚烈。十日辰〔晨〕，湾沚之敌向我周团反攻，我因伤亡过大，乃退守陈家祠、八斗村之线。我一四四师到达湾芜公路线上后，敌连日增兵反攻，企图打通公路交通。本部以连日情况判断，范师已深入芜湖公路，湾沚之敌又顽抗不退，自不能一味继进，当令一四四改以一部，位置于竹丝港、张家花园、何梗村监视芜湖方面之敌外，以主力速协同独十四旅，向湾沚之敌攻击。十三日晨，周团将湾沚场占领，逼近老虎山、天主堂一

带,与敌激战,敌虽增援反攻,均经我迎头击退,并令一四五师驻南陵之孟浩然旅,兼程向方村镇推进,受范师长指挥,策应该师之作战。范师俟该旅到达后,即编组有力之一支队,向黄池、乌溪、当涂方面挺进,主力会同周旅进攻湾沚,并预定铣日为攻击日期。十六日,敌约五六千人,分途大举向范师李家桥及竹丝港等地反攻。湾沚方面,敌数百亦大举反攻,我一四四师及一四五师孟旅受敌四面围攻,不得已向湾竹铁道线以南地区转移,抵抗旋退扼南陵前方许村埠一带。十九日,又令一四四师全力向敌反攻,敌不支,向铁道附近引退,我遂恢复殷家咀、奎潭之线。是役,我伤亡士兵千三百余名,敌伤亡亦在一千以上。并查与我交战之敌军为守备芜湖之第六师团主力。

第七篇　三山镇战役

时间:二十七年二月二十五日至二十六日

参加作战部队:第一四七师之四四一旅

作战经过概要:

二月二十五日,澬港敌约五六百人,向我三山镇守备军一四七师进攻,当经我击退。傍晚,螃蟹矶、三山镇、旧县镇一带,江面先后驶到敌舰七艘,分向我岸炮击。迄至未刻,三山镇江面之敌舰二艘,藉浓密之火力,掩护敌二百余在头棚附近强行登陆。是时,螃蟹矶、旧县镇等处舰敌亦相继登陆,向我横山镇及三山镇猛烈进攻,经我四四一旅吴团英勇抵抗,敌未得逞,惟敌仍积极增援进攻不已。二十六日拂晓后,螃蟹矶、旧县镇、三山镇等处之敌,又分股再度强行登陆增援,并联合陆上之敌大举向我三山镇及其附近老山阵地猛犯。同时,停泊江岸之敌舰炮火,更集中向我三山镇轰击,我扼守该地区之石旅虽不惜牺牲,奋力拒止,终以三山镇附近地区突出江边,地滨大江,容易招致重大损害;又因我阵地已被敌火摧毁无余,我因消耗目的已达,为战略计,乃饬改守石桅镇、峨桥、横山桥、旧县镇之线,继续抵抗。敌占三山镇后,亦未积极前进。

第八篇　繁昌、焦家湾附近战役

时间:二十七年四月一日

参加作战部队:独十三旅

作战经过概要：

四月一日拂晓，敌分两路攻我焦家湾，同时，敌炮兵及敌舰亦向我焦家湾对岸之孙家滩警戒阵地猛轰，该地守兵为六三九团之一排官兵，均作壮烈牺牲，我遂退守焦家湾西南高地。敌复乘势进逼，该地官兵奋力支持，六三九团之第二连奉命增援，虽受敌火重大损害，然该连长卒能达成任务。此时，敌陆海军联合猛犯我焦家湾西南阵地，我军伤亡既大，敌复猛力近迫，我前线将士齐上刺刀，喊杀声震天，敌闻声丧胆，不敢再进。午后三时，我分头出击，一由昌大油房、瓦窑厂绕击敌之左侧，一由焦家湾正面进攻，再由教化渡包围敌之右侧。敌受我三面包围，伤亡甚大，狼狈溃退，战至午后六时许，始将焦家湾阵地完全收复。敌我伤亡及损耗情形：我阵亡官长三员，士兵五十四名，负伤官长四员，士兵八十六名。与我交战敌兵力、番号：敌兵约七八百人，番号不明。

第九篇　怀宁、无为、庐江、桐城、潜山之役

时间：二十七年五月十六日至六月十九日

参加作战部队：第一四五师、第一四六师（欠一团）

作战经过概要：

敌自陷我徐州、合肥后，江北形势日非。本集团奉命于五月十七日抽派两师北渡，受杨总司令指挥，当以担任贵池、东流防务之一四六师（缺一团）及一四五师，全部于十九日开始渡江，向汤家沟集中。惟各部渡江后，杨总司令为适应目前情况，遂将北渡各部分割使用，兹将各部战况分述如次：

一、一四五师四三五旅于五月三十一日，奉命由舒城推进至桃溪镇，赶筑工事，拒止由合肥南下之敌。六月五日，我与敌接触激战，旋向太湖、潜山一带转进，至六月底始奉命归还建制。

二、一四五师四三三旅于渡江后，即担任汤家沟以南江防守备任务，〔敌〕曾数度登陆，均未得逞。旋因六月十二日安广失守后，该旅与该师长连〔联〕络顿失，不得已在汤家沟偷渡南岸，归还集团军建制。

三、一四六师四三八旅于渡江后，即戍守怀宁，继以无为方面情况紧急，即奉命向该方面增援，与敌于无为东北地区之三义河、运漕镇一带血战数次，

敌我伤亡均重。六月十一日，怀宁、舒城危急，该旅乃奉命向庐江转进，舒城失守，即奉命向桐城、潜山方面退却，又于桐、潜方面作战，至六月十九日始到达李渡店附近，收容整顿待命。继奉命受佟师长指挥，由九江、南昌归还建制。是役，我伤亡官兵千八百余名，敌伤亡约与我相等。

第十篇　大通、乌沙夹、李阳河、前江口、牛头山战役

时间：二十七年五月二十八日至六月十四日

参加作战部队：第一四七师、第一四六师之四三六旅（缺一团）

作战经过概要：

一、大通、和悦州敌之前哨登陆战

五月下旬以来，敌机舰每日向我大通以下沿江各地不断轰炸与炮击，并破坏我水雷数带，敌舰遂直驶贵池一带扰乱。六月三日，敌机舰掩护敌陆战队百余人，在和悦州登陆，经我守军沉着击退。

二、乌沙夹之初次登陆战

九日，敌机狂炸大通、梅埂、乌沙夹等地，十四时，敌舰掩护敌兵二百余人，在乌沙夹登陆，我军俟敌舰傍岸时，即予猛击，敌兵伤亡二十余人，即退去。十七时，我机七架飞到，炸沉敌舰一艘。

三、乌沙夹、李阳河、前江口之大举登陆

十二日，敌机舰大举向我乌沙夹、李阳河、前江口等地轰击，五时三十分，敌舰二十八艘，掩护敌兵二千余，于乌沙夹强行登陆，另有敌约千余，又于李阳河、前江口登陆，我守军英勇抗拒，终以众寡不敌，遂退出乌沙夹、前江口、李阳河等地。未几，我援队陆续增加，即向敌反攻，适值天雨，道路泥泞，敌重火器失其效用，我军乘机猛击，乌沙夹之敌不支，溃退回舰。我又以乌沙夹之兵力，转击李阳河之敌，遂将该地之敌扫荡净尽。又十一时，敌于大通强行登陆，经我奋击，致未得逞。

四、我进攻前江口及敌在牛头山、大渡口强行登陆

十三日，我唐旅派队向前江口之敌攻击，敌据旧炮台顽抗，我攻击奏功。拂晓，敌又分别在牛头山、大渡口两地登陆，攻陷各该地。十四日十八时，□旅乘大雨路泞之际，再向前江口之敌攻击，适时，我李阳河之守军，亦遵限赶

到,遂与该旅协同猛攻,激战至二十二时三十分,始将牛头山克服。我官兵精神旺盛,鼓勇直前,于十五日一时三十分,又将前江口克服,计毙敌二百余人。是役,我一四七师伤亡共八百余人,四三六旅阵亡官长二员,士兵二十四名,负伤士兵十五名,敌伤亡约三百余人。是役,与我交战敌兵力及番号:大通、和悦州有敌百余,番号不明;乌沙夹、李阳河、前江口等处登陆之敌,约共千余,系第六师团之一部;大渡口约五六百,大小兵舰约十余艘,番号不明,判断均系第六师团部队。

第十一篇　荻港战役

时间:二十七年六月十八日至六月二十五日

参加作战部队:第一四八师(约三个团)、新七师之一团

作战经过概要:

敌于沿江登陆未遑后,六月十八日二时许,突以敌舰十四艘,掩护敌兵三四百,由荻港附近板子矶登陆,将我长塘埂攻陷,并占我荻港,我守兵伤亡甚大。入夜,我虽迭次反攻,但敌源源增加约千余,敌机舰协助战斗,故未奏功。十九日夜,徐旅率兵三营,向敌夜袭,占领仙大井,天明后,敌援队赶到,我仍撤回原阵地。二十一日夜,徐旅复率兵两营,并编敢死队百余人,向敌夜袭,战斗澈〔彻〕夜,毙敌数百,先后占领仙大井、牛歇岭、老虎头等地。天明后,敌舰炮猛烈射击,增队反攻,我官兵整夜疲劳,伤亡甚大,不得已仍撤回原阵地。

二十二日至二十四日,敌虽迭次犯我长塘埂,但均被我击退。二十五日,敌二三千人猛烈向我一四八师马鞍山一带阵地进攻,我官兵奋勇迎击,阵亡营长一员,仙大井、牛歇岭、老虎头等处,遂被敌占。至晚,徐旅长督队反攻未奏效。查是役,犯我之敌为敌第六师团之主力,兵力约二千余人。

第十二篇　湾沚、竹丝港、三山镇、荻港附近诸战役(八一三总攻击)

时间:二十七年八月七日至十四日

参加作战部队:新七师之第二旅、一四四师之一部

作战经过概要:

八月七日,奉司令长官顾(0614)秋电:为破坏倭寇在江南地区之根据,本

集团除以大部固守江岸外,并应以一部对湾沚、芜湖之敌,施行攻击,以使友军作战容易,并于灰日前完成攻击部署。等因。遵转郭军长及陈代军长,除不断攻击芜湖、三山镇、荻港等处之敌外,各地区炮兵应不分昼夜,不分上下,驶〔使〕努力要击敌舰,妨害敌之运输。嗣又奉命于八月十三日开始全线攻击,本集团军当以新七师孟旅为攻击部队,向湾沚之敌攻击。

一、湾沚方面:田师孟旅十三日拂晓,先后将西双庙、查山头、五里墩各要点确实攻克,敌大部退据狮子山,一部向湾沚方面逐次引退。九时,敌由宣城增援六七百人,该旅迎头痛击,敌不支退去。十一时,该旅左翼队攻入湾沚火车站。十七时,敌由宣城又增援五六百名,并由芜湖开到汽艇数艘,满载敌兵登陆,向我反攻。经我猛烈射杀,敌仍未得逞,我乘胜猛攻,十四日拂晓即将狮子山、湾沚火车站、天主堂等地,相继克服。天明后,顽敌技穷,遂施放毒瓦斯,我伤亡甚多,但官兵勇气仍百倍于前,继续冲杀,激战竟日,正拟删日大举进攻,殊于本日奉命调五十军开浮梁集中,当饬该师即停止进攻。

二、竹丝港方面:一四四师唐旅派兵两连,于十三日拂晓开始攻击,将桃木渡敌之警戒部队驱逐后,十一时即将敌之前进阵地马家堤占领,相持至夜。十四日辰〔晨〕,已进展至竹丝港街头,敌据街市顽抗,我以兵力寡少,未再前进。

三、三山镇方面:第一四四师刘旅徐营于十二日拂晓,攻击三山镇之敌,因湖沼堤埂早已破坏,运动困难,乃以步兵一连,分三路用秧盆划渡,向老山之敌攻击。十三日二时,将敌前哨驱逐,三时进至母鸡山,与敌激战。敌增援百余反攻,我以众寡不敌,遂撤退。是役,我阵亡官长三员,士兵一六三名,负伤官长五员,士兵九五名;敌伤亡约三百余。

第十三篇　荻港、长塘埂、马鞍山诸战役

时间:二十七年八月二十八日至九月三日

参加作战部队:第一四八师

作战经过概要:

盘据〔踞〕荻港之敌于八月二十八日,协同登陆之敌约五六百,敌舰五艘,以陆海空军连〔联〕合,猛烈向我一四八师阵地攻击,我伤亡甚大,长塘埂遂陷敌手。敌继增千余，我乃转移于小天堂、马鞍山、曹家凹之线，拼力阻止敌人。当即令饬梁旅驻东蓉桥之一团，向顺安推进策应。八月二十九日辰〔晨〕，敌人千余在敌机舰掩护下，继续攻击马鞍山之阵地，激战甚烈。至十三时许，敌开来大舰六艘，集中炮火向我轰击，工事全毁，我伤亡众多，马鞍山于十五时为敌占领。当令新七师之刘克用旅进驻顺安，并令潘师死守现阵及一四六师杨团推进孙村铺，以策应该师之作战。三十日，潘师部署完毕，九月一、二两日，全线沉寂，三日开始攻击，我官兵英勇用命，反复冲杀，激战至丑〔时〕，敌力不支，纷向江边溃退，我将马鞍山全部占领。又复乘胜进击，士气益奋，于寅刻卒将长塘埂阵地完全克复，惟该处地形较为突出，直受江面敌炮威胁，为减少损害计，当令一四八师以长塘埂为前进阵地，马鞍山为主阵地，严密戒备，加强工事，惟获港街市仍为敌据。是役，我伤中校团副一员，连长以下官兵六百余员名；敌伤亡四百余，内有森田少尉一名。

第十四篇　贵池附近乌沙夹、李阳河、前江口战役

时间：二十七年八月三十日至九月五日

参加作战部队：第五十军（缺新七师刘旅）、第二十三军之一四七师及二十一军之一四六师

作战经过概要：

八月三十日巳刻，敌以扫荡我江防炮兵、掩护其长江运输安全之目的，以飞机九架、兵舰九艘、汽艇二十余支掩护，敌四五百人于马踏寺江岸强行登陆，我守兵四四一旅奋力抵抗，苦战约二小时，敌续增至八九百人。同时，李阳河江岸亦有敌三四百人登陆，与我八八一团混战，我八八二团俯营前往增援，曾将敌驱逐至太子矶附近，敌以大量机炮掩护反攻，我八八二团一部复由左翼截击，与敌激战于晏塘桥附近。至午刻，先后登陆之敌约共三千余，连同江上敌舰五十余艘，猛力向我进攻。当令一四七师尽力抵抗，并饬贵池附近修路之一四四师刘儒斋旅驰赴十里岗、殷家汇一带策应。亥刻，我八八一、二两团仍与敌混战于尼姑庵、乌龟罐、黄家岭、晏塘桥一带。八月三十一日辰〔晨〕，敌约二百余，于乌沙夹登陆后，继向高髻岭猛犯，迄至未刻，乌沙夹、马踏寺、李阳河、前江口等处登陆之敌，已达五千余人，我石旅仍于江岸一带与

敌往复激烈苦斗。集团军为确实掩护我江防炮兵计,当决心以第五十军(欠一旅)为攻击部队,乘敌立足未稳之际,企图一举而歼灭之。

九月一日,新七师(附一四七师四四一旅之李昭团)分左右翼队,重点置于右翼,本辰[晨]在忠信庵、田庄之线与敌接触,二日将烟墩堡占领。辰刻,敌大部在飞机大炮掩护下,猛烈反攻,烟墩堡遂重陷敌手。我派敢死队六十名,奋勇前进,突将烟墩堡夺回,一四四师刘儒齐旅以张昌德团为右翼队,麦聚五为左翼队,戌刻进至新河坝、前江口,与敌激战。二日子时,我左翼队攻占大方村,敌虽一度反攻,我仍扼快活岭之线,与敌苦战。九月一、二两日,我攻击部队均一致努力向该敌猛攻,与敌反复冲杀。三日申刻,新七师卒将乌沙夹、花园口确实占领,一四四师并于三日将前江口克复,乘势攻占新河口、王家岭、荒山、晏塘桥等地,敌狼狈溃退,惟残敌一部尚盘据〔踞〕马踏寺附近未退。因敌改于大通登陆,五十军奉调增援大通,遂将该方面之攻击停止,仅以新七师之一旅及一四七师一部,对马踏寺之敌监视封锁。是役,我伤亡营长以下一千五百余员名,敌伤亡约一千余名;并查犯我之敌为上海派遣军仁胜田、山田、金田等部队,其兵力约四千余人。

第十五篇　大通战役

时间:二十七年九月六日至十三日

参加作战部队:第一四四师、第一四八师、新七师之刘旅、一四六师梁旅之杨团

作战经过概要:

敌因在贵池登陆未遑,乃以大部改于大通登陆。九月六日卯刻,敌舰二十余艘,驶至大通附近之横港、羊山矶一带江面,以机炮掩护敌兵三千余登陆。我一四八师四四二旅因伤亡过大,不得已退扼铜官山、石耳山、马鞍山、五贵桥、大士阁之线。集团军为确保江岸,掩护我江防炮兵计,当决心以主力一举歼灭登陆之敌。当令参加贵池作战之五十军郭军长,率所部一四四师及新七师之刘旅,转用于大通,于十日向敌采取有效之歼灭攻击。十二日子刻,先后攻占马鞍山、朱家山、广教寺、五里亭等地。殊至拂晓后,敌集结兵力,在兵舰十余艘、飞机十余架掩护之下,大举自羊山矶、大通镇方面向我猛烈反

攻，我因伤亡过大，乃退扼朱家山、牌坊头、盘龙树之原阵线，待机进击。九月十三日辰〔晨〕，敌更以大部改向我梅埂登陆，我因该方面为我江防炮兵主力阵地，为迅速歼灭该敌及确实掩护我馒头山炮兵阵地计，当改以一四四师调馒头山策应梅埂方面之作战。大通方面即令一四八师，并指挥新七师之刘克用旅，以一部继续袭击敌人外，主力即坚固守备现阵，实施严密封锁，待机进攻。是役，我伤亡官兵九百余员名，敌伤亡约四五百。查与我交战敌兵力及番号，敌番号为清水师团高桥旅团之青山联队及其他一部共约三千余人。

第十六篇　梅埂及馒头山战役

时间：二十七年九月十三日至十月七日

参加作战部队：第一四七师之四三九旅、第一四六师之八七六团、第一四四师、第六十七师

作战经过概要：

敌于大通登陆。遭我军强有力之反攻，未逞，乃改以主力于九月十三日拂晓，自梅埂附近登陆。据报当日情况如下：

九月十三日拂晓，敌舰二十五艘、汽艇及木船数十只，炮击我大通、梅埂、王家山、煤炭山。同时，敌水陆飞机十余架，掩护敌兵千余，由梅埂强行登陆，与我守军一营及增援之一四七师四三九旅八七八团龚营及一四六师四三八旅八七六团龚营等部，反复血战至十二时，我伤亡过半。四三九旅苏亚强团跟〔即〕率谢营赶到增援，章旅长安平亦亲到煤炭山督战，虽受敌火压迫，终将敌拒止于新娘娘庙附近。本部为迅速歼灭登陆之敌，确实掩护我馒头山炮兵阵地计，当令现在攻击大通方面之一四四师，立即向梅埂方面转进，协同一四七师歼灭登陆之敌。九月十四日辰〔晨〕，梅埂登陆之敌复集结大部，向我馒头山阵地猛犯，我守兵伤亡甚大，该地遂陷敌手。集团军为乘敌立足未稳，决心以主力歼灭登陆之敌。当令各部于十五日晚实施攻击。九月十五日二十一时，我攻击部队即分三路向敌进攻。二十三时，我各路部队利用暗夜，进展甚速，与敌激战于馒头山附近，往复肉搏达四小时，敌不支，大部退王家山，一部向下江口溃窜。我复以一部进攻老娘娘庙，一部进攻王家山，于江家冲附近与敌激战。至十七日拂晓，始确实占领江家冲南之查桥湖、洪家冲之线。

敌右据725高地,左依新娘娘庙,并利用飞机及兵舰支援,顽强抵抗,我无法进展,鏖战至辰〔晨〕,一四四师唐映华旅奋勇攻上725高地,因敌顽抗,未奏功,幸我将士用命,不顾牺牲,卒能稳定阵线。入暮后,我分三路进攻:一向洪家冲,一向670高地,一由流沉渡会攻。各路均派督战军官严励〔厉〕督饬,有进无退。邱少文团先时到达流沉渡,威胁敌之侧背;我主攻之张昌德团攻击至毛家冲附近,敌死力顽抗,经一昼夜之反复苦战,十八日拂晓,始将该敌击溃,确实占领670高地,敌犹据老娘娘庙扼守。十八日,敌驶来兵舰六艘,载敌千余,由梅埂登陆,连〔联〕合王家山之敌,猛烈反攻。十九日拂晓,670高地相继陷落。十九日,以刘儒斋旅交换,继续进攻。二十日辰〔晨〕,敌兵千余向我反攻,激战至二十一日子刻,我进至松毛冲、曹冲附近。拂晓,敌又以陆海空军联合向我反攻,我虽伤亡甚众,然犹苦战支持。二十一时,我乘敌火间断之际,选敢死队四百名向敌猛攻,激战至二十二日二时许,进展至670高地附近。时敌地雷爆发,火网浓密,手榴弹不断投掷,我伤亡过重,仍撤回原阵地,与敌对峙。连日以来,范子英师伤亡颇大,当令该师稍加整理,以小部继续袭击,大部坚固占领现阵[地],待机进攻。二十三日至二十七日,全线沉寂,二十八日,奉命以六十七师主力接替一四四师梅埂附近及上下江口迄清溪间江岸之守备,一部控置于灵芝塔、五溪桥附近,该师并应确实掩护炮兵,实施射击。该师进入阵地后,即饬归二十三军军长陈万仞指挥。二十九日至十月一日,无异状。三日,奉命饬六七师迅速接防,先击退松毛冲、江家冲附近之敌,确实占领670及725高地,掩护重炮,实施射击。等因,当转令遵照去讫。该师十月五日以一九九旅主力,攻击725亘670诸高地;一部固守叶家山、流沉渡、清溪间之线,并阻止敌之登陆。二〇一旅(欠四〇一团)集结五溪桥及灵芝塔附近,四〇一团为师预备队,位置于马牙桥。五日酉刻,该师即按部署攻击前进,一部突入敌阵后,敌施放毒气,几全部牺牲,后续部队亦不能前进。六日,继续进攻,甫进入敌阵外壕,受敌侧防火之制压,障碍物之阻止及毒气之奇袭,以致伤亡官兵达二百余,不得已仍撤回原阵地。本部为减少牺牲计,当令该师暂固守现阵,确实掩护炮兵,续行要击敌舰。是役,我伤亡连长以下官兵一千九百余员名,敌亦伤亡千余;并查与我交战之敌,为清水师团高桥旅团之青山联队,兵力约三千余。

第十七篇　前江口、殷家汇、贵池战役

时间:二十七年十月十七日至三十一日

参加作战部队:第六七师、第一四六师、第一四七师、第一四八师、第一四五师之四三三旅

作战经过概要:

九月二十九日,敌于前江口强行登陆后,我一四六师与敌激战,迭进出于前江口附近,伤亡颇众,尤以八七二团为甚。曾派一四七师之八七八团前往增援,因敌顽据前江口,当令一四六师自十月九日起改攻为守,对该方面之敌实施封锁。殊敌于十七日拂晓,忽以大量机炮掩护其步兵七八百人,再开始向我宝寨、苏祠之线进犯。我官兵虽奋勇冲击,然仍伤亡重大,阵地被毁,苦撑至十七时,乃转移于俞家山、罗汉山、排山之线,与敌相持至十八日拂晓。敌又增加六七百人,续向我排山之线猛犯,血战至十四时,排山阵地为敌突破,我乃退扼山茅岭,拒止敌之前进。集团军为适应当时状况,当令青阳附近总预备队一四八师,派兵一旅赴白沙铺附近集结,策应左翼作战。十九日辰〔晨〕,敌又乘势向我棕子棚一带阵地猛攻,我官兵抵死鏖战至午,伤亡甚重,乃退守团门山、汪家岭一带高地,敌遂直向殷家汇进逼。我一四七师四三九旅向殷家汇河岸转进,本部当严令一四六师及一四七师周旅,务确保殷家汇,同时饬赶到增援之一四八师徐旅,即向敌侧击反攻,并令潘师长率袁旅由青阳驰赴高坦附近策应。十九日未刻,殷家汇之敌已渡过秋浦河,约四百余人,在海龙山、北面山与我对峙,我一四八师徐旅与敌于半路铺附近对峙,我一四六师之廖旅则向灌口方面转移。本部当策定于殷家汇附近,包围歼灭敌军之作战计划,即令一四七师大部扼守半路铺东西之线,拒止敌人前进。一四八师及一四六师之四三六旅,以一部扼守灌口附近亘五里庙、吴田铺之线,大部应进出于棕子棚、排山、罗汉山一带地区。二十一日拂晓,敌约千余人在敌机数架掩护下,继续向我半路铺附近一带阵地猛攻,我潘师徐旅与敌激战竟日,伤亡约五六百人,入暮后转移至洗马铺附近,与敌相持。迄至二十一日(疑为二十二日)辰〔晨〕,敌又继续向我进犯,相持至申,我以伤亡过重,撤至十里岗

附近,与敌对峙。二十三日辰〔晨〕,敌约六七百人,由毛家渡渡江,抄我十里岗右翼。同时,砖桥一带之敌向我十里岗阵地猛攻,敌机十余架大肆轰炸,我十里岗阵地遂入敌手。迄晚,我敌在贵池附近之师范学校激战(守备贵池为一四七师之石旅),本部当令一四八师徐旅自白洋向十里岗,袁旅自殷家汇附近向砖桥攻击前进,以策应贵池守军,并以贵池为煤炭山炮兵阵地屏障,当决心死守贵池,以掩护煤炭山炮兵阵地,即令章师努力固守贵池及池口一带之江防,非有命令,不准擅退。二十四日辰刻,敌约千余人在敌机十余架掩护下,向我贵池城西北门猛攻七次,均被我击退。二十五、六、七、八等日,敌均不断向我进攻,我官兵忠勇作战,将敌击退。我潘、周两师连日向砖桥、殷家汇、棕子棚一带之敌攻击,因伤亡甚重,残破不堪,致未能确收围歼敌军之成效。同时,我煤炭山炮兵因受贵池方面敌军攻击之威胁,乃不得不撤出阵地,停止要击,并饬贵池守备部队于二十八日晚,安全向齐山转移,我军自是即改守清溪河、白洋、虎形、灌口、吴田铺之线。十月三十一日,我一四七师在上清溪、齐山之线,一四八师在凹里王、人形山、白洋之线,周师在灌口、吴田铺至张溪镇之线,均已占领阵地。敌占贵池后,亦未积极前进。是役,我伤亡官兵三千六百余员名,敌伤亡亦在二千以上;并查与我交战之敌兵力及番号,一部系十八师团古田联队,附炮十二门;又一部为伊和联队,共约五千余人。

第十八篇　馒头山、老屋董战役

时间:二十七年十一月四日至八日

参加作战部队:第六七师、第一四七师

作战经过概要:

十一月四日,敌机二十六架在我馒头山、小清溪一带肆行狂炸,午刻,敌约九百人由清溪强渡,向我猛攻。迄申,窜至赵冲、柯冲一带,我莫师戴团与敌苦战竟日,因伤亡过重,入暮后,即向老屋董附近转移,于是,馒头山遂陷敌手。又敌约千余,亦于同时向我齐山附近之一四七师阵地猛攻,激战至黄昏。因该处阵地突出,有被敌包围之虞,乃转移至白沙铺附近。微辰〔晨〕,敌约三千余,在敌机二十余架掩护下,复向我章、莫两师正面猛攻,我官兵奋力苦斗,血战至本(鱼)寅,因各部伤亡甚大,我六七师乃转移至茶叶山、斗龙山亘童铺之线，一四七师转移至雷鸣山至戴岭之线，与敌相持。八日辰刻，敌约千余，附炮五六门，分三路向我斗龙山、雷鸣山及五子岭附近攻击，又敌机十余架竟日盘旋侦察，我守兵沉着奋击，敌终未得逞。又敌步兵百余，骑兵四五十名，沿青贵公路东进至马牙桥附近，被我炮兵击三十余发，毙敌三四十名，余即溃逃。是役，我伤亡排长以下官兵百余员名，敌伤亡三百余。查与我交战之敌兵力及番号，敌为第一一六师团第一二〇联队之小田岛及岐口等部队，约有兵力二千余人。

第十九篇　铜陵、顺安战役

时间：二十七年十一月二十六日至三十日

参加作战部队：第六七师一九九旅、第一四四师、第一四五师四三五旅、新编第七师

作战经过概要：

十一月二十六日拂晓，敌舰五艘，载敌约五六百人，在舰炮猛击掩护之下，向我皇公庙、坝埂头一带江岸强行登陆，与我一四四师麦聚五团发生激烈战斗。翌日二十三时，敌约五六百人，将我老鼠石阵地突破后，复以大部约千余向我牌坊头、盘龙树分两路进犯，激战至二十六日三时许。我为战略计，乃转移至凤形山、江西村、五峰山亘脚岭之线。拂晓后，敌又猛犯，将我凤形山夺去。此时，敌骑二百余由五贵桥、羊山矶分向铜陵搜索前进。同时，敌机十余架轰炸我铜陵店门口阵地，掩护其步兵攻击前进。我王团当在店门口与敌血战颇烈，电话线已被敌机炸断，详情不明，惟闻前方浓密之枪炮声与轰炸声而已。集团军为策应该方面之作战，当令郭军长饬孟旅推进丁家桥策应。二十八日午刻，敌兵千余在敌机舰掩护下，向我龙口岭、董家店等地猛攻，我官兵奋力抗拒，终以敌火炽盛，于是龙口岭、董家店相机〔继〕失陷，我守铜官山一带之王团，遂被敌截断，敌先头窜至顺安附近。二十九日拂晓，敌约二千余继续向我猛攻，经我奋力抵抗，并有一部已窜至里郎坑附近，被我击退。由辰〔晨〕迄夕，我仍扼守鲢鱼山、黄毛山、里郎坑、五峰山、天坪山、姚家咀之线。又顺安镇昨日大火，敌主力似已到达该地，我被包围，铜陵附近之王团已突围到达丁家桥附近整顿中。三十日十四时，顺安之敌约五六百人于本日分两路

向我黄毛山、成山铺猛攻,该地守兵激战至十二时。我重伤连长一员,排长二员,伤亡士兵约六十余名。黄毛山、成山铺相继陷入敌手。又当面之敌步骑兵共二千余人,连日攻击我皇公庙、坝埂头、铜陵、龙口岭、石耳山各要点。因郭军防御正面过广,处处薄弱,又以官兵伤亡过大,敌遂乘隙入占我顺安,并有继续进扰之模样。集团军为保卫南繁,巩固青阳计,决心对顺安之敌实施攻击,当令范师派队由黄浒直攻顺安,田师派兵两营由里郎坑向该敌侧击。于是,攻占我黄毛岭、成山铺之敌,经我田师奋力反攻,卒于本午将敌击溃,惟顺安仍为敌据。又本晚,湾沚之敌一部约二百人,攻我红锡镇之新四军谭支队阵地,激战二小时,敌我各伤亡五六十人,现仍对峙中,判断该方面之敌系牵制我军企图。是役,我伤亡连长以下官长十二员,士兵五百三十七名;并查与我交战之敌,一部为松岛联队,一部[为]石谷联队,共约三千余人,附炮七八门,均系敌清水师团。

第二十篇　青阳附近战役

时间:二十七[年]十一月二十七日起

参加作战部队:陆军第五十军一四四师、新编[第]七师、第六十七师、第一四五师(欠四三三旅)、第一四七师四四一旅

作战经过概要:

十一月下旬以来,步炮联合敌约二千余在机舰掩护之下,由大通、铜陵一带登陆,向我五十军猛犯,并迭陷我龙口岭、顺安镇等地,企图侵扰南繁,进占青阳。我守备该方面之新七师与敌往复激战,损失重大,阵地被敌突破,当即转移于成山铺、甘山铺、天坪山、五峰山之线,与敌对峙。自十二月一日以来,敌乃积极自顺安、铜陵、大通各处,分向我五十军进攻,我为恢复原阵及歼灭进犯之敌计,当饬郭军迅速向敌反攻,并饬青阳之六十七师派队增援。我(我为衍文)自十二月三日起,我军进迫顺安附近,并将董家店、龙口岭等要点占领,敌乃继续增援反攻,我无进展,我军仍确保鲢鱼山、牧家亭、黄毛山、里郎坑、天坪山、五峰山、西峰尖、姚家咀之主阵线。十二月九日起,敌分数路向我大成山、亮石山、大山岭各处阵地猛犯我新七师,守备大成山、亮石山之王团因伤损过大,向后转移。敌将我田师阵线突破后,乘势跟进,大成山、亮石山、

大山岭、小卦岭等处阵地相继失守。本部于十二月十日严令郭军率所部,并指挥一四五师(欠一旅)、六十七师之一九九旅等部,迅速向敌反攻,务恢复原阵[地]。十二月十一日,敌以大部攻我大龙冲阵地,一部敌向我木镇方面突窜,我六十七师一部在木镇前方与敌发生战斗。我为阻敌进犯青阳计,乃变更决心,重新部署新阵线,以五十军军长郭勋祺率所部,并指挥一四五师(欠四三三旅)及新四军之谭支队,即就南陵、三里店、木镇之线,占领阵地,并令六十七师(欠一旅)于十一日晚,以一团占领合村、钱家桥、高桥岭、木镇之线,掩护郭军之转进,其余一团占领长山门、茶山、曾形山之线,防敌南进。是晚,敌由丁家桥南下,占领木镇,一部窜至曹家坂、倪家冲一带,与莫师激战甚烈。十二日,我郭军各部概已转移新阵,当饬六十七师以一旅守备木镇以左,迄牌坊山之线,一旅控置于青木间策应,并调一四七师石旅位于秧田埂附近,为总预备队。敌自占丁桥、木镇后,兵力骤增至数千人,即自木镇、丁桥等处,积极向我长山门、茶山、鸟鱼塘一带阵地猛烈进攻,企图迅速攻略青阳。我即令一四七师之四四一旅,构筑东蓉桥、燕窝山至青山一线之工事,以策应六七师之作战。十三日,木镇附近之敌约千余人,与我六十七师在倪家冲、曹家坂、长山门一带鏖战,另一股向茶山攻击,并已进至肥子垄附近,我五十军立派一四四师四三二旅及新七师两营,于删日拂晓,向木镇、南冲、肥子垄等地之敌侧击,一度攻占木镇,旋即失去。我六七师及石旅于肥子垄、东蓉桥前方一带反复激战,茶山、曾形山、程家大山一带亦为敌占领,敌因我五十军向其侧背攻击,同时我六七师及石旅联合大举反攻,十三、四、五等日,敌我战斗激烈异常,敌受创甚重,未敢再进。十七日,我为巩固青阳守备计,乃令六七师及石旅改守东蓉桥、焦家埠、底岭庵、河口之线。十七日以后,敌虽一再进犯青阳,均被击退,敌我即就东蓉桥、焦[家]埠之线相持。查进犯青阳之敌为清水师团之石谷、志摩两联队,步炮兵共约七八千人,自十一月中旬以来,与我军于铜陵、大通、顺安、木镇及青阳附近一带地区战斗,敌伤亡损失之重,不可胜计,尤以青阳附近一役,敌受创尤大,判断伤亡在二三千人左右,我军亦伤亡二千余人。敌攻青阳受挫后,旋以大部调往后方整顿补充,故自十二月二十日以后,即无激战。

第二十一篇　江防炮兵（二十七年度）

时间：二十七年七月九日起

作战经过概要：

查敌自突破我马当封锁线后，以大量运输舰艇，由京无上驶。我为策应武汉方面国军作战胜利起见，奉命以炮兵要击敌舰，以防害其运输及航行之安全。当即以配属本集团之炮三团第一营（欠一连）驻青阳之一连，于七月十一日开赴贵池，受二十三军副军长陈万仞指挥。在上下江口及前江口一带，选择阵地，开始要击敌舰。去讫十四日，重新部署，以该营在荻港方面配属田师之炮二门，担任铜陵至大通江面要击敌舰，为第一区游动炮兵，归一四八师潘师长指挥；另以炮二门担任梅埂至牛头山江面要击敌舰，为第二区游动炮兵，归陈副军长直接指挥。并于每区派步兵一营，担任该游动炮兵之协助与掩护，其射击指挥以该地区内之步兵旅长任之，限十五日完成射击准备。二十日，炮兵刘连在煤炭山向上驶之敌运输舰开始射击，同日，娄连亦在铜官山以南牌坊头、广教寺两地开始射击。八月一日，五一、五八师战车防御炮各一连，计四七小炮八门，到达青阳。五日，即以五一师之战炮连配入第一游动区，以五八师之战炮连配入第二游动区，与炮三团第一营各连协同要击敌舰。自五日至三十一日，计共发射炮弹三千余发，击伤击沉敌舰达百五十余艘之多。九月以来，因九江被敌攻陷，我游动炮兵要击敌上下驶舰艇之任务愈趋积极。先后配属本集团之轻重各炮至此已达十四连之多，本部当即重新策定使用。计划以炮三团第一营（欠一连）及五十一师战炮连，为第一炮兵群；以炮三团第二营及五十八师战炮连，为第二炮兵群；以炮十三团二营三连及炮十四团三营八连、中央军校高射炮连，附探照灯二对，为第三炮兵群；以十五公分重迫击炮二连、八二五迫击炮二连，为第四炮兵群。并划分荻港（不含）至大通间地带为第一游动区，以第一炮兵群配置之，指定以羊山矶、何家垅一带为主要阵地。大通（不含）至殷家汇间地带，为第二游动区，以第二、三、四炮兵群配置之，以观前、馒头山、前江口、宝寨一带为主要阵地。除第三、四两群所配属炮兵未到达，尚未使用外，第一、第二两群均按照部署，不分昼夜，努力施行要击，予敌以重大损伤及妨害。十月八日，我编入第三群之炮兵第十三团第一连、十九团第二连,九日,十三团第三连,十日,炮十四团第八连,十一日,中央军校高射炮连,均先后遵命进入馒头山附近阵地。开始射击以来,所予敌之损伤及痛苦为前所未有,综计前后击伤敌舰在四百艘以上。惟敌所受损害过甚,故不惜孤注一掷,倾其海陆空军之大部,拼命扫荡我沿江游动炮兵,与我军激战之烈,殊难以言语形容。我以牵制敌主力作战之目的已达,兼因武汉我军转移阵地,于是我重炮各连,乃先后奉命撤出阵地。而五一、五八两师之战炮连,又因发射过度与被敌机炸毁,仅余一门,亦随撤出阵地。尚留前线继续使用者,仅炮三团之第一、第二两营及炮五十一团第十六连、军校高射炮连等六个连。虽成果稍逊于前,仍排除万难,实行要击敌舰任务。至十一月初旬,因沿江各地均先后为敌占,我炮兵无法活动,始行停止要击任务。溯自七月中旬开始,江防游动炮兵要击敌舰以来,为时三月余。

(原件存中国第二历史档案馆)

(四)第二十七集团军

1. 陆军第二十军与淞沪会战(1937年)

一、陈家行之役

民[国]二十六年八月十三[日],淞沪会战开始后,军团[长]率第二十军,于九月一日动员全军由贵阳出发,徒步沿湘黔公路强行军,于九月二十四日兼程赶到长沙,当夜改乘火车,沿粤汉、平汉、陇海、津浦、京沪线,向东战场急行输送,于本月八日在南翔附近下车,加入陈家行附近之战斗。十月九日,我二十军主力在上海附近老人桥、郁公庙、新泾桥、谈家头、池后宅、战头桥之线,构筑第二阵地带工事,一部在输送中。时敌近卫师团、第三师团、第九师团、第一〇一师团,配合空军、战车、炮兵。在沪方面,正第三次增援,第四次总攻,企图由大场中央突破,截断连〔联〕络。故蕴藻浜附近之战斗甚为激烈,我在塘北宅地区之友军第七八师死伤惨重。军团曾遵19AG总司令薛电令,以先到之134D集结谭家头、新泾桥,准备增援,余仍续行筑工原任务。十月十日,南翔西北地区敌攻势亦极猛烈,当晚军团尚未全部集结完毕,即奉命接替税警总团及22D盛宅、桥亭宅、顿悟寺、陈家行之守备,遂进入阵地,直接与敌发生血战。十二日拂晓起,以一旅团之众,配合特种部队,指向陈家行东侧猛攻,经我134D迎头痛击,反复冲杀,激战至十四时,敌势不支,陈家行失而复得。十三、十四两日,敌再与攻势,增援一部,在优势炮空军掩护之下,向我原线以排山倒海之势继续进犯,我亦增加33D(缺在输送之399B)猛烈出击,官兵前仆后继,视死如归,其壮烈牺牲之精神,洵足惊人。不意苦战至十四日十五时,我各兵种未协调,顿悟寺西侧工事被敌催〔摧〕毁,守军先纠华营全部殉国,一点突破,全阵几为之震撼。此时,军团长在小南翔,本[着]与阵地共存亡之决心,令134D师长杨汉忠率部努力施行逆袭,该师长忠勇奋发,在敌机俯冲轰炸与扫射下,虽弹穿左股,亦能不顾一切,裹伤前进,遂至全军感奋,而于是日傍晚恢复原阵地。十四日夜,军团当面敌再度增援,再度猛进,锐不可当。我二十军夏副军长炯、133D杨师长汉域均在第一线坑壕指挥督战,须寸土必争。故陈家行、顿悟寺一带阵地形成焦土。当第三次告失守,而终于十五日黄昏前由盛宅反复施行逆袭,迅速夺回原地,全线屹立,依然无恙。十六日晨,敌又作第四次侵犯,然以一鼓作气,再而衰,三而竭,与我争夺半日,毫无所获矣。亘全战斗经过,军团长以下各高级指挥官均亲临全线,士气旺盛,诚所罕见。十六日十二时,二十军在陈家行、顿悟寺及其附近原阵地,依照规定绘图正式交代48A接替后,即在纪王庙、吴淞江西岸附近构筑后方阵地,并整编133D、134D残余部队为一个师,归133D师长杨汉域指挥,编余官兵由134D副师长李朝信率往安庆,训练新兵。

二、常熟之役

十一月七日夜,军团奉命经安亭、昆山道,向吴(苏州)福(福山镇)线转进,归11C军团长上官云相指挥,构筑常熟附近甪直镇、真义镇、吴家滨、巴城镇、东塘堡、古里村亘梅李(常熟东)之线之阵地工事。十一月十三日,由长江西周市、浒浦镇登陆之敌,于突破我江防友军阵地后,忽向我二十军133D(缺397B加402S、134D)侧背急袭,赖我官兵沉着应战,未受意外重大损害。十一月十八日,二十军在阳澄湖、常熟之线占领阵地,构筑工事。时昆成湖西岸,有敌小部分登陆。

十九日晨,苏州亦告失陷,我15AG正逐向西转进,1A在无锡南方沿苏锡公路布防中，二十军以掩护15AG主力南侧安全为主任务，经努力奋斗，坚苦撑持，始得遵限于十九日晚完成任务后，亦向溧阳西进，准备尔后之作战。本会战，我二十军中将师长杨汉忠、中校参谋主任薛开桐、上校团长赵嘉谟、李介立、李麟昭、唐武城、少校营长鲁柏林、罗光荣、何学植、陈亮、陈德高、罗星福、刘伯昌等十三员负伤；上校团长林相侯、少校营长先纠华、王笔春、弋厚培、蒋廷宣等五员阵亡，其余连长以下军官伤亡亦多至二百八十余员、士兵八千余名。战斗之惨烈，牺牲之重大与乎！各官兵同仇敌忾，视死如归之精神，可为概见。

（原件存中国第二历史档案馆）

2. 第二十军杨森部淞沪会战战斗要报（1937年11月）

一、战斗经过概要

淞沪会战开始后，军于九月一日动员全军，由贵阳出发，徒步沿湘黔公路强行军，于九月二十四日兼程赶到长沙，当夜改乘火车，沿粤汉、平汉、陇海、津浦、京沪线，向东战场急行输送，于十月八日在南翔附近下车，加入战斗。

十月九日，军主力在上海近郊老人桥、郁公庙、新泾桥、谈家头、池后宅、战头桥之线，构筑第二阵地带工事，一部在输送中。时敌在淞沪方面正第三次增援，第四次总攻，企图中央突破，截断京沪联络，故蕴藻滨附近之战斗甚为激烈。我在塘北宅、盛宅地区之友军第七八师，死伤惨重。军曾遵19AG总司令薛电令，以先到达之134D集结谭家头、新泾桥，准备增援。余仍续行筑工原任务。

十月十日，南翔西北地区，敌攻势亦极猛烈。当晚军尚未全部集结完毕，即奉命接替税警总团及22D盛宅、桥亭宅、顿悟寺、陈家行之线之守备，遂进入阵地直接与敌发生血战。十二日拂晓起，敌以一旅团之众，配合特种部队，指向陈家行东侧猛攻。经我134D迎头痛击，反复冲杀，激战至十四时，敌势不支，陈家行失而复得。十三、十四两日，敌再兴攻势，增援一部，在优势炮、空军掩护之下，向我原线，以排山倒海之势，继续进犯。我亦增加133D（缺在输送中之399B）猛烈出击，官兵前仆后继，视死如归，其壮烈牺牲之精神，洵足惊人。不意,苦战至十四日十五时,我各兵种未协调,顿悟寺西侧工事被敌摧毁,守军先纠华营全部殉国。一点突破,全阵几为之震撼。此时军长在小南翔,本与阵地共存亡之决心,令134D师长杨汉忠率部努力施行逆袭。该师长忠勇奋发,在敌机俯冲轰炸与扫射下,虽弹穿左股,亦能不顾一切裹伤前进,遂致全军感奋,而于是日傍晚恢复原阵地。十四日夜,军当面敌再度增援,再度猛进,锐不可当。我夏副军长炯、133D杨师长汉域,均在第一线坑壕指挥督战,须寸土必争,故陈家行、顿悟寺一带阵地形成焦土,当第三次告失守,而终于十五日黄昏前由盛宅反复施行逆袭,迅速夺回原地,全线屹立,依然无恙。十六日晨,敌又作第四次侵犯,然已一鼓作气,再而衰,三而竭,与我争夺半日,毫无所获矣。亘全战斗经过,军长以下各高级指挥官均亲临前线,士气旺盛,诚所罕见。

十六日十二时,军在陈家行、顿悟寺及其附近原阵地,依照规定绘图,正式交代48A接替后,即在纪王庙、吴淞江西岸附近,构筑后方阵地。并整编133D、134D残余部队为一个师,归133D师长杨汉域指挥。编余官兵,由134D副师长李朝信率往安庆训练新兵。

迄十一月七日夜,军奉命经安亭、昆山道向吴(苏州)福(福山镇)线转进,受11C军团长上官云相指挥,构筑甪直镇、真义镇、吴家滨、巴城镇、东塘堡、古里村亘梅李(常熟东)之线之阵地工事。十一月十三日由长江西周市、浒浦镇登陆之敌,于突破我江防友军阵地后,忽向军133D(缺397B加402B/134D)侧背急袭,赖我官兵沉着应战,未受意外重大损害。

十一月十八日,军在洋〔阳〕澄湖、昆成湖、常熟之线占领阵地,构筑工事。时昆成湖西岸有敌小部登陆。十九日晨,苏州亦告失陷,我15AG正逐步向西转进,1A在无锡南方沿苏锡公路布防中。军以掩护15AG主力南侧安全为主任务,经努力奋斗,艰苦撑持,始得遵限于十九日晚完成任务后,亦向溧阳西进,准备尔后之作战。

二、敌兵力、部队号及特异之装备

与本军战斗之敌为近卫师团之一旅、第三师团、第九师团、第一〇一师团之各一部,另配属空军、战车、炮兵,总兵力约在二万以上。

敌之陆空军装备均较我为优，我制空权殆为敌掌握，我炮兵殆为敌炮压制，难以自由活动。

三、敌我损害概数〈略〉

四、所见

当军由贵阳出发时，滇黔绥靖主任公署给予本军之行军计划，规定五十九日到达长沙，但军仅费二十四日即已赶到，足见各官兵同仇敌忾，爱国情殷。进入淞沪战场后，其杀敌精神更不可侮。军在南翔尚未集结完了，战场内敌情、地形、友军状况亦未十分明了，即奉命加入战斗，致犯仓猝及逐次使用兵力之过失。既设阵地内，坑壕过深、过窄，交通、防空、排水及逆袭设备不良，防御正面有限，全线特别拥塞，更蒙极大不必要损害。亘全战斗经过，军无直协炮兵，故步炮协同困难。各级指挥官无阵地战经验，牺牲精神有余，歼敌能力则不足。

附表〈略〉

军长　杨　森

中华民国二十六年十一月　日

（原件存中国第二历史档案馆）

3. 杨森致蒋介石密电（1938年6月8日）

即到。武昌委员长蒋：寰密。查淮河附近之敌积极西进，职部遵光［李宗仁］、元［李品仙］指示，以主力转移至舒城、桐城、怀宁之线避免决战，逐部抵抗，尔后以潜山、太湖、桐城西北山地为决战地带。在目前兵力单薄情况下，自以此种部署为适当。惟敌人如以大部兵力由合肥南下，与由长江西上之敌会合攻占安庆，则江南我军之正面太大，愈难防守，马当封锁线亦容易被敌突破，再沿北岸西进九江，武汉将受最大威胁。职意欲求江南防线巩固，欲确保马当封锁线，必须确保安庆及巢湖西南地区，且以舒城、桐城间大关附近山地及庐江、盛家桥、白湖南侧山地至江岸间地区之地形尚属良好，若以相当兵力布守，再以一部配合地方武力，在巢湖东南地区游击，必能阻敌西进。惟正面甚大，职部现有兵力不敷分配，拟请钧座抽派两师兵力以用之，兵力使用于上述地带，以期确保马当之蔽武汉，巩固江南。如兵力过大，职不便指挥，则请钧座派大员负责，以利军机。谨呈所见，伏乞垂察。06·12。辅［杨森］。参一。印。

（原件存中国第二历史档案馆）

4. 李品仙致蒋介石密电（1938年6月19日）

即送。限二小时到。○密。委员长蒋：劲密。本早接本处参谋处长龙炎武由黄梅递转杨部（指二十七集团军杨森部）郑参谋转太湖该部政训处长电话报称：劳密。潜山已于巧午复失陷，杨部之大部似退入潜山西南高地线，其一部现尚在桃花铺附近，太湖空虚，无兵布防。等情。除令该军死扼守现地，以待徐部（指二十六集团军徐源泉部）到达外，谨闻。品仙。19·12。行。济。

（原件存中国第二历史档案馆）

5. 第二次长沙会战第二十七集团军作战经过概要报告书（1941年10月）

在本集团为主力军之第二次长沙会战，敌使用兵力计有第三、第四、第六、第十三、第卅三、第卅四、第四十等七个师团及独立第十四、第十八两个旅团与其他特种部队。当中第三、第四、第六、第十三、第四十等师团系主力，其余系一部兵力，总数在十二万人以上。会战经过时间凡三十五日（自九月七日起至十月十一日奉令以一部佯攻临、岳，主力变更部署止）。其作战经过概要，仅分为三个时期报告之。

（甲）第一时期（大云山附近之战斗）

此次会战前之我敌态势：陆、水以东之敌为四十师团，以西之敌为六师团。自敌数月以来，一面高唱南进、北进，一面使华中敌军扬言将抽调兵力到上海，转用于越南及东北两方面，以松懈国军之防备，企图彻底集中优势兵力，出我不意，闪击长沙。时本集团军之二十（杨）军、五八（孙）军、第四（欧）军，各以一部在金城山、铁柱港、北港、新墙、鹿角亘磊石山之线固守，主力在桃树港、南江桥、关王桥各附近整训。九月七日拂晓,第六师团之敌约八九千,分由忠防、西塘两路南犯。当时所得情报:只知四十师团一部已到湘北,不知敌尚有大批后续部队,故判断敌人企图在扫荡大云山我军游击根据地,决心以第四(欧)军之第五九(张)师、第一零二(柏)师及第五八(孙)军之新十(鲁)师,实施反扫荡战。敌自开始攻击以来,敌机、敌炮协力其步兵向我猛扑。我大云山守军第一零二(柏)师一部,于八日晚为敌突破。十日,新十(鲁)师收复大云山,直至十七日,我敌在甘田、港口、草鞋岭、比家山地区反复激战。敌之后续部队源源增加。当时本集团军判断,敌军决有大举南犯长沙之企图。一面呈报长官薛,一面令第五八(孙)军全部西移,一面令暂五四(孔)师准备接替一三三(夏)师防务,令第二十(杨)军集结主力待命。时长官薛亦将六十师拨归第四军欧军长指挥,以加强其战力。十七日晚,敌军一部竟由童溪衔第一零二(柏)师防线,突破新墙河闻矣,敌进犯长沙之企图,至此暴露无遗。当时本集团军之敌情判断:敌决置重点于左,向南急进,向右旋回,进攻长沙。遂决心以第四(欧)军节节抵抗,迟滞敌之南进;以第五八(孙)军、第二十(杨)军梯次配备,向南侧击;以第六(李精一)、第七(李子亮)挺进纵队,在敌后破坏道路、桥梁、通信,截击辎重,焚毁仓库,断其补给与后送。当时对各部之作战指导,即对敌采绝对攻势,被敌突破,即向敌后转进,确切实施侧击、尾击、伏击、截击。

(乙)第二时期(敌突破新墙河进犯长沙,我军之诱敌歼灭战)

九月十八日,敌开始行真面目之战斗,分三路突进:主力由杨林街、瓮江、金井、春华山、黄花市及其以南;一部由潼溪桥、大荆街、福临铺、石子铺;一部沿粤汉铁道,另以海军一部伴攻营田。自十九日敌突破汨罗以后,逐日向左翼延伸,时奉命拨归本集团指挥之七二(韩)军,又不能在二十二日前开到平江。集团军指挥所当时在平江,感受威胁,欲变换指挥所,因限于通信器材,则与前后方联络必中断一日。卒以坚韧得保各军之联络。二十五日,第二十(杨)军攻占毛栗坳、朱砂崙〔岭〕之线后,向南续进。在渡头桥获敌军用鸽,带有敌三师团参谋长呈十一军参谋长报告一件,要求迅速补给。二十六,(肖)军奉命拨归本集团军指挥,当时正是我敌在捞刀河决战之际。本集团军奉命以第五八（孙）军向南攻新安市，第二十（杨）军向南攻万家铺，第四（欧）军向南攻麻林布，第二六（肖）军向西攻上杉市，第七二（韩）军向西攻路口畬。各军均遵令积极行动。二十七日以后，第二六（肖）军失去联络，致二十九晚奉令以主力向南，一部向西，改令第二六（肖）军在蕉溪岭布防固守浏阳之命令。本集团军虽尽诸般手段，未能按时确〔到〕达，该军几误大局。

（丙）第三时期（敌开始崩溃，我各军之追击）

十月一日，奉到委座电命：敌已于九月三十夜开始由北撤退，浏阳河南岸已无敌踪。集团之追击部署：令第二十（杨）军、第四（欧）军在麻峰咀、金井向西截击败退之敌；令第七二（韩）军、第五八（孙）军分向杨林街、大荆街行超越追击；令第二六（肖）军向西清扫捞刀河两岸战场后，协力第二十（杨）军、第四（欧）军衔敌尾追，追击目标为蒲圻、岳阳之线。六日晚，我追击部队之先头已北渡新墙河。八日，新墙以南残敌完成肃清。正奋力攻击临湘、岳阳间。十一日奉令变更部署，会战遂告结束。（各期兵力部署如另图〈图略〉）

检讨

甲、新墙河北岸绪战时期

一、敌情判断似嫌主观。当敌在大云山开始向我攻击时，根据敌过去攻占我南山鹰嘴岩、段山之行动，认为敌企图仅在攻占大云山、方山洞。及至敌放弃大云山，而向我杨林街以北之甘田、港口方面进攻时，复认为系向我扫荡。其错误在：始终认敌第六师团全部抽调他去，此不过为其掩护撤退动作，及至久经鏖战不退，始疑其别有企图。此为初期判断敌情，一般似嫌偏于主观。

二、友军彼此互不相信，致乏协力。当欧、孙两军夹击甘田、港口之敌时，欧军以在大云山受相当损失之后，士气稍差，孙军初次加入，士气比较旺盛，故两军战果稍有出入。因此所报战况、敌情，经本部通知时，两军互不相信，故缺乏协同动作，遂使敌于被夹击中得从容挣扎，掩护其南进部署。

乙、新墙河南岸至浏阳河向北岸作战时期

三、部队一般运动迟缓。当敌突过新墙河、汨罗江时，我北上迎击、南下尾击及西向侧击各部队，除欧军较为迅速、杨军稍次外，其他一般均甚迟缓。至于我迎击部队，对指定目的地多尚未到达，在行军纵队中即被敌骑冲散。

而尾击、侧击者亦因缓到，未能适时予敌以致命打击，使敌得一意突进，如入无人之境。

四、各级指挥官统率能力薄弱。敌突过新墙河南岸以后，我各部官兵辄多因敌骑骤至，望风披靡，官长全失掌握，士兵四处溃散，纷纷到平江、浏阳，络绎不绝。甚至团长亦有只身后遁者，既不见官长收容，复不见自动集合寻觅部队，本部曾令受训始回之。张德能师长多方截堵收容，奈以能截堵地方有限，收容者不过什一，但亦在千以上，其他地方可以想见。后闻此等溃散官兵，有到醴陵、攸县、株洲、衡阳者。以此概计名为一军一师，其实作战未终，伤亡者不过十分之一、二，溃散、逃亡者十分之五六，在战场作战者亦不过十分之二三而已。细察此种溃散原因，自然系被敌快速部队闪电突击，我则因防御正面过大，或因初到措手不及，或因无对敌大量骑兵作战经验，平时训练不够，被敌冲散所致。但一经脱离敌人射界，部队长官即应迅速集合部下，确实掌握。乃一任溃散，靡所底止，殊足见团长以下指挥官之无能力也。

五、各部官兵纪律太坏。此次各部溃散官兵，普遍奸掳、烧杀。甚至部队前进、转进中，在部队长官率领下，亦有之。较之上海抗战之役溃散蔓延数百里，有过之无不及。盖当时仅溃散不归队，尚无此普遍奸掳、烧杀也。部队官长平时教育之不良，约束之无方，可以概见。

六、奉行命令不彻底，甚至对所受任务取巧规避。各部常因战斗情势恶劣之际，对命令多取怀疑态度，毫无自信能力，不肯排除万难，尽最大努力，以致迟缓徘徊，希图一己苟安，不顾整个战局。例如：担任侧击及非敌主攻方面之攻击部队，每以一个军或师，辄为数百人所抑留与牵制，不肯取断然手段歼灭或驱逐敌人，而保持对峙状态。甚至在此战局极度紧张时期，不肯拼命与友军协力，反抛弃任务，率部遁入深山。事前并不通知上级指挥部与邻接有关友军，而将有线、无线通信停止，故意隔绝，致命令无法下达。事后见敌已退去，始出而电询战况、敌情者，大有人在。似此规避取巧，在抗战的今日，殊不应有。

丙、敌人溃退时期

七、追击部队尚称努力。敌人溃退时，我在高桥、金井、福临辅以北作战部队对于侧击、截击、尾追任务之遂行,虽因敌团结主力,作有计划之撤退,致收功虽小,但一般尚能迅确实施。不过稍有因顾惜疲劳,致企图心不旺盛,动作不积极之嫌。

八、部队协力优点。敌人溃退至高桥以后,我欧、杨两军在金井、脱甲桥、何家坳、江家桥之线,极度协调,动作一致,用能予敌重大打击,此为不可多得之优点。

（原件存中国第二历史档案馆）

6. 杨森致徐永昌密电（1941年12月20日）

特急。渝军令部长徐:甬密。综合情报:甲、鄂南:一、通山、白霓桥敌铣、篠迄今向羊楼洞方向开去。二、崇阳、大沙坪各据点敌已抽调羊楼洞转进。乙、湘北:一、岳阳各据点敌大部分向岳阳集结,大队行李及粮秣亦陆续北运。二、铣日起少数敌赶筑五里牌、□安间铁道路线、土堡。三、武汉铁道及嘉蒲公路兵运频繁,自寒至皓先后由火车开到岳混合兵种共约万余,大炮数十门,马千余匹,番号不明,现已到桃林、西塘约二千余。陈楚侯、新开塘、青冈驿、汤家牌、麻塘等地约三千余,其余集结岳阳未动。四、新开塘、汤家牌等地田埂敌已掘毁,有准备通车模样。又后山坪、九龙冲、新开塘敌全部赶修,并限五日后完成等语。五、汤家牌至破岚口铁道敌几度强修,均被我击阻,荣家湾铁桥敌亦有修竣模样。六、篠日由武汉方面开到岳阳汽艇百余只、兵舰十余艘,内有十一艘留白螺矶江面,载来敌步骑兵二千余,现驻岳阳。七、敌谣传打通粤汉路,会击香港,元旦前占领长沙。等语。截至号酉止尚未向我进犯。丙、判断:集团军当面之敌,最低限度有大规模扫荡企图。杨森。亥号戌。抗胜。印。[平江]

（原件存中国第二历史档案馆）

7. 杨森致徐永昌密电（1941年12月21日）

重庆军令部长徐:3941密。马日综合情报:甲、鄂南通山、白霓桥线及崇阳、大沙坪间敌无增减。乙、湘北:一、马申西塘增到敌千余。新墙对岸增到二千余,并有大小炮廿余门,已进入各小据点阵地,余无异动。二、九时敌四百余、骑兵一小队集结三港嘴附近训话,经我杨军杨师李团袭击,伤亡敌廿余,当被击溃,我亦返原地临湘。三、县长报称,敌六师团由前线撤去一小部,在岳上船,有他调样。四、十时岳敌汽艇三,支开鹿角附近侦察,各住十四时北返。丙、判断:增集临岳境内之敌似有准备进犯之企图。敬闻。平。杨森。亥马戌。抗胜。印。[平江]

(原件存中国第二历史档案馆)

8. 杨森致徐永昌密电(1941年12月23日)

即刻到。渝军令部长徐:甬密。战报(五万分之一图):一、梗子敌约五百分向尖山(柳树厂东端,图无)、望歌亭南犯,经我一三四师四零一团迎战,至已敌先后被我击退。二、梗晨敌一股千余由梅树滩,另一股约三百,由三港嘴南犯,经我四零零团迎击,梅树滩方面之敌于杨家冲、仙安桥、李丙塅地区与我反复争夺竟日,卒被我打退至干港嘴,王家岭之敌入夜相持,又三港嘴方面之敌午前被我击退,黄昏仍窜至该地,兵力未详。三、我敌伤亡消耗另报。四、暂五四师、五八军、一三三师各当面无战况。谨呈。杨森。亥梗戌。战。印。[平江]

(原件存中国第二历史档案馆)

9. 杨森致徐永昌密电(1941年12月24日)

限三小时到。渝军令部长徐:战报:敬未迄戌敌分八路先后突破新墙河。(1)由王家岭、李丙塅窜抵罗岭塅。(2)由箪口窜抵余沙场,以上两路已渡河之敌约三千余,与杨军杨师在杨家冲、仙安桥、任克敬、大元方、潼溪街之线激战中。(3)由邓家垄窜抵清水坑。(4)由九龙冲窜抵彭子明。(5)由大桥岭窜抵王街坊之敌,又分两股:一窜抵相公岭、一窜抵株树港。(6)由道梁桥窜抵七步塘、任必贵。(7)由破岚口窜抵荣家湾、毛家嘴。(8)由汤家牌、蘇塘窜抵八仙渡、孙武附近。以上六路已渡河之敌约五千,与杨军夏师在清水坑、相公岭、株树港、毛家嘴、孙武各附近之线激战中。敌后续部队不明,敌我伤亡损耗另

报。谨呈。平。杨森。亥敬戌。战。印。[平江]

（原件存中国第二历史档案馆）

10. 杨森致徐永昌密电（1941年12月25日）

军令部长徐：3941密。战报（五万分之一图）：敬晚分八路突过新墙河之敌约一万人。有敌兵后〔分〕五路南犯。甲、一三四师当面敌步骑三千余，炮数门。一、由罗袁塅经廖家冲南窜之敌午前经我四零零团阻击于观德、十步桥之线对峙。二、由作家场南窜之敌，经我四零二团阻击于王伯祥附近对峙，该师伤亡五百人，敌之伤亡尤多。乙、一三三师当面敌步骑炮约七千人藉飞机数架协力，由王街坊东南窜新墙南之相公岭、傅家桥、长湖、洪桥、岳庙、大荆街各据点，与我三九八团在相公岭、傅家桥、洪桥战斗尤烈。惟我据点虽坚守兵勇，但失利过大，故敌得乘隙钻入，将我据点包围，我官兵忠勇杀敌，抱定与阵地共存亡决心，在敌机敌炮猛烈炸击，沉着应战，复肉搏。敌逼近相公岭，中我地雷二次，死伤步骑极多。我在傅家桥坚守之营长王超奎阵亡，我机动配合据点作战之营长彭泽生在凌头嘴、傅家桥间辗转战斗，生死不明。我死守洪桥据点营长向有余被敌四面围攻，傍晚时尚有枪声，以后情况不明。我预备之三九七团在南岳庙、大荆岭奋勇迎击，有申以后大部转进，一部仍在敌包围中，死守该两据点。由株树港南窜之敌被三九九团一部阻击于熊家嘴附近对峙。由荣家湾、八仙渡南窜之敌向峤武、欧阳庙、胡德裕、黄板桥、谭家垄、古塘冲、黄沙街各据点进犯，与我三九九团主力激战，该团一部坚守黄沙街据点，傍晚仍未动。截至有亥，该师各据点守军虽多被歼，但经杨军长登高观察数次，十里纵横据点敌我混战，枪炮声及轰炸声，历历可闻，据报该师伤亡虽重，士气极旺。敌军因与我混战肉搏，死伤确较我惨重。丙、除已令孙军长梁师在杨林街由东向西侧击四六方、庄德、王伯祥，杨军杨师在关王桥、渡头桥由东南向西侧击洪桥、长湖之敌外，谨呈。平，杨森。亥有亥。战。印。[平江]

（原件存中国第二历史档案馆）

11. 杨森致徐永昌密电（1941年12月27日）

即到。重庆军令部长徐：甬密。宥日战报（五万分之一图）：甲、孙军在杨林街、马家、胡少保地区各有线电话不通，战况尚无据报。乙、杨军：（一）有晚以一三四师之四零一团拨归一三三师指挥，两师在关王桥、三江口、王家坊之线调整中署后，本日拂晓向洪桥、大荆街之敌攻击。（二）宥日敌分三路向该军进犯：一路由王伯祥、新塘石向关王桥、冯家桥、陈家桥之线杨军左翼一三四师进犯。一路由大荆街、渡头桥向三江口、大凌石、羊角岭、王家坊之线杨军左翼一三三师主游击战术。与敌反复争夺，激战终日，雨雷交加，腥红满地，截至宥亥，该军仍在富贵洞、沙湾里、女子桥、王家坊之线与敌苦战中。另一路由黄沙街以一小部沿铁道南下，大部向铁道东西地区与我一三三师三九八团坚守各据点之官兵继续激战中。除三九九团电台宥辰一度发出呼号外，以后即无消息。判断：该两团死守据点官兵似已大部壮烈牺牲。（三）连日以来杨军与优势之敌浴血激战，有冻馁死于阵地者，有全营共阵地俱亡者，伤亡虽重，士气未衰，决本再接再厉之精神，肃清当面之敌。丙、除已令孙军由东北向西南，敌〔杨〕军由东向西攻击关王桥、三江口一带之敌外，谨呈。杨森。亥感子。战。印。[平江]

（原件存中国第二历史档案馆）

12. 杨森致徐永昌密电（1941年12月29日）

即刻到。军令部长除：甬密。俭日综合敌情：甲、鄂南通山、崇阳、大沙坪一带无异动。乙、湘北：（一）俭晨敌回窜一部，似为第六师团四五联队。长湖、洪桥以东地区无敌迹。陈家桥及三江口西北山地有敌千余。（二）大荆街敌为六师团第十三及第二三联队，大部移长乐街、天井山、冷水井、杨家仓、兰市河等地，一部约八九百留原地顽抗。（三）长乐街现有敌千余，俭日以六百窜白田桥，二千余向新市方向。（四）天井山、冷水井、杨家仓、兰市河共敌四千余，俭丑有敌少数南渡汨罗河，未逞。（五）由南渡河敌共五千余。（六）新墙、荣家湾有敌数百，准备架桥。杨森。亥艳辰。抗胜。印。[平江]

（原件存中国第二历史档案馆）

13. 杨森致徐永昌密电（1941年12月30日）

即到。渝军令部长徐：384密。艳日战报：甲、孙军新十一师卅三团艳寅在长湖歼敌步骑官兵中佐以下二百余员名，并获战马十匹，轻机枪一挺，步骑枪廿余支，文件装具百余种，我伤亡官兵百余员名。又卅三团艳子由肖家坡（洪桥西五公里）撤回至洪桥，遭遇敌三四百名，激战一小时，毙敌五六十，我伤亡卅余。乙、杨军：（一）一三四师四零一团，艳辰攻击三江口西附近之敌，敌遗尸甚多，我夺获文件、战利品甚多，证明该敌为有马部队、井木部队。又四百团艳午在黄旗墩（长乐街东南五公里）与敌骑百余遭遇，毙敌四十，余向时丰铺回窜。（二）一三三师三九八团官兵三百余名艳辰以前已回部，又三九九团景团长俭日报告，亲率残余部队已向北突围到平桥河（黄沙街西北三公里）附近。丙、孙军刻在周庆祖、冯家桥、弹子神、剑滩、石字碑之线，杨军刻在石字碑、张家冲、黄旗墩、清江口之线就攻击准备位置，自东北向西南，攻击大荆街、渡头桥、长乐街一带之敌。谨呈。平。杨森。亥卅丑。战。印。[平江]

（原件存中国第二历史档案馆）

14. 蒋介石致杨森等密电稿（1942年1月6日）

特急。第九战区杨副长官、王副长官、58A孙军长、20A杨军长、37A陈军长、78A夏军长：○密。此次长沙会战，举世瞩目，现敌主力已被我击破，残部现由捞刀河纷纷向北溃退中，我军欲期获得完全胜利，与空前歼灭战果，全视各军能否施行果敢勇猛之包围与截击。仰严督所部，不惜任何牺牲，发挥最高度攻击精神，努力围歼残敌，以求获得空前胜利与光荣之战绩。倘有堵截不力，纵敌逃逸，定予严办。仰即知照并转饬遵照为要。渝。中○。鱼亥。令一元九。印。

（原件存中国第二历史档案馆）

15. 第二十七集团军总司令部反击作战计划（1942年4月）

第一，方针

集团军以协力战区主力军诱敌歼灭之目的，应以一部在鄂南方面各个击破由该方面南犯之敌于龙门厂、南江桥以北地区,以主力在湘北方面依既设纵深阵地,迟滞消耗,节节抵抗,诱致敌军主力于浏阳河、捞刀河间地区,协力战区主力军反击而歼灭之。

第二,指导要领

鄂南方面应依既设之纵深据点、工事行正面强韧抵抗,并用尾击、侧击诸战法,将由大沙坪、通城道或大沙坪、麦市道两路南犯之敌击破于南江桥或龙门厂各以北地区,或予敌各个击破,先将大沙坪、通城道南犯之敌击破之。

湘北方面应依新墙河南岸既设之纵深据点、工事,行正面强韧抵抗,消耗敌军,迟滞其南犯。如敌已突破我纵深阵地带时,则适时转用兵力,衔尾猛击敌后,务协力战区主力军于浏阳河、捞刀河间地区反击而歼灭之。反击奏功后,分向蒲圻、岳阳之线猛烈追击,相机收复临、岳。

第三,兵团部署(军队区分及任务)

第一线兵团:

暂五四师:

一、崇阳、大沙坪、羊楼司方面之敌向新墙河方面转用兵力时,应向敌前敌后钳击,使敌不得转用于新墙河方面。

二、崇阳、大沙坪方面之敌向麦市、龙门厂方面进犯时,应在幕阜山、龙门厂附近断行反击,务使敌不得窜过龙门厂以西地区,以屏障湘北主力方面之成功。

三、崇阳、大沙坪方面之敌向通城、平江方面进犯时,应在九岭附近断行反击,务使敌不得窜过南江桥以南地区,以影响我湘北主力方面之反击作战。

四、崇阳、大沙坪方面之敌如分向龙门厂、平江道齐头并犯,应协力第五八军予敌各个击破,先将由大沙坪、通城道之敌在南江桥以北地区击破后,再击由大沙坪、龙门厂道南犯之敌。

第二十军(欠暂五四师)附第六挺进纵队、第七挺进纵队、战防炮第五四团第七连:

一、崇阳、大沙坪、羊楼司方面之敌向新墙河方面转用兵力时,应以第六、第七两挺进纵队向敌前后钳击,使敌不得转用于新墙河方面。

二、敌主力由临岳方面渡新墙河南犯时,应以第六、第七两挺进纵队分向羊楼司、临湘方面截断武汉铁路交通及击敌援兵,以二十军主力与五八军守备新墙河南岸既设据点、工事,强韧迟滞消耗敌军。敌渡新墙河后,适时转移至杨林街、关王桥、长乐街侧面阵地,自东向西侧击敌军。敌渡汨罗江后,循新市、栗桥道衔尾猛击敌军侧背,但如五八军使用于南江桥方面,则其任务以第六、第七两挺进纵队任之。

第二线兵团:

第五八军(附独立工兵第十七营):

一、崇阳、大沙坪方面之敌分向龙门厂、平江齐头并犯时,应与暂五四师,将敌各个击破,先将由大沙坪、通城道之敌在南江桥以北地区击破后,再击由大沙坪、龙门厂南犯之敌。

二、敌主力由临岳方面渡新墙河南犯时,应与第二十军主力守备新墙河南岸既设据点、工事,强韧迟滞消耗敌军。敌渡新墙河后适时转移至杨林街、关王桥、长乐街侧面阵地,自东向西侧击敌军,循长乐街、福临铺道衔尾猛击敌军侧背。

兼总司令　杨　森
参谋长　邵　陵
中华民国三十一年四月
(原件存中国第二历史档案馆)

16. 第二十军杨汉域部参加长衡会战密电(1944年5月27日—9月4日)

副长官杨:密。谨将李师补报辰感至巳皓之战报摘要转呈:

1. 辰感至俭新墙河战斗——敌40D及17BS各一部,分五路犯新墙,渡河后,即包围职部,并以飞机连续轰炸。我59R赖营固守铜鼓岭,阵亡连长张学泉以下二百余人,毙敌一百余。

2. 俭至卅日——龙凤桥、大荆街据点战斗:A.俭午敌三千余,沿铁道南下,直趋黄沙街我60R第三营阵地,该营极力阻击,陷入重围,彻夜战斗,牺牲殆尽。至艳晨，仅存残部七十余人，由营长周唐率领，突围至龙凤桥，参加龙凤桥团据点之战斗。B.艳丑敌一股千余，攻我山西门60R之一营阵地，另一股二千余攻我龙凤桥据点。迄午□，敌以炮四门行破坏射击，敌机二十余架更番轰炸。至申刻，分四路向该据点一带猛攻，经反复肉搏，毙敌三百余。同时敌骑二百余，经桃林冲窜油榨塘，有迂回大荆街模样，于是我60R三面被围，伤亡狼藉。至黄昏，该团奉命突围，转进至三客坊附近，占领预备阵地。我守备大荆街团据点之五八团，于艳巳亦开始战斗，占领南岳庙迄洪桥之线之第二营，奋斗竟日，未失寸土。迄黄昏，当面之敌骑百余，窜至何盘铺附近，我营长蒋载群率部坚守不退，率将该敌全部歼灭。入夜敌占领龙凤桥后，复以一部千余直趋湖仙山核心据点，据〔经〕陈营痛击退出。陷晨拂晓，敌复大队转扑大荆街附近地区，与担任团预备队之第一营，短兵相接，血战达五小时，营长廖继华阵亡，全营牺牲惨重。从敌遗尸得悉进攻之敌为二三五及二三六两联队，自感戌迄卅日止，敌伤亡千余，遗尸三百余具。

3. 艳至陷日磊石山湖防战斗：艳□敌海军陆战队二百余，在磊石山登陆，同时黄沙街之敌便衣队百余名，亦向磊石山窜扰。迄陷酉止，经搜索连及湖防守备队于磊石山附近逐次抵抗，毙敌百余名，始退至汨罗东站，又为敌骑追蹑，除士兵十余突围生还外，均全部牺牲。

4. 辰世至巳东梓江附近战斗：卅亥师奉命驰赴平江，再经梓江时，突与梅仙、谭家坊方向窜来之敌快速部队数百遭遇，近迫至数十公尺，为敌袭击。60团仍占南山尖，与敌发生剧战。职率少数部队于午刻突围，至张家坡渡河。

以上各战斗，敌伤亡约二千余，我共伤亡校官五员，尉官九十五员，士兵一千八百五十三名，失踪官十八员，士兵四百三十三名，乘马三十匹。我损失武器，计迫击炮七门，重机枪十三挺，轻机枪四十八挺，步枪六一二支，十一米冲锋枪一挺，驳壳手枪三三支，左轮枪五支，白朗林三支，掷弹筒四七具，枪榴弹筒三八具；消耗弹药，迫炮弹一四八三发，步机弹四十九万五千三百发，掷榴弹一千四百三十六颗，枪榴弹九百七十三颗，手榴弹六千八百七十五颗，驳壳弹二千三百一十七颗，左轮弹九百八十九粒，白朗林二百一十一粒；通信器材损失廿门总机一部，十门总机六部，话机廿九部，被复线八十卷，无线电15W

发电机两部，5W收发报机一部。

5. 巳东至齐日汨罗河南岸战斗：师渡过汨罗河后，奉令转兵三角塘，于瓮江被敌包围。突围后，向长田市转进到周洛洞，继转浏阳，攻击古港之敌。于本战斗，敌伤亡八百余名，毙敌骑卅余，汉奸卅余；我伤亡校官五员，尉官卅五员，士兵一千零一十三名，失踪官一十二员，兵三百一十二名，乘马一十三匹；我损失迫炮七门，重机枪十八挺，轻机枪四十二挺，步枪四百九十二支，驳壳枪二十一支，左轮枪四支，白朗林三支，枪榴弹筒卅具，掷弹筒十六具；消耗弹药、迫炮弹四百八十五发，步枪弹十八万二千三百发，掷榴弹八百六十四颗，枪榴弹一千八百二十七颗，手榴弹二千三百二十五颗，驳壳弹一千七百七十三粒，左轮弹四百廿九粒，白朗林弹一百粒；通信器材损失，单机十五部，线十八卷。

6. 巳佳至皓日——敌由官渡、永和南窜，我一三三师萧团占领古港，师展开香炉观亘萧家冲之线，向沿溪桥敌之后卫阵地攻击。文日，师又奉令攻击净溪桥之敌，以援赵国。文未，敌已包围浏阳以南地区。军既向北转进于陈家铺附近，与由分坳窜来之敌战斗，乃日向枫林市之敌攻击，激战至皓寅，奉令向醴陵转进。本战敌伤亡二百五十余名，驮马十余匹，俘敌二名，军马三匹；我军伤亡尉官五员，士兵三百零二名；武器损失，步枪二支，迫击炮弹六五发，机步弹二万六千七百三十五发，枪榴弹二百八十三发，手榴弹四百五十二发。

立到。长官薛：另发副长官杨、副总司令欧：密。（一）寒晨，敌分由东北两面突入茶城，与我李师巷战。寒晨，敌进展至□芫里附近，经李师长亲率赵、向两团反击，敌炮数门向我猛烈轰击，我军前仆后继，与敌反复争夺于西门西站间。迄晚，仍在西站南端高地之线激线。（二）十八丘、泉水塘以北地区之敌，寒晨以来，数度向我周师萧团猛攻，均被我军奋勇击败。（三）另敌一股约三四百，马数十匹，向黄塘市、沙洲里我周师彭团阵地猛犯，企图西渡洣水，包围军之右侧背未逞。（四）是日伤毙敌军约四百余、马一百余；我伤亡三百余。谨闻。马。杨汉域。午寒亥。战。印。

立到。长官薛：另发副长官杨、副总司令欧：密。（一）元卯以来，敌由黄塘市渡河之企图未逞,其主力由东由北向我猛攻,我李师向团(附赵团二营)扼守但塘、下羊、□岭之线。元未据李师报告,敌已渡过十八丘我59R赖营之守地,当令李师预备之赵团陈营给以重奖,将该敌驱逐。同时敌攻向团甚极〔急〕,已地预备队增加。(二)攻击黄沙铺、了尖之敌,被我萧团、陈团反复冲突,卒将该敌击退。但该敌击退但该敌又由便车东进。(三)寒子据李师报称,向团伤亡甚大,无队增援,只逐次西转,当令尽力扼守。一面飞调萧团向东移守十八丘,以便抽出陈营。忽然雷雨交加,电话不能联络。(四)刻令陈团以一部向马伏江转进,以固黄塘市方面军之侧背。并令死守茶城及洣水东段与北段之线。(五)元日我共伤亡六百余。谨闻。马伏江。杨汉域。率〔午〕寒寅。

立到。长官薛:另发副长官杨、副总司令欧:密。据赵团长寒戌电称,元申,该团长亲率陈营攻击由下湾村、大八丘北附近南渡洣水、企图向我中央突破之敌,白刃冲锋,激战三小时,遂恢复下塆,肃清敌人。是役该团连长周礼因身负重伤,督战不退阵亡;排长郭宪忠身先士卒,冲入敌阵,首行白刃,忠勇可嘉;中尉副官李寿昌,特务长张清云,与敌肉搏,负伤不退,尤足矜式。恳对各该员优予奖恤。计伤毙敌七十余,我伤亡三五员名,损耗另呈。马。杨汉域。午删午。尧战。印。

立到。副长官杨:另发副总司令欧:密。据后调团长谢祐(该部所有兵力约一连)寒晨报告称,(一)敌约四五百,企图由栗溪向黄塘市渡河,元申经该部猛攻,敌因感受侧背威胁,遂未敢西渡洣水。(二)寒卯,栗溪附近之敌,大部向东门附近转移,我尾跟至浮桥东端小高地,猛袭该敌,激战约三小时,敌分兵三百余,向我右翼迂回。寒申,一部溯江而上,大部到达欧港桥,正向东南前进。我因众寡不敌,已转进至车铺以南高地,正严密监视该敌行动中。(三)计伤毙敌廿余,我伤亡上士以下四名。谨闻。马。杨汉域。午删午。尧战。印。

另发。副长官杨:赴衡破坏营由陈营长金声率领,并附工兵一班,准东晨兼程前往。除径报长官薛外,谨鉴。浣。杨汉域。午世酉。亥战。

立到。副长官杨:另发长官薛、副总司令欧:密。(一)东亥,周师主力分向山口铺、安仁道及神州河、荷树下道推进。冬巳,除将大石岭、三只搭之线与宝塔岭、安仁城地区大部之敌便衣队驱逐外,其余未遇抵抗。(二)冬酉,周师三九七团已占领大石岭、三只搭之线,与宝塔岭、安仁城地区大部之敌对峙;三九九团已占领九女仙、狮形岭之线,向荷树下方向之敌警备。(三)李师在周师之后推进,东酉已到达石下山庄、庙前地区。(四)除扶竹冲有我九五师二八三团九连之一班外,所有山口铺、安仁、荷树下地区,均无友军。谨闻。浣。杨汉域。未冬亥。战。印。

立到。副长官杨:另发长官薛、副总司令欧:密。刻周师三九七团一部已占领宝塔岭,三九九团一部已占领官上,与盘踞凤凰桥、安仁、黄泥铺地区之大部敌军对峙中。蛇形铺。杨汉域。未江戌。战。印。

立到。副长官杨:另发长官薛、副总司令欧:密。(一)周师三九七团支日仍在宝塔湾、宝塔岭之线,与安仁东郊之敌对峙。(二)支子,敌八百余,马百余,由安仁经黄泥铺沿公路南窜,经三九九团一部堵击,敌沿公路西侧窜至荷树下附近,并经该团另一部堵击,敌遂西南窜。计伤毙敌十余,我伤亡士兵六。谨闻。蛇。杨汉域。未去戌。战。印。

立到。副长官杨:另发长官薛、副总司令欧:密。(一)我周师一部,仍在宝塔湾、宝塔岭及官上,与下石湾、凤凰桥、黄泥铺之敌对峙,终日仅有前哨战。(二)李师游击队于官桥附近俘获敌炮兵伍长藏正二一名。谨闻。蛇。杨汉域。未微戌。战。印。

立到。副长官杨:另发长官薛、副总司令欧:密。(一)鱼丑,周师三九七团及三九九团,分由东南两面之高陂口、虎形山、宝塔岭、官上向安仁之敌猛攻,敌军约千人,凭白沙山、凤凰桥一带坚工及黄泥铺以北地区之村落顽抗,激战至酉,我军已进展至白沙山附近亘虎形山、茶子坳、抬头渡、大水塘、七眼塘、东苇塘之线,与敌对战中。(二)是日,我敌伤亡,各数十人。谨闻。蛇。杨汉域。未鱼戌。战。印。

立到。副长官杨:另发长官薛、副总司令欧:密。虞晨迄酉,我周师对安仁之敌,猛力攻击,先后攻占刀石港、邓家湾、周家村、天雨林。刻自安仁城以东,所以永乐河西南岸之敌,已完全肃清,残敌约二千,退据白沙山、沙子坪、凤凰桥沿永乐河北岸迄麻田湾之线,安城北郊,继续□抗中。是日,毙敌一五名,我伤亡正清查中。谨闻。蛇。杨汉域。未虞戌。战。印。

急。副总司令欧:密。未虞午协电奉悉。已令周师于虞未派兵前往接替。谨复。蛇。杨汉域。未虞亥。战。印。

立到。副长官杨:另发长官薛、副总司令欧:密。齐晨,周师三九七团及三九九团续向白沙山、凤凰桥、安仁城、麻田湾一带之敌猛力攻击,敌东凭山地、南凭永河之坚工顽抗,激战至酉,无甚进展。刻仍在原线与敌相持。是日,我敌伤亡各十余。谨闻。蛇。杨汉域。未齐戌。战。印。

立到。副长官杨:另发长官薛、副总司令欧:密。(一)齐晚,周师以有力一部在天雨林我岸,将敌浮桥爆破一段。佳晨,敌一股约百余人,企图由西渡方面强渡;另一股约数十人,企图修复浮桥,均经我军奋勇击退。迄酉,我敌仍在原线相持。(二)是日,伤毙敌军廿余,我伤亡数名。谨闻。蛇。杨汉域。未佳戌。战。印。

立到。副长官杨:另发长官薛、副总司令欧:密。灰日,我周师三九七团及三九九团仍与安仁城东城南之敌对战,敌凭工事顽抗,双方仍在原线相持。谨呈。蛇。杨汉域。未灰戌。战。印。

立到。副长官杨:另发长官薛、副总司令欧:密。真申,周师与安仁城之敌炮战一时许,伤毙敌约十名。谨闻。蛇。杨汉域。未真戌。战。印。

立到。副长官杨:另发长官薛、副总司令欧:密(一)文晨,因永乐河水暴涨,周师炮击天雨淋〔林〕北岸未破坏完之浮桥,船即飘流江中,当敌百余出动捞救,与我对战,至已仍相持于原线。计伤毙敌十余,我伤亡六名。(二)已令三九九团之一营前往平田墟地区活动。谨闻。蛇。杨汉域。未文戌。战。印。

立到。副长官杨:另发长官薛、副总司令欧:密。安仁城敌以西渡桥梁连日遭我破坏,本元日敌兵二百余,由西渡北岸,掩护修桥。我周师三九九团之一部,即向该敌攻击约一小时,将敌击溃,向麻田湾逃窜。至未刻,敌据城垣顽抗,该团仍相持于原线。计伤毙敌十余,我伤亡各一,夺获刺刀一把,弹药盒一个,文件一束。谨闻。蛇。杨汉域。未元戌。战。印。

立到。副长官杨:另发长官薛、副总司令欧:密。元亥,周师一部袭击凤凰桥东北高地之敌,战至寒丑,未奏功。寒巳,敌六七十,企图强修天雨林北岸浮桥,经我击退。是日,共伤毙敌十余,我亦伤亡三人。谨闻。蛇。杨汉域。未寒戌。战。印。

立到。副长官杨:另发长官薛、副总司令欧:密。(一)军以堵击茶安敌人向西南窜扰之目的,删晨以来,我四〇一团主力已在观天坳、毛铺里(含)之线,新二十师主力已在毛铺里(不含)、马头市、钟家(含)之线,一三三师一部已在钟家(不含)、上庵里之线占领阵地完竣,刻正积极构筑工事中。(二)一三三师大部,刻仍在高陂口、宝塔岭、茶子坳、天雨林之线,与敌对峙;另一部仍在羊际市、平田墟各附近活动。谨闻。蛇。杨汉域。未删戌。战。印。

立到。副长官杨:另发长官薛、副总司令欧:密。(一)铣晚,军遵令调周师三九八团前往平田墟、鹅公项、谭湖市间地区堵击,敌向西向南窜扰,安仁敌遂乘此于筱丑以来,先头约六百、马百余,强渡永乐河,刻在东茅塘、新渡各附近,与我三九九团激战中。其后续部队,因雾不明。(二)已令回调三九八团与三九九团,协力聚歼该敌。谨闻。蛇。杨汉域。未筱卯。战。印。

立到。副长官杨:另发长官薛、副总司令欧:密。(一)迄卯刻,窜至东茅塘附近之敌,被我周师三九九团一部痛击,激战至午,敌不支,企图西窜羊际市,复经该团另一部阻击,同时三九八团亦赶到,敌势稍挫。薄暮,敌复增援,三百余,向我一再反扑,均被击退。刻仍在东茅塘、杨家大屋西南之线对峙。(二)巳刻,三九七团以一部向凤凰山之敌攻击,未奏功。计是役伤毙敌约卅余,我伤亡廿余。谨闻。蛇。杨汉域。未筱戌。战。印。

立到。副长官杨:另发长官薛、副总司令欧:密。渡永乐河南窜之敌,刻已增至约二千人,炮一门,其先头已窜至垅塘、东茅塘、高塘湾地区,与我五八团、三九八团、三九九团正激战中。除已严令周师长务督率所部围歼该敌外,谨闻。蛇。杨汉域。未巧未。战。印。

立到。副长官杨:另发长官薛、副司令欧:密。(一)巧晨以来,我三九七团向安仁东北地区之敌攻击,刻已攻占观中冲附近高地。(二)巧午以后,约步骑二千、炮二门之敌,续窜至斋公塘、马头坳。当经我周师集中迫炮十六门,向该敌猛轰。并令三九九团一部由谭家湾、田山垅之线,五八团一部由回神庙

(153)高地之线,三九八一部由石头坝(284)高地之线,向该敌围攻,激战至酉,敌大部已退据高塘湾,一部尚在马头坳继续顽抗中。是日,伤毙敌三百余,我伤亡连长叶万兆、闵子瑜以下官兵一百廿余,俘获苦力一,战马二,军品甚多。谨闻。蛇。杨汉域。未巧戌。战。印。

　　立到。长官薛(另发副长官杨、副总司令欧):密。据破坏营陈营长未删由白莲寺报称:(一)淦衡段铁道,共桥八座,内铁桥三、钢筋石桥五。(二)寒晚,该营分向大桥塆红桥实施破坏,当将各该处钢筋石桥爆裂。(三)淦衡段铁道沿线,敌军利用车箱及板车,推运军用品;湘江西岸公路,敌汽车往来不断。(除径报长官薛外)谨闻。蛇。杨汉域。未皓午。战。印。

　　立到。副长官杨:另发长官薛、副总司令欧:密。(一)皓寅迄酉,我周师三九七团仍继攻白沙山、凤凰楼之敌,三九九团、五八团、三九八团,仍继续围攻东茅塘、茅坪里、马头坳、石头坝地区之敌,[敌]大部亦数度由石头坝向我茅坪里、白竹山方面猛攻,互无进展。刻仍对峙中。(二)是日,伤毙敌五十余,我伤亡廿余。谨闻。蛇。杨汉域。未皓戌。战。印。

　　立到。副长官杨:另发长官薛、副总司令欧:○密。(一)自未寒以来,由茶陵经了尖向西南窜之敌约七千余;皓晚以来,永乐河南岸之敌续有增加。(二)龙家湾有敌二百余,抬头渡有敌数千,东茅塘、马头坳、白竹山、石头坝地区有敌约二千余,与我一三三师及新廿师一部激战。该敌主力及炮二门正向城角头我阵地猛攻中。(三)军之部署如次:(子)一三三师(欠三九八团)为右翼师,李师(附三九八团)为左翼师;(丑)两师作战地境为南木仙坪山金仙塘坪塘深塘垅之线,线上属李师;(寅)一三三师部位置苏家地,新二十师位置枫树下。(四)刻李师正就指定位置中。谨闻。蛇。杨汉域。未号巳。战。印。

　　立到。副长官杨:另发长官薛、副总司令欧:密。(一)龙家湾、山了塘之敌,迄酉巳,增至四百余,与我三九七团一部对峙中。(二)周师三九九团协力李师之作战,已攻占垅塘附近。(三)号巳以后,敌主力约二千,炮二门,由白竹山继续南窜,并向我左翼包围,我三九八团及羊际市守军伤亡惨重。迄未,羊际市失陷。当令六十团及五九团一部,协力三九八团恢复阵地。刻李师在仓下湾、(205)、黎子山、乌石塘、石塘、草塘洞之线,与敌激战中。(四)伤亡损耗,另报。(五)除令周、李两师明日全力反攻外,谨闻。蛇。杨汉域。未号戌。战。印。

立到。副长官杨:另发长官薛、副总司令欧:密。未号戌战电计呈。号日伤毙敌百余,我伤亡连长何安福、排长黄振华、白秉清以下官兵八十余。损耗另呈。谨闻。蛇。杨汉域。未马酉。战。印。

立到。副长官杨:另发长官薛、副总司令欧:密。(一)南渡永乐河之敌,马日续增千余,自晨以来,向羊际市以南地区猛犯。并以一部向托上坪方面迂回我侧翼,经我周、李两师堵击侧击,并经盟机协力轰炸,敌未得逞。激战终日,我仍在高陂口、宝塔岭、抬头渡、谭家湾、侯家、乌石塘、三眼塘之线,与敌对峙中。(二)是日,伤毙敌三百余、马二百余,我军伤亡、消耗,另呈。蛇。杨汉域。未马戌。战。印。

立到。副长官杨:密。马午,盟机轰炸安仁、羊际市之敌,误伤我士兵十余人,因我军遵令号日起用"T"字符号、盟机二架误认"T"字下端系指向轰炸之方向,当经美联络班马队长用无线电话询明后,临时即改用"个"字符号。谨闻。蛇。杨汉域。未汉("汉"当为"马"或"养"之误)卯。印。

……

立到。副长官杨:另发长官薛、副总司令欧:密。(一)养子以来,敌一股千余、炮一门,猛攻周师三九九团阵地,迄午攻下新塘湾。当以预备队反击。因连排长均受伤,未果,敌即向我东侧山麓继续前进,一股攻占仓下湾,企图遮断公路。该团正苦撑中。(二)另敌一股约数百,与我李师在张家冲、(205)高地、乌石塘、三眼塘之线激战,迄午阵地无变化。(三)敌大部二千,炮二门,养子以来,向石山冲方面猛攻,并向左后迂回我三九八团阵地。该团自筱日以来,即与敌主力反复肉搏,伤亡殆尽,连日陷于苦战。(四)是日,伤亡连长周南滨以下官兵百余。(五)军自筱日与敌激战以来,耗弹甚多,已感缺乏,请饬兵站运屯备补。谨闻。蛇。杨汉域。未养午。战。印。

立到。副长官杨:另发长官薛、副总司令欧:密。(一)养未,安仁敌百余,由观石冲东窜,企图策应永乐河南岸敌军之作战,经我周师三九七团猛烈堵击,申刻敌不支向白沙山方向退去。(二)养未,新塘湾方面之敌,继向东南山地攻击,迄戌,我三九九团仍在虎口里、竹山背、张家塘之线,与敌对峙中。(三)养申,敌一股猛攻张家冲方面我李师五八团阵地,经我奋勇迎击,敌未得逞。(四)敌军大部养未以后,仍继向东冲、石山冲方面我三九八团阵地猛烈攻击,经派四〇一团两营增援,并令六十、五九两团各一部向老水车以西侧击南窜之敌。刻该团仍在东冲、蜈蚣嶂之线与敌对峙中。(五)是日,伤毙敌一九〇余,我又伤亡连长罗耀、李子模以下官兵一一〇余。(六)马日,我阵亡连长陈先朋以下官兵百余。并此补呈。蛇。杨汉域。未养戌。战。印。

立到。副长官杨:另发长官薛、副总司令欧:密。永乐河南岸之敌,养亥以来,大部向抬头渡、黄泥铺以东山地我周师阵地猛攻,一部向张家冲、九如山、山田冲我李师阵地攻击,激战终日。刻我周师仍在高陂口、宝塔岭、三只塔、寺冲坳,李师仍在大路湾、张家冲、九如山、钟家湾、山田冲、柳田冲之线,与敌苦撑中。是日,伤毙敌约一百十余;我伤亡连长罗云武以下官兵九十余。除令四〇一团接替三九八团防务,以三九八团及搜索营增援周师坚忍苦战外,谨闻。蛇。杨汉域。未梗戌。战。印。

立到。副长官杨:另发长官薛、副总司令欧:密。(一)军当面之敌,梗晚继到援军千余,梗亥以来,即向军发动全面攻击。敬日,敌两度猛攻周师三只塔阵地,九度猛攻李师九如山方面阵地,我军再接再厉,坚忍苦战,敌虽发动一日夜之全线攻势,终未得逞。(二)敬日,敌军攻击重点指向九如山,我阵地九失九得,我六十团代团长吴壮猷身负二伤,犹裹创督战,我敌反复肉搏。迄戌,仍在原线与敌苦战中。(三)敬申,盟机九架飞临协助,投弹数十枚,低飞扫射数十次。(四)是日,伤毙敌六百七十余,我伤亡团长吴壮猷以下军官十二员、士兵一百七十余。(五)除令一六二师之两营归李师长指挥,继续苦战外,军之弹药已罄,请饬兵站立补。谨闻。蛇。杨汉域。未敬戌。战。印。

立到。长官薛,另发副长官杨、副总司令欧:密。(一)未敬戌战电计呈。查是日出力官兵有代团长吴壮猷,负伤不退,营长李剑平,代营长宋开钟,身先士卒,均属沈勇可嘉。除拟请宋开钟真除六十团第一营营长外,并拟恳钧座转请优叙奖。(二)军自筱迄敬,与敌激战,我伤亡官兵九五〇余,内有团长吴壮猷一员,连长罗耀等十二员,排长凌文彬等二十余员,防毒军官贺瑞桂一员。谨闻。蛇。杨汉域。未有辰。战。印。

立到。副长官杨：另发长官薛、副总司令欧：密。(一)军当面之敌六五及二一七两联队,自敬亥迄有戌,与我周师在高陂口、宝塔岭、茶子坳、虎口里、寺冲坨,李师在官上、(201)、黄田冲,何师在曾家湾、柏古、龙头庵、华王市、杨林田、钟古形之线对敌中。(二)周师庞贵能营有巳反击,激战至酉,经三九九团协助,已将茶子坳、羊角亮、虎口里地区之敌肃清,遗尸八十余具。该营夺获轻机枪一挺,掷弹筒二,步枪十余,文件、军品甚多。(三)敬亥以来,敌分头进攻我李师张家冲、九如山、山田冲一带阵地,另以一部迂回至龙形山,企图包围该师左侧翼。该师因伤亡惨重,迄戌转移官上、黄田冲之线,继续苦撑。(四)华王庙敌卅余,有午经我何师一部肃清;有酉由罗家桥南窜之敌八百余,由观音阁北窜之敌三百余,正与该师在陈家冲、杨林田各附近激战中。(五)盟机卅二架分批轰炸扫射安仁、黄泥铺、羊际市地区之敌,协力军之作战,士气益振。(六)是日,伤毙敌四百余,我伤亡排长汤子名以下官兵一百八十余。谨闻。蛇。杨汉域。未有戌。战。印。

限一小时到。长官薛：另发副长官杨、副总司令欧：密。据一六二师何师长宥申电话,宥子以来,由耒阳方面经观音阁北上之敌,增至千余。继后又由羊际市增来敌约数百,共炮三门。其主力猛攻钧刀柴,一股攻陷廖古、界头、杨林田,师伤亡甚众,正苦撑中。等语。特呈。蛇。杨汉域。未宥申。战。印。

立到。副长官杨：另发长官薛、副总司令欧：密。(一)由耒阳经观音阁北上之敌千余,与由安仁经羊际市南下之敌七八百,于宥午在杨林田附近会合后,正向东猛攻中。(二)宥子迄戌,敌一部约四、五百,炮二门,两度猛攻我周师茶子坳、杨家冲之线;另一部约七八百,炮二门,两度猛攻我李师大坳山、黄田冲之线;敌大部二千,炮三门,敌机三架,猛攻我何师荷叶塘、钧刀柴之线,经我军反复肉搏,激战终日。刻我周师在高陂口、宝塔岭、樊家冲、寺冲坨,李师在官上、大坳山、荷树下、双排山,何师在官桥、天福山、谭古之线,浴血苦撑中。(三)是日,伤毙敌三百余,我伤亡军官邹济和等十一员,士兵三百四十余名。谨闻。蛇。杨汉域。未宥戌。战。印。

立到。副长官杨：另发长官薛、副总司令欧：密。(一)感子迄戌，我周师向当面之敌猛烈反攻，我三九七团与敌竟日激战于安仁城郊，三九九团先后将邓家湾、黄泥铺以东地区之敌完全肃清；我李师与敌竟日战斗，阵地无变化；我何师与敌千余反复肉搏，除天福山被敌攻占外，阵地无变化。戌刻，敌约数百，正向我李左刘右阵地猛烈夜袭中。(二)盟机二十架，临空协力军之作战，在羊际市、华王市间轰炸扫射，敌死伤甚众。(三)是日，伤毙敌八十余，我伤亡官兵五十余。谨闻。蛇。杨汉域。未感戌。战。印。

立到。副长官杨：另发副总司令欧：密。未有、未感两戌战电计呈。顷据周师长报称：查该两日，师在安仁以南反攻敌二一七联队奏功，计有出力营长庞贵能，指挥有方，善搏战机，坚忍沉勇，迭奏肤功，故能所向披靡；连长饶大钧、张治清、刘宜成，身先士卒，冲入敌阵，集中手榴弹投掷，予敌重创；排长蒋昌志，冲入敌阵，反复肉搏，击破敌军逆袭；上等兵毛树清，奋勇冲杀，不顾牺牲，虽身负重伤，卒夺获敌轻机枪一挺。上述官兵，光荣战绩，可泣可歌，拟恳钧座转请从优勋奖，以昭激劝。谨呈。蛇。杨汉域。未俭午。尧。印。

立到。长官薛、副总司令欧：密。(一)俭日，我周师一部将永河南岸黄泥铺、新渡间残敌肃清，夺获军品弹药多种。(二)俭晨，我李师一部向九如山之敌攻击，激战约二小时，无甚进展。刻仍于原线相持。(三)感戌迄俭丑，四百余分向我何师官桥李左刘右樟木塘一带阵地猛袭，搏斗四次，敌势渐挫。俭寅迄戌，该师乘势反攻，已将荷叶塘、廖古、桥头冲、天福山(一半)阵地恢复。(四)是日，伤毙敌六十余，我伤亡官兵四十余。谨闻。蛇。杨汉域。未俭伐〔戌〕。战。印。

立到。长官薛：另发副总司令欧：密。(一)艳子迄戌，军已将新渡、羊际市、罗家桥、杨林田之线以东地区之敌完全肃清，敌大部已分向西北、西南退去。(二)周师以一部在高陂口、宝塔岭、邵家湾之线，攻钳安城之敌；以一部由东向西攻击羊际市之敌，激战一小时，于艳未即将该市确实占领，残敌向西北退去。(三)李师以有力一部分向九如山、罗家桥之敌攻击，各激战一小时，于艳已占领九如山，艳未占领罗家桥，残敌向西南退去。(四)何师俭亥迄艳戌，猛力反攻当面之敌，激战终日，已将罗洞、界头、钩刀柴、杨林田一带之敌肃清,残敌向沈家冲、华王市退去。(五)是日,伤亡消耗另呈。谨闻。蛇。杨汉域。未艳戌。战。印。

立到。长官薛:另发副总司令欧:密。据破坏营陈营长未感由白莲市报称,经我数次调查,总部特务营实有人七枪三,由蒋特务长率领,在此间游击队内,正向该部接洽中。等情。谨电鉴核。蛇。杨汉域。未卅未。战。印。

立到。长官薛:另发副总司令欧:密。(一)卅日周师主力在安仁东南,两面堵击敌人南窜,一部正扫荡由长江源方面钻穴回窜百流洞附近约三百余之敌中。(二)李师主力卅丑沿罗华道东西地区攻击前进,卅巳到达门楼冲、龙头庵、谭家冲之线,与约三四百之敌激战。卅午,敌三百余,经长江源向百流洞回窜,企图包围该师右翼,我正抽调五八团一部由罗家桥、东冲道侧击北窜之敌中。(三)何师自卅丑以来,先后击破沈家冲、南雷庙之敌后,卅午迫近华王市东北高地,与约三四百、炮二门之敌激战,卅戌仍在对峙中。(四)是日,伤毙敌七十余,马十余,我军伤亡消耗另呈。(五)除已严令周、李、何各师,务于世午以前肃清百流洞、华王市地区之敌外,谨闻。蛇。杨汉域。印。(此件无发电日期,当为8月30日或8月31日所发。)

立到。长官薛:另发副总司令欧:密。(一)卅丑迄戌,军猛力攻击百流洞、长江源、华王市地区第卅四师团二一六联队步约二千、炮三四门之敌,激战竟日。刻在猴舞仙、门楼冲、黎冲、谭古湾、道仙桥、老湾里之线,与敌对峙中。(二)周师仍以主力由东南两面攻钳安城之敌,有力一部世午将百流洞方面步三百余、炮一门之敌完全击退,该敌向西南退却;我军尾追,世申继将猴舞仙制高点攻占。(三)李师一部协力周师,由山田冲、东冲道围攻百流洞方面之敌,有力一部猛攻长江源、华王市地区步约七八百,炮一门之敌。刻已攻占门楼冲、黎冲之线。(四)何师主力与华王市、泉塘方面步约八九百,炮二门之敌激战,反复争夺华王寺。刻在谭古湾、道仙侨、老湾理〔里〕之线,与敌对战。(五)是日,伤毙敌兵九十余,马十余;我周、李两师伤亡廿余,何师伤亡待查;夺获战马一,弹药、面具、军品甚多。谨闻。蛇。杨汉域。未世戌。战。印。

立到。长官薛:另发副总司令欧:密。(一)东子迄戌,我周师仍在东南两面围攻安仁城之敌,我李、何两师继向华王市南北地区之敌猛攻,东午再度克复华王寺。东未,盟机十架临空助战,旋有敌机四架赶至空战,被我机击退。东申,天雨如注,盟机不能活动,我军数度猛攻曾巴冲南北地区高地之敌,因其坚工顽抗,我军未能击破。刻李师在西冲、三江口、泉窠里之线,何师在园岭洞、泉塘、(281)高地之线,与敌对峙中。(二)是日,伤毙敌九十余,我伤亡排长单子元以下官兵五十余。谨闻。蛇。杨汉域。申东戌。战。印。

立到。长官薛:另发副总司令欧:密。(一)东亥以来,我攻钳安仁城之一三三师与攻击华王市方面敌人之一六二师,正逐次交换各团任务中。(二)冬巳,敌三百余,向我李师三江口方面阵地攻击,激战三小时,敌未得逞,仍相持于原线。(三)是日,伤毙敌廿余,我伤亡官兵十余。谨闻。蛇。杨汉域。申冬戌。战。印。

立到。长官薛:另发副总司令欧:密。(一)周师三九七团对安仁城东北之防务,于江西交一六二师之四八六团接替完竣,于薄暮该师全部集结黄田铺附近。(二)李师本江日第一线各团无战斗,所担任西冲、三江口迄泉窠里之线防务,俟何师接替后,于午夜集结蒲塘。谨闻。蛇。杨汉域。申江戌。战。印。

立到。副长官杨、副总司令欧,密。(一)支日,周师已集结黄田铺,李师已集结朴塘,军部及直属部队已分头集结于蛇形铺、安平司。(二)军于微丑分两纵队出发,沿龙海塘、永兴道及其以东道路前进。谨闻。蛇。杨汉域。申支戌。战。印。

(原件存中国第二历史档案馆)

17. 第二十七集团军长衡会战战斗详报(1944年9月)

一、战斗前敌我形势之概要

豫北方面敌向我平汉路南段发动攻势后,五月中旬,华中敌第十一军团亦即开始异动,秘密集中军队于湘北蒲圻、崇阳地区,准备进犯长[沙]、衡[阳]。此时,集团军之第二十军一部在油港河东岸及新墙河南岸南山、段山、方山、潼溪街、筻口、新墙亘洞庭湖东岸鹿角磊、石山之线,与敌第四十师团主力第十七混成旅团一部对阵,并不时派出轮袭营与第四挺进纵队在临岳、岳阳地区袭击敌后,主力在关王桥一带,与集结汨罗江南岸之第卅七军积极整训,总司令部在平江。基于各方情报判断,敌将向我大举进犯,即令各部迅速加强战备。

二、影响于战斗之天候气象及战地之状态

时值初夏,即开始作战,故天候逐渐炎热,尤以在衡阳附近决战时期为甚。战场内天气晴朗,雨量较少,敌我空军活动极异。战地交通公铁路,皆已破坏。居民咸富爱国思想。

三、作战之经过

甲、新墙河附近之战斗

五月二十七日黄昏,我当面敌第四十师团一部及三十四师团先头约三千余人,随鄂南通城友军方面敌第三师团之进展,突分由三港咀、彭子明、新墙、王街坊、七步塘、八仙渡强渡新墙河。二十八日,敌一股约千余人,复由忠防窜抵詹家桥南冲经黄岸市协同两翼敌分路南窜,势甚猖獗。我第二十军(一三三师、新二十师)在新墙河南岸大荆街、黄板桥、黄沙街一带,依既设工事,逐次强韧抵抗,迟滞消耗敌后,六月一日奉命向平江及其东南地区转进。此时,平江发现敌人(第三师团一部),平江以北上搭市附近友军新十三师战况陷于不利,天岳关、龙门厂方面之状况,亦呈紧张现象。第二十军一部在平江东北陷于苦战,军主力遂由忘私桥、黄棠图渡汨罗江,沿途受陆续增援之第三师团主力猛烈攻击,死伤甚重,杨军长仅率新二十师脱离敌人,向思村附近集结。其第一三三师主力被敌隔断,留置平江西北山地,与敌苦战。六月二日,我右翼友军第三十集团军方面,敌经麦市、桃树港窜抵长寿街、献钟,一股西进,在安定桥与平江以南之敌会合,渡新墙河敌,亦在汨罗江南岸栗山巷、新市、双江口一带,与第三十七军激战。集团军为避免不利态势,缩小战斗正面,确实掌握部队,即以第二十军残部及总部特务营分布长寿街以东及思村以南山地,阻敌向西向南窜。总部位置白水,并请以第三七军直辖第九战区长官部,以利指挥。

乙、浏阳附近之战斗

六月五日晨,集团军总部奉令即到浏阳指挥第二十军(缺一三三师)、第四四军(一五〇师、一六一师),参加该方面之作战。六日十四时,总部以强行军到达浏阳东郊南流桥。八日九时,得知之情况如左〈下〉：

1. 由长寿街南窜东门市、官渡、沿溪桥、古港一带之敌第十三师团先头约二千余人,其一部于本(八日)晨窜高坪、永和市,在高坪、杨司、庙冲、黄土坎构筑工事中。另由献钟经浏阳坳、达浒到达官渡之敌步兵千余,炮二、三门,驼马三百余匹,满装弹药。其一部三百余,炮二门,由东冲经力田、大江冲至沿溪桥以南之上石王附近停止。

2. 我第二十军、新二十师李副师长收容残部二千余人,到达浏阳。

3. 归欧副总司令指挥之第五八军、新十师、新十一师计程本(八日)晚可到达文家市、蒋埠江地区。其一八三师于昨(七日)晚已到田心,蒋埠江之线。第三十集团军之七二军本(八日)午在白沙(东门市东廿华里)集中完毕。王副长官已到铜鼓。

军委会别动第四纵队第一支队(美国装备)在浏阳附近完成进入敌后准备。基上情况,集团判断当面敌之行动,目下似为迟缓,宜制敌机先,断然出击,即决心于明(九)日开始行动,期于官渡沿溪桥间地区,与友军会师,聚歼敌人。随作如左处置：

1. 令第二十军以逐次攻略方法,一部沿东门市、浏阳大道,求敌攻击,主力第一步确占溪江及其次北山地,第二步确占古港及其以北山地,第三步确占沿溪桥及其以北山地,第四步与第七二军会师官渡沿溪桥间,聚歼敌人。实施经二、三步骤时,特须注意山隘之封锁及监视。

2. 令第四四军以一团在大小九岭东南地区,掩护第二十军左侧之安全,其余军力,须固守浏阳东北之线。

3. 通报铜鼓王副长官及醴陵欧副总司令,请饬第七二军、第五八军(附一八三师),于明(九)日协同第二十军,各向东门市、官渡之敌猛烈开始攻击。

4. 与军委会别动第四纵队第一支队(附第二十军四〇二团)协定,该队宜以石柱峰为根据,由西北向东南山地游击,以协力第二十军之作战,特须制敌于东刘大道以北山地之活动。

九日晨,各师开始攻击,盟机十一架亦协同地上部队,向官渡一带之敌轰炸。敌不顾一切,向南猛力突窜,在蒋埠江、高坪、沿溪桥附近之线,与我第五八军、一八三师、新十一师、第二十军、新二十军激战甚烈。惟七二军方面无战斗。十日,我右翼第五八军蒋埠江方面,敌续向南压迫。其后续部队陆续经长寿街、九岭向东门市前进。七二军奉命经东门市南下。我左翼方面敌二千余,由山田分路向四四军上洭口以北阵地进犯,即令第二十军由双江口渡河,与新十一师切取联系,向东南侧击敌军。令四四军逐次强韧抵抗,无论如何,须死守蕉溪岭之线,不得使敌东窜。如情形严重,可抽调浏阳城防部队一部,增厚蕉溪岭防御力量。十二日拂晓,五八军当面敌狼奔豕突,经孙家坪、亭子岭、荆坪,到达净溪桥。四四军当面敌已突破菖蒲岭、茼木岭阵地。集团军判断经荆坪南窜敌,似为湘北敌左翼兵团之主力,该敌将以有力一部直趋大瑶,协同菖蒲岭方面敌夹击浏阳后,有续窜醴陵企图。即调整如下之部署:

1. 令二十军逐次向浏阳河北岸宝盖冲附近山地转进,威胁敌后。

2. 令四四军确保浏阳城,不得已时,向浏阳以北山地转进,威胁敌后。

3. 总司令部位置宝盖冲。

十三日,浏阳城北发生争夺战,四四军守蕉溪岭之一五〇师主力,被敌由东向西迂回,在蕉溪岭东北陷于苦战。翌日拂晓,进犯浏阳敌增至三千余,炮十余门,我南市街、宝塔峰、天马山阵地,因兵力单薄,为敌攻占,于辰刻强渡北岸西湖山及市郊核心阵地,腹背受敌,己亭、熊家亭、百宜轩、花树岭,亦被突破,敌遂逼攻浏阳街市,发生激烈巷战。此时,敌机轰炸,城内大火,浏阳市郊敌我死伤横积。我守城部队乃向东突围,王军长率特务营于溪江附近,督饬收容整顿。十五日,五八军当面敌经石湾窜抵醴陵白兔潭附近。集团军除令20A由官渡附近立向枫林铺、大瑶攻击前进外,并令四四军在浏阳东北山地收容,力图恢复浏阳。迄十八日,二十军已到达指定地点,继续与敌发生战斗。同时,得知由通城、平江经浏阳南窜敌,大部已突渡浏阳河。为彻底集中兵力,适应战机,即向长官部建议:1. 以现在关王桥附近之第四挺进纵队留置汨罗江北岸,以在南江桥以东之新十三师留置平江附近,以在崇阳及平江、钟洞一带之第三挺进纵队留置浏阳附近,袭击敌后。2. 以四四军、二十军尾击由浏阳附近窜醴陵之敌,期求益张战果。

廿一日,集团军奉委座号午令一元电,指挥第二十军、四四军,有先击破醴陵以北地区之敌,尔后转移于王副长官所部左翼,协力向西攻击敌人之任务。同时,奉司令长官薛马申堵电,令饬四四军经官庄、二十军经白兔谭向醴陵之敌攻击前进。即令:1.四四军由浏阳东南向上栗市以北地区前进,求敌攻击。2.二十军即经白兔谭向醴陵之敌攻击前进,两军均限廿二日到达醴陵北郊。3.总司令部经官渡、小河镇向慈化推进。

廿二日,醴陵敌侧背受我二十军严重威胁,以一部约千余之众迁回上栗市,在关下附近与我二十军激战甚殷。四四军亦向指定目标前进。

丙、攸县、茶陵附近之战斗

六月二十四日,敌第三师团突破层层抵抗,经醴陵湘东窜抵攸县附近,该敌与窜衡阳附近之敌协同一致,对南方之攻势甚为积极。集团军奉令由现地经莲花向茶陵、攸县前进。七月一日,二十军到达茶陵黄石铺。二日,四四军到达攸县附近清水一带时,衡阳近郊激战甚殷,安仁、耒阳附近下台斯、泗江口敌我战斗亦烈。集团军以先截击安仁、耒阳敌后方联络之目的,即饬四四军以全力攻击攸县之敌而占领之,并封锁攸县通茶陵道路。饬二十军攻击渌田、江口、草市之敌。三日,各军开始行动。四、五两日,二十军连克菜花坪、长塘、渌田、江口、草市,敌向西南撤退。四四军亦迫近攸县,力攻城垣。敌第三师团部被围困,踞城内顽抗,死伤枕藉。六日,鸾山、南山有敌二千余出现。七日,茶陵东郊老庙前羊角岭,即有敌数百窜入,与我二十军、新二十师开始接触。此时二十军一三三师主力由周师长率领,突出平江重围,已通过莲花,正向茶陵前进。集团军判断,茶陵东郊之敌,似由鸾山、南山窜来,有攻击茶陵、解除攸县敌威胁之企图,即令二十军务努力聚歼该敌,确保茶陵。该军一三三师即兼程向茶陵急进,限明(八)日到达,由东北向西南侧击该敌。并电商欧副总司令以二六军一部留置耒阳附近,主力协力四四军一举攻击攸县而占领之。如安仁无重要情况,以三七军向茶陵以南移动。电商王副长官,令黄土岭、鸾山附近部队由北向南协力会攻茶陵东郊之敌。七日黄昏,一三师参入战斗,敌不支,开始向茶陵西北地区溃退。十一日,敌增援继续向南反扑,攸县之敌亦乘机向东南转移攻势。我二十军主力与攸县方面之四四军,东西夹击该敌于石陂、上下布庄地区,予敌重创后,以伤亡损耗过重,于十三日转移洣水南岸舱舫、嘉土、东江村、旗山、茶陵城、八角亭、把集关、了尖之线,布置新阵地,固守茶陵。十三日夜,敌由十八丘强渡步工兵百余,被我击退。十四日拂晓,敌乘我立足未稳,以主力猛攻茶陵北门。杨军长即命新二十师由东门转移攻势,并由战区督战官率兵一连,协力战斗。迄十时许,茶陵西南五里之三槐树附近阵地,为敌突破,茶陵遂沦入敌手。此时,我四四军已攻占腹陂、良陂,该军与二十军精忠苦战,伤亡惨重,粮弹两缺,现仅有兵力约五个营。集团军一面令二十军立恢复茶陵,对茶陵西南阵地必须巩固,一面慰四四军王军长,并饬即联系二十军击破茶陵近郊之敌,以尽全功。与集团军总司令部通信,由高陇接转。迄十八日,四四军由茶陵西北,向茶陵东南旋回,在茶陵东南郊与二十军取得确实联络,即以先到着之部队,展开于周家里、会仙寨亘黄塘市北岸之线,左与二十军联系,向茶陵东郊攻击前进。当日黄昏前攻击到达棕子塘、灵岩寺、栗溪、狮子岩之线,茶水北岸舱舫、黄塘市之敌,因以完全肃清。

二十日,四四军进展至茶陵东郊庙前、苏家岭、高家里、大吉岭、丹书塘、晒谷石之线。二十军在小东市、七里湾、石背岭、大布塘、茶化坪、紫云山之线,继续围攻茶陵之敌。七月廿二日廿时,集团军总司令部在莲花,由四四军王军长发来无线电,得知茶陵城及其东南郊之敌二千余、马七八百匹,经老虎山向东北移动。其一部分六七百已向我腰陂、石岩下、樟溪攻击。廿时四十分,据五禾塘欧副总司令部电话报告,耒阳敌(第十三师团)约二千余,本(廿二)日北窜官桥、安平司、华王庙。窜官桥之敌。正与我第三十七军之一连激战。基上情况,集团军判断:由茶陵向东北窜扰之敌,有迂回攻击我四四军侧背、解除茶陵威胁企图。由耒阳北窜敌,似与茶陵敌配合行动,攻击我四四军、二十军。即训令四四军绵密搜索腰陂、石岩下、樟溪方面敌情,并择要占领阵地,确保侧后安全,俟明了敌情,再予痛惩。令二十军仍在茶陵西南郊石背岭原线,努力扰袭当面之敌。对安平司方面敌之行动,特须注意。廿四日,四四军当面敌向尧水市、冲头、会仙寨、狮子岩猛犯未已。安平司方面敌本(廿四)日拂晓已通过界首墟,我二十军一部留置正面原线监视茶陵西南郊之敌,主力于晨七时向南移动,在月岭下与敌发生遭遇战,茶陵敌亦乘机转移攻势,致该军腹背受敌,状况陷于不利。激战至廿五日,四四军在严塘墟、九里山、八角寨、八鸡栖之线,与敌形成对峙状态。二十军转移至湖口墟、杨柳仙、浣溪墟、白石尖之线,侧击由界首墟北窜之敌,情况逐趋好转。廿六日,四四军当面敌开始由白官渡、黄棠偷渡沭水,经马步江向安仁、耒阳转用。二十军当面敌大部亦西窜。廿八日,茶陵敌大部在界首墟附近,与我三十七军一部激战。迄三十日,各军就如左之新部署:

1. 四四军

a. 一六一师(缺四八一团,附一五〇师之一营),占领杉山尖、八脚寨、河坞、石井之线,归孙副军长指挥。

b. 四八一团接防二十军石井(不含)、石湖、杨柳仙之线。

c. 一五〇师俟一六一师接替完毕,即率四四八团集结湖口墟东北地区。

军各部部署完毕,即于明(三十一)日拂晓向茶陵转移攻势。

2. 二十军

a. 一三三师占领石湖(不含)、月岭下亘白石仙及其西南高地之线。

b. 新二十师占领白石仙西南高地亘西塘湾、穿石门、羊脑圩之线,各部阵地占领完毕,即于明(三十一)日拂晓向界首墟之敌猛烈攻击。

八月一日三时,我二十军一三三师主力、新二十师主力,分由蛇形铺、坪上圩攻击界首墟附近敌,与敌千余激战后,迄十八时连克界首墟、安平司,残敌向安仁逃窜。是日,四四军攻击茶陵,亦甚得手。

丁、安仁附近之战斗

当八月一日界首墟敌西溃时,敌第三十四师团自浏阳经上栗市、萍乡南下,是日攻陷莲花后,续窜茶陵,接替第三师团防务,第三师团则经安仁增援耒阳。集团军除以第二十军后调师管区之一三四师(仅干部、士兵共约二百余人)配合赣保六团反攻莲花外,以四四军攻击通过高陇、腰陂及茶陵之敌,以二十军全部进驻界首墟,派一师攻击安仁。二日,我第二十军一三三师分两纵队,一经山口铺、安仁道,一经神州河、荷树下道,向安仁城攻击前进,在大石岭、官上附近,驱逐少数之敌后,三日攻占宝塔湾、宝塔岭及官上东西之线。得知安仁之敌,其兵力至少约一联队以上,永乐河北岸肖家山、周家山、庙冲、白沙山、184、165各高地及莲塘湾、凤凰桥各要点，有敌坚固工事，南岸黄泥铺、大水塘、东茅塘、七眼塘、周家坪、天雨林，敌亦设备阵地。天雨林附近并有军桥一座。六日十二时，一三三师在高陂口、虎形山、宝塔岭、罗山坳、回神庙之线，就攻击准备位置，向当面之敌猛烈攻击，敌不支，纷向永乐河北岸撤退，永水河南岸敌，遂告肃清。八日迄十六日，该师复连续猛攻，均因安仁之敌，凭借有利地形及坚固工事顽抗，我军奋勇前进，伤亡迭见，殊少进展。十六日夜，第二十军以莲花于十三日为我克复，敌正通过茶陵西进。四四军除茶陵东南地区留置攻钳部队外，主力正向茶陵、市口里地区搜敌攻击，堵截敌之向西向南窜，即以新二十师一部固守界首圩附近既设阵地，新二十师主力联系四四军经东岭向黄沙铺、渌田进出，搜敌攻击，以一三三师之一部驰赴平田圩、鹅公顶、潭湖市地区防敌向西向南窜，主力仍攻钳安仁。殊十七日一时，安仁敌乘我二十军兵力分散之际，即以先头步骑兵六百余、炮三门，在新渡附近强渡。其后续部队数千，亦乘晓雾，源源渡过永乐河，向羊际市以南地区急窜，在安仁灵官庙道两侧地区，与我激战甚殷。十九日，我一三三师在高陂口、宝塔岭、茶子坳、大水塘、回神庙、梨子山、2609高地之线，自东南向西北攻击白沙山、凤凰桥、杨家大屋、东茅塘一带之敌。新二十师亦转用一三三师左翼，以一部自西向东，主力自南向北，攻击深塘垅、斋公塘、马头坳、白竹山、石头坝之敌。廿一日以后，美国陆空联络班到达，我更得随时与盟机协同作战，士气甚锐。然敌攻势亦极猛烈。至二十五日，我一六二师已自莲花通过安平司，归杨军长指挥。三只塔阵地，四失四得，九如山阵地，九陷九复，敌遗尸累累。据夺获文件证实，此时二十军当面之敌，兵力位置及番号如次：

1. 白沙山、安仁、黄泥铺地区，为第三十四师团之二一七联队。

2. 羊际市、张家冲、九如山、罗家桥地区，为第十三师团之六五联队。

3. 观音阁南北地区，为第三十四师团之二一六联队。

二十六日一时，由羊际市南窜之敌，在华王庙附近，与初由观音阁向东北回窜之敌会合。第一三三师在高陂口、宝塔岭、茶子坳、寺冲垅之线，新二十师在官上、大坳山、荷树下、双排山之线，一六二师在官桥、天福山、钩刀柴之线，与敌形成拉锯战。次（廿七）日一时，一三三师以全力争夺白沙山、凤凰桥、邓家湾、黄泥铺,新二十师争夺观音打坐、黄田冲。敌主攻亦指向我一六二师方面,企图包围二十军左侧翼。自九时迄十七时,我盟机二十架,先后临空助战,一三三师连克邓家湾、黄泥铺,迫近安仁南郊。二十八日,一六二师乘机向荷叶塘、桥头冲、天福山、钟古形之敌转移攻势,先后将上列要点克复。敌攻势顿挫,企图未逞,遂一部退守安仁城,大部退守回神庙、羊际市、罗家桥、钩刀柴、华王庙地区。廿九日后,各部衔敌猛攻,一三三师克新渡、羊际市,新二十师克九如山、罗家桥,一六二师攻占罗洞、杨林田、小西冲。九月一日,一六二师克华王市,残敌气为之沮。一日二十时,杨军长以一三三师久战疲惫,为便利安仁城郊之作战,即调整部署如次:

1. 以一三三师到华王庙以西,接替新二十师及一六二师一部之防务。

2. 以新二十师在西冲、三江口、泉窝里之线,攻击西窜之敌。

3. 以一六二师主力接替一三三师安仁、高陂口、宝塔岭、茶子坳、新渡、羊际市防务,一部占领园岭洞281高地之线,攻击西进之线〔敌〕。

当敌由莲花通过高陇地区时,四十四军实行侧击截击,予敌妨害甚大。安仁附近之战斗方酣,四四军围攻茶陵东南西郊敌阵,亦迭获胜利。

戌、道县附近之战斗

九月二日,集团军总司令部在宁冈得知敌第三、第十三两师团主力已转移于湘江西岸与衡阳附近,并分向常宁及永丰、余甲桥方面开始蠢动,似有以西翼师打击衡阳我军主力而进犯邵阳、零陵、全州等地,再节节深入广西之企图。此时集团军奉委座申东酉令一元壬电,其要旨如次:第九战区应即抽调第二十、第四十四、第二十六军各主力,归杨副长官率领,秘密转移于零陵、新田间地区,准备参加湘南一带沿线之作战。但各军应酌留一部于原阵地,归欧副总司令指挥,牵制当面残敌,并掩护主力转用。

上令奉到后,次(三)日二时,复奉长官薛申冬酉堵电:(子)着第二十军于江日将安仁城及羊际市、华王市以西地区攻击任务,交一六二师接替后,支日由现地出发,经龙王铺、永兴、栖凤渡、太和圩、桂阳、新田、太平铺开赴零陵,限申真到达。(丑)杨副长官随二十军后前进,移驻零陵指挥,限申寒到达。希遵照,并将每日到达地点具报。

基于以上电令,除遵令各军准备出发外,集团军以第二十军目前实力不足一师,如仅率该师西移,参加湘南一带之作战,恐难负长官殷期,为图有效打击敌人西窜,即向委座及长官薛请示,建议仍以四四军、二六军一同遵委座电令转用为宜。第二十军、四四军、二六军原任务,请由醴陵附近之五八军或安仁附近之九九军接替。五日,集团军据王军长微午电称,奉司令长官薛微辰堵电,第四四军仍应在茶陵、安仁服原任务,不能向西转用。总司令以四四军出发有待,惟时机迫切,即先率第二十军经永兴、桂阳向零陵、新田间地区前进,第二十军原任务交一六二师接替。十二日,第二十军到达新田以西地区集结完毕。十三日,得知全州失守,由零陵经双牌陷道县敌第三师团正向灌阳西窜。集团军奉长官薛令,率第二十军恢复道县。十五日,第二十军经宁远到达天堂墟附近宿营。此时,集团军复奉长官薛申寒酉电,饬第二十军赶速经道县急向灌阳追击西窜之敌,饬在濂涛湾附近之第三十七军罗军长立率第五师经道县在第二十军后急向灌阳追击,归集团军兼总司令指挥。此时,第二六军正向零陵东南菱角塘急进。集团军为进出灌阳容易,即决心于明(十七)日以一部渡潇水攻击双牌单江铺,以主力秘密渡河攻击道县而歼灭之。即给予二十军、三七军、二六军申铣酉挺战电令如次:

1. 盘锯潇水西岸之敌二千余,似有固定道县、掩护其主力西犯企图,其一部约二百余人,铣午在佛祖庙以西附近,与我新二十师搜索队接触中。

2. 集团军为进出灌阳容易,决筱渡潇水攻击道县之敌。

3. 三七军应于明(筱)日没后,由青口市(该地以东支流船只甚多)以北地区渡河,即以一部阻敌南下,主力协同二十军攻道县。

4. 二十军应于巧拂晓前以一部由东洲行伴渡,主力由道县以南地区远敌秘密渡河,围攻道县之敌而歼灭之,北与三七军切取联络。

5. 二六军应在桥下洞、宁远,务于申巧前集结天堂墟待命。

6. 各军渡河材料,须就地尽量征集,努力达成任务。

7. 遵办情形具报。

道县敌第三师[团]、十三师团主力,连日陆续向江华、永明前进。十七日,二十军一部在龙江桥、瓶塘一带,与由道县东渡约千余之敌战斗。二六军到达鲤溪、太平铺间地区。三七军到达拱桥头、保和墟。集团军即令三七军于明（十八）晨改在柑子园、天堂圩地区集结待命。十八日，道县敌先头千余陷江华。集团军即变更部署，给予各军以如次之申巧酉挺战电令：

1. 敌情如贵官所知。

2. 集团军有击破当面之敌、进出灌阳之目的。

3. 二十军即以有力一部于巧晚渡河，努力搜索江华以北地区敌情，主力俟三七军皓已接替后，先集结于四眼桥、福禄岩、石马神间地区，尔后西越潇水攻击敌人。该军并须在莲花塘附近架设浮桥，限皓午完成。

4. 三七军于明（皓）巳前接替二十军龙江桥迄桐油坪以西之线，钳制道县之敌，并须注意两翼之搜索。军部位置广文铺。

5. 二六军集结天堂墟、中镇墟间地区待命。

6. 三七军与二十军之作战地境为岭牌、鸡公神、兴桥、岭江渡、小坪相连之线，线上属三七军。

十九日，二十军完成渡河准备时，零陵南下敌步兵、辎重兵各一大队，到达道县。永明未发现敌情。集团军即令二十军即乘夜渡河，以一部由南向北进攻道县之敌，主力进出新车渡以西山地，俟道县敌情明了后，向灌阳搜索前进。令二十六军在二十军后莲花塘附近。我岸先酌派一部在潇水以西之上江圩、大盘铺及东岸井塘之线，向永明、江华警戒搜索，并掩护集团军左侧。二十一日，二十军将新铺及新车渡南岸敌驱逐后，进至秀一峰、新一渡之线。廿二日，集团军奉长官薛养堵电，饬二十军立向灌阳兼程急进，二十军除留新二十师（欠五八团）切实攻击道县之敌，暂归长官部直接指挥外，该军一三三师、一三四师及三七军罗军长率九五师立向龙虎关兼程急进。同时奉委座申寒令一元丁电：杨副长官即与张长官联络，迅速前进，归入第四战区张长官之指挥，不得有误为要。集团军以道县、江华、永明间地区之敌，为第三师〔团〕全部、十三师团主力、六师团炮兵联队，不击破该县〔敌〕，殊难进出永安关、龙虎关两要隘。即令：

1. 三七军应于明（廿三）日拂晓驱逐潇水东岸之敌，向道县攻击，进出十里铺、石厨头之线。

2. 二十军应于明(廿三)日拂晓迅速攻破岭江渡敌后,即攻占道县,右与三七军确取联系。

3. 二六军以一部掩护集团军左侧翼,并向永安关、江华、永明搜索敌情。

二十三日,永明敌二千余,经钱塘立福洞沿祥霖铺北窜,在赵家湾、新铺、祥霖铺以东高地亘杨林塘之线,向二十军猛犯。江华敌六七百,亦北窜大盘铺,与我二六军一部发生激战,企图将我二十、二六两军压迫于潇水地区,巩固道县。二十四日夜集团军奉令开始向龙虎关及恭城附近地区前进,战斗即告终止。

四、可为参考之所见

1. 第二、三次长沙会战时,敌因我施行尾击、侧击、伏击及反包围,造成两次大捷。故此次作战初期,敌放弃其锥形突进战法,在鄂南湘北广正面采用大包围,分数纵队并进。我未能集中兵力,争取主动,乘其分散,予以各个击破,殊为遗憾。

2. 敌每于正面攻击不下或遇我坚强阵地时,即由我之薄弱部实施中央突破,或转移一部兵力作侧翼运动,直扰我后方。敌由汉奸组成之便衣队,亦极活跃,行军时,以之任搜索警戒、破坏或代先遣队使用,遇我军,即断然实施扰袭。我若确实掌握战地民众,组训民众,严密情报网及武装便探组织,常能致胜。又敌行军多利用夜暗,战斗亦然,入暮时,每实施真面目之攻击,拂晓后,以情况而中止。我宜用夜袭队经常攻击敌人,昼间配合空军行动,予以痛击,敌即易受制。

3. 此次会战,各兵站机关遗弃粮秣军品甚多,对于弹药补充,难按时接济,因此影响部队战力之充实。如安仁之役,我二十军缺乏弹药,未奏全功。

4. 我二十军在安仁战斗,屡挫敌锋,实由于美国陆空联络班基于地上部队要求,与盟机联络确实之故。今后国军陆空协同作战,机会较多,军以上指挥部,宜配属美陆空联络班,俾利作战。

(原件存中国第二历史档案馆)

18. 第二十军参加桂柳会战机密日记（1944年10月30日—11月2日）

桂柳会战机密日记

三十三年十月三十日

一、状况

1. 龙虎关方面：敌窜嘉会东南十余里白羊街六百余。

2. 自古城南窜之敌六百余，于本日十二时前抵红花，其另有骑兵一百余，本日午后二时已抵牛庙。

二、处置

1. 请准总部将沙子街前进部四〇二团移平乐南岸，接替一三三师三九九团一营防务（天堂岭、狗庄岭之线），限三十日拂晓前交接具报，三九七团之一营将防务交替后归建。

2. 一三四师赵副师长率搜索营，并指挥荔浦、平乐自卫大队，于三十日到达大扒墟，阻击敌人，并掩护军之侧背（接平乐自卫大队分驻同兴、二塘、附城、荔浦，搜索营驻栗木。）

三十三年十月三十一日

一、状况

1. 由红花墟西进之敌，其一部已渡过榕津。

2. 派赵副师长所指挥之一大队，接马鞍岭、横滩防务，向长滩警戒。

3. 午后十一时，总部令转移修仁附近占领阵地，其退却署部〔部署〕，如作令第一号命令。十一月一日午后四时，到修仁策定防御配备如作令。

二、处置 十一月二日

1. 各师午前即就防御阵地位置。

2. 令搜索营及五八团（及一三四师四百，团改棣〔隶〕新二十师后之番号）于荔浦附近迟滞敌之前进。

3. 派配之炮兵第一连，命在老县村附近占领阵地，并受一三三师指挥。

十一月五日

一、状况

1.奉命转达进雒容南北之线,再策后图,其部署如作命。

2.七时半,军长至四排,得一三三师当面之敌,以主力向烈士墓附近反复冲锋,同时左地区猪鼻岭敌,已入我阵地内,情形吃紧之际,忽电话不通。

二、处置

1.命四〇一团占领石墙口南北附近高地,掩护军之撤退,非至六日拂晓军通过前后,不得撤退。

2.九时四十分函〔致〕一三四师刘席函:原以一三四师之一团占领石墙口,任公撤退掩护之任务,兹因一三三师当面之敌猛攻烈士墓,及在左鼻地区以电话中断,状况不明,为应时机宜,已令四〇一团担任;如五八团在四〇一团之前行进,即由五八团担任占领石墙口,任军转进之任务。希本此意为之。

3.派一三四师赵副师长在四排设情报收集所。

4.派副参谋长驰前线一三三师指挥所,传达军长意旨,并指挥先撤退之团,占领石墙口附近收容阵地。

十一时许

一、状况

军长离四排至榴途中,得知永福南下之敌,于六日午前可到榴江、雒容,有切断军退路之虞,乃电知情报收集所作如下处置。

二、处置

1.命除已通过之部队外,之其余各部队,改道四排向运江前进。

2.命沿公路之部队,寅夜强行通过雒容。

对修仁战役之意见:

1.于4日应利用三七军在蒙山北上之有利形式,建议上峰命37A之侧敌态势,于五日对敌方急以彻底打击。

2.如虑集团之态势不良,应于四日十六时前即决心撤退,免于五日拂晓之战斗中撤退之不利。

3.于转进中临时改变退却目标,增加部队之混乱,且经路未加考虑,取捷径,多被敌遮断退路之危险。

4.撤退时间过迫,无占领收容阵地之时间。

5.退却战之通信机关,各部队未切实掌握,如无线电机,专随主官行进。

十一月六日

1.继五日之夜行军,由桐平圩向运江前进,至十六时随一三四师刘师长抵运江,准备渡河材料。

2.三四师刘师长及本已,以行李及通信机关均由异道向柳江转进,致与军无法联络,且对一般地形无法明了。

十一月七日

1.待至七时许,一三三师周师长赶到,知前线情形,乃共同商妥,部队先向里雍前进,再策后图。

2.本已于八时许先向导江、雒容前进,殊行至导江,方知雒容情况不明,即转向江口前进。是晚,宿江口,终夜隐闻炮声。

十一月八日

晨经白沙、里推向柳州前进。是夜十时,即到城南。是时,虽已知军部在西站、鸡隆村,但夜黑无人为导,遂宿南城,并得知军有防守城西之任务。

十一月九日

午前九时许,赶上军部,约午刻前后,即到太阳村军战斗司令部,其时军已下命部署:

1.以一三四师任右接26A担任西站间之守备。

2.以一三三师任新圩及其以北地区。

3.以搜营右接一三三师、左与788D联络,担任警备。

4.军直属各部位置太阳村附近。

5.午后七时,军后知守柳城之友军788D已弃守,南移洛满。又闻炮声,即奉命以一三三师(一团)于十日前九时以(以为衍文)到达洛满,直受总部指军〔挥〕。

十一月十日

一、状况

1.午前六时,我26A守柳北城之部队,与敌激战,至午撤至城南向附城。其机场亦发生枪声。至午后二时以后,26A当面之情况不明,联络断绝。四时,洛满以北之188D,与敌竟日于南山村附近之线,与敌激战。

2. 三七军闻转进于进德村,但终未得联络。至午后六时,仍不知其行动与我第一线之河防部队。迄午后六时,已发现窜柳城之敌,一部已沿河左岸侦察,似有南渡企图。午后七时,军长奉副长官杨指示机宜,相机向洛满转进,迟带〔滞〕敌〔人〕。

二、处置

二十一时转令各部于明(十一)日拂晓前,分向洛满转进,但在马鞍岭之三九八团,仍在马鞍岭、桐木岭以北之线,掩护军之转进,并逐次抵抗敌人。

十一月十一日

午前四时,军部及直属部队由太阳村附近出发转进。八时稍前,军长抵洛满附近,得知情况如左。

一、状况

1. 南山方面,炮声猛烈,间闻隐隐之枪声。

2. 总部已向三岔转进。

3. 四〇一团、三九七团,已开始向流山圩转进。

二、处置

1. 命四〇一团于流山圩东南之线占领阵地。

2. 命三九七团于流山圩西高地南北线占领阵地,掩护军之转进,并迟滞敌人。

三、午后六时到达石□得知情况

1. 四〇一团、三九七团已占领阵地于流山圩。

2. 三九八团当面之敌,已发生接触。

3. 搜营情况不明。

4. 总部令知军在龙江以北之地区,自三岔亘中脉及其以北之线,防止敌人。

5. 一八八师当面之敌一千余,在南山村南北之线,终日激战。其一部约四百余,在白沙渡河,溯江西上;一部在象鼻屯,与一八八师警戒部队对峙;主力西上,为〔有〕威胁流山侧背之企图。

四、决心

1. 先遣四〇一团渡龙江占领阵地,掩护军之渡河。

2. 给各部以占领阵地之防御命令。

处置　十一月十四日午后四时,古隆

1. 本军速开兰靛村、张鼓村,一三四师部速经古隆、下里乡赴兰靛村布防。本晚即宿古隆。闻罗城尚无敌人,若能取安全捷径更善。限明十五日务到指定地点。

2. 令一三三师前往张鼓村布防,务于明十五日到指定地点;若不可能,另取其他捷路亦可。余明(十五)日到龙眼。

十一月十五日午前十一时二十分

一、状况

1. 十一时四分,敌三四十人已至门冷寨,向天斗阳前进中。我各团部队已就阵地位置。

2. 转奉副长官杨电谕:46A仍在洛东与敌相持,但敌便衣队于十四日夜由龙江河左岸空隙潜入宜山城扰乱。该军应在小龙头圩东北之线,与46A联络,拒止当面之敌,必要时并侧击宜山、怀远之敌。军部应位置于冬田村附近。

二、处置

1. 电令各部保持指定地点,不得无令放弃。

2. 令三九八团肖传伦以一营协力三九七团庞营,固守山貌山、凌霄村、凌字正东之四隘路口。

3. 以一三四师为守势地区,应固守指定之线;以一三三师为攻势地区,抽调三九九团之一营,由天桥圩以南之附近地,向门冷寨侧击敌,援助三九七团恢复门冷寨附近之阵地。电知前线各部实施。

十八时

一、状况

1. 十二时至十八时止,敌千余于攻陷3923、尖山各高地之后,迄十八时止,相继陷我300高地,仍继续向我山貌山各附近之线猛攻。

2. 我三九七团庞营及三九八团之一部,于天斗隘附近及山貌山东端附近反复争夺中,伤亡欲达二百余人。

3. 十五时半,敌炮击我冬田村附近。

4. 宜山发现大火光,其余情形不同。

5. 十七时,敌一部由小长沙向南移动。

二、处置

1. 军利夜暗,变更部署,占领天河、宜山公路西侧小龙圩至天桥圩间之焦山之线,拒止敌人,并相机侧击进犯宜山敌人侧背。

2. 令一三四师占领小龙圩至冬田村东侧约三里之焦山东麓,拒止敌人。

3. 令一三三师接一三四师之左天斗隘西侧高降村亘天桥圩北侧之线,占领阵地,拒止敌人。

4. 两师作战地境:鲤鱼山、山巢岗、山貌山、尖山相连之线,线上属一三四师。

5. 军部移祥贝乡。

十一月十五日

一、状况

1. 午夜前后,敌两度向我冬田以东守军袭击,均未得逞。二十四时以后迄晨况寂。

2. 六时,敌残置少数守军于冬田村以东各隘口附近外,大部似向宜山前进。

二、处置 午前七时

1. 将上项情形报副长官杨,得其同意,军部移祥贝乡。

2. 命一三四师派兵一部驱逐残敌,并作战场清扫及搜索敌之动向。

一、状况

1. 午前八时,一三四师派一连由天冬村北侧向大长沙扫荡敌人,于公路交叉点至大长沙之间之地区,即与200高地之敌一百余接触。至午刻前后,尖山附近敌二百余南下向我扫荡连夹击。至十四时前后,敌被迫向宜山方面南窜。

2. 十八时,一三四师赵参谋长电话报称:敌经我扫荡部队与残留200高地及尖山附近之敌三百余,战斗半日以来,至十六时,南窜宜山之敌折回七八百,于尖山以东附近,其企图不明。但我四〇一团之一部,仍在小长沙200以西之隘口附近,与敌战斗中。宜山情况不明。

3.二十时,二七集团军总部参谋长电,知军另有新任务。

十一月十七日

一、状况

1.二七集团军总[部]潘参谋长电话:贵军于对河屯、小隘村另有新任务。

2.一三三师方面无情况,一三四师方面与敌对峙中。

二、处置

1.命一三三师先以三九七团、三九九团于四时撤退,通过古隆村至祥贝乡之道上,待命前进。

2.令辎团五时出发,经天河随总部后至福好乡,尔后一部至思恩运输弹药,但工兵营之一连至祥贝乡归制。

3.令工兵营于五时开至祥贝乡待命。

4.令医院及伤运站至天河到福好乡。

5.将企图电告一三四师。

一、状况

二时奉总部戌铣埏战令:向小隘村、对河屯之线转进,明(十七)日午前占领阵地,余详战令。

二、处置

军转进部署及阵地占领部署,如作命第一四五号。

一、状况

1.怀远镇西北,十六日十八时已发现敌踪。

2.二七集团军向思恩县转进,十七日午刻在福安圩,晚在背坝村。

二、状况

1.敌已占领200高地以西寨门,我五八团在古隆村附近逐次抵抗中,祥贝乡可闻炮声。

2.二六军在安马圩渡河中,十七日晚河渡毕。

3.古隆、安马圩方面,可闻炮声。

三、处置

军长于福好乡函副长官杨建议:怀远镇东岸既沦敌手,钧部所示职军所占小隘、喇沓屯、对河屯之阵地,似已不合情况,拟后退索敢圩西北占领阵地,可否乞示。

一、状况　十九时

一三四师主力已得祥贝乡,其五八团已越过古隆村,继续迟滞敌人;一三三师已转近至安马圩附近;军部及直属部队到达福好圩。

二、状况　二十一时

一三四师报称:向我尾追之敌六、七百已抵祥贝乡东南约五里之处,与我五八团战斗中。师部拟即夜移祥贝乡西端。

三、状况　十一月十八日,由福好圩至索敢。

1. 于索敢得知敌七八百、炮四门,现在怀远镇以东地区,与我二六军对战中。

2. 副长官面令本军应即转移至马安圩、九柱占领阵地,右与97A、左与26A连〔联〕络,阻击敌人。

四、处置

1. 令一三三师于明(十九)日拂晓开始行动,由索敢圩渡河,在九柱、马安圩之线布防,阻击敌人,右与44D、左与46A搜索营切取联络(俟97A到后接替搜索防务),限十九日十四时以前部署完竣。师部位置中寨附近。

2. 一三四师以一团位于中间村,师部率一团位置于莲花附近。

3. 工兵营暂位索敢附近,俟两师通过后即撤去军桥,住勾平岭附近。

十九时三十分

一、状况

1. 一三三师报称:小隘村、260高地附近发现敌五六百人,与我三九七团接触中。又据谍报称,由南北犯之敌,已与三九九团第三营接触中。

二、处置

函一三四师:小隘村附近发现敌五六百人,希先部于十九日午前十时通过索敢,赴指定位置。盖一三三师十九日午前即撤收警戒,转移九柱、安马圩布防故也。

一、状况　十九时二十分

一三三师后卫报称:敌前进至祥贝乡后,仅十余名于西山口附近,向我警戒。

二、状况　二十时

1. 怀远方面之敌一部,已于山脚附近北渡,约二百人。

2. 在安孚至养洞间布防之一六集团军特务营,奉命于十九日他移。

三、处置　十九日,索敢

1. 令搜索营于十九日十时以前,接替一六集团军防务。

2. 令一三四师以一团于十九日入暮以前,接替搜索营防务;搜索俟防务交替后,移欧村待命。

3. 一三三师、一三四师之作战地境为15514、中间寨、□台之线,线上属一三四师。

一、状况

闻漏电、安孚南之7~8里已发现敌情。

二、状况

1. 据报安马圩附近有敌百余,与我一三三师战斗中。

2. 据一三四师报告,敌由安马圩方面渡河,约三四百人,已通过隘底向拉弄前进中。

三、状况

莲花附近已发现敌一百余,已将一三三师特务连突破,刻正与我三九七团激战中。

四、处置

1. 令一三四师协同一三三师,即以全力向拉弄将敌驱逐。

2. 令一三三师即以全力连〔联〕系一三四师,将敌驱逐于河之东岸。

3. 电总部:职部于十九日十二时由索敢渡军桥,向安马、九柱前进布防中。原住安马、索敢、养峒间防务之一大集团军特营,于今(十九)日晨接替部队未到前即行撤去,致敌乘隙山安孚渡河,三四百人于十三时前后到隘底向拉弄前进。刻已令一三三、一三四两师速即将该敌驱逐于河之东岸。

4. 令三九九团受一三四师刘师长指挥,位置庙底、中良桥地区间。

一、状况

1. 安马方面,自十九时以来,敌后续部队陆续西渡中。

2. 北关东岸拉昌附近敌集结三四百人,有向北关、索敢间直趋德胜之企图。

3. 我一三三、一三四两师,继续与敌激〔彻〕夜战斗中。

二、状况　十一月二十日,欧村

1. 总部令:安马、索敢间之敌,非特影响友军之安全、且有〔关〕战区作战全局,该军务〔以〕全力不惜牺牲,将敌驱逐为要。

三、状况

1. 敌一部已突入拉弄,向北猛窜中。

2. 安马圩方面,敌百余向辜独山、5545间隘路口攻击,均被我击退。

四、状况

1. 拉位中间附近敌,向我近接〔接近〕,被我以火力阻止,卒未得逞。

2. 二六军预定于红人山、作揖山、模岭之线占领阵地,德胜及红人山方面,各以41D之一团。师部住寨岗。44D暂集结新村附近。怀远尚有一营警戒。

3. 怀远方面,仅江口村附近有敌出入,其他各处未见敌活动。

4. 据被俘之士兵回报称,敌数百人由祥贝乡渡河,一部在安马圩渡河,向我前进。

……

五、处置

1. 将敌情及战况报告副长官,并请示机宜。

2. 将当面状况通知二六军,并请迅速占领阵地。

3. 命一三三师三九九团以火力支援九歪方面,并令一三四师以全力恢复阵地。

4. 令搜工两营于调隘、勾平岭附近准备支援,并作收容之准备。

一、状况

副长官命令该军相机转进至思恩乡东南地区,占领阵地,阻击敌人。

二、处置

1. 搜工两营于调隘、勾平岭之线,占领阵地,收容军之转进撤退时机待命。

2. 令一三三师于马子前,除留置现地,主力由欧村经德胜过思恩道,向洛坪圩前进。

3. 令一三四师即由索敢至人和乡道,向人和乡前进。

4. 军部于四时经德胜向思恩前进。

一、状况

1. 军部至德胜,二六军已是前于德胜附近布防,惟兵力甚薄。

2. 前线枪声已至勾平岭之线。

二、状况

1. 敌一部于午前通过白山脚、麻春坪之线,与我后卫战斗中。

2. 军部已至思恩。

3. 令一三三与一三四师两师于背塘、麻春坪附近,占领阵地;令尚未发出,接前方情况,敌已通过该线。

三、状况

敌一部已通过塘背、人和乡附近,与我战斗中。

四、处置

1. 令一三四师移至思恩结集待命。

2. 令一三三师以各团于洛平、施茶处之处,逐次抵抗敌人。

一、状况

1. 金城江南岸之敌,二十一日晨至(至为衍文)进至香炉山,将我四六军击破。江口方面,已发现敌情。

2. 集团部至金城江、达温平附近,向水源折回,准备向荔波方面转进。军之行,非待考虑后,方令饬遵。

二、处置

1. 军为□内线作战,于二十二日先向洛阳圩前进,再策后图。

2. 令一三三师以三九九团于洛平附近,逐次拒止敌人,掩护军之转进。但十时以前,不得通过思恩五里外之高地南北之线。其余部队,于二十二日晨前通过思[恩],向洛阳圩东南叠石前进。

3. 一三四师于二十二日晨前通过思[恩],向洛阳圩东南叠石前进。

一、状况　十一月二十二日　思恩—洛阳西北甫义村

1. 军部一时出发,向洛阳圩前进。

2. 敌二十一日一时以来,续增[兵]五六百、炮二门,于攻克司巴山主阵地后,即向龙川山、冷水坳之收容阵地攻击。二十二日四时前,乘虚突入思恩城,将我军桥封锁,故我三九八团、三九九团退路,被敌遮断。迄同日七时,与我在思恩城巷战中。

二、状况

1. 军部到达甫义村,一三三师(欠三九八团、三九九团)、一三四师部到洛阳圩,五八团、四〇一团后□村和叠石。

2. 总部宿营由动乡。

三、处置

1. 令一三四师以一部(一营)在和平村、平字亘大方之线,占领阵地;以有力一部(一团、欠一营)在独立之叠石西北约五里高地之线,占领阵地,阻击敌人,限二十三日八时前配备完竣,并努力搜索思恩方面敌情。师率一团位置洛阳。

2. 一三三师二十三日午前,集结甫义村,整顿待命。

一、状况　十一月二十三日,甫义村—古宾村

1. 金城江、三江,二十一日先后被敌占领。黎军部二十一日晚在香炉,被敌袭后,行动不明。

2. 我新装之九七军已向南州进出,其左侧支队已到达五门关、大沙坡。

3. 本军暂在妙石村、甫义村、地巴休整待命。

4. 二六军应向北来,即派人取连[联]络。

二、状况

1. 三九八、三九九两团已取得连[联]络,明(二十四)日可归制。

2. 二六军北来水源。

3. 据一三四师报称,十七时半,我至思恩城威力搜索排,于叠石东南五六里之处,与敌七八人接触,其后续兵力,正侦察中。

三、状况

敌先头二百余,顷将叠石警戒突破后,续[向]独立、都立进攻中。

四、敌将独立、都立主阵地突破后,已进至后团附近激进中。

五、处置

1. 令一三四师坚持阻敌,拂晓前不得通过后团,十二时前不得越过甫义村之线,俾一三三师之占领阵地容易。

2. 令一三三师于二十四日一时出发,前往古宾南北附近之线,占领阵地,阻击敌人。

3. 令后方机关准备逐次向大沙坡撤退。

……

一、状况 十一月二十四日 古宾—大沙坡

1. 敌于九时以来,分头窜犯,一股三四百人迂回窜至河岸岭西北,其一部已渡过小河,与我战斗中。

2. 另一部由后团向由动乡分窜中。

3. 一三四师一部在洛阳圩附近,主力在玉梅。

4. 搜索营已出发至由动乡、甘蔗岭,警戒敌人。

二、处置

1. 令一三四师即由现在地撤退,于本(二四)日入暮前,至李烈屯、社村及河屯间占领阵地,逐次抵抗敌人,并掩护一三三师之撤退到李烈屯后,搜索营即受其指挥。

2. 令一三三师于古宾村、土腊街各附近要隘占领阵地,抵抗敌人,先收容一三四师转进,尔后转移至大沙坡附近占领阵地,但于明(二五)日前不得撤过土腊街。搜索营暂归该师长指挥。

……

一、状况

1. 敌一股三百余，攻击我翻背岭，并分一部向西侧高地迂回；一部百余名，攻我河岸西南侧本道；另一股二百余，迂回至河岸岭西渡至二三百高地，向我左翼攻击我三九八团阵地。由二十四日晨至十九时，我三九八团任务已达，向大沙坡撤退。

2. 我孙元良所率新军，在大山塘有新胜利。夏集团颇能支持。河池战斗激烈，二六军已令准来心温平以东附近。峒腊99A警戒兵力一营。

二、处置

1. 军以利集团作战之目的，确保大沙坡南端东西之线。

2. 一三三师在大沙坡南端东西之线占领阵地，拒止敌人，非有命令，不得撤退。

3. 一三四师应在现阵地（李烈屯及河屯）努力拒止敌人，在二十六日午前，不得撤过河之线，尔后集结峒腊附近待命。但对蒙塞岭、尚可冷之线，择要构筑预备阵地。

……

一、状况　十一月二十六日，峒腊

敌于攻击李烈屯至河岸北端后，迄二时，前线战况沉寂。旋即向社村转进。此后即枪声稀薄。

二、状况

我五八团以任务已完，开始向河屯撤退中。

三、状况〈略〉

四、状况　十一月二十七日，峒腊

1. 据谍报称，立门关附近，五时敌一部与我立门关守军战斗中。

2. ……

3. 我在河屯岭之四〇一团任务已达，于本（二七）日拂晓前，由河屯岭向峒腊转进。

4. 副长官令派队侧击立门关之敌。

五、处置

1. 令搜索营即将防务交替五八团后，前立门关联络该处守军，攻击敌之侧背。

2. 令五八团接替搜索营蒙塞村、黄茆山之警备。

……

一、状况

总部命令：（一）社村之敌，昨（二十六）日入暮，窜立门关附近与我五八七团警戒部队开始接触，本（二十七）日晨战斗较烈，我五八七团一部拟由立门关向敌左侧攻击。（二）着该军即派兵两营以马安山以北为目标前进，求敌左侧背，向敌攻击之。（三）我全军攻击时间为二十七日午刻，联络号音上下讲堂。（四）搜索营将任务交五八团后，即以马安山以北为目标，求敌左侧面攻击之。

二、状况

……

3. 奉总部令，即将一三四师开猺所转里根，受副长官杨指挥，阻击由立门关向西北前进之敌。

4. 据五八团电称，板塞之友军部队已他移，敌一部十四时已至板塞西南之板黄。

三、处置

1. 令一三四师即开猺所，受副长官杨指挥，转里根，阻击由立门关向西北前进之敌。该师长先率四〇一团出发，五八团俟任务交代后即跟进。

2. 令一三三师以三九九团接替五八团任务，其余在筒腊附近占领阵地，阻击西犯之敌。

一、状况

1. 副长官杨电谕，一三三师及军部速向洞塘待命。

2. 一九六师团团部现在里根，有撤退模样。我一三三师已由大沙坡转进中。

二、处置

1. 令一三三师速即向洞塘转进，限十一时先头通过久安，但三九九团须俟搜营通过后，即随该师经路跟进。

2. 令搜索营即向洞塘、联保转进。

……

一、状况　十一月二十八日，洞塘—拉竹

1. 一三四师已三时前占领李公平、□□□机筒至后抑、拉扬间要隘,防务已竣。三九七团在白岩,三九八团在洞塘,占领预备阵地。

2. 三时,立门关之守军周团于〔已〕开始撤退,五时许全部撤离战场,向荔波集中。其后尾已于七时通过完毕。

3. 敌二三百余,十时许向我李公平五八团阵地攻击,经我火力阻止。其另一部向我右翼石板隘迂回中。

4、我二六军于本晚可到翁昂,策应军之作战。

……

二、处置

1. 一三四师于现阵地占领阵地,努力迟［滞］敌人,非至二十九日拂晓前后,不得撤退。

2. 一三三师以三九七团于洞塘、华山西南小道,必阜西南小路山口东南,各约二三里之处,占领第一线阵地;以三九八团占领洞莫西端及洞塘北端亘老长之线,占领二线阵地,迟滞敌人。每团务持支〔支持〕一日以上。

3. 军部向拉竹前进。

一、状况　十一月二十九日　拉竹—水杠

1. 敌约七八百向我山口阵地攻击,我三九七团以任务已达,向蒙家隘方面转进。

2. 敌之一部已于九时迂回至蒙家隘南端第二号山,向我射击中;其主力四五百向洞塘北端攻击,正与我三九八团激战中。

……

3. 南丹已于今晨沦陷敌手。

二、处置

1. 令一三四师于孟兰至洞□间联系一三三师,设置纵深地带,阻击敌人。

2. 令一三三师照前令占领阵地,并须加强工事固守之;其零七方面,以一部占领之,防敌迂回。

3.……

4. 令一三四师以四〇一团及师部向茂兰转进,以五八团在茂兰以南地区择要占领阵地。

一、状况　十一月三十日,水杠—甲榜

1. 敌七八百自廿九日十八时迄二十一时猛攻隆用坡及其东北附近三九八团阵地。我三九八团以任务已达,廿三时向蒙隘变更入第二线阵地。迄晨至十七时,敌率兵力约一千余,向蒙隘猛扑,反复冲锋。我三九八团已转入必洞以东占领阵地。

2. 攻犯南丹之敌,向六塞猛进,卅晨,六塞沦敌手。

3. 一三三师廿九日十六日以一部随□转至拉竹后,军长示以该师,须于蒙隘、甲榜间配置纵深阵地,在十二月一日前不得撤退甲榜之线。

……

二、状况

1. 三九八团于关口以南地区逐次迟滞敌人,目的已达,入暮时,后三九九团之掩护,撤至甲榜附近,并准备占领第二线阵地。

2.……

三、处置　十二月一日,甲榜

令一三四师以一营于洞坎附近掩护一三三师左翼,于十二时前后到达。

一、状况

1. 七时,敌以主力攻破我三九九团第一关口后,复继向我第二关口猛攻,并以一部向拉竹东北迂回。迄十六时许,我三九九团遂转移至水杠附近,仍与敌敌〔人〕战斗中。……

2. 我二六军已于午前到荔波,正准备接收我一部防务。

二、处置

令搜索营即开拉索附近,联系一三三师左翼,警戒敌人。

一、状况

1. 入夜以后,敌继续猛窜至水杠附近,与我三九七团激战。

2. 总部令将一三三师防务交替,二六军于十二月二日三时前交接完毕,两军作战地境为荔波、大坳、水杠(不含)之线,线上属二六军。

二、处置

1. 令一三四师附搜营及通信一排于洞梨、毛兰附近之线,以火力挫折敌人后,待命转移攻势。

2. 令一三三师暂固守现阵地,俟接收部队到来,将防务交代后,即位于旧县附近集结待命。

一、状况　十二月二日,荔波—水铺

1. ……其一部窜至拉所□附近,与我五八团战斗;一部百余,于十一时许,窜至巴灰,袭我二六军四一师。迄十四时,敌正于巴灰北端附近强搭浮桥,势将以主力转于巴灰方面,向我右侧迂回。

2. 我二六军四一师之两团已被敌□巴灰附近遮断。其余直属部队一部由师长率至[荔]波城。迄十四时许,以两团于荔波城郊部署阵地中。我一三三师已到旧县附近集结。

3. ……

二、处置

令一三三师附以一部于荔波、樟木坳警戒外,于十五时即向水铺前进。

……

(原件存中国第二历史档案馆)

19. 第二十军杨汉域部参加桂柳会战密电(1944年10月31日—12月9日)

立到。副长官杨:密。同安之敌,世卯窜抵二塘附近,与我四〇一团第三营发生接触。迄巳,敌增到步骑共七八百,正与该[营]在马鞍山南北之线激战中。谨闻。栗木。杨汉域。酉世巳。战。印。

立到。副长官杨:密。世午以后,二塘附近之敌,一面在凤凰村、马鞍山、石板桥村各附近,与我四〇一团第三营对战,一面分兵一股约三四百,向我右翼柳塘村迂回。该营当派兵一部前往仰塘村附近阻击。迄申,二塘圩附近增到敌后续部队步千余、骑四五百。刻仍在上述各地与我对战中。(二)是日,伤毙敌千余,我伤兵〔亡〕消耗另具。栗。杨汉域。酉世酉。战。[印]。

立到。副长官杨:密。冬卯,平乐之敌约四、五百,炮二门,以橡皮艇十余强渡,我河防之七、九两中队,当予痛击,后转进至龙窝,复经搜营强烈抵抗激战。迄申,仍在分水坳附近对峙中。计伤毙敌约十余,我搜营士兵伤亡五、自卫队三名。谨闻。杨汉域。戌冬。代战。印。

立到。副长官杨:密。(一)由荔浦西进之敌,于支拂晓,分由青山坪、荔江村、全福村,向我前进阵地天鹅岭、社坪屯(341.4)高地进攻,当即与我搜索营及一三三师三九七团二营发生激战,我三九七团二营于古侯岭毙敌官兵甚众。经夺获文件证明,西进之敌为中支派遣军(3703)部队,按即敌三师团六八联队。(二)截至支酉,敌陆续增至步骑一千五六百人,炮数门,展开于天鹅岭、五里村、宜叙岭、茶香街之线。其主力沿公路北侧地区,继续与我警戒部队战斗中。(三)是日,伤毙敌官兵九十余,我伤亡排长夏绍轩一员、士兵三十名,夺获战刀一柄,文件、军品甚多。谨闻。稻香村。杨汉域。戌支戌。战。印。

急。副长官杨:密。戌支戌战电计呈。支拂晓,敌一部由公背冲绕袭我古侯岭(修仁东)前进阵地。该岭守军一三三师三九七团二营机枪连排长夏绍轩重伤,射手阵亡,阵地沦陷。幸该岭北麓守军为该营六连中尉排长谢旋得闻枪声,立即率部向后仰攻,当与中士杨鸿轩、廖树祥等身先士卒,施行逆击,毙敌中尉一员,士兵十余,当将古侯岭阵地完全恢复。夺获战刀一把,文件、军品甚多,因得证明来犯之敌,为三师团六八联队。特电钩座,转请上峰,对该排长及中士等,从优叙奖。当否示遵。杨汉域。戌支亥。战。印。

立到。副长官杨:密。据周师长佳晨代电称,修仁方面,第三师团步骑五千余、炮数门之敌,支酉以一部千余进攻老县村,经我三九九团阻击,敌势稍挫。支戌,敌复分向老县村烈士墓猛扑,激战至支亥,该阵地先后被敌攻陷。当时正令该团恢复阵地,适奉钩座转奉上峰转进命令,乃以三九九团与敌保持接触,主力集结大冲岭待命。殊敌大部乘夜雨天黑之际,由烈士墓沿公路向我八里塘阵地猛扑。该地为我全阵地咽喉,当以三九七团死力抵抗,激战至微巳,该团反复争夺,伤亡惨重,八里塘阵地遂沦陷。当以师直属急驰增援,我彭团长并亲率残兵,身先士卒,向敌反攻,毙敌甚众。支午,因八里塘阵地恢复,师主力始得安全转进,而该团长竟壮烈殉国。是役,我阵亡团长彭泽生、连长张兴茂以下军官九员,其余负伤官兵,正清查中;伤毙敌兵约三百余。等情。谨呈。太阳村。杨汉域。戌灰辰。战。印。

立到。灵县副总司令欧:密。(一)酉世至戌微,本军在平乐、荔浦、修仁间,与敌三师团激战,我阵亡团长彭泽生等三百余,敌之伤亡尤众。(二)本集团军自戌佳以来,在岩中山、鸡拉街、三门江、柳州、新圩、柳城之线,与敌激战中。军在柳州西站、新圩、古林村之线。(三)九战区及公当面情况,祈示。(四)陈副师长亲民所率本军人员眷属器材,恳钧座维护。柳州。杨汉域。戌灰巳。战。印。

急。副长官杨:密。戌灰辰战电计达。查一三三师三九七团团长彭泽生,沉勇善战,屡建殊功,支、微两日修仁之役,敌三师团步、骑、炮联合之敌五千余,攻陷我八里塘阵地,赖该团长奋力死战,不惜牺牲,军之主力,始得安全,抽调,转用于柳州方面,成仁取义,殊堪钦悼。特电恳钧座转请中央,从优抚恤,用慰忠魂,而昭激劝。谨呈。杨汉域。戌灰午。战。印。

立到。副长官杨:密。据刘师长灰午代电节称,有步、骑、炮联合之敌二千余,由平乐西进,于江子开始向我荔浦附近之阵地进攻,经该师五八团(附军搜索营)先后在芝麻岭、背村、大王岭及张玉岭、荔浦城、凤凰岭与金华村、大保岭各线阻击敌人,激战至江西,始奉命逐次向修仁附近转进。是日,伤毙敌二百余,我伤亡连、排长三员、士兵八三名。谨闻。杨汉域。戌灰未。战。印。

立到。副长官杨:密。据刘师长戌灰代电等称,该师四〇一团一部于四排圩(修仁西)附近,掩护军主力之转进。鱼寅,敌便衣队三十余尾追前来,经我阻击,战斗半小时,敌不支溃退。是日,伤毙敌五名。谨闻。杨汉域。戌灰申。战。印。

急。副长官杨:密。据周师长佳未迟到代电称,该师三九八团一部,微未至酉,在石墙口(修仁西)与西进之敌六百余激战,敌数度猛攻,均未得逞。计伤毙五十余,我伤亡排长、士兵五。谨闻。罗屯。杨汉域。戌文酉。战。印。

急。副长官杨:密。戌灰辰战电计呈。兹据周师长佳酉迟到代电称:该师修仁之役,计阵亡团长彭泽生以下官兵一九八员名,负伤官兵二三六员名,失踪官兵二四一员名(因转进时被敌遮断四个连另一排),死驮马二匹。谨呈。罗屯。杨汉域。戌文戌。战。印。

立到。副长官杨:密。文申渡河始毕,闻敌已到中脉,当令萧团扼守六塘南北之线,陈团星夜扼守河九山、下渡之线,掩护军主力由三合墟通过碍路,取得有利态势后,再驱逐中脉之敌。殊元辰军甫至三合碍路口,即被千余之敌猛烈攻击,希图歼灭本军于绝地。乃令赵团换搜营扼守三合碍路,萧团向东支持景团由三江口至中和村,打破敌迂回封锁碍路之企图。职由三江沿河经岩口向北出碍路,酉巳刻已到白固。俟两师明日到达后,拟扼守三江口、中和村、龙村、土岭、基斗、班岗之线。可否示遵。白固。杨汉域。戌元伐〔戌〕。尧。战。(印。)

立到。副长官杨:密。(一)由中脉街分经三合圩、龙元西进之敌,寒寅继增步、骑约二千余、炮数门,一部七八百向我展开于龙江北岸江口村、中和村、太平之线一三四师,其主力一千余向我展开于土泥岭、龙安村之线之一三三师,进攻激战。至寒午,敌一部包围我之左翼,并突入龙塘圩南端附近。迄寒酉,敌后续部队向我右翼运动,我在岩口、白固、藕塘及其以西之线,与敌对战中。是日,伤毙敌军百廿余名,我伤亡官兵五十余。(二)军现有战力约五个营。谨闻。杨汉域。戌寒戌。战。印。

立到。副长官杨:密。(一)军当面之敌,寒晚继有增援,军乃乘夜变更部署,以一三四师占领蒙山、尖山、200高地之线,以一三三师占领397.5、门冷寨、天桥圩之线。(二)删丑,敌步、骑千余、炮三门,猛攻337.5高地、门冷寨之线,经我一三三师奋勇迎击,激战至未,我397.5高地及门冷寒守军伤亡殆尽,阵地遂陷。(三)敌于攻略我337.5高地及门冷寒两要点后,另以一股约步、骑千余、炮数门,向我尖山356.3高地及其东南之线进攻,一三四师死力抵抗,陷于苦战。截至发电时止,我仍扼守小龙乡、小长沙、458.0高地、200高地以西隘口、天斗隘、天桥圩之线,与敌激战中。(四)是日,伤毙敌四百余,我伤亡连长张治武以下官兵三百余。谨闻。古降村。杨汉域。戌删戌。战。印。

立到。副长官杨：密。(一)删亥至铣丑,敌十三师团一部,仍继续向200高地以西隘口我四二团阵地猛扑十余次。率以我军沉勇应战,敌未得逞,乃以主力向宜山方面窜去,一部约六百人于大长沙、门冷寨各附近占领据点。自铣辰经我134D猛烈攻击,迄申向宜山窜去之敌,回窜七八百,至尖山200高地以东地区,至酉,仍与我在小长沙、455及200高地以西隘口之线战斗中。(二)我一三三师在天斗隘、天桥圩方面,无战斗。(三)是日,伤毙敌约百余,我伤亡副官尹朝杰以下官兵五十余。谨闻。祥贝乡,杨汉域。戌铣酉。战。印。

立到。副长官杨：密。(一)军遵命拉〔自〕筱寅开始,由小长沙、斗隘、天桥圩之线,向思恩东南地区转进。筱酉,军部及直属部队已到达福好圩,周师已到达鹿山圩,刘师主力已到达祥贝乡各附近。(二)敌步、骑千余,自筱寅以来,继续向我后卫五八团攻击。筱申,敌军先头已通过古隆村。刻我五八团仍在祥贝乡东南地区阻击该敌中。是日,我敌伤亡损耗,查明另呈。杨汉域。戌筱酉。战。印。

立到。副长官杨：密。职军皓午正过索敢、浮桥白向安马、九柱之线前进占领阵地中。原任安马、索敢河防之部队,于皓日拂晓撤退,以致河防空虚,敌先头约三百余,遂乘隙窜至安马以西及隘底、拉弄各附近。除正派队前往堵击驱逐外,谨呈。欧村。杨汉域。戌皓未。战。印。

立到。副长官杨：密。(一)据丁军长皓酉电话称,怀远镇方面之敌,正沿河向该军右侧背运动中。(二)安马圩方面,入晚后,已有敌后续部队到达;其渡过西岸之敌约三百余,迄酉,仍与我周、刘两师,在辜独、中间村、隘底、拉弄之线激战中。我、敌伤亡消耗另呈。欧村。杨汉域。戌皓酉。战。印。

立到。副长官杨：密。据周师长报称,安马圩方面,自皓戌以后,敌后续部队西渡中。又据刘师长报称,北关东岸拉冒附近集结,敌约三四百名,有于北关、索敢间渡河,直趋得胜之企图。除饬周、刘两师阻击外,谨闻。欧村。杨汉域。戌皓亥。战。印。

急。副长官杨：密。巧戌至皓卯。周师三九七团及三九九团之各一部,先后在江邑、小隘各附近，阻击步、炮约八百余之敌，计毙敌六十余，我伤亡排长二、士兵廿八。谨闻。杨汉域。戌号午。战。印。

立到。副长官杨：密。（一）由安马圩、拉冒西渡之敌，号子增至千余，炮数门，即以一部分由外山、隘底向西攻击，以主力向拉弄、北关攻击，激战至号卯，外山、隘底各附近之敌，未得逞。惟我固守拉弄、北关方面之四一○团，因争夺三次，伤亡惨重，该两阵地遂先后沦陷。敌于攻占北关后，复由拉冒增援步、骑四五百，旋回西攻我地良、拉位、板会诸阵地，我军寸地必争，战至最后一人，最后一弹，乃与阵地偕亡。迄未，我仍扼守九柱峰、独山、564.5、474.3、492、4067、上板谭、460.8、索敢圩、养洞之线，与敌浴血苦战中。自皓午迄号未，伤毙敌约三百余，我阵亡连长雍朝福以下官兵一八〇余人，负伤连长杨益洲以下官兵一三〇余人。（二）军现有战力不足五营，且自新墙最初作战以来，未得休息补充，故均疲惫不堪。谨闻。笔正。杨汉域。戌号未。战。印。

立到。副长官杨：密。（一）奉钧座号未电谕，饬军死力阻击当面之敌，以争取时间等因。当派员分赴两师传谕官兵，并严定奖惩办法，全军官兵感奋，士气倍增。当由各团选派出击部队，以攻为守，号戌分向外山、隘底、地良三点之敌，施行强袭。殊步、炮联合约二千之敌，亦分三路向我夜袭，其主力指向调庙底之线，经我敌十余次反复争夺，敌在564.5、474.3、406.7各高地之攻击，均告顿挫，遗尸垒垒。马子，千余之敌，集中猛攻九歪一点，我四○一团因连日苦战之后，全团只余五个步连单位，战斗兵不足二百，故血战至马丑，九歪阵地被敌突破，敌乘势席卷庙底，我五八团守军亦壮烈牺牲。斯时军乃以工兵营任收容，于马寅奉准向思恩东南地区转进。（二）敌约八九百，炮四门，分两路跟追，一股经德胜圩、百山脚道，一股经索敢圩、后平村道。马未，其先头已到达九歪、麻村坪各附近，正与我后卫激战中。谨闻。思恩。杨汉域。戌马未。战。印。

立到。副长官杨：密。（一）步、炮联合二千余之敌，马子以一部向我安马圩、隘底间，主力向我九歪、庙底线之133D阵地，激〔彻〕底猛袭。迄马寅，调隘、九歪、庙底阵地，相继失守。斯时，军即以搜索营、工兵营于勾坪岭、龙头岭占领阵地收容，主力乃于马寅奉准向思恩东南地区转进。马申，周师到达洛平圩，周师（疑为"刘师"之误）转进至人和乡东南各附近。敌续猛进，一部于同时到重楼村，主力通过塘背。迄酉，与我周、刘两师在洛平圩、人和乡之线对峙中。（二）是役，敌伤亡约一百六十余，我阵亡排长袁朝禄以下四十余员，负伤官兵八十余名。谨闻。甫仪村。杨汉域。戌马酉。战。[印]。

　　立到。副长官杨：密。马亥奉申马酉埏战电，已令周师先将永明河南岸秀一塘敌肃清后，再策进[行]。刻周师正攻击中。以一小部控制新车渡、浮桥。新车渡以西山地，尚无敌踪。丁军所报，江华北上之敌，现未发现。永安关有无敌情，尚未回报。职意：（一）集团军若以速到广西为目的，可否由江华、永明以南地区前进，路虽长，但无敌阻，或可早到。（二）若由永安关或永明西进，内线运动，不利相同；如取道永明，目前虽可前进，尔后困难亦大；如由永安关，势必会同罗军攻道县敌，收相当成果后，乃能前进；若被永明关敌阻，固可由山中向永明南下西转，但粮食□运更无法。（三）决心先取道县，再策进行，似较稳当。惟不知适合上峰之企图否？（四）职军态势不良，民众逃空，久滞于此，必为敌乘。如何？祈衡夺示遵。黄土坝。杨汉域。[戌]养午。

　　立到。副长官杨：密。越塘背、重楼村前进，与我对峙于洛平圩、人和乡之敌，马晚增炮三门、马六百余，苦力约二千余，彻夜向我攻击，与我一三四师及一三三师先后激战于清潭村、乐岗及尖山、余邕与龙门山、冷水坳、余邕村各相连之线。血战至养寅，敌一部约八九百，乘虚由我左侧背迂回至思恩外北龙安村强渡口进，一部分入思恩城。径[经]数次肉搏后，我军大部得以西渡至洛阳圩南北地区，一部（三九八及三九九团）被敌遮断于思恩东南地区。除已令该两团向西北突围外，谨闻。甫仪村。杨汉域。戌养戌。战。[印]。

　　立到。副长官杨：密。（一）思恩敌步、骑千余，炮二门，梗西由思恩向北进，先后与我一三四师激战于叠石、都立、后团，才理各东西之线。迄敬日拂晓，该师尚在洛阳圩继续堵击该敌中。（二）另敌一股约百人，于敬卯迂回至河岸岭当，向我一三三师25高地攻击；另敌一股约百余，于敬已迂回至翻背岭附近，向我384高地攻击，均未得逞。敬午，复刘集敌四五百人、炮二门，由正面猛攻我古宾岭阵地。迄酉，我一三三师仍在翻背岭、古宾岭之线，与敌激战中。谨闻。杨汉域。戌敬酉。战。印。

立到。副长官杨：密。（一）约步、骑千余，炮二门之敌，自敬戌至有未，继续与我一三三师在翻背岭，古宾岭及400高地马路边与尖山、龙须、土腊村各线，反复争夺。敌对我每一阵地之攻略，均先由两翼迂回，而后彻底集中优势兵力于正面，利用步、炮之紧密协同，敌我伤亡均众。（二）自有未迄有酉，敌复分三路，向李烈屯东西之线我一三四师及五八团阵地进攻。其一股约百余，由□马岭沿河左岸前进，其大部向李烈屯300高地之线猛攻。其另一股约三四百，由土腊村北窜。我敌仍在李烈屯东西高地之线激战中。（三）计伤毙敌百余，我伤亡官兵九十余。（四）军经连日苦战，现有战力约三营。谨闻。杨汉域。戌有酉。战。印。

立到。副长官杨：密。补呈戌佳至文战报：（一）佳卯，军在柳江渡河完竣，遵令一三四师在柳江南岸鹅岗屯、渡口屯之线担任河防，并派有力一部占领鹅山据点，协力二六军之作战；一三三师集结流山圩附近待命。（二）佳酉，敌一股约数百人，利用夜暗，数度向该师当面抢渡，均被击退。（三）灰未，另敌一股步、骑千余，炮数门，分由飞机场及柳江南街向该师阵地右侧背及鹅山据点猛攻。同时柳江东岸之敌千余，藉炮火掩护，分由西站及其上游抢渡，企图夹攻。迄真卯，该师尚在营盘岭、马安山岭、南村之线，与敌激战中。（四）真未，敌先头约步、骑六百余之敌，窜至新圩，当与我一三三师及搜索营激战。迄真戌，我敌仍在流山圩以东地区激战中。（五）文卯，敌步、骑千余，炮数门之敌，向我一三三师三九七团流山圩阵地猛攻，激战至文巳，该团始遵命经三岔街向北转进。（六）自佳至文，计伤毙敌二百余，我伤亡官兵一百余。谨闻。杨汉域。戌文亥。战。印。戌宥重发。

立到。副长官杨：密。（一）约步、骑八百余、炮二门之敌，自有戌以来，向我一三四师五八团及搜索［营］李烈屯东西之线阵地猛攻，经十数次之争夺，敌伤亡惨重。迄宥申，我敌尚在河屯南端东西高地之线激战中。（二）计伤毙敌八十余，我伤亡十余。谨闻。杨汉域。戌宥酉。战。印。

急。副长官杨：密。戌元、戌尧战电计呈。综合元日战况，补呈如次：（一）由中脉街西进之敌，其先头约步、骑、炮兵千余，于文晚潜至三合圩，乘夜分兵一股，向龙元窜犯。其后续一股，约步、炮兵八百余，于元卯窜抵茶村西端,当与我一三三师三九九团激战于冲良河、九山之线。经该团奋勇迎击,迄午,将敌压迫于茶村以东地区。(二)元晨,军搜索营行抵三合圩南端隘口,即与敌步、炮兵六百余遭遇,激战一小时许,当令一三四师四〇一团接替搜索营作战。自巳至午,该敌四度向我猛扑,均被击退。敌乃分兵一股,攀登焦山,企图向我右翼包围,亦未得逞。元酉,该敌遂向龙元方面窜去。(三)计伤毙敌军二八〇余、马三〇余,我伤亡士兵五四名;夺获步、手枪共二支,文件军品甚多,证明当面之敌为十三师团部队。谨闻。杨汉域。戌元亥。战。印。戌感重发。

急。副长官杨:密。戌铣酉战电计呈。补呈铣戌至筱寅战况如次:(一)约步、骑千余、炮三门之敌,自铣戌以来,继续向我一三四师四〇一团458及200高地之线阵地猛攻,激战彻夜,我敌伤亡均众。筱日拂晓前,敌复有援军增到,遂于拂晓藉其机炮之掩护,以绝对优势兵力,分三路向该团阵地猛扑。其一股窜至冬田村以西高地,威胁该团侧背,该团苦战至筱寅,阵地遂被敌突破,几经逆袭,卒以寡众不敌,乃向古隆村转进。(二)地伤毙敌一五〇余,我伤亡连、排长十一员,士兵一百余名。谨闻。杨汉域。戌筱卯。战。印。戌感重发。

急。副长官杨:密。戌筱酉战电计呈。(一)自筱晨迄巧寅,我一三四师五八团在冬田村西端及古隆村、旦村、祥贝乡各附近阻击来犯之敌,反复争夺,我敌伤亡均众。(二)计伤毙敌一九〇余,我伤亡军官六员,士兵一七四名。谨闻。杨汉域。戌巧卯。战。印。戌感重发。

立到。副长官杨:密。(一)军为策应立门关方面友军之作战,感未以搜索营向圆锥山之敌攻击,激战至酉,敌不支,向马安山退去。(二)感亥,另敌一股,沿板寨、拉戚大道窜犯,当为我工营遏阻,激战至俭丑,敌未得逞。(三)俭丑以来,步千余、炮二门之敌,不断向我洞究东南毕机岗以南高地之一三四师阵地猛犯。迄酉刻,该师任务已转移洞史敌以北占领阵地中。(四)酉刻以后,敌六百余分向我三九七团之必阜、白岩、山口之线攻击。迄艳卯,仍对峙中。以上各役,计伤毙敌百廿余,我伤亡官兵卅余。谨闻。杨汉域。戌艳卯。战。[印]。

立到。副长官杨：密。艳辰，敌一股四百余，向我洞塘北端萧团阵地数度猛犯。迄午，敌未得逞。巳刻，另敌一股五百余，由洞塘山经贪淋分向毛洞及540高地（蒙加隘南）钻隙突进，经我周师特务连及三九七团主力阻止。自午至申，敌不断猛扑，均经击退。刻我周师仍在甲堵山、癞甩坡东南亘癞甩东端战斗中。此役计伤毙敌约八十余，内军官一员；获望远镜一具、三八式步枪一支、防护面具等甚多；我伤亡士兵四十余。谨闻。杨汉域。伐〔戌〕艳伐〔戌〕。战。[印]。

立到。副长官杨：密。艳戌，敌千余、炮二门，向我癞甩坡阵地猛攻，经萧团阻击，激战至卅寅，敌我蒙加隘主阵地，并由两翼迂回，经我分头迎击，苦战至午刻，仍在必洞附近各高地与敌激战中。是役，伤毙敌百余，我负伤军官二员，伤亡士兵五十余。谨闻。杨汉域。戌卅酉。战。印。

立到。副长官杨：密。卅申以来，敌仍向我永康东之关口，继续猛攻，经我陈团奋力抵抗，激战至东卯，并以一部向我左翼迂回未逞。午刻，我遂逐次转进至水扛附近，敌仍跟踪猛攻。直至申刻，该团始后撤整顿。刻敌正向我占领穿洞阵地之王团攻击中。此役，毙敌四十余，我伤亡士兵廿余。谨闻。杨汉域。亥东戌。战。[印]。

立到。副长官杨：密。（一）冬未，奉命由荔波、周覃、三洞、坝街道向东转进。支寅，敌约二百，在三洞南端高地之线与我一三三师三九九团及搜索营激战。至支酉，我以掩护任务已达，遂向东撤退。（二）微寅，敌五百余、炮二门，由三都方面窜抵坝街西端高地，与我一三三师三九八团（附三九七团第三营）激战至酉，我一三四师及一三三师之三九九团遂被敌遮断，动向未明。（三）坝街方面之敌，鱼日大部向三都回窜，一部约百余已窜抵八蒙附近。（四）支、微两日，计伤毙敌八十余，我伤亡四十余。谨呈。八开。杨汉域。亥鱼酉。战。印。

立到。副长官杨：密。（一）丁军佳电炮团邱团长称：（1）三合、八寨之敌，已被我击溃，分向东回窜。连日复经本军于杨柳、三洞、已乃一带截击残敌甚夥，并获地图、文件多种，发现敌为第三师团。（2）广播战讯：三合、独山、虞日已相继克复。（二）刘师佳晨至八蒙，其先头周师搜连已至定旦。（三）职俟刘师到榕,准文日北进,周、刘两师跟进。职杨汉域。亥佳酉。尧。印。

（原件存中国第二历史档案馆）

20. 杨森关于集团军各部作战任务及行动部署密电（1944年11月5日）

限三小时到。第二十军杨军长:密。命令:(子)当面之敌第三师团全部已抵修仁,西江方面敌已窜抵武宣及末宾以南地区,湘桂方面敌已窜抵永福东南地区各附近,与友我各军激战中。综计进犯战区之敌,约七八个团。我西江方面军,正在武宣、末宾以南,桂林方面军正准备在路清江西岸地区击破敌人。(丑)集团军以固守柳江西岸战略要线要点之目的,以一部在四排圩、榴江之线以东地区极力阻敌进犯,主力即转移于象县、江口乡、雒容以西沿河之线,阻止敌之进犯,并相机击破之。(寅)各部队之任务及行动如次:(一)37A(附象县民团)应于戌鱼前在象县及上西乡、水山村、龙合村概要之线沿河直接配备,阻敌西进。(二)26A(附柳江民团)应于戌虞前以柳江民团在丹竹乡、双仁村之线,以一部在阳和、上村、静蓝村、雒埠(实地雒垢不含)之线,沿河警戒,主力迅速集结柳州及其以南地区,担任该方面之作战。但须先以一师接替62A柳州防务,其阵地编成要图,在长官部参谋处)。(三)20A(附炮十八团第一营野炮兵一连及雒容团队)应一部在四排圩、榴江之线以东地区,尽力迟滞敌人主力,于戌虞前转移于雒容、大陆岭、石塔岭、高庙岭之线,沿河直接配备,阻敌西进,并相机击破之。对左翼黄冕、理定村方面友军,特须确取联系。(卯)作战地境:37A与江西方面军为太阳村、穿山乡、西塘、大樟圩、马练圩之线,线上属左;37A与26A为黎冲村、大合村、烟厂村之线,线上属右;26A与20A为东泉镇、洛埠乡、雒容、下大、白村、四排之线;20A与桂林方面军为大安村、中渡、黄冕街、黄泥坳、苦竹河、七塘之线,线上均属左。(辰)总司令部戌鱼后位置:洛满乡。(巳)后勤设施,另令规定。(午)遵办情形具报。杨森。戌微午。埏。战。印。

（原件存中国第二历史档案馆）

21. 杨森关于所部各军师防守柳州阻敌进犯命令（1944年11月8日）

三十三年十一月八日七时命令，于柳州战斗指挥部。

一、窜象县敌六日以二三百人在鸡沙渡河后，与我62军战斗中。雒容、洛埠昨（七）日亦由黄冕、中渡窜来敌一部，有分犯柳州柳城模样。

二、集团军以确保柳江西岸掩护黔桂路及宜山安全之目的，即以主力固守柳州，以有力一部在柳江以东地区拒止敌之进犯。

三、各部队任务及行动：

1. 第三七军（附象县民团、炮二九团第八连）即以一部在上西乡、文明村之线，掩护第二十军主力由运江方面之渡河，主力联系穿山乡附近之六二军（属右兵团）在竹山、难村、基田村之线占领阵地，极力阻敌进犯，俾柳州城防部队护〔获〕得余裕时间。

2. 第二六军（附柳州民团、炮十八团第一营、九三军战防炮一连、炮四七团高射炮一排）固守柳州。奉长官张柳指爱字第二一四○号命令节开：非奉命令，不得撤退。

3. 第一八八师（附柳江民团、四六军山炮一连）即进出长塘乡、东泉镇以东之线，阻敌西窜，以掩护柳江左侧后之安全，特须与柳州之二六军及太平乡附近地区之夏集团（左兵团）切取联系。

4. 第廿军（附九三军战防炮一连、炮四七团高射炮一排）应迅速在柳州西车站集结运江西渡之部队后，即开新圩村准备柳城方面之作战。

四、作战地境：

右兵团	
第三七军	三都乡—新兴村—新圩—庙王圩之线，线上属右
第二六军	思贤乡—莲花村—大塘村—六合村—山脚村之线，线上属左
第一八八师	社冲村—古林村—长塘乡（不含）—上西岸村、洛埠乡（不含）—大分村之线，线上属左
左兵团	三塘街—大埔街—三板圩—鱼杯—礼让村之线，线上属左

五、炮一八团团部、九三军炮防营营部、炮四七团高射炮连，归钜部直辖，

随集团军战斗指挥所行动。

六、后勤设施另示。

七、余在柳州窑埠战斗指挥所,总司令部在浴满乡。

右令第二十军军长杨汉域。

兼总司令　杨森

(原件存中国第二历史档案馆)

22. 杨森关于立门关附近对敌作战部署等情密电(1944年11月27日)

立到。杨军长:密。命令:(一)社村乡敌昨(廿六)日入暮,窜立门关附近,与我五八七团警戒部队开始接触。本(廿七)日晨,战斗较烈,我五八七团一部拟由立门关向敌左侧攻击。(二)着该军即派兵两营,以马安山以北为前进目标,求敌右侧攻击而歼灭之。(三)友我各部攻击开始时间,为本(廿七)日正午十二时;联络号音,问:上讲堂,答:下讲堂。(四)余在久安乡,十二时后到洞塘。联保。杨森。戌感辰。埏战。

(原件存中国第二历史档案馆)

23. 杨森命所部第二十、第二十六两军在水扛一带阻敌前进令(1944年12月1日)

三十三年十二月一日十一时命令,于荔波总司令部。

一、当面之敌,仍为第十三师团,其主力在洞塘、联保道上及其以东地区,一部在水扛东西之线,与我第二十军战斗中。旬日以来,该敌迭受重创,极为残破疲惫。

二、集团军有固守荔波之任务,续在水扛、毛兰之线阻敌北窜,以火力摧毁敌人后,再求歼灭之。

三、各军任务:

1. 第二六军以一部在水扛东西之线占领阵地,并接替廿军一三三师防务,先阻敌北窜,尔后待命转移攻势,歼灭敌人。

2. 第二十军即在水扛（不含）以东同梨毛兰之线，阻敌北窜，尔后待命转移攻势，歼灭敌人。

两军在防御态势时，务尽诸种手段，封锁敌可能向我后方窜扰之小道，防范敌人对我各军侧翼之迂回及绝壁态岩之窃登瞰制。

四、作战地境为荔波、旧县、大坳至水扛、永康相连之直线，线上属二六军（用十万分之一图，并如背面附图）。

五、两军在水扛附近之阵地交代，限明（二）日午前三时实施完毕。

六、各军粮秣，由分监部在荔波交付，伤病官兵，送荔波，由分监部后送榕江。

七、明（二）日三时以后，第二六军用荔波至水扛乡村电话线，第二十军用荔波至毛兰乡村电话线，与本部通讯。

八、余在荔波县府。

右令第二十军军长杨汉域。

兼总司令　杨森

（原件存中国第二历史档案馆）

24. 第二十七集团军杨森部桂柳会战战斗要报（1944年12月）

一、会战前

集团军之20A（133D、134D）、26A（41D、44D）、37A（95D）于九月廿四日夜先后开始逐次撤离湖南道县、江华、永明之敌，经半月之长行军，于十月十日在广西平乐、荔浦地区集中完毕。集中完毕后，湘桂边区总指挥部及炮十八团第一营加入集团军战斗序列。

此时西江方面之敌（19BS）已进至平南，湘桂边区之敌（3D）（13D）已进至麦岭、九板桥、观音阁（龙虎关附近）各以西地区，积极准备分进合击桂（林）、柳（州）。集团军奉命拒止龙虎关方面之敌，并先以一部进出平南，策应西江方面军之作战，即拟定作战指导概要如次：

1. 以一部固守阳朔，以主力在平乐、荔浦间地区阻敌进犯，迟滞消耗敌人，不得已时，确保修仁高地带要地。

2. 对西江方面,先以一部跨越作战地境,于十月十八日开始进出平南。

基上计划,总司令部在荔浦使各军就如左之配置:

1. 37A(附炮廿九团第八连)经蒙山以南,以平南之敌攻击,并相机占领之。

2. 20A以一部接替二塘、沙子街各附近警戒,主力集结栗木墟附近战备。

3. 26A集结荔浦以东地区战备,派出一部接替46A阳朔之城防守备任务。

4. 湘桂边区总指挥部所部仍在富川、恭城以北地区,监视敌之行动,阻敌进犯。

5. 炮十八团位置修仁。

二、会战间

(一)第一时期

十月十七日,37A在水晏乡、陈村塘以南地区完成攻击准备,十八日开始向平南附近平仲街、安杯乡一带之敌(19BS)攻击,进展极为顺利,廿一日迫近平南北郊,廿二日敌16B/104D由太平墟方面增援二千余西进,平南敌亦乘势向北反扑,我即令37A主动攻击敌人,完成任务,该军遂于廿六日迄廿八日逐次恢复八宝乡、六巧、平仲街、十字琅,并以一部侧击江口,主力续攻平南,牵制之西窜。

作战开始后二日,集团军以兴安方面敌(58D)于十月十七日窜高上街,有与湘桂铁道沿线敌会犯桂林企图,即以26A之44D(欠阳朔之一团)由荔浦向良丰前进。廿三日,该师归复副长官指挥,参加16AG之作战。

(二)第二时期

湘桂边区江华方面之敌(3D),于十月廿六日开始由麦岭南窜,廿七日陷富川后,续经古城墟向平乐西进。廿九日,永明龙虎关方面敌(13D)复向南蠢动,均与我当地团队,节节发生战斗。卅一日,西江方面敌(22BS),(19BS一部)、(104D),窜抵武宣附近,一部向象县前进。富川敌已到二塘,与我20A警戒部队开始接触。兴安方面,亦在良丰、桂林城郊李家村各附近,与我友军激战。集团军以目下平乐、荔浦过于突出,为连〔联〕系桂林友军协力作战容易,即基于长官张令,命:37A速经蒙山、新墟,取捷径集结修仁待命,限十一月三日前到达。20A(附野炮一连)以有力一部在荔浦以东地区,迟滞富恭方面之敌,主力限十一月二日前占领修仁附近既设阵地,阻敌西窜。26A之44D即经修仁、头排、满村急进,限十一月三日前到达,占领象县寺村墟之线,阻敌北窜。阳朔守备,由20A搜索营配合地方团队担任。炮十八团第一营(欠一连)限十一月二日到达榴江,归丁军长区处。湘桂边区总指挥所部仍在原区域内袭击敌后,破坏敌之交通通信及辎重。十一月四日,窜平乐敌(3D)经与我20A一部在平乐、荔浦地区节节激战后,进抵修仁附近,继续与我20A主力在6118高地、苏山岭、龙隐岭之线发生血战。至五日,敌我伤亡枕籍〔藉〕(20A133D397i团长彭泽生即在此阵地)。尔后情况推移,如以后各时期。

(三)第三时期

当平乐敌之西进时,集团军决心在修仁附近高地竭力转移攻势,击破该敌,以巩固桂林右翼。十一月五日辰,得知西江方面敌,窜抵武宣及来宾以南地区。由龙虎关、阳朔地区窜桂林附近敌(13D)进抵永福东南,我友军正准备在路清西岸,击破敌人。此时集团军奉命固守柳江西岸战略要点要线,以26A接替柳州防务,即令:37A(附象县民团)于六日前在象县及上西乡、水山村、龙合村概略之线,沿河直接配备,阻敌西进。26A(附柳江民团)于七日前以柳江民国在丹竹乡、双仁村之线,以一部在阳和、上村、静蓝村、雒埠之线沿河警戒,主力迅速集结柳州及其以南地区,担任该方面之作战,先以一师接替62A柳州防务。20A(附雒容团队)以一部在四排墟、榴江之线以东地区,尽力阻敌进犯,主力于七日前转移于雒容、大陆岭、石塔岭、高庙岭之线,沿河直接配备,阻敌西进,并相机击破之。炮十八团第一营开柳州归还建制。各部正就部署间,殊窜象县敌,六日先头二三百人已在鸡沙渡河。永福东南敌六七千狼奔豕突,经矮岭于六日分由黄冕、鹿寨西渡。七日,雒容、雒埠亦发现敌情。我20A主力在四排附近地区遂被后方之敌隔断,迫向运江乡转进,一部先敌通过雒容到达柳州。26A主力七日匆促进入柳州南北郊阵地。37A尚未取得确实连〔联〕络。七日夜,集团军指挥20A、26A、37A、188D(附46A山炮兵一连)、18AR(欠ⅠⅢ),九三军战防炮营、炮四七团二公分高射炮一连为中央兵团,奉命以主力固守柳州,以有力一部在柳州以东以北地区,连〔联〕系左右两兵团,拒止敌之进犯,以掩护黔桂路及宜山之安全。基于上述。从新部署如次:

1. 37A(附象县民团,原配属炮廿九团第八连仍旧)即以一部在上西乡、文明村之线,掩护20A主力由运江方面之渡河,主力联系穿山乡附近之62A,在竹山村、难村、基田村之线占领阵地,极力阻敌进犯。

2. 26A(附柳州民团、炮十八团第一营、战防炮一连、高射炮一排)固守柳州,非奉命令,不得撤退。

3. 188D(附柳城民团、原配属山炮兵一连仍旧)即进出长塘乡、东泉镇以东之线,阻敌西窜,以掩护柳州左侧背之安全,特须与26A及太平乡附近地区之左兵团切取连〔联〕系。

4. 20A(附战防炮一连、高射炮一排)迅速在柳州西火车站集结运江西渡之部队,即开新圩村,准备柳城方面之作战。

八日六时,敌(3D)先头一股约百余、炮一门,在锥埠北端与我26A派驻该地之警戒部队发生战斗后,沿铁道南下。八日晚,敌另一股约六七百,沿柳江东岸向南活动,乘夜由三门江、六座、杜湾村,屡行强渡,均被击退。此时,我37A正就七日之指定位置,罗军长到达四方塘附近,与在柳州南城之战斗指挥所取得连〔联〕络。20A主力,亦赶到柳州西火车站,依总部当时指示,以134D在柳江南岸鹅岗屯、渡口屯之线,担任河防,派出有力一部,占领鹅山据点,协力26A之作战。133D集结流山圩。九日二时以后,敌复由三门江以北及六座、社湾村强渡,迫近柳州南北两岸,后续部队不断增加,我官兵沉着应战,毙敌甚众。是日黄昏,敌一股又由鸡拉街屡行强渡,当被击退,乃于鸡拉街下游我阵地外之洛维村,乘隙偷渡,被我阻于大桥附近,更向南迂回,与由象县北窜约千余之敌会合。20A方面,九日黄昏后,亦有敌数百迭次强渡未遂。十日九时,由鸡拉渡河之迂回部队,窜至柳州飞机厂南侧,与我26A、37A各一部激战。同时,城内守军,受敌空地猛攻,牺牲甚大,北岸部队受敌压迫,损失尤重,26A遂陷于三面包围。敌到达飞机场后,复以一股约步骑兵千余、炮数门,向我20A、133D阵地右侧背侧及鹅山据点猛攻。同时,柳江东岸之敌千余,藉炮火掩护,分由西火车站及其上游抢渡,企图夹击20A。我37A主力则在飞鹅乡、塘岸村、土桥村之线,一部在四方塘东北高地与敌激战。至188D方面,九日晨敌(13D)数百即陆续由白沙街及柳城西渡融龙两江,一股窜抵马安岭。我以柳城战斗关系柳州全局,遂严令该师务努力歼灭该敌,非奉命令,不得撤退。十一日,26A守备柳州市区之部队两团,围困柳州城内,与敌继续发生巷战。丁军长为尔后战斗容易,率一部到六道附近收容集结,布防警戒。20A续在流山圩以东地区,与敌血战。188D方面,敌千余已窜抵穿山、放架山、牧马场附近之线。

十一月十一日黄昏,集团军奉命为左兵团,指挥20A、26A、79A(残缺不足一师,长官部径令开小长安乡占领阵地)转移于六塘、中胍、小长安乡附近之线,任龙江以北地区之作战。37A移怀远,归长官部直辖。即以20A立在洛满以西地区,掩护188D向理苗乡附近地区转进归制后,在六塘、中胍乡亘东墟之线占领阵地。26A经三都、水源、三岔乡集结罗城待命。十二日午后,20A在三岔乡渡河始毕,得知柳城敌已窜中胍乡,该军一部扼守六塘南北及阿九山、下坡之线,掩护军主力由三合墟进出隘路,企图获得有利态势后,再驱逐中胍之敌。十三日辰,甫至三合墟隘口,即遭遇千余之敌猛攻,激战数小时,将敌击退。此时,总部由龙元村宿营地正向四把乡出发,亦受敌之攻击,我特务营从容应战,毙敌甚众。十四日八时,沿黔桂铁路西犯之敌(以3D为基干)进抵洛东南北之线,与我友军46A一部激战。由柳城经中胍乡西犯之敌,窜抵龙潭以南地区。我26A暂归长官部直接指挥,已到太平乡(宜山以南)严整战备。20A在门冷寨(宜山以北)东西之线,阻击由龙潭西南窜之敌,掩护宜山左侧安全。我以罗城空虚,遂改令尚在融县附近之79A于十八日前集结罗城、四把乡间待命。

十一月十七日,怀远方面发现敌情,集团军以确保思恩附近地区之目的,令20A即由门冷寨附近秘密脱离敌人,向思恩东南地区转进。令79A于十八日辰前集结天河,准备连〔联〕系20A作战。十九日拂晓,20A拟连〔联〕系在怀远沿河对战之26A,占领九柱(不含)、安马墟之线,担任河防。午刻,甫通过索敢墟、浮桥,向九柱、安马之线前进,即受由怀远附近窜来约数百之敌

(13D、3D各一部),乘隙由安马墟渡河攻击。该军自本年五月开始连续作战半年以来,现有实力仅足五个营,我为加强安马墟附近之防守,即令79A速由天河出发,于廿日前兼程到达思恩集结待命。廿日一时,由安马墟附近渡河之敌,已增至步骑兵二千余(属13D)、炮数门,我20A在九柱、辜独山、564.5、492、406.7各高地亘索敢墟、养洞之线,与敌浴血苦战,寸土必争。适26A回归集团军建制,我即于廿一日〇时卅分,令该军以一营在理底、怀远、九柱原阵地,监视敌人,主力即在德胜墟以东地区占领阵地。令20A在现阵地击破敌人,确保九柱、安马、索敢之线沿河以西要地。迄廿一日晚,20A当面敌(13D)增援猛攻,该军予敌重创后,一部在下远(人和乡西)、九歪及冷水坳、龙门山之线,逐次掩护军主力向思恩转进,与敌彻夜战斗。廿二日拂晓,敌一部约一加强大队,由20A、133D左侧迂回思恩,该师主力被敌隔断,仅一部随军,其他各部抵洛阳墟。26A于廿一日在德胜墟附近与敌(3D)激战后,闻三江口、金城江均有敌人,并知东江铁桥已破坏,沿铁道后方无法通过,正向温平乡前进。79A未取得连〔联〕络,至我拟将该军转用宜北方面之计划无法实施。

(四)第四时期

20A十一月廿三日后,在思恩西北地区李烈屯一带,逐次阻止敌之突窜。26A自廿四日晚脱离东江乡附近之敌,向荔波以南地区前进,期与20A会合各军进出山地,沿途迭受暴民劫扰。廿六日黄昏,20A当面社村乡之敌约步兵三四千,在黎明关附近,与我友军97A587i发生战斗。此时,集团军有掩护通独立要道,并即以有力一部接防黎明关之任务。即令正通过中南乡北进之26A先以一团星夜兼程前往,并通报587团尽力支持,俟交防后撤离。廿七日,该方面战斗较烈。是夜,黎明关为敌侵入。我以26A尚在下干乡,即抽调20A134D由峒腊星夜驰往板寨北侧亘峒腊之线,加入战斗;令杨军长率133D由大河坡集结洞塘、联保,原正面留置搜索营,严密监视敌人;总部进驻洞塘、联保指挥。迄十一月卅日,20A在板寨、蒙加隘(黎明关东北)一带地区,利用地形,迭挫敌锋。

十二月一日,20A与敌在水扛东西之线激战。26A亦经翁昂、寨马赶到荔波。惟79A仍未取得联络。我为确保荔波以策应南丹、六寨、独山方面之作战,决心续在水扛、毛兰之线阻敌北窜。随令26A以一部在水扛东西之线占领阵地,并接20A防务,20A即在水扛(不含)以东同黎、毛兰之线占领阵地,阻敌北窜。

二日,集团军对长官张之通信中断,粮弹两缺,兼无贵州军用地图,此时奉命向后转移之三合,又被经宜北、威岩之敌先陷,独山亦有敌人。在三面受敌中,十二月三日,乃向东突围。四日,击破横阻三洞之敌,向榕江前进。五日,都江之敌截击我于坝街隘路中,致我20A之134D及26A全部隔断。十二月十日以后1134D乃绕道南方来榕江,随军转移施秉附近整补。26A自十二月九日在三洞附近努力侧击截击由三合向东南回窜之敌。十二日,乃经丹寨向老黄平附近地区集结整补。

三、会战终

亘会战全期,获得战果及敌我伤亡损害比较如附表。各部队将士用命,不惧艰辛,尚能克服一切困难。

四、附件〈略〉

(原件存中国第二历史档案馆)

25. 第二十七集团军参加武汉会战、长沙会战的经过

一、武汉会战

1. 武汉外围淮南之役

淮南即淮河以南、长江以北、霍山山脉以东之地区,为古代兵家认[为]形势之地,非独为津浦南段侧翼之依托,而且为马当封锁线之卫星,在战略上实为我徐州与武汉外围轴心阵地之锁钥。敌军于二十六年十一月中旬攻陷我首都南京后,即企图第一步打通津浦线,第二步进占武汉。然欲实现此种企图,必须解除津浦南段侧翼之威胁,与马当封锁线之外屏障,因以继续攻略我淮南。

民[国]二十六年十一月,本集团军在安庆附近积极整补,并担任为安庆间长江以北沿岸防务。二十七年四月下旬,得知敌军以第六师团由芜湖渡

江,分由淮南铁路和□合公路进犯合肥。同时,又据报,敌将以海军为主,陆军为从,溯江西上,企图冲破安庆、马当、彭泽、湖口等封锁线,直捣武汉。此时,集团军有任(任为衍文)长江北岸及巢湖南岸之作战任务。当敌第六师团于四月三十日攻陷巢县以后,其先头部队系以步兵一个联队为基干,配合特种部队,沿淮南铁路及巢湖北岸,向合肥进犯。我军以合肥为战略要点,敌若攻战合肥,则北可以威胁淮北友军之侧翼,南可以协同海军夹攻安庆。本集团军为协力二十六集团军确保合肥计,以二十军一三四师杨汉忠师长指挥四〇二旅杨干才、三九九旅蔡慎猷两部,由安庆集贤关附近进攻巢县,断攻后路;以二十军夏副军长炯指挥皖保安司令漆道澄及江防司令蒋炎两部,袭击含山;以二十一军陈副军长万仞部145D之433B、146D之436B,守备长江北岸;以第一三三师杨师长汉域指挥该师三九七旅周翰熙及134D之四〇〇旅刘席涵两部,为集团军战略预备队。各部于五月六日开始行动,至五月十日,我夏副军长炯所部一度袭占含山城。五月十三日,我杨师长汉忠部攻占巢县城已确实截断西犯合肥敌军之后方联络,方期会合友军,压迫该敌于合肥以东之柘皋附近地区而歼灭之,不意另一部敌军贯通定远,五月十四日,友军即以合肥失守闻矣。

敌攻占合肥后,遂以主力渡巢湖,由巢湖东岸登包〔陆〕,陆〔包〕围巢县我二十军之侧背,我军遂转移运漕西岸布防。五月二十三日,敌大野联队由运漕东岸之三汊河、运漕、淋头一带,分三路向运漕西岸我军无为查队及一四六师四三八旅、一三四师[阵]地进攻,敌(敌为衍文)战至六月五日,卒将顽敌击溃,先后毙敌千余,我军亦伤亡营长以下八百余人。六月六日,敌第六师团由合肥南下,企图协同长江敌海军第三舰队及佐藤水兵团,配属飞机数十架,会攻安庆。此时,我二十一军一四五师四三五旅已到桃溪,在花子岗、董家岗之线与敌先头部队开始接触,我146D438B由无为向庐江,第二十军主力亦经庐江向大关转用。至六月八日,桃溪地阵(阵地)被敌突破,145D435B转移至舒城附近之七里河,继续抵抗。十日,敌由(由为衍文)以主力由上七里河迂回包围我435B之左侧翼。该旅因鉴于态势之不利,遂转移大关之线,与二十军主力利用地形阻击敌人。是时,芜湖猬集敌舰四十余艘,汽艇一百余只,商轮二十余只,满载敌兵。而连日,我汤家沟、三官殿、荻港、姚家沟、铜陵、贵池一带江面,亦时有敌舰扰袭,集团军即缩短防线,完成如次之态势:一三四师四〇〇旅位置集贤关(安庆西北);一四六师一部(436B)在安庆(含)、棕阳(不含)之线任沿江守备;一四五师(欠四三五旅)在棕阳、石矶头、老洲头(均含)之线任沿江守备;江防司令所部在姚家沟(不含)、庐江(含)之线;高敬亭支队在魏家坝、盛家桥、白石山(均含)之线;一四五师四三五旅在东汤池(含)、界牌石(不含)之线;一三三师在界牌石、朱葛岭(均含)之线;一三四师(欠四〇〇旅)在鹿起山、大王庙、中梅河(均含)之线;一四六师(缺436B)由庐江向大关转进;总司令部位置安庆。十一日,敌陆军由舒城分两路南犯,以主力沿公路攻击大关,以有力之一部攻击中梅河,与我军东汤池、界牌石、下横山、木鱼山、朱葛岭、鹿起山、大王庙、中梅河之线反复争夺。敌炮十余门,敌机九架,亦集中轰炸我大关、小关,我二十军与145D一部奋勇迎击,数度冲杀,激战至六月十二日晚,我阵地全毁,右翼东汤池方面被突破,官兵伤亡惨重,20A遂向源潭铺,145D、146D各一部即向潜山附近转进,继续抵[抗]。时敌波田旅团及溯江陆战队藉飞机数十架之掩护,突由贵池溯江上驶至安庆附近,一面以舰炮轰击安庆城,一面以陆军波田旅团在安庆附近之新河口登陆,经牛公坝飞机场直侵入安庆之东北门,我江防城防部队经激战后,阵地大部被毁,死伤亦大。十二日晚,安庆城迄无外援,而我在大小关作[战]部队向安庆转用不及,城遂被陷,总部移龙珠山,督率我军在安庆城北十公里之集贤关一带山地,部〔布〕置新阵地。计是役,我在大关、安庆一带南北两面受敌,但士气旺盛,安庆方面击沉敌舰十余只,毙敌约七百余人。

六月十四日,敌连陷舒城、桐城,继续南下,在高河埠与攻陷安庆之敌会合,即分三股向潜山进犯:以主力沿公路攻击源潭铺,以有力之一部攻击余家井,截断源潭铺后方之公路,以一部经五横岭,直犯潜山。同时,在安庆上陆之敌波田旅团,又向上下石牌猛进,先后与我二十军及145D、146D在上下石牌、三桥头、五横岭、源潭铺之线激战。至十五日十七时,敌突破余家井阵地,包围我军之左侧翼,我军遂转进至潜山附近,继续抵抗。

六月十六日,本集团军态势如次:总司令部地灵战斗指挥所在潜山城;一四五师（欠四三五旅），上下石牌；一四六师四三六旅八七二团，戴家墩、鸭子渡之线；一三四师四〇〇旅，潜山城郊之线；一四六师（欠三四六旅），潜山北郊亘七里岗之线；一三三师，三祖寺、马口山、鸟石堰之线；一三四师（欠四〇〇旅），由龙井关向岳西县根据地转进中；一四五师四三五旅，在潜山河西岸为第二线兵团；江防司令及高支队，均在姚家沟巢湖南岸地区。

六月十六日，敌继续向我潜山城、七里岗、马口山之线猛攻，激战至十三时，敌突破我七里岗阵地后，猛攻三祖寺，我军浴血苦战，前仆后继，激战至六月十七日，敌势稍煞。六月十八日拂晓，敌军主力沿公路突渡潜山河，我潜山守城军乃转移望虎墩之线，持续抵抗。六月十九日，我军转进至小池驿、王家牌楼、野人寨、晓天岭之一带山地，将南北向之战斗，正面机动转换为东西向，侧击沿公路进犯太湖之敌，敌因是知难不敢再进。是役，我又伤毙敌军三千余名，我军伤亡亦与敌相等。总计自四月下旬迄六月中旬，先与敌激战两个月，共伤毙敌军八千七百余人，我军亦共伤亡七千八百之谱。六月下旬，本集团军奉命转进太湖，担任该地区之守备。七月上旬，复奉命开湘北，各军归还原有建制，本集团军遂率直属之第二十军由黄梅、广济、武汉，向长沙、浏阳、醴陵转进，潜山战役至是遂告结束。

回溯本集团军自二十六年十一月末，以残破之军守备淮南、潜山一带，苦战七月，卒能达成以空间换时间、积小胜为大胜之战略，皆我健儿爱国情绪及牺牲精神所由致也。

2. 武汉外围罗盘山之役

敌中支派遣军以攻略武汉之目的，以第十一军主力由九江及鄱阳湖西岸登陆，占领据点后对武汉行包围攻击企图，第一步打通南浔北段，攻占德安，如能确实获得攻击初动之优势，则即攻略南昌，沿湘赣路直趋萍乡、株州〔洲〕、长沙，以截断粤路，至低限度亦当由富池口，经阳新、大冶，直趋咸宁，包围国军大部于长江南而聚歼灭之。惟敌第十一军司令官冈村宁次自二十七年七月下旬，以第一〇一师团由星子侧击南浔路、以第一〇六师团由九江正面攻击南浔路以来，迄至九月上旬，敌我仍对峙于德安以北地区，已成胶着状态。敌第十一军乃变更部署，以第一〇一师团全力由东向西侧击德安，以第一〇六师团之一部由南浔正面牵制我军,以主力向万家岭迂回侧击德安,并以第二十七师团沿瑞武公路以行战略迂回企图,出我意表,一举攻占浔大、瑞武两公路枢纽之武宁,截断修河北岸我军之连〔联〕络,使南浔正面之敌作战容易。此时,集团军已由淮南调湖南醴陵、浏阳一带整训,以协力友军在南浔正面作战之目的,以134D仍在浏阳积极整训,以133D开武宁归8A军长李玉堂指挥,期于武宁以北地区阻击西犯之敌。

二十七年九月十五日,敌第二十七师团过瑞昌,沿瑞武路向箬溪攻击前进。十月一日,其一部已突破我覆血山、马鞍岭一带友军之阵地,与我友军作〔在〕合掌街附近激战,其主力指向陈家、三坪、罗盘山、棺材山、望人脑之线。我8A当以第三师主力在广下城、杨家拢〔垅〕一带,准备与由东向西攻击之友军第十八军协力攻击覆血山,以一部固守陈家、三坪之线,以第20A之133D固守3217高地、罗盘山、棺材山亘望人脑之线,以第十五师集结于邱田埠隘路以北地区,以第一四一师绕向覆血山以北地区,攻击敌之侧背。十月二日拂晓,敌第二十七师团主力突破我第三师陈家、三坪一带阵地后,即向山口、罗盘山、石灵山、四方山、棺材山一带我一三三师阵地猛扑。敌以罗盘山为主要攻击目标,集中炮兵轰击,并施放毒瓦斯。自十月二日起,至十月二十五日,我第一三三师与敌努力反复争夺罗盘山之线,肉搏十余次,罗盘山要点凡七得七失,卒因敌我伤亡惨重,罗盘山一点终为敌军攻占。但我军卒能固守湾里王、陈家、岭头山、棺材山以北地区之线,粉碎敌军南犯箬溪,截断修河北岸国军连〔联〕络之企图。是役,本集团军第一三三师杨汉域部伤亡最重,计该师伤亡团长以下军官一百一十九员,士兵三千余名。当该师与敌第二十七师团在合掌街、罗盘山一带酣战之际,正敌第一〇六师团主力企图由万家岭侧击德安之时,该敌于十月十日被我第一兵团自东南西三面包围攻击,除少数残敌幸得逃(逃为衍文)突围北逃外,大部皆被我军歼灭,造成武汉外围空前胜利。

二、第一次长〔沙〕会战

敌国日本自阿部组阁以后,其施政方针系以全力解决中国事变,阿部之动机在外交上因欧战爆发有机可乘,冀图侵华军事再获侥幸,以炫惑国际观听;在政治上冀图利用汪逆扩大伪组织政权,以达其以华制华之迷梦;在经济上冀图夺取洞庭湖粮产,以救其军食恐慌;在精神上冀图刺激其国军民厌战之心理,以胜利慰藉其烦闷悲苦之情绪。故敌酋西尾寿造及板垣征四郎衔倭国之命,来华充任侵略军总司令及参谋长之始,其作战指导即在迅速攻取长沙,然后南收衡永,西略宜沙,扼两广之咽喉,控四川之门户,将国军压迫于川黔境,以期奄有中原腹地,粉碎我国长期抗战之意志。本集团军此时在平江附近地区,策定之作战方针,系以决战御防之目的,以一部依既设阵逐次抵抗,以消耗迟滞敌人;以有力之一部在南楼岭、渣津、龙门、长寿一带地区,对敌行侧击尾击,阻敌援军,断其补给,以主力控置于幕阜、九岭两大山脉,捕捉敌人于长寿街亘平江地区而歼灭之。

敌为秘匿其企图计,自九月十四日起,先自助攻之赣方面,以第一〇一、第一〇六两师团开始佯攻,由奉新、靖安西犯上富村、前街。时本集团军所辖仅二十军与七十三军,至[于]湘鄂赣边区挺进军及第八军、第七九军,均系于九月二十九日始拨归指挥。当赣北敌军发动阳〔佯〕攻之际,我七三军正在修水、渣津一带整训,我二十军正在咸宁、汀泗桥、通山、崇阳间地区袭击[敌]人,并破坏敌后交通通信。九月十七日,奉命以七三军之十五师东开甘坊、找桥,协力第一集团军之作战。九月十八日,敌主攻方面亦在新墙河沿岸开始攻击。九月十九日,奉命以七三军(欠十五师)西开平江,协力第十五集团军之作战。于是,渣津、南楼岭、麦市至大沙坪一带形成一大空隙,我为顾虑该方面之空虚,乃调第二十军一三四师控制渣津附近。九月二十二日,该师正由敌后南移中,敌第三十三师团即由大沙坪分两路,经塘湖市、麦市南犯,敌第十三师团之二十六旅团同时亦由临湘经桃林南犯。当令第二十军一三三师由东向西侧击塘湖市之敌,一三四师先行抽派轻装步兵一团,取捷径占领苦竹岭,阻击西犯之敌。九月二十三日及二十四日,我一三四师四〇一团与敌浴血苦战于苦竹岭、南楼岭之线,毙敌人,见队长一名,在其尸身检获该敌在图上标示进攻之路线,得知敌将由大沙坪经南楼岭、龙门厂、长寿街、獻钟、三眼桥窜平江。当令第二十军主力取捷径到长寿街,由南北攻击当面之敌,令七九军主力于三眼桥以东地区击溃西犯之敌。如敌三三师团突破三眼桥地区,影响会战大局,则当严办杨汉域、夏楚中两军长。九月二十七日,敌第十三师团二十六旅团由长乐街攻陷平江,本集团陷于腹背受敌之态势。九月二十九日,湘鄂赣边区挺进军指挥樊崧甫、第八军军长李玉堂、第七九军军长夏楚中正式奉命归本集团统一指挥。当令湘鄂赣边区挺进军积极向通山、崇阳、咸宁、蒲圻间破坏敌后交通通信,并侧击敌援,焚敌仓库,断敌补给。令第八军由通城以东地区向北向南,第二十军由龙门厂以东地区由东向西,第七九军由三眼桥地区由西向东,三军合力,聚歼三三师团之敌。十月二日,我七九军在三眼桥以东之香田、黄花潭一带,将敌击溃后,十月三日,我二十军又在茅湾、长寿街一带歼灭溃败之敌甚众。十月六日,我七九军九八师收复平江县城。至十月十日,我军完全收复麦市、九岭一线之原有阵地。是役,敌第三三师团死伤兵员百分之七十,敌十三师团二六旅团死伤兵员百分之三十五,共计本集团伤毙之敌军人数在一万六千以上。

三、民[国]二九年夏季攻势:崇阳、石城湾之役

第九战区当面之敌共有四个师团半(34D、33D、14SB、40D、6D)之兵力,自我经冬季攻势以后,敌一面加紧整训部队,一面加强工事,储蓄粮弹,期达成工事坚固,粮弹充足,交通便利,通信灵活,守则能固之目的。并由各个据点抽调兵力,编成若干混成大队,转用鄂中,攻略我宜昌。基上情况,第九战区以牵制当面敌之抽调转用,策应鄂中第五战区作战之目的,于六月中旬,各以一部钳击安义、九江、瑞昌、武宁、阳新、大冶、金牛之敌,以主力指向通城、崇阳、咸宁、羊楼洞、羊楼司,断敌交通。本集团军奉命参加战区主力方面之作战,即以一部攻击崇阳,主力控置隽河东岸,准备机动。

二十九年六月二十日二十四小(小为衍文)时,我第二十军一三三师开始向崇阳之敌攻击,惟敌早在崇阳城四周之东门车站驳岸、仙姑山、七星岭、营棚岭、魁星阁筑城〔成〕坚固据点,尤以控制崇阳门户之仙姑山据点构筑最为坚固。该师遂以一部由崇阳西北之七星岭、营棚岭,绕攻崇城;以一部攻击仙姑山据点之敌;以主力控置罗帕山西北地区,侧击由崇来援之敌。激战至二十一日拂晓,该师对仙姑山及营棚岭之攻击均未奏功。

六月二十一日至二十三日,我第二十军一三三师一部在七星岭、寺前畈

地区反复争夺,主力迭次猛攻仙姑山据点,仍无进展。崇阳敌遂分头南下,一经吴婆塘至陈家,被该师一部击退,仍寻原路折回。一经五里庙渡隽河,企图包抄罗帕山,威胁该师左翼,被我一三四[师]一部截击于雷家铺附近,将敌击溃。同时,石城湾、桂口市之敌各以一部渡过隽河东岸,在程家桥、楠木垅各附近,被我一三四师另一部分头击退。二十四日至二十五日,我第二十军一三三师之各一部仍在仙姑山及崇阳以西地区,与敌激战;一部与由崇阳南犯之敌激战于天灵山,将敌击溃,斩获甚重,残敌经雷家铺退回崇城。在程家桥附近,被我一三四师一部击退之敌,向南绕窜王家岭,经该部截击,亦死伤惨重,经洪家桥退回石城湾。我一三四师之另一部,遂由南北攻击石城湾之敌。二十六日至二十八日,我第二十军一三三师一部仍继续攻钳仙姑山据点之点〔敌〕,往复冲杀,曾一度冲至山腹,至二十九〔日〕,奉命停止攻击。

四、三十一年春季反扫荡:通城、临湘附近之役

敌国日本自加入轴心盟约以后南进,乃为敌伙德义〔意〕课予之任务,惟敌国海军不敢轻于一掷,故急图向中国战场抽调陆军兵力转用南洋。但自二十八年十二月以来,敌十一军部队在鄂南、湘北遭受本集团军各攻击队、挺进队、加强团不断攻袭交通通信时,被破坏粮弹补给时,被焚截[时],敌疲于奔命,穷于应付。敌为安全抽调转用兵力计,企图利用新年,出我意表,报复我军之不断攻袭,而实行其局部扫荡战。

自二十八年十二月二十五日起,敌四十师团之一部由通山、楠林桥一带,向崇阳集结;第六师团三十六旅团主力由崇阳、大沙坪一带向通城集结;一部向羊楼司集结;十一旅团之十三联队及四七联队各以[一]部由蒲圻、岳阳一带向临湘集结。迄二十九年一月三日止,敌约一个师团之兵力已完成攻击准备,重点保持于通城方面。一月四日,开始分头由通城、临湘一带向我进犯。集团军以包围歼灭敌人于幕阜山附近地区之目的,即策定如左〈下〉之作战指导:

1. 各军攻击队、挺进队仍应积极破坏敌后交通通信,袭击敌援,断敌补给;

2. 第二十军应以一部在凤凰楼、杨台尖一带行韧强之抵抗,以有力一部

由东向西侧击南犯之敌,并断其归路,以主力由南向北待机转移攻势;

3. 第五八军应以有力之一部在九岭、保定关一带行韧强之抵抗,以主力由南向北待机转移攻势;

4. 第四军应以主力固守新墙河南岸及洞庭湖东岸之既设阵地,以有力之一部由南向东侧击南犯之敌。

一月四日,大沙坪敌向东南窜张家窝,铁岭敌东窜沙堆,通城敌向东北窜锁石岭,被我第二十军一三三师之一部溃击(击溃)。但羊楼司、临湘一带之敌分头窜抵桃树坳、忠防各附近,与我第四军一〇二师一部激战,我军转进至黄旗岭牌形南山之线,与敌澈〔彻〕夜激战。一月五日至八日,大沙坪、通城一带之敌分由东西两面旋回南犯,东面为敌之主力,经菖蒲港、八里畈到达龙湾桥后,复分两路南犯:一路经官刀桥、章源洞包抄我雪堂岭阵地之侧背,一路攻占我和胜桥、白果树、马鞍山一带警戒阵地。后配合景山、九宫山、锡山各据点之敌,齐头南犯,与我第二十军主力激战于雪堂岭、凤凰楼、白岗岭、杨台尖、聂家、大屋、百丈寺、塘窝、正尖山地区,战况至为激烈,尤以该军阵地轴心凤凰楼之争夺最为壮烈。我军凡三失三得,毙敌累累,卒将顽敌击溃,俘获敌军官二十余人。由大沙坪、通城西犯之敌,计分三路:一路由大沙坪、水经、口铺、四甲铺向北港窜犯;一路由通城经杜□山、仓前畈向北港窜犯;一路由通城经鼓鸣山、赛公桥、边凉亭向三里坳窜犯。同时,在黄旗岭牌形南山之线,与我第四军支〔自〕晚澈〔彻〕夜激战之敌,其主力亦经詹家桥由西向东窜抵北港,遂与我五八军之新十师及新十二师一部激战于三里坳、花凉亭、棉花坡之线,敌有力之一部突破棉花坡之我军阵地后,即经八斗丘、小港,于一月七日窜抵黄岸市,企图包围我五八军之左侧翼。经我第四军一〇二师以一部由北向南尾击该敌,以一部由西向东于一月八日将黄岸市之敌击退,残敌经牛皮洞、榨港洞向北逃窜。

一月九日至十二日,敌军集结主力向本集团正面实行中央突破。缘敌军自一月四日至八日数日中,企图由本集团军东西两翼进犯,收其两翼包围之效,经我第二十军及第四军猛烈反击,将敌击溃后,一月九日,锡山之敌攻陷我第二十军左翼阵地之杨台尖,通城之敌沿通平公路同时亦攻陷我第五八军左翼阵地之九岭,企图由两军接合部南犯上塔市,经我第二十军主力由东向西,第五八军主力由南向北夹击,敌我在杨台尖、十里市、百丈寺、正尖山、龙华山地区反复争夺,激战至一月十日,敌因伤亡惨重,纷纷向通城溃退。一月十二日拂晓,我第二十军主力及第五八军一部分,由东南西三面反攻通城之敌,卒因敌景山、九宫山、锡山、杜□山、鼓鸣山各外围据点工事坚固,且互为犄角,遂未奏效。而我第四军当面之敌,自一月八日经我击溃,敌仍由桃树坳、花桥、刘家冲回窜羊楼司、长安驿、临湘各据点后,即未敢再犯。综计是役,敌南犯兵力约一万七千人,敌军被伤毙之官兵计七千余人,伤毙之骡马三千余匹,被生擒者三千余人,夺获军品无算。

五、第二次长沙会战

1.新墙河之役

三十年八月,集团军为便利尔后之作战,在鄂南以一部(20A)位置通城以东地区,一部(55A)位置通城以北及其以西地区,向陆水以东之敌(40D)筑工警戒;在湘北以有力一部4A位置草鞋岭—杨林街沿新墙河南岸亘鹿角之线,向陆水以西之敌(6D)筑工警戒,并由各军派出攻击队向当面之敌袭击。各军主力分别控制桃树港—上塔市—关王桥一带地区,积极整备。拨归指挥之第六挺进纵队受58A指挥,在崇蒲、嘉鱼间;第七挺进纵队受4A指挥,在临湘、岳阳间,实施游击。

九月初,敌11A为企图第二次进犯长沙,纠合40D(1235I)、6D、3D、4D一部、13D一部、33D一部、18BS、3AR、15AB、2BAR、3BAR、34PR(获敌文件证实),向临岳地区集中,以6D任集中掩护。九月五日,6D步兵指挥官竹原、参谋长石川、中校参谋和田江岛等,先行到达托坝。六日,集结忠防步骑兵不下五千余、炮数十门之敌,即以一部于日没后向我詹家桥方向搜索前进。次(七)日拂晓,敌以主力6D(13I、45I)分两路由忠防、西塘向我詹家桥、八百市东南急窜,敌机多架不断轰炸新墙河上游,与我第四攻击队及102D/4A在草鞋岭附近之线发生激战。八日,敌陆续增至万余,一部(约1 000余)由百羊田经方山洞,有力一部(约5 000)由詹家桥经孟城窜据大云山,我以该山俯瞰临岳,形势重要,为努力妨害敌之集中,即令N10D/58A鲁师长亲率部由黄岸市方面,协力4A部队猛烈向之攻击;令六、七挺进纵队努力袭击敌后。激战至九日晨,鲁师克复大云山,102D/4A亦在新墙河上游杨林街以北地区,与势甚猖獗之敌终日血战。十一日,敌分向西塘溃退,残置一部(约2 000)被我三面包围于港口东南地区。此时,敌我伤亡均重,我为澈[彻]底集中兵力,合围聚歼该敌,乃调整部署,以58A全力转用于4A方面,由20A派队接替通城方面防务。十二日晨,并令五八攻击队移大云山活动。十八时,孙军长亦到达黄岸指市(市指)挥。自十三日丑时迄十七日,4A、58A各以主力分由东西两面,续向港口东南之敌攻击,敌挟其优势装备,连日不断增援,反复猛扑,死伤枕藉,终难达成迅速安全集中目的。十七日午后,鹿角方面敌舰增至八艘待发。当晚,102D/4A筻口当面敌忽用中毒性炮弹开始射击至九(久)。十八[日]午前一时迄七时,集结[新]墙河北之敌即在飞机大炮掩护之下,先后纷[纷]向潼溪街、缪家渡、四六方及新墙附近之杉木桥实施强渡,分路向新墙河以南地区突进,与我4A全部(59D、60D、90D、102D)发生最强烈之战斗。我按照预定反击作战计划,一面由4A依据既设火点工事,行正面强韧抵抗,一面令58A以一部留原线,与敌保持接触,主力指向杨林街,尾敌击(击敌)人,迟滞其行动。令20A(-T54D)迅经黄岸市,向湘北关王桥方面朱公桥兼程急进,留T54D接替20A鄂南方面防务。十九日晨,敌主力分两路:一由杨林街经王复泰、关王桥、三江口,一由新墙经长湖、洪树桥、大荆街道,向汨罗江拼死前进,有力一部由关王桥向东南急窜。我4A适时转移至关王桥、长乐街以东山地,自东向西侧击敌军,予敌重创。十九日午后,20A、58A各一部到达关王桥以北地区,与南犯之敌背侧接触。至二十一日,一部(20A)确实克复关王桥,58A在栗塘冲与敌之后续部队激战。此时,平江城内空虚,其西北三十华里之张家坡发现敌情,集团军总部除以特务营向敌搜索前进外,并努力发动协助谍报运输工作,秩序井然,县城无恙。

2. 汨罗江之役

敌到达汨罗江北岸后,于二十三日继续分渡,沿金井、福临铺道南犯,其左侧支队于二十二日夜由浯口渡河,经三角塘(平江西二十华里)、代家坪向高桥迂回。我各军均不顾一切困难,紧衔敌尾,向南攻击前进。截至二十八日，4A、20A先后由浯口、张家陂间，冒敌机轰炸，全部渡过汨罗[江]。二十九日晨，4A在蒲塘以南地区，20A在麻峰嘴以东地区，与敌之强大后卫迫近，再度展开激战。58A在汨罗江北岸努力破坏敌之交通通信后，二十九日晚到达□□□□，集团军统一指挥之72A、26A在沙市街以东地区，侧击侵犯长沙之敌，亦迭有进展。此际，我各友军合围势成，敌已濒于危殆。自九月二十九日后，敌退路几为我隔断，其左侧翼亦感受极大威胁，敌主力复在长沙附近负创巨。而我20A在麻峰嘴、白沙桥之线，4A在脱甲桥、金井之线，对敌后之攻击至十月二日，往复冲杀，毫米（疑为靡）中止，故敌极为恐慌。十月二日晚迄三日晨，长沙败溃之敌开始由春华山、石子铺，循原路纷纷北溃，一部被我20A、4A阻击于麻峰嘴、金井间，乃折而西，由福临铺道经长乐街、伍公市、新市，北渡汨罗[江]，我除于汨罗江南北岸以4A、20A各抽出一师分解为多数小纵队，于三日夜分段袭击敌人外，并以主力72A于二日由平江向杨林街方面，58A于二日由平江向长乐街、关王桥方面，自东向西超越追击溃败之敌。26A由浏阳方面自东向西，扫清捞刀河战场。八日，敌大部已越新墙河，我72A亦到达孟城，58A到达方山洞，4A到达王复泰，20A到达新墙[河]各附近地区，拟攻击忠防、桃林、西塘、筻口及新墙河南岸之线敌，企图乘机攻占临湘、岳阳。已准备开始，适奉委座令中止，遂于十一日结束此次会战。

六、第三次长沙会战

1. 新墙、长乐之役

第二次长沙会战结束后，集团军当面之敌仍为[第]四十、第六两个师团，而以陆、水为其作地境线。民国三十年十二月十六日，敌军开始由武汉方面分由陆、水两路，陆续向临湘、岳阳地区集中。同时在占领区内，强迫我男同胞为其作苦力，凡年在十六岁以上五十六岁以下者，一律强征（第一三三师夜袭邓家垅乡公所夺获敌宣抚班命令证明）。十二月二十二日，敌山本嘿兵站由武汉方面推进至五里牌附近，至此，敌再度进犯企图已完全暴露。当时，集团军各部队之警备情形，自斗米山亘通城、九岭之线，为暂五四师；九岭以西亘北港之线，为第六挺进纵队；北港以西亘方山洞之线，为第七挺进纵队；方山洞亘草鞋岭、三港咀之线，为一三四师；三[港]咀以西亘新墙、荣家湾、九马咀、磊石山之线，为第一三三师；而以战略预备队之第五八军，控置于黄岸市附近。此际，各部之作战准备，早已完成。

民[国]三十年十二月二十三日拂晓以前，约二千余之敌开始分四股，向我二十军第一三四师（四〇一团及四〇〇团）阵地尖山（柳树厂附近）、望歌亭（草鞋岭附近）、梅树滩（簧口附近）、三港咀各地进犯。尖山、望歌亭方面，两小股敌在二十三日午前即经我军先后击退，午后松树滩、三港咀方面之敌，与我一三四师四〇〇团反复激战，二十四日十四时，簧口方面之敌首先由罗袁塅、余沙场两地突破新墙河，经夺获文件证明，为敌第六师团之第十三联队。迄晚，敌兵八股南渡新墙河，先后占领罗袁塅、余沙场、清水坑、彭子明、王街坊、任必贵、毛家咀、八仙渡等地，乘夜分三路南犯。东路之敌一部由罗袁塅经四六方、观德冲，主力由余沙场经白羊冲、王伯祥南窜，先后经我一三四师在观德冲、十步桥及王伯祥、白羊冲各陈〔阵〕线逐次抵抗。中路之敌主力由王街坊乘夜进犯相公岭据点，中地雷二次，死伤敌步骑甚重。二十五日，敌以陆炮空连〔联〕合之威力，从各据点间隙分头围攻傅家桥、长洪湖桥、南岳庙、大荆街各据点，我一三三师三九八团营长王超奎坚守傅家桥据点，事前曾以电话两度报告夏兼师长，谓职决与阵地共存亡。该营营长果然当日九时因奋勇杀敌，毙敌甚无算，欲〔饮〕弹阵亡。其所属官兵，均能继续苦斗，其后亦全部壮烈牺牲。西路之敌主力在毛家咀会合后，由各据点间隙分头围攻欧阳庙、黄板桥、谭家坨、黄沙街各据点，因黄沙街据[点]构筑异常坚固之冠（之冠为衍文），故敌急切不能攻下，乃向东旋回，经龙凤桥、大荆街东窜。十二月二十六日拂晓，三路之敌由王伯祥、洪桥、大荆街夹攻我二十军军部驻在地之关王桥，形成包围态势。先是二十军于敌突破我新墙河防线后，乃以三九八及三九九两团坚守新墙以南各据点，迟滞敌主力南下，以主力四个团行机动阻击与侧击。十二月二十五日晚，在关王桥、陈家桥、三江口、王家坊之线，调整态势。二十六日拂晓，正向西北攻击当面之敌，即与敌大军遭遇，无进展。旋敌先向我三江口、王家坊间一三三师阵地攻击，继向关王桥、陈家桥间一三四师阵地猛攻，该军主力苦战竟日，因众寡悬殊，伤亡惨重，入晚转移于富贵洞、沙湾里、王家坊之线，再整态势，继续反攻。此时，第二十军当面之敌兵力，嗣后经第一三四师在影珠山夺获敌第六师团作战指导要图证明,系第六师团全部,企图在关王桥附近歼灭我二十军,然后再渡汨罗江。以第四十师团由长乐街、新市渡河,歼灭第三十七军。以第三师团沿铁道南下,歼灭第九九军,会师后再军(疑为图)尔后之作战。同时,我第五八军正展开于白羊冲、鬼谷冲、双石洞之线。二十七日拂晓,五八军向长湖、洪桥,二十军向关王桥、三江口、渡头桥一带之敌攻击。因五八军进展迅速,使关王桥敌感受侧背威胁,而二十军一三四师又能窥破好机猛力反攻,故能于二十七日晨将关王桥收复。又因五八、二十两军协力,反战局[势]骤形好转。是日黄昏,黄沙街据点因受敌机连日轰炸及敌破〔炮〕连日轰击,工事全毁,我一三三师三九九团连长王化南以下全连官兵,血战数日,杀敌无踪,悉作壮烈牺牲,据点遂陷。是晚,敌先头部队乘夜南渡汨罗[江],与我第三七、第九九军对战。二十八日,我第五八军攻克长湖、洪桥,第二十军与敌反复争夺三江口、渡头桥,此时奉到命令,以第二十军向长街南方渡河之敌攻击,第五八军向大荆街、渡头桥之敌攻击。二十九日晚,各军到达周庆祖弹子、神剑滩、石字牌、张家冲、清江口之线。三十日一时,开始攻击分水桥、陈家桥、三江口、渡头桥、团山铺、长乐街各要点之敌,反复争夺。我第五八军新十师攻克三江口、渡头桥,第二十军一三四师攻克长乐街,与各路增援反攻之敌继续激战。又我一三三师三九九团突围官兵六百余人,是日已到达穆屯观附近,正向敌后继续袭击。三十一日,敌向关王桥、长乐街两要点反攻最烈,经多次之争夺,进犯之敌卒被我军击退。入夜,奉到命令,渡过汨罗江南犯之敌约四师团之众,战区以包围歼灭进至长沙附近地区敌军之目的,令以第五八军由长乐街、安沙道,第二十军由清江口、文家嫩道向石子铺,索敌而攻击之。一月一日正午,又奉到命令,限令各军东夜开始攻击,支夜须攻击到达汤家牌、安沙、戴家园之线,第五八军、第二十两军遂于当夜南渡汨罗江、新墙河,战斗至此告一段落。

2. 影珠山附近之役

一月一日晚至四日晚,敌军猛[攻]长沙之际,我第五八军即由张家坡、黄泥洞、龙洞、长岭、元冲道尾击南犯之敌,曾于长岭、铜罗〔锣〕坪、麻峰咀、竹山铺一带,与由北南下之敌后继部队发生激战。截至四日晚,五八军主力到达影珠山附近,其先头到达青山市西南地区。第二十军即由张家坡、钟神庙、芭蕉源、古华山、福临铺、麻林市、满山冲道尾击南犯之敌。截至四[日]晚,二十军主力到达安沙东北地区,其先头到达石子铺以北地区,各该军正向指定之攻击目标迈进。适奉到命令,进犯长沙之敌已溃不成军,着本集团为北方堵击,军所指之第五八、第二十军两[军]即在福临铺由此向南堵击败溃之敌。一月五日,第五八军在铜盆寺、南仓冲、花园塅、影珠山之线,占领阵地,准备堵击田〔由〕王公桥、栗桥道北溃之敌。第二十军在青山市、赛头铺、福临铺、古华山之线,占领阵地,准备堵击由石子铺、安沙道及由麻林市、福临铺道北溃之敌。同时,命令暂五四师以一团任通城警备,孔师长亲率主力,以绝对快速机敏果敢之行动,乘机袭取临湘、岳阳,并令第六、第七两挺进纵队在杨林街、大荆街以西,新墙河以南,汨罗江以北地区,层层截击堵击北溃之敌。是晚,一三三师在福临铺附近猛烈袭击由北南下第九旅团之敌,毙数百,焚毁敌粮弹甚多,俘获完好战马三十七匹。另据俘虏敌军翻译官蒋宋琰供称,经此一役,第九旅团之敌士气大为沮丧,同时一三三师兵力虽极残破,但经此一役,士气倍增,莫不以一当十。自六至十日,南下第九旅团之敌向古华山、福临铺、影珠山以北以东地区猛烈攻击,北溃之第四十、第六、第三等师团向福[临]铺、赛头铺、青山市、栗桥以南以西地区猛烈反噬,第五八、第二十两军施行三面堵击截击。时敌弹尽粮绝,伤亡惨重,疲惫不堪,无路可逃,设非敌机整日盘旋轰炸我军阵地,由空运掷粮弹指示敌军退却道路,则我军能定获得空前未有之赫[赫]战果。在此次堵击弹〔战〕役中,以九日之战斗最为激烈,因我第五八、第二十两军以影珠山为依托,北溃之敌真有后有追兵、前无去路的恐惧,要求其后续兵团负有掩护退却任务之第九旅团排除万难达成任务。故该旅团于八日晚选择精兵数百,配合便衣队,乘夜袭攻(攻为衍文)击影珠山。拂晓,敌即攻占东影珠山制高点及五八军及新十师两指挥所。第二十军指挥所[在]寒婆坳,一三三师在元冲,一三四师在关冲,均位于东影珠山之东麓。东影珠山制高点既为[敌]军攻占,同时,福临铺方面[敌]第三师团之二九旅团亦向希古台、元冲之线猛烈夹攻,第二十军当时态势极为不利,幸赖杨军长决心坚确,毫不为动,先令军部直属队之骑兵、工兵及特务营各连仰攻东影珠山之敌,继令第一三三、第一三四两师沉着迎击当面来犯之敌,再以军师预备队截击增援东影珠山之敌。在敌机、敌炮轰炸猛击之下,[第二十军]血战竟日,第二九旅团及第九旅团之敌卒被击溃,其窜据东影珠山数百之敌被我第五八、第二十两军协力歼灭。二十军并于西冲附近推〔摧〕毁敌炮兵阵地,夺获山炮二门、军刀七把、轻重机枪十余挺。先是集团军于七日十五时在钟神庙指挥所,奉到司令长官薛虞巳忠电手令,着第五八、第二十两军务确实扼守古华山、福临铺、影珠山,自北向南堵击北溃之敌。集团军当以北溃之敌主力既至,南下之敌又络绎增援,深恐该两军伤亡既重,弹药无法补给,不易达成任务。乃令本指挥所各级幕僚携枪自卫,而以特务营及由黄沙街方面归来之一三三师三九九团残部前往栗山巷、麻峰咀、汪家桥一带,击南下之敌,以减两军之侧背威胁。结果战绩良好,斩获甚重。十日午后,残敌大部开始由古华山东北兵团接续部,经麻峰咀向新市北溃,一部由栗桥西北兵团接续部,经李家塅向新市北溃,并以一部再犯东影珠山,我军于击退该敌之后,即断行追击。

一月十一日,第二十、第五八两军在福临铺、影珠山地区,努力击破当面之敌后,第二十军即由希古台、潘家塅、武昌庙道向北追击,第五八军即由南仑冲、新开市、丰仓、南渡道向北行越追击。十三日七时,十(十为衍文)指挥所移设下嵌江,十四日六时,第二十军将新市敌完全击溃,占领新市。当时奉命,着五八军经龙凤桥向新墙,第二十军经黄沙街向荣家塆猛烈追击,肃清[新]墙河南岸残敌后,第五八军在龙凤桥、黄沙街集结待命,第二十军仍任方山洞、草鞋岭、甘田、杨林街、潼溪街、新墙、荣家塆、鹿角、磊石山一带会战前原防,并以暂五四师向忠防,第一〇四师向桃林、西塘猛烈追击,着孔师长暂归李师长指挥,李师长暂归本部指挥。十五日,第七挺进纵队第十一支队长邹挽澜在王伯祥、白羊冲之线,截击北溃敌军之尾队数百,旋由新墙方面增来敌兵六百余包围该大队之侧背,激战终日,卒将顽敌击退。邹大队长身负重伤,暂五四师在陈家桥、分水桥击退反攻之敌,第一〇四师及第二十军之一部在龙凤桥、罗伏一带,斩获北溃之敌甚众。十六日,暂五四师在潼溪街附近与北溃之敌激战八小时,第二十军在新墙附近与北溃之敌激战十小时,颇有斩获。入晚,第二十军恢复方山、草鞋岭、三[咀]港至新墙、荣家塆、鹿角会战前之阵线,第五八军一部到达七步塘、冷水湖之线,主力在龙凤楼附近,会战于此结束。

（原件存中国第二历史档案馆）

（五）第二十九集团军

1. 第二十九集团军二十七年战斗要报

敌我态势：

十月中旬,敌自陷我广济田镇后,即以该地为西侵之根据地,利用长江,凭借其炮舰之威力,掩护敌之步炮兵,于茅山铺方面登陆,威胁我军之右侧背。平汉路方面,战况亦甚紧张,于是我右翼兵团基于战区作战计划,缩短战斗正面,遂令本集团军协同八十七军担任掩护,转进新阵地。

1. 十月十四日

奉右翼兵团总司令李第二十八号作战命令,要旨如下：

一、本兵团拟以主力转移北向,以一部在连耳湖、兰溪、马家垅、茅山湖、板栗山、林山寺、洞儿脑、苏家坳、望乡台、岳梭、凤凰地、英鸡脑、黄龙山、策山山脉、傅家大脑之线,缩小正面,变换阵地,拒止西进之敌,并警戒江岸。

二、第二十九集团军派队接替一七一师之防,十六日十九时,开始由公路以北撤至苏家坳、岳梭、凤凰地、英鸡脑、黄龙山、策山山脉、傅家大脑、大洪家老之线,占领阵地,并派队于三角尖、灵虬山、魏家冲之线,占领前进阵地,并以一部在西河驿附近收容掩护,迟滞敌人前进,对江家河、株林河须加警戒。

三、八十七军转移至连耳湖、兰溪、马家垅、泽湖及茅山湖、板栗山、林山寺、洞儿脑之线,对江边警戒,拒止敌人之登陆。一九九师应竭力拒止茅山铺、耀鹰顶登陆之敌,掩护本兵团转移新阵地之安全,非有命令不得撤退。该军尔后归二十九集团军许副总司令指挥。

四、炮兵第二营工兵第九连尔后归许副总司令指挥。

2. 十月十五日

于株林河下如左〈下〉之命令：

一、奉右翼兵团二十八号作[战]命[令]如另纸。

二、第四四军着以一四九师(欠四四七旅)右与八十七军连〔联〕系,占领苏家坳、望乡台、岳梭、凤凰地之线新阵地,限本日(十五)夜配置完毕。

三、第四四军一五零师着占领英鸡脑、黄龙山之线,以一部占三角尖、灵虬山、魏家冲一带,为前进阵地,应于十五日先以一旅占领阵地及前进阵地,由师长率其余一旅并指挥工兵第九连,于西河驿附近占领阵地,掩护我军之转移,务与敌保持接触,迟滞敌人前进,亦限十五日配备完毕,该旅非奉命令不得撤退。对于西河驿桥梁及公路、电线,应俟十七日拂晓我第五十五及二十六两军队尾通过后,由师长命令破坏之(桥基务完全爆毁)。

四、一六一师应占领策山山脉、傅家大脑、大洪家老之线新阵地,以一部警戒株林河、江家河方面,着于本日(十五)先将左翼之四八三旅,除留一营兵于唐家山上芭茅街附近之界岭及张家坊等要隘担任守备外,该旅主力即经望天畈—石鼓河—马路口—分路街—株林河道路至傅家大老新阵地预为部署,[并]占领之。其余部队应于十六日十九时一面自派队掩护,一面撤去阵地,仍经前记道路向傅家大老附近新阵地转移。

五、一六二师着于本日(十五)先派队接替第七军阵地防务,严密警戒,俟十六日黄昏于十九时开始,一面留一小部担任掩护,一面撤去阵地,经桐梓河、莲花庵、刘公河、分路街、株林河、刘家铺、毛竹园道路,到腊梅河附近停止,为总预备队。该以上两师撤去阵地时,应力求隐秘沉着,勿为敌觉。其掩护部队俟主力转移后,即随后逐次掩护,逐次跟进,其一切行动尤须沉着静肃,并各留一连在原阵地附近为游击队,监视敌人。

六、第四十四军与一六一师间之战斗地境,为浠水城东之边街—六塔寺—张家冲—小魏家冲—春龙山—广教寺之线上偏右。

七、各军□电话应于转移时开始撤除,在掩护部队掩护之下撤收完毕,不得已或□以一刀破坏之,尔后速由各该驻地向浠水总部架设,以资连〔联〕络。

八、予现在株林河,尔后移驻浠水上游腊梅河。

传达法:先以电话传达,使受令者笔记后,笔记专人送达。

3. 十月十六日

自浠水腊梅河下达防御命令,要旨如下:

一、本集团军与八十七军协力守备连耳湖、兰溪、茅山湖、板栗山、洞儿脑、苏家坳、凤凰地、英鸡脑、黄龙山、策山、大洪家老之线,警戒江岸,并拒止敌人西进,以便相机转移攻势。

二、第八十七军(附四四军之四四七旅)右翼与巴河街附近之五十五军连〔联〕系坚固,守备连耳湖、兰溪、马家垅、泽湖及茅山湖北岸亘王家湾、板栗山、林山寺、洞儿脑一带阵地,务加强原有工事,增进阵地前方泛滥之效用,并将兰溪附近之浠水河口努力设法堵塞之,以阻敌人浅水舰艇之侵扰,拒止敌之登陆。第一九九师之撤退时机,由军自行规定指示之,但须留置一部与敌保持接触,迟滞其前进。

三、第四十四军与六十七军仍遵十五日命令,务加强各原有工事。炮六团第二营应在丁字垱附近,占领阵地,以主力协力第四四军之战斗,即归第四十四军廖军长震之指挥。游击大队幸春廷部以株林河为根据,向黄梅方面活动。

四、浠水河流为我后方交通之障碍,各部应于划分之作战地境内侦察徒涉场,征集船支〔只〕材料,加〔架〕设便桥,以利前后交通。

据第一四九师王师长泽浚删未电报称,罗丝港方面登陆之敌,本晨纷纷向我友军第八十七军一九九师刘旅及八九三团右翼郎九山之阵地猛攻,刘旅情形甚紊乱,刻已退至东洞山麓,我孙旅已令八九三团第二营及重机枪连增援,现正激战中。

4. 十月十七日

据第一四九师王师长十六日廿四时转孙旅报告,当面之敌约五六百人,昨夜九时乘我左翼友军溃退之际,向我黄白城阵地猛袭,我以纵深配备于敌突入时,命赵团派队向敌逆袭,往返肉搏至今晨五时许,将敌击溃,俘虏一名,获机枪数挺,步枪及军用品甚多。敌遗尸三四百具,我阵亡营长周维之及其以下官兵,伤亡三百余员名。同时,友军刘旅已退过彭思桥,左翼空虚。当日,彭思桥被敌占领,茅山铺登陆之敌不断增加。

5. 十月十八日

第八十七军刘军长筱电称:该军已就新阵地,惟两师现有兵力仅十营。

敌复于马家垅登陆,已被击退,现各方均与敌接触中。廖军长转第一四九师王师长巧巳电报:本日,敌之舰艇数十,驶入茅山湖,不断向我王师游击,并于回风矶登陆,约百余人,正驱逐中。我五岳山已被敌占领,刻敌正向我洞儿脑、岳梭、望乡台一带施行威力侦察。当日上午八时,西河驿对岸步骑炮连〔联〕合之敌约六七百人,同时敌炮亦向我岸猛烈射击。午后一时,步骑炮联合之敌借其空军掩护,由马华山绕至横车桥附近,致第一五零师前后受敌,伤亡极大,连〔联〕络线为敌截断,即令于当夜放弃西河驿阵地,转入本阵地。

6. 十月十九日

敌拂晓向我灵虬山阵地猛攻,并以飞机轰炸,第一五零师伤亡甚重,但仍努〔力〕抵抗,以扼制敌之西进。同时,第一四九、第一六一两师阵地亦受猛烈攻击,伤亡均重。是日午后,我一四九师之苏家坳、岳梭、凤凰地及一五零师英鸡脑各阵地,被敌由公路以唐〔坦〕克车掩护,先后突破。当以一五零师预备队之第九零零团,并抽调一六一师之一部,向敌反攻。惟阵地被敌飞机炸毁殆尽,恢复后旋又失陷。同时,右翼第八十七军第一九八师之福主、庙镇、屋后山各阵地,一九九师之兰溪镇均陷敌手。敌有由浠广、浠兰两公路攻我浠水城形势,浠河以东各部队咸在包围中。同时,奉令抽调第四十四军之两师开赴汉口,经呈奉核准转移于浠河以西。当令第一六二师迅〔速〕占领浠水城至六神港附近之线,掩护各部之渡河,以一六一师转移于浠水城至关口之线,以八十七军在六神港以下沿河防御,并对浠兰公路警戒,第四十四军即向汉口转进。

7. 十月二十日

午前八时,总部转移朱店,到达即遭敌机不断轰炸,伤亡官兵十余员名,军马十余匹,电台被炸三部,其他交通、军装、器材,炸毁亦多,上巴河桥梁一部被炸。是午,奉第五战区司令长官行营电令,要旨如左:兵团基于战区作战计划意旨,规定各部行动准据如次:

一、第二十九集团军及八十七军不得已时向巴河西岸之线转移,即以许军在马家河、上巴河市、白云山间占领阵地,保持主力于中央公路附近,拒止敌之西进,须以一部在浠水附近掩护。

二、廖军及八十七军转移后,委座电令即开武汉,渡过江南,归军委会直辖。当令四十四军及八十七军遵令迅速向武汉开拔(限令养日到达)。午后,敌猛攻浠水城及沿河阵地,又自江岸向右侧包围第一六一、一六二两师,虽极力抵抗,因伤亡过大,晚九时,令自浠水逐步抵抗,逐次向上巴河之线转进。

8. 十月二十一日

上午一时,总部指挥所移上巴河附近之标翎冈,下达命令,要旨如次:

一、本集团(欠四十四军)占领巴河西岸之线,拒止敌人西进,我第五十五军现占领横冲畈、祠堂湾、赵家潭、陈家湾、杜家岭亘巴河西岸湖子口附近之线,其一部在团风警戒江岸。

二、第一六二师右与五十五军连〔联〕系,占领湖子口、马家河、港边、上巴河市至刘下湾附近之线,务以主力置于公路附近,对朱店及竹瓦店应以一部扼守之,以迟滞敌之前进。

三、一六一师(欠一旅)占领右自就壁湾经霸王台、叶家冲至白云山之线,务以重点置于右翼,对前方三家店、栗子坳,以一部扼守之,以迟滞敌之前进。

四、一六一师之一旅为预备队,位置于于家铺附近。

是日,奉长官司令部行营号日抄电开:四十四军暂不渡江,仍归该集团建制,等因。是时,第四十四军因限二十二日抵汉,限期短促,分道疾趋,后方部队有已抵汉者,有在中途者,前后不一,追送命令及集合均甚困难。因即飞令于八斗湾、冉家脑、魏家铺至寨儿山之线,占领预备阵地,以资策应。晚十一时,据一六一师电报,下午四时,敌机向我阵地猛烈轰炸,其步骑炮联合约一联队之敌,向我就壁湾阵地进攻,正与我激战中。同时,第一六二师报告:敌军三千余人,已迫进阵地前方,曾三次自上巴河公路桥梁附近强渡,均经击退。惟右翼友军情况不明,尚未能连〔联〕络,等语。当令固守阵地,极力抵抗。

9. 十月二十二日

午前二时,奉令派队接替五十五军防务,当令四十四军派一师接防,余一师仍占领八斗湾预备阵地,限本晚接收,配备完竣,并将总部指挥所移至方家坪,以利指挥。午前九时,敌以空炮之轰炸掩护其步兵猛攻,我军固守阵地,与敌激战甚烈,迄至午后二时,敌复用毒炮弹轰击,一面以十余架飞机投弹扫射,整日不断。因上巴[河]水浅,不能阻其骑兵猛冲,不易固守。嗣据一六二师张师长报告,敌军约三联队,以空军炮兵掩护,以约一联队之全力向我宫师与该师含[衔]接点就璧湾附近猛冲突击,致阵地全毁,遂被突破。该处杨旅王营官兵全部壮烈牺牲,各部伤亡惨重。现右翼友军(55A)似已撤去,渺无声息,等语。当令预备队之一旅,向就璧湾增援,力图恢复。不意激战至午后五时,突有大部敌人自公路汤步岭方面,绕攻一六二师之右侧背。同时,就璧湾渡河之敌亦逐次增加,并自各处强渡,致第一六二、第一六一两师全陷于包围之中,师部被袭,副官长以下参谋副官伤亡多人,后路截断,部队混乱,遂不能支(事后调查,汤步岭之敌系自团风登陆,循公路而来)。是时,总部在方家坪因公路被敌截断,乃向左翼金盆寨转移,以便指挥。当令归还建制之四十四军,以主力在淋山河亘张家仓、刘家大屋、方家坪至神山寨高地之线布防,以一旅占领马鞍山高地,掩护一六一、一六二两师向新洲转进。并令该两师转进后,即以一六二师占领新洲东南端佃马屋—王家岩—单家冈之线,一六一师占领新洲附近布防,掩护四十四军尔后之撤退。

10. 十月二十三日

敌陷上巴河后,即沿公路继续北进。午前八时,向我四十四军方家坪阵地开始进攻。我军在敌优越火力之下,奋力抵御,激战至午后二时半。敌以飞机炮火之掩护其唐[坦]克车,竟突出淋山河之后,将公路截断。而午后一时左右,在马鞍山之一四九师宋旅,因有敌骑兵三百余人向其侧背抄袭,退路截断,向麻城方向引退。于是,总司令部指挥所及第一五零师全陷于包围之中,乃严令一五零师誓死抵御,不准稍却。俟至午后七时,遂率同该师利用暗夜,出敌不意,向马鞍山敌军侧背突围,至十二时后,达天井山、文岩附近,即向宋埠转进。

11. 十月二十四日

第一六一、第一六二两师于上午四时许,陆续到达新洲附近。至上午七时,阵地尚未配备完备,忽有登陆之敌,自江岸抄袭至新洲以南,当与该两师发生激战。斯时,自江岸方面撤退到新洲之友军,与我布防接战之部队犬牙综错,情形极为混乱。旋上巴河、马鞍山之敌亦追抵新洲会合,向我总攻,我四十四军复被截断。第一六一及一六二两师连日激战，伤亡奇重，不能久持，新洲遂告失守。当令该两师逐次抵抗，逐次退向黄陂集中。尚未到达，敌已由武湖登陆攻陷黄陂，即改令向花园集中。本日，总部指挥所及四十四军一五零师，于当晚到达宋埠附近。

12. 十月二十五日以后

是时，新洲、黄陂既已失陷，武汉情况不明，对于长官部之通信连〔联〕络又完全中断，无法接受命令，左右友军皆无从连〔联〕系，后方更乏一兵一卒堪资应援，或偶遇友军官兵，举以相询，亦同此茫然，惟知向西退走。因忆在浠水时，曾奉有"所属炮兵着开赴花园，归在该处集中之第七军指挥"之令，乃决心赴花园。不意至河口时，敌已自黄陂北上，被其截击，及突过该地，旋闻武胜关、花园失陷，安陆、孝感俱已不守之讯，乃趋云梦集中，而到达时，应城又陷。因见各友军均向沙洋、荆门集合，遂以沙洋为目标，兼程前进。及抵沙洋后，诸军纷集，地狭人稠，互相错杂，颇为混乱。且本集团军部队再三突围，数遭截击，各部之行动颇不齐一，有冒险取捷径者，有迂回绕越者，前后参差，左右歧异。故特指定沙洋、十里铺、河溶、当阳分地集合，并派员分途收容，旬余以来，已渐齐集。此自黄广阵地撤退以来，作战及转进经过之概要情形也。

（原件存中国第二历史档案馆）

2. 陆军第四十四军三年来作战经过概要

一、第一时期

甲、武汉会战

1. 宿松、黄梅、广济各战役

民〔国〕二十七年六月十二日，沿长江北岸敌之第六师团先以海陆军进犯安庆，打通庆合公路，并进占潜山、太湖，企图与海军协力夺取武汉外围据点，殊遭我军不断侧击，敌未得逞，并以海军掩护其第三师团在小池口登陆，协同第六师团两路进犯。于七月下旬，宿松、黄梅相继失守，本军以遮〔截〕断宿黄公路，策应主力军攻击黄梅之目的，以一四九师于八月六日向宿松之敌攻击，激战数日，将敌击退，占领狮子山、阳夕山一带敌之阵地。旋因敌增加兵力，顽强抵抗,故相持月余,乃将宿松城收复。继以一六二师于八月十四日出苦竹口,向黄梅之敌侧击,迫近城郊,因主力军攻击招受顿挫,该师被敌夹击,致未奏功。九月九日,因广济沦陷,田家镇危急,奉命以一四九师转向黄梅、金钟铺之敌侧击,一六二师向大河铺之敌攻击,我官兵在敌机炮轰击之下,奋勇猛进,金钟铺得而复失者再,大河铺卒为我所占领。是役,我受奖五万元。嗣以田家镇失陷,敌军西犯,本军奉命转向西河驿,策应该方面之作战。当时,一六二师即奉命改隶六七军,本军所辖为一四九及一五零两师。

2. 黄白城、西河驿、凤凰地、淋山河、新洲、黄陂各战役

二十七年九月二十九日,敌陷田家镇后,利用长江水道进犯蕲春,企图截阻我军主力之转移。于十月十二日,敌清水部队步炮千余由茅山湖登陆,将刘膺古军击退后,续向黄白城方面猛烈压迫。军奉命以一四九师策应刘军作战。十五日,敌乘刘军转移之际,一举进占黄白城,幸我一四九师赶到,乘敌立脚未稳,予以回击,激战一昼夜,卒将该敌击退,广济方面之友军乃得安全转移。是役,歼敌五百余,生擒荒木重之助一名。夺获轻机枪四挺,三八式步枪二十八支,其他战利品甚多。我阵亡营长周罗之一员,排连长五员,士兵六百余名。十月十八日,敌沿广济、黄陂公路进犯,军为战区后卫部队,在西河驿、灵虬山、凤凰地、界岭街、丁字挡、上巴河、游山河、新洲、黄陂等处,迭次掩护友军转移,与敌激战十余次。我军因伤亡重大,奉命于当阳收容整顿。

二、第二时期

乙、鄂北随枣会战

3. 襄河东岸雁门口、永隆河、黑流渡之役

二十七年十一月中旬,本军于当阳集中完毕。从事整理后,十二月四日,奉命担任长脑市至王家集河防及襄河东岸瓦庙集、雁门口、永隆河一带防务。二十八年一月,击落敌天皇号飞机一架,毙敌航空兵大佐渡边广太郎等六员。二十八年二月二十四日,天门之敌约步骑兵一千余,炮十余门,坦克车数辆,沿汉宜路西进;另一股兵力不详之敌沿京钟路西进,企图扫荡京钟以南之我军,有乘机略取宜、沙之势。汉宜路方面之敌,与我一四九师之四四七旅及一五零师之九百团于瓦庙集、雁门口、永隆河、杨家峰地区激战数日,嗣因

我左翼友军受挫,乃节节转移,固守河防。是役,毙敌四百余,我伤亡军官二十员,士兵六百二十二名。四月八日,军奉命以一部守备原防,以主力渡河攻击当面之敌,牵制敌之北犯。当派一五零师四五零旅及一四九师八九四团(欠一营),附幸游击支队为渡河攻击部队,各部于四月七日晚渡河完毕,先后占领黑流渡、郑家滩、子泗港市、渔新河、灰埠头、赖兴场、高家拐等处,与敌小岛旅团所部激战一周,卒达成任务。十五日,敌增千余人,炮五六门,由永隆河、天门两方向我夹击,企图一鼓击退襄河北岸之我军。我以后退包围之战法,乃于黑流渡附近预为选定阵地,出其不意而围歼之,当毙敌三百余,夺获轻机枪六挺,步骑枪四十枝,掷弹筒四个,手枪一枝,其他战利品甚多。我伤亡军官七员,士兵三百一十六名。

丙、冬季攻势

4. 双峰观、王家岭、京山附近之役

二十八年十二月十二日,军以一五零师向京钟路北侧聚石岭、灯岭、扶儿岭、王家岭、枣树丫、平阳观等处之敌攻击,战未及旬,卒将各该处之敌击灭而占领之。继以主力挺进京山县桥,断敌交通,转战两月,进展三百余里。计毙敌四百余,我伤亡军官二十九员,士兵六百八十八名。十二月二十九日,敌为确保京钟路交通,击灭洪山我军之企图,以□□□□联队约步骑二千余,炮十余门,向我一四九师大石岗、三官尖、双峰观阵地猛攻。同时,敌机十余架临空助战,反复轰炸,阵线迄未动摇。继以关联邻队阵地失守,敌乘势攻占乾洞岭、白羊尖。于二十九年一月三日,该师集中兵力向敌反击,将其击溃,原阵恢复。计毙敌百余,我伤亡官兵一千五百余名。

丁、枣宜会战

5. 沙家店、张家集、李家楼一带战役

京钟敌为策应枣阳方面主力军之作战,以第十三师团立花芳夫联队与柴田郎一联队之各一部共约步骑兵五六千人,炮十余门,于二十九年五月三日向我汪家店、沙家店、张家集分途进犯。军以一五零师迎击该敌,阻其北上。激战旬余,敌未得逞。同时,枣阳方面之敌以包围计划失败,向南回窜。军奉命率一四九、一六一两师,开向璩家湾、蔡家铺一带,求敌攻击,策应枣阳方面主力军之作战。一四九师与敌遭遇于李家楼、朱家集、吴家集等处,激战数日,嗣因战略关系,奉命退守洪山坪。二十八日,敌步骑兵约三千人,炮九门,以分进合击之势,由五云坡、冠头尖、东西黄土垭各地区向我洪山坪围攻,反复突击,激烈异常。幸我官兵奋勇,卒将顽敌击溃。总计五月各次战役,毙敌约一千五百余名,我伤亡军官三十余员,士兵两千余名。

6. 板凳岭、牌楼岭、麻子岭之役

六月十三日,随县方面之敌步骑炮三千余人,占我六房咀。十四日,继向板凳岭攻击,经我一四九师迎头痛击后,十六、[十]七、[十]八日,仍不断向我牌楼岭、麻子岭阵地猛攻,卒未得逞。是役,与我对战之敌为第四师团主力。据俘获文件得知,该敌有由六房咀、客店坡集中丰乐河策应该方面作战之任务。经我截阻,受创甚剧,其企图完全被我粉碎。我伤亡军官二十八员,士兵一千一百余名。

戊、豫南鄂北各会战

7. 张家集之役

二十九年十一月二十二日,敌第四师团之六一、三九两联队及第八联队之一部战车,第七联队主力步骑兵约八千人,炮二十余门,战车三十余辆,飞机十余架,企图压迫我军于张家集附近,包围聚歼。分向我青石桥、长寿店、三里岗进犯。我一四九师逐次抵抗,诱敌于张家集以北地区。军以一五零师于二十七日拂晓,出包家畈协同六七军施行夹击,激战至二十八日,敌势不支,纷向沙家店、周家集方面溃逃。是役,毙敌骑兵大佐川坂以下约一千人,我伤亡军官二十余员,士兵八百一十七名。

8. 流水沟、江山观之役

三十年一月二十四日,敌第四师团六一联队步骑兵二千余,炮四门,战车四辆,由普门冲进出丰乐河后,以一部北窜流水沟,企图扺军侧背。主力向江山观、王家大山主阵猛扑,与我一五零师激战终日,江山观为敌夺占。军乘夜以一四九师之一部□先击破窜扰流水沟之敌,一五零师抽集次要方面之兵力出裤裆寨击敌侧后,战至二十六日拂晓,乃将敌击退,阵地恢复。是役。毙敌二百余,我伤亡士兵三百名。

9. 流水沟、王家大山之役

五月五日至八日,先后增到钟祥、洋梓[之]敌为三七、六一两联队及伪军一部,共约步骑兵三千余,炮十余门,战车六辆。于九日午前四时,敌以一部(步骑兵千余,炮四门)由丸山少佐指挥,突破我丰乐河阵地后,入夜夺据流水沟。军以出敌意表,当以一四九师(缺一团)附一五零师之四五零团,于十日拂晓,乘敌立脚未稳,予以猛击,激战至暮,将敌击退,遗尸二百余具。同日,洋梓敌以战车六辆,掩护步兵沿长寿店,向我一五零师王家大山、老完顶主阵地作全面之攻击,反复强袭,毫无进展。我乘势转移攻势,敌受重创,纷向洋梓退去。是役,我毙敌四百余,马五十余匹。我伤亡军官八员,士兵一百九十一名。

(原件存中国第二历史档案馆)

(六)第三十集团军

1. 王陵基关于该部在武宁一带作战经过概要报告(1939年4月28日)

甲、敌我兵力之统计

(一)敌军兵力

未战前与我相持之敌约一旅团以上,番号为第六师团之四七与一三两联队,第一零二师团之工兵联队、步兵一部、番号不明之骑兵一部,飞机二十八余架,战车十余辆,其窜南岸者约一千余人,北岸约七千余人。截至二月二十七日止,逐渐增加至万余人。至二十八日敌分由阳新、瑞昌各方面调来大部兵力约两旅团,与前合计共达二万余人,飞机增至三十余架,炮二十余门,战车三十六辆。

(二)我军兵力

第三十集团军全部计两军三个师另一旅,番号为第七二军辖新十四、新十五两师,第七八军辖新十三及新十六师之一旅。

湘鄂边区游击总指挥全部计两军四个师及孔荷宠部三个支队,番号为第八军辖第三、第一九七两师,第七三军辖第十五、第七七两师。

乙、未战前敌我态势

(一)敌军方面

敌自龙腹渡亘箬溪、罗盘山至大桥河之线占领阵地,其主力在箬溪附近。

(二)我军方面

(1)南岸第七八军主力,阵地在三边滩中横亘上芦边小长沙之线,右与第十九集团军李觉联系(如附图一〈略〉)。

(2)北岸我主阵地在上滩头、棺材山经张林公、眉眼山亘横路之线,计第七七师占领上滩头、下流、甲余之线,第十五师右与七七师联系,占领棺材山亘眉眼山之线,第三师在横路附近,第一九七师在横石潭附近,保持机动(如附图一)。

丙、战斗经过

二月十二日,职于常德军次奉长官薛佳未智电饬,率第七二军全部速开修水、三都附近,并指挥樊崧甫部,担任武宁方面之作战,遵令第七二军之新十四师由常德经长沙、平江徒步到修水,新十五师由湘乡、谷水经浏阳、铜鼓徒步到三都,总部由常德乘车到平江,再由平徒步到修水,统限三月七日以前到达。时适春雨绵绵,山洪暴发,溪河水涨,道路泥泞,因之军行甚缓,迄三月十五日各部始到达指定地。三月十六日,迭奉长官薛电令饬职督率各军于三月二十日到达指定位置,二十四日以前准备完善,二十九日开始向当面之敌出击,使其兵力不得转用于他方面,并粉碎其进取南昌之企图。当令樊总指挥遵办外,并令第七二军于三月十八日推进至甫田桥、烟港街一带,总部于二十日进驻澧溪。三月二十日,迭据樊总指挥报称,敌于十九日午后突向我第七三军阵地进犯,至二十日敌即猛攻至烈,遂将该军第一线阵地突破,刻已转移于大脑尖、波田河、望人脑亘加白老西南端高地之线。又据第七八军军长夏首勋报称,北岸之敌将第七三军阵地突破后,即于上滩头、津口等处强渡过河,约一千五六百人,与我新十六师第二旅在天主脑、蔡家岭、黄土领、西龙山之地区激战甚烈。等语。复奉长官薛号亥电,饬职以有力部队固守武宁东北现阵地,以主力控置左翼,准备对当面之敌包围压迫于修江北岸而歼灭之。当令樊总指挥督饬所部击灭当面之敌、恢复原阵地。令七八军务将渡河之敌迅速扑灭,第七二军为总预备队,推进至武宁附近,策应彭、李两军之作战,并注意南渡之敌乘隙西窜(如附图二〈略〉)。三月二十二日,迭奉长官薛电令,饬先击灭来犯之敌,然后东进,向永修、德安线猛攻敌之侧背。复据夏首勋军长报称,吴守权旅与南渡之敌激战,伤亡重大,现又有大部敌人正在潭埠强行渡河。等语。当以七八军与七三军中间空隙甚大,敌到处可以活动,甚为可虑,因令樊总指挥以主力向当面之敌攻击,恢复原有阵地后进出于箬溪附近,并以一师兵力由左翼向大桥河方面出击,威胁敌之侧背。令第七二军以新十五师由武宁上游渡河,向黄土岭、天主脑一带与我七八军对峙之敌猛攻,以收夹击之效。新十四师为总预备队,占领武宁城东观音阁亘火烧白及清山、盘龙港亘大马墩两线之既设阵地,保持机动态势,策应作战。统限养日完成攻击准备。漾日午前五时,全线一致开始总攻,职于漾晨进住甫田镇督战(如附图三〈略〉)。三月二十三日,南岸吴守权旅所固守之罗坪为敌攻陷,敌将罗坪焚毁,即东向以攻扬州附近之新十三师刘若弼阵线。北岸敌攻占我大脑尖、棺材山、望人脑、加白老之一部,经严令全线协力反攻,职亦同时驰赴甫田桥督战,幸我官兵奋勇冲击,激战竟日,已将各地先后收复。三月二十四日,复令呼各军乘胜继续进攻,无奈本日敌亦以陆空联合反攻甚烈,飞机二十余架竟日不断轰炸,炮声自晨至晚迄未间断,约射二千余发,并施放毒气,我各部因伤亡过大,尤以第三师牺牲最为壮烈,致大脑尖、棺材山、望人脑、加白老阵地失而复得再,卒以敌军武器犀利,伤亡惨重,仍相继失守。我南岸七八军新十三师所固守之扬州隘口亦为敌突破,该师转移至孙家埠。新十六师吴守权旅则固守台岭下。第十五师已与吴旅取得联络,拟向罗坪之敌攻击。三月二十五日,据樊总指挥电称,我七七师被敌猛攻,伤亡甚重,现在大脑尖至公路南端之线与敌对峙,并与左翼第三师力求衔接。我十五师正向盘踞加白老、金鸡山口之敌围击。我一九七师已逼近大桥河附近。复据夏军长报称,我新十六师之第二旅、新十三师先后被敌猛攻,阵地被敌炮、空毁损殆尽,伤亡累累,扬州街洞口遂告不守。等语。职以南岸之敌应迅速扫清,以便转向北岸歼灭敌人,乃令南岸之新十五师傅翼师暂拨归夏首勋军长统一指挥,迅速扫清南岸之敌,向箬溪、拓林方向前进。攀总指挥所部应以主力积极击退当面之敌,并以一师向大桥河、合掌街击敌侧背。以新十四师陈良基师受李玉堂副总指挥指挥，于二十六日拂晓由公路南侧向黄埠港附近之敌进攻，务将敌人击退（如附图四〈略〉）。三月二十六日，以我第七七师连日伤亡重大，已转移至老鹿头、大并山之线，因令新十四师于二十六日接守该师防线，我第三师加白老以西陈庄阵地因官兵伤亡重大，无力防守，乃由七七师于二十六日晚前往接守，第十五师仍在原线，第一九七师则在大桥河附近与敌对峙中。三月二十七日，以敌迭经我痛击仍顽强抵抗，拟速击退当面之敌再行东进□□，令第七二军除已派新十四师接守第七七师阵地外，复将新十五师由南岸调赴北岸，于二十七日午后八时接守原第三师现七七师阵地，以便抽出第八军向德安挺进。新十四师仍归还七二军建制，由代军长韩全朴指挥。樊总指挥所部则以第七三军接联七二军之左，就现势积极击退当面之敌，以达成东进之任务。第八军则遵委员长及司令长官指示，积极挺进，完成东进任务。三月二十八日，敌复增加兵力进攻，并以汽球升空指挥，猛向我七二军老鹿头、大并山、金鸡山之线迫击，飞机三十余架不断轰炸，战车三十六辆由公路冲突，更兼是日风向不利，敌连施放毒气，我官兵以极败窳之武器骤当此最猛烈之火力，以肉弹与敌相持，自晨至午，阵地几次全被轰毁，正面几度为敌突破，均赖我官兵以必死之决心前仆后继，血肉横飞，争夺至再，虽因伤亡惨重，阵地屹然未动。延至午后三时，敌以竭尽威力，无法进展，遂集中火力、兵力于我公路左侧一点，实行中央突破，我防守该线之新十五师黄团一部人与阵地俱成齑粉，同时战车由公路威力前进，阵地遂被突破。其步兵在其飞机、大炮掩护之下前进，我左翼黄团被侧射而致溃，右翼新十四师左侧后受击而全部遂陷包围。彼时在敌猛烈炮火制压、飞机汽球监视下，预备队使用告尽，无法增援，不得已忍痛放弃武宁，并令樊总指挥所部以现势依山扼守，令七八军保持南岸现阵地，使敌左右均感威胁，不敢深进，而令第七二军各师之残留部队迅速整理，即扼守甫田桥、烟港街一带要点，阻敌西进。所有武宁战役经过情形，理合详报，伏祈鉴察示遵。谨呈军政部部长何。附人马伤亡弹药损耗表各一份〈表略〉。第三十集团军总司令王陵基。印。中华民国二十八年四月二十八日。

（原件存中国第二历史档案馆）

2. 王陵基致蒋介石、何应钦密电（1939年9月26日）

即到。重庆委员长蒋、军政部长何钧鉴：饔密。（一）奉靖北犯之敌千余，一部约五六百于有晨向我塘埠新十三师三、八两〔两字衍〕团进攻，激战至暮，我官兵奋勇抗战，毙敌百余，我负伤连长一员，士兵六十余名，刻仍续战。（二）奉令将十五师调往修水、梁塘原防石钫楼待命，新十四师调回澧溪待命。（三）武宁当面之敌不时向我猛犯，经我守备队南岸新十三师、北岸新十六师坚强抵抗，敌未得逞，刻尚无变化。谨闻。梁口职王陵基叩。宥午。总参一。印。

（原件存中国第二历史档案馆）

3. 王陵基与蒋介石往来密电（1939年9月）

（1）王陵基致蒋介石密电（9月20日）

特急。渝委员长蒋钧鉴：铣川侍参电奉悉。膺密。一、武宁当面之敌原系一零六师团之第二三联队及洒井大队。本月真文两日相继撤换，其接防之部队为伪军李守信部，兵力二千余，仍固守原阵〔地〕。二、我守备队时派小部队向当面之敌袭击。新十五师四四团之唐营，乘敌交防之际，向武宁东端大桥河、棺材山之敌袭击，于删辰将大桥河、棺材山、合掌街各地确实占领。刻正破坏敌后交通。新十三师派三十八团驰赴会埠、上富方面，击敌侧背，并派三九团二营驻石门楼，向会埠方向严密警戒。三、新十四师于七月文日即向德安、瑞昌一带挺进，袭击敌后，破坏交通，猛攻敌十余次，当有斩获，尤以瓜山一役，毙敌百余，夺获军用品甚多，我亦伤亡百余。嗣以奉命推进德安、瑞昌以东地区游击，于九月文日即在白云山、望夫山、五台岭一线与南浔线敌约千余激战数日，敌军伤亡三百余，夺获军用品亦也，我军伤亡百余，刻仍激战中。四、职集团各师官兵抗战一年，精神较为奋发，意志愈益坚强，均抱抗战必胜之信念。惟防务过宽，任务颇重，而病兵以天候时令关系不少，努力治疗中。七十八军虽在整训期间，然仍担任防务，训练较为困难。谨电鉴核。梁口职王陵基叩。号辰。总参二。印。

（2）蒋介石致王陵基密电稿（9月26日）

修水王总司令方舟兄：号辰总参二电悉。〇密。兄率部远征，至念贤劳。贵部官兵经年作战，奋勇杀敌，殊堪嘉尚。至于困难各点，中枢均甚洞悉。除电薛代长官知照外，特复。川。中〇。宥午。令一元度。

（原件存中国第二历史档案馆）

4. 王陵基报告所部在塘埠修水附近战况密电（1939年10月1日）

即到。重庆委员长蒋钧鉴：膺密。（一）由靖安进犯塘埠之敌六七百人，在塘埠西北端之狗子脑、界牌仑、温草湖、花崖尖各地，于有日起与我新十三师三八团激战三昼夜，敌集中机炮向我猛击，并施放毒瓦斯。我官兵奋勇杀敌，与敌肉搏十余次，敌伤亡惨重，我阵亡连长、营副各一员，排长数员，负伤连长数员，士兵三百余名。（二）窜修水之敌约千余人，于俭日与我新十五师之四十五团在黄沙桥接触，激战终日，拒止敌人西窜。艳、陷两日，经我新十五师全部及新十六师之四八团围击，已将该敌击溃，主力退据黄花尖、海湖山、大板尖高地顽抗，一部向高□、何家嘴方向窜去，已被我四四团刘营截击他窜。敌增援部队约一大队，于陷午到达沙窝里，连日激战，我伤亡官兵甚众，详情另报。梁口。职王陵基叩。东辰。总参一。印。

（原件存中国第二历史档案馆）

5. 王陵基致蒋介石密电（1939年10月3日）

限二小时到。重庆委员长蒋钧鉴：膺密。据新十五师威力搜索队报称，黄沙桥之敌于本日午前，一部向高辉宫，□部向曾家嘴退却。又据谍报，有敌骑二百已到大段，步炮二千余续进中。职为迎击该敌，当令新十四师于本晚立向山口、大段前进，与该卅九师切取联络，以收夹击之效。复令新十五师速派陈团全部狙扫当面之敌，并派出有力部队扼守沙窝里至九仙汤之白沙坪隘口，其余主力即向何家嘴转进，占领阵地，与新十四师切取联络，猛攻当面之敌。谨电，呈请备查。修水任家埠职王陵基叩。江戌。丝参一。印。

（原件存中国第二历史档案馆）

6. 王陵基致蒋介石等密电（1939年10月5日）

（1）即到。重庆委员长蒋、司令长官陈、司令长官薛：膺密。支晨据修水吴县长辑民报称，敌便衣队二三百人，江晚由渣津窜至马坳街，企图不明，等语。其时只闻廿军由渣津向朱溪厂、龙门厂之敌跟踪尾追，定江晚遵命以七二军主力集结于山口附近，准备协同友军夹击甘坊西犯之敌，又因七八军主力转移，尚未占稳阵地，不意步骑连合东犯之敌七八百人，忽由桃树以东经渣津于江晚抵马市街。不得已先派工兵营及特务营之一连，于支晨驰赴杭口扼守，并另调上、下田浦之四八团赶到梁塘增援，待吴师大部到达攻击该敌。在我部队未到以前，敌即向我猛攻，激战甚烈，加以敌机助战，伤亡惨重。午后三时，适吴部初到布防，该师长闻警，亲率特务连、机枪一排前往增援。同时飞调邢团，傍晚赶到，即行反攻，正酣战中。敌便衣队潜入城中放火，与我军激战，一部由南姑桥附近偷渡，与职部特务营警戒兵接触，吴师与敌混战半夜，师部被围后以手枪连一排突围，仅师长及少数职员死守中。截至本日止，修水南北两岸敌我尚在激战中。谨电奉陈。山口职王陵基叩。微申。总参一。印。

（2）限即刻到。重庆委员长蒋、司令长官陈、司令长官薛钧鉴：膺密。微申总参一电计邀钧鉴。谨将微辰部署呈报：（一）第七十二军第十四师集结于金鸡桥东北地区之四十团张营进驻梅岭警戒。左侧四一团仍占领晏公店、操兵场、羊角尖各要隘，向东南警戒。四零团（欠张营）、四二团仍集结于金鸡桥东北地区，保持机动，新十五师四四团一部驰赴征村以西地区，防敌南窜。四三团及四五团仍在大山、上、下高丽之线。（二）第七十八军新编十三师（第卅九团）即向西北占领下高丽北（不含）之刘家山、亘西坑、后湖尖、松树岭、普渡山之线，构筑阵地，右与新十五师含接，新十六师吴师长率四八团、三九团及四四团之一营占领鸡笼山、坡岭之线，构筑阵地，右与新十三师衔接。（三）职部移驻山口附近。谨闻。修水山口职王陵基叩。微亥。总参一。印。

（原件存中国第二历史档案馆）

7. 王陵基致蒋介石密电（1939年10月10日）

限即刻到。重庆委员长蒋钧鉴：膺密。职部七八军之新十六师及第八军第三师,于佳西会同收复修水,并奉长官薛灰辰帐幄电令,职集团以一军向武宁退却之敌追击,并乘胜收复武宁。除遵命七八军于真日由修出发实施外,复以七二军为总预备队,于文日由山口出发,到三都附近策应七八军之作战。职部暂驻修水昆口附近。谨闻。职王陵基叩。灰午。总参一。印。

(原件存中国第二历史档案馆)

8. 王陵基与蒋介石往来密电(1939年10月)

(1)王陵基致蒋介石密电(4日)

限二小时到。渝委员长蒋钧鉴:膺密。(一)据新十三师师长刘若弼江亥、支辰报称,本日冬日入幕敌三百余,向我球场、柳山阵地猛攻,激战至江晨,并用炮击甚烈,刻仍对战中。由图坳(石门楼北)北窜之敌约八百余,于江戌与逼近毛头墩、安峰镇部队接触甚紧,激战甚烈。(二)据侦探报称,渣津于江申被敌攻陷,江亥东市街已发现便衣队数百,向修水急进,刻已派队到苓口截堵中。(三)据报向大墩进犯之敌已转向古家桥,有进犯山口之样。据以上各情,修水已成包围形势。谨电鉴核。修水任家埠职王陵基叩。支辰。参一。印。

(2)王陵基致蒋介石密电(4日)

限即刻到。重庆委员长蒋钧鉴:膺密。据确探报称,三日以前甘坊之敌有一部,自九仙汤;一部向找桥东北进窜,而现在敌之大部,已在安峰镇与我新十三师激战中,一大部由大墩向古家桥北窜。又渣津江日被敌便衣队数百占领,刻自马坳街、修水前进中,至甘坊、上富。我友军各部均由南向北攻防,等语。查友军□晚及敌人动向,我找修各阵地又已成包围形势,日趋严重。除饬各部严密攻防外,谨呈鉴核示遵。修水任家埠职王陵基叩。支午。参一。印。

(3)王陵基致蒋介石等密电(6日)

特急。渝委员长蒋、司令长官陈、司令长官薛钧鉴:膺密。此次敌军蠢动,职督饬所属对于当面之敌极力抵抗,不断袭击,未能进犯,嗣因敌犯甘坊,职集团奉命抽调部队开赴修水,以致武宁守备部队较弱。敌先攻我右侧塘埠、安峰镇,次进扰黄沙桥,后以兵力千余,由大窝里、龙须洞抄袭我左后,用包围战术袭击职部。并用飞机轰炸十余日,自前线至阵地至三都沿途一带,均被炸毁无余。视此情形,敌有包抄歼灭职集团之计,幸上蒙钧座之指导,下赖官兵之用命,敌计未逞。今后当督饬所属,努力杀敌,用副钧旨,达到消耗歼灭敌人之目的。谨电鉴核。山口职王陵基叩。鱼辰。总参一。印。

(4)王陵基致蒋介石等密电(6日)

重庆委员长蒋、司令长官陈、司令长官薛:膺密。进犯修水之敌与我新十六师部队在修水附近混战后,其主力即向南犯,于微巳与我新十六师在梁塘之腹背接触,激战甚力〔烈〕,反复肉搏,至入暮敌我伤亡均极惨重。由南姑口偷渡之敌,又在任家埠与吴师长所率预备队机枪一连、步兵一营及职部之特务连激战。入暮我伤亡亦大,入暮后仍在对战中。惟敌便衣队一部潜至征村附近扰乱,我新十四师既派队进攻中。此次新十六师与敌激战两日,伤亡过于惨重,战斗力锐减,虽饬其苦力撑持,然实难拒止敌之进犯。职已另行处置,部署情形另报。铜鼓山口职王陵基叩。鱼辰。总参一。印。

(5)王陵基致蒋介石等密电(6日)

限二小时到。重庆委员长蒋、司令长官陈、司令长官薛均鉴:膺密。鱼辰总参一电计邀钧鉴。鱼日晨处置呈报如次:(一)第七十二军以全力扼守修、铜本道。新十五师占领沙坪(不含)东之高岭,亘张家山、吊钟崖、东荡山,对北防御。新十四师除以四一、四二两团仍在晏公店、操勚〔兵〕场、大理山之线警戒石街、观前外,以四十团抗〔控〕置于梅坑口附近。(二)第七八军新十三师现处于四面包围中,已令其迅速突围,后撤至山口附近。新十六师残部正在山口后方收容整理,该师陈、吴两团尚未过修河。谨电奉闻。山口职王陵基。鱼巳。总参一。印。

(6)王陵基致蒋介石等密电(7日)

即到重庆委员长蒋、司令长官陈、长官薛钧鉴:膺密。据本部派往修河北岸军官侦探谢云于虞申由横路返报称,(一)武畛〔宁〕方面有敌二千余,分两路由大窝里、龙须洞与我部于江日与我新十六师掩护部队接战。支午三都(修水)发现敌人。(二)敌机连日轰炸三都(修水)一带,修水以南各街市、大村庄尤以三都被炸再〔最〕烈。(三)又据本部军官侦探王克明鱼日返部报称,进攻修水敌之后续部队千余、山炮二门、平射炮数门,于微丑到达修水,并于鱼日在修水北岸构筑工事。各等语,谨闻。职王陵基叩。虞酉。总参二。印。

(7)蒋介石致王陵基密电稿(8日)

急。王总司令方舟兄:支辰、午参一两电均悉。赓密。目下湘北敌节节败退,即希积极攻击当面之敌,以行牵制而利全局为要。中〇。庚午。令一元度。印。

(8)蒋介石致王陵基密电稿(12日)

急。修水王总司令方舟兄:鱼辰两电暨鱼巳、虞酉各总参电悉。〇密。查该部数度参战。官兵用命,愈战愈坚,终能挫灭顽敌,克服困难,战绩甚著,良深嘉慰。尚希策励所部,继续努力为盼。川。中〇。文申。令一元度。印。

(原件存中国第二历史档案馆)

9. 第三十集团军参谋长张志和谈川军江西之役(1939年底)

问:先生经过那〔哪〕些战役?感想如何?

答:我于二十七年八月十一日由成都乘飞机赴汉,当日到达。适逢敌机甫经轰炸机场之后,炸毁之民房,犹火焰熊熊,炸死之同胞,血渍满途,救护队纷纷来往搬运。种种悲惨情况,益增我报仇杀敌之奋勇。此时,三十集团军部队已由岳阳开向江西之瑞昌,总司令部已到长沙。余以火车连日遭敌机炸毁,不能通行,停汉一周。在这一周中,目击敌机来袭者四五次。至十八日,铁路仍不通,乃乘机飞长沙,当日到达。十九日午刻,敌机来袭长沙,炸毁民房甚多。二十二日,乘汽车经平江、修水至武宁,盖此时总部已进驻此地矣。七二、七八两军则已到达岷山前方沙河堡附近,作第一、第二两兵团间之总预备队。因此时马当方告失陷,敌人由九江登陆以后,究向何方攻击,尚未判明也。二十五日,瑞昌失陷(守瑞昌之军队为孙桐萱部),左后方感受威胁,乃调兵折向瑞昌防堵。殊军部先头少数部队甫到瑞昌城南之笔架山、马鞍山,敌已来袭,只得退回扼守岷山山口。右翼扼守城门湖南端茨花山一带之部队,亦只得撤守岷山山口右翼延至鸡公梁等地。殊立脚未稳,敌又跟至,骤以飞机、大炮联合相攻,号称天险之岷山隘路,亦为敌夺去。若敌跟续前进,第一兵团在沙河对阵一月丝毫未动之阵线的左后方,即有为敌包抄之虞。王总司令乃于九月一日亲赴前方,指挥第十八军及第五十一师,协同反攻,以阻塞敌人之前进,保持第一、第二两兵团之联系。九月二日到达瑞武路上之横港,忽奉命变更作战计划,乃折回箬溪,盖此时第一兵团已决定退守德安前方一线矣。三十集团军经此退却,队伍甚为凌乱,士气亦甚颓丧,大有"草木皆兵,风声鹤唳"之概。王总司令在川素以能战称,今遭此挫败,愤懑异常,虽在睡中,犹慨叹不已。其中心之苦恼为如何?此战失败之原因,当时多以为是:

  1. 组织机构不健全。三十集团军计有两军,每军两个师,两军长、两副军长。四师中,只有一个师有师长,其余多在四川,师长职权或以旅长代行,或以师参谋长负责。而各个师又非建制部队,均是由保安队、独立旅各一旅合编而成,甫经编成,即行开拔,团、营长亦更动甚多,各级官兵不仅互不相识,甚至直属长官之姓名亦不知悉,以此应战,何能收指臂之效。

  2. 未经训练。三十集团军甫经组织,即行开拔出川。以当时前线需兵孔急,复恐川军调遣困难,不能不乘势立即开拔。初见集中荆沙训练三月,再赴前线,乃先头刚到,又奉命调赴岳阳。尔时轮船甚少,只得步行。夏日炎天,兵行兼旬,对于官兵体力已减杀不少,意到岳后当可休息整顿也,殊不旬日而又奉令兼程赶赴江西瑞昌。此时,为应赴戎机,只得轻装前进,所限期间虽勉强办到,然官兵已疲惫不堪矣。此即八月中旬事也。以疲惫之卒远行千里应战,实为兵法所忌,焉得不败?

  3. 武器不良。三十集团军有一半(四个旅)系由保安团队改编而来,所携武器大多窳朽,甚有不能射击者,以此与武器精良之敌周旋,何能比拟?

  凡此种种说法,皆当时之解释也。余以为尚另有重要原因在。重要原因为何?即:

  1. 勇于私斗怯于公战。抗战以前所有军队纯属私人军队,在上者以升官发财勉部下,部下亦以升官发财期望于长官,只要能忠于私人,荣华富贵一生吃着不尽矣。因是,凡属内战,无不奋勇牺牲。现值全国抗战高潮传遍乡野之际,凡属军人能说不愿参战耶?纵私心不愿,为公众舆论所迫,亦只得慷慨前往。各军队之开赴前线,既属勉强,而非本心,一旦遭遇强敌,饱尝困苦,迭经危险,一时冲动之热心减至零点。再一念及平昔升官发财之愿,不特无法达到,纵或一时侥幸获得数度战役的胜利,距离和平凯旋之期,究属遥远,于是思归之念,生还之心,油然兴起。官兵心理既无为国牺牲决心,欲求冒犯枪林弹雨以争胜负于俄顷,焉可得耶?此即全国军队初遇敌人无不溃败之总原因也。三十集团军亦由私的军队改编而来,又何能例外?

2. 中唯武器论之毒太深。在抗战以前,国事主张有两大派:一为安内攘外,一为攘外安内。主安内攘外者,认为中国军力与日寇相较太相悬殊,一旦开战,不三日而可亡国。宜先统一充分准备武力之后,始能言战。故对于敌之估占东三省以及华北,莫不忍辱负重,以待时机。主攘外安内者,则以不攘外难安内,专事阋墙之争,徒与敌以侵略之机会。双方各执一词,互为争论。安内攘外者为强调攘外之难,大肆宣传敌人武器如何精良,飞机大炮如何利〔厉〕害,以求贯彻安内——统一之目的。殊勇于私斗,怯于公战者,即据以为不能抗战之理由,日积月累,顽固成性。一旦开始抗战,欲求不稍惧怕敌人飞机大炮之厉害,其可得乎?故各战场官兵,除少数政治教育良好不惧怕敌人者外,无不闻风崩溃,甚至见敌人之烟幕,亦以为毒气而惊逃,且有一败数百里者,尤有未战而心先已败者,唯武器论之遗毒,可谓深且巨矣。三十集团军在川中虽曾经内战多次,然而究未曾与有飞机大炮之敌军作战,平习濡染唯武器论之理论又深,骤临战场,欲不未见敌而心先败,焉可得耶?

失败的原因既明,乃建议王总司令陵基,欲求增强军队战斗能力,非先变革一切旧有观念不可。变革之法,首在教育。乃乘各师残破之后,改编为一师另一旅留前方作战,以其余两师军官集中训练,由余负责主办。当此时也,武汉、广州相继失守,和平之说传遍遐迩,长沙又复大火,准备放弃,一般人心,无不以为抗战从此结束矣。各人私心,均亟亟于逃回四川,大有稍缓须臾即难生还之概。士气颓丧,可谓已达极点。嗣经余负责督同对于"抗战必胜,建国必成"素有明确认识之同志多人,日夕指导训练,时间不过两月,八百余军官中,已有五分之四不愿再回四川,而愿仍上前线抗战,其余五分之一,或以体力不胜,或以年龄过大,实心有余而力不足,只得允其假归。现在三十集团军能在赣西北屡与顽寇周旋历久不败者,不能不归功于此次之教育也。此次教育计划,政治课目是:(1)抗战建国纲领;(2)三民主义;(3)军事与政治之关系;(4)连队政治工作;(5)政治常识;(6)日本问题。军事科目是:(1)教令的研究;(2)新兵器的研究;(3)后方勤务的研究;(4)交通筑城的研究;(5)敌人后方游击战争的研究;(6)典令的研究;(7)战斗演习。教育时间的分配,系按"七分政治,三分军事"的原则。由这一试验的结果,证明抗战军队的训练尤其政治训练,实属万分重要。

问:三十集团军有那〔哪〕些战役值得称述?

答:值得称述的很多,尤以麒麟峰及武宁附近两役为最。麒麟峰是瑞武路上箬溪、西北王家铺附近昆仑山之一隘口也,原由第十八军之第六十师负责防守,嗣经敌人第二十七师团之猛攻失陷,第六十师某团长于是役光荣牺牲,全团亦所余无几。时第三十集团军第七十八军之新十三师适比邻于其右翼之白水高地防御,刘若弼师长得悉此耗,自动派兵往援,与敌往复争夺,得而复失者多次。诚以是地一失,全线十余个师之阵线即为敌突破。此地关系既如是重大,敌人亦集中兵力屡次来犯,飞机、大炮、毒气无不备具,因之双方伤亡甚大,尸横遍地,悲壮惨烈,非吾语可以形容。刘师长为争取最后胜利,增加兵力至八营之多,其严重程度可以想见矣。刘师虽勇,当鏖战至第五日时,亦以伤亡过大、无力再行抵抗之电如雪片飞来,呼吁请示方针矣。王总司令陵基与余几经考虑,以麒麟峰关系全阵线之安危,决心牺牲至一兵一卒亦当与阵地共存亡,并加派兵力四营飞驰往援,并饬刘师坚决固守抵御。至第六日,敌即不支而为我击退,夺获战利品无算,并获最高统帅通电记功嘉奖。经此役后,全集团军畏敌之心理已怯〔去〕除过半,唯武器论之不正确亦经证实。三十集团军能战之基,于此奠定。

其次是二十八年三月下旬武宁之役。我军本拟于三月二十九日全战区同时进攻,故第九战区长官司令部任命王总司令担任武宁方面之作战,指挥第三十集团军之第七十二、第七十八两军及湘鄂赣边区游击总指挥樊崧甫所部之第七十三军、第八军两军与游击司令孔荷宠之五个支队,江西、湖北保安团四个。任务是分道进取德安、瑞昌、阳新、大冶各城,攻据江岸要点,袭击敌人长江运输,以为恢复九江、武汉之准备。殊至三月二十日拂晓,敌即先期全线向我南昌、武宁、鄂南、湘北各地同时进攻。敌人企图是一路攻占南昌,进至奉新、高安一带,截断我浙赣路以为西向长沙之准备。一路是由箬溪进攻武宁、修水,准备经平江、铜鼓围攻长沙。经十日的苦战恶斗,敌人虽终日不断以飞机轮番轰炸,重炮、野炮、山炮齐集射击,战车由公路冲进,轻〔氢〕气球在空中指挥,甚至以毒气攻袭,亦不过仅仅进展二十华里,占我一已经炸毁成平地之武宁空城而已。敌酋因未达到占领修水之任务,遂以撤职闻。然而我军有两师亦复牺牲惨重,"血肉筑成长城"之事实,于武宁之役目击之矣。日寇平昔自炫之"肉弹"光荣,亦不能独美矣。"惟武器论"之谬说,更以铁的事实证明之矣。"愈战愈强"之口号,已成事实矣。"抗战必胜"之信念,愈臻巩固矣。然而十日以来,王总司令陵基同余则以昼夜不息处理戎机之故,大有伍子胥过昭关之概,是则可笑者也。其余尚多可述之事,以事关军机秘密,未敢以告,尚望原谅是幸。

10. 王陵基致蒋介石代电(1942年1月26日)

委员长蒋钧鉴:职集团第三次长沙会战战斗要报:甲、战斗经过:(一)湘北方面……(二)武宁方面:奉长官薛哿酉涵电,以七二军(欠新十五师)及第三纵队由韩军长全朴指挥,任武宁方面之警备。该军三四师亥养进驻澧溪,以一零零及一零一两团主力与新十三师,交替武宁、修江南北两岸之警备,以一零二团任石艮山、亘九宫山方面之警备。梗日,敌十四旅团步骑六百余、炮三门附伪军一部,午后由箬溪南渡,敬辰窜抵中横。另敌三四百窜低北岸加白老一带。有寅,南岸敌猛向一零一团枫树脑,亘老塔下阵地进犯,激战入暮,该线被敌突破,节节进逼。至感寅、直迫荷山、柳山。该团步步苦撑,战力破碎,敌逐〔遂〕钻隙深入,至暮,一股二三百敌窜扰石口渡、石鼓范、官田等地,该团仍分头截击。该师为防敌北犯,经令工兵营之一连任澧溪、石口渡间修江北岸之河防,并抽调九宫山方面一零二团之一营附机炮一部,驰赴三都。应援未到前,敌一股于陷日已窜三都。职恐敌窜犯修水,影响战局,经严令韩军长照长官部反击计划督部死力反攻,并请准以参加湘北会战之新十三师中抽出三八团,由长寿街调返修水,即以该团长杨干并指挥补充第二团合力反攻。世日全线出击,挺进三纵队之保十五团亦努力截击瑞武北段之敌,并破坏交通通信。新十三师三八团主力直挺进至梁口市区与敌巷战,各部奋勇进攻,直至子东将敌击溃,分道回窜。各部乘势尾追,至江日完全恢复战前态势。……谨先电呈。职王陵基叩。子宥午。励。附表如文。

(原件存中国第二历史档案馆)

11. 第三十集团军参加第三次长沙会战快邮代电（1942年1月）

一、湘北方面

亥马奉长官薛哿酉涵电,遵率七八军附新十五师,依限于亥世前先后到达平江及其以南地区,即以新十五师占领凤树坪、团山铺、陈家坊,新十六师占领汉江口、□岭一带据点,新十三师位于三眼桥,并占领堑石口大桥各据点,作第一步固卫平江之部署。至亥感,敌第三、第四、第六、第四十各师团及独立十一、十四两旅团,已由伍公市、新市、归义强渡汨罗江,分道南侵。世日,奉长官薛卅酉函电,并指挥三七军(欠一四零师),遵令该军以一部在长乐街南岸磨刀尖、颜家铺之线钳击当面之敌,七八军以一部固卫平江。两军主力即在芭蕉源、脱甲桥、金井、罗洞、赤马殿、浔江桥之线,完成攻击准备,限夫日到达望仙桥、长桥之攻击到达线,并令七八军先以一部于当晚确占金井、沙市街各要点,使尔后之进攻容易。是晚,七八军傅师四三团进至金井、东大山坡、斗米冲之线,与步骑五六百之敌接战。冬日,三七军先头部队南下至官家桥附近之板茅田、石咀上地区,与由栗山巷窜至该地及金井、脱甲桥、九溪源各地步骑共约五六千之敌激战。同晚,七八军傅师四三团将当面金井附近之敌击溃,敌大部向枫林港窜去。江日,三七军猛攻官家桥、脱甲桥一带之敌,战况激烈,七八军向指定目标前进中。支日,三七军以董师向敌猛攻,敌退据五里山、桐子园、金井各地顽抗,罗师正南向学士桥攻击前进。敌一股由落马桥窜蛤蟆岭,猛犯该师侧背,乃转兵反攻。敌机十二架助战,战况至烈,敌我伤亡均重。经报请以该军全力歼灭此敌后,再行南下。该军获敌文件证明,敌为四十师团一三五联队。是日,七八军主力进至牌楼铺东北地区,一部在豺狗垅附近警戒该军侧背。微日,三七军董师将金井附近敌击溃,残敌千余向南逃窜。是日卯刻,七八军傅师四五团附四四团之一营在南田、古港(黄花市北端)附近,与敌三四百接战。同时,唐师三七团在高溪塘、侯家垅之线,与步炮联合之敌七八百激战。敌数度猛扑,均被击退。鱼日,三七军董、罗两师各一部追击由金井南窜之敌,敌窜据将军坝、檀树湾地区顽强抵抗,经董、罗两师合力夹击,战况激烈。午前,七八军傅、吴两师在南田、古港、高溪塘、侯家垅之线,正向当面之敌攻击之际,另由麻林市南窜之敌五六百,炮二门,迄午窜抵七里冲,向傅师右侧背春华山猛攻。该师乃以四三团向北,四四团向东夹击。该敌入晚续增至千余,乃令控置于花莲塘地区之吴师向七里冲前进,合攻该敌。虞日,三七军董、罗两师各一部仍猛攻将军坝、檀树湾之敌。七八军傅、吴两师主力在赵家冲、关岳庙、白坡、吴子冲、操箕冲、大和塘一带,向窜据春华山北之宋家冲、金鼎山、七里冲各地区之敌猛攻,敌机九架助战,激战至未,将敌击溃,向北窜去。傅师四五团及新十三师主力在仙姑岭、侯家垅、南田一带,猛攻当面之敌,反复肉搏,激战终日,敌我伤亡均重。入暮,将敌击溃,敌向北窜去。命两军追击,后遵同日所奉长官薛电谕,以三七军占领花门楼亘竹山冲,七八军接三七军左,占领上沙市亘徐家坝之线,截击溃退之敌。饬唐师集结于大桥市、雷家冲、伍家大山各地,机动应战。齐日,奉长官薛电谕,令七八军向大荆街超越追击,正部署间,复据陈军长报称,该军正围歼将军坝、檀树湾之敌。学士桥方面又发现敌千余,似为敌增援队,请派队围歼,等情。经饬七八军协力该军,将学士桥、将军坝、檀树湾之敌击溃后,再服行新任务。旋据吴师报称,追击北退之敌辰刻至上沙市附近,与敌七八百激战至午,将敌击溃。同日,傅师亦追敌至九睦段、新塘桥、大桥坝之线,乃饬该两师限本晚协力陈军,将该军当面之敌围歼。经激烈夜战,敌不支,向麻林桥方向窜去。佳日,遵长官薛虞午忠电,饬三七军占领麻峰嘴、象鼻桥一带要点,堵击北退之敌。七八军遵新令追分两纵队,以吴师附唐师三七团为右纵队,经双江口、梓江,向大荆街、渡头桥;傅师为左纵队,经金井、浯口向长乐街追击前进。灰日,三七、七八两军均服行新任务,职指挥所移平江附近。真日,三七军董师堵击北窜之敌千余,在麻峰嘴以南之菜子殿、水龙园地区激战,七八军追击部队冒敌空军之猛袭,至晚右纵队北渡汨罗江,通过张家陂,左纵队由黄棠渡河,分向指定目标急进,唐师于本日进至三角塘。文日,七八军吴师于酉刻一部向落马桥之敌攻击,主力向退据大荆街、渡头桥之敌攻击,十时,攻占渡头桥,向大荆[街]前进。元辰,攻占大荆街,傅师进至虎形塝、泗斗墟之线,向退据刘公嘴、长乐街之敌攻击。是晚,攻占长乐街,敌向新市溃退。午夜,由栗山港方面窜来敌二千余,元辰起在敌机掩护下向傅师猛扑,该师被迫退出长乐街市区,在虎形塝、智源洞之线与敌激战。是日,三七军将菜子殿、水龙园之敌击溃后,北向颜家铺推进。即饬该军进出田家塅,截击溃退之敌。寒日,奉命饬七八军续向四六方、潼溪街、新墙追击溃退之敌。乃命傅、吴两师各迅将大荆街、长乐街之敌肃清后,傅师向四六方,吴师向潼溪街、新墙追击前进。三七军进至大头岭北端,遇北窜之敌百余,遂猛烈围歼。删日,傅、吴两师正分向四六方、潼溪街、新墙急进时,我一四零师在黄沙街东南之龙凤桥,遇敌独立第九混成旅团主力,接战至烈。该地无其他部队可支援,乃令吴师折转经八仙桥,傅师折转经洪桥、小羊冲,向李师当面敌之侧背猛攻,与李师合力聚歼该敌后,再向指定目标追击。铣日,傅、吴两师协力一四零师,将龙凤桥附近之敌击溃,乃分头转向四六方、潼溪[街]、新墙急进。午后,两师先后各到达各地,收复新墙河南岸地区。筱日,奉长官薛铣追电,遵以新十六师开通城,接替孔师防务,七八军部及新十三师依限返驻渣洋,职率新十五师依限返驻修水。

二、武宁方面

奉长官薛哿酉涵电,以七二军(欠新十五师)及第三纵队由韩军长全朴指挥,任武宁方面之警备。该军三四师亥养进驻澧溪,以一零零及一零一两团主力,与新十三师交替武宁、修江南北两岸之警备,以一零二团任石艮山亘九宫山方面之警备。梗日,敌十四旅团步骑六百余,炮三门,附伪军一部,午后由箬溪南渡,敬辰窜抵中横。另敌三四百,窜抵北岸加白老一带。有寅,南岸敌猛向一零一团枫树脑亘老塔下阵地进犯,激战入暮,该线被敌突破,节节进逼,至感寅,直迫荷山、柳山。该团步步苦撑,战力破碎,敌遂钻隙深入。至暮,[敌]一股二三百窜扰石口渡、石鼓、范官田等地,该团仍分头截击。该师为防敌北犯,经令工兵营之一连,任澧溪、石口渡间修江北岸之河防,并抽调九宫山方面一零二团之一营附机炮一部,驰赴三都应援。未到前,敌一股于陷日已窜三都,职恐敌窜犯修水,影响战局,经严令韩军长照长官部反击计划,督部死力反攻,并请准以参加湘北会战之新十三师中抽出三八团,由长寿街调返修水,即以该团长杨干并指挥补充第二团合力反攻。世日,全线出击,挺进三纵队之保十五团亦努力截击瑞武北段之敌,并破坏交通通信。新十三师三八团主力直挺进至梁口市区,与敌巷战,各部奋勇进攻,直至子东,将敌击溃,分道回窜,各部乘势尾追,至江日,完全恢复战前态势。

三、挺进军方面

遵长官薛哿西涵电,以第四、第五、第八各纵队及直属一、二两补充团及鄂保安大队,第一步攻击崇阳、咸宁、蒲圻,并截断该方敌交通通信;第二步待命向临湘、岳阳一带索敌指挥机关袭击。复奉感戌涵电,饬该军改攻蒲崇、临湘之敌,该军遵办。后其第四纵队主力支日攻袭忠防之敌,迫敌阵前,将屡图反攻之敌击溃。第八纵队主力微日开始攻击羊楼洞、平楼司,并破坏蒲圻至该地敌交通通信,一部在咸宁以南地区攻袭破坏自卫。第三团文日在七里冲、游家垅将伪二师逆部击溃。在会战球心攻击间,该军主力分道破坏咸宁、蒲圻间及阳新、通山间及通山、咸宁、大冶间各铁、公、驿路及通信网,并一度攻入咸宁城,困敌于文笔山,焚毁敌驻区及伪维持会。

(原件存中国第二历史档案馆)

12. 陆军第七十二军各次会战(战役)经过

第一,武汉会战(廿七年八月廿六日至十月十六日)

甲、会战前敌我之概述

一、八月十九日,敌波田支队第三五、第三六两联队由港口登陆后,即向西南进犯。企图先夺取瑞昌,再沿瑞武、瑞德各公路线锐进,以协力达成会攻武汉之目的,俾淆惑国际观听,扩大伪区,进而略〔掠〕取南昌、长沙,安翼〔冀〕实现其速战速决、以华制华之迷梦。

二、本军二十七年六月于四川成都、万县编成后,归三十集团军建制,奉命出征。加入第九战区战斗序列，沿宜沙、岳阳、通山，徒步开赴江西德安。八月十七日，奉令在岷山脚下一带构筑预备阵地，旋于八月二十三日，奉命以新十四师开皇天脑附近，准备接替九十五师防务，遂以该师主力占领冷山、夏家洼亘九坡洼、茨花山、笛竹洼一带地区，一部构筑皇天脑亘茨花山对东南正面之预备阵地，同时奉命以新十三师主力控置于童子岭附近。该师派出一团占领鲤鱼山、笔架山至大塘堰之线。

乙、作战经过之概要

一、鲤鱼山、笔架山之役

敌自港口登陆，向西南进犯以来，与我友军第三集团军发生激战。迄八月二十五日正午，瑞昌失陷，当日午后六时，我新十四师及新十三师之一团始将九十五师防务接替完毕。敌乘我初接防务，地形不熟，部署未周之际，即以步骑兵四千余，附炮十余门，并配合机械化部队一部，于八月二十六日三时，向我新十三师鲤鱼山、笔架山阵地猛烈进攻。经该师官兵奋力抵抗，敌未得逞。天明后，敌借飞机、大炮、战车之掩护，攻击尤烈。激战至午，我鲤鱼山、笔架山阵地失而复得者数次。午后四时，奉命以七十八军新十六师第二旅拨归我新十三师指挥。入夜，该师派敢死队向敌夜袭，伤亡过半，未能奏功。二十七日晨，敌续以炮兵战车掩护，向我猛犯，激战至九时，敌复以飞机八架助战。我官兵抱定成仁决心，虽伤亡奇重，仍前仆后继，猛烈抵抗，然终以敌众我寡，装备悬殊，迄午后二时，鲤鱼山、笔架山阵地卒被敌突破，经调新十四师之一部协力该师反攻，仍未奏功。军即奉命以新十四师向夏家洼亘大山、皇天脑、北极峰之线转移阵地，并以该师一部占领尖门堰为前进阵地，新十三师（附七八军新十六师第二旅）向金山亘团树山、鱼岭之线转移阵地，并以一部占领黄丝洞附近要点为前进阵地。

二、岷山之役

八月二十八日，鲤鱼山、笔架山陆空联合之敌继续向我新阵地进犯。军以死守岷山山腹，拒敌南犯之目的，当即与敌发生激战。在尖门堰、黄丝洞两处予敌重创后，敌乃以全力分向我新十四师童子岭猛犯，战况至为惨烈。此时，奉命以七八军新十五师有力之一部（一个旅）由傅公山增援新十四师，向敌左侧背猛烈攻击,并令新十三师以一部威胁敌之右侧背,均与敌激战,反复争夺,敌陆空联合装备优势致我遭受重大伤亡。二十九、三十两日以来,昼夜激战,阵地被敌飞机大炮摧毁殆尽,战况一度失利,复经我各部之猛力反攻,迄八月三十一日,与敌相持于五台岭亘团树山之线。

三、麒麟峰之役

九月一日,军奉命将团树山一带全防交由十八军接替后,新十三师占领光冈山亘业树洼、大洼山、道岩隘、麒麟峰之线,构筑阵地。新十四师在袁家山亘百风尖之线,构筑预备阵地。迄九月二十一日以来,德安方面敌一〇六师团渐向西移,同时敌二七师团复沿瑞武公路及其两侧南犯,与我友军十八军激战于横港、鸡婆山、丁家山之线。此时,奉命将我新十三师左翼麒麟峰阵地划归友军六十师防守。自九月二十四[日]起,由王家铺方面突来之敌,在飞机大炮掩护之下,迭向我新十三师阵地进犯,均经我守兵击退,迄未得逞。二十五日晚,左翼友军麒麟峰阵地为敌攻陷,我左侧甚感威胁,当奉派以新十三师之一团增援友军六十师,恢复麒麟峰阵地。反复冲杀,伤亡甚大,激战至九月二十八日,左翼友军九石隘阵地又被敌侵入,并向我新十三师左侧围攻。该师复抽兵力六营增援麒麟峰,同时奉派新十四师之一团受六十师指挥,均与敌搏斗。九月二十九日以来,敌不断施放毒气,我新十三师伤亡惨重,军以麒麟峰阵地为全线锁钥,关系重大,乃严饬新十三师死力搏斗,虽至一兵一卒,仍须固守待援。该师乃数度反攻,与敌浴血苦斗,卒于九月二十九日午后四时将敌主力全部二千余击溃,歼敌千余,敌狼狈向西北方向逃窜。该师复以一部猛烈追击,再度予敌重创,始返原阵,整理待命。

四、李家山之役

十月一日,军奉命以新十四师在黎家亘三〇九一高地以南地区,就攻击准备位置,右与防守昆仑山之友军六十师连〔联〕络,左与友军第三师协同。于十月二日拂晓,向李家山之敌攻击,与敌反复争夺,激战至午后四时,将李家山东侧高地突破。是晚夜袭,翌晨续攻,卒将李家山阵地完全攻占。但因罗盘山友军一二三师失利,第三师回救之,以致全线攻击无形停顿,乃奉命将该师撤至修河南岸布防。

五、城门山、蒋家坳之役

我新十三师自麒麟峰战后,于十月四日奉命转移城门山、蒋家坳之线构筑阵地,右翼连〔联〕系一三九师,左翼连〔联〕系六十师,拒止敌人。十月五日自晨〔辰〕至酉,敌机十余架轮番轰炸我前线,各部队不顾牺牲,赶筑工事。六日至十三日,我仍固守城门山、蒋家坳之线,敌二千余,炮十余门,陆空连〔联〕合,全线向我一再进攻,均被击退,在城门山附近歼敌甚多。十月十四日,左翼友军梧桐尖阵地失守,零乱退下。午后四时,敌已进至甘木关附近。此时,敌更以飞机二十余架,向我猛轰扫射,左侧友军康头尖阵地复被敌占领。我新十三师左翼蒋家坳阵地受敌包围,敌机增至二十余架,向我新十三师狂炸,该师当面敌炮十余门,均集中射击,阵地全被摧毁,伤亡惨重,该师浴血苦战至十月十六日。因友军已全部撤退,我新十三师亦奉命经柘林撤至修河南岸整理。

丙、战后之检讨

一、敌军攻击必以飞机、大炮掩护其步兵前进,故我军尚未与其步兵发生火战之先,即已蒙受重大伤亡。敌军有时更配属战车,或施放摧〔催〕泪性毒气,予我官兵精神上之胁威(威胁)颇大。

二、敌攻击时,常集中主力突破我阵地一点后,猛力锐进,使我全线动摇。

三、我军士气旺盛,虽遭受重大伤亡,仍前仆后继,能澈〔彻〕底奉行命。

四、本军鲤鱼山、笔架山、岷山之役,阻敌南下,克复麒麟峰,使敌西犯受挫,固守蒋家坳,使友军均能从容整顿阵线,惟感装备过劣,对敌作战倍感艰难。

第二,南昌会战(廿八年三月十九日至五月十一日)

甲、会战前敌我之概述

一、武汉会战后,南浔、瑞武各线敌我成为胶着状态。自三月上旬以来,敌由豫南鄂中抽调一〇一师团、一〇六师团集结于九江,第六师团集结于箬溪各附近,并配属坦克车三十六辆,飞机三十余架,轻〔氢〕气球一架,企图攻占南昌,截断我浙赣铁路,并进占修水,策应南昌外翼之作战,进而威胁长沙,俾以后进攻我粤汉路北段之容易。

二、本军新十四师原在湖南陵沅、常德整训,新十五师在湖南湘乡、谷水整训。二月十二日,均奉命徒步出发,沿浏阳、铜鼓驰赴修水、三都附近,集结待命。因春雨绵绵,山洪暴发,道路泥泞,军行甚缓。迄三月十五日以前,各部先后到达指定地区。

乙、作战经过之概要

一、罗坪之役

二十八年三月十九日,敌军发动张公渡及武宁方面之攻击后,连日以来,津口、潭埠两岸之友军与敌激战,迄三月二十二日午前,军奉命推进武宁附近为三十集团军总预备队,当以新十五师推进于茶皮坳南北之线,占领阵地,以该师一部占领武宁城西牛奶窝、沙泥坑之线,新十四师推进于甫田桥前端。同日入暮,复奉命以一部渡河向七八军对峙之敌攻击,以一师占领武宁以东之既设阵地,保持机动,为集团军总预备队。当命新十五师渡河,乘夜在下土坪、溪口、黄沙岭一带,完我〔成〕攻击准备。二十三日拂晓,向黄土岭、西龙山、天主脑一带与我七八军对峙之敌攻击,将敌夹击而歼灭之。并命新十四师推进下场桥亘火烧白、清山、盘龙港、大马塅之线,保持机动。因修河水涨,渡河困难,我新十五师迄三月二十三日午前,始全部渡过修江,就攻击准备。同时,我新十四师亦到达指定之线,当得知修江南岸之敌,集中主力在上都向我罗坪之新十六师猛攻,已将罗坪封锁,并占领左翼之凉亭高地及七朗庙、黄土岭一带,当令新十五师以主力猛攻罗坪之敌,解我新十六师之危,以一部牵制潭埠方面之敌。该师遵即以主力向罗坪、黄土岭一带之敌攻击,发生激战,官兵奋勇,一再向敌猛攻。迄至三月廿四日一时,始将罗坪、黄土岭攻占,敌向天主脑、洞口方面退窜。军当令新十五师迅速进攻杨州,击敌侧背,扫清南岸之敌。迄至二十五日,我新十五师奉命暂拨七八军指挥,仍会同新十三师、新十六师续向杨州之敌攻击中。同时,北岸新十四师奉命暂受李副总指挥指挥,接替七七师老鹿头、大井山一带防务。

二、武宁之役

1. 敌因第六师团沿修江之西进受挫,与我对峙于大脑尖、加白脑附近,无法进展,乃由南昌方面调来一〇六师团一四五联队,配属骑炮工辎各兵种及坦克车三十六辆,飞机三十余架,轻[氢]气球数架,增援于武宁方面。本军于三月二十六日,奉命以新十五师、新十四师归还建制后,受命固守武宁。当以新十四师除仍守老鹿头、大并山原阵地外,并以新十五师第二团拨归新十四师指挥,接守七七师何家边、同字坪之线阵地,同时,调新十五师主力移于武宁城东之观音阁、火烧白附近。当日,我新十四师以两个营分头向敌出击,与敌一部在大脑尖、黄浦港激战,将其击退后,遂将该地占领。旋敌以炮火向我阵地及出击部队猛烈射击,并以飞机二十余架,连续向我轰炸,我出击部队伤亡过半。午后回守原阵之际,复遭敌迂回侧击,经三度之搏斗,始得脱离。同时,敌在飞机、大炮及毒瓦斯之掩护下,以战车十余辆,骑兵百余名,步兵千余名,沿公路向我新十四师猛攻六次,我官兵沉着应战,集中火力,将敌制压,终未得逞,敌我伤亡均重。入暮,该师复派小部队多组,向敌猛烈夜袭,与敌通夜激战,枪炮声不绝。连日以来,敌军发射之炮弹及投掷之炸弹均在万发以上。三月二十七日,当面之敌继续与飞机、毒瓦斯、坦克部队配合,再度向我新十四师猛攻,该师官兵奋勇沉着,集中火力,毁敌战车二辆,毙敌五六百名,敌负创未逞。三月二十八日拂晓以来,当面之敌增加至步兵三千余,骑兵四百余,坦克、炮兵、飞机陆续增加,借炮空之掩护,向我大举猛攻,并升轻[氢]气球凌空指挥,当与我新十四师发生惨烈之战斗,该师官兵虽奋勇沉着,卒因装备悬殊,蒙受重大伤亡。已刻,该师左翼阵地被敌炮火完全摧毁,敌由左翼山麓绕入我阵地后方,我新十四师遂困入被围之态势,与敌混战中。军当以新十五师主力前往增援,复遭敌机轮流轰炸及敌炮之阻止射击,无法运动,午后七时,敌已占领观音阁附近。此时,我新十四师阵地全被毁灭,各级预备队均使用净尽,战况以是不利。新十五师主力被敌隔断,乃转入结集山向南作战,新十四师被敌包围,伤亡过大,残部乃徒涉修河,向南岸转进,是日午后十二时,敌遂占领武宁城。

2. 军以从速收容整理,俾与敌再战计,三月二十九日,命新十四、新十五两师迅速收容,在澧溪、烟港一带集结整顿,并以一部在七里山附近担任掩护。四月一日,军奉命在甫田桥南北高地固守,拒敌西犯。当以新十五师第一团占领坂洞源、绿风尖一带为主阵地,并在肖氏祠附近派出警戒,新十三师第三团占领月山、三里港一带为第二线阵地,新十四师占领烟港街南北高地为第三线阵地。四月三日,复奉命以新十四师转入阎王山、方家山一带为主阵地,俾与南岸七八军阵地并齐。四月八日,武宁之敌向我新十五师一、三两团进攻,激战终日,敌未得逞。四月九日,敌复以步兵八九百人,借炮兵之掩护,再度向我新十五师攻击。该师沉着应战,予敌打击,复以一部迂回攻击敌之两侧,敌不支,退据烟港附近。该师复趁夜派队向敌袭击。迄四月十日,进占烟港及其南北之线,敌退据狮子山,该山全系断崖,无法进攻。辰刻,敌复以步炮连〔联〕合,向我反扑,我伤亡奇重,遂命夜袭部队撤回原阵。四月十一日以来,敌除以少数部队在烟港附近活动外,一部在甫田桥附近,主力退守茶皮坳一带。

三、茶皮坳之役

1. 四月十六日午后三时,奉命以新十四师向茶皮坳、七里山、武宁之敌攻击,新十五师经新开岭、刘家山向武宁、观音阁之敌攻击。四月十七日晚,各部到达攻击准备位置,十八日开始向当面之敌猛攻,激战入暮,新十四师攻占茶皮坳南北之线,新十五师攻占天井窝附近。午夜,我新十四、新十五两师复派遣部队向敌夜袭。四月十九日拂晓,我新十四、十五两师继续向敌猛攻,因敌扼险顽抗,火力炽盛,炮兵又复集中向我射击,我伤亡奇重。敌乘我攻击顿挫、新十四师王团长负伤之际,向我猛烈反扑,激战至入暮时,军奉命酌留一部于狮子隘、仙姑尖、绿风尖一带,其余转移烟港南北之线,拒敌西犯。当以新十四、新十五师各留置一营,牵制当面之敌,主力向指定地区转进。

2. 四月二十六日,复奉命派新十四师张团长耀宗、新十五师陈团长国宾各指挥两营兵力,编成挺进支队,迂回敌之侧后,积极攻击。四月二十七日以来,张耀宗支队在毛狗山、茶皮坳一带,陈国宾支队在结集山、火烧白一带,积极活动,不断予敌攻袭。迄五月二日,复奉命以张支队增加为三个营,向当面之敌攻击,钳制其主力不得转用;陈支队增加为四个营,向横路以东地区活动,破坏瑞武公路桥梁要点,并相机袭击武宁之敌。五月四日至五月八日以来,陈支队对敌军公路、桥梁破坏多处,电线撤收数里,并一度攻入武宁东门附近,张支队亦攻占老鸦山、毛狗山各要点,予敌以打击。五月十一日,奉命各支队除各留置一个营继续攻袭外,其余均在烟港南北之线加强工事。

丙、战后之检讨

一、敌我装备悬殊。敌军在攻击时,先以空军以及炮兵将我阵地完全摧毁后,步兵再行冲入。在防御时,则对我军之前进施行阻止射击,故我军常陷于被动状态。

二、敌善用迂回部队绕入我侧后攻袭,使我全面感受威胁。

三、我官兵精神旺盛,但下级干部及士兵之战斗技能及中级干部之战术修养欠齐,不能达到要求。

四、我缺乏炮兵,遇敌战车进攻时无法阻止,士兵精神受其威胁甚大。

第三,挺进南浔线之战斗(廿八年九月十一日至九月廿五日)

甲、作战前敌我之概述

一、自南昌会战后,德安、瑞昌一带即为赣北敌军后方之交通要点,其瑞昌、德安、乌石门、马回岭、沙河各处均有敌军兵站机关,南浔铁路及瑞阳、瑞武两公路敌军交通频繁,通讯灵活,正在积极整顿,准备欲再度向我进犯。

二、军除新十五师仍在武宁方面担任修江北岸之防务外,九月上旬,奉命以新十四师为挺进队,向南浔线挺进,并破坏其交通通信。

乙、作战经过之概要

我新十四师自九月上旬冒暑轻装急进,突入武宁敌军后方以来,自九月十一日至九月廿五日,先后破坏瑞阳、瑞武两公路交通通讯,毁其桥梁,撤其电线,并挺进至庐山,攻袭敌军后方,迫敌前后救应不及,逐次放弃南浔线之外围据点,更以快速部队乘势追击牯岭主力,迫近德安、乌石门及马岭回沙河之线。南浔线之敌整个动摇,到处抽兵应战,即警察宪兵亦皆加入,尤以通讯被我破坏时更形恐慌。敌曾在乌石门附近以飞机六架,大小炮二十余门,掩护步兵一千二百余人,向我攻击,但我以游击战法对付,流动无定,敌无如我何。是役,毁敌交通器材、通讯器材甚多,敌军遭受之伤亡亦大。九月廿五日,我以攻袭目的已达及准备第一次长沙会战,遂令该师停止挺进,回驻新溪源附近整理。

丙、战后之检讨

一、敌军后方戒备不严，故处处被我奇袭，遭受重之大（大之）打击。

二、我官兵冒险精神强，部队机动性大，中下级干部对游击战术得其要领，故能出其不意，获得战果。

三、因无工兵部队配属，以致交通破坏不易澈〔彻〕底，敌军之修复迅速，颇为遗憾。

第四，第一次长沙会战（廿八年九月廿五日至十月十九日）

甲、会战前敌我之概述

一、自廿八年春季南昌会战后，敌我转入对峙状态。敌苦于战事延长，故阿部组阁后即欲以全力解决中日事件，乃自九月上旬以来，调集第六师团、第三师团、第十三师团，于湘北岳阳附近为主攻部队，以其三十三师团于鄂南崇阳、通城一带，另以一〇一师团、一〇六师团于赣北安义、靖安、奉新一带为助攻部队，策应湘北方面之作战。企图趁欧战爆发，列强无暇东顾之际，侥幸夺取长沙，进而攻略宜沙，以便淆惑国际视听及刺奋其颓丧之人民士气。

二、本军自南昌会战后，曾数度反攻武宁。七月中旬，复奉命以新十四师向瑞昌、岷山一带挺进。九月上旬，复向德安、星子、九江间挺进中，新十五师集结澧溪附近。

乙、会战经过之概要

一、黄沙桥附近阻击战斗时期

1. 九月十八日，得知奉新之敌约二千余，于十六日窜至上富，十七日续分向西北窜扰。九月廿五日，奉命以新十五师四五团开修水、梁塘集结待命，并令新十四师停止挺进，开回澧溪集结待命。九月廿六日，复奉派新十五师四三团开石门楼警戒。九月廿七日，我新十五师四五团在黄沙桥附近占领阵地后，由上富、九仙汤方面窜来一〇六师团之敌千余，向该团攻击甚烈，该团一部被敌一度包围，激战六小时，敌势稍挫，我以伤亡甚重，乃逐次转移至黄土桥附近。迄至九月廿八日，仍继续与敌战斗。四三团及受指挥之新十六师四八团，此时向敌侧后猛攻，对敌形成夹击之势。斯时，我奉命以新十四师陈师长率四〇及四一两团，轻装驰赴修水，策应新十五师，歼灭来犯之敌。新十四师四二团仍位于澧溪附近，奉命由七八军新十六师吴师长守权指挥。九月廿九日拂晓,我新十五师分由黄土桥西北向当面之敌攻击。官兵不惜牺牲,前仆后继,冒敌火猛冲,战况至烈,数度予敌重创后,敌势不支,我逐渐进展迄至午后,攻至黄沙桥南北之线。敌据守黄沙桥西侧高地,我新十五师一再猛攻,因地势险要,敌火浓密,无法进展。迄九月三十日,仍与敌奋战中。

2. 十月一日,军以确保修铜交通之目的,以新十五师扼守巴山塝、大山坳亘火石坑之线,新十四师以各一营之兵力分别推进山口及大嘏,向东南警戒,该师主力位于修水以南地区。十月二日,黄沙桥一带之敌复分数路,一再向我新十五师猛扑。经我沉着抗拒,敌未得逞。

3. 十月三日,得知黄沙桥之敌一部已向高丽,大部已向何家咀方面退却,有窜扰山口模样。又敌骑兵约二百人,已到大嘏附近,步炮联合之敌二千余,正续进中。我宋肯堂军已向大嘏前进,我新十四师有防堵该敌之任务,当令该师立向山口、大嘏前进,与宋军确取连〔联〕络,用收夹击之效。并令新十五师以四三团立即扫荡当面之敌,并由该团以一部挺进占领沙窝里至九仙汤间之要隘,防堵敌军之回窜。该师主力向何家咀转进,占领阵地,待机出击。各部均于十月四日到达指定位置,该师四三团之一部已占领沙窝里至九仙汤间之要隘。此时,得悉该方面之敌均向东南退窜。

二、修水附近截击及修水、三都、武宁间追击时期

1. 十月四日午,得知敌三十三师团之一部有由马坳窜茅坪之样,三十集团军总部特务营及工兵营驰赴杭口警戒。此时,奉调四八团到梁塘归还新十六师建制。午后十时,敌突破我杭口警戒后,以主力向修水城进犯,一部向南压迫,四八团即占领邓家埠一带高地,右与新十六师四六、四七两团连击,拒敌南下。迄十月五日午,敌以主力猛扑四八团阵地,乃飞调新十五师有力一部前往增援,并以该师一部速开征村附近,阻敌南犯,策应作战。

2. 十月八日,军奉命以新十五师扼守松树岭、将军山之线,并以该师之一部扼守上高丽要隘,新十四师为集团军预备队,位于山口附近,策应七八军之新十六师攻击修水之敌。迄至十月九日,已将修水之敌击溃,向武宁逃窜。军奉命除以新十四师之一个营留驻山口受总部指挥外,其余为总预备队,即由现地出发,策应七八军新十三、新十六两师之作战。十月十六日,新十三

师、新十六师克复三都、梁口后,新十五、新十四师即前进至梁口附近。十九日,因敌军猛扑烟港,而新十三师战斗十日,伤亡过重,南岸新十六师增援北岸,本军奉命以新十五师接替七八军新十六师荷山、柳山防务,并以一部向球场、邓埠一带游击,协力北岸七八军恢复会战前之阵地。此次会战遂告结束。

丙、战后之检讨

一、本军奉命兼顾东南西三方面之作战,兵力过于分散,以致敌情变化时,部队转用甚感困难,不得不分割建制使用。虽已予敌严重打击,仍以未克将敌尽歼为遗憾。

二、粮秣〔秫〕一度无法接济,医药亦感困难,对战力不无影响。

三、敌军因部队深入进出山地搜索,警戒不周,处处受我截击、侧击,粮弹无法补给,致遭此失败,其企图完全被我粉碎。

第五,冬季攻势(二十八年十二月十二日至二十九年一月二十日)

甲、作战前敌我之概述

一、敌自长沙会战失败后,即积极调动补充,求战力之恢复。以三十三师团之一个联队及四〇师团之一部,兵力共约一旅团另两大队,守备筈溪、辛潭铺、阳新镇、慈口〔镇〕、大畈镇、界首各据点,其排市、龙港附近,时有敌便衣队二三百出没。

二、战区乘敌新败,部署未周,以一部向南浔线之敌攻击,主力向粤汉线北段之敌攻击,军奉命为挺进兵团。十二月六日前,以新十四师集结九宫山附近,新十五师集结茅田河附近待命,惟本军自南昌会战挺进南浔线及长沙会战后,伤亡甚重,尚未补充完毕,军之战力约仅四团。

乙、作战经过之概要

一、十二月六日,新十五师集结茅田河,新十四师集结九宫山后,奉命以新十五、新十四两师各派出交通破坏队,破坏横路至辛潭铺及牌铺至通山间之交通通信,以利尔后作战。十二月九日,奉命于十二日拂晓向龙港、辛潭铺、阳新镇、慈口镇、大畈镇一带之敌攻击,当即完成攻击准备。十二月十二日拂晓,以新十五师主力向辛潭铺、阳新镇之敌,新十四师主力向慈口镇、大畈镇之敌展开攻击。因敌军据点均在富河北岸,而富河水位在一公尺以上,半渡之际,为敌机炮猛射,伤亡甚重,无法进展。十二月十三日,我新十五、新十四两师主力选定徒涉场渡过富河后,即向排市、辛潭铺、阳新镇、慈口[镇]、大畈镇之敌猛攻,全面战况激烈,敌伤亡惨重。我新十五师奋勇攻击,午后即攻占排市、阳新镇。入暮,敌复猛力向我逆袭,同时,敌三百余由阳新市(镇)渡过富河,绕攻四五团腹背,于北斗福附近发生激战,敌不支,卒被击退,惟以阳新镇又无险可凭,我新十五师于富河北岸攻击部队遂将敌之公路、桥梁、电线尽量破坏后,退守南岸,继续战斗。同时,新十四师渡过富河之攻击部队亦因敌炮火制压,与敌对峙于富河南北岸间。

二、十二月十四日,军鉴于当面之敌不断增加,各据点同时攻击较为困难,仍以新十五师之四五团钳攻辛潭铺,该师主力攻击阳新镇,新十四师主力攻击大畈镇,各师均与敌发生激战。午后,新十五师当面之敌约千余,分三路在炮空掩护下,分由排市、马坳口渡河,向我右侧背猛攻。同时,由箬溪经横路铺西进之敌,其先头约一大队,炮四门,已到达构树下东端。斯时,我新十五师四五团被迫于龙港附近激战,团附以下官兵伤亡奇重,且军之左翼一九七师进攻失利,敌军已尾追至泉港附近。军以左侧感受威胁,当调新十四师四一团占领犀牛头,策应一九七师之作战。新十五师除一部与攻我侧背之敌在构树下、龙港各地激战外,该师主力及新十四师主力仍继续向敌猛攻中。十二月十五日,两师仍继续与敌激战于燕庆、高滩、慈口、大畈各地区。我新十四师是日午后,一部攻占大畈以北之烽火尖。十二月十六日,由箬溪西进攻我右侧背之敌陆续增至一联队,除以一部协同辛潭铺南渡之敌向我新十五师猛攻外,其主力由构树下南端窜至茅田河,复分两路向我郭源船埠及横石潭挺进。当令新十四师以一部驰赴杨林铺附近,阻敌西窜。因兵力转用不及,午后六时,横石潭、船埠同陷敌手,本军后方交通遂被敌隔绝。新十五师当面之敌数度向我猛攻,因众寡悬殊,全军被困于石门、成龙、高家山、江山、大沙港间地区。十二月十七日,由富河南渡及由箬溪西进之敌继续向军猛犯,其包围逐渐缩小,我军粮弹濒绝。此时,军奉令突破敌之包围,向南转移,乃以乘敌主力尚未完全到达船埠、横石潭之线时,集中全力朦夜向横石潭、船埠两岸突围激战终夜,傅师长督战跌伤卒未奏功。迨十八日,军复以主力向江源、留咀桥突围,攻至在头附近,战斗愈形激烈。韩副军长亲冒矢石,腰部负伤,官兵愈形愤慨,前仆后继,卒将敌人击溃,突出重围。十九日,全军始转移至石艮山、水壶尖、陡壁山附近。是役,我伤亡官兵一千五百七十四员名。

三、十二月二十一日,军奉命派遣有力部队向构树下、龙港、燕庆、慈口一带地区游击,当命新十五师在留咀桥附近构筑游击据点,以两个团向构树下、龙港、燕庆、阳新镇、慈口镇一带游击,新十四师以陡壁山为根据地,以一团于慈口、大畈镇、西坑塘一带游击。

四、廿九年一月十日,军奉命以一部向马桥、柏墩进击,当令新十四师以四〇团全部于一月十一日出发,经黄沙铺向马桥、柏墩一带之敌进击。

五、一月二十二日,军奉命以新十四师四〇团配无线电一班,编为七二交通破坏队,长期担任辛潭铺、龙港间,排市、辛潭铺、阳新镇(均含)间公路驿路及通讯之破坏,并攻击辛潭铺、大畈镇、通山一带之敌。同时,奉命以新十五师开赴安峰镇、岗上附近,新十四师(欠四〇团)开赴船滩、三都地区整补,各师均于一月二十五日以前先后到达指定地区。

丙、战后之检讨

一、敌惯用迂回部队抄袭侧后,威胁我正面动摇。

二、我攻击正面过广,兵力使用又未形成重点,且以劣势之装备在敌前强渡,无炮兵掩护,致招重大伤亡。赖我官兵英勇战斗,虽在天候极寒、战况惨烈之际,仍能死力撑持。

三、赋与〔予〕任务须考虑敌情、地形及受命者之兵力、装备,乃能获得战果。此次新十五师之任务:1. 拒止箬溪、瑞昌方面敌之西犯;2. 扫荡排市、辛潭铺、阳新镇各据点之敌;3. 以主力控制太平塘,策应新十四师作战。任务繁多,部下莫衷一是,结果以有限兵力于广泛地区对诸方应战,伤亡奇重,战果毫无,几至全军覆没。

第六,袭击武宁(二十九年五月十四日至五月十八日)

甲、作战前敌我之概述

一、武宁之敌三十三师团二一三联队,兵力二千余,除一部占领南岸各据点外,其主力在北岸占领茶述坑、严家园、方家山、刘家山、新开岭、七里山一带阵地,并附有山炮二门。

二、军于五月十二日奉命以新十四师沿横路、武宁自北向南,协力一四一师及七八军新十三、新十六两师,袭击武宁之敌。五月十四日,该师到达大马坑、南山一带。

乙、作战经过之概要

五月十四日午后十二时,我新十四师以一部控置于大马坑附近展开,主力向刘家山、方家山、严家园、茶述坑之线攻击,与敌激战。迄五月十五日,该师右翼队攻占刘家山、方家山、火烧白一带,左翼队攻占严家园亘茶述坑之线,全面继续向武宁、盘龙港攻击。入夜,复派队向敌夜袭。五月十六日,敌二百余由南市北渡武宁增援。同时,敌三百余由箬溪向西增援,全力向我反扑甚烈,激战至夜,该师复以强大之夜袭部队向武宁城之敌袭击,敌坚工固守,未克奏功。五月十七日,我新十四师再度向敌攻击,在火烧白附近与敌反复争夺,战况甚烈,迄当日午后十二时,奉调该师集结横路附近,该师停止攻击后,于五月十八日到达指定地区。

丙、战后之检讨

一、此次攻袭予敌军以意外之打击,造成其恐怖心理。

二、奉命停止攻击,故未竟全功。

三、敌人警戒疏忽,我攻击部队如能行动秘密,即可收奇袭之效。

第七,夏季攻势(二十九年六月二十日至六月二十八日)

甲、作战前敌我之概述

一、武宁之敌为三十三师团二一三联队,兵力共约二千余,除一部在南岸占领阵地外,主力在北岸占领七里山、刘家山、方家山、火烧白、观音阁一带阵地,盘龙港附近为敌另一警备区,兵力约二百余。

二、我友军七八军之新十三师在修水南岸,由南向北攻击武宁,新十六师在修河北岸自西向东攻击武宁。本军奉命以新十四师主力,由西北向东南攻击何家边、火烧白、观音阁一带之敌,相机攻占武宁,并以该师之一部对大桥河、洋港、龙港方面警戒,各部均于六月二十日准备完毕。

乙、作战经过之概要

一、六月二十日黄昏，新十四师除以四二团在王英铺、武宁山一带对大桥河、洋港方面警戒外，以四十团由北向南攻击武宁，四一团攻击火烧白、观音阁。与敌激战终夜，四十团冲入武宁城下，四一团逼近火烧白。迄六月二十一日拂晓，七里山之敌三百余与武宁城之敌二百余同时出击，向我反扑，反复争夺。我以孤军深入，陷于绝境，遂转移刘家山、方家山之线，继续战斗。黄昏以后，复向敌攻击，敌以猛烈炮火向我制压。六月二十三日拂晓，敌四百余复分头向我反扑，激战至午，始将该敌击退。同日午后，分由大桥河及富河北岸向横路东犯之敌共约四百余，与我新十四师四二团发生战斗，经该团击溃后，仍向大桥河方向退去。军为使新十四师之侧后巩固计，乃调新十五师四四团由留咀桥附近出发，驰赴横路，受新十四师指挥。六月二十三日至二十五日以来，新十四师仍与敌不断激战，枪炮声昼夜不息。六月二十五日辰，军复命新十四师（附新十五师四四团）除以四四团在横路附近阻止大桥河、龙港方面之敌南窜外，主力应即向观音阁、火烧白、武宁之敌猛攻，务将当面之敌击溃，乘势夺取武宁。

二、六月二十六日以来，我新十四师乃以主力向敌猛攻，敌亦集中炮兵火力向我攻击部队射击，并射发毒瓦斯弹。我官兵整夜与敌勇敢冲杀，迄六月二十七日拂晓，攻占火烧白、观音阁之线，残敌怆〔仓〕皇溃窜，遗尸二十余具。正乘势攻夺武宁之际，甫抵城垣南北两岸，敌炮集中向观音阁、火烧白猛击。同时，盘龙港、武宁、七里山各地之敌复分数路，猛力向我反扑。因之，该师之攻击乃遭顿挫，仍移原线与敌对战。六月二十八日午，奉令停止攻击，当令新十四师移集干、新溪源附近整理。

丙、战后之检讨

一、敌炮兵命中精确，敌阵前铁丝网障碍重重，设备以我劣势装备之步兵而行攻击较为困难。

二、我无炮步之掩护，步兵尚未进入有效射击距离，已先受敌炮火之制压，又当敌发射瓦斯弹时，予我士兵精神上之威胁甚大。

三、此次攻势妨碍敌之整调及予敌以精神上之打击甚大，使敌感觉孤立，时时有被袭击之恐怖。

第八,城山战斗(三十年二月廿日至二月二十二日)

甲、战斗前敌我之概述

一、敌四十师团之二三四联队在通山及南林桥一带,占领阵地,我新十五师守备梅山尖、黄英尖、黄家尖亘城山一带阵地,当以第一线团派队向敌东西牛山、芭蕉岭之线袭击。

二、敌因不时受袭,惶恐疲惫,不能全力从事整训,乃集中兵力千余,炮七八门,企图击破我军以行报复。

乙、作战经过之概要

二月廿日,敌分三路向我进犯,沿夏铺前进之近胜部队,兵力约一大队;沿罗成岭进犯之村山直辖部队,兵力两中队;由杨芳林进犯之野本部队,兵力约两中队。于八时逼近我阵地前,即以步炮联合向我新十五师左地区队四三团黄家尖、城山阵地猛扑,我警戒部队伤亡过半,黄家章附近警戒阵地被敌攻占后,各方面之敌炮复不断向我各地区施行制压,掩护其步兵进攻,反复冲击,我官兵沉着抵抗,战至入暮,敌未得逞。是夜,敌之夜袭均经击退,敌复利用城山深谷,沿绝崖水沟攀登,于二月廿一日拂晓前袭占东南门,我守兵死力抵抗,伤亡甚大,以致困守城山北门一隅。同时,黄家章之敌亦向我黄家尖阵地猛扑甚烈,军以突入城山之敌立脚未稳,即令该师以主力反扑,以有力一部由黄家尖出击,进出夏铺,遮〔截〕断敌之退路,对城山形成包围。迨十时许,敌我进入决战状态,官兵奋力冲击,杀声震天,敌势孤弱,我官兵愈战愈强,完全克服城山,敌遗尸八十余具逃遁,敌跌下悬崖而死者廿余人,伤亡惨重,该师追击至夏铺附近停止战斗。敌自遭此重创后,即固守通山原阵,战斗自此终结。是役,敌伤亡三百余人,遗尸八十余具,内有山本格男中队长一名,卤〔房〕获炮兵脚架及剪形镜全付〔副〕,三八式步枪廿余枝及其他军用品甚多。我伤亡官兵一千零八十九人。

丙、战后之检讨

一、我官兵攻击精神旺盛,有与阵地共存亡之决心,虽阵地全被摧毁,仍与敌白刃冲杀,故获得此次极大战果。

二、敌恃其优势炮兵火力,以为随意可击溃我军,故计划粗疏,致遭重大伤亡而惨败,此之谓骄兵必败也。

第九,上高会战(三十年三月廿四日至四月八日)

甲、会战前敌我之概述

一、敌三十四师团附独立山炮兵第五一大队,骑兵一大队,飞机二十余架,于三月中旬以来由奉新、西山方面向我上高进犯,企图攻占上高,威胁长沙。

二、我新十四师任九宫山、太阳山、黄英尖、城山一带防务,新十五师除四四团于留咀桥、船埠服行七二攻击队任务外,该师主力集结武宁属船滩附近整训。

乙、作战经过之概要

一、三月十九日,奉命以新十五师开赴甘坊,准备作战,受第十九集团罗总司令卓英指挥。该师于号辰由船滩出发,经找桥径赴甘坊集结待命。新十四师将九宫山防务交由七八军,新十六师城山防务交孔纵队接替后,于马辰出发,经三都至大嘏集结。同时,军部奉命移驻大嘏指挥,各部遵限出发。新十五师三月廿二日到达找桥,军复奉命率新十四师赶赴藤桥待命。三月廿四日,新十五师奉命通过水口墟,由北向南猛击敌之侧背,该师当以四五团为右翼队,由荷舍向樟树下,四三团为左翼队,由雷市向茅山攻击前进,四四团为预备队,位于大龙山附近。是日十六时,该师左翼队前进至东狗脑南端,与敌接触,激战澈〔彻〕夜。而南坑罗、白茅山之敌突遭袭击,伤亡甚大,深感侧后威胁,乃于三月二十五日晨以敌机十余架,掩护步兵四百余,由南坑〔罗〕空隙突入。我四三团当对东南之敌作战,奋勇冲杀,血战半日,敌我演成混战局面,反复争夺,战况至为激烈。该师乃调四五团至水口墟,协助四三团之作战,赖官兵奋勇战斗,敌未得逞。迄至午刻,敌乘南坑〔罗〕之空隙,即攻占南坑罗,该师乃以四三及四五两团,由水口墟、东狗脑向东横扫,猛攻水背岭、方头塘之敌。三月二十六日,我新十四师赶至雷市,进占棠浦西北端之荷粟垇一带,即与由村前街窜至棠浦之敌对峙。辰刻,敌分头向我新十五师猛攻,在南坑罗与敌反复争夺,该地失而复得者数次,该师乃以预备队之一部(四四团于二十五日亦赶至雷市)向南坑罗增加,全线与敌激战,入暮,始将敌击退,进占南坑［罗］、莲子山晏、南坑罗之线，与一〇七师在离娄谢之三二〇团连击。亥刻，奉罗总部命令调整部署，以三二〇团与山源方面之四三团对调，殊友军未待接收即去，而我接防部队之四四团于拂晓前中途被敌三面猛袭，因之战斗失利，乃转移至筱坑罗附近战斗。

　　二、三月二十七日，官桥街方面之敌为迅速脱离战场、避免覆亡计，即乘村前街方面应援部队到达之际，于拂晓即以主力二千余人，利用飞机三十余架，轮炸掩护，倾巢向南坑罗、山源李猛攻，敌我激战甚烈。敌便衣队及骑兵四百余，于拂晓由汪家洲空隙突入，一部袭筱坑罗，一部袭山源李，进达石田，与我新十四师之一部发生激战。斯时，敌我均于水口圩、筱坑罗展开血战，我官兵拼命肉搏，混战至十时，我新十五师四五团于方头尖附近被敌杀死过半，团长张雅韵、团附宋文华及营连长十余，均壮烈牺牲。该师被迫转移至大塘以西一带阵地，新十四师将石田方面之敌压迫至苦竹坑附近。亥刻，军奉命占领方头（不含）至江家洲之线，以为攻击准备，当以新十五师占领杏山罗、柏树罗、胥家凌之线，新十四师占领周家堆、胡家渡之线。三月二十八日，官桥街之敌乘夜突围逸逃，军奉命即以新十四师经官桥街、杨公圩归四九军刘军长指挥，担任赣湘线之追击，其余担任江家洲、棠浦一带警戒。三月三十日，复奉命以新十五师将江家洲、棠浦防务，交由一八三师接替后，即开凌江口、清水塘整训。三月三十一日，新十四师进击至杨公圩附近，复向敌猛击，予敌重创。敌为求迅速脱离战场计，乃以飞机五架，整日轮番向我轰炸，新十四师仍尾敌猛追，迄四月二日，追击至赤土街、虬岭附近，敌回窜原巢。四月三日至八日以来，该师三度趁夜向吴王殿、雷王殿之敌攻击，敌惶恐不堪，迄四月二十六日以前，我全军即先后遵命开返船滩、吴都整补。是役，共计伤亡官兵一千零二十员名。

　　丙、战后之检讨

　　一、敌军锥形攻击，企图一举突破我阵地，殊孤军深入，后方连〔联〕络线过长，补给不易，故招此惨败。

　　二、我士气旺盛，官兵咸抱必死决心、必胜信念，故能将强敌击溃，澈〔彻〕底粉碎敌军企图，以解上高之危局。

三、敌退却时借强大空军之掩护，我追击部队颇受其牵制。

第十，高湖朱地区战斗（三十年六月十四日至六月十八日）

甲、战斗前敌我之概述

一、沿鄂南阳通公路线与我对峙之敌第四十师团，六月十三日以来，抽调其阳新县境之二三六联队冈林大队及驻通山之二三四联队第一大队，配属该师团山炮联队第四中队及骑兵百余，另伪军六百余，共计兵力约一千九百人，马二百余匹，分集于大畈岭、下铺、夏铺各地，有分头南犯之样。

二、本军新十四师四二团（附该师工兵营）服行七二攻击队任务，位于燕厦附近，该师四一团任留咀桥、郭源、船埠、上陈一带守备，师部及四十团位于船滩附近整调。

乙、战斗经过之概要

一、六月十四日，敌主力由大畈南渡，经富有、横石潭向宝石河西窜，一路由岭下铺向黄英尖，一路由夏铺向藕塘南窜。六月十五日，军以确保九宫山、太阳山，俟敌进入高湖朱山谷，将敌围歼之目的，当令新十四师以四十团（欠一营）进驻太阳山，对向高湖朱进犯之敌，予以痛击。该师四一团以步兵两营，由上陈、小源口一带袭击敌之侧背，协同四十团作战，以收夹击之效。七二攻击队移于郭源附近，担任防堵，以掩护四一团之侧背。六月十五日以来，敌向我左翼友军挺进第四纵队压迫，迄六月十六日午，敌已进至小源口、大屋程、油榨岭、高湖朱、谢家之线，其唐家山炮兵不断向我石口射击，我新十四师当于午后二时以四一及四〇团之主力，向敌攻击，与敌发生激战。我官兵奋不顾身，战至入暮，攻占小源口、芭蕉湾、伏地钟之线。该师复于六月十七日拂晓，以左翼部队继续向大源口之敌攻击。此时，另敌二百余，经界牌向我四一团右侧背进犯，大源口之敌亦向该团猛扑，我四一及四〇两团协力奋战，当将大源口之敌击溃，退至苦竹林附近。该师复以四一及四〇两团续向界牌、苦竹林之敌攻击，与敌激战入暮。六月十八日拂晓，敌一部三百余沿横石潭向船埠进犯，经我新十四师四二团之一部阻击，发生激战。同时，我四一及四〇团仍继续向当面之敌攻击，激战至暮，敌负创甚重，全面动摇。我新十四师即乘势予敌猛击，敌不支，分向富有、岭下铺方面窜退。

二、新十四师以澈〔彻〕底追歼敌人于富河南岸地区之目的,乃于六月十八日,趁夜以四二团第二营为右翼追击队,经横石潭向富有追击,四十团(欠第三营)为左翼追击队,经宝石河向岭下铺之敌追击。敌经我猛烈之追击,狼狈不堪,续向大畈、西坑塘退窜,两追击队漏夜追至富有及岭下铺各地。六月十九日以来,战斗遂告结束,我新十四师即恢复战前态势。

丙、战后之检讨

一、敌新兵太多,精神不旺,训练差,技能弱,于山地作战连〔联〕络欠确实,故被我各个击破。

二、我官兵用命,各时期之作战指导亦颇适切,惟追击时未以轻装部队迂回截断敌军退路,正面复受敌后卫之牵制,致未克将敌尽歼。

第十一、新溪源地区战斗(三十年七月三十日至八月三日)

甲、战前敌我之概述

一、敌三十三师团之一部原据守箬溪、王家铺一带,七月下旬以来,侦察敌有抽调转用之样。

二、我友军七八军于七月二十八日,以守备部队沿修江两岸向箬溪之敌攻袭,该军七八攻击队(新十三师三九团)向王家铺之敌攻袭,进展顺利,殊敌由九江增来千余人,向七八攻击队反扑,该队即诱敌深入,于新溪源地区企图击灭之。此时,本军奉命以七二攻击队(新十四师四〇团)由洞口、芭蕉协力七八攻击队及新十六师之一部,三面夹击该敌。

乙、作战经过之概要

七月三十日至八月三日以来,我七二攻击队(新十四师四〇团)协力友军向新溪源地区之敌千余侧击反击,与敌激战于芭蕉、白羊山地区,敌遭受重创,狼狈东逃。我七二攻击队复协力友军,乘势向败退之敌猛烈追击,迫敌退守原窠后,始返原防。

丙、战后之检讨

一、后退作战诱敌于不利地形,予以三面夹击,故使敌遭此败北。

二、我各部动作协调,善于山地战斗,各向〔项〕任务迈进而能收夹击之效。

三、敌军东抽西调,企图眩惑我军应付各方作战,结果兵力疲惫,遭受意外之失败。

第十二,第二次长沙会战(三十年九月十一日至十月十六日)

甲、会战前敌我之概述

一、敌自侵略我国,苦战四年,而不能结束战场,反而蹈入深泥不能自拔,影响敌国之人心恐慌。乃搜括在我国境各战场之兵力约十六万人,企图击破我野战军,摧毁我攻势,准备袭占长沙,威胁衡阳,逐次打通粤汉路,妄冀迫我中途投降。乃于九月上旬由湘北方面发动第二次长沙会战,仍以四十师团二三四及二三六两联队之各一部,约千余人,配合伪军千余人,固守鄂南通山、崇阳公路各据点,企图牵制我军之转用。

二、战前态势:我军以新十四师(欠四二团为七二攻击队)任留咀桥、一天门、界牌、梅山尖、城山一带守备,七二攻击队于燕厦附近,新十五师集结修水、吴都整训。自会战开始,军即率新十四、新十五两师及七八军之新十六师,沿长寿街向平江前进,参加作战。

乙、作战经过之概要

一、通山、楠林桥攻击时期

九月十日晚,军奉命以新十四师主力于九月十一日向楠林桥攻击,七二攻击队向辛潭铺、阳新镇攻击,并破坏其交通通讯,阻止阳瑞方面之敌向西增援,并调新十五师集结宝石河,准备向通山城之敌攻击。当日,我七二攻击队将车桥附近公路完全破坏,新十四师亦与当面之敌发生激战。迄九月十二日晚,我新十五师在大岭山附近完成攻击准备。九月十三日拂晓,我七二攻击队向辛潭铺之敌攻击,冲入市街,予敌重创,敌退守市街北端高地据点,并由大桥铺纷纷增援,以炮火向我猛烈射击,该队乃撤回富河南岸。同时,我新十五、新十四两师亦向当面之敌攻击,发生激战。数日以来,于石杭山、东西牛山、罗成岭一带与敌激战数昼夜,攻占周家畈、新桥、南山、楠林桥各地区,敌数度反扑,均经我官兵奋勇击退,敌退守城北罗峰尖、罗汉山各据点。迄九月十八日晚,仍与敌激战中,我七二攻击队续向辛潭铺、阳新镇之敌攻袭。

二、湘北主决战时期

1. 九月十八日晚，奉命以七二攻击队受三十集团军总部直接指挥，军主力脱离通山、楠林桥之敌，附七八军新十六师限二十二日开赴平江应援，我各师先后赶到嘉义市、平江附近。九月二十四日，军奉命以新十四师在平江附近占领阵地，以新十五师向更鼓台前进，求敌攻击，新十六师控制安定桥以西地区。九月二十五日，三角塘之敌一部向我新十四师阵地进犯，激战两小时，被我击退。同日，我新十五师将更鼓台附近之敌驱逐后，续向石湾、金井之敌攻击中，新十六师推进滑石江集结，策应新十五师作战，并令新十四师确保平江，受杨副长官直接指挥。

2. 九月二十六日，我新十五、新十四两师各向石湾、三角塘之敌攻击，战斗甚烈。迄九月二十七日拂晓，新十五师攻占石湾，进至该镇西端，继续战斗中。此时，军奉命以新十五师向金井、上杉市之敌攻击，新十六师求上杉市敌之侧背攻击，新十四师进出金井，归还建制。午后，旋奉命向路口畬豺狗坳攻击，当令新十五、新十六两师即取捷径，向路口畬豺狗坳之敌攻击。各师当晚到达浔江桥、新开市附近，侦知沙市街有敌四百余。九月二十八日，两师向赤马殿、沙市街之敌攻击，进展至野猪洞、沙市街东端。二十九日，战斗顿形激烈，敌机数架轮流轰炸，掩护其步兵五六百人反扑，与我肉搏争夺，演成混战状态。均赖官兵誓死应战，将敌击退，乘势冲至沙市街，与敌巷战。是日午夜，军奉命向春华山之敌进攻，当令两师迅速驱逐当面之敌，沿水口椵进攻春华山之敌，新十四师推进新开市为预备队。

3. 九月三十日，我新十五、新十六两师各将当面之敌击破，续向春华山攻击前进之际，忽有敌兵六七百，炮四门，凭借空军掩护，向界口椵之新十六师猛扑，激战四小时，敌未得逞。斯时，军奉命以新十四师接替沙市街以南之二十六军阵地。十月一日，由北盛仓增来敌千余人，以飞机四架掩护，全面向我反扑甚烈，我官兵用命，与敌血战竟日。十月二日，得悉长沙附近之敌已向北总退，军奉命以一师固守平江，两师经安定桥、梅仙、黄岸市向杨林街追击。当令新十四师向杨林街追击前进，军部率新十五师向黄岸市追击，新十六师扫清当面残敌，开赴平江，受副长官杨指挥，各部遵即开始行动。迄十月三日午，军奉命到达杨林街后，以一部留置杨林街，担任警戒，大部向北挺进，大量破坏崇阳、羊楼司及粤汉路北段之交通通信。但各师连日追击前进,遭受敌机不断轰炸,损失甚大。十月六日,我新十四师追击至杨林街,新十五师到达黄岸市。当晚,军遵命以新十四师由杨林街向箄口、新墙之敌截击,新十五师以一部位于杨林街,主力集结马嘶嘏附近。十月七日,我新十四师向新墙、箄口之敌攻击,与敌激战,敌极度恐慌。同日,军复奉命以新十五师挺进至羊楼洞、平水铺间地区,截击敌人。新十四师立将当面之敌侧击后,取道长安桥,推进至平水铺、临湘间地区,截击敌人。十月八日,军复奉命向五里牌、忠防之敌攻击。同日,我新十四师将大小松林之敌击溃,夺获胜利品甚多。十一日,我两师先后到达忠防东北地区,攻击前进之际,军复奉命除以一团佯攻忠防,限十八日撤回外,其余各部即开返修水整训。当留新十四师之一团续向忠防佯攻,军主力于十月十二日出发,十六日返抵修水、三都一带。同时,新十六师亦由平江开返,归还建制。是役,敌伤亡官兵七百余名,我军伤亡官兵一千三百余员名。

丙、战后之检讨

一、敌下级军官能独立作战,士兵射击技能优良,且于极度疲惫被我围困中施行撤退而有条不紊。

二、敌无后续部队,战斗力不能继续维持,且孤军深入,处处受我尾击侧击,补给断绝,官兵意志动摇,致遭此惨败。

三、我官兵耐劳忍苦,士气旺盛,惟中级军官之战术修养,下级军官之战斗技能仍感不够,以致在敌军总崩溃之际,仍不能确实捕捉战机,予敌歼灭打击。

四、我各级司令部须注意搜索警戒,防止敌便衣队之扰乱及降落伞部队之袭击,以免影响全军之作战。

第十三,第三次长沙会战(三十年十二月二十五日至三十一年一月十六日)

甲、会战前敌我之概述

一、敌企图打通粤汉路,遭受二次长沙会战之惨败,国际形势恶劣,国内反战潮涌,且见我全民抗战愈战愈强,老〔恼〕羞成怒,复搜集在我国境各战区之第六、第三、第十三、第三十九、第四十等师团,兵力共十二万之众,再度进犯长沙,并以独立第十四旅团六三及六五两大队主力暨六一大队之一部,附骑炮兵各一中队,兵力共约二千余人,由箬溪沿修水西进,袭击武修,企图牵制我赣北部队之转用,策应湘北方面之作战。

二、军奉令以新十五师开赴平江集结,准备参加湘北方面之作战,以三十四师主力守备武宁以东杨梅垅、八字港之线阵地,一部守备九宫山、太阳山一带阵地,阻止箬溪、阳通方面敌人进犯。

乙、作战经过之概要

一、赣北方面

1. 十二月二十五日,箬溪方面之敌乘我三十集团军主力向湘北调动之际,即以主力步骑炮联合二千余,向我修江南岸杨梅垅、老鸦颈阵地进犯,发生激战,集中炮火轰击,掩护步兵猛攻,均被击退。入暮,敌复举全力将我阵地突破,我不得已乃转移于茶子坪、杨家岭之线,继续抵抗。同时,抽调北岸部队南渡增援。十二月二十六日、二十七日,敌复倾全力继续沿修江南岸西犯,猛攻我茶子坪、杨家岭及荷山、柳山阵地,直至二十八日,战况愈形紧张,乃抽调九宫山方面守备部队驰援,与敌激战于吊排山、清江、杨梅山、梁口一带地区。

2. 军见敌冒突冒进,又无后续部队,决心将敌诱至三都附近歼灭之。乃调整阵线,以三十四师(原新十四师)主力及新增之新十三师三十八团,从〔重〕新部署于三都、莲塘、上河山一带,于艳日向敌猛烈反击侧击,战况异常激烈,敌伤亡甚重。迄一月一日,敌势不支,向东溃窜,我即猛烈追击,迄三日始恢复武宁附近之原阵地。

二、湘北方面

1. 十二月二十五日,新十五师受命固守平江。三十一日,将平江防务交新十六师接替后,即在将军冲、罗洞之线完成攻击准备。三十一年一月一日,得知渡过汨罗江南犯之敌一部在新开市东南地区与我友军战斗,主力沿金井、福临铺向长沙急进。同时,金井已发现敌步兵四百余,骑兵百余,炮二门。该师基于上述情况,为牵制敌人之南进,即展开于大屋冲、张大坳之线,向大山坡以东北地区之敌攻击,是日午后,将敌击溃,攻占大山坡。

2. 一月二日入暮,得悉敌四十师团其骑兵先头已窜至永安市附近,主力窜至上杉市以南地区,我新十五师奉命向春华山攻击前进。一月五日,该师到达枫林港、南田、黄花市附近,即指挥新十三师沿黄花市公路,向长沙东郊之敌猛攻,以解长沙之危。我唐师于高溪塘,四五团于古港、春华庵各附近,与敌接触,激战至夜,全线始告沉静。一月六日,长沙近郊之敌被我内外夹击,为挽回颓势,乃放弃攻袭长沙之迷梦,即以榔梨市方面之敌转向南田攻击,企图击破我军,俾便向枫林港、石灰咀逃窜容易。我四五团于南田附近誓力阻击,新十三师亦向牌楼铺猛烈攻击,官兵奋勇冲杀,整日激战,直至午夜始将该敌击溃,分向西北逃窜。同日,新十五师四四团于大和塘、徐家坝附近,遭由大坝桥方面窜来步骑连〔联〕合之敌约七八百人袭击,并向六角塘、春华山急进,企图迂回我新十五师侧背,使其主力突围容易。当经四三及四四两团予敌重大打击。一月七日,新十五师以全力由春华山、大和塘之线向敌猛攻,新十三师续向南田、牌楼铺方面之敌攻击。是日,敌机十余架轮番轰炸,投弹数十枚,阻我攻击前进,幸赖我官兵不顾一切,奋勇冲杀,卒于午刻将敌击溃,向北逃窜,该师当分两路向敌追击中。

3. 一月八日,我新十五师奉令在仙姑庙路口附近集结,防敌东窜。九日,得悉北溃之敌现已窜过长乐街、福临铺、新市,向新墙河逃窜。同时,我新十五师奉命沿蒲塘向长乐街超越追击,该师当分两路兼程前进,遭遇敌机跟踪轰炸,损失颇大。一月十二日,该师追击到达悟口,即以一部向磨刀尖敌独立第九旅团第一大队(青木大队)攻击,主力由东北向西南攻击长乐街及其近郊之敌。当与敌发生激战,官兵勇猛冲至长乐街市区,遭汨罗江南岸渡河窜来之敌千余猛攻,我攻击因而顿挫。一月十三日拂晓以来,敌机轮番轰炸,我虽伤亡甚大,但官兵仍沉着应战,迄夜半,乃击溃敌人,攻占长乐街,并扫荡残敌,占领千树冲、王板桥之线,旋奉命向四六方追击前进。一月十六日到达杨林街,即奉命开返修水整训,会战自此结束。是役,我全军伤亡官兵一千二百余员名。

丙、战后之检讨

一、国军后退作战时，无论国防及野战构筑之工事，若无部队守备，必须澈〔彻〕底破坏，免为敌所利用。此次金井附近之既设据点工事被敌利用，我新十五师攻击时蒙受巨大伤亡。

二、我空军飞行过高，不能与地上部队密切协同。

三、我官兵战斗意志坚强，虽伤亡惨重，仍不动摇。

四、敌部队深入，不特补给困难，且处处遭我伏击侧击，军心惶惶，至迭次遭此惨败。

第十四，策应浙赣会战及策应五战区作战暨策应六战区作战（三十一年六月、三十二年一月、三十二年五月）

甲、作战前敌我之概述

一、三十一年至三十二年以来，赣北箬溪方面之敌均据守箬溪、大桥河一带各据点，当浙赣会战及五战区方面作战暨六战区方面作战各时期，军当面之敌均以少数兵力配合伪军，固守各据点，主力即抽调转用。

二、本军三十四师三十一年至三十二年以来，担任武宁方面防务，与箬溪方面之敌成对峙状态。

乙、作战经过之概要

当三十一年六月浙赣会战期间及三十二年一月第五战区作战期间，暨三十二年五月第六战区作战期间，均奉命以三十四师向当面之敌攻袭，以策应各战区作战。该师在上列各时期均以主力由西向东袭击敌人，每次逼近箬溪、大桥河敌人据点，围困强袭，敌伪极形恐慌，常由德安、瑞昌方面调兵增援，应付我军之攻袭。

丙、战后之检讨

一、敌军受我攻袭，各时期均误认为正面目之攻击，不特抽调转用之企图打破，且反致多耗兵力，徒增官兵之恐怖心理。

二、我攻击部队颇能昼夜无间，予敌以猛袭，澈〔彻〕底奉行命令。

第十五，常德会战（三十二年十一月十九日起，三十二年十二月廿六日止）

甲、会战前敌我之概述

一、敌第十三师团、第一一六师团主力及第三师团、第四〇师团一部，配属独立野战山炮兵第二联队,骑工兵各一个联队,飞机十余架,兵力约二万人,企图击破我野战军,盘据〔踞〕常德,遮〔截〕断我六、九两战区之交通,进出资江,威胁长沙、衡阳,妄翼〔冀〕牵制我军之远征,以策应滇湎〔缅〕战场之作战。

二、军(欠三十四师,归三十集团军总部直接指挥)原于赣北方面担任武宁及九宫山、太阳山方面守备。十一月十九日,奉命率新十五师(欠四四团)、新十三师(欠一营)分由渣津、吴都附近出发,开赴安定桥、三眼桥一带待命。继又奉命于十一月二十三日续开黄花市、永安市。十一月二十五日,复奉命开赴宁乡西南之回龙铺集结。三十日奉命到长茅岗集结候命。各部遵于十二月四日到达长茅岗集结完毕。

乙、作战经过之概要

一、沅江南岸攻击战斗时期

1. 敌于攻占常德渡过沅江南岸后,以一部自十二月四日以来,向我德山友军第三师猛攻,军当面沅江南岸之敌二千余,炮四五门,分据斗姆湖、黄石港、沙市港、土桥、裴家码头、道林寺、麒麟坡一带地区。军奉命于十二月五日向该一带地区之敌攻击,当以击歼沅江南岸之敌,攻占常德之目的。以新十三师主力在山田港、二口黄,一部在高家冲、桑木桥完成攻击准备后,逐次向沅江南岸之敌攻击。新十五师为预备队,在新十三师右翼后跟进。

2. 新十三师于十二月五日,开始向当面沅江南岸之敌攻击。迄十二月六日,攻占兴旺桥、道林寺、胜家桥之线后,继续向北攻击,敌凭工事火力顽抗。十二月七日,得空军助战,将黄石港敌阵地轰炸后,我新十三师乘机向黄石港、沙市港、土桥、裴家码头、杜家河镇、龙庵、彭家坡一带猛烈攻击。激战入夜,敌不支,退据斗姆湖、杨家岗及沅江北岸,该师继续向敌进迫。于十二月八日,我新十三师复与空军配合,向斗姆湖一带之敌猛烈攻击。敌千余,炮八门,凭堤坎村庄顽抗,因地形暴露,复有小溪流之障碍,进展困难。我官兵奋不顾身,勇猛冲击。迄至十二月九日一时,将斗姆湖、杨家岗之敌击溃后,以一部续向常德南站败退之敌追击。迄十二月九日三时,将当面沅江南岸之敌完全肃清。同时,新十五师亦推进至兴旺冲、甘家冲、樟树湾附近,军指挥所推进至枫林口西北侧地区。

二、常德、河洑攻略战斗时期

1. 军鉴于沅江南岸之敌被我压迫,退守常德城,乃决心连〔联〕系五八军乘胜攻占常德、河洑山之目的,以新十五师(附新十三师之一个营)于十二月九日由裴家码头、潘家河乘夜渡江,攻击常德城之敌;以新十三师三八团为左侧支队,于十二月九日夜由马岸坡以西渡江向河洑山攻击;新十三师以一部续向常德南站败退之敌追击,该师主力控置于斗姆湖、鲁家河附近地区。军指挥所同时推进道林寺。

2. 新十五师渡江后,将丹洲平附近之敌驱逐,即以主力向常德及长安街一带之敌猛攻。该师一部协力军左侧支队向河洑山之敌攻击,官兵异常奋勇,敌遭此闪击,狼狈不堪。于十二月十日拂晓时,我新十五师一部冲入常德西门,与敌巷战,大部在城外刘家桥、青里港附近与敌激战,敌伤亡甚众。拂晓后,该师即以全力向敌攻击,战斗异常激烈。直至午刻,敌陆续增援二千余人反击,战况极度紧张。以迄入夜,军左侧支队协同新十五师之一部攻占河洑山后,敌数度增援反扑,均被击退。同时,新十三师向南站追击之一部,已由甲街寺渡河向龙家港以北地区推进,该师主力向姚家港、高家河、西岗头、马岸坡附近地区推进。

三、击破敌反击战斗时期

1. 十二月十日以来,军当面之敌约二千余人,炮五六门,骑兵四百余,全线向我反击甚烈。军以击破敌军反击之目的,乃命新十五师以主力击破敌之反击后,即向竹根滩、青里港以北地区进出,以一部加紧歼灭西门附近之敌,并确实控制西站、长安街、龙王庙、杨家湾地区。并令新十三师以主力确实巩固郎家湾、河洑山地区,努力击破敌之反击,尔后向青里港、岗市附近进出。一部控置于南湖铺、龙家港、马岸坡间地区。同时,军指挥所推进花园坑附近。

2. 十二月十一日拂晓以来,我新十五师、新十三师于白马湖、刘家桥、河洑山及兴隆桥、西门、长安街、矮子堤各线,与敌反复争夺,血战整日。我于西站、矮子堤、河洑山附近予敌以重大打击,敌势渐颓。我新十五、新十三两师乘势向敌猛攻,将敌压迫后撤。入暮,成对峙状态。

四、追击战斗时期

1. 十二月十二日拂晓,我全线继续猛攻,敌节节后撤。军鉴于当面之敌已开始退却,乃决心向石板滩方向追击敌人,俾竟全功。遂命新十五、新十三两师迅速击破当面之敌后,即分三路向石板滩方面追击,到达后,再以新十五师之一个营续向新洲方面追击。

2. 十二月十二日,我将当面之敌击破后,即分三路向敌猛烈追击,沿途与敌激战。十二月十三日拂晓,我追击部队分头到达石板滩后,新十五师之一部续向新洲方面追击,沿途予敌重创,敌喘息无暇,狼狈北溃,该部遂于十二月十六日进占新洲。十二月二十六日,军遵命由常德附近出发,三十三年一月十二日返抵修水原防。

丙、战后之检讨

一、此次我军制胜之主因为空军优势,地上部队大为兴奋,增强战力不少。

二、我高级指挥卓越大胆,抽兵集中主力于所望之决战方面,是以一举成功。

三、敌初以蚕食战,迟延时日,致予我以抽兵转用之余裕时间。

四、部队渡河迅速,运动轻快,故收得闪击之战果。

第十六,长衡会战(三十三年五月二十七日起、三十三年十月四日止)

甲、会战前敌我之概述

一、敌鉴于太平洋之作战失利,乃以媚苏手段,促成日苏渔业协定,大胆抽调关东兵力约十余万人,转用于我国南北战场,企图先打通平汉路,次以主力转移于江南,打通粤汉湘桂交通路线,挽回海洋战局。乃于四月下旬以来,以安徽、鄂西、南昌及豫北各部队,秘密集中于军当面之咸宁、蒲圻、崇阳一带地区,约三万余人,企图一举突破通城、平江,与洞庭湖南畔进犯敌寇呼应,钳击长衡。

二、军以三十四师担任武宁南北两岸及九宫山一带守备,新十三师担任通城、斗米山、雪堂岭、九岭、保定关一带之防务,新十五师加紧构筑修水外围核心工事,新十六师奉命将兵员拨补本军各师,仅留干部后调,该师正集结渣津附近待命。

乙、作战经过之概要

一、通城、南楼岭防击时期

1. 五月廿七日拂晓，敌步兵约一大队，骑兵一中队，炮二门，由崇阳南下，分三路向我新十三师大沙坪前进阵地进犯，借炮火之掩护，猛烈攻击。我守备该地之三七团第三营沉着应战，死力抵抗，敌未得逞。迄十二时许，敌不断增援，十四时，复有敌机数架助战，抵〔低〕空扫射，敌乘势迫近，战斗至烈。同时，左侧东关方面有敌骑兵一部绕攻，该营乃逐次向南转移，迟滞敌军前进。

2. 军以阻止敌人深入之目的，遂于五月二十七日十五时调新十五师四三团，由吴都出发，速开上抗附近待命，对蒲口街、大源方面严密警戒。并令新十六师即派军士队，由渣津出发，到乌江殿待命，对大源、高视方面严密警戒，防敌南犯。并令新十三师应利用通城东西之既设阵地，集中优势兵力，予敌重创。同时奉调新十五师主力，即开渣津，该师一部仍在修水待命。

3. 五月廿八日，我新十三师三七团第三营逐步转移，掩护该师主力进入阵地，配备完毕后，敌复增援步兵七八百人，骑兵百余，炮二门，向我新十三师右翼主阵地猛犯。同时，由石栏桥向东窜犯之敌，亦迫近通城西郊，该师奋勇应战，与敌反复争夺。迄五月二十九日拂晓，敌复陆续增援步骑兵四千余，炮十二门，续向我通城东西一带主阵地猛犯，借炽盛之火力，将我阵地完全摧毁。我新十三师右翼阵地遂告失陷，该师乃转移于鱼牙、锡山之线，继续与敌抵抗。另敌主力三千余，沿斗米山突破麦市南犯。十七时许，我新十五师四三团赶至苦竹岭、南楼岭，与该敌遭遇，战斗激烈，敌我反复肉搏，卒以敌众我寡，未克奏功。五月卅日，该敌乘势向我四三团猛烈攻击，该团被迫转移于朱溪厂西北地区。同时，通城方面之敌仍继续向我新十三师百岗岭阵地猛犯，该师沉着应战，终未得逞。十五时，该敌后续部队约一个师团兵力，由麦市分向南楼岭、牮楼咀南下；另有敌二千余名，由保定关、黄岸市纷纷南下。迄五月卅一日，敌后续部队络绎不绝，向我新十三师全线猛攻，另以一部向我田家山攻击，该师因左翼方面牺牲过重，阵地被敌突破，敌复乘势向九岭方面猛犯。因敌我兵力装备悬殊，该师伤亡过大。同时，又发现敌军千余，向该师左侧背攻击，该师因后方连〔联〕络全被切断，粮弹缺乏，遂向凤凰楼以南地区转进,阻敌南窜。

二、朱溪厂、长寿街、达浒附近侧击时期

1. 五月卅一日以来,由黄岸市南窜之敌已窜据南江桥,由麦市南下之敌有窜扰长寿街、向平江进犯之样。新十三师奉命待敌由通城、南江桥向平江进窜时,跟踪尾击。本军(欠新十三师)奉命对经龙门厂、长寿街向平江进窜之敌,逐次堵击,迟滞敌人,以主力由东北向西南堵击侧击。

2. 军以堵击敌人之目的,于六月一日晨,以新十五师分两纵队,对由白石桥向长寿街南下敌约二千余名猛烈尾击。迄午,我四三团进至朱溪厂附近,与由沙湾回窜之敌八百余名发生激烈战斗。六月二日,四五团进至白石桥附近,向南下之敌猛烈侧击,四三团于慎坊碬与敌激战中。该师为围歼大桥附近之敌,复以四四团展开于陈家碬附近,协力四五及四三两团由东南北三面围攻。是日由午至夜,官兵奋勇冲杀,战况至为激烈。敌集中炮火掩护步兵冲杀,卒未得逞。迄六月三日,敌不支,大部向长寿街方向窜去,我新十五师继续向敌尾追,军于同时奉命以三十四师(欠一〇〇团及一〇一团第一营,仍任修水九宫山原防)西开,加强尾击侧击兵力。此时,我新十三师仍向由通城南犯之敌尾击中。

3. 六月四日,奉命以新十三师由黄龙山突破敌军后方,求得粮弹补给,迅速尾击向平江南窜之敌。此时,军当面之敌除一部尚滞留花桥附近地区,与我新十五师之一部战斗外,其主力续向长寿街窜扰。军以尾击该敌之目的,以新十五师之一部继续攻击花桥附近之敌,牵制其南窜,该师主力经谢家园向长寿街索敌攻击前进,三十四师(欠一团又一营)经东渡港、黄圫坳向长寿街索敌攻击前进。六月五日,奉命以新十三师向梅仙急进,攻袭敌人。六月六日午,我新十五及三十四两师向小岩垅、马颈之敌攻击,官兵奋勇冲杀,将敌击退,我确实占领该线后,乘势向长寿街之敌继续猛攻中。

4. 六月七日,敌三四千名沿九岭、东门市向官渡窜犯中。军奉命转向白沙,攻袭东门市方面之敌。当以新十五、三十四两师脱离长寿街附近敌人后,分两纵队漏夜冒雨向白沙附近前进。六月八日,我新十三师在平江境进展至梅仙市附近,发生激战。我一部冲入市区,发生巷战,午后,敌由平江方面增援反扑，再度激战。是日，我三十四师、新十五师到达白沙附近，军当以会歼达浒、官渡、永和间敌人之目的，以新十五师主力由浏阳河北岸向达浒方面攻击前进，三十四师（欠一团又一营）主力由浏阳河南岸向达浒方面攻击前进。该师一部任分水坳守备，并阻击九岭方面南窜之敌，又另一部为军预备队，随新十五师后前进。

5. 六月九日，我新十五及三十四两师继续向达浒之敌攻击前进。在望天师、子叶家、鱼家山之线与敌激战，将敌击退后，继续向西攻击。同时，三十四师分水坳守备队亦在栗树坪附近与敌发生战斗。至六月十日，其九岭之敌企图南窜，复被该部以炽盛之机炮火封锁道路，将敌拒止，而敌后续部队络绎增加至千余名，向该部猛攻，因众寡悬殊，伤亡过大，该处阵地卒被突破。此时，我新十五师之一部已进展至五宝洞，对由栗树坪南窜之敌虽感受侧背威胁，但仍续奋战中。

三、蒋埠江、大瑶铺各地尾击时期

1. 六月十日以来，官渡、永和市之敌全数窜横山、蒋埠江地区，军（欠第十三师仍任梅仙附近之攻击）奉命分两纵队，经马鞍石、白石桥及西坑、陈家坊道向蒋埠江、小河镇方向索敌攻击前进，并与二十军、五八军会歼小河镇、横山、蒋埠江地区之敌。六月十一日，我新十五及三十四两师与达浒方面之敌脱离后，即向新目标前进。六月十二日午，我新十五师向横山、蒋埠江方面之敌攻击，三十四师（欠一营为军预备队）向小河镇方面之敌攻击，反复冲杀，激战至六月十三日晨，将敌击退，敌向西南退窜，我即跟踪尾击。迄午，我两师进击至牛头坪、龙锅霸附近，复与敌再度激战。

2. 军鉴于小水岭、孙家碬之敌二千余名，炮八门，有向西南窜犯之样，乃决以围歼该地敌军之目的，以新十五师（欠四四团）由西北向东南，三十四师由东北向西南，夹击小水岭附近之敌。新十五师四四团为军预备队，占领野猪岭、盆斗坳之线，防敌向东突窜。六月十四日以来，我新十五、三十四两师协力向小水岭之敌攻击，官兵奋勇冲杀，将敌击退。我乘势逐步猛逼，复攻占孙家碬，敌不支，向杨谷碬、大瑶铺方面溃退，我仍继续追歼中。

3. 六月十五日，军奉令向何家冲、枫林市索敌攻击，当以三十四师为右纵队,新十五师(欠四四团)为左纵队,向柞木岭、小砚头之线索敌攻击前进,四四团为军预备队,向皇加封前进。迄六月十六日,我三十四、新十五两师在大瑶铺以东及澄潭江以北地区,与敌警戒部队发生战斗,将敌击退后,三十四师进展至油草冲、李家湾附近,仍继向枫林市、大瑶铺攻击中。新十五师进占澄潭江后,因天雨连绵,山洪暴发,渡河困难,与敌隔河对战中。六月十七日,军督饬新十五师设法渡河后,协同三十四师继续向大瑶铺之敌猛烈攻击,于李家湾、花江、坑背塘、蔡家塘之线与敌反复争夺,战况甚烈。我不惜牺牲,前仆后继,向敌猛攻,卒将该线夺取。此时,军奉命以三十四师攻击大瑶铺之敌,新十五师攻击金刚头之敌。迄六月十八日,三十四师当面之敌由浏阳方面增援二千余,向该师金树山、皮家冲阵地反扑甚烈,我官兵英勇用命,浴血苦战,与敌反复争夺。此时,我新十五师攻至坑背塘、斑鸠坡、道光山、挂博山、车上之线,与敌激战,确占该线后,以四三团续向大瑶铺,四五团向金刚头攻击。该师乘敌渡河之际,将敌橡皮船击沉五只,旋即征集民间木板、竹筏,渡过浏阳河,背水猛攻。官兵誓死冲杀,将敌击溃,确实占领金刚头。六月十九日,我三十四、新十五两师协力再向大瑶铺之顽敌猛攻,官兵奋勇冲杀,反复肉搏,冲入市区,与敌发生激烈巷战。敌负创甚重,向西南溃退。我确实占领大瑶铺、金刚头两据点,遮〔截〕断浏、醴间敌之交通,并以一部续向败退之敌追击中。

四、萍乡城附近阻击时期

1. 六月十九日午,得知敌主力已窜醴陵近郊,军奉命转向醴陵之敌攻击。当令新十五师、三十四师由大瑶铺、金刚头向萍乡西北地区前进。迄六月二十日,两师到达清溪南岭下地区,六月二十一日,复奉命分两纵队向刘公庙、漕水源一带索敌攻击前进。午后,我先头部队到达小桥下、梓木冲附近,与刘公庙东窜之敌遭遇,发生战斗。军以击灭东窜敌人之目的,当以三四师(欠一团又一营)展开于盆形坳、小桥下之线,新十五师(欠四四团)展开于朱家寨、白云山之线,向当面之敌攻击,官兵奋勇,颇获进展。殊敌由刘公庙增援二千余人,炮四门,向我三十四师反扑。同时,左翼新十五师当面桐田附近,亦发现敌千余,向东猛进中。迄至入暮,两方均无进展,战况渐趋沉寂,我乃就地加紧构筑工事。六月二十二日拂晓,敌复借炮火之掩护,全线向我猛攻,我官兵沉着应战,反复冲杀,敌终未得逞。此时,军即令新十五师四四团占领萍乡城西北刘庄、赖庄、农塘一带阵地,掩护三十四师左翼,并策应该师之作战。十时许,四四团尚未到达指定地区,而二十一日突破五八军之武功岭、赵家店阵地,钻隙潜行之敌千余人,已突入萍乡城,与我三十四师担任城内纠抚之工兵连及卫生队发生巷战。此时,我四四团即就农塘、宝积寺阵地与敌步骑兵七八百,便衣队百余遭遇,发生激战,敌数度由油作坊增援猛扑,均被击退。迄午,我三十四师当面敌后续部队完全到达,借炮火掩护,数度向我猛扑,战况至为惨烈,以众寡悬殊,伤亡奇重,盆形垇阵地遂被敌突破,三十四师右翼之一部被敌隔断于仙人坑附近地区。同时,敌千余向我宝积寺方面攻击甚烈,我各师因工事尚未完成,即遭优势之敌猛攻,伤亡甚重,但官兵沉着应战,敌无多大进展。午后,由葡萄岭窜来敌二千余,向我三十四师被隔在仙人坑之部队攻击最烈,当本日三十四师战况紧张时,桐田之敌亦向我新十五师正面猛攻。入暮,敌一部四百余,经源头向白云山攻击,另敌一部步骑炮联合之敌千余,由源头、上七堡迂回至乌龙桥,与我新十五师四五团之一部发生战斗,军为迅速驱逐乌龙桥之敌,即派吴参谋让指挥特工两营及四四团之吴营迎击该敌,激战澈〔彻〕夜。

2. 六月二十三日,军鉴于樟树下、夜光山、长潭、天山一带之敌陷于苦战,四四团遭优势之敌,被迫于安源附近与敌激战中。军为击破当面之敌,乃命三十四、新十五两师拂晓向当面之敌攻击,官兵奋勇异常,虽伤亡惨重,仍前仆后继,向敌猛攻。战至八时,敌后续部队到达,借炮火掩护,一再向我猛扑,反复冲杀,敌我伤亡均重。斯时,乌龙桥附近之敌正向我鹅形山、张家阵地猛攻,经我官兵沉着应战,将敌击退。八时许,敌复借炮火掩护,发射瓦斯弹,续向我猛扑,反复肉搏,战况更形激烈。我派赴指挥作战之参谋吴让负伤,连长杨冠之阵亡,张铭、杨伯雍负伤,瞬刻,官兵伤亡百余。然敌攻击愈烈,幸赖我官兵英勇用命,誓死抵抗,卒能挫敌凶顽,战至午后,演成对峙状态。又本日九时许,我三四师、新十五师续向萍乡之敌攻击,卒将樟树下、夜光山之敌击溃,并攻占萍乡城东南陈庄、宝积寺各要点。迄午,敌复由萍乡城方面增援二千余名,炮六门,向我反扑,我以伤亡重大,且敌众我寡,傍晚被迫转移于芭蕉岭、荷花形、天山之线,白云山之敌复进展至婆婆岩、白云庵附近。十五时,敌军万余齐向本军围攻,企图一举歼灭于山谷地区。然本军仅两师(欠四营)兵力,独战无援,遂于芭蕉岭、天山、白云山、婆婆岩、鹅形山一带对四方之敌浴血苦战,打击进犯之敌。

3. 六月二十三日晚,军鉴于四周优势之敌一万余人正紧缩包围,不断向我压迫,同时,军奉命突破敌之阵线到源头、漕水源一带待命,当集中主力乘夜分向白云山、上七堡之敌攻击,激战至烈。迄六月二十四日拂晓,将敌击溃,敌不支,向刘公庙方向败退。迄午,我到达关帝庙附近地区,整顿待命,惟三十四师被隔于仙人坑之一〇一团情况仍不明了。

五、黄土岭、横岭铺、官田各地攻击时期

1. 六月三十日,军奉命即推进白竺、白石桥、枫树坪,将该一带之敌击破后,向横岭铺、黄土岭之线索敌攻击前进。当令新十五师以一部向白竺,主力向白石桥、枫树坪之线搜索前进,三十四师(欠一团又一营)随军向罗汉司前进。午后,新十五师四五团进至白竺、白石桥、枫树坪时,与敌二百余名发生战斗,该师奋勇攻击,将敌击退后,军继续向西追击中。迄七月一日,新十五师四四团进至南江口、芭蕉塘,主力进至樟梘冲之线,三十四师进至柏树下附近〔近〕。七月二日,复令新十五师以一加强营于拂晓向横岭铺、黄土岭之线搜索前进,三十四师编一加强连协同新十五师之威力搜索。各部先后在梓木岭、山关各地将敌二三百人击溃,续向预定目标搜索前进。迄七月三日,我新十五师攻占张家塘、世上坪之线。七月四日,我新十五师将清水塘附近之敌击退,确实攻占清水塘、天子坪之线。三十四师攻占官田、杜口之线。

2. 七月五日辰,得知敌步骑兵千余名向我田心屋前进,官田附近复发现敌骑三百余人,当令新十五师以四四团协同三十四师击破田心屋方面之敌,其余仍遵令猛烈攻击黄土岭、横岭铺之敌。并令三十四师务先击破当面之敌人,尔后再向黄土岭方面前进,策应新十五师之作战。迄午,我新十五师进至黄土岭附近,与敌战斗。同时,敌四百余名向我杜口、官田三十四师反扑,战斗甚烈。斯时,军遵令以新十五师四四团归三十四师指挥,以新十五师一部攻钳黄土岭之敌。该师主力集结山关、梓木岭间地区,准备参加尔后之作战,并令三十四师并指挥四四团迅速击破田心屋、官田之敌。午后以来,由黄土岭窜田心屋方面之敌不断增至二千余人,向我三十四师一〇二团反扑甚猛,我援兵到,着官兵奋勇迎击,澈〔彻〕夜激战。迄七月六日,将该敌击退,我确实攻占田心屋、官田等地。敌不支,分向路口鸾山方面溃退,该师继续猛攻,敌向茶山方向退窜。

3. 七月七日,军以新十五师四四团归还建制后,该师续向横岭铺、黄土岭之敌猛攻,战斗至烈。我官兵前仆后继,奋勇冲杀,卒将该敌击退,确实占领横岭铺、黄土岭两据点,遮〔截〕断敌醴攸交通。敌复由西北方面增来六百余名,向该师反扑,再度激战。此时,我三十四师亦已攻占洋沙湖、鸾山。迄午,敌军千余,由南向北回窜邹家坊、洋沙湖,向我三十四师反扑,激战中。迄七月八日,两师努力攻击,将各该当面之敌击溃。七月九日,各师续向当面败退之敌追击,三十四师进至大美田、大和山以北地区,复与回窜反扑之敌六百余名战斗。此时,我新十五师仍续向兰塘桥之敌猛攻,敌凭借村落顽抗。七月十日,我各师仍继续猛攻当面之敌,同时军奉命肃清当面之敌,准备待命。七月十一日,我三十四师于分水坳将当面反扑之敌击溃,敌遗尸遍野,狼狈向西南逃窜,该师复派队继续追歼。七月十二、十三两日,军奉命新十五师主力固守横土岭、黄岭铺,以有力之一部协力五八军左翼,向泗汾铺之敌攻击,使五八军左侧背不受威胁。此时,我三十四师奉命就分水坳、洋沙湖附近,准备攻击由攸县开阳升观之敌。

六、第一次攻击醴陵时期

1. 七月十四日辰,泗汾铺之敌向沈潭东窜。军奉命协同五八军夹击该敌。同时,新十三师奉命将金岭下快活岭阵地交朱师接替,即归还本军建制。当以新十三师由大山田自东向西,右翼连〔联〕系五八军,左翼连〔联〕系新十五师,向沈潭攻击。新十五师除以一部固守横岭铺、黄土岭两要点外,主力自南向北,协力新十三师夹击沈潭之敌。三十四师仍在洋湖、分水坳一带防堵回窜之敌。迄七月十五日,我新十五、新十三两师官兵奋勇,卒将沈潭之敌击溃,新十五师确实攻占该地后,继续协力新十三师向泗汾铺攻击前进。

同时，奉命以三十四师向新市攻击，占领新市，截断敌之交通。迄午，我三十四师进至新市附近，与敌五百余名激战，官兵勇猛冲杀，将敌击溃，确占新市，残敌不支，向攸县方面窜逃，该师仍向敌追击中。

2. 七月十六日，军奉令以主力向杉仙、汪家坳之敌攻击，当以攻击敌人确实截断敌交通之目的。以新十三师（欠三八团）一部掩护军之右侧，主力向泗汾铺、杉仙攻击前进。新十五师以一部仍固守黄土岭、横岭铺两要点，主力向汪家坳、贺家桥攻击。三十四师（欠四个营）除固守既占之新市并掩护军之左侧外，以一部向铜金铺攻击。新十三师（已归还建制）之三八团为军预备队，位于山关林田间地区。迄七月十七日，我各部在泗汾铺、汪家坳、狮子岩各地与敌激战，入暮，我新十三师攻占泗汾铺，新十五师攻占汪家坳、贺家桥后，续向栗山坝攻击，三十四师攻占狮子岩后，续向铜金铺攻击中。七月十八日，新十三师攻占杉仙，新十五师攻占栗山坝，三十四师攻占铜金铺。军当命新十三师继续攻击，并以有力一部先袭取道姑岭、石城金之敌阵地，尔后攻击五里墩、仙岳山之敌侧背。新十五师以一部协同新十三师绕攻西山之敌侧背，一举突破敌阵，直捣醴陵城而占领之，以威胁五八军当面敌之侧背，并截断敌之后方交通。三十四师续向星江稻之敌攻击。迄七月十九日，三十四师攻占星江稻，并俘敌兵白土胜一名，敌向田心坳西北溃退，该师继续追击。七月二十日，我新十三师经两日来之激战，卒将道姑岭、石城金之敌击退，继向五里墩、仙岳山之敌攻击，新十五师四五团仍向西山之敌猛攻中。

3. 七月二十一日辰，军以协力友军围歼敌人，并截断敌人交通之目的，以新十三师（欠三八团）攻击五里墩、仙岳山敌之侧背，压迫敌于阳三石、南正街河岸而歼灭之。新十五师以两营进出渌水南岸，确实占领清泯湾、李家渡、石亭，以一营进出湘江东岸，确实占领昭陵、淦田各要点，截断敌之水陆交通。该师主力由冷水河附近渡河，协同新十三师向仙岳山、西山之敌侧背攻击，完成包围态势，压迫敌人于南正街、姜湾河岸而歼灭之，尔后以一部攻略醴陵城。三十四师（欠四营）以主力固守横岭铺、黄土岭、新市各要点，一部占领铜金铺，以确实截断敌之交通。军预备队（三八团）仍于林田附近。七月二十一、二十二两日以来，新十三、新十五两师遵照指示目标向敌攻击，发生激战，先后攻占石门口、仙岳山、大背岭、西山、青泯湾、李家渡各地,其四四团攻占石亭、昭陵、淦田各地,并遮〔截〕断渌水、湘江交通,新十三师(欠三八团)及新十五师主力仍续向南正街之敌压迫中。此时,得悉敌八百余,由大西滩、上中下三洲南渡渌水,窜至关帝庙附近,向栗山坝急进,当调三九及四三两团在枫林坡附近堵击南下之敌。同时,我四四团即由罗家岭、茶坑向攸坞、栗山坝之敌猛烈攻击中。七月二十三日,复令三十四师除一部留守横岭铺、黄土岭、新市外,主力向栗山坝敌之侧背攻击,并以三八团归还新十三师建制,参加战斗(尔后仍为军预备队)。此时,我新十三、新十五两师正与滥泥冲、西山反扑之敌千余激战中。七月二十四日,向我滥泥冲、西山反扑之敌复借炮火掩护,向我一再猛扑,我四五团官兵沉着应战,死力抵抗,敌未得逞。同时,新十五师主力攻击至关帝庙,予敌以严重之打击,确占该地,将敌压迫至神福港以北。又,敌于半渡中遭我盟机五架轰击,伤亡惨重,本日十二时半,军奉命指派四四团一营担任淦田、株州〔洲〕段铁路之交通通信之澈〔彻〕底破坏,遮〔截〕断敌军运输补给,并发特支费十万元。七月二十五、二十六两日,我新十三师之三七团,新十五师之四五团仍在石城金、仙岳山、西山浴血苦战,反复与敌争夺,战况激烈,我官兵英勇奋战,卒将该敌击溃,并派队追歼中。

七、白竺附近战斗时期

1. 七月二十六日午,得悉二十五日申刻到新塘之敌约二千余名,其先头部队到达芦溪。又敌三千余名,由金刚头南方铜塘渡河,续向东方前进。军奉命以卅四师极少数兵力留守新市,主力转移石桥附近,对白竺方向警戒。新十三师以必要兵力留守横岭铺,主力向梓木岭、界上坪、高枧、山关地区集结待命,并对北方警戒。新十五师以一部留守贺家桥,主力即向灵官庙前杜口间集结待命,四四团一营任株州〔洲〕、淦田段铁公路之交通破坏,三八团归还军预备队,军部向东南移动。七月二十八日,复奉命以一师向黎树庙、欧公山,以一师向铁炉坑、芭蕉坡前进,在该地带完成攻击准备。入暮,军部及新十三师到达柏树下,三十四师到达黎树坪,新十五师到达坳上。七月二十九日,窜刘公庙之敌千余,已窜至白竺附近,当以卅四师(附三八团)由上康坞、黎树坳之线,新十五师四五团由铁炉坑,四四团由螺子坡各地区向敌攻击。

两日以来,敌陆续增加,借炮火之掩护,一再向我反扑,均被击退。七月卅日,陆公坡、罗汉司之敌千余人,似有向西南窜犯之样,当以三八团一部驰赴分水坳附近堵击,与敌发生激战。七月卅一日以来,卅四师、新十五师当面之敌继续增援反扑,[我]在黎树坳附近毙敌中队长以下数十人,予敌重创。迄八月二、三两日,敌增援至三千余名,炮十余门,自白竺分三路向我攻击,战况甚烈,军以后方连〔联〕络线被罗汉司之敌截断数日,补给断绝,弹药用尽,多凭白刃与敌冲杀,敌炮火过猛,我蒙受极大之损害,即以军预备队、新十三师(欠三八团)加入战斗,向敌反击数次,遭敌炮火阻击,仍未奏功,遂被敌压迫于黄家坊、广寒寨、界上坪之线,继续与敌战斗。

2. 八月四日,以军直属部队之携行弹药补充各师后,乃全面向敌攻击,我官兵忠勇效命,前仆后继,反复冲杀,将敌击退,占领墨林桥、毛坪以东之线。八月四、五两日,继续向敌猛攻,毙敌甚众,攻占湖厂、芭蕉坡之线。八月七日以来,敌经我连日反击,大部向东南移转,似有阻击我九九师及一六二师之模样。军当乘敌转用分离之际,再度向敌猛攻,我官兵英勇攻击,确实攻占柏树下、铁炉坑之线,残敌不支,向分水坳方向溃退。斯时,军奉命攻击分水坳、白竺之敌,迄八月八日,我复向凤岭、上康坳、白竺之线猛攻,将白竺之敌完全击溃,遂将白竺克复。八月九日,军遵长官薛未虞电,将凤岭、上康坳、白竺各地区之敌击溃后,到达白竺、小河口接受粮弹补给。八月十日以来,奉命以先受补给之新十三师向沈潭、泗汾铺推进中。

八、第二次攻击醴陵时期

1. 八月十二日,军奉命接替五八军长毛港、东门上、仙岳山一带攻击任务,同时,得知醴陵城郊之敌为二七师团第三联队,全部共约千余人,炮二门,分驻长毛港、东门上、五里牌、姜湾、仙岳山一带,构筑工事,仙岳山上有炮二门。当以攻击醴陵敌人之目的,决于八月十三日向任务地区前进,并令三四师(欠四个营)附新十五师四五团,向长春铺推进,尔后向长毛港、东门上之线前进。新[十]三师由大塘向仙岳山前进。新十五师(欠四五团)为军预备队,随军部向湘东前进。迄八月十四日,各部到达指定地区。八月十五日,将五八军任务接替完毕。八月十六日,完成攻击准备。八月十七日至八月二十七日以来,我向敌猛攻,发生激战,敌凭借既设工事,配合炽盛火力,顽强抵抗。我官兵奋勇冲杀,敌亦予我以数度反击,双方均有重大伤亡,我略有进展。八月二十七日晚,军以变更部署,一举攻略醴陵城之目的,即令三十四师附四五团将渌水南岸攻击任务交新十三师接替后,于八月二十八日乘夜转移北岸,准备攻击当面之敌,新十五师四三团本日进至枫树坪,与敌三百余遭遇,战斗甚烈。八月二十九〔日〕,我展开主力向大文塘、五里牌及醴陵城郊之敌猛烈攻击,我四五团于三〇三高地及一〇二团于五里牌与敌反复冲杀,寸土必争,其战况之烈,为向所未有。我新十三师向马背岭、南正街之敌攻击,其三九团冲入南正街市区,与敌巷战,伤亡甚重,四三团官兵英勇用命,将敌压迫于温泉附近,仍激烈战斗中。军为迅速歼灭该敌,即令四四团驰赴增援,乘夜将顽敌击溃,退至雷灯石附近。八月卅日,我三十四师继续向二〇五及二八〇三高地猛攻,其醴陵城之敌不断增援反扑。新十三师仍与当面之敌激战,我新十五师即围攻雷灯石之敌。本日,全面战况愈形激烈。八月卅一日,我三十四师之一部冲入醴陵城东正街,敌由醴陵西北郊不断增援城中,拼死反扑,双方均受重大伤亡。同时,新十三师正面敌人反攻甚烈,三八团阵亡营长一员,而其左翼由沈潭窜登官敌约两中队,企图包围新十三师侧背,当以军直属特工各连前往阻击,敌折向樱桃岭窜犯,军即抽调四三团之一营驰援,并协力新十三师夹击该敌,而雷灯石之敌凭借村落坚固砖墙顽抗,新十五师连日围攻,伤亡极重。九月一日,将樱桃岭之敌击溃,敌退楚东桥附近,继续战斗中。雷灯石及五里牌、钟家冲、二八〇三高地及东门上,全面战斗仍激烈进行中,敌凭守既设工事及炮火之掩护阻止,我进展困难,伤亡极大。九月二日,军奉命就现态势与敌保持接触,速将窜入两翼后之敌驱逐。迄九月三日,雷灯石之敌经我击溃后,复退守木梓市附近,楚东桥之敌经我击溃,退据老关,复遭我猛攻,沿登官西窜。此时,醴陵南正街方面之敌仍不断向我两翼绕攻激战中。九月四日以来,敌数度集中猛烈炮火向我三十四师、新十三师一再猛扑,均经击退。

2. 九月七日,敌复由株州〔洲〕增援六百余人,分两路向望仙桥及包爷庙迂回我右侧背,三十四师右翼被敌三面包围。同时,正面之敌复向该师猛扑,该师攻坚十余日,伤亡已达千余人,且预备队使用殆尽,为避免态势益加不利,乃逐次向包爷庙、大土埠东北高地长庆寺、夹石口之线转进,继续与敌恶战。此时,我新十三师亦在佛子岭、八里坳之线与敌战斗,木梓市之敌亦被新十五师紧困中。迄九月九日,敌千余人在大塘坳、长庆寺一带反复向我三十四师猛扑十余次,均被击退,我伤亡重大,敌复集中优势炮火,突破长庆寺,我虽力图恢复,终遭敌炮阻击,三十四师乃被迫于灵官坳、黄泥湾之线继续战斗,该师一部被隔于大成桥以北地区。同时,渌水南岸我新十三师仍在佛子岭、八字坳与敌激战。此际,木梓市之敌被我新十五师围困多日,乃乘机突围西窜,与窜至王仙附近之敌六百余会合,向我反扑甚烈。赖我官兵英勇,苦撑战斗。九月十日,即令三十四及新十五师继续围歼王仙之敌,直至十一日,敌以寡不敌众,乘夜西逃,退守醴陵城。

九、攻袭株州〔洲〕钳攻醴陵战斗时期

1. 九月十一日,军奉命以两师钳攻醴陵之敌,以一师由醴陵西北袭攻株州〔洲〕。当以三十四师仍于白云庵、黄泥湾之线,新十三师于潭湾、樱桃岭之线,继续攻击醴陵南北两岸之敌。新十五师因伤亡甚重,粮弹两缺,在灌冲附近迅速整补后,服行攻袭株州〔洲〕任务。九月十二至十六日以来,我三十四、新十三两师续向当面之敌攻击,与敌激战。新十五师于九月十三经普口市、官庙道向株州〔洲〕东北地区前进。迄九月十六日,我新十三师并以一部向窜扰泗汾铺、大安田之敌攻击中。迄九月十八日,我三十四师将当面之敌击退后,进占小成桥、栗山之线。新十三师亦将当面之敌击退,进占失鲤浦、普济庵之线,仍继续向敌攻击中。我新十五师连日以来,续向株州〔洲〕攻击前进。九月十九日,袁牌铺之敌一部约五百余,经清安铺、白关铺向株州〔洲〕前进,同时,龙头铺之敌一部窜至宋家桥,均经新十五师阻击战斗中。九月二十日,我新十五师除以一部续向该敌阻击外,并以有力一部向株州〔洲〕之敌猛力攻袭。

2. 各师自九月二十日至十月四日以来,连日不断各向当面之敌猛力攻袭,迭予敌寇重大打击。醴陵方面,先后攻占洞口、长庆寺及黄土坳、马尾冲、佛子岭、八字坳、茶亭子之线;株州〔洲〕方面,一部攻至株州〔洲〕西北之白石港及株州〔洲〕市区,敌损失极重。我以当面之敌应战无暇,兵力未敢转用,我攻袭任务已达,为准备服行尔后之作战任务计,以新十五师移至苏家坊附近整理。三十四、新十三两师除各以一部担任醴陵南北两岸警戒外,主力分集于渌水北岸大岭冲及南岸油塘铺附近整训。迄十月十八[日],军奉命以新十五师开宜春附近整训。本军参加会战历时五月,经过大小战役二十余次,官兵英勇杀敌,统计伤亡五千二百余员名。

丙、战后之检讨

一、敌惯用两翼包围战法,且常以小部队乘隙深入,使我侧背感受威胁。

二、敌炮兵射击精确,常对我后方密集部队或指挥所行急袭射击。攻击时,则先以炮火摧毁我阵地后,再掩护其步兵前进冲入。

三、敌军深入后方连〔联〕络线过长,不能兼顾,故常被我截断。

四、我官兵为争取国族生存,咸抱牺牲精神,澈〔彻〕底服从命令,且能忍受极度之劳苦,虽经数十日不停之激战,士气仍属旺盛。

五、我陆空连〔联〕络欠确实,步炮(步兵炮)协同亦欠密切,迫[击]炮射击技术不良。

六、我军两次攻击醴陵,官兵英勇奋战,逼近城郊,一度突入城内,均被敌凭借工事或坚固砖墙村落阻滞,惜无炮兵摧毁其工事,制压敌炮,以致蒙受极大伤亡,望城兴叹。

第十七,湘粤赣边区会战(三十四年一月廿二日至三月一日)

甲、会战前敌我之概述

一、自粤汉路沦入敌手,我东西两方之地上连〔联〕络被敌截断,湘江以东之国军补给全赖空运维持,而赣州为赣南重镇,吉安、泰和又为赣省政治、文化、经济之中心,敌军为求先摧毁我遂川国际机场,进而打通赣江,逐次扫荡我江南野战军,占据沿海各要点,挽回海洋颓势之目的,乃于元月中旬以来,抽集湘江各据点之敌,陆空连〔联〕合,企图由攸县、茶陵先犯莲花,续向永新、宁冈、遂川、赣州进犯。其与本军交战之敌,为廿七师团第一、三两联队及炮工兵联队各一部,兵力共约一万三千余。

二、本军自长衡会战后,即以三十四师担任醴陵以东、渌水北岸防务,新十三师担任醴陵以东、渌水南岸防务,新十五师集结宜春属之射鹏、新田桥附近整训,军部位置湘东。一月十八日,奉命以三十四师密开罗汉司待命。元月廿一日,复奉命以新十五师密开安福,受三十集团军总部直接指挥,军部率新十三师仍担任醴陵以东、渌水南北两岸防务。嗣于二月八日,军将防务交由第二纵队接替后,奉命开赴安福、吉安一带参战。

乙、作战经过之概要

一、第一次攻击永新之战斗

1. 窜犯莲花之敌于一月廿一、廿二两日,先后窜犯宁冈、永新,有续向东南窜犯之样。我三十四师于一月廿四日遵令到达洲湖、朱村桥等地附近;新十五师于一月廿三日遵令到达龙源、栏木桥一带地区。一月廿五日,经澧田向东南进窜之敌共计六千余,由永新南窜之敌陷大旺市后,仍续向南续窜中。永新东南近郊有敌步兵千余,炮兵一中队。此时,三十四师、新十五师奉命向永新前进,迄一月廿七日,新十五师到达溶溪、钱市,卅四师到达菱山、小湾、双江口一带,完成攻击准备。一月二十八日拂晓,我新十五[师]展开主力,由东北向西南攻击永新之敌,三十四师以一部为右翼队,由东向西协力新十五师攻击永新,该师主力向珊田攻击。迄午,我新十五师攻占□竿岭、武功坛之线,敌虽数度逆袭,而我官兵沉着应战,敌均未得逞。激战至申刻,该师四三团攻至西门街及北门城内,与敌发生激烈巷战,敌据民房工事顽抗,经我猛烈冲杀,敌伤亡甚众,但战至亥刻,仍属激烈。同日,我三十四师将珊田攻占后,续向败溃之敌猛攻,激战至戌,敌退守城垣顽抗,该师仍继续猛攻。

2. 一月廿九日,我三十四、新十五两师正续向永新攻击之际,得知南犯遂川之敌已窜至遂川东北地区,与友军四十师战斗中。此时,我三十四师奉命乘夜以一部转移石灰桥,主力撤至小湾附近集结待命,新十五师奉命转移于合东、梅塘一带待命。

二、攻击遂川之战斗

1. 一月廿九日午,我新十五师奉命以一团留置原地,钳攻永新之敌,以一团向拿山、大旺市索敌侧背攻击,该师主力向衙前、小龙口前进,索敌攻击。同时,三十四师奉命经高陂、潞田、洋岭口向遂川东北索敌侧背攻击。迄二月一日晨,我新十五师四五团与由拿山方面窜来之敌二百余,在大旺市附近遭遇,将敌击溃,向老屋下逃窜。此时,以新十五师之一部担任对北之搜索警戒,该师主力及三十四师仍续向遂川攻击前进中。二月二日,我三十四师左翼之一〇二团于未刻在云田圩、横陂之线,与敌一千二百余遭遇,我官兵奋勇攻击,颇有进展。敌炮四门不断向我猛击,阻我前进,迄酉刻,仍在该一带激战,该师右翼之一〇一团向洋岭口敌侧背进攻中。

2. 二月三月〔日〕,我新十五师四五团正向遂川东北攻击前进之际,探知永新敌千余南下,将到达溪口附近。该团即转向溪口附近之敌攻击,于未刻与敌遭遇,激战至申,敌据高地顽抗,战斗至为剧烈,迄入暮,仍在该地附近战斗中。同日,三十四师之一〇一团(欠一营)于寅刻续向洋岭口附近敌侧背猛攻,与敌三百余激战,至卯,始将该敌击溃。敌退该地西南高地,仍续顽抗,该团即乘势猛进,突入敌炮兵阵地,伤毙敌甚众。左翼一〇二团于同时向当面之敌猛攻,激战至卯,敌不支,大部退至横陂西南,一部被我截击于横陂北端隘路,负创甚巨。另敌一部退至飞机场附近顽抗,我仍续猛攻中。二月四日,我新十五师主力沿小龙口攻击前进,至横岭下,与千余之敌遭遇激战中。左翼之三十四师全线向敌猛攻,激战至午,敌不支,向南撤退,该师进展至胡以坳、石窝、印埠以东之线,敌复据该一带顽抗。入夜,由永新南下敌三百余,沿蜈蚣岭向我三十四师右侧背攻击。石窝方面,亦增援敌千余,向我反扑。同时,敌便衣队百余复由印埠渡河,企图袭扰该师右侧背,当经该师奋勇阻击,激战至酉,敌势稍挫。二月五日晨,我右翼之新十五师将横岭下之敌击溃后,继续向敌逼攻,进展至白庄附近。同时,左翼三十四师亦全线向敌猛攻,敌负创甚重,狼狈向遂川城溃窜。二月六日晨,我新十五师四三团一部向溪口附近之敌攻击,阻敌南下,该师主力仍在白庄附近与敌对战中。同日辰刻,我三十四师当面之敌一部约五百余,由蜈蚣岭以西向印埠机场方面进窜,经该师工防两连及一〇二团一部截击后,仍在飞机场附近激战。该师主力于本午攻占黄君坳、云冈之线。迄亥,仍与敌二千余在该一带激战中。连日大雪盈地,天寒地冻,攻击困难,然官兵坚忍奋勇,仍能重创敌军,殊为可贵。二月七日巳刻,敌一部约二百余向横岭下窜犯,当经我新十五师四五团迎头痛击,予敌重创。其后续部队二百余即占领横岭下以西高地,用机炮向我猛击,当面之敌亦乘势向我反扑。经我奋勇阻击,激战至未,敌又转向我右翼迂回,仍被我阻止,该师乃以各团迫击炮集中猛击,毙敌甚众。迄暮,敌再增兵百余,向我右翼抄袭,该师当以四三团一部阻击,迄酉,仍激战中。三十四师于黄君坳、云冈之线与敌对战终日,迄入暮后,以一部向当面之敌奇击。此时,我新十五师、三十四师均奉命酌以一部,向当面之敌攻袭,主力即乘夜向阵地后方偏东北之适当地区转移,集结待命,北援泰和。

三、保卫泰和附近之战斗

二月八日,我新十五师、三十四师遵令向东北方向急进之际,三十四师一〇二团之先遣营于巳刻行至高陂以北地区,与由白土街南窜约步兵四百、炮一门之敌遭遇,激战至酉,该师一〇二团主力到达,即加入战斗,激战至二月九日午,我三十四师一〇二团进展至上横附近。此时,我新十五师奉命以主力集结于敖城附近,以一部在莲花坪、三板桥附近扼要配备,对永新方面严密警戒,该师四四团则仍留原地。同时,我三十四师奉命以主力移至上横,即向白土街南方之上横附近,以一部在桥头及潞田各地扼要配备兵力,封锁通敌之各山道,向西南及遂川之敌严密警戒。惟此时得知,敌一股五百余已窜至泰和西二十余华里之武溪街,三十四师、新十五师有确保吉安、泰和之任务。同时,三十四师复奉命即将高陂北端之敌击溃后,迅向布江圩方面前进,由北向南攻击武溪街之敌。新十五师亦奉命酌抽兵力,协力三十四师之攻击。我三十四师当以主力绕至布江圩,协同新十五师四三团阻敌向吉安、泰和窜扰,三十四师之一部续向上横之敌攻击。二月十日,将当面武溪街及上横、白土街各处之敌完全击溃,敌向遂川方面溃退,我复予敌以猛烈之追击。迄二月十一日,我三十四师及新十五师之一部追至高陂附近,敌大部向潞田溃窜,一部约百余在太平附近抵抗,阻我前进。我三十四师当以一〇一团向该敌攻击,敌据险顽抗,经我官兵奋勇数度冲杀,激战至戌,敌不支,仍向南窜,该团乃继续追歼。二月十二日,我新十五师四三团及三十四师一〇一团追至潞田附近,敌已悉数向遂川溃去,我四三团遂转开敖城部署,一〇一团除一部仍向该敌搜索警戒外,主力转至上横附近整理。二月十三日以来,我新十五师、三十四师以确保泰和、吉安、安福之目的,仍在原地构筑工事,对通莲花、永新、遂川敌之道路亦积极破坏,敌终未得逞。

四、攻克永新之战斗

军部于元月底奉命将醴陵方面防务,交由第二纵队接替后,即率新十三师南开安福、吉安间地区,惟第二纵队迄至二月八日始来接防,以至二月八日军部始遵令率新十三师南开,复因连日大雪,道路泥泞,且山路崎岖,倾斜急峻,故行军较缓。迄二月十六日,军部到达永阳镇附近,新十三师到达朱村桥附近,旋复奉命以该师开至天河以西地区,构筑工事。二月二十六日,奉命以新十五师四四团拨归新十三师指挥,协力该师之三九团向永新攻击。敌约七八百人,炮二门,据城外各要点。又城内有敌三百余,辎重牛马甚多,经我三九及四四两团之猛攻,激战至巳刻,我三九团攻占□竿岭附近各要点。午刻,复攻占西北门外一带高地,未刻,攻入北门城内,敌借炮兵之掩护,向我猛扑。同时,另敌一部向我翼侧包围,致我攻击顿挫,转移至北郊。斯时,四四团由东向西攻至永新东郊,与敌激战至三月一日丑刻,逼近东门,我三九团即乘势冲至城内,猛攻该敌。同时,永新王县长新率自卫队百余,协助三九团攻击,于三月一日卯刻,卒将顽敌击溃,收复永新城。敌向西南溃退,我三九团即以一部向拿山方面猛烈追击。

丙、战后之检讨

一、敌乘我赣南兵力微薄之际,断行蠢动,故收效较大,惟受我侧击,迭遭重创,诚属得不偿失。

二、作战期间,天寒地冻,道路泥泞,行军作战均极困难,然我将士用命,士气毫无影响,仍能重创敌军,实亦可贵。

三、赣南永新、遂川、吉安、泰和、赣州一带,地形平坦,易攻而难守,敌虽得地利而东犯泰和、吉安之企图,终被我粉碎。

(原件存中国第二历史档案馆)

(七)第三十六集团军

1. 李家钰致蒋介石密电（1941年5月3日）

渝委座蒋：张密。(加表)情报。据高军长桂滋冬电称，(一)自卯敬迄俭，由临汾、潞安一带抽集闻喜敌三百余。艳翼城敌千余，经横水窜闻喜，当晚沿铁路南下，闻系卅六师团二二四联队。现闻喜东北有敌炮兵千余，十五生的以上口径重炮四门，其他重炮七八门，山炮卅余门，民夫三百余，扬言扫荡中条山，渡犯黄河，相机进据西安，以三个月为限。(二)敌先后由北运安、运帆布船二百余只，造木船七百余只，降落伞千余，并在闻喜一带村庄征木板、麻绳甚多。(三)临汾敌养日派出密探四名，赴风陵注联络渡口船户，又以现住曲沃下郇村(某部谍报员为敌利便〔用〕)，日内赴垣曲渡口等情。除饬侦防并将续侦敌动向外，谨闻。职李家钰叩。辰江巳。参义。印。

（原件存中国第二历史档案馆）

2. 第三十六集团军作战经验及教训（1942年4月）

一、敌军战法之检讨

(一)敌每攻占一地，能利用我之固有工事，迅速增强而固守之。虽受我军猛烈反攻，亦至死不退。如我军能于短时间内击破之，则敌不能扩张据点，必能导我尔后作战于有利，否则必陷我军于不利。

(二)敌步兵营在作战时，多用各兵种混合配置而成，即大队附以炮工兵，故能适应战况，独立作战、指挥运用均能合乎战术原则之要求。

(三)敌人无论攻防，各种兵器协同联络均极确实，并能遵守指挥，进退井井有条，虽遭惨败，亦能听其他官长之指挥而续行作战。

(四)敌阵地火力配置以机枪为主，步枪火力为辅，相互编成交叉火网，而轻重机枪阵地均可行超越及间隙射击，并利于侧防支援，且预备阵地甚多。而使用各种兵器均能遵守射击军纪，发扬火力，此为我军极应效法之处。

(五)敌步兵作战，附属担架甚多，担架兵对救护工作甚为认真，不惟战场上不见尸首遗弃，即所有血迹亦多以土掩护之，对伤亡官兵极其爱护，虽战斗万分紧急，亦必尽力支撑，以求应将尸首搬去后始行撤退。

（六）敌近亦讲求夜战，我军如能利其夜间攻其翼侧，或占领阵地空隙要点作为根据，再行扩张战果，每易收相当效果。

二、我军经验教训及对策

（一）我军指挥官多固信敌之惯用战法，而对其诡计及新战法均乏详细研究，虽奉上级指示，亦多忽略。

（二）各部队对于敌情多不注意侦察，即有所得，亦不加以研究，每一作战，多谎报敌情，以图塞责。而敌情不明，则正确之判断无从产生，自己之指挥与处置亦罔不错误，且使上级指挥官不能以确切根据下定决心，致铸成莫大之错误。

（三）各部队作战每误解柔性战法，一遇与敌交锋，即行后撤于险隘及予我致命之要地，亦不能作死力之抵抗，致失挽回颓局之良机，而陷全局于危殆。

（四）我军每有与敌交绥，未将敌情地形审察明白，乃行轻进，致遭无益损害。或则畏惧轻退，予敌以可乘之机；或则进攻无方，不能稳扎；或则引退无方，乃至溃乱，皆属最大之毛病。

（五）本乎任务与地形部署，各级部队长应不失原则参以经验而有果断之处置。用兵之道，贵在神速。凡惑于地形，徘徊不定，均足陷军队于危亡。但欲明了地形，各部队长必应亲赴侦察，不仅限于阵地，即[使]前后左右数十里内地形道路，亦须了然胸中，则部队之布置与军队进退每皆适当。所以各级部队长应铲除好逸恶劳之心理与行为。

（六）不论敌攻我守，敌守我攻，使用部队宜求节约，反是则每遭多量之损害。不惟消失战力，抑更影响士气。敌步兵战斗力不强，恃赖者惟飞机、火炮、战车，实则飞机、大炮野战杀伤力甚微。战车每受地形限制，我能于战斗初期极力节约，以减少伤亡，隐匿兵力待其步兵接近，捕捉时机予敌以不意之突击、逆击、伏击、侧击、夹击。因应情况而痛击之敌，未有不溃退者。惟欲达到此目的，实在各级部队长（团长以下诸部队长）之热心、胆大、坚决与指挥之适当耳。

（七）凡部队固守城寨及阵地时，除配备守备部队外，应多留活用之兵力，采取运动战，向敌侧方后方攻击或扰袭，庶能固守。若死守一地，终有被敌突破之虞。

（八）阵地编成，务求横广如带，纵深如鳞，为若干据点。如警戒阵地、主阵地、预备阵地、中间阵地、斜交阵地、伪阵地等类，俾能形成交叉火网及侧防火力。虽一点被敌突破，中左右各点犹能阻止敌人，或进击而歼灭之。

（九）山地作战防御工事之构筑，应注意于侧防工事。如遇深沟深涧时，应于沟口构成面式纵深之据点工事。藉火网交叉之封锁，并可节约兵力。

（十）河防工事应多设置斜交阵地，以增强阵地之坚忍性。敌如突破一点，可相互策应而收阻止及夹歼之效。

（十一）防御部队务须讲求工事，改造地形，而以少数兵力担任防守，派遣多组小部兵力向敌广远袭扰，将主力集结于要点，保持局部之优势，俟敌进攻，看破其弱点时，即以迅雷之势猛烈出击，常能收得最大之战果。

（十二）敌我最近距离之战斗，我投掷手榴弹，其收效甚大，故手榴弹之准备必须充足。对投掷法应常练习，尤以在散兵壕内之投掷法，务使士兵熟练，俾能发扬其威力。

（十三）各级指挥官须有独立作战之精神，不可轻易使用预备队，尤不可轻易请求应援。

（十四）战斗地境之区分与部署之联系，诚为不可忽略之事。然亦不可遇事拘泥，以陷于呆板。而接合部之部队应协商作战协定，确实遵守密切联系，配置侧防工事，形成交叉火网，应具与阵地同存亡之决心。倘友军方面发生情况，邻接部队亦应不待命令，伺机应援，不仅可以巩固我之阵地，更可使友军作战趋于有利也。

（十五）迫击炮对掩体及壕内于前进之敌，射击杀伤至为有效。在防御时，其位置与重机枪在一线使用，或集中使用之。

（十六）我军步炮联络与协同，事先多未详密讲求，每因炮兵对于步兵之要求，未能充分达成。而步兵对于炮兵掩护部队之指派与目标指示常欠正确，又因情况关系须将预定之道路、桥梁施行破坏时，未能事先通知炮兵，致步炮兵相互怨尤，而不能密切协同。此我军亟应改进之点。

（原件存中国第二历史档案馆）

（八）附录

川康军出川抗战各部队团长以上主官姓名驻地一览表（1943年4月）

队别	区分		主官姓名	驻地	备考
第二十二集团军		总司令部	孙　震	湖北襄阳耿家集附近	
		特务营	沈人宁	总部附近	
		独立工兵第十三营	萧树云	湖北襄阳法院街	
		炮兵七团第二营	张　宇	黄龙垱	
	第四十一军	军司令部	孙　震	襄阳家家集	
		独立团	郑道东	湖北襄阳王家畈	
		辎重团	任来臣		
		工兵营	贾绍谊	湖北樊城陈家营	
		通信营	卢仁惠	军部附近	
		炮兵营	舒光任	湖北樊城乔家营	
		特务营	郎运祥	军部附近	
第二十二集团军	第四十一军	第一二二师	师司令部	张宣武	湖北随县板凳岗南王家祠	
			第三六四团	吴宗敏	湖北长岗店	
			第三六五团	张则荪	湖北长岗店西南七公里	
			第三六六团	陈择善	湖北双河	
		第一二三师	师司令部	陈宗进	湖北李家楼北岩子	
			第三六七团	周毅强	湖北赵家湾	
			第三六八团	黄伯亮	湖北平林店附近鲍家老湾	
			第三六九团	朱紫云	同上	
		第一二四师	师司令部	刘公台	湖北田家冲	
			第三七零团	蔡　钲	湖北姚家棚	
			第三七一团	严　翊	湖北张家集	
			第三七二团	熊顺义	湖北金家集	
	第四十五军	军司令部	陈鼎勋	湖北第茨畈	
		辎重团	裴元俊	军部附近	
		工兵营	倪定逸	同上	
		通信营	余仁安	同上	
		特务营	汪虞书	同上	

续表

队别			区分	主官姓名	驻地	备考
第二十二集团军	第四十五军	第一二五师	师司令部	刘万抚	湖北环章东南廖家店	
			第三七三团	李传林	湖北潜家湾	
			第三七四团	陈龙光	湖北阮家湾	
			第三七五团	陈铃	湖北梅丘镇	
		第一二七师	师司令部	王征熙	湖北许家河	
			第三七九团		湖北洛阳店附近	
			第三八零团	彭子钧	湖北青年畈	
			第三八一团	罗铸光	湖北王家店	
第二十三集团军			总司令部	唐式遵	江西婺源县	本署迭电该部造送团长以上主官姓名驻地表,迄今尚未造送到署,无从汇列,谨此申明。
			第二十一军	刘雨卿	江西浮梁县	
			第五十军	范子英	安徽歙县绩溪	
第二十七集团军			总司令部	杨森	湖北平江县甲山	
	第二十军		军司令部	杨汉域	湖南平江县水口桥	
		第一三三师	师司令部	夏炯	湖南岳阳县关王桥	
			第三九七团	陈亲民	湖南岳阳县登龙桥	
			第三九八团	徐昭鉴	湖南岳阳县周庆祖	
			第三九九团	景嘉谟	湖南岳阳县陈家桥	
		第一三四师	师司令部	杨干才	湖南岳阳县石塘	
			第四零零团	赵嘉谟	湖南岳阳县王伏泰	
			第四零一团	李介立	湖南岳阳县杨林街	
			第四零二团	向文彬	湖南岳阳县敖家湾	
		暂编第五师	师司令部	孔荷宠	湖南岳阳县南岳庙	
			第一团	吴元	湖南岳阳县长湖	
			第二团	汤钊	湖南岳阳县洪桥	
			第三团	李超	湖南岳阳县龙凤桥	

续表

队别			区分	主官姓名	驻地	备考
第二十九集团军	总司令部			王瓒绪	湖南	本署迭电该部造送团长以上主官姓名驻地表,迄今尚未造送到署,无从汇列,谨此申明。
	第四十四军			王泽浚	湖南	
第三十集团军	总司令部			王陵基	江西修水县	
	第七十二军	军司令部		傅翼	江西修水县梁塘	
		第三十四师	师司令部	祝顺锟	江西修武道上澧溪	
			第一零零团	黄璋	江西宁南岸筈田	
			第一零一团	骆湘浦	江西武宁县	
			第一零二团	刘祚汉	江西武宁石板下留咀桥九宫山上陈一带	
		新编第十五师	师司令部	江涛	江西修水吴都	
			第四三团	陈光良	同上	
			第四四团	吴纯煆	同上	
			第四五团	陈云	江西修水湘竹	
	第七十八军	军司令部		沈久成	江西修水县渣洋	
		新编第十三师	师司令部	唐郇伯	江西修水横石潭	
			第三七团	杨毅	江西修水横石潭	
			第三八团	陈荣寿	江西修水横石潭	
			第三九团	邱仲丕	江西修水横石潭	
	第七十八军	新编第十六师	师司令部	吴守权	湖北通城南二十公里上塔市	
			第四六团	敖本惠	湖北通城南二十公里上塔市	
			第四七团	罗德才	湖北通城东南斗米山七里市雪堂岭一带	
			第四八团	徐华	同上	

续表

队别			主官姓名	驻地	备考
第三十六集团军		总司令部	李家钰	河南新安古村	
	第四十七军	军司令部	李家钰	同上	
		辎重团	史耀龙	河南新安小村	
		第一〇四师 师司令部	李伦	河南新安北治镇	
		第三一〇团	吴长林	河南新安上后井	
		第三一一团	张光汉	河南新安井沟	
		第三一二团	李克敦	河南新安石寺镇	
		第一七八师 师司令部	李宗昉	河南新安官水磨	
		第五三二团	彭仕复	河南新安槐树庄	
		第五三三团	温建民	河南新安龙渠沟	
		第五三四团	双宗海	河南新安寺上	
第二十六师		师司令部	王克俊	浙江	
		第七六团	李佛态		
		第七七团	于丕富		
		第七八团	胡荡		
第八八军新编第二十一师			罗君彤	浙江缙云	
附记					

三、人财物支持

1. 内江县非常时期征兵程序（1938年11月）

十一月五日以前：(1)联保及保兵役监察委员会组织成立；(2)造报免、缓、停、禁各役声〔申〕请书及合格壮丁册（长子、单丁、甲长不缓，全房独子缓，余照《四川省非常时期征集兵员第一次抽签实施办法》所附免役缓役禁役条文办理）。

十一月八日以前：造报在乡军官及士兵各种表册。

十一月十一日以前：完成初抽。

初抽以拈阄法代之，即系由甲长集合本甲合格壮丁，造具点名册并制备阄筒，带至保长办公处点名；由保长照人数以纸制阄，加盖保长图记、分编号次；每甲制一阄筒，并列；保长将阄捏成块，投入筒中，呼名拈阄；随拈随交登记，当场由壮丁就册签押；原阄书明姓名，交壮丁存执；并将原登记册呈送联保主任，汇订全联保拈阄壮丁姓名册，转报区署及县府备案，并各自另行抄副本存查，区署亦须执存。保之初抽，所有保长及保兵役监察委员会、公正士绅，均须到场；联保兵役监察委员会亦须派员前往监视。

十一月十四日以前：完成复抽。

复抽之前，由联保造具各保初抽抽中壮丁名册，呈报县府核定抽签日期与地点，届期由区署派员前往主持，县府派员监视，并由联保按照应征人数制备竹签，长一市尺、宽三分，各保长制一签筒，由联保依全联保被征人数编号，抽定后依签号顺序整理，另编签号名册，以备将来挨次征集壮丁之用。其原册即呈区署转县府备案，并执副本留联保存查。

2. 民工总队长李信之为征调石滚滚压民工人数致新津县长赵宗炜签呈（1938年12月14日）

窃职于本日午前奉工程处王副处长面谕，第二次扩修旧县飞行场。我县经工程处分配未竟工作，希即征调民工从事开始，等因。复经职面询工作需要人数，蒙谕征调担负三个石滚滚压之民工。窃以前次滚压之经验，每一石滚必需民工五十五名，共计需民工一百六十五名。理合签请征调，俾资工作。谨呈县长赵。

民工总队长　李信之呈（印）

3. 大巴山脉阵地构筑军队及民工粮秣补给计划表(1938年底①)

防正面	守备区分	工作区	军队数量(员名)	民工数量(名)	军队及民工合计数量(员名)	粮秣集结地	粮秣授受及保管机关	补给机关及其每日所担负粮秣量
东正面	第一守备区	1				大昌巫溪		巫山6.2石 奉节9.3石
		2	3 984(步兵一旅)	5 500	9 484		大昌	
东正面	第一守备区	3						大昌3.1石 巫溪6.2石
北正面	第二守备区	4	3 984(步兵一旅)	3 000	6 984	八仙街在镇坪西约20余公里	岚皋	镇坪3.1石 平利5.2石
		5	3 984(步兵一旅)	3 000	6 984	半边街,在岚皋西南约20余公里	岚皋城口	岚皋7.4石
		6	3 984名(步兵一旅)	23 000	6 284	土桥,在城口西北约20余公里		万源2.2石 城口2.2石
		7	3 984名(步兵一旅)	23 000	6 284	大竹河,在万源东北约10余公里	城口	紫阳16.6石
		8						
		9				五里坝,在石泉西南约30余公里		石泉9.8石
	第三守备区	10	3 984(步兵一旅)	4 300	8 284	陈家坪,在镇巴东北约30余公里	镇巴	西乡1.5石
		11	3 984(步兵一旅)	4 300	8 284	罗代坝,在西乡东南约10余公里		镇巴4.6石
		12						
		13						城固6.6石
		14				井均坝,在西乡西南约20余公里		洋县3.6石

① 原件无时间,此系编者判断。

续表

守备区分防正面	工作区	军队数量(员名)	民工数量(名)	军队及民工合计数量(员名)	粮秣集结地	粮秣授受及保管机关	补给机关及其每日所担负粮秣量
	15	5 984（步兵一旅）	5 500	9 484	回军坝,在城固西南约30余公里	汉中	汉中8.8石
	16	5 984（步兵一旅）	5 500	9 484	喜神坝,在汉中南约30余公里		新集6.6石
	17						
第三守备区	18						
	19						
	20						
	21	3 984（步兵一旅）	5 100	9 084	胡家镇,在宁羌东北约30余公里		宁羌7石
	21	3 984（步兵一旅）	5 100	9 084	胡家镇,在宁羌东北约30余公里		宁羌7石
北正面 第三守备区	22				滴水铺,在宁羌北约20公里	宁羌	沔县7石
	23				阳平,在宁羌西北约30余公里		阳平7石
	24						
	25						

续表

守备区分 / 防正面	工作区	军队数量(员名)	民工数量(名)	军队及民工合计数量(员名)	粮秣集结地	粮秣授受及保管机关	补给机关及其每日所担负粮秣量
附记	\multicolumn{7}{l}{1. 军队及民工每日所需粮秣概在各粮秣集结地照原价以现金购买之 2. 各补给机关购办粮秣及运输款项先行垫付，而后分项向各该省府转报重庆委员长行营核发归垫 3. 每人日食粮秣概以市称25两为标准 4. 每石以60斤计算 5. 粮秣授受及保管机关如表所示，各该县府分别派员负责经理之，但须在二十七年十一月二十日以前，分赴各粮秣集结地，成立授受处，十一月二十一日以前，该处须有军民三日之粮秣，而后逐次补充之 6. 各补给机关向各粮秣集中地补给之 7. 输送粮秣时，由各该补给机关派队保护之 8. 各粮秣授受处成立后报请安康绥署备案 9. 作业掩护队(步兵一旅)在安康县南北之线附近担任掩护作业，其粮秣安康县府直接筹备酌量补给之 10. 补给机关须听受粮秣授受及保管机关之指挥，依各工作区需要、粮秣轻重，得变更其集结地}

附：民工服务细则

一、本阵地之构筑关系国家存亡，意义至关重大。应由各有关县长及指导人员详为开导，使之踊跃应征、热心工作。

二、征集民工以百名编为一队，依照队数编号(如某县第○队)，并由各县指派团队官长或资深可靠之班长负责管理。详细编制由省府协同县府商定后报请行营核准之。

三、民工在行动时只给伙食，不支津贴。

四、民工之工作区域由正面指挥部分配之，使能与兵工配合。

五、民工由到达集中地起，即须遵从军队指挥官及工事指导官之指挥。

六、工作器具务自行尽量携带，如有不敷则由各该县长购发，每名以一元为限，民工自行携带之器具如有损坏及消耗，亦由各县长赔偿及补充。

七、民工工作时间暂定每日八小时，但因必要须日夜加工赶筑。

八、民工工作之伙食津贴，在工作时由正面指挥部发给之。

九、民工伙食及住宿，各县县长须妥协筹办，万勿使有冻馁之苦。如工作区无房舍，必须搭设临时工棚时，须先报请正面指挥部核准。

十、民工在工作期内如有死亡，照壮丁例从优撫〔抚〕恤。

4. 四川省1938年至1944年义务劳动人数统计表

年份	共计 人数	共计 工数	自卫事项 人数	自卫事项 工数	筑路事项 人数	筑路事项 工数	其他事项 人数	其他事项 工数
1938	5 100 252	14 681 917	229 161	2 188 500	1 896 514	1 735 000	—	—
1939	…	…	…	…	…	…	—	—
1940	39 172	390 529	1 103	3 594	30 463	67 889	—	—
1941	25 090	523 085	529	8 170	14 356	219 463	—	—
1942	141 291	3 942 269	4 942	13 672	641 271	1 732 357	—	—
1943	515 785	3 098 792	850	75 400	271 137	1 584 465	2 550	53 250
1944	558 682	…	17 680	…	165 471	…	19 512	…

5. 四川第四区专员王锡圭为修建邛崃桑园机场所占田亩先行给价致省政府主席王缵绪呈（1939年5月24日）

本年五月二十一日，案据大邑县长傅迪光代电开："本月十二日接准邛崃县府电话通知，谓邛属之桑园镇与职县王泗营交界地方，由航委会选定地点修建机场，请派员会同查勘，等语。县长事前未奉有令，第以事关国防建设，自应照办。旋于十三日准航空委员会空军第三十五站便函开：敝站顷奉航空委员会窥蓉电开：第三十五航空站站长杜裕源领密，现决定采用桑园镇地点辟筑新场，兹派工程员林泽群、萧选华二员刻日来邛，会同该站长及县府赶测，限开工后三个月内，先行赶成一千二百米乘三百米可用面积，其余未竣之半数工程陆续兴办。除分电省府转饬县会办外，仰即遵照会办具报，等因。奉此，查会派工程人员等刻已抵邛，极〔亟〕待协同贵县积极办理，以期早日兴筑而利军用。奉电前因相应函达，即希查照办理为荷，此致，等由。准此，当派本府第二科科长陈定宇前往该镇，会同勘测。去后据该科长返县报称，窃科长奉派会勘桑园镇机场等因，当于本日前往约同当地保甲人员会同邛崃县府所派之郑科长、戴区长及航空站站长杜裕源等查勘。该场地点在桑园镇迤〔以〕东二里许,全机场面积约占本县农田三分之二强、邛县三分之一弱。惟当地人民多系贫苦佃农,正值栽种期间,已耗去人工、肥料、种籽,原冀有所收获,一闻开辟机场,遂携老扶幼,相率呼号,咸感生机将绝。且未见政府明令,尤为惶惑,经多方开导解释,谕以所占田宅将来照市给价,善后一切事宜并由两县府负责办理,该民等始各散去。现由航空站测量人员测量打桩中,已饬当地保甲人员妥慎保护协助,等语。窃查此项机场地点勘选,本府仅准航委会通知,未奉钧署明令办理,实感困难。值此栽种期间,民间损失甚大,如将来决定修建,应请先行给价,以示体恤。是否有当,谨电请核示。大邑县县长傅迪光叩。删。印。"等情。据此,经复查无异,除指令饬候转请核示外,理合具文呈请钧府俯赐鉴核,指令祗遵!谨呈四川省政府主席王。

四川省第四区行政督察专员　王锡圭

6. 民国二十九年至三十三年四川省历年推行地方建设工事成绩

表1

年别	自卫工事					筑路工事			水利	
	要隘(座)	修筑碉堡及哨台(座)	挖掘防空壕(道)(公尺)	整修城墙(公尺)	建修城门(座)	培修县道(公里)	整修乡道(公里)	建修桥梁(座)	开凿塘堰(口)(公分)	整修堰渠(道)
总计	6	51	82860	250	1	3688943	10312207	1	19842 1804050	1958
二九年	—	5	32	—	—	98654	—	—	— 418846	—
三〇年	—	11	—	54	—	305500	—	—	— 5100	—
三一年	6	20	860	196	—	1046589	—	—	3309 76102	—
三二年	—	15	50	—	1	2238200	10248194	1	16533 91363	1958
三三年	—	—	—	—	—	—	64013	—	— 1212639	—

表2

年别	工事 修理河渠（公里）	工事 修理河堤（公尺）	地方造产工事 各种林木栽植（株）	地方造产工事 垦殖公有田地（市亩）	其他工事 建筑公仓（座）	其他工事 协运军米（包）	其他工事 运输军粮（市石）	其他工事 搬运军器（担）	其他工事 搬运汽油（公吨）	其他工事 修筑体育场（所）
总计	3372009	100	4841903	13881.4	15	17400	17275	300	30	1
二九年	—	—	109180	—	—	—	—	—	—	—
三〇年	1447126	—	179676	—	—	—	—	—	—	—
三一年	1915883	100	528923	—	—	—	—	—	—	—
三二年	9000	—	2291353	10424	12	13500	10260	300	30	—
三三年	—	—	1732771	3457.4	3	3900	7015	—	—	1

7. 四川省1940年至1944年推行地方建设工事成绩统计表

年别	自卫工事 要隘（座）	自卫工事 修筑碉堡及哨台（座）	自卫工事 挖掘防空（道）壕（公尺）	自卫工事 整修城墙（公尺）	自卫工事 建修城门（座）	筑路工事 培修县道（公里）	筑路工事 整修乡道（公里）	筑路工事 建修桥梁（座）
总计	6	51	82 860	250	1	3 688 943	10 312 207	1
1940	—	5	32	—	—	98 654	—	—
1941	—	11	—	54	—	305 500	—	—
1942	6	20	— 860	196	—	1 046 589	—	—
1943	—	15	50	—	1	2 238 200	10 248 194	1
1944	—	—	—	—	—	—	64 013	—

续表

年别	其他工事					
	建筑公仓（座）	协运军米（包）	运输军粮（市石）	搬运军器（担）	搬运汽油（公吨）	修筑体育场（所）
总计	15	17 400	17 275	300	30	1
1940	—	—	—	—	—	—
1941	—	—	—	—	—	—
1942	—	—	—	—	—	—
1943	12	13 500	10 260	300	30	—
1944	3	3 900	7 015	—	—	—

8. 民国三十至三十四粮食年度四川省粮食征借统计表

单位：市石

项别	三十年	三十一年	三十二年	三十三年	三十四年
预算数					
共计	14431334	17733679	17763044	21523616	21345639
应征额	7215667	10093744	10064613	9822080	9780207
应借额	—	—	7698431	11701536	11565432
应购额	7215667	7639935	—	—	—
实征购数					
共计	13821635	16579777	16024113	19412173	…
已征额	6910818	9388329	9158229	9203538	…
已借额	—	—	6865884	10208635	…
已购额	6910817	7191448	—	—	…

附注：本省粮食征购均依稻谷计。粮食年度为每年十月一日起至翌年九月三十日止。

9. 1941年至1945年四川省粮食征借统计表

(单位:市石)

项别	1941年	1942年	1943年	1944年	1945年
预算数共计	14 431 334	17 733 679	17 763 044	21 523 616	21 345 639
应征额	7 215 667	10 093 744	10 064 613	8 822 080	9 780 207
应借额	—	—	7 698 431	11 701 536	11 565 432
应购额	7 215 667	7 639 935	—	—	—
实征购数共计	13 821 635	16 579 777	16 024 113	19 412 173	…
已征额	6 910 818	9 388 329	9 158 229	9 203 538	…
已借额			6 865 884	10 208 635	…
已购额	6 910 817	7 191 448			

附注:本省粮食征购均依稻谷计。粮食年度为每年十月一日起至翌年九月三十日止。

10. 民国三十一年元旦新津县长赵宗炜告全县民众及壮丁书 (1942年1月1日)

同胞们:自从七七事变,发动了全面抗战,迄今五年。因为我们地广人多,而且能够牺牲一切,奋斗到底。五年以来,愈战愈强,万恶的敌人——日本,不但损兵折将,一无所得;而且陷入万丈深坑,不能自拔,近更日暮途远,倒行逆施,迁怒英美荷印等国,实行南进,掀起了太平洋战事。这固然是敌人自寻苦恼,居心以其蕞尔三岛,孤注一掷,也是天助我们的国家,增加了最后胜利的机会,正所谓"得道多助","失道寡助",这是天经地义的自然之理。

不过,我们要看清楚,世界上断没有不发一弹,不折一骑,能够得到战争的胜利,也没有袖手旁观,坐待成败,而能使敌人屈服,目前日本虽然天夺其魄,自走绝路,但是它的力量,尚未根本消灭,我们正应趁此机会,更加努力,联合美英各国,灭此凶顽,收复失地,报近百年来血海冤仇,不可以为敌人已受牵掣,因而松懈,错过消灭敌人的机会,必致遗留无穷的祸根。何况敌人的军队,尚在我国境内蟠踞。它虽则冒险南进,同时仍在竭力西攻,我们决难高枕无忧,粉饰自欺,所以太平洋战事爆发以后,我们不特不应疏忽松懈,而且还要加倍紧张,才能还我河山,踏平三岛。

同胞们:抗战五年,我们为国家民族争生存,确已尽力不少,然而严格的说来,举国之人,是否都已全部自觉,尽其应尽的责任呢?例如豪劣阻扰税收,壮丁逃避兵役,流痞已疵烟赌,贪污剥削良儒,处处都表现着一般人的昏沉执迷。五年的战争,时间不为不久,敌人的屠杀,不为不利害,国家民族的生死关头,不为不严重,然而尚不能觉醒这般人的春梦,这是如何痛心而可耻的现象?我们应知抵抗侵略,寻求生存,是举国大众切身利害所关,决不许有少数偷安苟免之人,也不会有国破家亡,而能幸存的事,所以革命的战争,一经爆发,无论何人,均不能置身事外,漠不相关,更不容利用国难,渔利自私,以阻挠战争的顺利进行。

现在我们的最后胜利,已将来临,我们应当于欢欣鼓舞之余,认清自己的责任,仍本着"有钱出钱"、"有力出力"的原则,继续迈进,尤其是尚未出征的壮丁,更应大家准备起来,听候国家征调,须知壮丁是全民族的子弟,你们是全民族中最有用而且最精干的分子,你们就负有救国家救民族的神圣使命,日本鬼子不断的向我们的同胞杀戮、轰炸、劫掠、奸淫。此仇实已不共戴天,全仗你们来为国家民族报仇雪恨,现在我们的敌人已经筋疲力尽,四面楚歌,只要我们能舍死忘生,勇往向前,一定能得到最后胜利!同胞们,起来!

11. 四川兼理主席张群等为优厚修筑机场民工待遇致新津县政府训令(1942年1月)

查本府第二次行政会议,各区专署对于一般行政所提案件,业经本府分别核明。关于第十一区专署提请改善修筑机场民工待遇一案,经查关于本省征工待遇,最近由本府暨交通部航空委员会、参政会、四川省临时参议会代表暨地方绅耆等,就委员长成都行辕颁行之《四川省非常时期征工服役暂行办法》详加研讨、重新拟订修正办法,正转呈最高国防委员会核定中。此项修正办法,自较以往办法所定待遇为优,在修正办法尚未核定施行以前,各县对于修筑机场民工待遇,应特加注意,尽量优厚,俾期健全民力,而增工作效率。除分令各该专署、各县政府遵照外,合行令仰该府即便遵照办理为要。此令。

兼理主席　张　群
建设厅长　陈筑山

12. 内江县妇女会为组织纺织工厂救济贫苦征属致内江县长呈（1942年5月10日）

窃查我国抗战迄今,已历五年,史绩昭著。皆我贤能领袖之功,后防〔方〕同袍〔胞〕人、物、财力捐输之力,共同御侮,收此宏效。惟我妇女,亦属国民,为国宣劳,责无旁贷。虽不能前线直接弹杀敌人,但努力后方生产建设、救济贫苦征属,义不容辞。窃属会有鉴于此,乃召集同人数度筹商,决定募资组织纺织工厂,收容贫苦征属,以增强战士杀敌致果之心,振〔赈〕救赤贫妇女以苏其困。窃查我县赤贫妇女,贫苦征属,比比皆然。如不设法营救,于抗建大计不无影响。属会为此,特拟具组织纺织工厂计划大纲、组织章程各一份赍呈钧府俯予鉴核备查,并恳协助,用维事功。谨呈内江县长易。〈后略〉

13. 四川省二十九年度捐献军粮委员会关于举办汇献军粮及给奖典礼的公函（1942年6月19日）

查本会主办省二十九年度捐献军粮运动,岁时迭易,事功业务极须〔亟需〕结束。兹就本年七七抗建纪念日之便,特定期于是日全川各县举行汇献及给奖大典礼。本会以第一区各县毗近省垣,欲以表扬民众踊跃捐输,裕我军食之义举,决将各该县之汇献给奖典礼合并在成都市内举行。除由本会转电各县知照外,相应函请查照,转知温江、成都、华阳、新都、郫县、新繁、彭县。七县政府届时务必派员来省参加,代领奖品,并饬知捐献实谷五十石以上及代金一千七百五十元以上各捐献应受奖人,愿意来省领者即先期来蓉,届时到场领奖(到省时,应即到成都纯化街省党部本会报到,领取标记以便入场)。至实谷五十石以下之捐献人,或推代表,或自愿莅蓉参加,均听自便。〈后略〉

14. 1942年同盟胜利美金公债运送数额表

省市名称	配运数额（美元）	五千美元票（张）	一千美元票（张）	五百美元票（张）	一百美元票（张）	五十美元票（张）	二十美元票（张）
*四川	6 000 000	160	1 200	5 000	11 000	4 000	10 000
*西康	400 000				1 300	2 200	8 000
湖北	240 000				500	1 600	5 500
湖南	2 800 000			1 000	16 000	6 000	20 000
江西	600 000			100	2 000	3 000	10 000
安徽	240 000				5 00	1 600	5 500
浙江	400 000				1 300	2 200	8 000
福建	3 200 000			1 000	20 000	6 000	20 000
广东	3 600 000			1 000	22 000	10 000	20 000
广西	4 000 000			1 000	26 000	10 000	20 000
云南	4 800 000			1 500	29 000	11 000	30 000
贵州	1 600 000			800	7 500	5 000	10 000
*河南	400 000				1 300	2 200	8 000
*陕西	2 000 000	40	300	800	7 500	3 000	10 000
*甘肃	1 000 000			300	5 000	3 000	10 000
*宁夏	160 000					1 600	4 000
*青海	160 000					1 600	4 000
重庆	8 400 000			2 500	49 100	26 000	47 000
总计	40 000 000	2 00	1 500	15 000	200 000	100 000	250 000
附注	一、本表配运数占总额十分之四，并为推销便利计，将小额债票全数分发。二、本表经拟定后，于九月十一日叙稿，函送国库局及公债司。						

附注：有*者系示该省债票业已运出。

15. 成都市筹募1942年同盟胜利公债核计标准表

(甲)部分派募标准
行政院三十一年七月九日顺伍字第一三三八一号指令核准

派募对象	计算根据	派率	说明
第一类工商业	全年营业额	2%	部令指定产制卖、运送、租赁等工商业为第一类工商业
第二类工商业	全年营业纯益额	10%	部令指定金融、信托、介绍、保险、代理等工商业为本类
房产管业人自住者	房产价值	1%	
房产管业人租佃者	月租全额	一月租金	
自由职业者	全年收入额	2%	

(乙)累进派募标准
本府依据法令查酌事实拟定,经本市临时参议会审议通过,省令第一五六八号指令核准备查

A. 第一类工商业 依据营业税局三十一年调查营业额

营业额起讫	累进派率	营业额起讫	累进派率
100元至200元	免派	15万元以上至100万元	4%
200元以上至2000元	各核派100元	100万元以上	5%
2000元以上至15万元	3%		

B. 房产管业人自住者
依据三十一年房捐征册所载房产价值

房产价值额起讫	累进派率	房产价值额起讫	累进派率
100至500百元	免派	900元以上至1000元	各核派500元
500元以上至600元	各核派100元	1000元以上至2000元	58%
600元以上至700元	各核派200元	2000元以上至3000元	60%
700元以上至800元	各核派300元	3000元以上至4000元	62%
800元以上至900元	各核派400元	4000元以上至5000元	64%
5000元以上至6000元	66%	40000元以上至50000元	82%
6000元以上至7000元	68%	50000元以上至55000千元	84%
7000元以上至8000元	70%	55000元以上至60000元	86%
8000元以上至9000元	72%	60000元以上至65000元	88%
9000元以上至10000元	74%	65000元以上至70000元	90%
10000元以上至20000元	76%	70000元以上至75000元	92%
20000元以上至30000元	78%	75000元以上至80000元	94%
30000元以上至40000元	80%		

续表

C. 房产管业人租佃者
依据三十一年房捐征册所载月租金数额

月租金额起讫	累进派率	月租金额起讫	累进派率
1元至5元	免派	70元以上到75元	42月租金
5元以上至15元	20月租金	75元以上至80元	44月租金
15元以上至25元	22月租金	80元以上至85元	46月租金
25元以上至30元	24月租金	85元以上至90元	48月租金
30元以上至35元	26月租金	90元以上至95元	50月租金
35元以上至40元	28月租金	95元以上至100元	52月租金
40元以上至45元	30月租金	100元以上至200元	54月租金
45元以上至50元	32月租金	200元以上至300元	56月租金
50元以上至55元	34月租金	300元以上至400元	58月租金
55元以上至60元	36月租金	400元以上至500元	60月租金
60元以上至65元	38月租金	500元以上至600元	62月租金
65元以上至70元	40月租金	600元以上至700元	64月租金
700以上至800元	66月租金	900元以上至1000元	70月租金
800元以上至900元	68月租金	1000元以上至1500元	72月租金

附计算说明：
一、工商业营业期间不足一年者按实在期间计算部令指示
二、计算时百位以下数字均按四舍五入法取整百数
筹字第〇〇〇四三号省令指示
三、除第二类工商业及自由职业者外均依本标准逐户核算

（丙）第二类工商业及自由职业分配债额表

业别	分配债额	说明
银行	2000000元	包括国营省营民营各银行
钱庄	1000000元	
典当	500000元	
中医师业	300000元	
医师业	100000元	
律师业	50000元	
报业	20000元	

16. 新津县政府征兵布告(1943年7月10日)

日寇侵华六载,救国必须征兵。将士前方拼命,阻止强敌纵行。同盟三十一国,早晚胜利来临。凡我后方民众,都该起来竞争。但是过去兵役,不免日久弊生。原因甚为复杂,不外拉买顶名。政府要除此弊,才命抽签征丁。凡是适龄丁壮,先将名册造成。除去免缓等役,再行公开抽征。县府将其抽中,正式给予凭证。保甲不能舞弊,包庇贿卖难行。壮丁二十抽一,百口才征一人。安家费用五百,领发不少分文。入营便受优待,无须再虑家庭。一心一意在外,抗战无上光荣。其余如未抽中,在家尽可安心。因为实行此法,不再胡乱拉征。人民减少痛苦,办法是极公平。现在有好几省,已将此事办成。四川复兴根据,岂可落后遭评。逃役莫大耻辱,作弊犯法非轻。此次改良役政,全是保护平民。将来战事平息,同胞才得安宁。勿图眼前苟免,国亡仍要牺牲。奸人谣言勿听,政府命令宜遵。若是造谣惑众,查出必受重刑。努力去服兵役,救国便是救身。古来国家有事,女子尚且从军。何况身为男子,更要名显才能。父兄勉励其子,绅士表率乡亲。务各同心报国,勿负告谕谆谆。

县长赵宗炜　秘书吴瑜代行
中华民国三十二年七月十日

17. 创办四川省出征军人家属妇女工业院缘起(1943年8月10日)

溯自七七事变以来,暴日挟其精锐武器作疯狂进攻。幸赖我热血将士奋起抵抗,忠勇卫国。数年以来,已予敌人以重大打击,但尚未得最后胜利。此后仍须鼓励后起壮士踊跃出征,并须激发前线士气,使无后顾之忧。今全国上下,莫不深切注意出征军人家属之优待、保护,良有以也。查四川壮丁在前线抗战者经二百万名,为其家属服务者虽不乏人,然以征属众多,受惠者之比例尚属有限。同人等秉匹夫有责之精神,谨追随群贤,竭尽棉〔绵〕薄,为征属服务。适逢振〔赈〕济委员会托由中华妇女节制协会所办之成都妇女振〔赈〕济工业院因事停办,爰特就其原有规模,设四川省出征军人家属妇女工业院,继续推进服务征属之重要工作。惟任重道远,而同人等能力有限,尚望政府机关及社会热心人士竭力协助,共襄其成。则不但征属受益,抑亦抗建攸关焉。

18. 安岳县政府关于白水乡龙头寺僧永正自愿离佛从军、捐款救国呈(1943年12月15日)

〈上略〉四川安岳县龙台[白水]乡龙头寺僧永正本年八月呈称:"情因僧年二十六岁,身微强壮,略读诗书,稍识文字,理当为国出力,不应坐享幸福。现在国难当头,人民均占一份,正应武装起来,爱护国家军事。委座叠宣誓长期抗战,打倒日本帝国,复兴中华民族。僧欲矢志前方,自愿离佛,恳受军训,愿捐法币二万元及本年秋收所有佃户徐绍武、徐耻清应纳之租谷,旧量六石,约值洋一万余元,以此微资捐助国家购买军器,不能划作本地公益。誓将倭寇荡平,决不退避。倘沐允准,恳迅指令祇遵,以便赴敌。不胜沾感之至。"〈下略〉

19. 成都市政府主席余中英对出发远征军的演讲(1943年12月27日)

先生:

我国浴血抗战,将届七年,前仆后继,愈战愈强,最后的胜利,转瞬即临,惟古训有云,"行百里者半九十",愈是胜利快要接近而肩负的责任,愈为艰巨,所以冯副委员长不辞道路的跋涉,劝谕呼号,发起全国国民节约献金救国运动,来激励全国民众有国无家,有公无私的爱国热忱。我们读了他给热心救国朋友的四封信,叙述了许多市县献金的情形,真是可歌可泣,可歌可喜。这固然是冯副委员长公忠体国的精诚所感召,亦足见我国的民气蓬勃奋发不能摧毁的铁证,诚如蒋主席回他的信上说,钱是一回事,把民众的心与抗战连接起来,更是一回重大的事。我们成都市,是四川首善之区,为全省观瞻所系,爱国运动,素不后人,抗战以来,出钱出力而副〔负〕国农之期望者,班班可数。此次冯副委员长提倡之献金救国运动,我们固应当竭诚响应,此不仅是争取我们成都市的光荣,亦所以继续以往爱国运动的功绩,务请同志先生踊跃输将,尽力捐献,须知道我们出一分钱,即使前方将士得到一分的安慰,尽一分心,即增加抗战的一分力量,合万人之心而为一心,集多数之力而成共力,必能迅速的将倭寇赶出去,光复我们的大好河山,申张民族的正义,恢复民族的自由,这是多么伟大而神圣的事业,多么重要而艰巨的使命!敬祝健康。至盼!努力!努力!

20. 四川省政府兼理主席张群为优待参加远征军之各大中小学生及公教人员办法致财政厅训令(1943年12月)

案准四川省军管区司令部三十二年十二月信嘉格字第二五一四号亥佳代电开:"案查本部为优待此次自动请求参加驻印军之各大中学生及公教人员,并求永保此种蓬勃气象以励来兹起见,经以查本部参谋长徐思平此次出巡资、潼、绵、成各师区宣达役政。各处大中学生及公教人员自动请求参加驻印军者已有数百人,士气振奋,役政增辉。惟为永保此种蓬勃气象,以励来兹,拟恳:(一)务请准就各县市先发被服,以免长途受寒且碍观瞻;(二)在泸验收不合格者,仍准回校或回职;(三)请特选干部由泸合编一队送印;(四)请电驻印军,对此项员生优予待用;(五)闻部已派徐参谋长到三台慰奖应征学生。确否?以上五项立候电示。等词。电请军政部去讫。兹奉军政部亥冬役宣电开戌艳信参电开所拟第(一)(二)(四)项均照办;第(三)项赴印运输可另编一队;第(五)项已另电派徐参谋长前往慰奖。除分电外,特复,等因。除转令各师管区知照外,特电查照,并请转令各机关学校,并分函各国立学校查照,仍请见复为荷。"等由,准此。除函复并分令外,合亟令仰知照,并饬属一体知照。此令。

21. 邛崃机场督导员徐竞存陈报征地及发款情形致四川省特种工程征工总处快邮代电(1944年2月7日)

处长、副处长钧鉴:关于邛崃机场征地计划变更五次,至一月卅日始确定范围。经地政局测量人员计算,大邑征地1670亩、房屋1200方丈、坟2300

座；邛崃征地43亩、房屋89方丈、坟300座。据地政局鞠专员面称，大邑已于本月三日开始发款，已发出800万元，搬迁户口已达四分之一；邛崃于六日发款，当日发毕，规定今日开始搬迁，情形均甚良好，等语。查所需地价及房、坟拆迁等费，为数在二千万元以上，除前汇1500万元外，所差尚巨。本月三日，已由管理处电请补汇。今日，鞠专员复以前款行即发毕，如有间断，恐碍拆迁工作之进行，邀同会衔电请补汇。查所虑情形，尚属实在，除另会衔电呈外，理合将征地及发款详细情形代电陈报，鉴核示遵。邛崃机场督导员徐竞存叩。丑虞。印。

22. 征属王梅氏为男丁出国抗战请予豁免征工致广汉县政府呈（1944年4月13日①）

呈为男丁出国抗战请予豁免征工事。窃氏子王相毯于去岁被征入伍，现在中华民国驻印军总指挥部独立运输营第二连充任上士军需。抗战前线家庭遗氏等一家老幼六口，则靠新新乡十五保地面旱地四亩耕耘为生，殊物价高涨，收入有限，维系生活颇为困难。近因我县建筑国防工程浩大，凡属人民均应踊跃参加，氏家所派之工，本不敢推卸，奈氏子被征后，家庭实无壮男应征服役，如另雇工代替，更无此项财力，思维再四，只得据情恳乞钧府垂怜艰苦，援优待出征军人家属法令，准予豁免，则感佩大德无既矣。谨呈。

征属 王梅氏（手印） 现住新新乡十五保

23. 四川省政府兼理主席张群等为检发修正非常时期各县抢修机场民工大队组织暂行办法致广汉县政府训令（1944年7月26日）

查机场所在各县，亟应依照规定，组织抢修机场民工大队，以备遇有紧急事件，随时集合到场工作。除分令外，合行检发修正非常时期各县抢修机场民工大队组织暂行办法一份，令仰该府迅即遵照办理册报查核，事关重要，勿得忽延为要。此令。

---
① 原件无时间，此系收文时间。

附检发修正非常时期各县抢修机场民工大队组织暂行办法一份

兼理主席张群

民政厅长胡次威

修正非常时期各县抢修机场民工大队组织暂行办法

第一条 机场所在各县为协助空防便利我机起落起见,悉应依照本暂行办法(以下简称本办法)组织民工抢修大队,以备遇有紧急事件,随时集合到场工作。

第二条 本办法仅限于非常时期机场被敌破坏,发生紧急事件或急于补修时适用之。

第三条 由机场所在各县挑选健壮民工四百八十名,编组民工抢修大队一队,每三十名为一小队,四小队为一中队,四中队为一大队,专备于必要时召集之。

第四条 民工大队长由县府科长、技士或区长充任,联保主任、保甲长分任中队长及小队长,统由县长选定,分别派充。

第五条 民工名额遇必要时得临时酌量增加之。

第六条 所挑选民工须合于下列条件:甲、在机场附近,确能于三小时内可以集合之居民;乙、身体强壮,年在二十岁以上四十岁以下之男子;丙、有确定户籍,并经保甲长负责保证,无可疑行迹者。

第七条 各县民工大队编组完成后,应即造具花名清册,分报省政府及航空委员会备案,民工姓名如有异动时应函知空军站备查。

第八条 机场所在县府于接得机场负责人书面或电话通知时,立即令民工大队部作紧急集合,限三小时内全体民工必须到达机场,迟到者由县府查明处罚。

第九条 民工大队集合到场工作,每工每名日给2X之待遇。[民工每名每日之待遇=(1.2+0.4+0.4)X=2X。上式X为当地一市升之米价,(1.2)为每日消耗米量一升二合,(0.4)为每日蔬菜杂用,(0.4)为每日工资]。分队长日支3X之津贴,中队长日支4X津贴,大队长日支5X津贴(津贴均按当地米价折合法币)。到工旅费在二十华里以内者不给,遇此者每十华里每人给旅费一角。工作时如遇警报不扣工资,解除后须小半时内继续集合工作。

第十条 民工大队每队每月由工程处发办公费一元,工作在一个月以上者,每名给1X之卧草费,并得增设事务员一人,照中队长日支4X之津贴。

第十一条 民工大队到达机场时,应先向站报到,由站点名后开始工作。每日上下午由站派员或驻站队部派员会同点名各一次,按实点数,照规定工资遂日发清,不得积压。工作半日者,折半支给工资。每日工作以十小时为度,如超过规定时间,由站负责人通知。须加夜工者,得按时比例计算加给工资。

第十二条 普通工具如锹锄、鸳箕、扁担等项概由民工大队自备。特种工具由机场准备,借给应用,工作完毕将原物缴站。

第十三条 民工队各级队长如撤离工地,一经查出,除将是日津贴扣发外,并由站知照县府处罚之。

第十四条 民工大队工作由站派工程人员指示之,民工大队各级人员应受机场负责人之指挥、监督,但民工之管理[由]民工大队部负责。

第十五条 民工大队部办事细则暨民工管理、民工奖惩等章则由各县拟定,报省政府核准备案施行。

第十六条 本办法自令到之日施行。

24. 四川省第十三区专员兼司令林维干转饬广汉征工协修机场快邮代电(1944年9月22日)

广汉县长览:奉四川省政府民五字第19840号申圭代电开:案准军事委员会工程委员会三十三年八月二十二日渝工字第四三五零号公函开:案准美方来函略以蓉区各机场如遇敌机轰炸,请随时策动邻近民工三千人至一万人,办理修补场面工作,等由。查蓉区各机场,前承贵府征工协修竣事,至深公感。现各场虽已组织养场队,但人数不多,仅足应付平时养场一作,如遇场面被炸须大量修理时,则非立即征集多数民工办理不可。拟请贵府转饬邻近各县政府遵照随时征用足数,除令饬本会各工程处与当地县政府洽定办理外,相应函达,即请查照办理,见复为荷。等由。准此。

查本案前经本府拟定新津等九机场民工枪〔抢〕护队办法要点,于本年八月十六日以民五字第一七八六五号令饬该署遵照督饬改编成立,略报在案。兹准前由,除函复并分电外,合行电仰该署切遵前令暨附发办法要点规定,督饬从速改编成立,并切实遵办为要。等因。奉此,除分电外,合行电仰县长切实遵照办理为要。专员兼司令林维干,秘书刘尚新代行。(卅三)民申养。印。

25. 自贡市第三次参加远征军姓名册(1944年11月[①])

刘 霜	陈国衡	黄从文	蒋士陵	张冠斌	高叔军	周远茂
张 航	曾良□	梁茶松	张海昌	李志清	苏学泉	段志骒
杨子文	吕宝麟	沈 琪	梁玉章	原应亨	张英华	贾志芳
蒋荣扬	鞠天堃	刘石成	张 钧	赵福龙	杨麟文	胡家骏
孙 郁	饶大中	刘蜀戎	冯寿维	王岳西	郑海河	曾广贵
汪钦尧	赵秉正	胡永常	赵宁馨	王石琰	刘燕生	吴伊人
何希恕	蔡庆全	邹慎言	周正品	蓝正益	李沛芝	徐甫长

共四十九人

附1:饶大中自传(1944年11月24日)

我生于四川璧山县城,到现在已经十八岁了!自从我能记忆的时候到现在仅仅几年,也就是我从求学到现在只不过几年,在这几年当中我自己本身由小孩变成了一个青年,整个的国家由半殖民地封建弱小,一变而为世界反侵略四大列强之一,担负起了消灭法西斯、维护世界和平的责任。国家的现任越大,当然困难也越大,而我们一群也是在艰苦情形的社会中成长起来的。我们受的教育,是要挽救国家的危亡;我们的行动思想规范是以三民主义为中心。经过七八年的训练后,当然我们还未成为一个健全的人才,但今天的国家已迫不及待,我只得抛弃了学业及自己家庭本身一切幸福安全的享受,而将热血、头颅贡献出来,汉〔限〕期早日达到杀敌致果的志愿,并早日争得最后的胜利。

[①]原件无时间,此系编者判断。

附2：冯寿维自传（1944年11月24日）

余家本中人产，父为独子，未习谋生之术，且值农村经济破产时期，家遂中落。余为长子，溺爱特甚。中学时受新文艺之影响，卒业后即就新闻业。迄后因倭寇侵凌，乃从军。因病退伍，仍就新闻业。近观国内战场，桂林、柳州相继沦陷。虽长期抗战，一城之得失无关大局，而其损失亦必相当严重，胜利后复员〔原〕亦必更困难。此种失败实为军队之素质过差。为国土的完整，为提高军队素质，以使盟国重视及增加胜利之可能性，虽战争里更容易死亡，可是少数人的死能够换到更多人的生，这是有意义的死，何况还能得到那英勇将士们可歌可泣的史料。"在生和死里学到人生真义"，是领袖的昭告。我愿荷枪杀敌，学习人生，报导前方消息。

26. 自贡市民华熟之送子参加青年军快邮代电（1944年①）

自贡市知识青年从军征集委员会主任委员勋鉴：窃自日寇占我国土以来，于兹八载，大有直趋腹地之势。熟之自愧年逾五旬，又有家小之累，目前不能亲赴前线，手刃罪魁；前乃遣胞侄德培由联大学院请假投考翻译员训练所，结业后奉国民政论外事局派在盟军五四五团团部充翻译官，业已调赴前线作战。兹读委座手谕：国势阽危，非全民抗战不能收复失地，乃发起知识青年从军之组织。熟之仅有一子名璧辉，曾受军事训练，特嘱报名从军。幸蒙检查身体合格，准其入营听候编制。除嘱整装待命外，并盼我知识青年同胞本国家兴亡匹夫有责之义，急起直追，同赴国难，趋赴前线，灭我〔彼〕凶顽。不旦〔但〕复我山河，还须扫平三岛，痛饮黄龙，扬我国威，为国宣劳，名垂青史。国家幸甚！民族幸甚！谨此上达。华熟之。

27. 四川特种工程委员会主任委员张群等为征调鸡公车扩建机场致新津县长赵宗炜快邮代电（1945年1月30日）

急。新津赵县长：

固。密。敬电征调鸡公车三百辆，迄未送到，延误工程至巨，特再电催，

---

① 原件无时间，此系编者判断。

星夜征齐,解送到场,勿误为要。四川特种工程委员会主任委员张群,副主任委员周至柔。陷。印。

28. 西康省征委会关于报送征集从军人数代电(1945年1—2月)

(1)致全国知青从军征委会电(1月5日)

西康省知识青年志愿从军征集委员会代电　省编组字第五四号　三十四年元月五日

全国知识青年志愿从军指导委员会钧鉴:宥电奉悉。本会第一次集中雅属送泸青年为二百一十四名。(一)职业:商五,教二十三,工六,政二十五,军二十一,学一百三十四。(二)学籍:大学二,高中四十五,初中一百三十一,小学六,军校六,职校二十四。(三)籍贯:西康一百四十二,四川六十,山东二,安徽一,江西二,湖南一,浙江三,河南一,陕西一,河北一。(四)年龄:一十八至二十者一百五十七名,二十一至二十五者三十五名,二十六至三十者一十七名,三十至三十三者五名。(五)党团籍:入党者四十九,入团者一百七十二。奉电前因,除宁康两属另报外,谨将雅属报请备查。西康省知识青年志愿从军征集委员会。省编组字(54)。(0105)。叩。

(2)致全国知青从军指委会电(1月16日)

西康省知识青年志愿从军征集委员会代电　省编组字第六五号　三十四年元月十六日

全国知识青年志愿从军指导委员会钧鉴:查本会第二次集中康属送泸青年军二百零三名,连第一次集中雅属送泸二百一十四名共四百一十七名,业经以省编组(59)(0110)电呈在案。谨将康属二百零三名分别统计:(一)职业:商一十二,教一十,工一十五,政三十四,军一百,学一百零一,其他二十一。(二)学籍:大学四,高中三十八,初中一。七,小学一十五,军教一十六,其他一十二。(三)籍贯:西康一。六,四川八十六,浙江三,安徽二,陕西二,江苏一,河北一,河南一,湖北一。(四)年龄:一十八至二十者九十七名,二十一至二十五者五十九名,二十六至三十者四十一名,三十一至三十二者五名。(五)

党团籍:入党者一百零二名,入团者一百零一名。除宁属俟集中后另报外,谨将康属报请备查。兼主任委员刘文辉、副主任委员冷曝东、陈志明。编组(65)。(0116)。印。

(3)致全国知青从军指委会电(2月7日)

全国知识青年从军指委会:查康省从军青年康雅两属首批送泸(214)名,第二批(212)名,暨西昌集中征集转送者(250)名,及富林集中站征送者(223)名,共计(889)名。照配额(900)名仅差(11)名,谨电备查。康省征委会。编组(80)。丑虞。印。

(4)致全国青年从军指委会电(2月26日)

全国青年从军指委会:本会先后检验合格从军青年送泸入营者计(891)名,连党团部送训干部(9)名,恰为本会应征配额之数(900)名,谨电备查示遵。西康省征委会。省编组(89)。丑寝。印。

29. 张群等关于四川省征集知识青年从军人数统计快邮代电（1945年8月14日）

全国知识青年志愿从军指导委员会:奉钧会先后电饬,报本会实造合格青年人数分别统计等因。查本省征集知识青年从军配额计为一万三千名,经摄定各县市局征集知识青年从军配额表,分饬遵照如数征集足额有案。截至七月底止,据报,各县市局先后申送验收入营者计共一万三千零八十一名,除正额外,计超额八十一名。惟有陈者青年团渝支团部所辖川东各县局征集之从军青年,多系送交渝市委会转送入营,所有人数亦多列为该会配额。其中江北、綦江、奉节、邻水等县征送人数迭经电催迄未具报?本会超额究有若干,俟各该县呈报后,再为汇报,奉电前因理合造具本省志愿从军知识青年各项统计表一份,电请鉴核示遵,四川省知识青年志愿从军征集委员会兼主任委员张群,兼副主任委员黄季陆、李天民叩。未寒印,附统计表一份〈略〉。

30. 抗战期间各省壮丁配额统计表（1945年）

	总计	1937年8月至1944年底	1945年
四川	3 193 807	2 917 485	276 323
河南	2 210 473	2 191 791	18 682
湖南	1 816 410	1 743 310	73 100
陕西	1 135 575	1 055 841	79 734
江西	1 115 212	1 031 034	84 178
广东	1 070 540	949 875	12 665
广西	1 007 903	977 758	30 145
湖北	867 040	822 105	44 935
贵州	700 338	646 753	53 585
浙江	661 060	603 760	5 730
安徽	601 784	582 659	19 125
福建	532 631	481 001	51 630
甘肃	508 668	486 060	22 606
云南	371 361	364 919	8 442
山西	174 271	134 271	40 000
西康	39 081	35 081	4 000
江苏	38 859	38 859	
山东	33 455	32 922	533
宁夏	19 078	14 928	4 150
青海	12 009	6 009	6 000
绥远	5 253	5 253	
其他	524 994	519 093	5 901
共计	16 641 802	15 640 767	1 001 035
附记	一、本表系根据兵役部及军政部兵役署配拨电令统计之。 二、其他栏内包括特种部队及机关学校招募之壮丁其省籍不详者。		

31. 抗战期间各省历年实征壮丁人数统计表(1945年)

	总计	二十六年	二十七年	二十八年	二十九年	三十年	三十一年	三十二年	三十三年	三十四年
四川	2 578 810	103 837	17 145	296 341	266 373	344 610	366 625	352 681	391 112	283 086
西康	30 938			4 713	5 437	5 817	3 282	46 521	4 606	2 462
云南	374 693		96 317	25 582	731	3 559	59 017	58 180	63 231	36 126
贵州	580 416	47 149	35 142	64 741	78 643	71 603	69 603	83 848	73 416	56 271
广西	808 046	106 691	218 665	34 710	104 744	64 961	76 849	76 326	90 379	24 721
广东	925 873	35 247	80 470	131 693	126 196	100 127	32 720	104 349	18 742	36 329
福建	425 215	29 427	33 499	60 064	58 249	55 716	51 041	48 510	38 545	50 174
浙江	550 493	32 791	30 448	94 636	108 479	66 492	48 608	59 362	622 679	47 398
安徽	563 673	44 271	22 832	54 329	68 715	69 479	95 053	78 433	74 111	56 450
江西	947 722	43 230	154 642	178 210	120 634	98 069	107 822	92 712	92 902	59 501
湖南	1 570 172	190 505	220 745	213 296	216 780	169 623	208 836	184 421	101 756	54 210
湖北	691 195	75 805	95 043	98 279	64 280	67 075	88 307	86 942	72 796	42 668
河南	1 898 356	126 964	324 173	264 370	384 250	234 279	24 589	205 815	19 934	24 982
陕西	888 363	37 197	68 679	126 341	127 430	80 350	99 707	117 872	144 819	85 968
甘肃	383 857	23 774	40 982	54 627	54 355	50 230	55 769	42 516	32 714	28 890
山西	216 603					33 500	23 103	60 000	60 000	40 000
山东	31 922	1 300	16 194				3 728			
江苏	38 859	18 433	2 437							
绥远	5 253						53	5 200		
宁夏	23 609		4 000			4 000	4 609	3 000	4 000	4 000
青海	18 009		2 500			474	905	2 130	6 000	6 000
其他	697 434				263 569	16 043	106 916	10 906		
共计	14 050 521	928 310	1 648 913	1 975 501	191 339	1 667 830	1 711 132	1 666 918	162 342	939 236
附记	本表根据各师管区征拨壮丁文电报表统计之。									

32. 1945年三八节各县征募军鞋分配表

区别	市县别	等级	配额数(双)	折合数(元)
市	成都		40 000	12 000 000
	自贡		20 000	6 000 000
第一区	温江	三	1 902	530 600
	成都	三	1 902	570 600
	华阳	二	2 058	617 400
	灌县	三	1 891	567 300
	新津	三	1 891	567 300
	崇庆	二	2 058	417 400
	新都	三	1 891	567 300
	郫县	三	1 891	567 300
	双流	三	1 891	567 300
	彭县	二	2 065	619 500
	新繁	四	1 000	300 000
	崇宁	四	1 000	300 000
第二区	资中	一	2 692	807 600
	资阳	二	2 058	617 400
	内江	一	2 692	807 600
	荣县	一	2 692	807 600
	仁寿	一	2 692	807 600
	威远	二	2 065	619 500
	简阳	一	2 692	807 600
	井研	四	1 000	300 000
第三区	永川	一	2 692	807 600
	巴县	二	2 058	617 400
	江津	一	2 700	810 000
	江北	一	2 692	807 600
	合川	一	2 692	807 600
	荣昌	二	2 065	619 500
	綦江	二	2 058	617 500
	大足	三	1 891	567 300

续表

区别	市县别	等级	配额数(双)	折合数(元)
	铜梁	二	2 058	617 400
	璧山	二	2 058	617 400
	北碚管理局		2 000	600 000
第四区	眉山	二	2 058	617 400
	蒲江	四	1 000	300 000
	邛崃	一	2 692	807 600
	大邑	三	1 902	570 600
	彭山	四	1 000	300 000
	洪雅	四	1 000	300 000
	夹江	四	1 000	300 000
	青神	六		
	丹棱	五		
	名山	五		
第五区	乐山	二	2 058	617 400
	屏山	三	1 891	567 300
	马边	四	1 000	300 000
	峨边	四	1 000	300 000
	雷波	四	1 000	300 000
	犍为	二	2 058	617 400
	峨眉	三	1 891	567 300
	沐川	五		
第六区	宜宾	一	2 692	807 600
	南溪	三	1 891	567 300
	庆符	四	1 000	300 000
	江安	三	1 891	567 300
	兴文	五		
	珙县	五		
	高县	四	1 000	300 000
	筠连	六		300 000
	长宁	四	1 000	
第七区	泸县	一	2 692	807 600

续表

区别	市县别	等级	配额数(双)	折合数(元)
	隆昌	二	2 068	619 500
	富顺	一	2 692	807 600
	叙永	二	2 058	617 400
	合江	二	2 058	617 400
	纳溪	五		
	古宋	五		
	古蔺	三	1 891	567 300
第八区	酉阳	二	2 058	617 400
	涪陵	一	2 672	807 600
	丰都	二	2 058	617 400
	南川	三	1 891	567 300
	彭水	三	1 891	567 300
	黔江	三	1 891	567 300
	秀山	二	2 058	617 400
	石柱	三	1 891	567 300
	武隆设治局	五		
第九区	万县	一	2 692	807 600
	奉节	二	2 058	617 400
	开县	二	2 058	617 400
	忠县	二	2 058	617 400
	巫山	四	1 000	300 000
	巫溪	四	1 000	300 000
	云阳	二	2 058	617 400
	城口	五		
第十区	大竹	一	2 692	807 600
	渠县	一	2 692	807 600
	广安	一	2 692	807 600
	梁山	二	2 058	617 400
	邻水	三	1 891	567 300
	垫江	四	1 000	300 000
	长寿	二	2 058	617 400

续表

区别	市县别	等级	配额数(双)	折合数(元)
第十一区	南充	一	2 692	807 600
	岳池	一	2 692	807 600
	蓬安	四	1 000	300 000
	营山	三	1 891	567 300
	南部	二	2 058	617 400
	武胜	三	1 891	567 300
	西充	四	1 000	300 000
	仪陇	四	1 000	300 000
第十二区	遂宁	一	2 692	807 600
	安岳	一	2 692	807 600
	中江	一	2 692	807 600
	三台	一	2 692	807 600
	潼南	三	1 891	567 300
	蓬溪	二	2 058	617 400
	乐至	三	1 891	567 300
	射洪	三	1 891	567 300
	盐亭	四	1 000	300 000
第十三区	绵阳	一	2 692	807 600
	绵竹	二	2 058	617 400
	广汉	二	2 058	617 400
	安县	三	1 891	567 300
	德阳	三	1 891	567 300
	什邡	三	1 891	567 300
	金堂	二	2 058	617 400
	梓潼	四	1 000	300 000
	罗江	四	1 000	300 000
第十四区	剑阁	三	1 891	567 300
	苍溪	四	1 000	300 000
	广元	三	1 891	567 300
	江油	三	1 891	567 300
	阆中	三	1 891	567 300

续表

区别	市县别	等级	配额数（双）	折合数（元）
	昭化	五		
	彰明	四	1 000	300 000
	北川	六		
	平武	三	1 891	567 300
	青川	四	1 000	300 000
	旺苍设治局			
第十五区	达县	一	2 692	807 600
	巴中	二	2 058	617 400
	开江	三	1 891	567 300
	宣汉	二	2 058	617 400
	万源	三	1 891	567 300
	通江	三	1 891	567 300
	南江	四	1 000	300 000
第十六区	茂县	三	1 891	567 300
	理番	二	2 058	617 400
	懋功	四	1 000	300 000
	松潘	二	2 058	617 400
	汶川	四	1 000	300 000
	靖化	三	1 891	567 300

33. 四川省知识青年志愿从军征集委员会组织规程①

一、本规程依据《全国知识青年志愿从军征集办法》第四项中款第二条之规定订定之。

二、本会定名为"四川省知识青年志愿征集委员会"（以下简称本会）。

三、本会设主任委员1人，副主任委员2人，委员25人至35人。主任委员由四川省政府主席兼任，副主任委员由四川省党部主任委员及三民主义青年团四川支团部干事长兼任，委员由省府就本省有关机关、学校、团体、地方士绅中聘任之。均为义务职。

---

①原件无时间。

四、本会设总干事1人，由主任委员就有关机关人员中调派充任之。

五、本会设总务、编组、宣传、招待四科，其职掌如下：

甲、总务科分设下列五股：

(一)第一股掌理文电收发、纂拟、保管及印信之典守事项；

(二)第二股掌理会计及经费之稽核事项；

(三)第三股掌理经费之出纳、保管事项；

(四)第四股掌理营房给养、卫生、交通之修理、购置、现划事项；

(五)第五股掌理交际及其他庶务事项。

乙、编组科分设下列三股：

(一)第一股掌理征集规划及名额之分配事项；

(二)第二股掌理入伍青年之登记、编组、管理事项；

(三)第二股掌理入伍青年之运动、交接事项。

丙、宣传科分设下列三股：

(一)第一股掌理征集、宣传之规划事项；

(二)第二股掌理宣传要点及各种宣传品之编撰、收转事项；

(三)第三股掌理各地宣传之发动、指导事项。

丁、招待科分设下列三股：

(一)第一股掌理招待事宜之规划、指导事项；

(二)第二股掌理发动民众欢送、欢迎事项；

(三)第三股掌理慰劳及各种慰劳物品之募集、收发、保管事项。

六、本会各科各设科长1人，各股各设股长1人，科员、办事员、录事各若干人，均就有关机关、团体、学校工作人员中调派充任之，除酌给伙食、交通费外，一律不支薪给。

必要时得设秘书、编撰及宣导委员会就有关机关、团体、学校工作人员中调派或聘任之。

七、本会每周开会一次，由主任委员主席〔持〕。必要时得召开临时会议。

八、本会办事细则另订之。

九、本规程经核准后施行。

34. 成都市志愿参加驻印远征军办法①

一、名额：无定。

二、年龄：二十岁至三十五岁。

三、身体：高一百五十八公分、重四十八公斤，无色盲、疝气、砂眼、肺痨、痔漏、皮肤等病。

四、程度：有中等以上同等学识者。

五、资格：现在或曾在大中学校肄业或毕业者，现任或曾任军政机关之职员。

六、报名限期：十二月五日前截止报名。

七、编队申送：于十二月十日前由市府特组远征大队负责编送。

八、申送地点：第一步送泸县验收。不及格者，仍护送回蓉，其原校原机关，仍保留其学籍或职务；第二步由泸县验及格者，另行编队转送印度。

九、报名地点：除由各学校汇册交市府办理外，其他志愿人士于每日午前九至十二时、午后二时至四时径到鼓楼南街市政府军事科报名。

35. 绵广师管区远征军绵阳志愿学生队出征宣言②

亲爱的父老兄弟姊妹们：

我们是中华民族的元素，是为中华民族谋独立自由而孕育的胚胎，是要把中华民族置放在世界大同乐园上的主动分子。我们身受领袖伟大人格的熏陶，先烈革命精神的感召，深切认定："生活的目的，在增进人类全体生活，生命的意义，在创造宇宙继起之生命。"为古今中外历史上人类永久生存之不二大经大法，所以我们愿轰轰烈烈的活一分钟不愿庸庸碌碌的偷生一世。现在世界战火弥天，杀声震地，整个人类被陷入空前的苦难，我民主国家，为了世界的和平正义，正与轴心侵略者，作着生死存亡的战斗！祖国的原野，大半还在铁蹄蹂躏当中，我们的同胞，正以血肉写出了灿烂的抗战史实！当此胜利在望，而创造战后新世界的伟大任务，正有待于我同盟国全体国民之更大

---

①②原件无时间。

的努力：为了完成承先启后的时代使命，为了建设三民主义的新中国，我们坚决的到前线去，到印度去！

当兵是每个国民的责任，我们是国民的一分子，应当尽当兵的责任；我们是知识分子的中坚，更应该英勇的履行我们服役神圣义务！别人给我们的恭维，我们一方面感到光荣，同时也感觉到兴奋，我们誓以更大的努力杀敌立功，换取更大更多的光荣，来答谢同胞的盛意！

中南半岛、南洋群岛有我们七百万的侨胞生命财产，遭敌寇蹂躏殆尽！为了声援他们战后得到平等自由的合法地位，更为了确切保障侨胞生命财产的安全，所以我们到印度的目的是与盟军并肩作战打击敌人！我们要从印度的战争中，复兴祖国，从祖国的复兴中，完成自己。

今天目见祖国需要我们，并且接受了这种严肃的诏示到前线去了，深愿留在后方的青年朋友们，一致奋起，步履着我们远征的后尘；肩负着时代伟大的使命，共同奔向抗建大道，迈步而进，不久的将来，我们愿在喜马拉耶〔雅〕高峰广播着远征的中华儿女的胜利欢呼！

36. 内江县政府关于报送抗战殉国烈士事迹表致四川省政府呈[①]

案奉钧府省馆字第四二〇号训令：饬将抗战殉国烈士之事迹，详核撰述汇报，等因。奉此，查职县殉国各烈士之详确事迹，无由得悉，仅能拨恤令所载，贻考其阵亡地点及阵亡年月而已。奉令前因，理合汇集成表，赍呈钧府俯予转送通志馆，列载简册。谨呈四川省政府。

俯呈抗战阵亡将士事迹表一份

四川省内江县出征抗战阵亡烈士事迹表

部队	阶级	姓名	殉国年月	殉国地点	备考
一二五师七五〇团五连	少尉排长	蒋洪兴	二九年一月	湖北阵亡	
一四五师通讯兵连	少尉特务长	黎和东	二月年五月	安徽阵亡	
一二一师三六三团机二连	上等兵	萧树青	二九年六月	湖北阵亡	
一三师三六三团二连	上等兵	王青云	二九年五月	湖北阵亡	
新一四师四二团六连	一等兵	王有和	二九年六月	江西阵亡	

① 原件无时间。

续表

部队	阶级	姓名	殉国年月	殉国地点	备考
一二七师三七九团五连	上等兵	彭俊才	二九年十一月	湖北阵亡	
一七八师五三五团二连	一等兵	张汉清	二九年四月	山西阵亡	
一二一师三六三团八连	上等兵	夏少章	二九年六月	湖北阵亡	
一三师三八团四连	一等兵	钟义明	二九年五月	湖北阵亡	
一〇师二九团四连	上等兵	常炳臣	二八年十月	江西阵亡	
新编二三师六九团八连	上等兵	陈楷	二八年九月	湖南阵亡	
一〇师三一二团九连	二等兵	庞森	二八年三月	河南阵亡	
一八〇师五三九团八连	上等兵	艾海清	二九年六月	湖北阵亡	
四四师一三〇团二连	二等兵	雷吉初	二八年十二月	湖北阵亡	
四四师一三二团七连	一等兵	兰顺和	二八年十二月	湖北阵亡	
一三三师三九七团九连	上等兵	孙元刚	二九年六月	湖北阵亡	
一四〇师八三九团六连	下士	陈云	二八年九月	湖北阵亡	
九六师六六团七连	二等兵	刘战云	二九年二月	广西阵亡	
一〇四师六一九团二连	一等兵	游开凤	二七年九月	山西阵亡	
一三四师四〇〇团三连	一等兵	潘正远	二八年九月	江西阵亡	
九〇师二六八团四连	二等兵	刘雨山	二八年十二月	湖南阵亡	
九〇师二〇九团七连	上等兵	刘海清	二八年五月	湖南阵亡	
新一四师一团五连	一等兵	王紫云	二八年三月	江西阵亡	
新一三师二团六连	二等兵	陈青云	二八年三月	江西阵亡	
六八师一一三团八连	一等兵	陈绍云	二八年十二月	湖北阵亡	
一四六师八七五团三营	一等兵	钟泽钧	二七年六月	安徽阵亡	
新十三师三团抗三连	中士	王德章	二八年三月	江西阵亡	
新十三师三团九连	二等兵	胡上初	二八年三月	江西阵亡	
新一三师三团三连	二等兵	王东林	二八年三月	江西阵亡	
新十三师三团四连	一等兵	张子成	二八年三月	江西阵亡	
新十三师一团二连	上等兵	罗云	二八年三月	江西阵亡	
新十三师二团三连	一等兵	雷锡章	二八年三月	江西阵亡	
九五师六九团三连	一等兵	罗正其	二八年九月	湖南阵亡	
九五师六九团三连	一等兵	李元胜	二八年九月	湖南阵亡	
新编十六师四团七连	二等兵	吴海廷	二七年十月	江西阵亡	
一四六团八七二团三连	二等兵	吴永昌	二七年六月	安徽阵亡	
新二三师二一团二连	一等兵	陈述华	二七年十一月	湖南阵亡	

续表

部队	阶级	姓名	殉国年月	殉国地点	备考
一〇四师六二三团九连	下士	王青廷	二七年九月	山西阵亡	
新十三师一团一连	二等兵	张坤	二七年十月	江西阵亡	
九六师六六团二连	下士	雷家彬	二九年一月	广西阵亡	
三八师一一四团一连	一等兵	黄少臣	二九年五月	湖北阵亡	
三八师一一三团机三连	一等兵	孙福林	二九年一月	湖北阵亡	
四一师一二一团三连	二等兵	李海泉	二八年十二月	湖北阵亡	
三五师七三〇团二连	一等兵	黄锡章	二七年二月	邹林阵亡	
三八师二三团二连	一等兵	刘元兴	二八年二月	湖北阵亡	
一七八师一〇六二团八连	一等兵	黄云	二八年二月	山西阵亡	
一三四师四一〇团九连	一等兵	秦昌和	二八年九月	江西阵亡	
一三四师四一〇团机二连	下士	黄伯仲	二八年十月	江西阵亡	
新二三师三团迫炮三排	一等兵	乔重民	二七年十一月	湖南阵亡	
一三九狮四一五团六连	一等兵	李在武	二八年九月	江西阵亡	
新二三师三团机三连	一等兵	向志成	二七年十一月	湖南阵亡	
一四八师八八七团四连	二等兵	陈茂顺	二八年三月	安徽阵亡	
一八四师五五〇团四连	下士	巫云	二八年五月	江西阵亡	
新七师一团四连	二等兵	肖德福	二七年十一月	安徽阵亡	
新七师二团机二连	二等兵	艾青山	二七年十一月	安徽阵亡	
新七师四团九连	中士	林少华	二七年十二月	安徽阵亡	
一三三师三九九团四连	上等兵	唐文斌	二八年十月	湖南阵亡	
四七师二八一团三连	一等兵	张建侯	二七年九月	山西阵亡	
新十四师二团机一连	一等兵	徐少轩	二八年三月	江西阵亡	
一三三师三九八团九连	二等兵	段习三	二八年十月	江西阵亡	
第四预师补充团二连		刘纪元	二九年六月	湖北阵亡	
一三二师三九五团二连	二等兵	张忠科	二九年五月	湖北阵亡	
五八师一七四团六连	一等兵	张海军	二八年十二月	江西阵亡	
十四师四二团五连	上等兵	彭光银	二八年十二月	湖北阵亡	
一四九师八九三团三营	上等兵	张明玉	二七年十月	湖北阵亡	
一四六师八七二团机二连	二等兵	张兴元	二六年十一月	安徽阵亡	
四七师一四〇团七连	一等兵	高槐清	二九年一月	河南阵亡	
一三三师三九九团三连	上等兵	朱伦	二六年十二月	湖北阵亡	
四六师一三六团一连	一等兵	朱大文	二八年九月	山西阵亡	

续表

部队	阶级	姓名	殉国年月	殉国地点	备考
九〇师二七〇团五连	二等兵	李少云	二九年六月	湖南阵亡	
新十三师一团四连	上等兵	曾名扬	二七月十月	江西阵亡	
一四六师八七五团七连	二等兵	谢良君	二七年十月	安徽阵亡	
四四师一三〇团八连	二等兵	张德成	二九年六月	湖北阵亡	
预备师二二团八连	上士	晏得修	二八年十二月	山西阵亡	
十三师三九团九连	一等兵	黄道清	二八年十二月	湖北阵亡	
八三师二四八团五连	中士	张海山	二八年五月	山西阵亡	
三一师一八六团六连	二等兵	李世汉	二七年九月	河南阵亡	
六师一八团三连	一等兵	吴桂安	二八年十二月	湖北阵亡	
四七师二八一团	中士	李 麟	二八年六月	山西阵亡	
一八五师五五四团八连	二等兵	王海云	二八年十二月	湖北阵亡	
新四五师四五团八连	一等兵	张明安	二八年十二月	湖北阵亡	
一八五师五五五团四连	一等兵	刘绍荣	二九年十一月	湖北阵亡	
四〇师一一八团四连	一等兵	王少云	二八年十二月	安徽阵亡	
四七师二八一团三连	二等兵	唐云武	二七年九月	山西阵亡	
四六师一三六团一连	一等兵	谢海山	二八年九月	山西阵亡	
新十三师三团机三连	下士	黄荣久	二八年三月	江西阵亡	
一二七师七五七团七连	上等兵	唐炳云	二八年十二月	湖北阵亡	
一八五师五五五团机一连	中士	何文建	二九年十一月	湖北阵亡	
新十三师三团机三连	二等兵	刘云武	二八年三月	江西阵亡	
新十三师三团机三连	二等兵	吴是福	二八年三月	江西阵亡	
一四六师八七二团三连	一等兵	刘兆斌	二六年十二月	安徽阵亡	
一四六师八七二团二连	二等兵	张杰成	二六年十一月	安徽阵亡	
一三四师四〇〇团九连	上等兵	范崇高	二八年十二月	湖北阵亡	
八二师四八七团五连	二等兵	史海文	二九年一月	湖北阵亡	
一四〇师八三九团一连	一等兵	周得明	二六年十月	湖北阵亡	
新二三师三团卫生队	上等兵	范绍云	二七年十二月	湖南阵亡	
新二三师二团五连	上等兵	罗详泰	二七年十一月	湖南阵亡	
新二三师三团二连	一等兵	罗少成	二七年十二月	湖南阵亡	
二六四师一五五团八连	中士	谈明远	二八年五月	江西阵亡	
五一师一五一团八连	上等兵	李吉三	二九年六月	江西阵亡	
新二三师三团一连	上等兵	范玉廷	二七年十一月	湖北阵亡	

续表

部队	阶级	姓名	殉国年月	殉国地点	备考
一四九师八九四团一连	一等兵	胡平安	二八年四月	湖北阵亡	
新十三师一团三连	二等兵	程和青	二七年十月	江西阵亡	
一三三师三九七团四连	上等兵	尧光耀	二六年九月	江西阵亡	
二四四师八六三团六连	二等兵	朱少武	二七年七月	安徽阵亡	
新七师一团九连	二等兵	刘家详	二九年四月	安徽阵亡	
新十三师三团三连	下士	黄仲良	二七年十月	江西阵亡	
新十三师三七团九连	二等兵	颜显富	二八年十月	江西阵亡	
新十三师三八团一连	二等兵	杨忠照	二八年十月	江西阵亡	
一四四师八六三团八连	中士	邹吉	二七年二月	安徽阵亡	
新十四师一团机二连	二等兵	廖述文	二八年三月	江西阵亡	
新十四师一团六连	二等兵	文川山	二八年三月	江西阵亡	
三十集团军新十四师十团二连	上士	钟泽民	二九年四月	湖北阵亡	
新十四师四二团六连	二等兵	李海云	二九年五月	江西阵亡	
一三师三六三团八连	一等兵	刘万安	二九年六月	湖北阵亡	
新七师一团七连	中士	黄少五	二九年四月	安徽阵亡	
四一师一二三团一连	一等兵	赵春生	二九年六月	湖北阵亡	
新十四师四团三连	二等兵	李景卿	二七年八月	江西阵亡	
七七师二三〇团机三连	下士	冯海廷	二九年一月	湖北阵亡	
新十三师一团一连	二等兵	钟树清	二八年三月	江西阵亡	
三八师一一三团八连	一等兵	尹利成	二九年一月	湖北阵亡	
一七八师一〇六三团三连	上等兵	魏青云	二八年六月	山西阵亡	
第六师十六团二连	下士	杨少武	二八年十二月	湖北阵亡	
一四六师八七三团六连	中士	杨明友	二六年十二月	安徽阵亡	
一四六师八七五团五连	二等兵	李春发	二七年十月	安徽阵亡	
二六师七八团二连	下士	陈学明	二九年六月	江西阵亡	
一六二师四八五团六连	一等兵	黄少奎	二九年二月	湖北阵亡	
预备十师二八团二连	一等兵	尤绍云	二八年十二月	安徽阵亡	
新十三师三九团六连	二等兵	徐良培	二八年十月	江西阵亡	
新十三师三八团九连	二等兵	王孝亲	二八年九月	江西阵亡	
一三三团三九团五连	上等兵	张竹	二八年十二月	湖北阵亡	
新十三师三团二连	一等兵	王治成	二七年十月	江西阵亡	
五七师一六九团二连	上等兵	杨占云	二八年十二月	江西阵亡	

续表

部队	阶级	姓名	殉国年月	殉国地点	备考
四六师一三六团二连	一等兵	何海云	三〇年三月	山西阵亡	
一七四师八八一团二连	一等兵	张少云	二七年七月	安徽阵亡	
一四七师八八一团一连	上等兵	陈汉青	二七年九月	安徽阵亡	
一四六师四三七团八连	下士	邓云光	二九年四月	安徽阵亡	
一四六师四三七团九连	中士	曾少章	二九年十一月	安徽阵亡	
一四六师四三八团九连	一等兵	林楷	二九年六月	安徽阵亡	
一四六师四三七团机二连	上等兵	吕文彬	三九年十一月	安徽阵亡	
四四师一三三团七连	上等兵	徐振武	三〇年三月	湖北阵亡	
五八师一七三团九连	二等兵	俞彩三	三〇年三月	江西阵亡	
二六师七八团八连	上等兵	陈文高	三九年八月	江西阵亡	
新三三师六八团二连	一等兵	王少成	三〇年二月	湖北阵亡	
新二三师六九团机二连	一等兵	陈基金	三〇年二月	湖北阵亡	
一四六师八七五团二连	中士	林鹏	二八年五月	江西阵亡	
一四六师八七五团四连	下士	陈华	二八年五月	江西阵亡	
新二一师六二团九连	上尉连长	高玉合	三〇年三月	江苏阵亡	
一六一团四八一团一连	二等兵	张海清	二九年十二月	湖北阵亡	
第二预编师五迫炮连	下士	张洪兴	二九年二月	广西阵亡	
新十师三〇团三连	二等兵	陈光和	三〇年一月	湖南阵亡	
第二预编师五团机一连	上等兵	王俊	二九年二月	广西阵亡	
第二预编师五团四连	一等兵	曾田兴	二九年二月	广西阵亡	
新二三师六九团一连	一等兵	周德高	三〇年七月	湖北阵亡	
一六二师四八六团五连	一等兵	向本才	三〇年四月	湖北阵亡	
九八师二九三团一连	一等兵	陈树云	三〇年十月	湖南阵亡	
新十六师四八团机枪连	二等兵	刘成洲	三〇年九月	江西阵亡	
第预备师十一团五连	一等兵	张树华	三〇年十月	湖北阵亡	
第预备师十一团五连	一等兵	付少华	三〇年十月	湖北阵亡	
二六师七七团九连	二等兵	门楷	三〇年二月	浙江阵亡	
一三九师四一七团七连	中士	刘德云	三〇年十月	湖北阵亡	
一二五师三七五团九连	中士	邓少武	二九年十一月	湖北阵亡	
一二五师七四五团机枪连	上等兵	张运志	二九年七月	湖北阵亡	
新三三师九九团四连	中士	高千成	三〇年十月	湖北阵亡	
一二二师三六四团七连	一等兵	张吉详	二九年五月	湖北阵亡	

续表

部队	阶级	姓名	殉国年月	殉国地点	备考
一六一师四八二团三连	一等兵	唐生云	三〇年十月	湖北阵亡	
暂六师三团九连	下士	温伯良	三〇年九月	湖南阵亡	
一二一师三六三团七连	上等兵	罗少清	三〇年十月	湖北阵亡	
十三师三九团五连	中士	曾少清	三〇年八月	湖北阵亡	
一二四师二七二团五连	上等兵	雷雨林	二九年五月	河南阵亡	
一八五师五五三团三连	一等兵	高 俊	三〇年十月	湖北阵亡	
一八五师五五五[团]六连	一等兵	黄武全	三〇年十月	湖北阵亡	
一〇二师三〇五团五连	二等兵	任占武	三〇年九月	湖南阵亡	
暂六师二团四连	中士	黄锡山	三一年一月	湖南阵亡	
新三师六三团五连	中士	杨树轩	二九年十二月	江苏阵亡	
新十四师四二团三连	上士	邹清和	三〇年七月	湖北阵亡	
二六师野补团二连	中士	官俊康	三〇年八月	浙江阵亡	
新十三师三九团机二连	二等兵	刘少五	二九年六月	江西阵亡	
新十三师三九团三连	上等兵	尧国卿	二九年六月	江西阵亡	
新十三师三九团卫生队	上等兵	邱合兴	三〇年三月	江西阵亡	
新十三师三九团机一连	一等兵	李定富	三〇年三月	江西阵亡	
新十三师三九团机一连	上等兵	冷少成	三〇年三月	江西阵亡	
新十三师三九团一连	一等兵	颜文龙	三〇年三月	江西阵亡	
一三三师三九九[团]三连	一等兵	刘少奎	三一年一月	湖南阵亡	
暂五师四团通信连	一等兵	高宏云	三一年一月		
一二五师三七五团三营机连	二等兵	肖成才	三〇年五月		
一四六师四三七团三连	一等兵	易良洲	三〇年五月	安徽阵亡	
二七师二七六团一连	一等兵	刘汉清	三〇年十二月	湖南阵亡	
二六师三四六团五连	下士	易少章	三〇年九月	湖南阵亡	
一七八师五三三团迫炮连	上等兵	魏绍光	三〇年八月	河南阵亡	
一三四师四〇二团五连	一等兵	李福元	三一年一月	河南阵亡	
一三四师四〇一团九连	一等兵	余 楷	三一年一月	湖南阵亡	
九二师二七六团二连	一等兵	唐光盛	三一年一月	湖南阵亡	
新二一师六二团四连	下士	陈其轩	三〇年十月	江苏阵亡	
新二一师六一团九连	二等兵	田述云	二九年一月	江苏阵亡	
新十二师三六团八连	上等兵	李文清	三〇年十二月	江西阵亡	
新十二师三六团八连	一等兵	夏吉成	三〇年十二月		

续表

部队	阶级	姓名	殉国年月	殉国地点	备考
第四预师十二团一连	一等兵	潘绍武	三〇年		
新七师四团八连	一等兵	张　云	二九年四月	安徽阵亡	
新七师四团一连	下士	段吉臣	二八年十一月	安徽阵亡	
新七师四团七连	二等兵	胡习明	二八年五月	安徽阵亡	
二六师七八团防毒排	上等兵	张运锡	三一年六月	浙江阵亡	
新二三师二团机三连	上等兵	卢少云	二七年十一月	湖南阵亡	
预备师十一团机三连	一等兵	刘锡之	三〇年一月	湖北阵亡	
五八师一七三团九连	上等兵	蒋少云	三一年六月	浙江阵亡	
暂六师三团一连	上等兵	张洪顺	三一年八月	江西阵亡	
四预备师十团九连	一等兵	蒋能富	三一年五月	湖北阵亡	
三六师一〇六团四连	一等兵	庞大兴	三一年五月	云南阵亡	
暂六师二团四连	中士	邓学文	三一年六月	江西阵亡	
九六师二八六团二营	下士	陈世良	三一年八月		

37. 广汉县抗日阵亡将士名录①

姓　名	出生时间	级职	所在部队或机关	牺牲时间(民国)	牺牲地点
周述文	光绪二十九年	少尉	新十三师三十九团	28年12月	武　宁
段茂林	光绪二十四年	上尉	五军二野战补充七连	29年1月	广　西
卢鹤龄	光绪三十二年	少尉	二十三师六十九团团部	29年1月	烟墩岗
唐义云	民国2年	上士	一二四师二七一团	32年12月	京　山
曾世兴	宣统二年	上等兵	一一九师五九六团一连	32年12月	望江山
黄竟国	民国11年	上等兵	五军装甲兵一团技术补充二连	31年5月	遮　放
熊汉章	光绪二十七年	上等兵	八军一师三团六连	30年10月	江　陵
庄少武	宣统三年	二等兵	七十六师四五一团	27年5月	江　苏
李兴发	光绪三十二年	二等兵	新二十一师六十二团	30年3月	江　苏
蒋德明	光绪三十四年	二等兵	一五〇师八九五团电务处	27年	湖　北
曾　琦	光绪三十二年	三等兵	一二七师司令部	27年3月	山　东
曾宪诚	光绪三十三年	中尉	一二四师七四四团	27年3月	山　东
张　捷	民国3年	少尉	一二七师特务连	27年3月	山　东

①原件无时间。

续表

姓　名	出生时间	级职	所在部队或机关	牺牲时间(民国)	地　点
赵致祥	光绪二十一年	上　尉	一二七师	27年3月	山　东
邓横秋	民国5年	中　尉	一二七师	27年5月	山　东
刘开容	民国2年	二等兵	一二五师七四六团	27年2月	山　东
李步杨	民国3年	二等兵	四十一军一二二师七三一团三连	27年3月	山　东
薛公安	光绪三十四年	中　尉	一二四师七二三团	27年3月	山　东
秦光明	宣统元年	少　尉	一二七师七五八团	27年3月	山　东
陈炎荣		一等兵	四十一师二四二团		山　东
陈明如	光绪三十三年	二等兵	一三三师七九三团	26年10月	江　苏
巫少全	光绪三十一年	二等兵	十一师六十一团	26年10月	上　海
艾和清	民国4年	一等兵	二十六师一五二团	26年10月	上　海
周话丙	光绪三十二年	上　尉	一二四师七十三团团部	27年5月	江　苏
程鹏武	光绪三十四年	准　尉	一二七师无线电排	27年5月	江　苏
李实成	光绪二十八年	上　尉	军委会别动总队一大队	26年10月	江　苏
黄桂清	宣统三年	中　尉	一二四师七四四团	27年5月	江　苏
蔡福桃	宣统三年	一等兵	三十四师一〇二团	33年7月	湖　南
曾清明	民国14年	一等兵	三十八军一一二团通信排	33年8月	缅　甸
钟世明	民国9年	上　士	三十八军一一三团输一连	32年2月	缅　甸
李云龙	民国4年	中　士	一五〇师四四九团	32年2月	湖　北
黄　斌	民国元年	上　士	十八师五十三团	34年4月	湖　南
王司顺	宣统二年	上等兵	新一师一团	34年6月	湖　北
邓兴开	光绪三十二年	一等兵	二二七师三七九团	34年3月	湖　北
尹应华	民国12年	二等兵	新十三师三十九团	33年5月	湖　北
曾中发	民国7年	中　士	七十六师二二八团	33年8月	云　南
秦　恺	民国7年	中　士	七十八师二二八团	34年1月	云　南
郭兴有	民国5年	上　士	新三十师九十团	33年12月	缅　甸
王喜青	民国11年	一等兵	一一〇师三二八团	34年5月	河　南
曾昌福	民国3年	上　士	十四军前九十四师六团	33年5月	洛　阳
周继仁	民国4年	上等兵	荣一师二团机连	33年9月	云　南
杨文善	民国13年	一等兵	一师三团	33年8月	云　南
孙海青	宣统元年	上等兵	八十八师二六三团团部	33年6月	云　南
王　恺	光绪三十年	下　士	新三十三师九十七团	33年10月	云　南

续表

姓名	出生时间	级职	所在部队或机关	牺牲时间(民国)	地点
刘俊	宣统二年	上等兵	一七八师一〇六三团	27年6月	陕西
李明金	民国5年	中士	一六二师四八六团	33年2月	湖南
王荣	民国2年	上等兵	六十三师一八八团	33年2月	湖南
张晖晴	民国5年	一等兵	一八三师五四八团	33年6月	湖南
雷顺生	民国4年	下士	五十七师一七一团	32年11月	湖南
唐道有	宣统三年	上士	一六二师四八六团	32年11月	湖南
刘荣昌	光绪二十九年	二等兵	一三三师三九九团	32年11月	湖南
白公杰	宣统三年	一等兵	一六一师四八二团	32年3月	湖南
李国兴	民国3年	一等兵	六十师一八〇团	31年1月	湖南
黄世昌	光绪二十二年	中士	九十二师二七六团	31年1月	湖南
黄君	宣统三年	中士	九十八师二九四团	30年1月	湖南
陈斌武	宣统二年	中士	二十军一三三师二九七团	30年1月	湖南
张林山	民国2年	少尉	五十八师一七三团机二连	30年9月	湖南
萧前建	民国7年	上等兵	二师八团	28年9月	湖南
李青山	光绪三十二年	上等兵	一九五师二三〇团	28年1月	湖南
邓福如	光绪三十年	一等兵	新十三师三十九团	29年6月	湖南
何兆祥	宣统元年	上等兵	新十三师三十九团机一连	30年3月	江西
邱云武		二等兵	一四六师八七一团机一连		
萧青云	宣统元年	下士	二十六师七十七团	30年6月	江西
荣恺	宣统三年	上士	十六师四十八团	29年5月	江西
杨华文	光绪三十三年	上等兵	新十三师三十八团	28年10月	江西
周兴禄	宣统二年	一等兵	新十三师三十八团	28年10月	江西
王云	光绪二十八年	下士	新十四师一团	28年3月	江西
陈世和	宣统元年	下士	新十四师三团炮三排	28年10月	江西
刘青云	光绪二十七年	一等兵	新十五师四十四团	28年7月	江西
邓钧	光绪二十九年	上尉	二十六师一五六团	28年5月	江西
徐子林	民国2年	一等兵	十三师三团机三连	28年3月	江西
苏汉武	光绪十八年	少校	新十六师四团团部	27年10月	江西
刘明良	光绪三十三年	中士	二十六师一五五团机二连	27年7月	江西
陈云山	宣统三年	一等兵	十九师一〇九团	28年1月	江西
刘云	民国二年	二等兵	一三三师七九四团	27年10月	江西

续表

姓 名	出生时间	级职	所在部队或机关	牺 牲 时间(民国)	牺 牲 地点
萧祖良	光绪三十四年	中尉	一七八师司令部	33年5月	河南
罗青云	宣统元年	准尉	一〇四师三一一团	32年12月	河南
萧渺远	民国8年	中尉	一七八师司令部	33年5月	河南
辜青云	民国2年	中士	一七八师五三四团防毒排	32年5月	河南
曾凡寿	民国9年	一等兵	一七八师五三二团	31年2月	河南
刘述方	民国元年	上等兵	新一师三团	30年1月	河南
陈松云	光绪二十八年	上等兵	新一师三团	30年1月	河南
张兴南	民国4年	一等兵	二十三师六十七团	29年5月	河南
翁尊三	宣统二年	下士	一六七师九九七团	27年10月	河南
郑吉盛	民国4年	二等兵	一六七师九九八团	27年3月	河南
庄建章	民国9年	二等兵	一二五师七五〇团	28年3月	河南
王璋	民国2年	少尉	三十四师一九九团	27年6月	河南
林峰	民国5年	上等兵	一二七师七五七团	27年9月	河南
吴均	民国5年	下士	一四六师四三六团	30年5月	安徽
陈青云	宣统元年	一等兵	一四五师四三四团	28年12月	安徽
王西之	民国3年	一等兵	一四七师八八二团	27年8月	安徽
王开生	民国8年	一等兵	一四六师四三六团	29年3月	安徽
萧泽民	民国2年	一等兵	新七师二团	29年3月	安徽
蔡少清	民国4年	下士	一四四师四三二旅八六三团	26年12月	安徽
李株	光绪三十四年	二等兵	一〇八师六四七团	28年8月	安徽
邓吉华	光绪三十二年	二等兵	一四六师八七二团	26年11月	安徽
杨文斗	光绪三十三年	二等兵	一四六师八七二团	27年5月	安徽
黄海山	民国3年	二等兵	一四六师八七二团	27年6月	安徽
戴国松	宣统二年	二等兵	一四六师八七二团	27年10月	安徽
刘希明	民国6年	一等兵	一四六师八七一团	27年10月	安徽
蒋文发	民国11年	二等兵	一四六师八七一团	27年10月	安徽
杜春友	宣统二年	下士	一四六师八七五团	27年10月	安徽
王勋	民国元年	中士	一四五师八六五团	27年8月	安徽
张树生	光绪二十四年	上等兵	一〇四师六二四团	27年2月	山西
卢青云	民国3年	上等兵	一〇四师六二四团	27年3月	山西
萧少廷	民国7年	上等兵	一〇四师六二四团	27年2月	山西

续表

姓　名	出生时间	级职	所在部队或机关	牺牲时间(民国)	牺牲地点
杨厚安	民国8年	二等兵	一〇四师六二四团	27年2月	山西
李少清	民国4年	二等兵	一〇四师六二四团	27年2月	山西
向玉成	宣统三年	二等兵	一四五师八六九团	26年12月	安徽
廖国清	宣统元年	二等兵	一四四师八六二团	26年12月	安徽
巫华山	民国2年	中士	二十军一三三师七九四团	27年6月	安徽
黄海波	宣统二年	一等兵	二十军一三三师七九四团	27年6月	安徽
袁华兴	光绪二十八年	二等兵	二十军一三四师八〇〇团	27年6月	安徽
刘质均	民国3年	中尉	三十九军特务营一连	30年4月	山西
林在元	光绪二十八年	一等兵	一预师二团	27年11月	山西
韩少云	宣统元年	上等兵	一预师二团卫生队	27年11月	山西
叶凯	民国7年	中士	八十八师野补团	29年5月	山西
张绍武	民国7年	一等兵	一七八师五三三团	29年4月	山西
萧谏成	民国3年	少尉	一二二师三六五团	29年5月	山西
冯云	民国2年	一等兵	一〇四师六二〇团	27年4月	山西
李庆云	宣统元年	一等兵	八十三师四九八团	27年4月	山西
林栋成	民国3年	中士	一〇四师六〇二团	27年9月	山西
张青云	民国5年	一等兵	一〇四师六一九团	27年9月	山西
冯皋	光绪三十四年	上等兵	一七八师一〇六二团	28年4月	山西
罗万金	民国3年	二等兵	十七师九十八团	28年6月	山西
梁书云	光绪三十二年	上等兵	一〇四师六二〇团	27年4月	山西
胡明德	民国6年	下士	一〇四师六二〇团	27年4月	山西
钟益光	民国元年	下士	一〇四师六二三团	27年3月	山西
沈全兴	宣统二年	上等兵	一〇四师六二四团	27年2月	山西
姚俊	宣统二年	二等兵	一七八师一〇六二团	27年2月	山西
谭绍周	光绪三十四年	准尉	二十七师特务连	26年11月	山西
文俊平	光绪三十三年	二等兵	一七八师一〇六三团	27年5月	山西
林奎	光绪三十二年	一等兵	一七八师一〇六三团	27年5月	山西
钟长春	光绪三十一年	一等兵	一七八师一〇六三团	27年5月	山西
王金山	民国7年	二等兵	一七八师一〇六三团	27年5月	山西
崔金山	光绪二十一年	中士	一七八师一〇六一团	27年7月	山西
陈洪顺	民国7年	一等兵	一七八师一〇六二团	27年8月	山西

续表

姓 名	出生时间	级职	所在部队或机关	牺牲时间(民国)	地 点
张国全	光绪三十四年	一等兵	一七八师一〇六二团	27年8月	山 西
陈 昌	光绪三十四年	中 尉	一二七师七六二团	26年11月	山 西
邱华波	光绪三十一年	上 尉	一二七师五七八团	26年11月	山 西
冯 云	民国2年	一等兵	一二七师五七八团	26年11月	山 西
徐家文	民国7年	上等兵	暂一师三团	33年10月	湖 北
舒占云	民国4年	一等兵	暂一师一团	33年7月	湖 北
罗海云	宣统三年	一等兵	一二五师三七三团迫炮连	33年6月	湖 北
吴玉云	民国元年	一等兵	一二五师三七三团	33年7月	湖 北
黄志兴	宣统三年	二等兵	一三二师三九五团	33年6月	湖 北
黄有志	宣统三年	中 士	一二七师三七九团	32年12月	湖 北
唐前金	民国2年	上等兵	一二四师三七二团	32年6月	湖 北
伍成志	民国6年	中 士	一二四师三七二团	32年7月	湖 北
袁代清	民国4年	二等兵	一二四师三七〇团	32年6月	湖 北
伍河清	民国8年	一等兵	十八师五十四团	32年5月	湖 北
唐兴发	民国3年	二等兵	暂一师二团	32年6月	湖 北
叶凤歧	光绪三十四年	中 尉	一二七师三八〇团三营部	32年1月	湖 北
王虎成	民国7年	一等兵	一二七师三八一团	32年1月	湖 北
黄成清	民国6年	中 士	一二七师三七九团	32年1月	湖 北
罗明志	光绪二十七年	一等兵	一六一师四十八团	32年2月	湖 北
彭正清	民国9年	上等兵	三十师八十八团	31年9月	湖 北
谢少清	民国4年	下 士	一二四师三七一团	32年2月	湖 北
张荣寿	民国8年	中 士	一二七师三八一团	31年7月	湖 北
陈 英	民国13年	一等兵	一二五师三七四团	31年7月	湖 北
叶梓华	民国7年	一等兵	一二五师三七四团	31年7月	湖 北
蓝玉成	民国2年	中 士	五十四军一二七师三八一团	31年3月	湖 北
杨文成	民国3年	二等兵	一二五师七四五团	29年7月	湖 北
刘 云	民国10年	二等兵	一二七师三八〇团	30年12月	湖 北
萧开富	民国7年	中 士	七十五军四预师十团	30年10月	湖 北
赵开明	光绪三十年	一等兵	荣一师一团	30年10月	湖 北
戴松廷	民国1年	一等兵	一二二师三六六团	30年5月	湖 北
谢青云	民国4年	二等兵	一二二师三六六团机一连	30年5月	湖 北

续表

姓　名	出生时间	级职	所在部队或机关	牺牲时间(民国)	牺牲地点
邓里根	民国2年	上等兵	一二九师四一七团	30年10月	湖北
陈耀武	民国4年	上等兵	一二五师三七五团通讯排	30年5月	湖北
刘云凤	宣统二年	中尉	十二师一五五团	30年11月	泾邑
谭书太	光绪二十七年	一等兵	一二五师三七五团	29年11月	湖北
饶昆	民国4年	上等兵	一二五师三七五团	30年5月	湖北
唐章全	民国3年	上等兵	一二七师三八一团	30年5月	湖北
杨文忠	民国3年	少尉	一二七师三八一团机一连	30年5月	湖北
毛龙云	民国6年	下士	一二七师三八一团	30年8月	湖北
唐华顺	民国5年	一等兵	四预师十二团	30年8月	湖北
王仲恒	民国8年	一等兵	十三师三十八团	30年7月	湖北
刘生云	宣统元年	一等兵	一二二师七三二团	28年5月	湖北
萧俊如	民国2年	下士	一二二师七三二团	28年5月	湖北
刘顺廷	光绪三十四年	下士	一二二师七三二团	28年5月	湖北
钟国荣	民国2年	二等兵	一二二师七三二团	28年9月	湖北
萧光斗	光绪二十七年	一等兵	一二七师三八〇团迫炮连	30年9月	湖北
张岭南	民国5年	少尉	一二七师三八〇团	30年5月	湖北
吴泽	光绪二十九年	上等兵	四一一师一二二	30年3月	湖北
许明松	宣统元年	一等兵	一二五师七四五团	29年1月	湖北
魏华轩	民国6年	中士	一六二师四八五团	30年4月	湖北
陈登富	民国10年	一等兵	一六二师四八五团	30年4月	湖北
张绍兴	民国12年	一等兵	一六二师四八五团	30年4月	湖北
蔡田云	民国3年	上等兵	四十四师一三二团	30年3月	湖北
张清	宣统三年	上等兵	二十二集团军司令部侦察连	30年1月	湖北
康建	光绪三十四年	中士	九十一师二七三团	29年10月	湖北
王荣金	宣统元年	上等兵	一二七师七六一团	29年5月	湖北
金吉三	民国5年	少尉	一二七师三八〇团	30年5月	湖北
张耳嘉	光绪三十四年	下士	一三二师三九八团	30年1月	湖北
叶绍清	民国6年	上士	一三三师三九七团	30年1月	湖北
刘开容	宣统二年	二等兵	一二五师七五〇团	29年9月	湖北
杨尉山	光绪三十三年	二等兵	十一师三十二团	29年6月	湖北
唐正龙	民国4年	中士	一四〇师八三九团	28年3月	湖北

续表

姓　名	出生时间	级职	所在部队或机关	牺牲时间(民国)	牺牲地点
张泽西	光绪三十三年	上等兵	一二七师三八〇团	28年5月	湖北
王渭清	民国10年	上等兵	一二七师三八〇团	30年8月	湖北
薛忠富	民国5年	二等兵	一二七师三七九团	29年11月	湖北
舒吉安	宣统元年	二等兵	一二七师七五八团	28年5月	湖北
李肇兴	民国3年	下士	一二五师七四六团	29年1月	湖北
黄玉廷	民国元年	一等兵	一二五师七四六团	29年1月	湖北
张云	民国5年	二等兵	一二五师七四五团	29年1月	湖北
唐容	宣统二年	上等兵	一二五师七四六团	29年1月	湖北
周汝昌	民国2年	一等兵	一二五师七四五团	29年1月	湖北
卿德全	宣统三年	中士	一二五师七四五团	29年1月	湖北
刘成勋	光绪三十三年	少尉	一二五师七四五团	29年1月	湖北
杨国光	民国3年	一等兵	十六师十六团	29年5月	湖北
刘光洪	民国6年	二等兵	一二七师七五七团	28年12月	湖北
唐旭元	光绪三十年	二等兵	一二七师七五七团	28年12月	湖北
胡奇	民国元年	上等兵	一二七师七五七团	28年12月	湖北
刘德森	光绪三十年	中尉	一二七师七六一团	29年5月	湖北
刘明富	民国7年	一等兵	一二七师七六一团	29年5月	湖北
廖忠顺	光绪二十六年	一等兵	一二七师七六一团	29年5月	湖北
王如梦	宣统三年	一等兵	五十六师三三二团	29年2月	湖北
秦耀廷	宣统元年	上士	十四师四十二团	28年12月	湖北
张乐云	光绪三十一年	上等兵	一二七师七六二团	28年12月	湖北
贾文清	光绪三十年	下士	一二七师七六二团	28年12月	湖北
李茂秋	民国6年	二等兵	一二七师七六二团	28年12月	湖北
叶甫成	宣统二年	上等兵	一二七师七六二团机三连	28年12月	湖北
尹吉廷	光绪三十二年	下士	一二七师七五八团	28年12月	湖北
张文方	民国3年	二等兵	一二七师七六二团	28年12月	湖北
杨光荣	光绪三十一年	上等兵	一二七师七六二团	28年12月	湖北
邓洪烈	光绪二十七年	下士	一二七师七六二团	28年12月	湖北
欧阳哲	民国1年	二等兵	一二七师七六二团	28年5月	湖北
唐国荣	光绪二十年	上等兵	一二七师司令部	28年5月	湖北
李海山	宣统三年	一等兵	四十一军一二二师七三二团	28年8月	湖北

续表

姓 名	出生时间	级 职	所在部队或机关	牺牲时间(民国)	牺牲地点
陈大海	宣统二年	下 士	六师三十六团	27年10月	湖 北
杨栋臣	民国3年	中 士	一三四师四〇〇团	28年5月	湖 北
陈 云	民国8年	一等兵	一六二师九六七团	28年2月	湖 北
张辉廷	光绪二十年	上等兵	一二七师七五八团	28年5月	湖 北
叶少青	光绪三十四年	上等兵	一二七师七五八团	28年5月	湖 北
陈海帆	光绪三十四年	二等兵	一二七师七五八团	28年5月	湖 北
包澄清	宣统三年	中 士	一二七师七五八团机三连	28年5月	湖 北
俸正云	民国4年	上等兵	一二七师七五八团机三连	28年5月	湖 北
谢金全	光绪三十二年	下 士	十四师八十三团	27年10月	湖 北
陈主根	光绪三十一年	一等兵	一二七师七六二团	28年5月	湖 北
张洪顺	民国2年	上等兵	一二二师三六六团	34年4月	湖 北
邓三青	民国6年	下 士	新十三师三十八团	33年8月	湖 南
庄成元	光绪三十四年	二等兵	一二七师三八一团一营	29年5月	湖 北
杨光清	宣统二年	少 校	一二五师卫生队	32年12月	湖 北
陈正能	民国10年	上 士	新三十一师八十八团	33年12月	缅 甸
王有成	民国10年	准 尉	驻印度新三十师八十九团机一连	34年8月	缅 甸
谭云生	宣统三年	上 士	二十一军一四六师四三七团三营	34年7月	安 徽

四、捐产献金

1. 中国航空建设协会四川省分会为发展航空建设充实国防力量征求会员告民众书（1940年6月）

各界同胞们：

七七事变发生，揭开我国五千年来历史上未曾有底〔的〕民族神圣抗战的序幕。日本帝国主义者的侵略，不特在政治上将使我国失其独立，并且不容我们的民族，再在和平中求生存。我们为谋国家的永远独立和民族的长久生存，惟有坚决抗战到底，争取最后胜利。但现代战争方式，已由平面变为立体，残暴的敌人，第一个施展威力的便是空军，而首先遭受牺牲的就是我们的民众。固然，我们的空军，会不断予敌人以严重的打击，造成了充分敬人的功勋及国际的赞誉。可是，两年多以来，敌机的滥炸，民众生命横被残害，地方建设夷为灰烬。我们受到这种惨痛悲愤的教训，只有建立更强大的空军力量，以轰炸还轰炸，来与敌人拼命搏斗，消灭顽寇，作讨还这最惨痛悲愤的血债。〈下缺〉

建立强大空军，不只是空谈可以办到的，必须集中我们的人力财力，始终不懈，才有可成。这种责任，不能希望已经沦陷或正在作战的区域，而要希望在后方的同胞担任。我川省古称天府之国，今为复兴民族的根据地，人口七千万，富庶甲天下。见义勇为，自古已然。当此民族危亡之秋，岂无毁家纾难之士，希望做到"有钱出钱"、"有力出力"的境界，来完成这个大的使命。

本会的任务，专在发展航空建设，充实国防力量。此次征求会员，更是扩大航建事业惟一重要工作。我们每一个同胞，炎黄的子孙，为保持祖宗基业、为谋子孙福利，希望一致起来参加救国的工作。救国即所以保家，有钱的不但捐款加入会员还要协力去宣传劝导，如果资财多的应该效法汉朝卜氏毁家纾难的精神，独自捐助几架飞机；有力的出力，如青年投效空军，一般民众协助空军运输，修机场及随时予我空军一切的便利。这样，凑合民众一点一□□力量，换得成百成千的飞机，才能够发挥我前后方一切抗战力量，以期获得最后胜利。请看海外□□□□，受人压迫，人人抱着"宁作强国贫民，不做亡国富翁"的观念，每年大量捐款供〔贡〕献祖国并且有将财产卖尽，换购几架飞机送回的，既爱国又受政府的奖励，何等的光荣，何等的可佩。现在特把本会组织规程，捐款奖励办法及缴纳捐款手续等摘要列后，以十二万分的热忱，欢迎各界同胞一致起来，踊跃捐献，扩大航空建设运动。

附：本分会组织规程摘要

一、本会直隶行政院总会，会长由行政院院长兼任，本分会会长由省政府秘书长兼任。

二、本会受总会之管辖指导，办理下列各事务：1. 贡献航空建设之计划；

2.提倡航空常识之宣传；3.航空建设基金之筹募及汇解；4.会员之征求；5.航空自由捐之征募；6.航空人才之介绍；7.民用航空事业的倡导及协助。

三、本会会员分为个人会员及团体会员

甲　个人会员：凡中华民国国民皆得照章纳费为个人会员

（1）普通会员：年纳会费贰元，军警、学生减半

（2）特别会员：年纳会费十元

（3）名誉会员：年纳会费五十元

（4）永久会员：一次纳足会费五百元以上

乙　团体会员：凡依法组织之公司及团体，皆得照章纳费为团体会员，年纳会费五十元以上。

四、会员之权利义务

甲　权　利

1.廉价订阅本会出版之各种刊物；2.参加本会设立之各种航空事业并享优待与便利；3.委托本会报考航空学校及工厂；4.得以航空学术问题请求本会解答与探讨；5.享受本会所设航空俱乐部及各种游玩参观之优待与便利。

乙　义　务

1.介绍会员；2.作航空救国之宣传；3.劝募航空救国金；4.遵守本会规则。

附：捐款奖励办法

五、凡国民（个人或团体）为航空建设而捐款或经募捐款均依下列办法奖励之：

（一）捐款之奖励办法如左〈下〉：

（1）捐款百元以上不满五百元者给予奖状。

（2）捐款五百元以上不满一千元者给予银质奖章。

（3）捐款一千元以上不满二千元者给予金质奖章。

（4）捐款二千元以上不满三千元者除照第三项奖励外，并由总会会长赠予照片，再将捐款人肖像悬挂本会会所。

（5）捐款三千元以上不满五千元者除照第三、四两项奖励外，并由总会会长题赠扁〔匾〕额一方，奖状奖章由总会制发。

(6)捐款五千元以上者除呈请行政院转请国民政府依人民捐资救国奖励办法核奖外,再由总会会长给予照片,并将捐款人肖像悬挂总会会所以资矜式。

(二)凡经募捐款及征求大队或分队征求会员费款超过前项所列各款之额五倍以上者,亦得依照前项规定奖励之。

(三)本会于办理奖励后,即将受奖人姓名或团体名称附事实,函送各该管市县政府查照。

六、附缴纳捐款手续

(1)直交本会。

(2)各县市可交本会支会或县政府转解或直接兑交本会。

(3)本会收到各项捐款时,除照规定给予本会正式收据及其他手续外,并将捐款人姓名与捐款额,按月在《华西日报》或《中央日报》公布,以昭大信。

(4)各市县捐款人如在市县政府或支会交款,均须取得该机关临时收据,嗣后并于该机关换取本会寄发之正式收据。

(5)各项捐款随收随存中央银行,所有本息概解总会作航空建设用途,不作别用。

会长兼征求总队长　贺国光

委员兼名誉总队长　黄季陆

2. 成都女青年会关于拟举行献金活动的呈(1942年6月30日)

七七抗战,五载于兹。最后胜利,极〔亟〕待争取。惟运筹决胜、纯视后方财力之充分接济与否以为断。现值盟国比肩作战之秋,而充裕财力尤为制胜之要图。蒋委座夫人有鉴及此,特莅临蓉市,提倡七七妇女献金百万运动。爱国热烈,薄海同钦。属会女界同胞仰瞻伟绩,拟勉尽爱国天职,敬步后尘。已召集全体会议,决同声响应,努力运动,备作七七之献金。现已举得负责各员,筹备一切。谨定于七月四日,在本市内各街商店酒馆及游艺场等处,举行推销盟国胜利旗并宣扬盟国战绩,借以唤起民众爱国热诚而坚定胜利信念。每处均派有女生发卖,尽量推销。所售之款悉充作献金之用。借社会之贡献,盼胜利之早。〈下略〉

3. 四川省各界妇女捐献妇女号飞机委员会成立情形呈（1943年5月）

查本届三八国际妇女节大会提案《捐献川康妇女号飞机一案》目前应积极发动。除刘（文辉）主席夫人已在西康响应外，四川方面已于四月二十四日午后二时由省会各界妇女代表四十余人在省党部会议室举行成立会，由范寓梅主席〔持〕。经推定，邓王扶康为主任委员，但周梅君为监察委员，范寓梅为总干事，并开始募捐，全部捐款存入中国银行。〈下略〉

附1：四川省各界妇女捐献妇女号飞机委员会组织大纲草案

一、名称：本会定为四川省各界妇女捐献妇女号飞机委员会。

二、会址：本会会址设于省妇女会改组筹备委员会。

三、组织：

甲、委员会由省会各界妇女组织之，参加之单位均为委员。

乙、委员会设主任委员一人、总干事一人经理全会事务。

丙、委员会下设七组及劝募大队监察委员。

1. 总务组：负事务、制捐册及收发捐册之责；

2. 宣传组：负宣传编写发消息及其他宣传工作之责；

3. 交际组：负交际及各方接头之责；

4. 文书组：负文书之责；

5. 游艺组：负各种话剧、京剧、昆曲、音乐会及各种运动之责；

6. 会计组：负财务及报账之责；

7. 劝募大队：a. 大学队　b. 中学队　c. 小学队　d. 普通队；

8. 监察委员会：负监督察〔查〕账之责。

丁、每组设组长一人至二人；劝募大队部设大队长一人，各队设队长一人、分队长若干人；监察委员会设监察委员若干人，由大会推定之。

戊、本会职员为无给职，必要时得酌支津贴。

四、本会经费暂以三八节余款开支。

五、本大纲由委员会通过施行。

附2：四川省各界妇女捐献妇女号飞机委员会工作计划大纲草案

一、工作目标:完成《捐献妇女号飞机》案。

二、工作步骤:

1. 组织四川省各界妇女捐献妇女号飞机委员会;

2. 委员会一切实际工作由各参加单位负责;

3. 制就大批捐册,请各机关团体首长夫人、妇女界名流及劝募队各队队长负责募集;

4. 举办各种游艺,如话剧、昆曲、京川剧、音乐会,募捐响应;

5. 由省妇女会改组筹备委员举办本市女子排球比赛募捐响应;

6. 发动本市各大学女生十元献金运动;

7. 发动本市各中学女生五元献金运动;

8. 本市各中心小学校二元献金运动;

9. 发动本市每家庭妇女一元献金运动;

10. 举办各种滑翔运动表演募捐响应。

三、工作时间:暂定七周。

四、工作经费:以前届及本届三八节余款开支。

附3:四川省各界妇女捐献妇女号飞机委员会第一次全委会会议记录

时间:四月二十四午后二时

地点:省党部会议室

出席人:详划到簿

主席:范寓梅

记录:文勋德

甲、报告事项:略

乙、讨论事项:

(一)拟就委员会《组织大纲草案》提请公决案。决议修正通过。

(二)拟就委员会《工作计划大纲划案》提请公决案。决议修正通过。

(三)本会职员如何推定案。决议:1. 主任委员　邓王扶康　2. 总干事　范寓梅　3. 总务组　张映书　秦兰馨　4. 交际组　冯若斯　5. 宣传组　文哲卿　6. 文书组　董靖华　7. 游艺组　a. 川剧话剧　何知言　b. 昆曲　廖书筩　c.京剧　赵子仪夫人（由王涤新先生接洽）　d.音乐特种委员会　陈竹君女士　梅贻宝夫人　张芗兰女士　余刘兰华　汪女士　Miss Word
8.会计组　李宛青　9.劝募大队大队长　王涤新　a.大学队队长　胡秀英　b.中学队队长　刘天素（召集人）　刘效增　彭如松　c.小学队队长　邬凤鸣（召集人）　蒋达兰　陈志卿　d.普通队队长　王涤新（召集人）　陈伦　徐志卿　10.监察委员　周梅君（召集人）　万夫人　毛夫人

（四）本会经费如何筹集案。决议：以前届及本会三八节余[款]开支。

（五）各组联席会议如何举行案。决议：四月二十七日午后二时。

丙、散会：午后五时。

4. 夹江县各界为响应冯玉祥节约献金救国运动告民众书（1943年12月）

全县商农工人兄弟姐妹们：

　　冯副委员长玉祥于本月八日在晨光曦微中莅临本县了。他满脸带着胜利的微笑，全身表露着诚朴的典型。全县的爱国同胞因着他的来临而格外振奋，大家的动脉里充满了一股股强国的热流；就是平时对国事不大经心的人们，全被他感动得发狂了。

　　本月八日午前十时，民教馆的盛大欢迎席上，冯副委员长训示我们，国民政府是我们的诸先烈用鲜血换来的，我们要诚心实意地拥护。蒋委员长在替大家挽救危亡，我们要以一个家庭中弟兄儿女的心情来体贴当家人的辛苦。国家支出的战费庞大，而盐税、海关、□税等大宗国家的收入大部分又被敌人抢夺去了。在这种入不敷出的景况下，我们当国民的，应本有钱出钱、有力出力的教条，来拥护国民政府和信奉蒋委员长。冯副委员长发起的节约献金救国运动，就在这一意义下风行了全国，弥漫了大后方的每一角落。以他的□大高年（原文如此），身负国家的重任，还要抽出时间亲自冒负霜、受寒露、舌敝唇焦的来宣传、示范、笃行……。同胞们，这点胜利的象征，已足够我们感激涕零了！

　　本县同胞，自抗战军兴以来，爱国素不后人，在王县长两年余领导下，征兵、征粮和筹募各种公债，连处都超过了上峰所预定的数额。我们在今天更要在亲受冯副委员长感召之余，把自己的一颗良心捧出来，呈献给蒋委员长，呈献给国家！

同胞们，诚如冯副委员长所示："这是我们爱国的千载一时的良机，大家不要轻易的放过。"我们从今天起，每天要节约消耗贡献给国家，能省一文算一文，能捐几多算几多，在自己是节省不必要的开支，在国家是增加了伟大的力量。总之，各本良心，无所愧怍吧〔罢〕了！卜式输财助边，令尹子文的爱国，商人玄高的犒秦师，他们是我们爱国的楷模。我们从今天起，要时时反省，处处警惕，自己这一分一秒的时间，是否问得过良心，对得起国家。惟能如是，国家才能得救，良心才能稍安。

同胞们，今天的这个献金大会，大家要热烈的赞襄、诚恳的接受、踊跃的捐输。这一天是我们全县民众爱国的试金石，救国的总表现。努力吧，胜利的凯声远远地频送每一个人的耳鼓，建国的种子一颗颗地播进中华儿女的心房！民族的新生、国脉的绵延，端在这千载一时的今朝了。

我们高呼：1. 节约献金增加抗战力量！2. 人人节约消耗，处处踊跃输将！3. 自己节约消耗，国家增强国力！4. 拥护国民政府，要踊跃输将！5. 拥护蒋委员长，要节约消耗！6. 节约才能打倒日本军阀！7. 献金才能抗战胜利！8. 有力出力，有钱出钱！9. 蒋主席万岁！10. 冯副委员长万岁！11. 中国国民党万岁！12. 中华民国万岁！

5. 冯玉祥给爱国朋友的第十封信（1944年5月14日）

××先生：

又有半个多月没有通信了。我是四月二十九日由泸县沿公路到隆昌的，在此住有半月。五月十四日举行了献金大会，成绩达二千五百余万元，并献有金戒指二百一十六只，蚊帐夏布背心甚多。比例上说，隆昌县超过了以往的各县，成为献金运动中的最高峰。

一、隆昌县的客观条件

隆昌县是清末新成立的一县，面积狭小，只有二十八个乡镇，三百一十四保,人口三十二万人。原来是一个三等小县,后来因为居于交通要道,才改为二等。我们抗战部队的运输,时常要经过这里,人民对军队的供应,也就比其他县份更要热心,更要频繁。但是隆昌是四川革命的策源地之一,中华民国也是隆昌的先烈们和志士们用鲜血换取来的。所以当国家受日本强盗侵略的时候,隆昌同胞用一切的力量来和侵略者斗争。当献金浪潮涌到隆昌的时候,这里的同胞们,无男无女,无老无幼,都热烈地来迎接它,用献金来表示自己的爱国心,用献金来捍卫自己的祖国。因之,隆昌县就造成了献金运动中最光荣的纪录。

二、努力工作的好朋友

隆昌的县民李泽民,他可爱的故乡河北已经沦陷,他对日寇的仇恨使他的血都沸腾了。在我每次讲话之后,他都要接着详细阐明,甚至声音嘶哑也在所不惜。他为节约献金发了告隆昌士绅同胞书。他的夫人王爽秋女士抱了动员全县女同胞参加献金运动的志愿,从早到晚忙个不停。县参议会陈副议长西洲、参议员陈能芬、陈舜五诸先生都极热忱帮助,不辞劳瘁。商会理事长张加一推动全县商界同胞热烈捐献。县府的各位同仁是全体动员不辞劳苦深入到乡村的第一角落,使得每位同胞都参加了节约献金运动,所以才能有光辉的成就。可以说每一位热心的朋友,都组织在分会之内。分会山县长任会长,师管区司令王章任名誉会长。陈副议长和党部团部的罗泽民、林逢春任副会长,县府赵维新秘书任总干事。并设直属商业、机关、学校、妇女、乡镇、特种、长期献金及义卖九个总队,由陈能芬、张加一、李泽民、陈舜五、王爽秋、陈西洲、郑伯纯、罗泽民、林逢春诸先生分任总队长,总队之下又设大队和分队。因为组织较普遍,所以成绩就很优良。

三、令人感动的故事

我到隆昌之后,在献金大会之前,许多爱国的同胞就创造了许多令人感动的故事,现在择要写在下面:

1. 到隆昌的第二天,县长首先捐献了他珍爱的"有威"表和金链,他的夫人王爽秋女士献了在江苏镇江制的华大呢狐筒水獭领子的大衣。他的小女儿曼莉也献了两年来积蓄的糖费五千元。

2. 第三天,苗警佐夫人田贵庄女士将她出嫁时母亲所赠的金戒指和海晶眼镜献出。她是东北同胞,一心要打回老家去,所以首先响应献金戒指的运动。我把钢戒指赠给她以为纪念,她觉得非常荣幸。

3. 全县小学教师在五月二日的辅导会议上,都愿意献俸米一老斗,价值千余元,生活清苦的小学教师们,他们这种热诚,实在让人敬佩。

4. 县参议员陈舜五先生是一位老教育家,没有一点积蓄,于是借来二万元献上,并献皮衣一袭。他的小孩子也献上糖果费一千二百二十元。

5. 地方法院丁院长德立、熊首席检察官材达领导全体职员发起一月稀饭运动,共得六万余元。在监同胞二十九名捐献现金,并绝食一日,共得二万元,尤令人感动。

6. 楼峰中学学生廖贵材、钟富怀、魏自华,以考试成绩优异,政府奖赠之各一千元捐献。校工周癞子捐献历年所积一千,校工朱宗桂和魏祥元也捐献五百元和二百元。

7. 县府烟民习劳队二十五人,绝食一日,献金千元。

8. 蓝玉清老太太他的几个儿子都在前方抗战,女婿又参加了最近的河南战役,她献了最宝贵的儿子,还要献金,把祖传的玉笔筒捐献了。

9. 卖菜为生的巫家华女士借款五元捐献。

10. 乞丐胡新正手持二十元,到县府收发室献金。

11. 周兴乡士绅彭正铨,田租不及百石,独献十万元。富隆乡士绅叶灵萱,收租八十余石,也慨捐十万元。

12. 李市乡中心小学高一女生蓝小昆,家庭贫苦无法献金,听了我讲话之后,终宵不寐,打草鞋三双,次晨在市场变卖,得二十元捐献。

13. 士绅李从文收租三百石独献一百二十万元,突破以往个人献金纪录,真是树立了献金的好模范。双凤乡的林万和,也献金五十万元。

14. 云顶寨绅粮郭毅君发起郭氏宗族献金团,献金二百万元。

15. 观音桥的女仆张妈慨献二百元,这二百元等于富有者的数百万元。

16. 西南镇中心小学学生胡家凤把历年积存的糖果费一千二百元捐献,过两天,又追加九百五十元。隆昌人报于是大字标题加以赞扬,题目"好孩子胡家凤"。第二天，又有小朋友张大瞿献糖果费三千元。接着中城中心小学学生郭绍恭献三千五百元，又追献二千元。

17. 五月六日，我下乡到石燕乡讲话，该乡献金达二百万元。八日，我又下乡到迎祥乡讲话，我讲完之后，打更夫邓宗富献金三百元，新兴庵的僧人献金二百三十九元。

18. 画家吴聋生献出很多幅杰作义卖。龙市乡士绅钟肇先也捐献名画珍品。

19. 兴国中学学生钟有朋为人车水三天，得资五百元捐献。

20. 义大煤矿共献五十万元，其中职工捐献十八万元。自去年停止采煤之石燕煤矿也献金二十万元。

21. 李市乡抗战军人之母郑氏，年近六旬，她的长子钟应，出征晋、鲁、苏、皖、豫、鄂，转战七年，负伤两次。钟老太太一听见献给国家。老太太自己献一千五百元，长媳郑励勤一千元，次媳王庭顺金戒指一个，幼女应棋一千二百元，长孙女运钧服务中心学校，已献一月俸米，再献一千元。男孙运涛、运湘、运潮，孙女爱明各献糖果[费]五百元。这真算是一门忠孝。

22. 开诚小学学生谢多梁、周本章、谢福，家境贫困，在星期日代人插秧，所获报酬四百元，全数捐献。另有钟文楷年仅七岁，也割草两背筐，得洋二十元，送来捐献。

23. 胡家乡全乡同胞自动节食三日，共得三十万元以上，悉数捐献国家。

24. 乡师学校校长喻铭勋发动全家长期捐献，每人每月一百元，直至抗战胜利为止。

25. 残疾穷小贩叶树清身长不满三尺，郑金山两手病废，提篮在车站叫卖糖果，将平日节余的钱全数捐献，计叶献七千一百一十五元，郑献二千八百八十五元。

26. 回教救国协会各会员除各就队别捐献外，再合献二万余元。

27. 中城中心分校女学生周连云等六人，因为无钱捐献，乃以十指为人做工，各得一百元捐献。像这类可歌可泣的事还多，不能在此一一叙述了。

四、隆昌县城万人空巷

五月十四日,这在隆昌县也许是一个永远不会遗忘的日子吧。昨夜的阵雨到今晨已经停止了。大草坝的广场还很潮湿,但是爱国的同胞们顾不了这许多,人们陆续向这广场集合了。百岁老人郭庶藩先生也从几十里外,赶来开会。十时整,大会开幕由李县长任主席。我们两个人简短致辞后,便开始献金。第一项节目是老人队献金,由百岁老人前导,几十位胡须一尺多长的老先生都依次走到献金柜前,投下一束法币。第二项节目是幼稚生献金,这些小天使们,一辈子也不会忘记他们有生以来这第一次的光荣纪念罢。他们由教师带着上台来,排成队,行了礼,再由教师抱起来,一个一个把钱投在柜里面。接着是学校队献金,县立中学四十五万元,楼峰中学五十万元,并有夏布背心七十件,金戒指多只;立达学园三十五万元;兴国中学十五万元;乡村师范二十一万元,并有夏布背心一百件。这时学生队伍里唱起了加油歌,台上的报告员不断地报告追加的数字。计县中追加三万元,乡师追加四万元,立达学园追加十万元,再追加五万元,楼中追加十万元。这一幕一幕的精彩节目,忙煞了中央摄影厂的连城、李剑华两位先生,开麦拉不断地转动,群众热烈的情绪,都收进镜头里面。接着报告小学的数目,全心中心小学校共献一百二十八万元,国民学校五十九万元,许多小学都自动追加,使学校总队的总数,接近四百万元。直属总队九百三十七万元,又追加二十万元。商业总队二百二十五万元,追加十万,再追加十万元(包括蚊帐、罗星纱等)。妇女总队四十万元,并追加了两个五万元。另外还献有金戒指七十一只,布鞋一百三十双,夏布背心一百三十件。机关总队一百二十三万元,县政府追加三次共四十万元,其余很多机关,也都有小数的追加。机关总队中,××师管区武装同志捐献十七万元,我退还他们,坚决不受。特种总队五十五万余元,义卖总队五十二万元。报告数字之后,献实物开始,计共金戒指二百一十六只。道人谢宗田献金片一钱九分尤其令人感动。接着是义卖,由林逢春先生做临时卖货员。乐山小朋友杨艾南捐献的磁扑满,由县银行王经理敬修义买。猫眼钻石戒指和古砚由郭毅君以二万元及三万元义买,接着合江女教员捐献的黄皮鞋,由县长夫人王爽秋女士买(卖),谢君奎以二万元买了。泸县荣誉官长尹镜堂献的俄国毯,成都空军遗族赵宝恕献的绣花毯,由王爽秋女士及陈能芬先生各以一万元义买。陈舜五先生以二万元买了字帖,张加一先生以一万元买了成都齐大学生刘大明的蓝布棉袍,陈能芬先生又以五万元买了成都薛坤明的狐皮袍,李从文先生以二万元买了豹皮大衣。这些物品,义买的人都不愿自己保有,都又献给国家。

还有一幕让人兴奋的场面,六位青年由石鹅中心学校校长陈有章率领走上台前,他们不但要献金,还自动以身体献给国家,愿参加远征军去杀敌。这感人的举动引起台下一阵掌声。

自由献金以后,便开始游行。队伍摆得有好几里路长。最前面是军乐队,接着就是县长、陈副议长和议员先生们,还有各机关的首长们,都作了宣传员。再后便是一面大国旗,由总会分会的先生们拉着。街上每一家都踊跃地把钱投在国旗里,住在楼上的同胞便从阳台上把钱投下来。住户和商店并用鞭炮来欢迎这伟大的队伍。国旗里的钱越来越多,越来越重。可以说全城的人,每一位都参加了这献金的运动,直至下午三时,大会才圆满闭幕,游行的队伍才开始解散,而人们也才开始感觉到肚子里的饥饿了。

五、献金运动下乡了

好朋友们,隆昌的同胞创造了超人的纪录,我们一定都很兴奋吧!就因为他们把献金运动推展到乡村的第一角落,所以才有这样好的成就。我们大家都来学隆昌同胞的好榜样,努力推进下乡运动,献金工作一定会有更光辉的发展的。

敬祝献祺!

6. 内江县立中学熊楚材关于献金的呈(1944年6月18日)

缘楚材系四川泸县人,现年四十四,自成都高师毕业后,任教已历十七载。家境清贫,双亲健在,辛苦所得,仅足敷用。旋以子妇教养费困难,乃于民国三十年,携眷赴蓉任教,将节余之款,约友苏光弼、林树菁顶居成都少城半边桥街六六号刘姓房舍,以便子女读书。去岁暑期,复以父母年老,宜返邻县工作,用便省望,遂将三分之一之主权顶与林七贤、周壁城,顶价四万元。因楚材接内江县中聘,招生期近,离蓉在即,仅收得一万元。所欠三万元,由周壁城、林七贤亲书执票为凭,限卅二年阳历八月底付清,并口称"如愈限一月,即照蓉市子金计付,逾限月数愈多,子金当依市价结算"等语。窃思成都市子金每万元每月至少九分,以三万元计,则月息当为二千七百元,自彼迄今,已满十个月,则子金当为二万七千元,何况尚有复利乎。纵不复利,亦有本三万元,利二万七千元,合计五万七千元。楚材曩日亲聆钧座训词,深知战事紧急,国家濒危!国库空虚,亟应充实!今欲保存祖宗庐墓,子孙不为亡国奴,愿将历年任教所积之子女教养费五万七千元,捐献国家,恳祈钧座代收,作杀敌之用。至林七贤现任中国国民党四川省水警特党部书记长,其通讯处,即成都市正府街水警特党部,电话三六六号;周壁城通信处:成都市肇〔少〕城半边桥街六六号"四川通讯社",因伊等为该社经手人,一问便知其住宅。所有上述恳祈凭票代收国币五万七千元,作救国之献金。理合具文陈明钧座,恳予鉴核施行,并祈赐一纪念品,以表区区之爱国心!〈下略〉

7. 冯玉祥为国民节约献金向自贡市各界的讲话(1944年6月29日)

各位父老,各位同胞,各位中华民国的青年主人们,各位武装同志们,请稍息!

刚才主席在这里说了冯玉祥这许多好话,我自己真是觉得惭愧。为什么呢?因为我自己不会种地,而自己天天吃着白饭,不都是老百姓给我的吗?我自己不会织布,而我穿得很整齐,我不会盖房子,然而到哪里都有避雨的房子给我住。这是哪来的?这都是老百姓给我的。我们看老百姓家里养的狗,是为了来看门的,养猫是为了捕老鼠的,养鸡鸭是为了下蛋的,养牛是为了耕田地,养着冯玉祥是为了保卫国民的。现在我们的土地掉了那么多,并且许多人民都在水深火热中过日子,我觉得罪该万死,罪大恶极,我们真是惭愧到了极点。这个话是一点客气都没有,不但我该如此想,这真是我们武装军人的奇耻大辱。这一段话是因为听主席介绍后临时想起要说的,现在说我预备要说的话。

首先要说的是,因为我是国民政府委员,每一次开委员会的时候,蒋主席向各位委员说,如果你们在什么地方会着父老同胞们时,千万代他问候,所以我今天特别在此郑重其事地代表蒋主席问候各位父老健康,也就是问候各位同胞的好,并且问候各青年人们的进步,还有许多本党同志,所以代表总裁问候各同志健康。因为我是军事委员会委员,所以代表蒋委员长问候各位武装同志的好,不知道你们听不听得懂。(全场雷动的声音回答听得懂)

其次要说的,自去年本人走自流井过,节约献金也就由此开始推行。出乎意料的自流井一下子就献了二百多万元,自流井成了电灯厂的发动机。因为这发动机发动电力,所以四处都亮了起来,尤其是蜀光中学特别热烈献金,数目极大。所以说今天的节约献金能够达到113万万之多,教育行是原动力,而且要归功于自流井的首先发动。上次绕道五通桥、牛华溪、嘉定、成都而折返重庆后,又由渝出发赴江津、合江、泸县,再返渝参加十二中全会,此次经隆昌、内江,又到贵地来了,这是我经过地点的情形。走了许多地方为了什么呢?就是为了节约献金救国运动,为了打走日本鬼子。为什么要打走日本鬼子?因为他杀死了我们的妻子儿女,与我们有不共戴天的大仇。这仇是比海还深,若是不报此仇,我们活着真是不够一个人味,不像人样。各位都知道,日本鬼子还在宜昌,而最近在湖南、在河南都有紧张战事,如不把他打出去,我们就没法子活。各位知道,在上海、南京,沦陷区里,日本鬼子在车站上任意用枪瞄准我同胞的脑袋射击,每天总是这样死去的有几十、几百,那些人都是我们兄弟姐妹,还受鬼子任意杀害,我们不痛心吗?沦陷区里收获的大麦小麦,日本鬼子给贴上一张封条,禁止食用,而另外发一种所谓"粮食",给我们同胞吃那种粮食,就是花生皮等掺和磨成的末粉,而且六十岁以上、十岁以下的人连这种所谓"粮食"也是扣的。各位要知道,这种粮食是吃了解不出大便的。好多人都因此致疾身亡。所谓"亡国奴不如丧家之犬"就是这个样子。还有许多说不出口的事情,都是鬼子给我们的。就是我们说话这一刻工夫,在前线上我们忠勇战士已不知死了三百或五百呢?这因为别人的飞机大炮厉害呀。这些武装同志为了祖国,为了我们在后方安静地过日子,所以他们用血肉筑成了一条新的长城。各位同胞,我们有谷有布,这是怎么得来的?这都是我们武装同志用血肉换来的,他们自己不愿活着,他们愿意我们安静地住在后方,我们的将士献上他们的性命,为了我们,他们家里的人孤儿寡妇,这正是为了大家呀。我们想;我们也是四万万五千万人的一份,人家整个身子献给国家,我们该献上什么才对得住良心呢?(问)懂得吗?(答)懂得了。我到各地说节约献金,就是为了这个。现在我们国家实在危险,国家收入减少,而支出增多,比如战时较平时的兵员增到五六百万人,每人一顶帽子,就是五六百万顶,而随着一个兵需要的附属物正多着呢!(举例)这样收入天天减少,支出天天增多,仗又非打不可,为了你我大家活在世界上像个人样,不要说我们今日是三十五个国家同盟,无论怎样有把握,收入少支出多这怎么过日子。国父说,推倒满清一家的买卖,四万万五千万人都成了股东主人,而我们不能不对这个大公司、大家庭不问了,我们是主人呀。困难固然是困难,不过哪一个国家都困难的。我们看苏联还是一样的困难哪。有人说苏联的军队很能打仗,为什么德国鬼子打到莫斯科、列宁格勒了呢?与其说会打仗,不如说会献金。人家献金第一个自动献十五万,第二个十万,第三个三百万,第四个四千万,三个月当中献了七十万万四千万,用以购买武器,一反攻打跑了德国鬼子,假若没有武器,我们在场这许多人能与一架坦克车相碰吗,所以精神与物质应该是并重的。我们看看我们的国家,也是飞机少大炮少,死的人多,打不跑日本鬼子。应该学苏联,老百姓必须自动起来,把尽可能[多]的东西献给国家,这是一件大事。江津县献金五次,谈到各地同胞热烈献金情形,江津献金有一位国立九中的女工杨大娘,献一千又献一千。有人问她你怎么献这许多呢,她说献金就是为自己出保险费,否则鬼子来了,我到哪儿去工作呢?又有一位女教员,有三个孩子的负担,家庭生活清苦异常,她把结婚金戒指献了。我问她时,她说如果国家好,我的孩子也就好了,如果国家不好,孩子们吃得愈好愈丢脸,穿得愈好愈可耻。开献金大会那天有一位太婆,走上台献了十万元,同时又把手上的一封金圈子重三两五钱一起捐献。她对人说,献金就是为孩子们置产业。在重庆有一位王尔昌先生,首先捐了一个大数目,后又发动自己公司员工组织献金队,发动自己家庭妇女组织妇女献金队,又发动孩子们组织孩子献金队,发动亲友们组织亲友献金队,按月长期捐献。我曾对主席说过,假如全国人们都像他,就一个人出一块钱,每月就是四万万五千万元,十块钱就是四十五万万五千万元,一年就是五百四十万万元,这要买多少飞机大炮坦克车呢?说到合江县,它是一个小县份,献金总数为一千五百四十万,竟然超过江津、泸县,以五千二百万这个数目震动了全国全世界以及我们的仇敌。在白沙大学先修班的学生及其他各校学生当场脱衣服、皮鞋义卖捐献,真是可歌可泣。敌人知道了我们有这种精神,知道了他自己要吃败仗了。同时还有一群孩子在街头向一位白发的老人跪道:免受亡国的痛苦。这些都是一般青年受了教育明白国家的痛苦,要求他们多多献金救国,许多人受了感动。隆昌一县仅三十万人,竟献了二千五百多万,五百多金戒指,亦有很多感动人的史〔事〕实:一个十二岁的小女孩一夜不睡,织草鞋三双卖二十元钱捐献。这个女孩的二十元钱比有钱人的二百万还多呀!内江献金成绩亦有十三项突破纪录:总数五千四百万,赛过泸县;金戒指五六百只;学校献金共一百三十几万,大洲中学以这个数目超过了泸县;内江县中学学生个人献金五十七万;妇女界一百万,献金戒指妇女界出力最多,他们拿了金戒指来换取我制备的钢戒指;个人献金,曾仲海一百三十万元,李焕章每年献黄谷六百市石,约合国币二百四十万元以上;以上各项均为十三项突破纪录者。内江因为文化高,真是爱国,可是自流井的文化更高,爱国必能超居人前。最后我有一份礼物,就是我把一千万、一千万的与委座送去,继而得他复信说,叫我"大声疾呼"。各位想想,这话的意义多够味哪。所以我把他〔它〕制成礼物转送各位,什么礼物呢?就是"大声疾呼"。希望诸位转去以后,碰着亲友便对他说:同胞同胞醒醒吧,你把那用不着的钱献给国家,好使我们打走日本鬼子,好使我们子子孙孙活着像个人样。这样全自流井、全四川、全中国都热起来了!

附:献金歌

说献金,道献金,

献金救国是仁人。

趁着新年来谈心,谈谈如何挽国〔运〕。

前方正血战,前方正同敌人把命拼,

五百万好汉和英雄,

用他们的血肉筑成一条新的长城!

保护了我们的财产,保护我们的性命,

还有我们的工厂和我们家中所有的人。

忠勇将士们,不愿自己长存,

保护我们民族永生,

献上他们血肉之身。

英雄豪杰真盖世,真个是志士仁人!

对待我们后方大众,不能说不是大恩,

如此我们该当怎样?方算尽一点我们的良心!

节约献金,节约献金,

慰劳他们,更要大量地建立机械化的新军,

多买飞机大炮坦克车好快快打走日本人。

我们也要救济苦难同胞和荣誉官兵!

收复失地,就在我们下一个新的决心!

大众火热起来,大众一条心,

真正是黄土亦能变成金!起来呀!

大家节约献金!大家节约献金!

8. 冯玉祥给爱国朋友的第十二封信(1944年7月22日)

先生:

　　整整一个月没有通信了,上月二十六日,我来到自贡市,这是我旧游之地,去年十一月我出发各地倡导节约献金运动,首先便到这里,可以说它是我们献金运动的发祥地。今天举行第二次的献金大会,造成一万万二千万元的空前纪录。自贡市同胞的爱国热诚太让人感佩了。现在就来把详细经过报告给您吧。

　　一、盐的都市

　　自贡市是个小地方,只有十个乡镇,二十二万人口。但在国防经济上却站在第一等的地位。抗战军兴,沿海及两淮盐场相继沦陷,自贡两场所产的盐,要供给川、康、滇、黔、湘、鄂、陕各省,于是盐商努力生产,盐工多多流汗,造成了自贡市今日的繁荣,可以说这里大多数的人口都是直接间接依靠盐业为生的。

自贡市繁荣的市街,都不能说明盐业的兴盛。事实上,这里最重要的盐的生产并非一帆风顺,盐商、盐工都陷在困难之中。盐商的困难是成本高涨,原料缺乏(如钢绳),而盐的价格受着严格的管制,常常不敷成本。缺乏资金,往往不得不以高利去借贷。盐工的困难是除了自己的伙食以外,每人每月工资仅二千余元,只够买一老斗米,即以一家三口计算,也不够维持最低的生活。

盐商和盐工虽然都在困难的情况之下,但是爱国心却都超居人前。当献金浪潮第二次来到自贡市的时候,他们抓住这个爱国的机会,创造了惊人的成绩,真是让人敬佩。

二、自贡市的救国人物

我在内江的当候,自贡市热心救国的朋友们对于献金事便已有了准备,我到之后,便把分会组织起来,聘请市长刘仁庵任会长,刘市长周密计划,多方推动,甚著成效。名誉会长曾局长仰丰领导盐商热心捐献。齐大队长耀荣集中一切心力,抱病为献金工作。真是做到舌敝唇焦;陈副令翔云领导全市各机关,努力献金的工作;眭主任委员光禄领导全市盐工创造了惊人的成就。理事五十八人,由郑福楠、刘志一、刘高孟次、马联辉等先生担任,宋席九、王师亮等九人任监事,陈桓任总干事,朱宝岑、龙泽洲任副总干事,并组劝募总队,由齐大队长兼任总队长,张秘书长杜若任副总队长。总队下又设机关、学校、乡镇、妇女、直属、工厂、工人、商人、银行、盐联、产盐商人、运盐商人、销盐商人、自由职业、国民兵及特种等十六队,各聘队长、副队长、分队长多人。这些热心救国的朋友们一月以来,真是"一切为了献金",把嗓子都喊哑了,腿都跑细了。宣传方面,《新运日报》《自贡新闻》和釜溪通讯社都出了特刊、发号外,胡英鉴、傅旦歌、周一苇、阳隉、冯雪樵诸先生都是不分昼夜地辛劳,《大公报》除在井记者汪士仪为献金奔忙外,还特派张炳富先生从内江赶来参加大会。他们的劳苦都令我衷心感谢。其他很多朋友,都尽了最大的劳力,可惜不能在此一一赘述了。

三、献金救国的好模范

自贡市同胞在第二次献金运动中又创造了许多救国的好故事,现在择其重要的写在后面。

1. 川康盐务管理局同仁在局长曾仰丰、总工程师朱宝岑领导之下,个个踊跃捐输,总数达八十余万元,这是自贡市献金的先锋队和好模范。

2. 我到自贡市的第四天,在慧生公园讲话之后,当有七十八岁的老盐工王金合献金二百元,又有育英小学九龄女生周泽芳慷慨捐糖果费一百九十元,老人和儿童的爱国良心,实在是太珍贵了。

3. 六月三十日,我在贡井讲话,有育材小学当场献金十万零五千余元,该校幼稚园生刁成惠、胡雄各献银圈一对,艾叶乡中心小学女生李树英、古秀荣除参加团体献金外,更各另献一千元,引起全场热烈的掌声。

4. 蜀光中学师生在校长韩树信倡导之下,对于爱国运动向极热心,此次献金也突破最高纪录,成为超居人前的好榜样。六月三十日下午二时,该校师生在大礼堂举行热烈紧张的献金大会,分第一次第二次第三次及最后五分钟的捐献,由各班中队长依次送至主席台。一次二次三次竞赛结果,共献一百二十余万元。于是韩校长流着汗鼓励同学,要大家努力再努力,打破大洲中学的纪录,果然在最后五分钟的竞赛中创造了一百五十二万的光荣数字。《新运日报》特为此事发行号外,各处义卖,全部收入献给国家。

5. 在大山乡的剑南中学,校长王备先生,兼任省立泸县师范的校长,在泸县献金运动中,曾有光荣的成绩。这次剑南中学开献金大会时,女生倪贵春,家里很穷苦,父亲赶黄牛为生,她借住人家,每天中饭不吃,回去要为人挑水推磨自然无钱可献,但她当场把订婚戒指献上了,感动得全体师生放声大哭。该校同学家庭贫寒者多,可是尽量捐献的结果,竟达五十余万元。

6. 我到自贡市之后,宣传队各处活跃,学校队以市师女同学特别卖力。该校因为创办伊始,同学人数甚少,但是绝食义卖和师生捐献共得四万四千余元,这数目虽然不大,可是她们爱国的热情仍是不可埋没的。

7. 旭川中学校长余厚钦向来热心救国事业,这次从成都赶回来推动该校的献金工作,有很好的成绩。老师李宗泌除参加集团献金外,并献上已保存四年之订婚金戒指一只。该校的总数字达六十余万元,为学校队的亚军。

8. 不仅各校师生献金热忱至足感人,就是各校工友,也都解囊捐献。比如凉高山中心学校工友吴永祥、夏荣光、陈德荣、周大娘就各献出工资及副食费三个月。

9. 修理钢笔工人杨春祥是一位流浪无家的劳动者,听了我讲话以后,懂得了救国的重要,便慷慨将他一天所入的国币一千一百三十五元,全部捐献国家。

10. 本市救济院的全体贫儿,没有钱献,于是自动漏夜赶制草鞋一百余双,入市义卖,全部捐献国家。

11. 经检队和体育协进会主办献金球赛,七月一日开始,好几天的辛劳,结果非常圆满,达二十万七千五百五十元。内江的球队为参加义卖,远道来井,尤为可感。

12. 一位流亡的青年现任某处的职员王若萍,六月二十九日他被派充代表,赴公园集会场听我讲话,回去即刻把"大声疾呼"的礼物,转赠给同事们,同时发起额外自动献金运动(三月薪金以外),他自己献了一套衣服、一只挂表和借来的五千元。工友姚英也把积蓄的五百元捐献出来。

13. 市政府在刘市长、张秘书长领导之下,科长秘书全体动员下乡宣传,戏团影院也派员讲演,自贡市献金得有辉煌的成就,市府同仁的努力,实在不小。

14. 士绅李吉林自动将大山乡白马岩田业,年□租谷一百八十六市石,长期捐献,直至抗战胜利为止。

15. 老伙夫头涂得胜,河南南阳人,献了二百元并写信给我说:"我老了,不能和前几十年一样去打仗,只有在后方服点务,心里总觉得别扭……我把几年来挑水的一点积蓄献给国家,我想你不能不接受的吧。"

16. 天主教教友本着教条第四项"爱国"的教训,发起自动献金,结果全体教友共献一万三千五百元。

17. 一位苦学生捐献了他所有的蓄储一万五千元以报祖国,并写了一封公开信在报上发表,劝告同胞踊跃献金。他不愿说出他的真姓名,他署名作

"一个祖国的孩子"。

18. 防空指挥部的官兵捐献八百〔万〕五千余元，我退还他们，不肯接受，终于把钱送到中央银行去了。

19. 打花鼓的同胞邱俊章、王惠泉，不仅为献金宣传，而且献一千元，贡献国家。

20. 自贡地方法院的全体同仁连工友算在内，也不到五十人，但他们本着爱国的良心举行了一个献金会，除献法币以外，很多人献了金戒指，公丁黄成海除基本捐献以外，又加献了三千元，全场掌声雷动。

21. 王宝善祠推举代表来见我，愿将全族的恤产、学产、祭产所有黄谷八百零四石，全数捐献国家直至抗战胜利为止。

22. 自贡市盐工的爱国热忱太让人欣〔钦〕佩了。在听我讲话之后，贡井盐工自愿捐献三百余万元，自井场的盐工自愿捐献七百余万元，合共一千零三十余万元。

23. 久大盐厂职工一百五十人捐献二十万元，复将此款买成砖盐义卖，得五十万元捐献国家。崇福炼钢厂捐献十二万九千八百二十元。

24. 仁人药室国医周□声等义诊献金，仁济医院的医师缪启成牺牲了暑期休息，把看病得来的一万一千元献给国家。

25. 市立救济院安老残废所里收容的老弱残废贫民，每人节约五元，共得二百五十元捐献。

26. 卖菜小贩黄俊文老夫妻年逾六旬，长子玉清，次子湘儒打日本鬼子，在中条山负伤，伤愈又赴前线服务。四子向权，年仅十八岁，就学国立十五中学，自愿远征，投入教导一团三营，飞印杀敌。老夫妻听说我到自贡市倡导献金，于是节食凑集四百元献给国家。这真是一门忠义。

27. 市民吴杰家里小儿弥月，朋友馈赠，他把家里请客的钱五千元捐献出来。

28. 七月十五日，胜利剧院有个自贡市妇女的集会，李秉熙太太、林雪筠女士把逊清咸丰皇帝结婚时赐给他外祖父的珍物"水晶葡萄"捐献了。当天下午李德全到贡井小学对贡井、筱溪两镇妇女同胞讲话，由王炳清女士主席

〔持〕,当有保育院长张杰及女士献珍珠项链一串,其女献洋金戒指一只、银筷一双。张女士还领导保育院的儿童献了八万余元,米十二市石,我退还他们,小朋友们不答应,这真感人落泪。当场有冷海泉太太献金圈一根。抗属曾质彬的老太太,[捐]黄谷八老石,我听了这个消息之后,要留下一半给她作生活费,其他不肯接受,她慷慨地说:"我还有一万元,作小生意就可以维持生活了。"

29. 自贡市妇女同人的爱国热忱真是可敬可佩。她们在刘市长夫人高孟次女士、齐大队长夫人饶蓉裳女士、陈副司令夫人眭曼雯女士和妇女会会长马联辉女士领导之下,共得法币一百二十七万八千余元、金戒指八十只、金圈十个、布鞋一万双,其中徐萍、金轶群、张惠君、朱宝岑夫人、冯介民夫人经募盐管局眷属就得到了十一万[零]二百元。马联辉女士个人经募一万八千余元。其余如李世英、孙周筠、余念劬、黄素、牟绪庄、朱素荃、邱智仙、李国红、严莹瑶、王淑宜、程淑清、刘自信、李祖□夫人、胡绍章夫人、严经理夫人等诸女士都是出钱出力,任劳任怨,所以妇女队才能有这样好的成绩。

30. 妇女同胞还创造了许多可歌可泣的故事,王李湘琼女士献谷三百市石,邬成三夫人献黄谷三市石,抗属谢陈凤鸣女士献法币十万元、金簪一只、生洋二十枚。抗属陈故旅长烈林的夫人罗洁林女士献上她的结婚戒指,抗属张王淑缘老太太把她宝元甜食店义卖面包的五千元全部捐献,捆盐工刘彦臣之妻刘夏氏卖凉粉为业,也献金二千元。

31. 商人李乃鼎、王素聪夫妇把他们结婚费一万二千元和订婚戒指二只捐献国家。

32. 贡井热心爱国人士黄象权、金志贤、罗从修先生等组织七七献金团,约集七十七人每人每月献金一千元直至抗战胜利为止。王则英、吴讷言先生发起百人百万长期捐献运动,市党部又发起千人百元的运动。

33. 内井司令部看守所在所同胞减食及自由献金共得一万四千六百五十元捐献。

34. 盐商余述怀先生从十三岁起便担负起家庭的经济,四十八年来勤苦俭朴,热心公益,事业蒸蒸日上。这次献金运动,余先生首先作了惊人的表现,自动独献一千万元,盐商团体的捐献还在外。这个消息传出以后,本市两个报纸立刻发行号外,市民在自流井和贡井的通衢游行,火炮震天,欢声雷动。

35. 接着盐商王德谦先生除团体献金约四百万元外,另献法币七百万元,并长期捐献黄谷八百五十四市石,王先生自奉甚俭,住着老朽的房屋,吃着粗粝的饮食,穿着简单的衣履,十几年来,读经理〔礼〕佛,不见宾客。这次他告诉我说:"佛教所说布施,连肝脑都要布施与人,身外之物,算得什么?"拿这样大的数目捐献国家,没有真知灼见,曷克臻此?

36. 再接着来的是黄学周先生独献六百万元,自流井的无名氏先生六百万元,宋俊臣先生独献三百万元,另有贡井的二十四位盐商,除团体捐献外,另个人捐献共三百万元。

37. 中国农民银行自流井支行经理李祖冉先生以下的全体员工都热烈捐献,共得二十六万四千四百元,为各银行钱庄之冠。

38. 七十高龄老乞丐廖德福献法币二百九十七元。他信中说:"希望能因我的这种举动,引起富有者大发宏愿,一致毁家纾难,如能于今年睹及胜利来,则实深企待。"

39. 全市的小学教师生活都很清苦,但他们在学校队中首先捐献五十万元,越有知识的人越爱国,这便是很好的证明。

自贡市的同胞创造可歌可泣的故事太多了,真是说不完道不尽的,限于篇幅,只好从略了。

四、永不能忘的伟大场面

今年自贡市的天气,三晴两雨,是理想的气候,农田里的谷穗已经长得丰满了,红鹤镇上还发现了双穗的稻,人们喜笑颜开地在等着丰收了。

更让自贡市同胞兴奋的,却是夜夜下雨,天天放晴,七月二十一日的晚上下着雨,人们都猜得着,明天献金大会时,该有个好天气吧?

第二天清晨,太阳从云端放出光彩来,贡井和更远乡镇的同胞都步行赶向大会场——蜀光中学的运动广场了。

不到十点钟,三万多人挤在这个广场上,大会在音乐悠扬声中开幕,刘市长主席〔持〕,我和李德全简短致辞之后,宣读大会呈蒋主席致敬及慰劳前方将士的电文。接着便开始献金。首先是老人队,几十位鬓发皆白的老先生走上台来把大把的法币投在献金柜里。随着来的是天真烂漫的小天使们组织的幼稚生队,中央摄影场的童震先生忙着打开镜头,要把这个纯真爱国的故事永远记录在银幕上。其次便是学校队,当韩叔信校长①元,当女同胞举起她们劳苦劝募的收获时,全场报以热烈的掌声,这是八百只金戒指和十只金圈分缝在两个缎幔上,一个是"赤心爱国",四角是飞机大炮坦克车和军舰,当中是个"爱"字,字当中是一颗鲜红的爱国心;另一幅是"同盟胜利",上面是中英美苏,下面是个V字,象征着胜利快要来到了。妇女队还有做好的布鞋,也成为电影机的对象。

以后便是机关队的一百三十万零九千余万元,其中盐管局的是八十一万二千余元,长期捐献每月三万二千五百元,金戒指一百一十只,这个成绩引起了人们的喝彩。直属队是三千四百四十一万元,当台上报出这个数字的时候,台下的视线都集中在余述怀先生和王德谦先生的代表身上。再以后,便依次是银行队的四百四十三万余元,产盐商人队的四千二百万元,运盐商人队的三百二十余万元,销盐商人队的二十八万五千元,盐联队的四十四万余元,工厂队的八十万二千余元,乡镇队的二百七十三万余元,工人队的一千零三十五万余元。这时台下又起了呼喊,大家都对劳苦的工友们表示无上的敬意。跟着,特种队是一百三十六万余元。这时台上忽然报告出筱溪镇有一百个儿童长期献金四千九百元,台下又起了雷鸣的掌声。国民兵队的一百一十二万余元也引起人们的称赞,末后是商人队的四百一十六万余元和自由职业的一十六万余元。加上长期献金,总数已经达到一万万二千一百四十二万余元了,创造了献金的新纪录,树立了救国的新模范。

接着是当场义卖,十件东西义卖了八十九万元,现将物品名称、捐献者和义赏者姓名列表附后(见附1)。

骄阳晒得人们头有点发晕,但是要救国便管不了这许多,大队开始游行了。天气虽然热,每个人都汗流如雨,但每个人的爱国情绪和天气一样地热,

———————————

①原文如此,显有脱漏。

都精神百倍地向前走,沿途同胞们的欢呼声、鞭炮的霹雳声、队伍的口号声和音乐的声响,交织成一种兴奋而快乐[的]气氛,法币的飞舞,几甲路的长蛇阵,和挤满了人群的街道,又配合成一个庄严而热烈的伟大场面。两个国旗里面的法币越来越重,直至下午四时,自贡市的献金大会才算勉强地结束了。

五、新纪录这样多

自贡市创造的新纪录太多了(据同日四川省主席张群讲话,自贡市"独创或突破其他纪录,共有二十二项之多。在全国献金数字上占了一个最高额","以首都'七七'献金来说,也只及自贡献金三分之二。"——编者注),现在列举如下:

第一,数字上自贡市以一万万二千一百四十二万余元超过了内江。

第二,人口比例上说,自贡市超过了内江。

第三,金戒指八百只超过了内江的五百四十七只,金镯十只也是新纪录。

第四,个人独献,余述怀、王德谦、黄学周,都超过了内江李焕章先生的纪录。

第五,王宝善祠长期捐献八百零四市石是家族献金的新纪录。

第六,全市个人捐献在十万元以上的达一百零一人,这也是前所未有的。

第七,蜀光中学以一百五十二万余元,超过了内江的大洲报告数字的时候,台下起了"加油"的呼喊。韩校长一再追加,终于达到四百零二万的数目。再次便是妇女队的一百二十七万中学。

第八,国民兵队献金一百一十二万余元,也是自贡市的特色。

第九,特种队的一百三十六万余元也是个新纪录。

第十,商人队的四百一十六万余元超过了内江的四百零六万元。

第十一,直属总队的三千四百四十一万元,远远超过内江的九百六十八万元。

第十二,自贡市的妇女队捐献法币一百二十七万余元,赛过了内江的一百万元。

第十三,自贡市的产盐商人队,捐献了四千二百万元,是献金运动以来,以队为单位的最高数字。

第十四，献金大会当场义卖，自贡市以六〔八〕十九万元独居首位。

第十五，王德谦先生长期捐献黄谷八百九十四市石是献金运动中的最高峰。

第十六，刘市长长期捐献养廉金，每月五千元，各乡镇长也长期捐献，这是地方公务人员长期捐献的新纪录。

自贡市同胞们的爱国心大可敬佩，我于是作《自贡市颂》丘[八]诗一首（见后附2）。

六、快抓住救国的最后机会

好朋友们，欧洲第二战场已经胜利地开辟，盟国苏联的军队已经打到东普鲁士边境，希魔内部已经起了动摇，远东方面，美国盟友已经占领塞班，在关岛登陆，两炸日寇本土，打垮了东条内阁，我们同盟国的胜利就在一年半年之内了。这是我们救国的好机会，也是最后的机会。我们大家来学自贡市同胞的好榜样，赶紧起来救国，不要把最后机会也空空放过了，我们大家努力吧！

附1 义卖表（共计六十九万元）

义卖物品	捐献人	义买人	价格	备考
翠玉镯	内江郜子举夫人	余述怀	30万元	实献10万元，原物献回
明王孙墨宝	江津邵华先生	颜宪阳	10万元	原物献回
张裕钊墨宝	重庆张廉卿先生	侯策名	10万元	原物献回
晋宝斋法帖	成都某大学教授	李云湘	10万元	原物献回
玉笔筒	隆昌蓝玉清先生	熊佐周	5万元	原物献回
花呢大衣	某小学教员	刘瀛洲	5万元	原物献回
铜牛	重庆某老牧师	王绩良	5万元	原物献回
翠搬指	内江张四太太	宋席九	5万元	原物献回
硃砂图章	隆昌顾英伟先生	颜心畲	5万元	原物献回
公孙长子双钩	公孙长子夫人	李云湘	4万元	原物献回

附2：自贡市颂

巍巍自贡市，天然一宝地。既是好盐卤，又是瓦斯气。生产复生产，军民赖供给。文化程度高，个个明大义。献金救国事，输将居第一。子文报国曾毁家,弦高犒师本不惜。凡是先贤所作为,自贡英豪堪与比。请看余君述怀一千万,首先献出真仗义。再看王君德谦一千五百万,惊人数字更无比。黄君学周六百万,只为国来不为己。还有一位无名氏,六百万献出名不题。君俊臣三百万,皆愿为国出大力。蜀光学校冠全国,盐工献金千万几。青年热诚是血性,工人出钱又出力。刘仁庵先生执市政,才又长来心又细。曾景南先生管盐务,眼光远大脚踏实地。齐耀荣先生大队长,任劳任怨明大义。陈翔云先生副司令,军队人民成一体。宣传和领导,昼夜不休息。还是女同胞,劝到东,劝到西,喉咙喊哑,双脚跑细,金圈和戒指,数目七百几。老英雄,九十几,献金台上挤一挤。三万多人笑嘻嘻,一万万二千万,献给蒋主席。自贡市,真算是第一。万古芬芳,抗战史上义名题。不但产盐巴,而且产仁义。巍巍自贡市,贤才多济济。各地却像你,飞机大炮坦克车,挤挤却能买新的。各地却像你,我们一定打过鸭绿江,还我自由新天地。

附3:赠余述怀先生

先生余述怀,忠尽把国爱。首献一千万,英名惊中外。制盐极不易,节俭积钱财。雪耻收失地,仗义是特色。飞机坦克多,敌寇定溃败。先生明此理,输将最慷慨。将士皆振奋,全民齐仰拜。

9. 自贡市政府关于节约献金经过情形的呈(1944年8月10日)

查本市国民节约献金救国运动在冯委员再度躬莅主持之下,于六月二十三日开始推动工作,迄于七月二十二日举行献金大会之日止,为时仅两〔壹〕月,然而献金收获总数竟达一万万二千万元以上。其长期献金献谷及金戒指八百余枚、金镯十双,布鞋一万双及其他实物捐献、临时义卖尚未计入。以言组织,除劝募总队所辖之十五队外,另有长期献金百人团、千人团、万人团,七十七人团,种种组织,普及全市,缜密无遗。惟本市地狭人少,历来虽以产盐著称,而近年[受]不景气影响,金融枯窘,百业维艰,所有场商,大率负债减产,甚有停推歇业,乃至破产者,比比皆是。然而此次受冯公之感召,省衣缩食,举市如狂。其赴义之勇,实有足多者。谨将本市市民献金所表现之特点综陈如次:

一、中国国民节约献金救国运动,于上年十一月间冯委员初莅本市,首发其轫,比特收获之数,仅二百余万元。以事属创举,图始难精,时限短促,不易普及。本年六月秒,冯委员重来本市,再度发起献金救国运动,经市长会同地方机关团体学校士绅,分别督率进行,献金高潮不旋踵间即澎湃及于全市。人无分男女老幼,地无论城市乡村,无不争先恐后,慷慨解囊,卒能造成此一万万二千万元以上之献金纪录。试以本市乡镇保甲户口地积比较,则得此项献金数字之价值如下:

甲、自贡五乡五镇,在此次一万万二千万元之献金成绩中,平均每乡镇约占一千二百万元。

乙、全市二百十八保,每一保在此次献金成绩中约占五十余万元。

丙、全市二千九百一十甲,每甲在此次献金成绩中约占五万元。

丁、全市四万二千一百六十七户,每户在此次献金成绩中约占三千元。

戊、全市人口二十二万,每一人在此次献金成绩中约占六百元。

己、全市土地面积一百六十平方公里,每一平方公里在此次献金成绩中约占八十万元。

二、此次本市献金盐业界出人头地,其所献数字约占总数百分之九十。计盐业团体四千余万元,盐工一千万元,盐绅余述怀、王德谦等单独献金三千七百余万元,盐业界无名氏六百万元,合计即达一万万元。在"有力出力,有钱出钱"之口号下,盐业界实已尽其出力出钱之职责。盖产场艰困,盐场经济早已感周转不灵之苦,而劳资两方能茹苦负重,为国家从事生产,支持抗战巨任;当此力竭声嘶,举债度日之际,献金独有如此惊人之巨额,实足蔚为风气之光。

三、盐工思想,向来落后,益以战前为然。惟自抗战军兴,由于领袖忠勤谋国之感召,与本党施行劳工政策之结果,盐业工人,早已普遍觉悟。此次自贡两场盐工凡一万二千余人,节省牙祭,六次献金一千零四十万元,盖即此种觉悟之具体表露,此亦工人捐献巨款之先声也。

四、无名氏献金六百万元,意义重大。缘今日社会好名已称上品,而此则名亦不居,但求心之所安,是真国之瑰宝。如此遗世独立之精神,复见于今日,宁非民族复兴之兆。

五、小学教师之生活,自来清苦。抗战期中,物价增涨,尤感朝不谋夕。此次全市国民教育师资四百三十人,合捐五十万元,在彼等月入不过数百元之生活下,业已不堪一饱,而每人所献数字平均竟在一千元以上,此种慷慨捐献之忱,实觉难能可贵。

以上诸种特点,不过举其荦荦大者。至若盲叟、孀嫠、乞儿、囚犯、梮夫、僧侣,咸能尽其国民天职,多可歌可泣之事。尤可言者,本市此次办理献金,一本冯委员自觉自动自愿之原则,但求加紧宣传,激发其良知,自始迄终未加勉强,以故本市凡拦街劝募、登门义卖诸种方式均避而未有;献金总数虽达一万万二千万元,而市面仍宁谧如常,尚无扰攘之象。此虽细故,亦足纪述,皆由钧座德威所播、潜移默化之结果,乃克臻此光荣之成绩。〈下略〉

10. 内江县凌家乡村民李德鳌捐产献金情形(1944年9—10月)

一、李德熬〔鳌〕自甘捐献书

九月□□日

民李德熬〔鳌〕受分凌家场潘家沟,距场五里,郭明钦保长管。招佃向仲梁,安稳租国币二万元,干租二千元。现值国战期间,踊跃献金,安慰前方将士努力杀敌。民甘抄粘佃约数量:瓦房四间,谷田四石,土万五千,声请钧府俯赐鉴核。悬牌变卖之后,一半归公,一半作民生活。〈下略〉

二、内江县凌家乡公所呈

九月二十二日

本年九月十七日案奉钧会内社字第八零号训令"为据李德熬〔鳌〕自甘捐产献金,仰查明田亩数量、估定价格,呈复察夺"一案。等因。奉此,遵于九月二十二日派员会同业主李德鳌临业查勘。据查明,该李德鳌产业现属本乡第十保管辖,地名潘家沟,田土、房屋三股之一,田赋户号九四九号,粮名李永清,粮额二元零一分。三分之一德鳌名下,应纳田赋六角七分,计田约四石,土为一万五千斤,估计时价约值国币一十二万元,现该业招佃向仲梁,安稳租国币二万元。属实。所有全部产业界址本日因其同业胞弟李永清、李绍谦未能同往查勘,拟俟标卖立约时,再为约集永清、绍谦等说明填录。是否有当?理合具呈察夺,指令祗遵!

谨呈兼分会长易、副会长张、雷。

三、内江县节约献金分会牌告

十月十四日

查本会前据凌家乡民李德鳌以受分产业(与李永清、李绍谦均分全股三分之一份)呈请标卖、以价款二分之一捐献一案,经令该乡乡长查复核准标卖在案,兹订于十一月四日午正十二时在城内县府设匦标卖。合行牌告,仰县属民众一体知悉。如有愿买此业者,务各按时来府,依造后开标额备缴信金百分之五。投标竞买,毋得迟误、自弃权利为要。此告。

计开:

卖业人姓名	产业所在地	产业数量	应纳田赋	佃户姓名	原安稳租	岁纳现租	最低价额
李德鳌	凌家乡第十保潘家沟	田4石,土15 000,房屋1份	0.67元	向仲梁	20 000元	2 000元	120 000元
附注	其所缴信金如已中标,作为业价之一部。但中标而不愿买者作为没收。未中标者,准予发还。						

11. 四川省1944年度七七劳军献金运动预定各县市局献金额

市区别	市县别	
市	成都	400 000
	自贡	400 000
第一区	温江	200 000
	成都	130 000
	华阳	180 000
	灌县	200 000
	新津	130 000
	崇庆	200 000
	新都	200 000

续表

市区别	市县别	
	郫县	200 000
	双流	110 000
	彭县	200 000
	新繁	180 000
	崇宁	130 000
第二区	资中	150 000
	资阳	70 000
	内江	200 000
	荣县	130 000
	仁寿	130 000
	威远	70 000
	简阳	180 000
	井研	35 000
第三区	永川	100 000
	巴县	130 000
	江津	180 000
	江北	35 000
	合川	200 000
	荣昌	100 000
	綦江	70 000
	大足	70 000
	铜梁	50 000
	璧山	100 000
第四区	眉山	100 000
	蒲江	35 000
	邛崃	90 000
	大邑	100 000
	彭山	50 000
	洪雅	50 000
	夹江	70 000
	青神	50 000
	丹棱	35 000

续表

市区别	市县别	
第五区	名山	15 000
	乐山	250 000
	屏山	100 000
	马边	10 000
	峨边	10 000
	雷波	10 000
	犍为	130 000
	峨眉	16 000
	沐川	4 000
第六区	宜宾	200 000
	南溪	35 000
	庆符	16 000
	江安	50 000
	兴文	10 000
	珙县	16 000
	高县	16 000
	筠连	16 000
	长宁	16 000
第七区	泸县	240 000
	隆昌	100 000
	富顺	180 000
	叙永	35 000
	合江	70 000
	纳溪	16 000
	古宋	16 000
	古蔺	16 000
第八区	酉阳	35 000
	涪陵	180 000
	丰都	70 000
	南川	60 000
	彭水	160 000

续表

市区别	市县别	
	黔江	16 000
	秀山	16 000
	石柱	16 000
	武隆设治局	16 000
第九区	万县	280 000
	奉节	35 000
	开县	100 000
	忠县	35 000
	巫山	10 000
	巫溪	10 000
	云阳	35 000
	城口	7 000
第十区	大竹	50 000
	渠县	35 000
	广安	70 000
	梁山	35 000
	邻水	35 000
	垫江	16 000
	长寿	35 000
第十一区	南充	240 000
	岳池	70 000
	蓬安	35 000
	营山	35 000
	南部	35 000
	武胜	50 000
	西充	16 000
	仪陇	16 000
第十二区	遂宁	200 000
	安岳	100 000
	中江	70 000
	三台	100 000
	潼南	16 000

续表

市区别	市县别	
	蓬溪	16 000
	乐至	16 000
	射洪	50 000
	盐亭	16 000
第十三区	绵阳	180 000
	绵竹	100 000
	广汉	130 000
	安县	180 000
	德阳	50 000
	什邡	100 000
	金堂	100 000
	梓潼	16 000
	罗江	16 000
第十四区	剑阁	16 000
	苍溪	16 000
	广元	35 000
	江油	35 000
	阆中	35 000
	昭化	7 000
	彰明	16 000
	北川	7 000
	平武	10 000
第十五区	青川	7 000
	旺苍设治局	15 000
	达县	10 000
	巴中	16 000
	开江	16 000
	宣汉	35 000
	万源	7 000
	通江	7 000
	南江	7 000
第十六区	茂县	16 000

续表

市区别	市县别	
	理番	2 500
	懋功	4 000
	松潘	3 500
	汶川	3 500
	靖化	3 500
各设治区	北碚管理局	16 000
	合计	10 500 000

12. 民国三十三年冬至三十四年春四川省各县市办理冬令救济

县市别	救济人数	救济款物(元)	县市别	救济人数	救济款物(元)
总计	1458832	340978215	自贡市	8636	1758100
成都市	49140	6507424	温江	—	—
成都	1297	642735	资阳	1383	304900
华阳	10230	5432873	内江	23350	6256000
灌县	1148	4940000	荣县	11507	71150000
新津	5992	942680	仁寿	3917	376032
崇庆	21040	5509100	简阳	3848	1869230
新都	1491	1103340	威远	18037	4000060
郫县	11682	709087	井研	35048	40397800
双流	102	816000	永川	1546	548600
彭县	8252	904000	巴县	—	—
新繁	4428	1740720	江津	2065	1117000
崇宁	771	541400	江北	270	30600
资中	6750	3600000	合川	—	—

五、接纳安置

1. 四川省政府秘书长邓汉祥为金陵大学移蓉借用小天筑房舍致刘湘签呈（1937年9月14日）

敬签呈者：昨得华大校长张凌高函称：南京金陵大学因国战关系，拟全体移蓉。刻已查得华大附近小天筑暨蚕桑学校两处，略事修葺，堪充宿舍之用。曾面请甫公维持，已蒙慨允，等语。经职派员前往考查，小天筑房舍属浙江会馆主权，现设东方实用补习学校。蚕桑学校现住独立十六旅六百四十七团第一营。查金陵大学创办以来，成绩卓著，兹既全体师生相率移蓉，实因钧座每次谈话对省外避难来川者，无论何界人士或求学学生，应予优待之表示。似应为之设法，以宏乐育。如蒙允许，拟请分饬市府转知补习学校，并谕绥署军实科饬知蚕桑学校驻军营长觅地迁让。是否之处，伏祈核示，以便转复。谨呈主席刘。

职邓汉祥上
九月十四日

2. 成都市政府主任委员嵇祖佑为东方实用补习学校迁让校址困难拟具两益办法致刘湘呈（1937年10月6日）

二十六年九月二十日，案奉钧府秘字第六二三五号训令，除原文有案邀免全录外后开："合亟令仰该府即便办理，具报备查。此令。"等因，奉此，遵即令饬东方补习学校遵照觅地迁移。

旋于九月二十五日据该校呈称："本校校址系属限佃，所去之押金及建筑等费，为数颇□。各创办人历年全尽义务，毫无薪修，惨淡经营，于精神物质各方面之损失，亦属不小，且近决筹办正式小学，觅地迁移，困难实多，兹谨将各情，详呈于后。窃查本校系由前私立东方美术专科学校改办，校地系浙江会馆会产,未办东方美专之前,为私立大华中学租用。二十三年春,大华停办,由东方校租定,押金及顶让费共去洋贰千叁百元,限期十年,连大华租用半年在内,自二十二年下期起算,由三方面共同立有约据为凭。在限期内,该地所有权益归东方学校享用,中途不能揭退。如中途揭退,必须将培修建筑等费补出,载明在约,租定后因原有房舍,多不适美术学校之用,迭次改建门窗,添装地板,增建音乐演奏厅,平筑球场,安置全校电灯等项,先后又去洋叁千余元。至二十五年下期,经教部督学调查,不合专科学校组织,勒令停办。除遵照停办外,并经董事及创办人会议议决,改办为私立东方实用补习学校。赓即办理立案,业经钧府派员视查,尚无不合,荷蒙批准并特许学生寄食寄宿,指令在卷。自开办以来,日臻完善,本期所招班次,亦经先行呈准,学生达柒拾余人之多,今已入堂受课,迁移已属困难,且欲以本校现在之收入,另觅相当于现有校地之适用开支,亦不可能。兼之本校筹办正式小学已有端倪,功亏一篑,实属可惜,上述各困难之点,拟请钧府据情转呈省府代恳体谅困难情形,函复华大校长张凌高代金陵大学另觅其他地点。"等情。据此,查该校所陈顶让培修等费,开列五千余元,未免过多,当派员前往详细勘估,并饬该校将证件文约呈验。

兹于十月四日复据该校呈称:"前奉钧府市字第九零八号训令,转饬本校迁让校址与金大一案时,即将本校校址租佃手续,培修经过,及迁移困难情形,详细呈复,请予核转在案,应候示遵,曷敢再渎?窃思当此国难期中,钧省府既抱维护教育之宏愿,救济战区失学青年,不遗余力,本校又属钧府直辖学校,敢不仰体斯意,设法迁让?!惟本校性质虽属补习,中途解体,实为法令所不许,觅地迁移,又为经济所不容,兹拟具有利金大、无损本校之办法二项,垦予转请采纳施行。一、金大之必欲得本校者以附近华大,便于借读故也。本校则不拘方位,均可办理,拟请划拨本市任何方位之公地相当于本校者,为本校校址,并给少数搬迁费,以便搬迁,则本校与金大两得其所矣。二、本校之必欲得公地而后迁让者,以经费困难故也。因本校校址所去之顶让费、培修费及押金等,共五千余元,迁让后除押金外,余皆无着,实无力牺牲,且另觅校地,押金月租培修,又需款甚巨,更无力筹集,拟请将本校过去所用五千余元之顶让培修等费，全数认出，给与本校，由本校自行觅地迁移，则金大之目的可达，本校之生命不绝，实两全之举也。除此二种办法之外，便于本校，必无以利金大，有利于金大，必损及本校，无论金大本校内中有一不利，想均非钧省府维护教育之初心，故拟具上项两益办法，呈请鉴核，赐予转请施行。"等情，前来。查该校旧佃约所载，实共安押金叁百肆拾元，其培修费据职府委员估计，约需费陆柒百元，等情。除令饬该校呈验证件，并速觅地迁移外，理合呈请钧府鉴核，指令饬遵。再正遵办间，复奉钧府秘字第六五四一号训令开同前因，查中央大学医牙学院即日移蓉，此案连日派员与该校交涉，查其要求过奢，提出之证件又不能充分证明，现在中大抵蓉期迫，势难再缓，拟请钧府先行拨发叁千元，以便饬迁，并代为布〔部〕署。是否有当，合并陈明。谨呈四川省政府主席刘。

成都市政府主任委员　嵇祖佑

3. 四川代主席王缵绪为增拨战时儿童保育分院致新津县长快邮代电（1938年6月27日）

新津余县长览：案据战时儿童保育会成都分会呈：为战时儿童保育安全计，拟增拨新津纯阳观、郫县望从寺、新繁龙藏寺作战时儿童保育分院，以利收容而免惊扰，请转各该县县府明令拨借到府。查尚可行。除分电外，仰即查照办理，仍将办理情形电复为要。代主席王缵绪。省民。感。印。

4. 四川省历年救济院所数及收容人数（1942年至1945年）

年份	共计 所数	共计 收容人数	安老 所数	安老 收容人数	育幼 所数	育幼 收容人数	儿童教养 所数	儿童教养 收容人数	习艺 所数	习艺 收容人数	妇女教养 所数	妇女教养 收容人数	残疾教养 所数	残疾教养 收容人数
三十一年	218	17520	59	7398	—	—	94	6111	11	729	11	807	43	2475
三十二年	119	9207	25	1217	11	762	62	6129	5	459	4	277	12	363
三十三年	229	17749	64	5345	35	2565	61	5664	41	2390	11	522	17	1263
三十四年	224	14859	25	1823	56	4210	36	1918	43	2571	10	570	54	3767

5. 1938年至1941年迁川工厂数量统计表(1945年)

1. 迁入及复工家数

类别	1938年底 迁入	1938年底 复工	1939年底 迁入	1939年底 复工	1940年底 迁入	1940年底 复工	1941年底 迁入	1941年底 复工
总计	134	54	223	118	254	184	254	207
机械工业	50	24	96	45	103	92	103	91
化学工业	27	5	34	17	37	25	37	33
教育用具工业	13	10	26	19	32	21	32	27
纺织工业	10	3	20	13	25	18	25	21
电器制造业	8	3	18	8	20	9	20	10
饮食品工业	7	3	12	6	12	7	12	9
矿业	4	1	4	1	4	1	4	2
钢铁工业	1	1	1	1	1	1	1	1
其他工业	8	4	12	8	15	10	15	10

2. 迁入机械材料吨数

(单位:公吨)

类别	1938年底	1939年底	1940年底	1941年底
总计	32 873.3	44 338.6	45 257.0	45 257.0
纺织工业	16 723.9	20 414.5	20 415.7	20 415.7
机械工业	4 199.2	9 781.1	9 980.5	9 980.5
化学工业	3 010.2	3 411.6	3 689.4	3 689.4
矿业	2 989.8	3 642.9	3 642.9	3 642.9
电器制造业	2 224.1	2 273.2	2 273.2	2 273.2
饮食品工业	1 182.0	2 021.8	2 021.8	2 021.8
教育用具工业	1 014.4	1 137.3	1 428.6	1 428.6
钢铁工业	1 151.9	1 151.9	1 151.9	1 151.9
其他工业	277.8	554.3	653.0	653.0

3. 迁入技术工人数

类别	1938年底	1939年底	1940年底	1941年底
总计	1 532	7 638	8 105	8 105
机械工业	657	3 817	3 934	3 934
纺织工业	81	736	797	797
化学工业	66	642	638	688
电器制造业	154	545	595	595
教育用具工业	184	527	536	536
饮食品工业	12	444	444	444
矿业	15	377	377	377
钢铁工业	313	360	360	360
其他工业	50	240	374	374

6. 抗战期间迁川工厂概况统计（1945年）

一、抗战期间迁川工厂概况

截至1940年止共有：1. 震旦机器厂，原在江苏无锡广勤第一支路，有资本400 000元，主产机械，民国二十七年三月开工，随来职工25人，每年产量及估值700 000元；2. 上海机器厂，原在上海东区杨树浦丹阳路武昌炉坊口，有资本100 000元，主产机械，民国二十七年四月开工，随来职工100人，新招50人，每年产量及估值600 000元多；3. 美艺钢铁厂，原在申、汉，有资本100 000元，主产军用物品附件、军用器材、钢铁、五金，厂基占地8亩，随来职工60人，新招20人，每年产量及估值360 000元；4. 老振兴机器厂，原在上海沪军营，有资本20 000元，生产制造针织机器及修理，民国二十七年九月开工，新招3人，每年产量及估值30 000元；5. 大公铁工厂，原在上海南市局门路，有资本100 000元，主产军用品制造机器及修理，厂基占地100亩，民国二十七年十月开工，随来职工28人，新招19人，每年产量及估值240 000元；6. 中国实业机械厂，原在上海澳门路，有资本50 000元，主产华英文打字机及国防用品，厂基占地10亩，民国二十七年七月开工，随来职工140人，每年产量及估值100 650元；7. 大鑫钢铁厂，原在上海齐物浦路，有资本500 000元，主产钢铁,民国二十七年八月开工,随来职工300人,新招20人,每年产量及估值3 500吨;8.顺昌铁工厂,原在上海沪西周家桥陈家渡苏州河南岸,有资本400 000元,主产制造机器磨矿石钢粉,厂基占地15亩,民国二十七年四月开工,随来职工60人,新招10人;9.合作五金公司,原在汉口大智路,有资本150 000元,主产机器,每年产量及估值200 000元;10.陆大机器工厂,原在山东济南,有资本280 000元,主产发动机、轮船、起重机、锅炉、挖掘机、钢铁建筑,厂基占地80亩,民国二十七年十一月开工,随来职工64人,每年产量及估值250 000元;11.鼎丰机器制造厂,原在汉口江汉路,有资本5 000元,主产教育仪器、国防五金,厂基占地0.5亩,民国二十七年十月开工,随来职工14人,每年产量及估值30 000元;12.复兴铁工厂,原在江苏无锡,有资本100 000元,主产机器,民国二十七年六月开工,随来职工80人,新招40人,每年产量及估值240 000元;13.精华机器厂;14.启文机器厂;15.广元制罐厂,原在上海虹口华德路,有资本200 000元,主产印刷、制造罐头食品、五金门锁、教育用品,厂基占地10亩,民国二十七年十二月开工,每年产量及估值2 000 000元;16.中新铁工厂,原在汉口守波里,主产经济油炉;17.中华铁工厂,主产机器军需;18.公益铁工厂,主产纺织机;19.周垣顺机器厂,主产机器军需;20.陈信记翻砂厂,主产翻砂;21.洪利华机器厂;22.新昌机器厂;23.广利纱砻厂;24.精一机械厂;25.铸亚铁□厂;26.华孚制造厂;27.利泰翻砂厂;28.洽生工业公司;29.协昌机器厂;30.希□氏□钟厂;31.康升机器厂;32.福泰翻砂厂;33.永和机器厂;34.大来机器厂;35.复鑫祥机器厂;36.永丰翻砂厂;37.复兴昌翻砂厂;38.张瑞庄电焊厂;39.肖万兴铜器厂;40.锅铜铁厂;41.□兴电焊厂;42.永利公司铁工厂;43.招商局铁器厂;44.新民机器厂;45.公信金属品厂;46.大同五金号;47.中国铜铁工厂;48.中兴球轴公司;49.建昌机器厂;50.明亚机器厂;51.荣昌铁器厂;52.耀泰五金厂;53.华兴电焊厂;54.大何沟钟表厂;55.天源电化厂,原在上海白利南路,有资本1 050 000元,主产烧碱、盐酸、漂白粉,厂基占地100亩,随来职工100人,每年产量及估值烧碱2 640吨,盐酸4 620吨,漂白粉2 640吨;56.中兴赛璐珞硝厂,原在上海科士〔斜土〕路,有资本80 000元,主产赛璐珞硝化棉,厂基占地

30亩,每年产量及估值硝化棉324 000磅;57.中央化学玻璃厂,原在上海平凉路,有资本70 000元,主产化学仪器,厂基占地10亩,随来职工12人,每年产量及估值150 000元;58.中法制药厂,原在汉口江汉路,主产药品,民国二十七年五月开工,随来职工8人,新招50人;59.永利化学公司,原在江苏六合,有资本600 000元,生产硫酸铊,厂基占地30亩,民国二十七年四月开工,随来职工136人,新招58人;60.久大盐业公司,原在河北塘沽、江苏大浦,有资本2 100 000元,主产精盐、牙粉、牙膏、牙水、炭生镁,厂基占地30亩,民国二十七年九月开工,随来职工50人,每年产量及估值700 000担;61.新亚制药厂家庭工业社,原在上海,主产化装品;62.天盛陶器厂,主产化学品、陶器;63.中国煤□公司;64.提炼轻油厂;65.三星工业社;66.光亚铅粉厂;67.天和淡〔氮〕气厂;68.建华油漆厂;69.汉中制革厂;70.海普药房;71.中国铅丹厂;72.植物油厂;73.金钢橡胶鞋厂;74.科学仪器厂;75.华光电化厂;76.国华精棉厂;77.炽昌新制药厂;78.益丰搪瓷厂;79.瑞丰玻璃厂;80.汉光玻璃厂;81.中国无线电公司,原在上海,有资本125 000元,主产无线电收发报机、广播、电台、电话机及发电机,厂基占地40亩,民国二十七年七月开工,随来职工75人;82.华生电器厂,原在上海;83.华光电化厂,主产电焊条;84.中国电池厂,主产电池;85.振华电器制造厂,主产手电筒;86.汇明电池厂,主产电池;87.资委会电机厂;88.中华无线电社;89.孙立记电器厂;90.京华印刷厂,原在南京,有资本90 000元,主产印刷物;91.开明书店,原在上海梧州路,有资本300 000元,主产印刷;92.时事新报,原在上海受多亚路,有资本200 000元,主产印刷;93.生活书店,原在上海;94.南京类丰祥印刷所,原在南京,主产印刷品;95.中国科学图书公司;96.劳益印刷社;97.时代日报;98.汉新印字馆;99.七七印刷所;100.振明印刷局;101.正中书局;102.武汉印书馆;103.新华日报;104.汉口正报;105.大东书局;106.军学编译社;107.南京军用图书局;108.商务印书馆;109.汉益印书馆;110.华丰印刷铸字厂,原在上海,有资本100 000元,主产铸字印刷材料,民国二十七年十月开工,随来职工25人,每年产量及估值250 000元;111.中国国货铅笔厂,原在上海斜徐路,有资本120 000元,主产铅笔、蜡笔,每年产量及估值铅笔155 000罗,蜡笔

10 000打；112. 精一科学仪器制造厂，原在上海虹口公路，有资本10 000元，主产教育用品、测量器械、绘图仪器、中西文具、国防机械冲模工程、电镀各色精修仪器，厂基占地8亩，民国二十七年七月开工，随来职工30人，新招5人，每年产量及估值60 000元；113. 中国科学仪器公司，原在上海，主产科学仪器；114. 财政部造纸厂；115. 龙章造纸厂；116. 大明纱厂，原在江苏武进、湖北武昌，有资本4 000 000元，主产棉布，每年产量及估值棉布1 000 000匹；117. 美亚织绸厂，原在上海南市闸洲租界，有资本2 000 000元，主产丝绸，民国二十七年四月开工，随来职工150人，每年产量及估值丝绸150 000匹；118. 豫丰纱厂，原在河南郑州，有资本4 200 000元，主产纱布，厂基占地325亩，每年产量及估值细粗纱4 000件；119. 苏州实业社，原在苏州，有资本5 000元，主产棉布，民国二十七年六月开工，随来职工12人，新招130人，每年产量及估值布10 800匹；□纱布600匹；120. 康新纱厂；121. 汉口大成纱厂，原在汉口，主产棉纱；122. 震寰纱厂，主产棉纱；123. 裕华纱厂，主产棉纱；124. 申新纱厂，原在上海，主产棉纱；125. 隆昌染织厂；126. 迪安针织厂；127. 冠生园食品公司，原在上海，有资本400 000元，主产糖果、饼干、罐头，厂基占地2亩，随来职工30人，每年产量及估值2 000 000元；128. 福新面粉厂；129. 南洋烟草公司；130. 振兴糖果公司；131. 裕龙面粉厂；132. 汉口特器□□厂；133. 六合建筑公司，原在上海，有资本75 000元；134. 建业营造厂；135. □记营造厂；136. 新记牙刷厂；137. 泰康祥木厂；138. 中福煤矿；139. 中兴煤矿；140. 扬子建筑公司；141. 华粉制帽厂；142. 精益眼镜公司；143. 利华煤矿。共计143家。

二、迁入技术工人数统计

迁入技术工人数：二十七年机械工业657，纺织工业81，化学工业66，电器制造业154，教育用品工业184，饮食品工业12，矿业15，钢铁工业313，其他工业50，总计1 532；二十八年机械工业3 817，纺织工业736，化学工业642，电器制造业545，教育用品工业527，饮食品工业444，矿业377，钢铁工业360，其他工业240，总计7 688；二十九年机械工业3 934，纺织工业797，化学工业688，电器制造业595，教育用品工业536，饮食品工业444，矿业377，钢铁工业

360，其他工业374，总计8 105；三十年机械工业3 934，纺织工业797，化学工业688，电器制造业595，教育用具工业536，饮食工业444，矿业377，钢铁工业360，其他工业374，总计8 105。

三、迁川工厂

(一)迁入及复工家数

业别	二十七年底 迁入	二十七年底 复工	二十八年底 迁入	二十八年底 复工	二十九年底 迁入	二十九年底 复工	三十年底 迁入	三十年底 复工
总计	134	54	223	118	254	184	254	207
机械工业	50	24	96	45	108	92	108	94
化学工业	27	5	34	17	37	25	37	33
教育用具工业	19	10	26	19	32	21	32	27
纺织工业	10	3	20	13	25	18	25	21
电器制造业	8	3	18	8	20	9	20	10
饮食品工业	7	3	12	6	12	7	12	9
矿业	4	1	4	1	4	1	4	2
钢铁工业	1	1	1	1	1	1	1	1
其他工业	8	4	12	8	15	10	15	10

(二)迁入机械材料吨数

(单位：公吨)

业别	二十七年底	二十八年底	二十九年底	三十年底
总计	32873.3	44388.6	45257.0	45257.0
纺织工业	16723.9	20414.5	20415.7	20415.7
机械工业	4199.2	9781.1	9980.5	9980.5
化学工业	3010.2	3411.6	3689.4	3689.4
矿业	2989.8	3642.9	3642.9	3642.9
电器制造业	2224.1	2273.2	2273.2	2273.2
饮食品工业	1182.0	2021.8	2021.8	2021.8
教育用具工业	1014.4	1137.3	1428.6	1428.6
钢铁工业	1151.9	1151.9	1151.9	1151.9
其他工业	377.8	554.3	653.0	653.0

(三)迁入技术工人数

业别	二十七年底	二十八年底	二十九年底	三十年底
总计	1532	7688	8105	8105
机械工业	657	3817	3934	3934
纺织工业	81	736	797	797
化学工业	66	642	688	688
电器制造业	154	545	595	595
教育用具工业	184	527	536	536
饮食品工业	12	444	444	444
矿业	15	377	377	377
钢铁工业	313	360	360	360
其他工业	50	240	374	374

第四章
日机大轰炸造成的灾难和损失

一、四川的防空准备

（一）防空组织和机构

1. 川康绥靖公署令成、渝两地设防空指挥部（《四川月报》1937年8月）

川康绥署刘湘主任，顷以中日大战爆发，敌机四处滋扰，成渝两地应即成立防空指挥，已函省府查照办理。办法：

一、成、渝两市，为川省政治、文化、军事、经济重心所在。基于之事态，应即日分别成立防空指挥部，以资防范。

二、成都指挥部，出保安队、警备部、市政府、特务团、宪兵、航协会组织之；渝市由警备部、航务处、市政府、宪［兵］三团、警察局等机关组织而成。

三、基于可以办到之经济环境，作如下之准备：

甲、高射炮队，将川、康各军高射枪炮集中成、渝，由保安团部指挥应战。

乙、高射机关枪，照前项办法办理。

丙、设防空监视哨。

丁、设听音机。

戊、实行灯火管制。

己、积极整理消防。

庚、设防空情报班、工务队。

四、所有军事机关工作人员均应备置防毒面具。

五、目前应从速办理者：

甲、将日寇各种飞机制版印册，并将其性能详细说明发给各情报人员及市民，以免误报、误认，扰乱民心。

乙、准备防毒各项器材。

丙、应从速制造简单防毒面具发给军政工作人员及士兵。

丁、速印发防空须知,发给市民。

戊、由防协会、保安处、防空科、航建会及绥署派员共同组织防毒播音讲演会,轮流讲演防空、防毒知识,唤起人民注意。

己、由警察局详细调查市区内之民间地窖及娱乐场数目、容量、所在地避难室。

2. 成、渝、万筹备防空情形(《四川月报》1937年8月)

成都。省会防空,即应办理,近拟筹款二十万元,从事设备,经费来源,内增收房捐百分之四,征收娱乐捐每票五分,定九月一日起开征,目前急需之款,以收入作抵,向银行抵借。

重庆。渝市自平津变起,即开始筹备防空,该市防护总团,已于八月起,开始训练,团员共一千七百余人,由全团指挥员及教官分区训练,每一区团之下,分设十班,授十种防空科学,各十点钟。至于经费,则由附加房捐百分之二而来。最初渝市防空设施,有防协会及防护团两种,皆偏重于灌输防空知识。最近,行营为加紧完成防空训练,特令派李根固兼任重庆防空司令,李清献兼任江北区指挥,莫□中、彭亚秀兼任广阳坝区正副指挥,又先期令派李根固,王资军两氏,筹备防空大演习,限期于九月十五日以前完备,现各区防护团为纯熟演习技术,特定九月十日起,分头举行预演,凡属老弱残疾,均不准滥竽参加。此外关于防空警报,现亦积极筹备,除与汉口、宜昌、西安、长沙等地防空机关切取连〔联〕络外,省内各地将设十二个监视哨,地点大致决定在万县、垫江、涪陵、长寿、綦江、南川、遂宁等处。成都方面,尤当取得密切连〔联〕络云。

万县。万县为四川门户,又为川中第二商埠,颇为重要。现该县军政绅商各界均积极筹备防空,并将火灾振款一万余元移作防空费用。至于防空事宜,由各界所组织之万县防空委员会负责办理。

3. 防空法(1937年8月19日)

第一条　为防止敌机空袭,减少其所发生之危害,以维护国家之安全,保障人民之生命财产,特制定本法。

第二条　全国防空事宜由国民政府最高军事机关主办之。其有关各院、部、会、署及地方机关者,由各该关系机关协同执行。

第三条　中华民国人民对于实施防空有服役及供给物力之义务。战时或事变时,人民及民用飞机、航行之船舶,对于敌国或同情敌国之飞机行动有监视,并报告附近军警或防空机关之义务。

第四条　在中华民国领域内,有住所居住或财产之外国人,或无国籍人及有事务所、营业所或财产之法人机关团体,均负有防空之义务。但以不抵触条约及国际法为限。

第五条　有下列情形之一者得免防空服役:

一、身体残废者;

二、有精神病者;

三、因年龄或健康状态不适于服役者;

四、因担任公务或服常备兵役不能中辍者。

第六条　下列行为应经国民政府最高军事机关或其指定机关核准:

一、经营防空器材或工具;

二、发布或散播防空印刷品;

三、演映防空影片;

四、举行防空展览会。

第七条　战时或事变防空情报及警报行优先用国有、公有、民有通信设备,并改善或变更之。

第八条　因防空之必要,各地防空主管机关陈情或会同当地军政机关得行使下列各权,但第六条、第七条应呈经国民政府最高军事机关核准:

一、命令人民参加防空工作及防空设备;

二、利用人民或外侨开设之医院、诊疗所等,供防空设施之用;

三、依法征用或征收人民之土地及建筑物;

四、修改或扩大街道、住宅建筑之全部或一部;

五、禁止或限制民用飞机之航行;

六、征收人民防空附加；

七、命令或限制人民之迁移；

八、关于防空有调查之必要时，得提出资料或实施检查。

第九条　违反本法第三条、第四条、第六条之规定者，处三十日以上之拘役或一百元以下之罚金。煽惑他人为之者，加倍处罚。

第十条　泄漏防空上之秘密或破坏防空设备，致防碍防空工作或发生危险者，依陆、海、空军刑法或军机防护法处断。

第十一条　防空设备及实施所需经费，依其性质及实际情况，由中央与地方分别支给之。

第十二条　人民之土地或建筑物，因实施防空被征用，所受之损失，由地方政府依法补偿。

第十三条　人民因防空服役致伤、病或死亡时，应由中央或地方政府依法酌给医药费、埋葬、抚恤之费。

第十四条　本法施行细则，由国民政府最高军事机关定之。

第十五条　本法自公布日起施行。

4. 四川省防空司令部编制"民间消极防空与设施"讲义（1937年10月）

第一章　绪言

〈前略〉

自来防空建设，必分积极防空与消极防空及防空情报三种。其防空情报网之须密布，及积极防空之飞机与高射炮等，须有充分设备无论矣；然当敌人大举空袭时，纵有充分之积极设备，岂能将敌机悉数击退于都市外周乎？以近年欧洲各国防空演习之经验言之，似尚无此把握。然则消极防空之重要性，可以知之矣。

消极防空应如何组织，如何设备，乃能严密，此诚为现代国民亟应研讨之问题。今且分三方面言之，一为各要地防空，已由军事委员会颁发防护团组织大纲及防护团训练实施细则，以为各要地完成消极防空之准则，兹暂从略勿论。次为团体(指各机关学校工厂大公司等)及都市各家户之防空;因敌机来袭必以都市为目标。苟各团体与各家户,无相当之防空准备,则慌乱盲动,给敌人以重大威胁,安能以救丧亡离乱耶?再如大火灾之扑灭与毒气之消除,若全赖于都市防空团之救护,势必顾此失彼,难施完善,故各团体与家户防空,均应从速组织充实设备,并加以相当之训练,推及于全国各大省市县乡村镇,则我国消极防空略具备矣。国事严重,深望吾国人注意及之!

第二章　团体防空(指机关、学校、工厂、大公司等)

第一节　组织

一、各团体之防空组织,应以消极防空为主,其指导系统如下:

某团体(机关、学校、工厂、大公司等)防护团下设:警报班、警备班、消防班、防毒消毒班、救护班、工务班、避难管制班、灯火管制班。

二、各团体防护团,通常主由各该团体之主管人员兼任之,但必要时得临时委派适当之职员代理,或添备各种补〔辅〕助人员。

三、警报班:负通信联络及警报传达之责,主由各该团体之通信人员或号兵等编组之。

四、警备班:负警戒保护之责,必要时,尚须协助其他各班于敌机空袭下之各种活动,主由各团体之卫队,或学校之学生等编组之。

五、消防班:负火灾预防、火灾扑灭之责,主由各团体之关系职工,或学校之学生等编组之。

六、防毒消毒班:负防毒指导及消毒作业之责,主由各团体之勤务人员或学校之化学教师及学生等编组之。

七、救护班:负中毒及伤者之收容及治疗之责,主由各团体之医务人员,或学校之关系教职员及学生等编组之。

八、工务班:负电线道路及自来水等等被破坏时修理、整理之责,及空袭后交通障碍之扫除。主由各团体之电务及工务人员与职工夫役等编组之。

九、避难管制班:负避难人员秩序之维持指导,并避难场所管理之责,主由各团体之适当职员或学校之学生等编组之。

十、灯火管制班:负夜间敌机来袭时灯火之隐蔽、限制、熄灭等之责,主由各团体之关系职工,庶务副官勤务兵等或学校之关系职员及学生等编组之。

十一、前记各班:依各团体原有人员之多寡,及管辖范围之大小而各有不同,但其人数以能充分遂行其任务为原则。

十二、各班为指挥管理训练便利起见,得由各团体长官或学校当局指派正副班长或指导员一、二人,关于各班应有之设备及训练,除参照第二节、第三节之规定外,其细部事项可自行拟定之。

十三、不满十人之商店等,可照第三章家庭防空办理。

第二节 设备

一、各团体之防空设施

除在防空上有特别之价值者,由政府另行设备外,其余概以利用各该团体现有之器材及设备为主,但消防设备最为重要。

二、关于警报传达者

各团体之主管人员,及学校当局,应按照其单位之多寡,及配置之状况,而设置所要之防空警报装置,以为向内部人员传达之用,其应设备之主要事项如下:

(一)设置音响警报器于团体之适当位置,并讲求能普传警报于所属全体人员。

(二)在可能范围内,务须装置信号灯或警钟于主管人员之处所或办公厅。

(三)指派警报专员,任警报之监视,并注意与最近之防空警报机关如汽笛、警钟、号音之人员等联络。

(四)对于部属应分别予以各种警报规定之说明及训练。

三、关于防空通信者

各团体主管人员及各学校当局,对于所属各单位现有之通讯设备,应竭力供给防空上使用,其应行之事项如下:

(一)改善通讯系统,切实与防空机关联络。

(二)增设防空电话线路,专任所属单位之情报或警报之传达。

(三)指派专员负防空通讯联络之责,并切实予以训练。

(四)有独立通讯组织之各团体主管人员及学校当局,应督促部队,确实执行防空通讯之规定,并须援助防空监视机关之情报及报告之传达。

(五)于可能范围内,各种重要团体,宜自行装置电话总机,以便直接指挥其所属之团体。

(六)各团体应安置收音机,接收防空情报。

四、关于灯火管制者

各团体主管人员及学校当局,应按照其所属各单位之灯火状况,而督促部属分别完成下列灯火管制诸设备,并不时举行检查,臻于至善,以使防空全般之业务上,毫无遗憾。

(一)窗户须一律用一层或二层之厚黑布制成窗帘,紧密遮蔽。

(二)门扉一律须能紧闭,以免漏光于外方。

(三)亮瓦、通气孔,及能透光之处须一律用黑布或纸遮蔽或糊上。

(四)预备低光电灯泡,及着色电灯泡若干,以为灯火管制时之用。

(五)增设屋内外灯之自动开关。

(六)灯火管制实施期间,电灯大都熄灭,各团体为工作起见,应准备洋烛、油灯,及手电灯若干,但须有适当之遮蔽用具。

(七)各种灯火之具体管制方法如下:

1. 屋内电灯

屋内灯火之不必要者,概一律熄灭;其必要者,应加以黑色布罩隐蔽之。此种黑色布罩,在二十四支光以上者,则用两层重叠作为之,罩之下面开口,罩长约三十公分至六十公分。

2. 屋内油灯

屋内洋油灯之不必要者,概一律熄灭;其必要者,须用黑纸作成灯罩以遮蔽之,其方法即将黑色纸或报纸(四张重叠)之中心剪成一空,套入原有灯罩之上,而使纸之各边下垂。其长短以能将全灯遮蔽为适宜,或用特制之镔铁灯罩,则可免燃烧之虞!

3. 屋外电灯

屋外灯火以全部熄灭为原则,但铁路之信号灯不能熄,宜研究遮蔽方法。其他为维持治安，整理交通及指导防护动作计，可酌留少数灯火，加以适宜遮蔽后，作为永久灯。此等灯火，宜用金属（如镞铁皮类）灯罩，或黑色布罩以遮蔽之。

4. 移动灯火

（1）脚踏车、人力车，或手电筒之灯火，应用黑色布包裹之；

（2）车内灯除驾驶上必要者留用外（如汽车或火车内各种表计的照明灯火），其余灯火，应依下列方法施行遮蔽：

A. 车内灯须减至必要的最小限，汽车窗上应挂黑布窗幕，无窗幕之汽车，其车内灯火，概一律熄灭。

B. 火车灯火，均须用黑布遮蔽，并严密关上车上窗扉。

C. 车辆上之空气孔，应用黑布设法遮蔽，以防止光线之外露。

五、关于消防设备者

各团体主管人员及各学校当局，应按照其单位之大小，及组成之性质，并附近消防机关之有无，督饬部属完成下列之消防设备。

（一）购置灭火机若干，悬挂于团体内部紧要之处所。

（二）添设消防水桶及用水，分置于天井走廊下方，在可能范围内，应购置小型抽水机，以为自身消防之用。

（三）贮存消防沙包于适当之地点，以为敌机投下电子烧夷弹引起火灾时消防之用。

（四）增设消防龙头，以为消防队引水之用。

（五）石油挥发油火药及有危险性之化学药品，均须置各安全处所，并派员负责管理。

（六）指派消防人员以任所属团体各处火灾之预防。

（七）设备安全箱柜收存重要文件，并指定人员负责保管。

（八）添置消防用梯及其他有关之器材，并予所属部下以适当消防之训练。

（九）各团体要切实查明消防用之水源，或自行开井。须知空袭时，自来水实不可靠，在附近之水池水井等，宜妥为调查保存监视。

(十)与相邻之团体或民众消防人员,切实联络,俾能互相援助。

六、关于防毒消毒者

各团体主管人员及学校当局,对于所属团体应行之防毒消毒设备如下:

(一)在可能范围内,应购人员防毒用具,并每人必须备防毒口罩。

1. 防毒面具若干。由各团体主管人员及学校当局负责,向军事机关领用或购置。

2. 防毒衣若干。由各团体主管人员及学校当局统筹购置。

3. 防毒靴手套。由各团体主管人员及学校当局统筹购置,或督饬部属自备橡皮马靴及皮手套等。

4. 油纸及油布。由各团体主管人员及学校当局,统筹购置贮存,以为防毒包裹物料之用,对于食物更须注意。

(二)设置公众用防毒室若干处,其要领如下:

1. 选定适当安全之一室,而将窗户门扉出入口全部密闭封锁,使与外边毒气完全隔绝,尤须注意密封门窗之缝隙,使外面毒气不致侵入,而于出入口设防毒幕布。

2. 于室内分设滤毒装置及通气装置,以供给室内清净空气之交换。

3. 避难室不宜过大,而增设多处,因纵或中弹,不致损及全部生命。

4. 室内窗户等处,须妥密闭气,并于进出口处,设置防毒幕。

5. 室内通风设备,如因滤毒通风器之购置不易,可利用我国旧有之风箱,加以各种消毒药品,以为滤毒通风设备。

6. 为防炸弹破片,及其威力起见,可在墙外四围堆积以一公尺至二公尺厚之沙包护墙,该护墙离墙约尺许,并在内方以有支柱之厚木板隔离之。盖如此,不独使外界光线可于隙间照入室内,且可增强抵抗力量,又须顾虑处如下:

(1)进出口处。应特别以沙包护墙围绕之,以防炸弹威力破片之冲破门户。

(2)四围沙包护墙,须外加白铁罩一层,以避免风雨之浸塌。

7.避难室应选择独立屋,或靠外边有坚固墙壁之房间构筑之,因此不易火灾波及,且易于救护也。

8.购置消毒用具药剂,以为被毒实施之用。

(1)消毒用漂白粉撒粉车——以为被毒地区消毒之用。

(2)消毒用手摇式筛箱——以为部分被毒消毒之用。

(3)持久性毒气消毒剂——漂白粉石灰等。

(4)一时性毒气中和剂——肥皂水石灰等。

(5)人员用之消毒剂——石油漂白粉等。

(6)消毒用热水(须在摄氏一二〇度以上者)。

七、关于救护避难者,各团体主管人员及学校当局,对于所属团体应行救护避难设备如下:

(一)组织救护班。由各团体主管人员及学校当局,指定所属担任之。

(二)设置避难所。选定对于炸弹、烧夷弹及毒气等能确实保障安全之楼下或地下室设备之。

(三)备置救护用器材担架药箱等。

(四)设置救急治疗所。指定各该团体及学校之医学人员担任之。

(五)指示附近救护所、避难所,及医院之名称位置,并经过之路线。

(六)训练部属之救护及避难动作。

(七)派员与附近消防、消毒、救护、避难诸机关,切实联络。

八、关于伪装遮蔽者

各机关主管官及学校当局,对于自身团体及学校之伪装遮蔽须特别注意,而其应行之设备如下:

(一)在可能范围内,指派专员组织伪装遮蔽班,以任所管团体及学校建筑物之伪装及遮蔽事宜。

(二)设置伪装用具,如伪装网等,储存于适当处所,以便有伪装必要时,可速取用。

(三)注意建筑物之颜色及涂料,必要时须施以迷彩或变装。

(四)注意各团体及学校所在地附近树林及其他伪装事项。

九、关于防卫警备者

区域内外之整个防卫警备,原由警备团体负担全责,惟于防空时期,警备区域随时扩大,警备人员往往不敷分配,以致有薄弱而不能周密之处,故各团体主管人员及学校当局,在可能范围设法配置所属人员及部队,自任所在团体及学校之防卫,其应行设备之事项如左〈下〉:

(一)指定专员组织警备班,以任所在团体之防卫。

(二)决定警备区域及应设置哨所之地点。

(三)增强警备能力。添置防卫武器。

(四)对于电话电灯局及重要团体,常为间谍破坏之重要目标,故其周围警戒,尤须完密,宜多派巡查哨也。

十、关于工务修复者

当受敌空袭时,电话线、电灯线及道路与自来水管等,常为敌弹破坏,致通信、照明、交通、饮水及消防用水均感困难。故各团体应于所管范围内作如下之准备,以求补救。

(一)组织工务班,其下分电话电灯之电线,道路及自来水管修理班等各组,以作平时之保护,兼备破坏时之修复。

(二)购置各种修理器材,以供修理时之应用。

(三)在可能范围内购置收音机,以供电话线断绝时之用。

(四)准备油灯,以供电灯线断绝时之用。

(五)多设道路、门户,以供道路被破坏时之用。

(六)保置水井或水池,以供自来水断绝时之用。

第三节 训练

一、团体之防空训练

在使所属职、员工或学生,明确消极防空之一般要领及动作,以期将来能减少敌人飞机轰炸给予之损害,而保障各团体活动之机能。

二、训练之方式及时间

概由各团体自行规定,必要时得由政府防空机关派员指导之。

三、警报之训练

除使团体担任警报业务之人员或学生,了解警报发放之时机,熟习警报器之管理,遵守警报之各种规定,俾能适时传递所要之警报外,并须普及警报之命意于全体,以期均能闻而有所准备,主由团体警报班长负责召集训练之。

四、通信之训练

除使团体担任警报通信联络业务之人员或学生了解防空通信之系统,熟悉防空通信之各种暗号及术语外,并须讲求技术上之训练,俾能扩大防空之通信效能。主由警报班长会同关系通信人员召集训练之。

五、消防之训练

除使团体担任消防业务之人员或学生,熟习各种消防器材之使用法,及敌机轰炸下之消防行动,俾能适时限制或减少火灾危害之扩大,并须讲求普及消防知识于一般人员,使各明了空袭消防之重要,期能预防火灾之发生,通常由各团体暨学校之庶务副官等负责人员召集关系职工或学生实施训练之。

六、防毒之训练

除使团体担任防毒业务之人员或学生,熟习各种毒气之防护要领及消毒诸动作,俾能减少将来敌人毒气攻击之效力外,并须普及一般防毒知识于全体人员,使各自了解毒气之性质及防护之要领,通常主由各团体之医务人员或化学教师负责实施训练,必要时得政府之防毒机关派员指导之。

七、警备之训练

除使团体担任警卫守备业务之人员或学生明了非常时期之警备要领,讲求敌机轰炸之下警卫行动,以维持公共之秩序,及一切反动之活动外,并须讲求增进全体人员自卫之能力,以期能适时遏制不良事变之发生,通常由团体之军事长官或主管人员负责实施之。

八、救护之训练

除使团体担任救护业务之人员或学生,熟习各种伤害之被毒之救护要领,及一般卫生知识,俾能适时对于伤害者能施行所要之救助担架治疗诸手术外,并须普及此种救护常识于全体人员,以期扩大救护之效力,主由团体医务人员负责实施之,必要时得请政府卫生机关派员指导之。

九、避难指导之训练

除使团体担任避难指导业务之人员或学生熟习空袭时期交通整理之要领,避难民众指导之方法,使于非常灾害时际,所能保持整然之秩序,以增大防空之效能外,并须普及避难诸规定及应注意之事项于全体人员,期能减少空袭时纷扰之程度,主由团体之关系负责者召集实施之。

十、灯火管制之训练

除使团体担任灯火管制业务之人员或学生,熟习各种灯火管制之规定及要领,俾能于夜间警报之同时施行熄灯灭光遮蔽诸手段外,并须普及灯火管制之思想于全体人员,使备知夜间灯火管制之重要,而能自动遵守灯火管制之规定,通常团体指派专员会同电灯公司实施之。

十一、工务之训练

除使团体担任工务之人员或学生工役,熟习一般电灯电话线及道路自来水管等之修理技能及要领外,并须普及修理知识,使扩大恢复效力,以挽救空袭破坏后之危局,而保持平常之机能,主由团体之技术人员负责召集实施之,必要时得请专门技术者指导。

第三章 家户防空

第一节 组织

一、家庭防空

防空以每一门牌号数为最小单位,如该户系一家,则以该家长充任户长,如系多家,应由各家共推一员,充任户长,办理该户内一切消极防空事宜。家长如不能充任之,得由其指定一人为户长,但须报由该户所在防护分团或区团登记。

二、家户联合防空组

以邻近十个门牌数或十个门牌号数以上之邻里为组之单位,(根据警察厅户口调查酌予编配)组长由各户长中推选,办理并督促该组区内一切消极防空业务,于空袭或非常时期,并负有维持该区内秩序遵守之责。

三、户组之连

(一)各户长有向该住宅组区内提议之权,平时如何准备预防,防空戒严时如何按照实施。

（二）各联合防空组应与邻近之联合防空组及防护分团或区团取得密切之联系，以增大自卫力量。

第二节 设备

一、家庭防空

（一）关于消防者

1. 干沙五袋至十袋（约十公斤至二十公斤）。

2. 太平水桶多个，最少须存水十桶（缸盆等俱可利用）。

3. 范围较大之家可置灭火机一具。

4. 每一门牌号数之民房，应与其相连之另一门牌房屋，建筑与外墙同厚之隔火墙一道，并须砌出屋面至少七十五公分，如隔墙为木板者，亦须用砖石或水泥如厚至此限度，作为防火之用。

（二）关于防毒消毒者

1. 按人口数购置防毒面具，至少亦须购置防毒口罩（口罩请卫生事务所办理售发）。

2. 储备漂白粉、石灰、硼酸、肥皂水、火酒、石油、小苏打等消毒药品，以为消毒实施之用。

3. 屋宇较多之家，可另辟最稳固之一室为避难室，平时加以加厚或其他增修。

4. 有广大园地之家，可按规定方法，开掘防空壕或地下室。

（三）关于灯火管制者

1. 购备洋烛或油灯等。

2. 按所有门窗数，备置厚黑布遮蔽帘若干。

3. 备置屋内灯之各种遮蔽用具（式样另有规定）。

4. 预备低光电灯泡及着色电灯泡若干。

（四）家户联合防空组

1. 关于消防者

（1）购置灭火器一具，并添设公共用消防水桶及沙包若干，放置于规定或适当处所。

（2）购置消防用梯若干及其他消防器具。

（3）非常时期指派消防人员若干名，以任夜间各处火烛之巡逻。

（4）备置警钟一具，平时规定信号，通知所属组内之各户居民。

（5）开掘水井或储水池，以为自来水被破坏后之消防水源之用。

2. 关于防毒消毒者

设置公众用地下室或避难室一所，其要如下：

（1）选定适当安全之一室而将窗户门扉出入口全部密闭封锁，使与这边毒气完全隔绝，尤须注意门窗之缝隙，于出入口处做消毒幕，并设备滤毒器。

（2）室之大小，以足供本组区居民避难为原则，但以容人数愈少，避难室愈多为妙。

（3）备置漂白粉、石灰、肥皂水、石油、熟水等消毒用药剂。

（4）联合防空组之服务人员，应由各家联合购防毒面具为之使用。

3. 关于灯火管制者

增设本组区内各居民之室内外灯自动开闭器各一具，通常装设于组长住所，以便统制。并每家必须购备洋烛等，但要注意遮蔽。

4. 关于救护者

（1）备置消毒、纱布、棉花、碘酊、绊创膏各若干，以为急救药品。

（2）备置担架若干付，平时由所在地防护区团派员训练以普通担架术。

（3）如该组内有医院或诊疗所者，则应担任该组区内之救护及消毒防毒事务。

5. 关于警报传达者

（1）设置警钟或警铃于组区内之适当位置，并讲求能普传警报于所属组区内全体居民。

（2）雇用或指派警报人员一名，担任警报之监视，并须注意与最接近防空警报器如汽笛警钟等联络。

（3）平时对于组区内各居民应分别予以各种警报规定之说明。

附载：

1. 关于各项设备之费用，应由各居户自行备置为原则。

2. 如因经济关系，不能设置地下室或避难室时，各户长对于附之公共避难场所或地下室之地点及途径，应具熟谙，俾有事时，得顺序于避难管制班及交通管制班指导下前往实施避难。

第三节　训练

各家户之消极防空训练，可按团体防空第三节之训练各方式办理之，惟各家长应将各项防空训练办法，普传于全户各人；在平时主妇对于上项之各种训练办法，更须特别注意。

5. 第九区督察专员为遵办防空事宜恳请省库拨款致四川省主席电（1938年8月29日）

成都。省主席王钧鉴：有秘电奉悉，遵即转饬职区各县县府，督同当地有关机关遵照电示各节办理去讫。惟查职驻在县之防空事宜，原由万县市市防空指挥部负责办理，前以指挥部防空经费无着，呈请援成渝市例由省库开支，现尚未奉令拨发。昨奉省防空司令部电令饬暂借垫三千元以维现状，俟款筹定即行归还等因。虽经尽力罗掘勉为照办，但□□经费艰穷万分，不惟后难为继。即已拨之款亦急待归垫至防空情报任务，曾于本月东日改组设立独立监视哨三所，瞭望哨四所，直接由指挥部防空情报所指挥办理。惟情报通话应新设专线及整理旧线，限于财力困难，无力办理，各县亦感此同样情形。窃以下东空防关系全川安全，所需经费自非一县一市所能担负，拟恳特予拨款补助，俾情报业务早日完成，免有遗误。以副钧府仰承委座注重空防，安定后方秩序之至意。奉电前因，谨肃□呈伏祈鉴察令遵。

四川省第九区行政督察专员　闵永濂叩

6. 成都区灯火管制实施规则（1938年10月）

第一条　为在敌机夜袭时，能适时将一切灯火及发光体，施行有效管制，使敌机失去飞行及轰炸之目标，减少空袭损害计，特制定本规则。

第二条　灯火管制区域暂以成都市区及其近郊二十里以内之范围为限。成都县属之天回镇、崇义桥、大面铺、两路口；华阳县属之龙潭寺、保和场、大面铺、鸿门铺、中和场、石羊场、白家场、簇桥、马家寺；温江县属之苏坡桥、马家场；郫县属之犀浦场等俱在管制区域以内。

第三条　灯火管制区域内之军队、机关、学校、社团、电气公司及一般民众，均须按照本规则，实施灯火管制，并由警备部队、宪兵、警察及防护团员监督取缔。

第四条　灯火管制方法，分为下列两种：

一、中央管制：由四川全省防空司令部（以下简称防空司令部）令各电厂截断电流，使管制区内电灯同时熄灭。

二、各个管制：各机关、学校、社团及一般民众按照防空司令部发出之警报，对于一切灯火及发光体，自行加以管制。

第五条　各机关、学校、社团及民众，关于灯火管制应准备之事项如下：

一、窗户须用一层或二层之厚黑布制成窗帘，严密遮蔽；门户须能紧闭，以免漏光于外；

二、亮瓦、通气孔以及漏光之处须用黑布遮蔽或厚纸密糊；

三、酌备低光电灯泡，及着色电灯泡若干；

四、室内外灯须一律自动开关；

五、酌备蜡烛、油灯及手电筒若干，但亦须有适当之遮蔽。

第六条　各种警报时期，灯火管制要领如下：

一、空袭警报时期

（一）固定灯火

1. 除整理交通及维持治安上必须保留之灯火应用黑色布置〔罩〕，或金属（如镔铁皮）灯罩遮蔽外，其余一切室外灯火暨发光体，均须熄灭；

2. 各居室内之电灯，须依照规定，用黑色布罩或金属灯罩遮蔽。洋油灯用黑纸或镔铁皮作成灯罩，以灯光不致外泻为度；

3. 各工场之内外灯火及大小烟缸，应格外严密遮蔽，或隐蔽熄灭；

4. 娱乐场所内部灯火不得熄灭，但应酌减灯数，或限制灯光，且须将窗户门扉关闭,加以镶铁皮或木板,严密隐蔽,不使一灯一光漏泻。

(二)移动灯火

1. 管制区内之船舶,除准留少数必要灯火,并应加以严密隐蔽外,其余一律熄灭;

2. 车辆(汽车、脚踏车、人力车等)使用之灯火,应用遮筒黑布包裹,俾减低光度,以防光之反射。

二、紧急警报时期

(一)固定灯火

1. 管制区内,无论其为公、私发电所,在未改装适合防空上之灯火管制条件以前,应迅速截断电流,实行熄灭。

2. 所有必须留存之灯火,应以完全遮蔽之小火油灯代替。

(二)移动灯火

1. 船舶车辆,除领有通行证者准其行驶外,余均一律停止,但行驶之船舶车辆、灯火,必须遮蔽完善。

2. 停驶之船舶车辆灯火,应予一律熄灭。

3. 不得在船舶车辆上燃灯取火,或用电筒照射。

三、解除警报时期

一切灯火,恢复常态。违反本规则之处罚:

(一)在演习时期违反本规则者,按情节之轻重,处以百元以下之罚金,或科以三十日以下之拘役。

(二)在空袭时期,违反本规则者,除由执行机关强迫制止外,按照防空法第十条,"泄漏防空上之秘密或破坏防空设备致妨碍防空工作或发生危险者,依陆、海、空军刑法或军机防护法处断"之规定处罚。所有罚金,应申解防空司令部,留作防空设备之用。

第七条　本规则如有未尽事宜,得由防空司令部修改之。

第八条　本规则自公布之日起施行。

四川省防空司令部印

7. 四川省各县消极防空设备最低标准（航委会1939年1月8日公布）

一、为促进四川省各县消极防空设备起见，特拟定本标准。

二、各县消极防空设备以各该县资源关系及防空上之重要性，分下列二等办理之。

1. 各县除已设立防空指挥部外，以江北、灌县、乐山、宜宾、绵阳、江津、綦江、合川、奉节、隆昌、内江、资中、广元、南充、简阳、永川、荣昌、宣汉、资阳、南部、三台、遂宁、梁山、达县、温江、眉山、犍为、富顺、酉阳、涪陵、开县、渠县、广安、岳池、大竹、广汉、剑阁等三十县列为一等。

2. 除上述各县外，其余成都、华阳、新津、崇庆、新都、郫县、双流、彭县、新繁、崇宁、荣县、仁寿、威远、井研、巴县、大足、璧山、铜梁、蒲江、邛崃、大邑、彭山、洪雅、夹江、青神、丹陵、屏山、马边、峨边、雷波、峨眉、南溪、庆符、江安、兴文、珙县、高县、筠连、长宁、叙永、合江、纳溪、古宋、古蔺、丰都、南川、彭水、黔江、秀山、石柱、忠县、巫山、巫溪、云阳、城口、邻水、垫江、长寿、蓬安、营山、武胜、西充、仪陇、安岳、中江、潼南、蓬溪、乐至、射洪、盐亭、绵竹、安县、德阳、什邡、金堂、梓潼、罗江、苍溪、江油、昭化、彰明、北川、平武、巴中、开江、万源、通江、南江、茂县、理番、懋功、松潘、汶川、靖化等九十四县列为二等。

三、消防拆卸设备

1. 一等县应增设腕力唧筒二部，水枪十五支，竹梯六乘，及火钩叉、大小斧、钢锯、榔头等各十具以上。

2. 二等县应增设腕力唧筒一部，水枪十支，竹梯四乘，及火钩叉、大小斧、钢锯、榔头等各六具以上。

四、救护设备

1. 一等县应增设担架二十具及急救包六十个。

2. 二等县应增设担架十具及急救包三十个。

五、工务设备

1. 一等县应置有匙十字锹、锄头共六十具。

2. 二等县应置有匙十字锹、锄头共四十具。

六、避难设备

一等县及二等县均须于城郊筑有露天防空壕（坑）或防空洞，以能容未疏散人口至少百分之六十以上。

七、警报设备

一等县及二等县除因财力优裕得购置手摇警报器外，余均利用寺庙旧钟为主要警报器，惟加设须普遍以音响能达到附城五里为度。

八、各重要乡镇其居住户在一千五百户以上者，得照二等县办理。

九、以上各项仰四川全省防空司令部转饬各县，限二十九年三月底以前完成，由航委会及防空部派员检查。

8. 成都市拆除火巷实施办法（1939年6月21日）

一、拆除目标

对于房屋密集及街巷窄狭处所施行拆除，以免空袭时火灾蔓延成燎原之势。

二、拆除原则

1. 凡有碍交通之公、私房舍及建筑物均应拆除。

2. 凡半节巷道均应将其底端拆除接通大街。

3. 轰炸目标附近街道，每隔二百公尺处应相对拆除火巷一道。

4. 繁盛街道每隔二百五十公尺处，应相对拆除火巷一道。

5. 普通营业街道，每隔三百公尺处应相对拆除火巷一道。

6. 住宅区每隔三百五十公尺处，应相对拆除火巷一道。

7. 拆除街道□余部分长度不及规定之半者，免予拆除。

8. 半节巷道及新辟火巷宽度不得少于五公尺，前者自街心，后者依垂直线，均于左右两边平均拆除。

9. 凡长度不足拆除火巷之街道，均须加筑风火墙。每家住宅左右多开太平门。

三、拆除之手续及日期

1. 先由绥署、省府、全省防空司令部会御布告、办法，同时由市政府、警察局派员将应拆除之部分划上灰线，并通知业主自行拆除。

2. 自公布之日起，五日后尚不自行拆除者，即由市府、警局派队代为拆除，必要时并由警备司令部派兵协助之。

3. 测勘火巷定立基点，其属于东西向街房自街之北端街心起，南北向者自东端街心起。

4. 拆除房屋之木材竹草等，限拆除后五日内由各业主自行搬运出城；砖瓦土石等应自行移置，不得妨碍交通。逾期即由市府警局，径行处理。

四、拆除补偿办法

1. 业主得保留原地基所有权，暂由市政府给予证据，汇报省府备查。其地上建筑物之损失及培修，应核发相当补助费，经评价委员会议定后，由政府另示日期召领之。

2. 被拆除住房，得向乡村建筑管理委员会优先贷款；在疏散区内建筑住宅，贷款办法建管会另有规定。

3. 政府所建贫民住宅，应予拆迁住户以优先居住权。

五、拆除主持机关

1. 由全省防空司令部召集有关机关决定拆除计划，提交党、政、军、会报决，议后由绥署、省府、全省防空司令部公布，全省防空司令部并负督促之责。

2. 由市政府、警察局执行拆除任务，必要时警备部队协助之。

3. 由省党部、省参议会、法院、地政局、市政府、警察局、市商会绅耆组织委员会评定房屋损失价格，以作政府发给补助费之标准。

4. 由市党部、市政府、市动员委员会、青年团，会同有关机关、团体组织劝导队，以得进行。

5. 关于经费之筹领发给事项，由绥署、省府另组委员会办理之。

六、附则

本办法自公布之日施行。

9. 灌县县政府为调拨高射炮到都江堰用以防空致四川省主席电（1939年11月30日）

成都。四川省政府兼理主席蒋钧鉴：奉四川全省防空司令部艳电以据密报，敌机有袭灌企图，指示办法饬即遵照等因，遵即饬属分别办理。据查本县人口业已疏散，所有资财货物等，早经搬移安全地带。在消防方面，本县虽名有水龙三架，实只一架可资适用。水枪亦多，毁坏现时无法修理。但其他水桶镔铁桶子等，本县莫不尽量增加至拆卸队。所有应用器具除暂借私人一部分使用外，其余概重新购置，均已竣事。敌如来袭，本县消极防空方面自觉尚属充分。惟最可虑者，都江堰现正截江时，不久即将开工修□。而本县积极防空方面毫无准备，万一遭受敌机轰炸，则十四县水利又将何赖。特电恳拨高射炮二尊，以厚空防，而维水利。是否有当，伏候示遵。

灌县县长　杨晴舫叩

10. 灌县县政府为本县防空情形致四川省政府主席呈（1940年4月6日）

〈上略〉

遵将本县办理消极防空情形，分呈如下：

一、关于消防拆卸方面

本县消防拆卸队前经组设，至消防拆卸器具，计本府警佐室及城区志城联保，共有水笼〔龙〕三部，水枪二十枝〔支〕，近又添设木梯十一张，木挡扒十把，铁火钩十二把，大麻绳六根，以备临时应用。

二、关于救护方面

经饬据本县西医龚哲生等，组织临时防空救护队，医药兼施，并饬卫生院，速组救护队所需担架，则并由红十字分会，商会所备之担架，共十二架，商同使用。现并遵令向卫生处请领救急包，以备空袭救护之用。

三、关于避难方面

除经会议划定疏散区域，分期自动强迫疏散外，并由保安团队筑有简单露天防空壕,以资掩蔽。

四、关于警报方面

前经四城架警钟,现更遵令备价向省防部请领手摇警报器二具。综上各情,是否有当？理合具文呈请钧府鉴核,备查令遵！谨呈四川省政府兼理主席蒋。

灌县县长　杨晴舫

11. 成都县政府为办理防空设备经过情形致四川省政府呈（1940年4月16日）

案奉钧府二十九年秘一字第二九六八号训令,检发航委会所拟各县消极防空设备最低标准一份及议案二份,饬即遵照办理具报。等因奉此。查本县紧接省会地当冲要,迭奉层峰严令加强消极防空设备,均经遵令具报在案,谨将本县年余以来,办理经过情形,胪陈于下：

一、消防拆卸设备

本县警察所现有水枪十余支,竹梯、火钩、火叉等项,亦均超过规定数。如茶店子、金泉场、太平场、崇义场、三河场、天回镇,各联保或区署所在地,每处均有水枪十余支,或数十支不等,其余各场镇现正募款陆续购置中,并由本府规定各联保居民,每户至少须预备河沙或炭灰三百公斤,并多备水桶,随时满储清水,以备紧急应用。

二、救护及工务设备

本县于去岁空袭紧急时期,曾经购制担架六十架,分发警察所及附城各联保应用,至圆匙、十字锹、锄头等,本府亦正筹备购足规定数目。

三、避难设备

遵照前颁四川全省防空司令部动员省会,暨疏散区军警民众构筑露天防空壕(坑)暂行办法,督饬区联保甲动员民众会同驻军构筑于四乡交通路侧近,利用田埂坟侧及其他空地构筑露天壕坑。现已完成者,约可容十万人(统计图表规定由疏散区警备指挥部查报)。

四、警报设备

本县各场镇现均设有警种〔钟〕，由当地联保办公处指派壮丁负责专管。所有本县办理增强消极防空设备经过情形，理合具文呈报钧府俯赐鉴核示遵！谨呈四川省政府。

成都县县长　陈诗

12. 四川省公务员、雇员、公役遭受空袭损害暂行救济办法
（1940年8月16日）

第一条　本办法依中央公务员、雇员、公役遭受空袭损害暂行救济办法第十六条之规定制定之。

第二条　本省公务员、雇员、公役遭受空袭之损害者除另有规定外，依本办法救济之。

第三条　本办法所称公务员、雇员、公役，包括省政府及其所属各级行政机关之文官，各县司法处及旧监服务人员，各县乡镇长、保甲长及雇员公役等。

第四条　本办法所统定之救济费分下列五种：

一、医药费；二、殓埋费；三、救助费；四、特别奖恤金；五、团体人寿保险补助费。

第五条　公务员、雇员、公役被炸受伤须送医院治疗者，应送免费公立医院或其他免费诊疗机关施治。如此项医院及诊疗机关未能予以治疗时，得按伤势轻重分别核给（百元至三百元医药费）。

公务员、雇员、公役之直系亲属或配偶受伤无力自行医治者，得分别伤势轻重酌给医药费，[最多]不得超过四十元。

第六条　公务员、雇员被炸殉难及因伤重致死，其家属无力自行殓埋者，得核发殓埋费以二百元为度。

公役被炸殉难及因伤重致死者得核算给殓埋费一百元。

公务员、雇员、公役之直系亲属或配偶遇难经查明确系无力自行殓埋者，死亡一名得发给殓埋费一百元，未成年者减半。

第七条　公务员、雇员、公役财物被毁者，由本机关查明情形依下列规定

酌给求助费：

一、公务员、雇员无家属在住所，一身财物遭受损失者得按损失轻重由五十元起至下列最高额止，分别核给救助费：

（一）月俸实支在一百元以内者，给费不得超过四个月实支俸。

（二）月俸实支在一百零一元至二百元以内者，给费不得超过三个月实支俸。

（三）月俸实支在二百零一元至三百元以内者，给费不得超过二个月实支俸。

（四）月俸实支在三百元以外者，给费不得超过一个月实支俸。

二、公务员、雇员有家属在任所，一家财物遭受损失者得按损失轻重由一百元起至下列最高额止，分别核给救助费：

（一）月俸实支在一百元以内者，给费不得超过六个月实支俸。

（二）月俸实支在一百零一元至一百五十元者，给费不得超过五个月实支俸。

（三）月俸实支在一百五十一元至二百元者，给费不得超过四个月实支俸。

（四）月俸实支在二百零一元至二百五十元者，给费不得超过三个月实支俸。

（五）月俸实支在二百五十一元至三百元者，给费不得超过二个半月实支俸。

（六）月俸实支在三百元以外者，经费不得超过二个月实支俸。但一、二两项标准其同一款中，低给俸与高给俸给费总数额相差远者，仍得由主管官酌量轻重变通办理，惟不得超过同款中最高俸级费之最高额。

三、公役无家属在服务机关所在地，一身财物遭受损失者得按损失轻重分别核给四十元至一百元之救助费。

四、公役有家属在服务机关所在地，一家财物遭受损失者按损失轻重分别核算给八十元至二百元之救助费。

第八条　公务员、雇员、公役被炸殉难及因伤重致死或致肢体残废，心神丧失不能继续服务者，除依照本办法分别核给殓埋费、医药费或救助费外，其应领恤金仍各依定章办理。

第九条　公务员、雇员、公役因办理警卫、救护、抢运公物及其他外差事宜，致受伤殉难或私财损失者，除照本办法及抚恤法规分别核给医药费、殓埋费、救助费及恤金外，并得分别酌给特别奖恤金，其数额由本机关拟呈主管机关核定之。

第十条　各机关对于公务员、雇员、公役得办理团体人寿保险（包括意外险在内），保险费以由各役自付为原则，但月实支俸薪工饷在一百元以内者，得由各该机关酌给每年十元以内之补助费。投保办法由各机关与办人寿保险机关商订之。

第十一条　凡已商在当地救济机关领有救恤金，或照其他规定领有殓埋费、医药费或救助费者，不得再请领本办法所规定之各项救济费，违者由各本机关照追还。

第十二条　本办法所规定之殓埋费、医药费、救助费、特别奖恤金，及因办团体人寿保险所需补助费，应在各机关原有经费内匀支。但经费确有困难者，得呈请主管机关在预备费（县属机关用县预备费，省属机关用省预备费）内酌予补助。如再有不敷，得呈请核准在救济费（指省救济费及中央救济费）项下核发。

第十三条　本办法所定各项救济费，各机关因经费关系得酌量紧缩办理。

第十四条　各机关拨发殓埋费、医药费、救助费、特别奖恤金，及因办理团体人寿保险所需补助费，仍须报由上级主管机关依次核转审计部、四川省审计处查核。

第十五条　凡遭受空袭损害者，应于被灾五日内向当地空袭紧急救济联合办事处照章登记领取登记证，以凭请求救济。

第十六条　各机关核发本办法所定各项救济费，应以空袭紧急救济联合办事处填报之被灾员役调查登记表及登记证为根据（表证照省政府二十年十月民字第一七一七九号训令颁发之格式办理）。

第十七条　保安队官兵及警官、警士遭受空袭损害救济办法分别另定之。

第十八条　本办法自公布之日至废止之。

13. 郫县县政府为健全本县防空机构并赍呈救济办法致四川省政府主席呈(1940年9月8日)

本年八月二十一日案奉钧府秘一字第一一七八三号训令,饬将空袭紧急救济联合办事处切实组织健全具报。等因奉此。查本县防空机构业经督饬整理完备,兹奉前因除转函各防空机关遵照办理外,理合检同本县空袭紧急救济办法一份备文赍呈钧府鉴核示遵! 谨呈四川省政府兼理主席蒋。

计呈空袭紧急救济办法一份

郫县县长　曾景林叩

附件

郫县空袭紧急救济办法

寇机肆虐常滥炸我不设防城市,[乃]至偏僻乡镇亦惨罹浩劫,亟宜未雨绸缪,用备万一。惟应付紧急灾变头绪至为纷繁,除奉颁章则已有规定不计外,兹特依据指示要点,并参酌郫县实际情形,拟具空袭紧急救济必要办法如下:

一、临时收容所

1. 于县城附近旧华里三里路以内,预定[设]临时收容所六处(周家祠、菊松庵、宝善寺、梓潼宫、枵严阁、宝峰寺),以收容被炸后无家可归之灾民。此项收容所每处以能容十五人至三十人为限,必要时得由县政府指定附城较大民房,以[增设]收容场所。

2. 收容所所在收容时期内,每所设管理员一人至二人,由县政府指派当地保甲充任,并由空袭紧急救济联合办事处(以下简称本处)推定委员或职员一人负责指导。

3. 收容所所收容灾民必需之稻草、簟席等,由本处估定价格向附城各乡、镇、保、甲摊派征购。

4. 灾民在收容期间所需给养,照奉颁修正空袭紧急救济办法规定,每名每日发给给养费二角或由本处统筹炊事分给。

5. 灾民住所以五日为最大限,其有穷而无归者照章另妥筹安插。

二、救恤掩埋事项

1. 被灾之人民应发之恤金照奉颁办法规定:

(1)死亡者每名三十元,由亲属具领。

(2)重伤者每名二十元,由本人具领。其有神志昏迷者,得由亲属代领;如无亲属代领,仍由本人清醒后发给。

(3)轻伤者每名十元,由本人具领。

2. 被炸伤灾民应由防护团救护队或担架队分别救护。伤之轻者速送至轻伤救护处或重伤治疗所,及特别约定之医院(县卫生院国医支馆)免费诊疗,并照规定发给恤金。

3. 轻伤由防护团救护队流动诊疗,不专设所重伤治疗所。暂定在南外县中校由县卫生院、国医支馆合并组成,其药物费由本处酌量补助。

4. 被炸死亡灾民除有亲属领埋者外,无法辨认之尸体应立予掩埋。其有尸体可资认识而无人领埋者,于警报解除后三小时内由防护团掩埋队殓埋(有可供辨识姓名之证据者,须于坟前插签标识)。前项殓埋所需棺板,由本处专案函由县府饬城厢保甲调查,慈善团体预备施送棺板数及枋铺中下等之棺板数。必要时先以施送之棺板无条件征用,不足再估价征用枋铺棺板。

三、救济经费

1. 前述一、二两项各条所需经费及临时一切必需费用,事前无法预算筹募,更感困难应先指定的款、庶免临时缓不济急。此项经费即拟以县地方预算救灾准备金二千元,作为空灾救济费不足,再动支地方预备费。

2. 前项动支救济费,用于事后照规定表册检据报销。

四、其他

1. 本处救济工作与防护团有密切联系,其关于消防、救护、医药、担架、掩埋各项组织[工作]应由防护团分别组织、健全,俾能配合、运用,分工合作。惟所需担架,暂由本处拟具预算函请县府拨款,先行置备三十架。

2. 前项担架队由驻县保安中队担任十架,其余二十架由国民兵团自卫队担任。

3. 本办法业由本处召开临时会议通过,应俟呈报核定后施行。

4. 本办法如有未尽事宜,得由本处随时呈请增改之。

14. 防空警报信号大纲(1941年3月)

第一条 各地防空警报信号,多不一致,易滋误会,为使划一起见,特订定本大纲。

第二条 各种防空警报信号,除法令另有规定外,应于各种时期按照如下规定,分别发布:

1. 空袭警报

2. 紧急警报

3. 解除警报

第三条 后方重要都市,如因事实[防空]需要者,得斟酌情形,采用注意情报,并将使用日期,呈报当地最高长官,及其直属主管机关备查。

第四条 防空警报信号,区分为主要警报信号,及辅助警报信号两种。

第五条 主要警报信号,其种类规定如下:

1. 电动警报器

2. 汽笛

3. 手摇警报器

第六条 辅助警报信号,其种类规定如下:

1. 警钟(钢轨、钢圈)

2. 警锣

3. 军号

4. 警报球(灯)、(夜间球内置灯)

5. 警报旗帜

6. 传音筒

第七条 各地使用之警报信号,应按本大纲第五、第六两条之规定选用,以能在各种情况下,随时发布警报为主。可依当地情形酌行选用一种或数种。又一地选用两种以上之信号,遇有警报宜同时并用,使民众习知。

第八条　本大纲第六条所规定之各种辅助警报信号,各地方如因情况特殊不能采用,非另订其他之辅助信号,不足以适合实际需要者,应呈报其直辖上级机关核准,并布告周知。

第九条　本大纲第五、第六两条所定各种警报信号,其使用方法及构造色彩、音响装置等项,另以实施细则规定之。

第十条　凡使用警报信号之地方,无论水上陆上,均须按照本大纲及实施细则之规定办理。

第十一条　本大纲自呈准颁布之日起施行。

注:此件奉军事委员会令字第五三八四号代电修正公布

15. 四川防空警报信号实施细则(1941年3月)

第一条　本细则依照防空警报信号大纲第九条之规定订定之。

第二条　依照大纲第五、第六两条所定之警报信号,其使用方法,及声音长短,色彩构造等,分别规定如下:

1. 主要警报信号:其使用方法及声响长短规定如左〈下〉:

(1)空袭警报:喔——喔—喔—,拉响二十秒长音后,连拉两响短音,(共三秒钟)即停止两秒钟,同样连拉六次。

(2)紧急警报:喔——喔—喔—喔—,拉响三十秒长音后,续拉短音多次,约一分钟。

(3)解除警报:喔——,继续二分钟的长声(一次)。

2. 辅助警报信号:各种辅助警报信号之使用法,及其构造装置如附表〈略〉。

第三条　凡使用音响警报信号时,应由各地防空主管机关,按照其音响距离,就市区以内冲要之街巷地点,及公路车站渡口等处设置之,其音响以普遍为主。

第四条　凡使用警报球(灯)时,在紧急警报后,敌机如已飞出紧急警报圈,而警报尚未能解除时,各地防空主管机关,为解除民众长时间之避难痛苦起见,可按照当地实际情形,命令警报球(灯)台改悬红球(灯)两个,恢复空袭时之状态,予民众以休息换气之机会,但此时一切防护设施,仍照紧急警报之规定办理,如敌机复来,则仍将红球(灯)卸下,恢复紧急警报之状态,所有音响警报信号,亦不再发紧急警报。

第五条 凡使用警报球(灯)时,各地防空主管机关,得依照地方情形设置若干警报球(灯)台,每台设班长一名,士兵两名,由防护团员编组之,专任或兼任,视当地情形而定。

第六条 凡都市近郊水陆交通要点(如车站渡口),须设置警报信号,应由各当地交通机关负责,就各□□点适当处所自行组设之,但必须与当地情报机关,密切联络,以免贻误。

第七条 凡使用警报旗帜时,各地防空主管机关,可按照当地实际情形,饬由防护团警报班同,分别警报种类,荷旗出动,或由值班巡逻岗警携带,分别悬挂,流动传布,以期普遍。

第八条 凡使用传音筒时,各地防空主管机关,可按照当地实际情形,饬由防护团警报班分别警报种类,持筒出动,分赴各地,用口传布警报,并随时注意当时所发出之各种警报信号,以便适时传布于避难室或防空壕洞内之民众。

第九条 各种警报信号之设置,各地防空主管机关,得依当地之需要,采用固定式,或流动式两种方法实施之。

第十条 凡持用传音筒传达警报之地区,当地之警备及治安部队,应切实注意防止敌探汉奸之造谣。

第十一条 各地如遇敌人施放毒气时,应由当地之防空主管机关,饬防护团消毒队班击鼓周知,并于被毒区域日间用红旗,夜间用红灯加以标识,以示警戒。

第十二条 本细则自呈准颁布之日起施行。

注:此件奉军事委员会令字第五三八四号代电修正公布。

16. 四川省政府关于厂方在空袭期间停工复工及工资给付方面训令（1941年9月30日）

案准社会、经济两部三十年九月四日社机字第五零二号战字第一七二三六号咨开："查自敌机狂炸重庆及后方各重要都市以来，工厂工作为躲避空袭关于工作时间及工资给付方面间有与厂方发生争论情事，经本经济、社会两部协商，以各地工厂之防空设备及空袭时间之工时与工资计算，均应妥加规定，通饬遵行，以杜绝纠纷而免影响生产。经一再商讨，拟'空袭时间工厂停工复工及核给工资暂行办法'。除会同公布，并会呈行政院核准备案暨分饬各工厂主管机关与重要工业团体遵照办理外，相应检同该项办法一份，会同咨请贵省政府查照此咨。"等由。附办法一份。此令。

附抄发原办法一份。

兼理主席　张群

附件

空袭时间工厂停工复工及核给工资暂行办法

第一条　各工厂应建筑防空洞或设其他防空设备，并应注意工程坚固，及卫生设施，以保障工人之安全。

第二条　空袭警报发放后，应一律停止工作，但工厂防空洞设备能于五分钟内到达者，得俟紧急警报发出时停工。

第三条　工人于停工离厂前应将所任工作及重要工具物品等妥为处理，不得弃置不顾。

第四条　在放工时间一小时以前解除警报者，应立即恢复工作。

第五条　晚间十点钟前解除警报者，次日照常工作。

第六条　晚间十点钟后解除警报者，翌晨之上工时间依十时后至警报解除之时间比照顺延之，但放工时间仍应照常。

第七条　空袭时间除不遵规定时间复工之工人外，工资照给计件，给资工人在空袭时间内之工资应照前一日同时间内工作件数之标准核给。

第八条　遇空袭连续不解除或厂因空袭受有损害五日内不能复工者，得视工厂经济情形及工人所得工资多少酌给工资三分之二或二分之一，具契约尚未终止之□□件工及其他临时雇工亦同。

第九条　工厂因损失过大，无法恢复工作时，得解雇工人，但应发给遣散费。

第十条本办法自经济、社会两部会同公布之日起施行。

17. 四川省防空司令部工作报告（1943年5月）

一、前言〈略〉

二、军防部分

（一）高照部队之演习

成都附近配备高射照测部队，数量本极有限，虽经迭次请求航委会增派，终以器材来源困难，未能加强至理想程度。年来本部就此仅有之兵员器材，加以缜密配备，随时督饬演习，又与空军第三路司令部，商定陆空演习计划，不时举行联合演习。所有高照部队之应战能力，确已日益增进。

（二）全川军防业务之督导

全川警备、高照及防御各部队之调查统计，各地虽有书面报告，但其组织是否完善，配备是否妥洽，以及管理训练是否认真，非经实地考察，殊虽全部尽然。本年度本部为彻底明确全川各地业务情形，及督促各县加紧低空防御暨警备干部之训练起见，特派干员多员，分区巡回督导。

（三）高射炮之试射

年来空袭稀少，高射部队久未使用，本部除随时派员检查其器材有无故障外，并经于五月五日令饬成都四郊所驻高射部队，分别作实弹射击演习，试射成绩尚属优良。

三、情报部分

（一）成都近郊空军作战情报网之完成

防空情报计分两种：1都市防空警报；2空军作战情报。前者系以民众为对象，属于消极方面；后者系以空军为对象，属于积极方面。供给空军作战之防空情报，对于战争胜负及后防安危，关系至重。本省防空情报网经历年之规划改善，规模已备各地防空警报，尚无大误。但以供给空军作战，则尚感不足,航空学术之进步,实较防空学术为速。此于飞机速率增加一倍,可以征之。因此,地面一切设备,非再求健全,不能应付空军之要求。本部于去年四月,奉防空最高当局命令,当经着手举办,完成成都近郊百公里方格情报网。此项方格情报网,系将全部地区,划分为若干小方格,每方格为若干平方公里,即于其中配备一防空队哨。各方格位置,均系以纵横坐标表示,故我飞机之空间位置,亦即以坐标表示之。此种办法,欧美各国皆已采用,对于空军作战极为便利;尤以盟国空军在我国作战,更感便利。盖空中部队,对于敌我空间位置,无须以地名代表,仅以无线电作简单暗号联络,即可确知敌我位置,而遂行其作战任务也。本部着手办理以后,对于方格之划分,队哨位置之调整,通信线路之架修,齐头并进,已于去年秋季全部完成。此后于空军作战方面,自有莫大之裨益,敌机若再冒昧来袭,必遭受绝大之打击也。

(二)边区情报配备之加强

吾川幅员辽阔,毗邻数省;边区山岭纵横,监视难周;敌机乘隙绕道来袭,至为可虑。自缅甸沦于敌手,接近康、滇两省之若干机场,均为敌寇据用。川南防务,顿形重要。本部有鉴及此,对于该方面情报配备,特别重视,尤以雷、马、屏、峨一带,关系基〔甚〕重,最为注意。除省际配备,已请中枢防空当局商同有关各省协力改进外,所有本省应行改进部分,亦已详密计划,逐步实施。举其大要厥为:边区防空区域之扩大,边区防空监视队哨之增加,及边区防空通信之加强(包括有、无线电)。此外凡可使边区防空情报改善之处,无不尽力趋赴。如人员不敷,则加紧训练;器材不足,则积极充实;机构不灵,则尽量调整。虽其中困难重重,不能如期之顺利,然本部既把此项工作列为最主要之中心工〔作〕,终当排除万难促其完成。川西北方面,松、理、茂、汶一带之防空专用通信线路,早经兴工架设,最近即可延伸至茂县一带。川康两省之交界处,亦已按照中枢计划,与康省防空当局,取得密切联络,〔现正〕协力推进中。此本年度边区防空情报加强建设之大略情形也。

(三)防空监视队哨之调整

防空情报之主要任务,在搜索敌我飞机在领空之活动情形,以最迅速之通信方式,传达航防机关。此项任务之建成,实唯监视队哨是赖。然欲求情报迅速确实,则队哨位置之是否适当,组织是否健全,工作是否努力,均有极大关系。本部队哨成立已久,虽工作尚著成绩,但人、事、时、地、物之配合,已否臻于妥善,不能不时加检讨。去秋以来,本部特将队哨之调整,列为中心工作之一。除业务本身应行改善各点,已分别计划办理外,关于队哨员兵待遇,则犹须积极改善。盖年来物价节节上涨,公务人员生活困难,与日俱增。本年度各队哨官兵待遇,虽经本部设法在预算许可范围内尽量提高,然各监视哨兵每月所得,仍不过薪饷三十四元,米一斗五升(双斗)而已。若不速谋改善,则各级员兵因生活恐慌,怠荒职守,败坏纪律,亦恐不免。影响情报,何堪设想?本部以为改善之道,不外治标治本两项。治本之法,为提高明年度预算,与生活情形相应。治标之法,则就本年度预算内,尽量节减其他开支,以事挹注,而资救济。万不得已时,即裁兵养兵,亦所不惜(附本年度员兵薪公支给表一份用于参考)!至于队哨人员考核方面,除经常派遣督导严行督导外,近拟再抽调部内高级人员多员,组织巡回督导组,驰赴各地,视察考核。务期人称其职,款无虚糜,情报确捷,毫无贻误。

(四)各地防空通信配备之加强

防空情报之传递,全恃有无线电,以为工具。此项工具之良□,自与情报具有密切关系。尤以最近航空技术与战术,日有长足进步,地面一切设施,必须有极适当之配备,方能应付"争分夺秒"之局面。抗战之初,敌机速率不大,航线不熟,情报业务,稍有差池,尚可以空间换取时间,以空间补救时间。今则情形大异往昔,就空战而言,一分一秒,皆有极大意义。换言之,即防空情报愈快愈佳,愈确愈好。欲使情报确实,除其他条件不计外,通信配备,首当不断加强。本部对此,素极注意。历年补充整顿,不遗余力。计防空专用线路(仍可作行政通话之用),已修建完工者共达九千七百余华里。乡村电话之经整者,亦达一万华里以上。各项专线,皆以"蛛网式"分布全川各地。最近本部更将由仰光抢运回川之电话总机分机,及其他附属器材,适当分配于各重要队哨,及各地防空指挥机关。此后通信设备,自必较前加强,防空情报亦可更臻迅速。惟本部预算有限,而需要则随抗战情形,日有增加。重以各项通信器材,愈感缺乏,即令有款,亦难购进。今后应行如何设法解除此项困难,则不能不切望于各方之指导协助也。(线路图因有机密性,故未附入)。

(五)成都市警报配备之加强

以上所述,皆系全川性之配备,谨再就成都市防空警报之设施,略陈梗概。成都市防空警报配备,与市民安危关系至大。本部对此,过去已有严密部署。历次发放警报,尚少贻误。其详细配备情形,兹不□述,惟就原则上言之,系采"重层配备"。成都市防空目的,以市民生命财产之安全为第一要义。如警报在任何情形之下,皆能适时发放,则民众在任何时间亦即能适时趋避。顾欲使警报能在任何情形之下,适时发放,则不能不作"多种"与"多次"之配备,即所谓"重层配备"是也。本部对成都市警报设施,系以"敌机连续轰炸之下皆可发放警报"为目的,故于电动警报器之外,更有手摇警报器之设置;手摇警报器之外,复有警报灯、球、旗巾与警报摩托车等之补助。其传递警报之方法虽殊,而目的则一,此所谓"多种"也。各项警报工具,皆经重复配备,其因连续轰炸而发生之障碍与补救之方法,亦皆预计周详。此所谓"多次"也。故本市警报配备,若无特殊意外,确可达到安全目的。本部为求便利市民疏散起见,现拟再行举办下列两事,即一是增设环城警报站:每站安设电话专线,与警报总机直接联络,并设置各种警报器具及情报通知牌,由部派人专司其事。此项计划之目的,在使疏散(临时或永久)至郊外之民众,不致因消息隔绝,而进退失据,或竟蹈过去覆辙,贸然返城,遭受二次或二次继续轰炸之无谓损害。本部刻正与各有关机关,合力办理中。二是增加广播警报业务:为求警报消息普及起见,拟利用无线电,广播警报。凡置有收音机者,皆可收听。如此,既可辅助警报之传递,复可免除无谓之误会。现各基设备正着手办理,稍缓即可实施。

四、民防部分

(一)人口物资之疏散

1. 省会疏散情形

成都市区内人口物资,过去疏散已有成效。惟因去年空袭较稀,已疏散者纷纷迁回,有增无减。本年入春以来,敌机开始蠢动,本部鉴于人民习于苟安,深为顾虑,特将本部前订"成都市人口物资疏散办法"参酌现况,重加修订。所有劝导疏散及强迫疏散各项办法,早已公布实施。现正督促市政府、警备部、警察局,会同有关机关加紧执行。

2. 各县市疏散情形

本部对于各县市人口物资之疏散,历年颁行办法,规定甚详。去年复经通令规定,人口须疏散三分之二,或四分之三,物资除日常必需之品酌留少数以应需要外,其余概行疏散,并饬自七月份起,须将疏散实施情形,按月填报"人口物资疏散月报表",以凭查核。

(二)避难设备之整理

1. 成都避难设备

成都系属盆地,掘地数尺,即可见水。故防空洞与地下室,均极难于构筑。本部根据数年血肉经验,并搜集各方意见,以为露天防空壕一项,最属简单有效。本年动员兵工,将历年构成,现尚堪用之旧壕四万公尺,澈〔彻〕底整修完善,并增筑新壕一万公尺,共计能容十万余人,已于三月内全部完工。以后当就本部人力财力可能范围,昼继续增筑,以能容成都市人口百分之五十以上为原则。

2. 各县市避难设备

各县市避难设备,因地形关系,各有不同。迭经饬令按照当地人口比例,分别构筑防空壕、室、坑、洞。本年一月复以防二字第二五三号训令,督饬办理。现据呈报遵办情形者,计有九十余县市,其容量统计如下:

(1)能容1000人以下者,计有洪雅、彭水、盐亭、井研、安县、苍溪、安岳、彭山、城口、巴县、武胜、眉山、仪陇、西充、丹棱等十五县。

(2)能容1000人以上2000人以下者,计有温江、巫山、蓬溪、灌县、筠连、蓬安、开江、垫江、剑阁、邛崃、仁寿、潼南、郫县、崇宁、营山、珙县、黔江、大足、什邡、南部、纳溪、邻水、开县、南江、资中、岳池等二十六县。

(3)能容2000人以上10000人以下者,计有璧山、德阳、新都、永川、中江、犍为、叙永、内江、铜梁、广元、合川、梓潼、奉节、达县、绵竹、华阳、渠县、双流、乐山、高县、庆符、通江、綦江、江油、长宁、新繁、酉阳、简阳、威远、射洪、南川、遂宁、涪陵、荣县、秀山、巴中、崇庆、巫溪、忠县、三台、宜宾、丰都、潼南等四十三县。

(4)能容一万人以上者，计有自贡市、万县、梁山、江津、泸县、南充、广汉、大竹、阆中、彭县、罗江、新津、云阳等十三市县。

以上各县市防空设备，均尚不敷使用，现正严为督饬，以达到能容当地人口百分之六十为标准。

(三)疏散桥路之修建

成都市人口，年来已增至七十万人以上。一有警报，争先疏散，拥挤不堪。本部便利民众临时疏散计，除增辟城墙缺口外，特将疏散桥路大事整修。因工程浩大，一时尚难藏事。兹谨将办理情形，胪列如下：

1. 城墙缺口——原辟二十二道，三十年复就原有缺口处，增辟平口八个，计奎星楼上、莲池瘟祖庙、东顺城南街、东较场、狮马路、文殊院、宁夏街等八处。本年三月，又饬市政府再开平口八个，该府现在计划，先开四个，再航空特务旅在南较场，自行开辟一个。

2. 疏散便桥——环城疏散便桥及附城各道路上桥梁涵洞，或尚阙如，或已损坏。遇有空袭，影响市民疏散，殊非浅鲜。上项桥梁涵洞，计有环城大桥十四座，辅助疏散桥六十七座，辐射路桥涵一百六十四座，连同茶店子至化成桥路计算，共约桥涵二百座。本部去冬即开始计划重建，因人力物力关系，分为三步办理。第一步建大桥十四座，第二步建辐射路桥涵二百座，第三步建辅助疏散桥六十七座。现在第一步修建大桥工程，业已完工过半，日内即可全部完成。

惟此次建修大桥工程，困难殊多，几经图维，始底于成。盖本部消极防空事业费全年共公九十余万，此次修建大桥预算，即为210〔二百一十〕万。纵使全部移用，亦属相差悬远。幸与市府通力合作，将经费问题勉强获解决。嗣复将一般工□积弊，彻底铲除，以节开支、材料，则劝导各商家，折扣售与工程；则劝导营造厂，义务承包。本部派员奔走交涉，舌干辱〔唇〕焦，方克将购料包工种种手续，一一完备，于三月十日，全部开工。今已观成有日，所有先后出力人员，实应特致嘉勉之忱。

3.辐射路——二十八年秋,本部建筑之成新、成白、青柑、通马、金洞、两岭、成龙、成西等辐射路八道,历时已久,多有损坏。去冬开始计划培修,将路面加宽为五公尺,加高四公寸,因经费无着,乃商请省府,调集成华两县民工,义务修筑,仅给青苗损失费每亩百元,奖金每亩五百元,共约三万余元。此项工程,现已完成。至各路上之桥涵,现正计划于短期内,动工修建。拟俟桥涵完成,再将各路加长,并修辐射支路,完成"四郊疏散交通网"。

(四)消防设备之充实

消防业务以加强消防器材,充实消防水源最为重要。本部年来对于器材之补充修理,及水源之开关存储,积极进行,不遗余力。兹将办理情形,列举如下:

1.成都市消防设施

(1)消防器材——省会消防器材前经本部制发者,计主要器材有十四匹马力轻便救火车五部,腕力唧筒十部,胶胎麻帆水带七千七百余尺。惟因历年使用,损坏及半。去年十二月,召开消防会议,决定增购轻便救火车五部,已向重庆震旦铁厂交涉订购,并拟加配腕力唧筒胶胎水带、麻帆水带及各项拆卸器具。至原有器材已损坏者,业饬分别修整,以资应用。

(2)消防水源——本部已建蓄水池六十一处,挖掘水井一百口,设置金河水闸二道。惟市区人烟稠密,房屋栉比,设遇火警,仅此水源,仍不济用。本年春,复经令饬市府,增建蓄游泳池三十九处,水井一百口,并疏金御两河,重新建修水闸。市府刻正计划办理中。又扑灭燃烧弹,以河沙最为有效,节经严令各有关机关,督饬市民遵照规定,每户储足二十公斤,按月由防护团检查一次,每年一、四、七、十各月,由本部派员举行总检查一次。本年四月份总检查,结果尚佳。

2.各县市消防设施

本年三月,以防三字第二五二号训令,通饬各县市将原有器材,概行修整完好,并遵赈前颁消极防空设备最低标准:"甲等县应增设腕力唧筒二部,水枪十五支,竹梯六乘及火钩、火叉、大、小斧、钢锯、榔头等十具以上,乙等县应增设腕力唧筒一部,水枪十支,竹梯四乘,火钩、火叉、大、小斧、钢锯、榔头等各六具以上"之规定,分别增加至三分之二以上。至水源方面,应于各冲要地带,尽量掘井建池,限期完成,以利事机。兹将各县市呈报办理情形,概述如下:

(1)设置有轻便救火车、腕力唧筒及水枪者为:自贡市(该市超过规定以上)。

(2)甲等县依照规定设备完善者,计资中、永川、合川、绵阳、大足、内江、江津、达县、荣县、梁山等十县。置有水龙二部或二部以上,而拆卸器材不足规定者,计温江、南充、涪陵、广汉、资阳、岳池、灌县等七县。仅有水龙一部者计隆昌、綦江、南部、宣汉等四县。无水龙设备者,计有剑阁、广元、犍为等三县。

(3)乙等县依照规定备设[备]完善者,计双流、崇宁、新都、江油、安岳、德阳、璧山、盐亭、铜梁、泸县、绵竹、江安、茂县、开县等十四县。置有水龙一部或二部以上,而拆卸器材不足规定者,计郫县、潼南、威远、彭水、阆中、青神、合江、彭县、射洪、丰都、垫江、金堂等十二县。仅备足拆卸器材而无水龙者,计罗江、洪雅、中江、井研、开江、石柱、蓬溪、邻水、巫山、城口、万源等十一县。仅有拆卸器材而数量尚不足规定者,计有剑阁、古宋、北川、纳溪、昭化、綦江、蓬安、黔江、峨边、雷波、彭山、彰明、巴中等十三县。水龙及拆卸器材均无者,计有夹江、安县、梓潼、马边、理番、华阳、苍溪、汶川、成都、蒲江等十县。

(五)救护工作之加强

1. 成都市救护设施

成都市各机关团体组织之救护队,及成都市防护团所属之救护队,共计八大队,三十六中队,官长一百余名,队员一千余名。设有轻伤医院一所,及治疗所五处,并经指定三大学联合医院,负收容重伤军民之责。至药品器材之补充,前经救护会议决定,由空袭紧急救济联合办事处设法办理。又担架原仅有三百乘,不敷使用,本年复经增加三百乘,已饬由市府购制妥善,拨交成都市防护团备用矣。

2. 各县市救护设施

本部会同省府迭令各县市加强救护组织,补充药品器材,并规定各县市凡设有卫生院、所、队、站者，一律编入当地防护团，担任救护工作。未设有卫生队、站者，即将当地中西医生编组担任之。本部复经重申前令，通饬遵办。兹已据报来部，购有少数救护、药品、器材者，计温江、德阳、郫县、绵竹、罗江、犍为、潼南、剑阁、邻水、彭山、广元、彭水、武胜、城口、合江、巴中、永川、阆中、江津、自贡、宣汉、昭化、江安、垫江、华阳、开县、盐亭、奉节、梁山、夹江、万县、西充、巫溪、金堂、丹棱等县。已设有救护组织者，计开江、青神、安岳、洪雅、旺苍、峨边、北川、屏山、眉山、古宋、茂县、仪陇、珙县、武胜等县。

五、防毒部分〈略〉

六、其他部分

(一)巡回训练班之举办

本部遵奉航委会令，举办四川省防空巡回训练班，截至五月底，已举办二期。结业人员计有乡长四十九人，镇长二十人，队哨长、情报员五十人，防护团总干事七十九人，防空科员一十五人，候差哨长八十八人，防护团团员四十四人，其他人员五人，共计三百五十人。自第三期起，拟次第巡回至乐山、宜宾、万县、阆中、广元等地实施训练。其召集办法及训练实施计划业经拟定，分别令行。

(二)防空会议之召开

1. 全川防空会议

本部为检讨及改进全省防空业务起见，除先后召开消防、救护、情报等专业会议外，并于本年三月中旬，召开第一次全川防空会议。参加会议者计有各专员、各防空指挥，及省会各有关机关首长共六十八人。议决案件，计军防类十七案，情报类四十八案，民防类三十三案，防毒类一十五案，及其他案件十六案，均已次第由本部分别呈令施行。

2. 成都市防空会议

本部以本市防空关系至巨，特于每月十五日邀请各有关机关在本部举行成都市防空会议一次，以检讨本市防空业务，并集合各方意见，以为改进依据。自本年一月份开始，至五月底止，已举行五次。所有决议事项，业经分别实施。

3. 水上防护团之成立

空袭时水上防护事宜,向由各县市防护团担任。最近根据全川防空会议决议案,已将水上警察局及所属分局,编为一个水上防护团,及五个区团,专责办理水上防护业务。

4. 防空捐之征收

本部经费为数无多,而空防建设,经纬万端;在需款,苦无从出。此种困难,迭经本部负责人,向行辕主任及省市参议会同仁分别陈述,并于本年三月召开之第一次全川防空会议提付讨论。幸蒙各方一致赞助,决定就成都市各娱乐场座票,附征收防空建设捐款,每券两元。预计收入四百万元,作为举办成都市各项防空建设之用,并尽先将各疏散支路桥涵,全部修建完善。现在此项捐款,业自五月一日起,由市府开始征收,并由本部随时派员,验票查帐。所收款项,悉交依法组设之四川省防空建设基金保管委员会,保管开支。

七、附表(共四表)〈略〉

18. [四川]省各地防护团组织规则(草案)[①]

第一条　本规则根据各省市防空业务施行规则第四条订定之。

第二条　各地防护团之组织悉依本规则之所定。

第三条　各地防护团(以下简称本团)直属于各该地之防空协会及支会办理各该地之一切消极防空事宜,并负平时水、火或地震等灾防护之责(如当地有其他消防等组织时可协商办理之)。

第四条　本团设团长一人,由防空协会或支会会长兼任之,承当地主管防空最高机关之指导综理本团一切事宜,并设副团长一至三人,由防空协会及支会副会长(警备司令或保安处长或警察厅长或警察局长及各地该之党部负责人员)兼任之,辅助团长处理一切事宜。团长出动时指定副团长一人代行职务。

第五条　本团以下设若干区团,区团以下设若干分团(按各地情形不同可不设分团),均以警察管区或行政区划分之。分团以下设消防、防毒、警报、

---

① 时间不详。

灯火管制、交通管制、避难管制、救护、警备、工务、配给等九班（其组织系统如附表）〈略〉。

第六条 本团团员以所在地之宪警人员为主干，会童子军、国民军训之男女学生、壮丁保卫团兵、妇女团体、清洁卫生、机关、民间医师、官民消防与各种技术人员等组织。及任务如下：

1. 消防防毒班。以官民消防队清洁队童子军及已军训之学生、壮丁保卫团兵等编成之，担任所在地之灭火防毒事项。

2. 警报班。以宪警、童子军、国民军训学生、壮丁保卫团兵，及有关技术人员等编成之。担任所在地之灯火管制事项。

3. 灯火管制班。以警察童子军、国民军训学生、壮丁保卫团兵，及有关技术人员等编成之，担任所在地之灯火管制事项。

4. 交通管制班。以军、警、宪、童子军、国民军训学生、壮丁保卫团兵，及有关人员等编成之，担任所在地之交通管制及避难指导事项。

5. 避难管制班。以宪警国民军训学生、壮丁保卫团兵、童子军、妇女团体及有关人员等编成之，担任所在地避难所之管理及出入指导等事项。

6. 警备班。以军、警、宪、童子军、国民军训学生、壮丁保卫团兵等编成之，担任所在地之一切警备事项。

7. 工务班。以一切主管机关有关之技术人员编成之，担任所在地之一切电、气、水道、交通等之修补，另以国民军训学生、壮丁保卫团兵等编成辅助之。

8. 救护班。以卫生机关及民间医师、童子军、国民军训学生、壮丁保卫团兵及妇女团体等编成之，担任所在地之救急、输送、治疗等事项。

9. 配给班。以军、警、宪、童子军、国民军训学生、壮丁保卫团兵、妇女团体及有关机关人员等编成之，担任各种粮食、车辆、器材、物品之调配及供给事项。

第七条 本团设总干事一人，由团长从防空专门人材中选任之，承团长、副团长之命，处理一切事宜。并得设副总干事一人至三人，以资辅助。团本部设股主任十人，以有关机关中之专门人材选任分掌消防、防毒、警报、灯火管制、交通管制、避难管制、救护、警备、工务、配给,总务各事项。另设团干事若干人,以资辅助。

第八条　各区团设区团长一人,副区团长一至三人,由当地警政官长兼任之,处理该区团内一切消极防空事宜。区团内设区干事若干人,分掌消极防空事宜。区团内设区干事若干人,分掌各该区内之消极防空事宜,均由团长任命之。

第九条　各分团各设分团长一人,处理该分区内一切消极防空事宜,并设副分团长若干人辅助之,由团长任命之。

第十条　各班各设班长一人,副班长若干人,由分团长从各班中之精干者派充之。

第十一条　各班团员数目为不定额,均视地区之环境情形增减之。

第十二条　以上人员如有出缺,应随时补充之,以便随时应付非常时期。

第十三条　本规则自颁发之月施行。

19.重庆市机器脚踏车传播警报暂行办法[①]

一、为预防电厂或供电线路被毁,不能供给电流;或各警报台通信线路失灵,致各警报台不能发出警报,与悬卸信号球时,得以机器脚踏车传布警报。

二、传布警报机器脚踏车之标识:白天用三尺长,一尺宽之颜色旗,夜间用车头上之原有电灯遮以颜色布,并装置小型手摇警报器继续不断摇动,以引起注意。

三、颜色旗或颜色灯对于警报之配用如左〈下〉:

1.空袭警报——红绿色兼半旗(灯),并在旗上用白色制成"空袭"二字。

2.紧急警报——红色旗(灯),并在旗上用白色制成"紧急"二字。

3.解除警报——绿色旗(灯),并在旗上用白色制成"解除"二字。

四、凡市区上之岗警及防护团负责传递情报之防护团员,见警报车驶过时应按旗或灯之颜色及字样分别警报之种类,立即敲击岗位上之警钟,并用喇叭筒传递。

---

①时间不详。

五、防护及治安部队见警报车驶过后,应即分别执行或撤除各种勤务。

六、警报车折返时,标识旗应立即卸下,标识灯上之颜色遮布亦应撤除。手摇警报器不必再摇,以免同一警报两次听见发生误会。

七、各种车辆(救火车在内)见警报车行驶时,均须立即让道。

八、警报车行驶路线共分二路如下:

1. 由两路口经观音岩七星岗杂粮市、都邮街、小梁子、小什字至打铁街、大梁子、木货街、较场口折返。

2. 由两路口经商区马路、南纪门、口壁街、三牌坊、二牌坊、一牌坊、新丰街、县庙街、陕西街、过街楼、新街口、打铜街折返。

九、各警报台遇有局部损坏不能接受情报所命令,而行动时除应确切听取邻近警报台传递警报之音响种类,及目视邻台信号球之悬卸取同样之标示动作外,并应注意警报车之通过依其标识发布警报悬卸信号球。

十、在供电线路完好时,警报车概不使用。

附录:手摇警报器只能发出音响,不能表示长短音,故无法表示警报种类。

20. 成都市设置信号球灯辅助警报办法[①]

一、为应付敌机不断轰炸仍能发放警报起见,特制定本办法。

二、以直径一公尺圆形红色及绿色球,球内夜间置灯,分置于各交通点或目标显著之处。

三、注意情报:系挂红色球一个。

四、空袭警报:悬挂红色球二个(在紧急警报后,敌机离开本市稍远,而危险程度仍行存在,不能解除警报时亦同)。

五、紧急警报:各球均行撤下。

六、解除警报:悬挂绿球一个(为显明起见已改为长圆桶形红色球,仍为圆球形)。

七、日常无情报各球均不悬挂。

[①]时间不详。

八、本办法自公布之日起施行。

(二)防空疏散

1. 在省各机关团体学校疏散办法(1939年1月)

1. 各机关、团体、学校之不必固定设于省会者,应尽量向附省各县迁移。

2. 必须在省之各机关、团体、学校,应尽量向城外迁移。

3. 必不能迁移之机关、团体、学校,应多觅地点,分散办公,或预作临时迁移之准备。

4. 各部队除有特别任务及负治安责任不能离城外,应尽量迁至四乡。

5. 各机关、团体、学校,应按照本部前次印送之"民间消极防空之设施"第二章所载之要领,自行酌量人力、财力,为防空之设备,尤以避难、消防两项为最重要。

6. 各机关、团体、学校之重要文卷公物,应预先放置安全地点。

7. 各机关、团体、学校在空袭时间,所有人员之行动及任务之分配,应由主管长官预先规定,以免临时张皇。

8. 各机关、团体、学校之汽车、汽油,以及其他危险物品等,应尽量放置城外,免致空袭时引起危险,增加损害。

9. 各机关、团体、学校如有新兴建筑,应竭力分散配置,避免外表之整齐、美观,及特殊形状与色彩,以减少空袭之目标。

四川省防空司令部

2.四川省政府会计处为本处办理防空疏散及消防等事宜致四川省政府呈(1939年2月28日)

案奉钧府本年二月十三日秘一字第一九四一号训令,以准四川全省防空司令部防三字第零零五零号公函,为敌机数次袭川,渝万已罹浩劫,检送"在省各机关团体学校疏散办法",请转饬遵照一案。发该项办法、令饬审量本机关情况及所负任务,从速妥为办理,并将办理情形报查等因。奉此,谨将遵办情形分陈如下。

一、疏散准备

本处与钧府各厅、处关系密切,不便单独迁移,现除就处内为防空之设备外,拟于必要时,再作分散办公之准备。

二、防空组织

已就处内员役照消极防空办法择相当时间从事训练,以免临事张皇。并接洽附近防护队,以期取得联络,收互助之效。

三、防空设备

本处就人力、财力所能举办者为消防、消毒与防毒之设备。消防方面,已添制木梯、水桶、砂包,并已查明附近水源,以备急用;防毒方面,已购置油纸、油布等;关于门户、窗棂之密闭事项,亦经设法布置;至消毒用品及有关器材,亦拟择要选购。

四、避难处所

本处前经专案呈准钧府,就处内隙地建筑能容五六十人左右之防空壕一处,估价一再核减,计需九百八十四元二角二分。现已与基业营造厂签订合同,动工修筑,预定三十晴天全部完工。

五、文卷处置

本处成立未久,文卷尚少,现已购置文卷箱数具,尚遇事变发生,即将文卷装入箱内,携至防空壕,以期妥慎保存,不至散失。以上系照"在省各机关团体学校疏散办法"及"民间消极防空之设施"择要分别办理。理合将办理情形具文呈请鉴核。谨呈主席王。

四川省政府会计长　王耀

3. 第九区行政督察专员为防空袭搭建疏散厂棚房屋致四川省政府电(1939年11月5日)

成都。四川省政府钧鉴:案查前奉钧府养秘一蓉电令。为避免倭寇实施有计划的普遍轰炸,妥筹办理疏散移转等项工作,其报等因。遵查职区所属万县、奉节两县系属重要城市,业经叠饬强迫疏散。至其余各县,或濒临大江,或接近国防线,位置重要亦须及时疏散。当即录令转电饬照钧电,所饬各项办理其报。嗣据万县政府呈称,案奉钧署民字第一零五六四号宥万民代电,为奉电提示关于办理疏散及防空办法五项,饬即切实迅速办理,并将办理情形逐项详呈用凭核转。等因奉此。

查第(一)项"疏散转移"早经划定附城五十里内各乡镇为安全防护区,并制定办法公布实施在案。第(三)项划定作业地及市集重心,亦经指定距城西十里之沙河子起,沿川鄂公路至李家河止一带地方为临时市场,并设疏散办事处于居中之地,场上办理租赁房屋地基及规划建筑等事宜。第(四)、(五)两项"厉行保甲制度"、"考核防空设施"等项,自当依据有关法令切实督属遵办,随时严加考核。惟第(二)项"筹建简装疏散住屋或棚厂"一事,需要甚急。因本县自执行强迫疏散以来,乡间屋宇早已供不应求,富有者固不难构屋自住,而一般贫苦民众均苦无地可迁,实为办理疏散之一最大困难。累思设法筹建,惟因需款甚巨,值兹百业停顿之际,深感无法筹集,应恳钧署名转请省府,援照成渝例筹拨款十万或五万元交由本县财委会暂行保管,再行另组建筑疏散住屋委员会,迅即着手规划,快速兴工限期完成,以利疏散而便平民。尚拨款不敷应用时,并恳指定银行贷款补助,以便大量构筑适合需要。一俟战事平息,即将所建屋宇变价分别归还。似此办理必收成效,否则徒托空谈无补实际。等情。又据奉节县政府冬民电称,奉宥万民代电业已遵办,谨分呈于后:

(一)疏散转移。

经拟定:寂静坝、朱家坝、浣花溪、周家坪、新村坝、五里碑等处为疏散区域,计城区人口原有四万余。自"六·二八"起至"九·三〇"后,业减至五千余人。

(二)筹建简单疏散住屋或棚厂。

现于十里铺、西草坪、周家坪、龙滩河、渝家湾等处,各建简单疏散住屋或棚厂多间。

(三)划定作业地及宿集重心。

现划定朱家坝、寂静坝两处,已于俭日实行。

(四)办理厉行保甲制度,推行乡村政治运动,已饬各区切实遵行。

（五）办理考核防空，考核防空设施等项。

城内各修筑防空壕、室，开辟火巷。城外报恩寺、五里碑、西坪、雅河沟各处，由公、私开凿防空洞。

以上五项均加紧办理，以期迅速完成。除遵办详情业另案具报外，谨先电呈鉴核等情。据此，其余开、忠、云阳、城口、两巫各县，亦先后电复或已着手推行或正准备办理。查万、奉、巫山三县，迭被空袭，均成巨灾，人口疏散早已切实办至相当程度。惟乡间房屋稀少，一旦人口骤增，住所方面自感不足，确需搭盖棚厂，借资供给。万县县政府请依成渝先例拨发省款，俾利兴建一节。按之目前各县财政状况，亦似有酌予补助之必要。除督饬恪遵钧府文蓉省秘一电令，从事征发劝建并饬开、忠、云、城，巫溪各县一体实施外，谨电具报，伏候示遵。

四川省第九区行政督察专员　闵永濂叩

4. 成都市疏散人口办法（1939年11月10日）

一、目的

为预防空袭，减少损害，特划定避难区域，以供老、弱、妇、孺，及无职业市民之疏散。

二、区域

以成都市为中心，距城三十里为半径之圆周内之各乡镇，划为避难区域：

1. 成都县属之全区；

2. 华阳县属之龙潭寺、西河场、保和场、万年场、大面铺、中和场、中兴场、石羊场、黄龙场、白家场、簇桥；

3. 双流县属之金花桥、马家寺；

4. 温江县属之苏坡桥、文家场、马家场、隆兴场、公平场；郫县所属之犀浦场。

5. 凡经划定之避难区域，由本市市民自由选择迁往。

三、住居及迁移登记

1. 避难区内，除私人余腾房屋须出佃外，应尽量利用公共建筑物，如庙宇、祠堂，以及公官（管）营产。先由市、县政府分别登记，公布周知，予移住市民以便利。

2. 房主出佃房舍，一依平常价格，不得任意抬高，租金按月计，押金不得高于租金之三倍。

3. 各县、市政府，就重要乡镇成立避难指导所，由当地公正士绅、保甲人员主持，负住居指导及纠纷调解之责。

4. 疏散市民由省会警察局办理登记，并按旬呈报省防空司令部备查。

5. 市民移住疏散区内，由当地保甲办理登记，注明其原住地及职业。若遇有情形可疑时，应向市区警察局查询。

四、治安

由绥署、省府酌派军团担任避难区内之匪徒清剿、治安维持，并由当地县政府督率所属切实清查户口，严密保甲组织，以为辅助。

五、道路通信

1. 由省防空司令部督同市府，就省城附郭修筑环城公路，并利用原有公路作为辐射交通线之主干，其他旧有乡村道路略加修整，作为辅助之辐射交通线。

2. 通信设备利用各县乡村电话，并增修端线数道，以为主干话线，分设总机于各区，组成公用之电话网。

六、教育设施

1. 避难区内原有学校由各县府酌量加以扩充，增加班次，尽量收容避难学生。

2. 由教育当局斟酌避难学生人数，移设两级小学若干所于避难区内。

七、附则

本办法自公布之日起施行。省会各区保甲人员，对于应行疏散之市民，应切实予以劝告，于必要时即行强制疏散。

5. 蒋中正为四川及成都疏散人口事宜致四川省政府密电（1940年2月1日）

成都。省政府贺秘书长：

密。希即电令。成都及四川各专员驻在所之城市。自二月二十五日起，应开始疏散人口，并将疏散计划划限二月十五日以前呈报，一面由省府派员到各城市切实督促其实施。成都疏散人口更为紧要。对于老、幼、妇、孺及穷苦民众无力迁移者，应由省府设法筹划资助。去年中央与省府所出经费之用度及其建筑新屋之情形，希详查具报为要。

中正手启世侍秘渝三印

6. 四川省政府关于全川及成都近期疏散人口训令（1940年3月4日）

案奉委员长蒋世侍秘渝电开：

"成都。省政府贺秘书长。密。希即电令成都及四川各专员驻在所之城市。自二月二十五日起，应开始疏散人口，并将疏散计划限于二月十五日以前呈报，一面由省府派员到各城市切实督促其实施。成都疏散人口更为紧要。对于老幼妇孺及穷苦民众无力迁移者，应由省府设法筹划资助。去年中央与省府所出经费之用度及其建筑新屋之情形，希详查具报为要。"等因。奉此。除分电各区行政督察专员公署督饬当地县政府积极办理外，合行令仰该员知照，即便先行驰赴考察区专员所在地。切实督促办理，仍将办理情形会报候核。此令！

兼理主席　蒋中正

7. 四川省疏散重要城市人口临时委员会关于本会疏散人口所遇实际困难公函（1940年3月7日）

径启者：查本会于去年三月组织成立，办理本省重要城市人口疏散。荏苒至今，已届一年。关于全省暨成都市之疏散工作，虽有详密计划，但以限于组织，拙于职权，实际上多未能达到预定目的，际兹时令春回，气候转变，中央严饬全川城市彻底疏散之际，本会不能不将年来实际工作中所遇困难择要提出，藉供研讨，兼期改进。按本会组织规程第九条载："本会决定事项，除分交主管机关办理外，其应对外行文者，均绥署省府会御执行。"

又第十四条载："本会暨各指导处办公费用，暨临时考查旅费，由省政府在预备费项下支给，其关于疏散之一切费用，及疏散区之建设事业费，则由委员会依照所定方案，造具预算，商请省府设法筹拨，及遵照中央明令，向国家银行借用。"依据上开条文之规定，本会固类于绥署省府内部之一设计机关，不负执行责任。且行政经费与事业经费均须向有关机关商筹，故办公之手续既极繁复迂缓，而在实际执行上，又不能计日课功，困难重重，责效难期限，兹谨略举数端，以见一般：

（一）贫民住宅问题

去年"五·三"、"五·四"渝市惨炸后，委员长蒋关怀成都贫民安全，特渝电由中央银行拨款三十万元，交省府作为补助贫民疏散经费，复经省府会议议决，加拨省款十万元，共四十万元，交本会分配用途。本会当以疏散贫民，应先解决住宅问题，〈因〉决定以二十万元就市郊十五里内建筑简单经济之贫民住宅，以二十万元作为补助疏散贫民之迁移费用。随于五月二十三日以署府会御委任省党部书记长兼本会常委黄仲翔为省会疏散区贫民住宅建筑管理处处长，建设厅主任秘书彭勋武兼任副处长，限二十日内将拟建全部住宅，赶筑完成。殊因人工材料种种问题，直至八月二十九日始据该处呈报：总计建筑贫民住宅一六六零大间，又四九小间，共合三三六九间，请予派员验收前来。

本会以该处事前既未绘呈住宅地区坐落详细图表及施工计划，复无建筑经费之收支预计算表册，饬即另行补具，以便核验。至十月十五日，始据该处补呈住宅地区坐落详细图前来。本会常务委员会于十月九日，即签请绥署省府派员验收接管。同月十一日，经本省党政军第十九次常务会报决议：由成都市府召集警察局，及成华两县府商决接收管理办法，并由本会用署府会御疏字第七九九号训令及疏字第八零零号指令，分饬成都市政府及贫民住宅建管处遵办在案。殊市府又以该项住宅之设计建筑，既由建管处办理，应先由该处派员验收后始能接管为理由，先后于十一月二十二日及同月二十九日呈请核示前来，复经本会于十一月二十九日及十二月十六日先后以署府会御疏字第九三零号及九四七号指令，饬该府自派技术人员先行验收去讫。至二十九年一月二十七日，虽据市府赍具勘验贫民住宅建筑情形概况，及工料报告表、建筑说明书、图样图说等报告验收经过前来。但至二月一日，复据呈称：谓前呈仓促封发，尚有未完手续及遗漏之件应行补正，请将原件发还，经检发去讫。尚未据另行补正呈报前来，故验收问题仍悬而未结，接收管理仍无由实施。

(二) 贫民疏散费发放问题

本会于去年五月二十三日决定，中央与省府拨付经费〈用途〉后，除赶建住宅外，同时即训令成都市政府、省会警察局登记本市穷苦之出征军人家属，及无力疏散贫民，以便核发疏散、迁移补助费。至六月二十三日，先后据市府、警局册报前来。本会随于六月三十日拟定发放标准，送经七月三日本省党政军第十一次联合会报决议，应先将市府警局呈报之名册交由赈济委员会稽委员审核，再由行辕、省党部、绥署、省府、市府五机关派员会同发放。本会当将前项名册函送赈济会，又以稽委员因公赴渝。该项审核工作延搁甚久，复经八月三十日本省党政军第□□次常务会报决议，改由省动委会、省疏散会、市府、警局等四机关审核。由市府召集，九月五日在市府开会讨论，当将审核办法决定。九月十三日经十八次党政军联合会报通过，并于九月二十三日由行辕召集有关机关商决，另组发放委员会实施发放。九月二十六日，该会即在市府成立，由市长杨全宇兼任委员，随即拟订发放办法，经党政军联合会报通过，本应按照实施，但因该项经费本会于去年八月十一日准财政厅财三字第二一二八号公函，谓已拨交赈济专款保管委员会尹仲锡先生保管。当函尹先生请予直接交拨发放会具领，随于十一月准尹先生复称：该款已退还省府等语。本会于十一月十六、二十九两日先后函请财厅迳拨发放会以凭发放去讫，但至本年二月十九日该会兼主任委员杨全宇尚复正式具呈前来请领该项经费，足征此款该地尚未领到，故贫民疏散补助费十三万四千三百五十二元，仍迁延未发。

(三)抽查本省各重要城市疏散工作问题

去年六月,奉国防最高委员会齐国机电,将本省各资源城镇,分别等第,限期疏散。并责成全省防空司令部指派干员,分赴各地,督促实施,并限九月底一律办理完竣具报。再由中央简派大员赴各城镇择要抽查。至十一月二十八日,奉军事委员会铣未令一享代电,为节省费用,特抄发预防空袭办法,及各省办理疏散概况表,饬由绥署省府,会派高级官员,于所辖区内择要抽查具报。当经本会第五十六次常务委员会议决议抽查办法五项,于十二月八日签请绥署省府派定高级官员限期出发,执行抽查。十二月十七日省府派定杜顾问文泳至本年一月四日,绥署始派定胡高级参谋泽膏。本会除于一月六日,用署府会御训令杜、胡两员遵照外,并于本会第六十一次常务委员会议,邀请杜、胡两员列席研讨实施抽查要点,并商决旅费预算。复经本会常务委员等,于一月二十日将旅费支付预算书签请省府核发,至一月三十日奉批交财厅从速核签。迄今行将一月,财厅尚未签复,致旅费无法领得,抽查工作无由进行,对中央饬报之命令,遂无法具报。

总上数端,均系疏散工作中之重要问题,早应解决,徒以往返签商,此岩〔延〕彼延,有行将十月,有历时半年,仍悬而不结。本会虽多方督促,而以职权关系,无补实际。究应如何补救,方能判明责任,增进效率,相应列举事实,函请贵府惠赐指正见复为荷!此致

四川省政府兼主任委员　蒋中正
邓锡侯
潘文华

8. 川康绥靖主任公署为抗战重镇市区疏散及治安事宜致成都市长电(1940年5月)

蓉。杨市长全宇。查现值抗战严重之际,时有空袭之虞,省会为后防重镇,市疏两区治安急应加紧整顿,以策安全。本署于巧日召集治安会议,议决应办各事项。兹将该府应行遵办及知照各事项先行择要摘示如下:

一、应切实励行强迫疏散,凡无留驻市内必要之团体、商店、工厂、居民、

物资等,限期强迫疏散。在注意情报发出后,应由宪、军、警合组之巡逻小组强迫各商店停门,市民向郊外疏散,借减损害。违者斟酌情形处分其负责人或其家长。又在注意情报发出后,有乘机偷窃财物者,以抢劫论罪,由成都警备司令部先行录令布告。

二、成都市警备区内应组宪、军、警混合巡逻小组及流动检查组,严厉执行巡逻及检查任务。疏散区内应组织军风纪巡查队及游动检查组,执行巡查及检查任务,借防奸宄异动,尤须随时在区内各处举行不意之检查,对无照携枪者即将其人重惩,并没收其枪弹。至于随身之枪支,其在成都市警备区内者,由成都警备司令部依据正规手续发给携枪执照,在疏散区内者由省会疏散区警备指挥部依据正规手续发给携枪执照。其他私有之民枪由警察局或各县县政府按照规定切实办理登记。

三、市区内户口由宪、军、警会同保甲人员,每五日抽查一次,十日普查一次。对于旅馆、公寓之住客及嫌疑户口,须随时注意监视检查,以免奸宄混迹其未经登记,领得营业执照之旅馆、公寓,并须严密调查勒令停业。

四、疏散区内户口,由各联管区部队会同保甲每五日抽查一次,十日普查一次。对于嫌疑住户及旅客,尤须特别注意,不得稍以免奸宄混迹。

五、除呈报暨分电外,仰即遵照并饬属一体遵照,仍将遵办情形报查。

邓锡侯、潘文华绥参一印

9. 四川省会贫民疏散住宅区管理教养办法(1940年6月5日)

一、总则

第一条 本办法遵照本年三月委员长筱渝代电之指示,并参酌实际地方情形拟定之。

第二条 本办法所称贫民住宅区仅包含中央、省府出款建筑之疏散区贫民住宅所在地,不涉其他区域。

前项贫民住宅所在之地点如下:

(一)沿成渝公路之□门铺至大面铺一带。

(二)沿成仁公路之中和场至中兴场一带。

(三)沿成灌公路之土桥至犀浦一带。

(四)沿川陕公路之天回镇至崇义桥一带。

第三条 为确达委员长指示之目的,将上列地段之贫民住宅区逐渐改进为模范区村。以起人观感,转移风气起见,应特别着重于下列事项之推行:

(一)管理;

(二)教育;

(三)生活;

(四)卫生。

二、管理

第四条 凡已向成都市政府[领取]疏散补助费及疏散证之贫民,应即持证到指定疏往地之乡公所,或联保办公处报到,并请求指定分配住屋。

第五条 贫民住宅所在地之乡公所或联保办公处,于市区贫民疏人时,应先行派人会同三民主义青年团,派往服务之指导员,在贫民住宅区守候。对收入贫民除负责指配住宅外,还应另置户口,迁入登记册,将迁入贫民按户详细登记,其收入已满十户、十五户者,即编为一特编甲;六甲至十五甲者,即编为一特编保。前项特编保之保长,在实施选举时,由保民大会选举之。在未办理选举以前,由乡公派或联保办公处就具有法定资格之人员中推定,呈请县政府委派之。甲长由户长会议推选,由保办公处报告乡公所或联保办公处备案。

第六条 贫民一经迁入贫民住宅区以后,非经所属保甲长报经驻在区署及督导员之核准,不得任意迁移。

第七条 为便于贫民管理工作之实施,在本办法第二条后项所列各贫民住宅区内,得分置督导员、副督导员各一人,受所在地县府之委任,专司该驻在区贫民管教责任。前项督导员及副督导员由三民主义青年团派往服务之团员充任之。

三、教育

第八条 贫民住宅区应依新县制之规定:每一特编保,即设置一国民学校,所有贫民除五岁至十二岁之幼童,应迁入疏散区贫儿寄托所小学班受教育外(寄托所一切均系公费),其余不分性别,一律视其个性、能力分别编入保国民学校受教育。

第九条　贫民住宅区之保国民学校,应注重下列各项教育:

(一)精神教育:以精神总动员纲领所列各项为主,全体贫民一律均应训练之。

(二)识字教育:以平民千字课或日用简易文字为主,凡不识字之贫民,应一律训练之。

(三)公民教育:以三民主义、国文、史地常识为主,粗识文字之贫民,应一律训练。

(四)生计教育:以各种工艺技能为主(如手摇纺纱、织布、制革、缝纫、草织……),资质聪颖,体力健康之贫民,均应分别训练之。

第十条　关于前条各项教育之实施,函请四川省党部及三民主义青年团派人担任之。

四、生活

第十一条　贫民住宅区之贫民生活应本着国父"十项劳动之万能"之原则,以自力谋生活之维持与改善,由政府协力扶助。

第十二条　由绥署、省府令饬市商会转呼同业公会,凡有须招人承做之手工货品,应尽先发由各区贫民承做,其工价按照市价发给之。

第十三条　由绥署、省府分别函令各机关学校部队,如有大批军服、鞋袜、草鞋等须招人承做者,应尽先由疏散区贫民承做之。

第十四条　为便于实行第十一、十二两条规定之工作起见,每一贫民疏散住宅区,应推选诚实、老练之代表三人至五人,专司向各方承揽工作,分发收集货品、工资等工作。

第十五条　政府于必要时,尤应于各贫民住宅区分设各小型工厂为贫民谋工作。

第十六条　四川省合作事业管理处,及中国工业合作协返会,应从低利信用贷款,转贷贫民组织各种小型生产运输消费及各项工业合作社,以维持并改善其生活。

五、卫生

第十七条 四川省政府卫生实验处应于第二条后项所列各贫民住宅区之适中地点分设卫生院,专为贫民治疗。

第十八条 贫民住宅区之个人卫生与公共卫生,均应遵新生活运动纲领之各项规定切实推行。由所在地区、署及派往服务之省党部、三民主义青年团工作人员切实督导之。

六、附则

第十九条 本办法如有未尽事宜,由川康绥靖主任公署、四川省政府随时修正之。

第二十条 本办法自川康绥靖主任公署、四川省政府公布之日起施行。

10. 国民政府军事委员会成都行辕为沿江及沿公路各重要城镇疏散事宜致四川省政府电（1940年8月7日）

成都。四川省政府勋鉴：

顷接国防最高委员会张秘书长电话,以奉委座面谕,敌机近向我不设防城市滥施轰炸,损害惨重。今后对于沿江及沿公路附近各重要县城速令认真疏散,并安置高射机关枪或炮。等因。除分电外,特电查照请饬切实遵办,并将办理情形见告,以便转呈为荷。

贺国光辕□□□

11. 四川省第九区行政督察专员公署发给各员役疏散费领据名册

填报时间：1940年11月

职别	姓名	实领数目	盖章	备考
专员	闵永濂	352.00		
秘书	邓希元	216.00		
秘书助理	穆守志	120.00		
科长	李明哲	152.00		

续表

职别	姓名	实领数目	盖章	备考
	邹敏中	152.00		
	王洪乐	152.00		
视察	王谪仙	152.00		
	许肇驹	144.00		
技士	赵湘	144.00		
科员	宋鸣镛	104.00		
	孙秉钧	104.00		
	邓仲淹	104.00		
	龙怡伯	104.00		
事务员	牟天俸	72.00		
	叶梅羹	72.00		
	陈大国	72.00		
	张延寿	72.00		
	田幻儒	72.00		
雇员	祁秉国	40.00		
	谭治生	40.00		
	陈文选	40.00		
	田村	40.00		
	李轮才	40.00		
	孙学遗	40.00		
公役	詹锡瑕	10.00		
	童廷桂	10.00		
	陈三兴	10.00		
	杨清武	10.00		
	骆先海	10.00		
	李树江	10.00		
	陶生之	10.00		
	谢怡阳	10.00		
	毕荣升	10.00		
	陈大发	10.00		
	王少清	10.00		
	郭知贤	10.00		

续表

职别	姓名	实领数目	盖章	备考
	罗正德	10.00		
	胡长泰	10.00		
合计	三十八员	2740.00		

报送人：第九区行政督察专员　闵永濂

12. 国民政府军事委员会成都行辕为转呈四川省沿江沿公路各重要城镇疏散概况致四川省政府电（1940年12月5日）

成都。四川省政府公鉴。秘。壹字第一七九一二号曙陷秘一代电，附抄"四川省沿江沿公路各重要城镇疏散概况"一份均悉，业已转呈，核备矣。特复。

附四川省沿江沿公路各重要城镇疏散概况一份。

成都行辕涂微战

附件

四川省沿江沿公路各重要城镇疏散概况

一、成都市疏散情形

（一）人口及机关疏散

全市人口原有五十余万人，据本年九月中旬省会警察局报旬报表称，现已疏散者达三分之二。最近因敌机空袭紧张，正加紧强迫［疏散］中。原住市内机关一百四十所，除少数军警机关必须留市区外，均已疏散入疏散区办公，原住市内学校六十四所刻已全体疏散。

（二）物资疏散

市区各银行多已疏散至西门外光华村，城内设办事处；工厂多已疏散至市郊，城内设营业处；商店存货完全疏散，城内设门售部。

（三）疏建工作

1. 疏散区域

以成都市为中心，距城五十华里为半径之圆周为疏散区载，其范围如下：

(1)成都县属之第一、第二、第三区全部；

(2)华阳县属之第一、第二、第三区全部；

(3)温江县属之第一、第二、第三区全部；

(4)双流县属之第二、第三区各一部；

(5)新都县属之永新场、新店子全部；

(6)金堂县属之第一区全部；

(7)简阳县属第三区全部；

(8)郫县属之第一、第二区全部；

(9)新繁县属之第一区全部。

2. 治安

为维持省会疏散区治安起见，特设立四川省会疏散区警备指挥部，担任疏散区治安全责。同时督促联保，清查疏散区户口，实施连环保结。

3. 交通

(1)开辟城墙缺口二十二道，用去经费一零三三八元，已由防空部办理完竣。

(2)开辟城墙缺口内外避难道路二十二条，用去经费二七七九零四元，已由防空部办理完工。

(3)架设附城河流便桥十四座，用去经费五九七零二元五角六分，已由防空部办理完竣。

(4)修筑辐射道路八条，用去经费五万元，已由公路局办理完竣。

(5)增辟城门四道，由市政府办理未完工。

(6)修筑贯通南北机场之环城马路，由市府办理未完工。

4. 住宅

(1)临时住宅

由行政院指定中中交农四行联办总处成都分处贷款一百万元，在疏散区建筑临时住宅，共已建筑房屋一千三百七十三间，由省会疏散区临时住宅建筑管理委员会办理。

(2)贫民住宅

沿川陕、成仁、成渝、成灌四公路侧，共建筑贫民住宅三千七百零五间，贫儿寄托所二百九十四间，伤民收容所一百八十间，共用去经费二十万元，由贫民住宅建筑管理处办理,现已完成。

5. 火巷

成都市内共计拆除火巷五十六条,共用去经费八万元,由市府办理。

6. 贫民疏散

凡老弱、妇女、儿童、出征军人家属决定予以完全疏散,其疏散办法如次:

(1)住宅即以二十万元建筑之贫民住宅居住之。

(2)迁移补助费以十三万四千三百五十二元,按口分别发给各贫民。

7. 贫儿教养以六万五千六百四十八元设置疏散区贫儿寄托所,收养五岁至十二岁之贫儿二千一百七十七人。

8. 上列贫民疏散各项经费系以去年五月中央拨发三十万元,省府拨发十万元,共成四十万元,及本年省府拨发二十五万元支付。之然〔前〕因贫民生计关系,虽经省府、绥署迭颁明令贫民疏散迄未完成。

二、乐山县疏散情形

1. 人口疏散

城内原有居民四万一千三百二十六人,现已疏散下乡者为二万三千三百四十六人,在半数以上。又城内原有机关、法团共二十七所,现已疏散者达二十一所;各级学校原有二十二所,而疏散者已达十四所。

2. 物资疏散

县城原有银行钱庄共十所,业已全部疏散;工厂、商家原有五千二百一十二家,现已疏散者达一千二百八十六家。

3. 疏建工作

该县设有防空监视哨三所,城厢设有消防会,组织消防队两队,并置有水龙六部,以备应用。

三、犍为县五通桥疏散情形

1. 人口疏散

五通桥隶属犍为县,原有机关八所,已疏散者达六所。学校原有十二所,因大半在乡间,疏散者仅一所,全场〔五通桥〕人数计有八千二百九十六人,已疏散者五千五百五十七人,在半数以上。

2. 物资疏散

该场〔五通桥〕原有银行二家,并未疏散。至于工厂商号,原有八百六十七家,现已疏散者达四百八十九家。

3. 疏建工作

由犍、乐场防护团组织常备消防队,购置立缸式水龙十部(尚有四部正在起运中),及储水桶五十个,暨拆卸器材等件,分驻五通桥竹根滩、牛华溪、金山寺,以备不虞,并利用各当地壮丁组织义勇消防班以辅助之。

四、宜宾县疏散情形

1. 人口疏散

城内居民原有七万九千零二十五人,已疏散者五万八千六百八十一人。机关原有八十八所,已疏散者达五十所。城厢各级学校原有二十八所,刻已完全疏散。

2. 物资疏散

县城原有银行钱号共十所,疏散者六所;工厂商号有二千三百〔零〕五家,疏散者达一千二百八十六家,在半数以上。

3. 疏建工作

县属疏散区治安由驻军、警察、保安、壮丁队,及防护团负责警备,尚称安谧。城区街巷稠密处已开辟火巷,骑街、更楼、密迩屋檐一律拆除。此外于西北门外真武、翠屏两山下开辟道路,并购置渡船十余只,以便临时疏散。

五、泸县疏散情形

1. 人口疏散

城内居民原有七万四千九百二十五人,已疏散者达四万四千五百三十四人;机关原有四十余所,已疏散者达半数以上;学校原有十一所,已疏散者达七所。

2. 物资疏散

该县银行钱庄原有十所,疏散者达七所;工厂商号原有二十余家,已疏散者达半数以上。

3. 疏建工作

县城原有自卫队一中队,嗣因自城至乡各道路来往人多,治安堪虞,乃另调一中队驻城附近,分担各道路沿途之警戒。各疏散乡、区则由区署以下加紧自卫。模范队之组织与勤〔防〕务,故因疏散被〔打〕劫者,至今尚无所拿。

六、合川县疏散情形

1. 人口疏散

城内居民原有四万余,加以外来疏散人口共有四万五千余。现已疏散者达一万一千〔人〕,仅四分之一。机关原有二十四所,已疏散者十三所;学校原有十五所,已疏散者达八所。

2. 物资疏散

银行钱庄原有九所,已疏散者四所;工厂商号原有三千一百四十三家,已疏散者一千六百五十一家。

3. 疏建工作

该县设有防空监视哨六所,警察所购有水龙二条;民生公司及商民组织之消防联合会共有水龙七条,并将城区力夫,及泥木工人编组为搬运及拆卸两队,其救火器具亦已配备。

七、江津县疏散情形

1. 人口疏散

城内居民原有二万三千零五十四人,已疏散者约一万人;机关原有二十五所,已疏散八所;学校二十一所,已疏散七所。

2. 物资疏散

城内原有银行钱庄六所,未经疏散;工厂商号原有一千五百五十家,已疏散者达四百八十九家,未及半数。

3. 疏建工作

该县〔设〕有防空监视哨七所,消防方面设有摇手水龙四架,汽油水龙一架,云梯四架,水枪一百五十支,拆卸铁沙钩一百余套。

附注(此为原文):据本署、府视察员杜文泳、胡泽膏报告,该县对于疏散工作仅有书面组织,事实并未推动,业予撤职处分。

八、重庆市疏散情形

奉国防最高委员会电令,重庆市疏建工作特组,〔由〕重庆市疏建委员会办理之,受行政院直接指挥。无表可查,无由查报。

九、江北县疏散情形

奉国防最高委员会电令,由于江北疏建事宜受重庆市长及卫戍副总司令统制指挥,近未据确报。

十、万县疏散情形

1. 人口疏散

城内居民计有十万左右,学校原有二十三所,已疏散者达十四所。

2. 物资疏散

该县银行、钱庄计十四所,已疏散者达八所;工厂商号计三千余家,已疏散者达一千余家。此外有三十二家属于中央统辖之机关,未经疏散。

3. 疏建工作

县属治安由万县警备司令部及县府常备队维持,城内拆除火巷五条。

十一、奉节县疏散情形

1. 人口疏散

城内居民计有二万九千七百八十三人,现已疏散者达二万三千八百一十一人;机关原有二十六所,已疏散者达十六所;城内学校原有十六所,已疏散者现已达十五所。

2. 物资疏散

该县无银行,仅有工商业八百五十家,已疏散者达二百四十三家。

十二、资阳县疏散情形

1. 人口疏散

城内居民原有一万二千三百六十四人,现已疏散者达六千二百五十五人。至[于]各机关疏散,据报该县、乡、院稀少,并无古庙祠堂,苦无容纳之所。但县府疏散经数月之久,始觅得房舍四舍〔间〕云。

2. 物资疏散

未据确报。

附注(此为原文):据视察员杜文泳、胡泽膏报告,该县因经费关系,对于疏建工作未能切实推行,已予撤职处分。

十三、资中县疏散情形

1. 人口疏散

城内居民原有二万七千五百余人,已疏散者达一万八千三百余人;机关原有三十九所,已疏散三十六所;学校原有二十一所,已疏散者达十四所。

2. 物资疏散

该县原有银行、钱庄九所,已疏散者五所;工商业二千八百余家,已疏散者达十分之七八。据视察员杜文泳、胡泽膏报告,该县对于消防、拆卸、救护等组织上无经费,均属有名无实。

十四、内江县疏散情形

1. 人口疏散

城内居民原有三万四千零四十五人,现已疏散者一万三千二百一十二人;机关二十三所,已疏散者十二所;学校十二所,已全部疏散。

2. 物资疏散

该县银行、钱庄计有十四所,并未疏散;工商三千四百一十五家,而疏散者仅十五家。

3. 疏建工作

该县设有防空监视哨五所,其他关于防空设备及疏散事宜多未注意,县长谢明宵已予撤职。

十五、自贡市疏散情形

1. 人口疏散

全市人口计有二十万零三千二百四十三人,但中心区仅五万三千七百零四人,现已疏散者达一万零四百八十七人;机关原有十九所,已疏散者十一所;学校原有二十所,已疏散者十七所。

2. 物资疏散

该市银行、钱号原有十一所,已疏散者十所;工商业原有五千余家,已疏散者达三千余。

3. 疏建工作

该市组[织]有拆卸大队一队〔支〕,并有消防班、救护班、交通班等,曾计划拆除火巷,惟因经济关系迄未实行。

十六、隆昌县疏散工作

1. 人口疏散

城内居民原有一万二千八百九十四人,现已疏散者八千四百六十七人;机关原有十三所,已疏散者十一所;学校七所,已全部疏散。

2. 物资疏散

城内银行、钱庄原有五所,已全部疏散;工商业计有一千五百四十九家,疏散者达一千零四十五家。

十七、简阳县疏散情形

1. 人口疏散

城内居民原有一万零四百三十九人,已疏散者四千一百零一人;至于机关学校未据确报,不识已否完全疏散。

2. 物资疏散

资源疏散情形未据确报,已予申斥。

十八、遂宁县疏散情形

1. 人口疏散

城内居民原有四万五千二百余人,已疏散者三万一千余人;机关原有十七所,已疏散者十五所;学校六所,已疏散者三所。

2. 物资疏散

该县计有银行三所,已全部疏散;工商业五百余家,已疏散者四百余家。

十九、南充县疏散情形

1. 人口疏散

城内居民原有四万七千零八十人,已疏散者一万八千二百二十二人;机关原有三十四所,已疏散者十六所;学校原有十六所,已疏散者九所。

2. 物资疏散

该县银行、钱庄计有六所,并未疏散;工厂原有十四所,已疏散者六所;商店计有三千八百九十七家,已疏散者二千一百余家。

附注(此为原文):据视察员杜文泳、胡泽膏报告,该县疏散工作并未推动,已予分别记过申斥。

二十、綦江县疏散情形

1. 人口疏散

该县原有机关十一所,已疏散者四所;学校八所,已疏散四所;对于城区人口,未据确报。

2. 物资疏散

未据确报。

二十一、广元县疏散情形

1. 人口疏散

城内居民原有一万五千零四十二人,已疏散者二千一百一十七人;机关原有□□所,已疏散者十三所;学校原有四所,已疏散者一所。

2. 物资疏散

银行、钱庄计有四所,疏散者一所;工商业四百二十七家,已疏散者八十五家。

二十二、绵阳县疏散情形

1. 人口疏散

城内居民原有一万六千六百二十人,已疏散者达一万三千二百一十八人;机关原有十五所,已疏散者十二所;学校原有八所,已疏散者四所。

2. 物资疏散

银行、钱庄计有五所,已全部疏散;工厂二家,商号四百一十九家,已疏散者三百七十家。

二十三、三台县疏散情形

1. 人口疏散

城内居民原有二万二千七百三十人,已疏散者九千零八十九人;机关原有四十五所,已疏散者二十五所;学校原有九所,已疏散者五所。

2. 物资疏散

该县有银行三所,并未疏散;无工厂之设立,仅有商店六百五十三家,由各商人自行择地安置,未据确报。

二十四、梁山县疏散情形

1. 人口疏散

城内原有居民九千六百三十人,已疏散者六千三百四十二人;机关七所;学校四所,均已全部疏散。

2. 物资疏散

该县无银行,仅有工商业三百四十五家,已疏散者八十一家。

二十五、三峡实验区疏散情形

1. 人口疏散

该区计有人口九千五百零三人,已疏散者一千五百九十二人;机关六所,疏散者五所;学校八所,已疏散者四所。

2. 物资疏散

银行三所,并未疏散;工商业二百三十八家,已疏散者一百三十家。

二十六、灌县疏散情形

1. 人口疏散

该县人口未[上]报。据查已疏散二分之一;机关二十九所,已疏散者十八所;学校五所,已疏散一所。

2. 物资疏散

未据确报。

13. 蒋中正为减轻抗战损失严令市民从速疏散致四川省政府电(1941年8月31日)

立到。成都张主席。密。应即严令大小各县城,及重要市区之居民从速疏散,尤其在天晴之日不得住在城内。务希严令,实施勿误。

中正手启世辰机渝印

14. 华阳县政府为本县疏散实施情形致川康绥靖公署及四川省政府呈(1941年12月31日)

三十年十二月二十二日案奉钧署、钧府同年弩蓉疏秘疏字第二六六号代电。为颁发四川省各县市紧急疏散实施办法纲要，暨有关各件仰即。遵照依限完成具报等因，下县查本县自奉令疏散时所有县属各机关、法团、学校，均随同迁移分驻县属中和、中兴两乡镇。关于全县治安，曾令饬各乡镇保甲会同当地驻军负责维持，并同时将县属武装警察大队第一、二两中队，配负本县各乡镇游动，维持治安责任各在案。凡遇空袭时间，则由各级国民兵队暨县防护团各级团员一律武装，担任空袭警备队勤务，加紧戒备，以防敌机降落伞部队袭击，及土匪或异党乘机扰乱。至于疏散情形本县早有规定，凡发出空袭警报时各勤务部队跟即出动，强制市民临时疏散，并在各街口实行交通管制。奉令前因。除令饬各区乡镇暨县防护团切实遵照办理外，理合将办理情形报请钧署、钧府鉴核备查示遵。谨呈川康绥靖主任公署、四川省政府。

华阳县县长　方劲益

15. 四川省各县、市紧急疏散实施办法纲要草案（1941年）

一、本纲要遵照委员长本年九月申渝侍秘川手谕制订之。

二、各县市城市区内一切机关、部队、学校，除担任治安、防护、紧急救济工作等不能离开城市者外，一律完全限期彻底疏散。但于必要时，得在城内设办事处。

三、各县、市城市区内老、弱、妇、孺及不必要居留之人民，应彻底疏散无遗。其因业务必须居留城市者，得发给居住证。

前条及本条内所列疏散对象之详细疏散办法，适用"四川省疏散重要城市人口疏散办法，及四川省重要城市人口强迫疏散办法"之规定办理之。

四、各县市城市区内公私物资，及工厂仓栈等项，应彻底疏散无遗。其详细办法，遵照"四川省重要城市物资疏散办法"之规定办理之。

五、凡已经疏散出城之机关、学校、住户、商店及人民，非经许可一律不许迁移入城。其详细办法，遵照"四川省重要城市限制人口迁入办法"之规定办理之。

六、各县市疏散区内治安，由县、市长督同军警团队中，及保甲人员切实负责维持。

七、各县、市政府对于附城及疏散区内之防空壕洞、疏散道路、避难所等[建筑工程]，必须迅速完成，以便人民临时疏散。

八、各县、市地方电线、交通须切实整顿，[并]与防空机关、情报机关紧密联系。敌机入川后，应绝对接受防空机关之临时指挥，督饬市民疏散。

九、各市、县消防设备及防护组织，应尽量强化[之]。

十、各县、市城市区内人民，应于"注意情报"发出时，临时疏散罄尽，并由防护团及警卫机关挨户稽查，违者予以严厉之处分。

十一、各县、市疏散经费，照本署、本府颁布之疏散经费筹支办法办理，并得增列于三十一年度预算内。

十二、本刚〔纲〕要由各行政专员、县、市长强迫执行，限期完竣，并随时由本府、本署派员视察，照"四川省各重要县市城镇办理疏散工作人员奖惩实施暂行办法"实施奖惩。

十三、本纲要自公布之日施行。

16. 四川省会警察局造呈疏散机关调查清册（1942年4月）

机关名称	机关地址	主管长官职别	主管长官姓名	机关人数	机关疏散人数
一六四师干部训练班	昭忠祠街	教育长	周世基	337	331
第二十八集团军总司令部	玉皇观街	总司令	潘文华	73	73
川康铜业管理处	北纱帽街八十六号	处长	谢树英	92	90
矿警队	南纱帽街五十六号	主管	杨继震	50	50
液体燃料管理委员会成都办事处	磨坊街六十六号	主任	王舜绪	19	
行政院液体燃料成记经理处	磨坊街七十八号	经理	徐鹤筹	5	
三民主义青年团四川支团第五分团	前卫街十七号	处长	马吉元	4	
中央造币厂成都分厂	党扒街一号	主任	孙秉垣	48	

续表

机关名称	机关地址	主管长官职别	主管长官姓名	机关人数	机关疏散人数
中央航空委员会	王家坝	主任	周至柔	74	
二十八集团军炮兵团	党扒街十七号	团长	秦嗣奎	10	
绥署军乐队	下莲池	队长	秦奎光	12	
航空特务旅十四连	下莲池	连长	夏长年	206	
二十集团军修理所	下莲池	所长	赵丕修	17	
二十八集团军川康通讯社	华兴正街二十号	总编辑	刘克俊	6	
二十四军一三七师驻蓉通讯处	署袜北一街一三号	主任	朱栋材	15	
四川省卫生实验处	惜字南街	处长	陈志潜	62	
财政部所得税川康事务处成都分处	桂王西街	主任	陈仲谊	58	
中央军校军官预备班	皇城内	队长	范选一	483	
中央军校练习团	皇城内	营长	潘正之	一个营	
四川省军管区司令部兵役宣查队	学道街	队长	朱治格	36	
航委会空军社	学道街	主任	孙龙光	10	
空军教导队	卧龙桥街	主任	张亚伯	13	
二十四军驻蓉办事处	南沟头巷	处长	王作宾	11	
川康绥靖主任公署经理办事处	西东大街	处长	谢秉钧	13	
川康绥靖主任公署	督院街	主任	邓锡侯	524	
四川省政府	督院街	兼主席	张群	114	
四川省政府民政厅	督院街	厅长	胡次威	98	
四川省政府教育厅	督院街	厅长	郭有守	72	
四川省政府建设厅	督院街	厅长	陈筑山	194	
川康主任公署军法处	督院街	处长	曹腾芳	29	
四川建教合作委员会	督院街	主任委员	郭有守	2	
邮政储金汇业局	城守东大街	局长	沈养义	41	
川康绥靖公署稽察处	城守东大街	处长	刘崇朴	62	
二三二九三零集团军驻省办事处	走马街	主任	张斯可	32	

续表

机关名称	机关地址	主管长官职别	主管长官姓名	机关人数	机关疏散人数
中华职业教育社四川办事处	督院街	主任	陆叔昂 唐世铨	2	
四川职业指导所	督院街	所长	陈廷喧 陆叔昂	3	
中国国民党四川省党部	纯化街	主任委员	黄季陆	264	
中国童子军四川省理事会筹备处	纯化街	主任委员	黄季陆	10	
中国国民党成都市党部	纯化街	书记长	任洪济	28	
四川省行政研究会	东桂街	常务干事	胡雨霖	19	
二十九集团军办事处	文庙后街	处长	熊觉萝	15	
四川省参议会	文庙后街	参议长	向育仁	78	
四川省政府社会处	文庙前街	处长	黄仲详	160	
中国工业合作协会川康区成教事务所	陕西街	主任	粟宗章	14	
成藏师管区司令部	下汪家拐街	司令	王士俊	38	
军校十八期第二总队	南较场	总队长	王化兴	1840	
四川省训练团	文庙前街	主任	张群	299	
辎重兵团汽车第三团第一营	南较场	营长	王能军	16	
军管区政治部	南较场	主任	骆德荣	4	
四川省县政人员甄审委员会	文庙后街	主任秘书	王萝熊	17	
行辕政治部政治大队	蜀华街	大队长	周肇庆	82	
行辕	将军街	主任	张群	220	
军管区军官训练总队部	包家巷	总队长	张群	500	
陆军一二六师司令部	东城根街十九号	师长	谢德堪	13	
四川省辅导委员会	东城根街五十二号	会长	邓锡侯	13	
中央学术研究会	东胜街十四号	主任	黄仲翔	9	
三民主义青年团四川支团三分团筹备处	东胜街十四号	主任	蔡玉彬	4	

续表

机关名称	机关地址	主管长官职别	主管长官姓名	机关人数	机关疏散人数
中国抗建垦殖社成都办事处	西胜街十五号	社长	肖丽生	3	
四川新闻检查处	仁厚街三十五号	处长	周意彩	27	
川康区蓉税务公局	多子巷二号	局长	李若洲	6	
西康省府驻蓉无线电台川康边防总指挥部	宽巷子十一号	台长	程希颜	66	
军委会顾问驻蓉办事处	宽巷子四号	主任	张任佑	8	
中央训练团第四营	西胜街	营长	余定元	360	
新编十七师特务营一连	仁厚街二十一号	连长	刘德怀	87	
四川省度量衡检定所	实业街三十号	所长	伍升德	6	
四川省水利局	实业街二十六号	局长	何北衡	3	
四川省政府禁烟善后督理处	实业街二十四号	处长	胡次威	166	
财政部川康盐务管理处驻蓉办事处	娘娘庙街五十七号	处长	杨次山	5	
中国航空协会四川分会	奎星楼街一号	会长	张群	16	
航委会第二科	西大街共和里	主任	陈一伯	20	
黄河水利委员会驻蓉办事处	红墙巷二十三号	主任	叶春真	7	
四川省保安政治部	东半节巷五号	主任	沈伯超	36	
军政部军官总队	青龙街三十六号	大队长	潘光奎	268	
四川省动员委员会	青龙街四十八号	干事	刘迪和	259	
四川省政府保安处政治部	青龙街七十一号	主任	沈伯超	60	
航空特务团第二团	署前街二十八号	团长	张遂能	160	
西康省政府驻蓉办事处	江汉路一四六号	处长	邵石痴	30	
天成铁路工程局	厅署街三二号	庶务股主任	刘裕珩	10	
禁烟委员会	灯笼街四十四号	主任	徐孝刚	12	
成都县水利委员会	王家塘一零六号	主任委员	文国沛	10	
军事委员会运输统制局第二工程督察区	灯笼街三十号	主任	吴文华	15	

续表

机关名称	机关地址	主管长官职别	主管长官姓名	机关人数	机关疏散人数
军事委员会运输统制公路工具钾硝监制所	灯笼街三十号	主任工程师	吴文华	50	
四川省高等法院	正府街	院长	苏北祥	59	
成都地方法院	文庙街	院长	郑庆章	56	
四川保安队第四指挥部驻蓉通讯处	北打铜街	指挥官	潘清洲	6	
巴县警备团司令部驻蓉通讯处	北打铜街	司令官	潘清洲	6	
阆中防空指挥部驻蓉通讯处	北打铜街	指挥官	潘清洲	6	
二十八集团军补充训练处	北打铜街	处长	潘清洲	6	
川康经济建设委员会	中西顺城街	秘书长	邓汉祥	60	
四川公路局	忠烈坝街	局长	牛锡光	115	
二十三集团军	忠烈南街	处长	张纯祖	10	
省绥招待所	任家巷	所长	张少林	15	
十八师办事处	提督东街	处长	甘敬仪	4	
航委会政治部	狮马路二十五号	主任	简朴	6	
军政部惠阳种牧马场	狮马路一十六号	场长	王善政	26	
财政部川康区税务局查验所	小关庙街四十五号	所长	王祖祯	6	
成渝铁路工程第七总段	东珠市街六十五号	段长	胡懋康	6	
航委会汽车大队	灶君庙街一十七号	大队长	乔庸照	64	
财政部川康直接税局成都营业税局	金丝街四号	局长	张澈	172	
成都市民兵团团部	金马街	副团长	程度	20	
航空委员会通信器材库	小天竹街	库长	吴明庆	18	
四川农业改进所血清制造厂	浆洗上街	主任	杨兴业	40	
财政部贸易委员会	中央北路	主任	徐音钟	12	

续表

机关名称	机关地址	主管长官职别	主管长官姓名	机关人数	机关疏散人数
行政院农促会手纺织训练所	龙江路	主任	葛鸣松	8	
特务旅	宝云庵	旅长	万用霖	121	
西川邮政局汽车修理厂	豆腐街一七九号	厂长	张志邻	79	

四川省警察局局长　方超

17. 四川省防空司令部为在蓉各机关厂栈人口物资疏散致四川省政府电（1942年5月）

四川省政府勋鉴：迭据近日情报，华中、华北机场敌机骤然增多，本市空袭危机迫在眉睫。除严令市府警局警备部加紧疏散人口，并限制娱乐场所开演时间外，至贵府所属在蓉各机关厂、库物资等特电请转饬于五月三十一号以前彻底疏散完竣，免遭无谓牺牲，并希见复为荷。

四川省防空司令部　防三巧印

18. 四川省重要城市人口疏散办法①

一、纲要

（一）为避免敌机轰炸损害并注重乡村建设起见，特遵照委员长迭次电令，并参酌四川省防空司令部原订疏散人口方案，及成都行辕订定之成都疏散人口办法制定本办法，俾全川重要城市政府遵照办理之。

（二）本办法所称重要城市指下列各县市：

1. 成都市；2. 重庆市；3. 自贡市；4. 万县；5. 乐山县、6. 宜宾县；7. 遂宁县；8. 泸县；9. 南充县；10. 广元县；11. 梁山县；12. 内江县；13. 绵阳县；14. 奉节县；15. 合川县。

（三）凡前条所列各市县除重庆市另有规定外，其余各县市人口之疏散悉依本办法办理之。

---

① 时间不详。

二、疏散对象

(一)属于军事用品者

凡械弹油料及其他一切容易燃烧爆裂之物品,应尽向离城较远之隐蔽地点疏散。

(二)属于人民者

凡老、弱、妇、孺及无职业,或无须留住城市中之人民应悉数自行择地疏散。

(三)属于机关团体者

凡各种官署、会社、部队,除因职务或特殊关系须留住城中者外,其余应尽量向距城较近或交通便利之地点疏散。

(四)属于文化学校者

凡图书、古物、仪器及一切公、私立学校,均应向离城较远或隐蔽地点疏散。惟学校之疏散,除中等以上学校因学生能随校移迁得自行择地外,其小学校之疏散地点应由主管机关指定,以便分布适当容纳随家疏散之学龄儿童。

(五)属于金融实业者

凡银行、钱庄、商店、工厂,除有关日常生活者酌留一部,或城中设办事处及分销店外,其余应尽量自行向疏散区择地疏散。工厂之需用电力者亦尽量可能疏散。

(六)其他

三、疏散区域

(一)疏散区域之范围视各城市情形自行酌定之;

(二)公路河流沿路沿线之两侧;

(三)邻近之县城。

四、交通

(一)属于疏散前者

1. 登记本城市所有车轿、滑竿及力夫,并规定里程价目,必要时并得统制分配使用,以期迅速而免拥塞。

2.疏散期间汽车轮船均应加班行驶,并得酌减票价。

(二)属于疏散后者

1.驻城市之武装部队(无论军队或保安团队),除酌留小部警备城市外,其余应按情势需要一律分配到疏散区。

2.加强疏散区内自卫队之组织训练,俾能协助军队维持治安。

3.重新切实编组保甲,并彻底办理户口,以防奸宄潜匿扰乱。

五、住宅

(一)疏散区内原有人民住宅房屋除自用必需者外,应转饬尽量腾出房舍,以佃给疏散人民。

(二)凡祠堂庙宇等公共建筑,一律用作疏散时机关办公或疏散人民居住。

(三)奖励私人在疏散区建筑临时住宅出租,奖励办法另定之。

(四)遵照委员长铣秘手令及行政院电令,责成所在地银行界组织营业建筑公司,在两侧及交通便利地区建筑大量平房以供居住,其投资损失由政府赔偿。

(五)订定房屋租佃办法,禁止房主加价操纵,并规定租金,按月给付押金,不得超过租金二倍,以免佃户受累。

六、教育与文化

(一)疏散区内原有学校应尽扩充增加班次,并改定转学、入学借读手续,使疏散学生不致失学。

(二)原住城市之学校应指定其疏散地点,俾能适当分布适应需要。

(三)新建之平民住宅应添设简易学校。

(四)各书店应联合设置文化供应站与乡村邮政合作,俾报纸新书仍能按时分配到一切读者。

(五)图书馆应组设巡回浏览团,改订借书还书手续,经常轮赴疏散区,以供人民浏览借读。

七、医药卫生

(一)原住城市之中西医师及中西药铺应适当指定其疏往地点,并应经营临时业务。

（二）原住城市之公私医院应全部或一部迁入疏散区内适中地点疗治病人。

（三）红十字会及其他慈善团体应组织治疗队分赴疏散区巡回诊视，并免费注射防疫针药等。

八、消费用品

（一）为防止疏散区粮食、燃料恐慌起见，各县市得斟酌情形设置疏散区粮食、燃料，调节委员会由市县财委会拨款，采购大宗粮食、燃料，照成本发售，以供需要。前项财委会拨款于物品售毕时归还之。

（二）普遍发展并组织各种消费合作社，并与该区原有农村合作社〈切取连〉〔联〕络，使一切日常用品能供求相应。

（三）政府随时斟酌市情，评定物价，以免操纵居奇。

九、疏散实施

（一）各县市应先举行扩大疏散宣传，俾一般人民明白疏散意义。

（二）各县市应疏散之机关、团体、学校，与疏往地区之交通、住宅、治安各项均应先有精密之调查统计，然后根据实际情形妥为分配，免兹纷扰。

（三）规定疏散程序如某日为某种机关，某日为某种团体，某日为某区人民，先事布告。俾一般人民先行准备，遵守不乱。

（四）疏散实施细则另订之。

十、疏散日期

各县市机关及人民疏散日期，应分为自动疏散与强迫疏散两阶段，各阶段实施日期由各县市斟酌当地情形自定之。强迫疏散办法另订之。

十一、附则

（一）本办法由绥署、省府核准后，会发通令公布之。

（二）本办法有未尽事宜，由绥署、省府随时以命令修正之。

（三）各县市奉到本办法后，并应斟酌当地实际情形，拟订各该县市之人口疏散办法呈报备查。

注：时间不详

19. 四川省重要城市人口强迫疏散办法[①]

(一)为避免轰炸损害,实行有效疏散,特制订本办法。

(二)本办法根据四川省重要城市人口疏散办法第十一项第一款之规定制定之。

(三)各重要城市政府于自由疏散期满后,须将留住人口登记,按照实际情形,分别照下列办法办理之。

1. 不必疏散者

必须留在城市之机关团体与其他负有特殊任务人员,由主管机关汇册存查,发给暂时居留证。

2. 暂时居留者

凡属公私业务人员,事实上暂时不能离开城市者,准予登记后,发给暂时居留证。如无此项证件者,强迫疏散之。

3. 通过城市者

凡机关团体及公私业务人员,事实上必须通过重要城市者,经登记准许发给通过证始得通过。此项证件,须注明起身经过,到达地点及日期,所通过城市,至迟不得逗留在三日以上。如无证件,而又不遵守规定者,得拒绝其入境或强迫疏散之。四川省重要城市限制人口迁入办法另订之。

4. 强迫疏散者

凡不属于上列三项之人口,经予登记后发给疏散证,强迫疏散之。关于分区、分期疏散实施办法,由办理机关自行酌定之。

(四)疏散区地方区署,联保处须在适当地点设立疏散区指导处。凡持疏散证之户长,应向指导处报到,指导处须负责指导一切,予以便利。

(五)疏散民户一经定居后,按保甲章程办理之。

(六)强迫疏散期间,本会考核组得派员考核之。

(七)本办法由绥署、省府公布施行之。

(八)本办法如有未尽善事宜,由绥署、省府以命令修正之。

---

① 时间不详。

20. 四川省重要城市物资疏散办法[①]

一、本办法依据行政院本年十月感午电令之规定，暨本省党政军联合会报之决议制定之。

二、凡本省各重要城市物资之疏散除法令别有规定外，悉依本办法办理之。

三、本办法所称"物资"如下：

（一）军需仓库

（二）大小工厂

（三）车厂棚

（四）工商业堆栈

（五）铺户储存之大量货品

（六）其他

四、各军需仓库、各工商业堆栈、各铺户存储之大量货品，一律疏[散]至离城较远目标隐蔽之地藏置。绝对禁止安置城内，或目标显著之地。

五、各大小工厂除因需用电力或其他固定设备无法迁移者外，其余机器原料均应尽量疏散，不得借故留放城内。

前项不能疏散之工厂，仍须设法伪装或施迷彩，以期隐蔽。并应于附近构筑防空壕洞，俾于空袭时期存放拆卸机器及零件。

六、各车厂棚应一律疏散至离城较远，地位隐蔽处所为原则。其因事实之困难不能疏散者，应为下列之处置：

（一）厂棚顶上及外面应设伪装或迷彩。

（二）已修理能驾驶之汽车，于预行警报时即应驶出城外择地藏匿。

（三）不能开驶之汽车应复以伪装布或树枝，以免暴露目标。

其机器零件等，应移置附近防空壕洞内。

七、各市县政府奉到本办法后，应于一周内将该城市内本办法第三条所列各种物资调查清楚，并分别通知各主管人或所有人限期照第四条、第五、第

[①] 时间不详。

六各条之规定疏散。

八、本办法第三条所列各种物资之主管人或所有人,于限期内不遵奉所在地政府之命令疏散者,得由地方政府协同军警强迫执行。如有拒绝强迫执行者,依下列规定办理之:

(一)属于中央机关所统辖者,分别机关性质报由绥署、省府报请军事委员会委员长成都行辕转饬遵办,并惩办其主管人。

(二)属于地方机关统辖者,分别机关性质报由绥署、省府依本条第一项之规定办理之。

(三)属于人民自办者,由当地政府雇用工人代为迁移,所需费用各该项物资主管人或所有人给付结之。

九、本办法经军事委员会委员长成都行辕公布后,由川康绥靖公署、四川省政府遵照施行修正之。

二、日军的作战计划及对川轰炸概况

(一)日军的作战计划及实施

1. 日军大规模轰炸重庆前四次轰炸报告书(1939年)[①]

第一次攻击重庆

昭和十三年(1938年)12月下旬,航空兵团司令官江桥英次郎中将命令第一飞行团攻击重庆,命令第三飞行团攻击近距离的要地。

第一飞行团选定12月26日为对重庆第一次攻击日。飞行团长对部队训练程度还没有充足的信心。另外,派遣军认为汪兆铭从重庆脱出后,国民政府有些动摇,24、25日是空袭的好机会,这也是决定这次轰炸时间的一个重要

[①] 转自《中国事变陆军作战史》第二卷第一分册。《中国事变陆军作战史》由日本防卫厅防卫研究所战史室著,1980年编入由中国社会科学院近代史研究所民国史研究室主编,中华书局出版的《中华民国史丛稿译稿》。

因素。

26日10时,第一飞行团长根据侦察机的气象报告下达了攻击命令,重轰的攻击时间为13时30分。飞行第六十战队(九七重12架)10时30分自汉口起飞,13时35分到达重庆上空,因云层过密不能确认重庆,没有实施轰击,15时40分回到汉口。飞行第九十八战队(意式重10架)10时50分从汉口出发,在云层上前进,14时到达重庆上空,好容易从密云间隙中发现重庆东侧地区,即以此为基准进行了推测轰击。战果虽不明,但从敌人的无线电信判断,给了敌人极大威胁。在重轰队进攻及返航时,战斗队在续航能力范围内对重轰队进行了掩护。没有和敌机遭遇,我亦未受损失。

第二次攻击重庆

昭和十四年(1939年)1月2日,有情报称在重庆爆发了对共产党的苦迭打①,判断对政略方面是一个攻击的好机会,但重庆方面天气不良。

第一飞行团1月7日判明重庆方面的天气好转,于是实施了第二次攻击。攻击部队在将要到达重庆时天气转坏,到达时云量10米、云高2500米,但扬子江上云量稍薄,可以判断江的形状,在东南云上望见了金佛山。飞行第十二战队(意式重9架)15时5分以扬子江的江形为基准,对重庆进行了推测轰炸;飞行第九十八战队(意式重10架)以同样方法,于15时8分对重庆开始轰炸;飞行第六十战队(七九重12架)以金佛山为基准,于15时11分推测轰炸了重庆。敌机没有迎击,所以我未受损失,战果不明。但重庆发表广播称:"重庆遭到轰炸,击落敌机8架。"从敌无线交通电信情况判定,收到相当大的效果。

第三次攻击重庆

第一飞行团根据侦察机报告的天气情况,决定1月10日实施第三次攻击重庆。飞行第十二(意式重9架)、第六十(九七重12架)、第九十八(意式重9架)战队,从重庆上空的断续云层之间确认重庆市街后,在高约四五百米上空实施了大密度的轰炸,据报大部命中。

在此次进攻中,除一架九七重和一架意式重在进攻途中返航外,全机未受损失,投下炸弹为4500公斤。

---

① 苦迭打,意即"改变",来自日文。

第四次攻击重庆

1月14日,接到情报称有敌战斗机队增援重庆,但第一飞行团仍在1月15日实施了第四次对重庆的攻击,当天重庆天气晴朗。先遣的司令部侦察机14时30分在重庆上空高约4000米,发现敌战斗机12架在巡哨,司侦机虽遭到敌机跟踪紧追但并未交战,从飞机上通知轰击队空中有敌战斗机,然后返航。

第十二、第六十、第九十八战队(共计29架)在紧密地配合下,14时50分进入重庆上空。虽遭到敌战斗机十数架的攻击和高射炮的射击,大体仍按预定轰炸了重庆市街和周围要地。敌机的攻击集中到意式重第十二、第九十八战队,展开了空战。在这一战斗中,据报第十二战队击落敌机4架、炸毁3架,第九十八战队击落2架、击毁1架。我机虽有4架中弹,但均安全返航。

2. 日空军中、北战场作战范围与区域(1940年)[①]

北战场——北战场所驻之敌空军多为陆军航空部队,分驻于北平、天津、包头、青岛、归绥、石家庄、大同、太原、柳林、曲沃、彰德、新乡、开封、临汾、运城、济南、铜山、长治等地。其所配备之机种,以轻轰炸机、普通侦察机,及旧式驱逐机等较多,专用于晋、绥、冀各战场,协助陆军作战及近距离之活动。但在运城方面,则大多为重轰炸机,并配备有少数轻轰炸机、驱逐机及远距离侦察机等,专为进袭川省各重要城市,及轰炸陇海沿线之用。今夏敌由伪满调集陆军九七式重轰炸机约七十架,常川驻于运城机场,协助海军航空队袭渝,迨十月间我空军作北平访问飞行以后,敌乃在平津一带增驻驱逐机七十架,担任空中警戒任务,以防我机之袭击。

中战场——长江流域一带驻有敌陆军航空部队七中队、海军航空队三队,其主力则集中于武汉,担任轰炸川、鄂、豫等省后方城市及京汉间空中警戒之任务;另一部兵力则分布于杭州、南昌两地,用以协同浙东、赣中等地陆军作战。

五、六月间,敌在长江方面集结之海军重轰炸机有一百二十余架;轻轰炸机六十余架;驱逐机九十余架;远距离侦察机数架,分停于武昌、汉口、孝感等

---
① 转自1940年全国航空委员会防空总监部编印的《全国空袭状况之检讨》。

地机场。以重轰炸机侵袭川中我空军根据地及重要城市;轻轰炸机协助鄂中陆军作战,并随时破坏我浙赣西段,及粤汉北段之交通运输。

迨六月十三日我军因战略关系自动放弃宜昌以后,敌即在宜昌修筑机场,以作前进之基地,常川停有驱逐机三架至九架不等,用以掩护重轰炸机入川肆虐。此外,苏浙沿海常泊有航空母舰(凤翔号)一艘,水上机母舰(能登吕号香久丸号)两艘。每艘所载机数,自十余架至三十余架左右,其主要任务系协同陆海军作战,如侦察轰炸苏浙前线之我军,及封锁海岸线等皆是。

3. 日空军轰炸四川的战略战术(1940年)

一、集团袭击

敌空军既震惊我高射炮部队之威力,复顾虑我驱逐机群之攻击,故少数敌机常不敢任意进袭,必集结机群云层绕飞,乘间冒险为之,如二十九年五月二十三日及二十六、二十七、二十八等日。每次袭渝,敌机自四十六架至九十九架分三批或两批不等,飞抵涪陵或长寿上空后,即向北飞经邻水、广安、武胜,或向南飞经綦江,辗转飞行,以待次批机群到达后,再集结高翔侵入市空,滥施轰炸之类是已。

二、连续轰炸

查敌空军对我重要城市,迭施连续攻击,企图达其惨无人道之摧毁与破坏。如五、六、七、八月间敌机袭渝,几无日中断;又如成都自七月二十四日被炸后久未遭受空袭,迄至十月间竟遭四次大规模轰炸是也。

三、低空扫射

以往敌机对我各空军基地之攻击,常以轰炸机群实行轰炸,嗣敌自觉其投弹技术较差,目标不易命中,乃利用驱逐机群低空扫射,企图补其缺痕。如十二月三日敌驱逐机九架袭蓉,在郊外以机枪扫射即其一例也。据敌方广播,自施行此种战略以来,曾收相当效果,故今后敌机对我前、后方各要地之袭击战略,将以扫射而代替轰炸矣!是真所谓"黔驴之技"也!

四、回航轰炸

七月五日,敌机九十架分三批袭川,其第二批敌机二十六架于12时44分经綦江向西飞;12时47分到达江津;13时05分在荣昌盘旋;14时07分又回永川;14时16分折回綦江投弹,窥敌用意,以为我綦江居民,猜度敌机回航其弹已罄,乃趁我防护管制松懈之时,忽然折返投弹,企图予我以较大损害也。

五、掩护轰炸

敌机每次进扰我重要城市或空军基地时,莫不遭受我英勇空军及高射炮部队猛烈打击,受创深重,心惊胆颤,敌为策安全计,乃调遣多数驱逐机群进行轰炸,此种情况,于川、滇两省见之数矣!

六、照明攻击

敌机夜袭我陪都时,辄以一机先在市区投照明弹若干后(照明时间约五分钟),其轰炸机群即跟踪侵入,在照明区内狂肆轰炸。又于五月十九日夜袭成都时,亦先投照明弹十余枚,敌轰炸机乃趁此一线萤光,肆行投弹。军事目标与否,固所不问;荒郊与否,亦所不计也!

七、队形与高度

敌机侵袭我重要城市之高度,平均多在三千五百至五千五百公尺左右,其队形多采用人字及一字之密集队形,以构成强大防御火网,扩大其投弹范围。如今夏敌机袭渝、袭蓉,及十二月十五日、十七日两日进扰衡阳时,均利用此种队形与高度。

总之,敌空军对各种战略战术之运用,无不以其袭击目标,以及我方防御力量如何而决定。

4. 日本陆海军"101号"作战协定(1940年)[①]

一、作战方针

陆海军航空部队紧密协同进攻内地,以挫伤敌人的抗战意志。为此,首先压制敌之军事、政治中心的航空势力,然后摧毁其重要设施。

二、作战时间

预定自5月中旬起约三个月时间。

---

①101号作战计划是日军对四川内地执行的一次大规模轰炸行动,时间从1940年5月18日起,持续到9月4日止。

实施对重庆方面攻击的第一日预定为5月17日。作战期间分：第一期主要是对重庆方面作战；第二期主要是对成都方面作战。

三、参加兵力

（一）陆军

第三飞行集团司令部：飞行第六十战队（重轰：常用36架、备用18架）、独立飞行第十六中队（司侦：常用5架、备用2架）、独立飞行第十中队（战斗：常用9架、备用3架）。其他的有在武汉的战斗队、地区航空部队通信、情报及气象部队等。

（二）海军

第一联合航空队（联合空袭部队）司令部：鹿屋航空队（中攻：常用18架、备用6架）、高雄航空队（中攻：常用18架、备用6架）。

第二联合航空队司令部：第十三航空队（中攻：常用27架、备用15架、陆侦4架）、第十五航空队（中攻：常用27架、备用15架、陆侦2架）、第十二航空队（舰战：常用27架、备用9架、借用6架。舰轰：常用9架、备用3架。舰攻：常用9架、备用3架）、第十四航空队华中派遣队（舰战：常用9架、备用3架）。

四、攻击目标（概定）

（一）重庆、成都及其附近之敌航空势力

（二）重庆及成都市区周围潜在之敌军事及政治重要设施。

（三）在轰炸处于重庆及成都市区的敌军事，及政治重要设施时，不要危及第三国权益。

（四）根据情况，可以攻击重庆、成都以外的敌之航空势力，或军事基地设施。进行攻击时，要特别注意不要危及第三国权益。

五、机场的使用

（一）陆军

以运城的第二机场作为主力的基本机场；以汉口及包头作其机动机场；以汉口作为部分（飞行第四十四战队第一中队）基本机场；以运城作为其机动机场。

(二)海军

第一期作战期间,以汉口及孝感作为基本机场;第二期作战期间,以运城第一机场作为基本机场(后者未实行)。

六、攻击实施要领〈略〉

5. 日军101号作战执行情况报告书(1940年)

(1)作战准备

5月7日,第三飞行集团长木下敏少将命令担任向内地进攻的飞行第六十战队解除支援宜昌作战的任务,准备下一期作战。该战队回到南苑进行整备。为了提高水平,更自5月中旬至25日利用月光反复对河南、陕西两省的要地进行攻击,并于6月3日在运城设立了第三飞行集团战斗司令部指挥所;同时在该地布置好以飞行第六十战队长小川小二郎中佐为首的582名人员及51架九七重轰炸机。

海军方面从国内调来的第一联合航空队于5月13日全部进入汉口。19日从华南调来的第十五航空队、第十四航空队华中派遣队进入孝感,在这里编好了由海军少将山口指挥的联合空袭部队。至此,从运城、汉口航程约800公里的可进攻重庆的日军攻击总战斗力量(常用)达到陆军36架、海军90架。

相反,中国方面的空军力量,估计有轰炸机约110架、战斗机约120架。自4月初以来敌机的活动趋向积极,从4月3日袭击岳州以后到5月28日,曾先后七次袭击了华中的日军前线。为防备日方进攻,把战斗机集中在四川省内的机场。关于敌空军配备判断如下:

	战斗机队	轰炸机队
成都	第一线机约50架	重轰约30架,轻轰约45架
重庆	第一线机约30架	
宜宾		轻轰约10架
兰州	总计约20架	重轰数架,轻轰约20架
昆明	第一线机约20架	

(2)海军航空队开始向内地进攻

海军航空队为在作战一开头就粉碎中国空军的出击能力,在5月18日和19日两日利用月光对重庆及成都方面的机场实施了夜间攻击。特别是5月19日夜,快速袭击了曾对安陆进行轰炸的敌轰炸机基地梁山(重庆东北约160公里)机场,击毁了大型飞机8架。另外,5月22日快速袭击了白市驿(重庆西约50公里)机场,一举轰炸、烧毁战斗机12架。接着,从5月20日开始把攻击目标转向重庆,集中力量攻击了弹药库、金陵兵工厂、国民党中央各机关等军事设施及政治机关。5月间出击了13次,出动飞机608架次,投弹419吨。在这期间,交战的敌战斗机达73架次,其中击落8架(其中1架未证实),在地上炸毁33架。

(3)陆军航空队对重庆第一击

按照计划,陆军航空兵向内地进攻的第一日预定为6月5日,计划陆海军同时攻击重庆市区的军事设施,但因重庆一带气候恶劣而延期了。6月9日,侦察机报告重庆一带天气十分晴朗,但也许是由于长江方面气候恶劣,海军方面通报把攻击时间往后推迟两个小时。于是,飞行第三集团司令部指示飞行第六十战队,把攻击时间推后两个小时。

小川战队长率36架飞机于13时15分起飞前进。15时40分左右乌云覆盖了重庆,最后终于发现了白市驿机场,飞在前头的中队长铃木清大尉投下了炸弹,使机场从北到南的飞机库构成了一道火网,击毁大型飞机1架。然而,僚机认错了目标,在梁山附近即将炸弹投下。投中目标的只有中队长1架。

在战队转向返航时,同约15架敌机(伊-15、伊-16、卡奇斯霍克等型号的飞机)交战,据报告击落敌机8架。日方乘务人员7名负伤,19架飞机中弹,但全部返回。缺乏战斗经验的空中勤务者感叹:"重庆上空不好对付!"

参加过这次攻击的大本营参谋松前未曾雄,战后有如下回忆:

1. 起飞前进时在空中集合用了约50分钟,对36架飞机的编组心存疑念。中国战线的前线机场沙土飞扬,故不可能连续离地起飞。

2. 战队的编队训练很出色,所以在空战时能维持零机长和零机幅(各机之间的距离间隔保持为零米之意)的队形,射击也相当熟练。

3. 敌战斗机的攻击多来自前方,第二次回头再攻,来势很猛。对于来自后方的攻击,感到用掷弹筒(手投弹的发射筒)发射,比较有效。

4. 查明战果困难。眼看着吐着白烟落下来的敌机有六七架,但实际击落的机数大概是4架。

5. 靠轰炸粉碎重庆政权的抗战意志,不那么容易。

上述除中队长机以外都将炸弹投在梁山附近一事,是因为有一架飞机看到重庆附近天气不好,认为战机将攻击目标改成了梁山而投下了炸弹,其他便慌忙效仿所致。第一次出击的过度紧张,造成了意想不到的战场错误。海军在这一天以第一联合航空队的34架中攻机破坏了梁山机场;第二联合航空队的53架中攻机攻击了遂宁(重庆西北120公里)机场;并和6架敌机交战,击落敌机3架,日方也自行爆炸1架。

(4)中国方面舰队提议加强对内地轰炸

6月7日,中国方面舰队就加强对内地轰炸,同中国派遣军进行了幕僚联络。其内容是:这次对中国内地的轰炸,从激变的世界形势和减少各国对华军事援助方面看,在政治上、军事上都有很大的效果,希望在6至8月彻底加强这一攻击;并提议集中200架轰炸机在此期间对重庆方面进行3000架次,对成都方面进行2000架次的集中轰炸。6至7月实施15次,8月实施10次。

如今海军集中有相当于陆海军中央航空协定规定数约两倍的中攻部队,加强到可以出动120~130架的状态,因此希望陆军方面也增加50余架。中国派遣军航空参谋渡边行夫少佐把这一问题和正巧来现地的大本营参谋松前联系后,因陆军方面的重轰队没有余力,而未能响应海军这一提议。

(5)6月10日以后陆海军飞机对重庆轰炸

尔后天气一直恶劣,到10日才稍有好转。这天,第六十战队的36架飞机,因天气不良未能进入重庆,把目标改为梁山,对该市区军事设施进行了轰炸。海军的第二联合航空队,由于天气不良而以中队为单位攻击了重庆,同34架敌机进行交战,击落敌机16架,日方损失2架。

11日,小川战队的36架飞机,于14时30分在晴朗的天气下成功地轰炸了重庆。日机一方面排除从前方来攻的伊-15、伊-16等11架敌机的攻击,同时从5500米高空投下了炸弹,使金陵兵工厂和江北市区毁灭。使用的炸弹为50公斤的1枚;100公斤的86枚;250公斤的36枚。敌机主要采用前方攻击。战队虽报告1架被击落,但多架中弹。同时海军79架飞机也攻击了重庆市区,同38架敌机进行交战,击落敌机10架。

12日,陆军36架飞机和海军75架飞机,联合集中攻击了重庆市区中心。据美联社电称,"这是本年度受害最大的一次"。有大量的高射炮和45架敌机迎击日机,日方击落敌机21架,损失2架。13至15日,进攻部队进行了整顿,战果是击落9架、击伤2架。但是,在轰炸开始前,敌高射炮的射击极为炽烈,硝烟包住了战队编队机群,1架起火坠落;1架因油压系统中弹摇摇摆摆落在编队后面。敌战斗机的攻击目标集中到这[编者注:即前1架起火坠落的]架飞机,战队减速保护该机,在战队的火力网下将敌战斗机击退。另有一架因无线电中断被迫降落在黄河南岸。小川战队的损失为:战死8名,去向不明6名,负伤5名;飞机炸毁、未返航、重大损坏各有1架,22架中弹。

17日,海军航空队以73架夜袭了重庆周围机场(投下6号陆用炸弹837枚)。

24日,由陆军35架飞机与海军89架飞机联合出击,自16时28分开始,经两个小时时间集中轰击了重庆市区,委员长行营附近起火,黑烟冲天。发现30余架敌机,但进行挑战的不过数架,敌人的还击能力从这日起开始减弱。

海军航空队从这日开始至29日连续六天,每天用90架左右的中攻机联合攻击重庆市区的军事设施及政治机关。此外,陆军的小川战队25日攻击了梁山,29日攻击了重庆大学附近,30日攻击了西安。

在6月份内,飞行第六十战队对内地的攻击总计为:重庆6次、梁山2次、西安1次,共320架次;投下炸弹约1200枚,计145吨。其战果除轰炸外,据报击落敌机39架(其中16架未证实)。日方损失为:人员战死20名、去向不明6名、负伤17名;丧失飞机4架、大坏1架、中坏6架、67架中弹。

另外,同一时期的海军攻击记录为:重庆方面11次,其他方面3次,共1014架次;投下炸弹6716枚,计775吨。其战果除轰炸外,击落敌机39架(其中4架未证实),地上击毁30架。日方损失为:人员战死43名、负伤10名、飞机爆炸5架、中弹154架。

(6)担心第三国权益和劝告避难

如此连续的对重庆进行的轰炸中,最应注意的问题当然是对第三国权益的担心,特别是不能误炸第三国的外交机关及舰船。在敌战斗机大力进行抵抗的作战初期,攻击目标主要选定重庆郊外,但在敌机逐渐减少以及日机攻击技术逐渐熟练时,即计划把目标转向重庆市内。于是,海军请示中央部可否劝告第三国的外交机关转移。经中央批准,6月14日对第三国发出避难劝告,指定重庆市东南面对岸为安全地带,直到作战结束。据情报称,进入7月以后第三国外交机关已全部转移到南岸安全地带。

(7)7月间对重庆、成都的轰炸

进入7月,陆军设在运城的机场基地,因天气恶劣,机场设施又不完善,几乎无法利用此机场向内地进攻。7日,第三飞行集团长木下令暂时停止向内地进攻,令小川战队返回北平进行整顿和训练,主要是为给九七重轰炸机更换发动机。集团长木下为了再次发起攻击,14日来到运城,但该机场仍不宜使用,使得重轰炸机无法作战。

在这期间,以汉口为基地的海军航空队,在7月3日完成协助宜昌一带地面作战(派出63架飞机)任务后,于4、5、8、9、10日5次各以85架~89架飞机,成功地攻击了重庆市区,集团长木下对陆军飞机进攻停滞极为焦急。

20日,小川重轰战队虽勉强在运城集结,但在其集结的前后直至月底,重庆天气始终不放晴。

22日,小川战队36架飞机和海军51架中攻机,因重庆一带天气不良而轰炸了重庆西北约50公里的次要目标,即合川工厂集中地带。

24日,小川战队33架飞机,克服了途中的恶劣气候,进攻成都成功,轰炸了市区南部的军事设施(兵工厂、电厂、军官学校等),投下炸弹148枚,约15吨。在攻击前后,与敌伊-15、伊-16、德巴钦(法)等十数架飞机交战40分钟,据报其战果为:击落2架,击伤2架,日方亦损失1架。集团长木下对战队的斗志心满意足了。

然而，以后运城机场再次遇到连日的大雨，直到30日重轰炸队亦不能起飞。以华北特有的粘胶土铺设的该机场，晴天起黄尘，雨天变泥泞，如果连降三天大雨，即使晴三四天，重轰队也不能起飞。本来陆军铺设机场是按照传统的野战式要求设计的，虽然简易地铺设了滑行道及准备线地带，但其间的导航道没有铺设。另外，通往山西省南部的铁路运输，因受治安情况不好的影响，燃料、弹药的补给也不充分。

海军航空队27日有90架飞机，28日有87架飞机从汉口起飞前进，因重庆方面天气恶劣而改变目标，向粤汉沿线的衡阳等地进行了轰炸。

31日，海军88架中攻机及小川战队36架飞机，轰炸了重庆市内外的军事设施。在这次攻击中，海军的第十三、第十五航空队（各26架飞机），分别在目标上空遭到各20架敌战斗机的迎击，击落敌机6架（其中2架未证实），日方没有损失。

上述7月份向内地进攻，海军11次共843架次，陆军3次共107架次，共投下炸弹672余吨。在这期间，交战的敌战斗机为180架次，击落敌机18架（其中4架未证实），日方损失为陆军的重轰、司侦各1架。

7月中旬，根据第三飞行集团利用各种手段得到的情报，重庆市区除第三国关系外，损失遍及全市，其中百分之二十被彻底破坏。该市经济活动停滞，物价飞涨。人民厌战气氛高涨，居民房屋的损失虽占比重不大，但由于连日长时间隐蔽，不少人患病。蒋介石拟在准备疏散居民和转移军事、工业及教育设施等。

（8）八、九月间对内地的进攻及停止

8月2日，小川战队36架飞机和海军88架中攻机轰炸了重庆郊外军事设施。3日，小川战队单独攻击了铜梁（重庆西北50公里）。然而，运城方面在这以后因受天气影响，直到18日陆军航空队未能出击。

在这期间，海军航空队9日出动了87架中攻机，攻击重庆市区蒋介石住宅附近的政治、军事中心等。10日，出动了90架飞机攻击衡阳。11日，又用87架飞机攻击了重庆市中心。这天，28架敌战斗机出来迎战，出乎意料敌机撒下用降落伞维系的浮游炸弹，以此办法进行防空。日方未因这一新战术遭到损失,但特别引起了注意。其结局是空战中击落敌机3架(其中1架未证实),日方也损失1架。接着,15至17日3天共出动218架次,攻击了衡阳及重庆郊外的军事设施。

小川战队在隔了很久之后,于18日才以12架飞机攻击了宝鸡(运城西约400公里)。中国空军也在同一天的11时出动9架S·B式飞机袭击宜昌机场。海军3架九六式飞机起飞迎击,击落3架,2架被迫降落。另外,同日黎明前,鹿屋航空队的6架飞机对重庆市区西部进行了夜间攻击,使3处起火。其间敌6台探照灯拼命跟踪,但未能捕捉到日机。

8月19日,海军12架新锐零式舰上战斗机,以宜昌作为中继基地(加油),首次向重庆进攻。当天,陆海军合计出动了136架(不包括7架司侦),20日出动了135架(不包括6架司侦),这是本年度进攻重庆同时使用机数最多的攻击高峰。零式舰上战斗机早在7月21日即进入汉口,开始进行适应战场的训练,准备用以进攻重庆,企图一举歼灭敌战斗机。零式战斗机性能较高,在低空自由自在地活跃在重庆市区上空,首都居民为之震惊,成为捕捉目标的敌战斗机完全退避,不敢出战。外电形容敌首都已处于瘫痪状态,据称,"自19日1时35分至20日14时,连续4次遭受轰炸,使西部商业区、郊外及江北的广大地区遭到破坏,38处起火,殃及房屋及商店2000户以上,死伤达数百人。巴县县城仅残留五分之一,其他全归于尽。重庆街道几乎已无法辨认。"

尔后对重庆市区的攻击,因天气不良而中断,23日以80架飞机进行了最后一次攻击,对重庆郊外及其他要地的攻击,继续到9月4日。

然而,进入8月以后,大本营主要考虑的已是进驻法属印度支那北部的问题。8月28日,富永作战部长来到南京,暗示要把飞行第六十战队等调往华南方面。于是,9月初中国派遣军在和中国方面舰队联络之后,下令结束此次对内地进攻作战。自5月18日以来,总计110天的"101号作战"至9月4日宣告结束。

另外,海军零式战队12架飞机9月13日进攻了重庆,10月4日进攻了成都。这两次都曾与30架敌机交战,总计击落45架,此后敌机再没有向零式战机挑战。

6. 101号作战统计(1940年)①

一、日机对内地进攻总计

攻击天数：陆军21日，海军50日；

攻击的架次数：九七重轰炸727架次，司侦177架次，零战24架次，中攻3627架次；

使用炸弹：27107枚，计2957吨。

二、对重庆市区内军事设施的攻击(航空基地除外)

攻击日数：陆军8日，海军29日；

攻击的架次数：陆军286架次，海军1737架次；

使用炸弹：10021枚，计1405吨。

三、日方损失

战死者数：陆军35人，海军54人；

下落不明者数：陆军6人，海军16人；

负伤者数：陆军20人，海军29人；

飞机中弹架数：陆军75架，海军312架；

击毁飞机架数：陆军8架(内司侦3架)，海军8架。

(二)日机轰炸概况

1. 四川省政府关于附发"抗战损失查报须知"训令(1939年8月28日)

案奉行政院本年七月一日吕字第七四三四号训令开：

"查前以抗战迄今，前方后方直接、间接公私损失，亟应详细调查，经通令各省市调查二十七年以前损失情形具报，以后每三个月呈报一次在案。兹经改定为以后各地方每遇敌军进攻或遭敌机轰炸一次，即应将人口伤亡及财产直接损失查报一次，其二十八年六月底以前迭次所受损失，亦应分次追查补报中央各部会所属机关学校及国营事业之财产损失，应由各部会查报，以期分工

---
① 转自《中国事变陆军作战史》第二卷第一分册。

合作，并经制定表式二十九种及查报须知。除分令外，合行检发表式及须知令仰尊照办理，并转饬所属，一体遵照办理此令。"等因，奉此。查此案前奉院令调查，正由本府拟办中，兹奉前因，关系极为重要，规定亦极周详。除分令各县政府外，合将原发附件，照印令发，仰遵照并转饬所属各附属机关一体分别遵照办理。至此项表报，填报机关应填具三份，以二份分别径呈行政院及军事委员会，以一份呈本府(县政府并应分呈该管专署)备案，勿得漏误。为要此令。

附发"抗战损失查报须知"一份

主席　王缵绪

附件

抗战损失查报须知

(一)人口伤亡查报方法

人口之伤亡，除伤亡将士由军政部督同各部队调查外，概由各市县政府，每遇敌军攻击或遭敌机轰炸后，即派员同该管警察及保甲长，依照行政院颁发人口伤亡调查表式逐户调查，据实填载。报由市县政府于关系同一事件人口伤亡查齐后，填列人口伤亡汇报表，连同调查表呈院。并另缮汇报表一份，呈送该管省政府备查。

(二)公私财产直接损失之分类

公私财产直接损失除关于军事方面者统由军政部督饬所属机关部队查报外，约分下列各类：

1. 中央直辖机关及其所属机关之损失。

2. 国立学校及私立专科以上学校之损失。

3. 国营事业之损失。

4. 省市政府及所各机关之损失。

5. 省或市立学校及私立中学校之损失。

6. 省或市营事业之损失。

7. 县市政府及所各机关之损失。

8. 县或市立学校及区坊乡镇立小学、私立小学之损失。

9. 县或市营事业之损失。

10. 民营事业之损失。

11. 人民团体之损失。

12. 住户之损失。

(三)财产直接损失查报方法

1. 第二条(1)、(2)、(3)各款之损失,由各该机关、学校、或事业之主办人员,每遇敌军攻击,或遭敌机轰炸,如财产受有损失,即于事变发生后三日内填具财产损失报告单报告主管部会,由该部会于关系同一事件之报告单收齐后,分别填列汇报表,但如有官商合办事业遭受损失,其商联名下,应摊损失数目应另列一表汇报。私立专科以上学校损失,亦应与国立学校损失分别汇报,以免公私混淆。连同原单呈院。如□□□□身受有损失,亦应填具财产损失报告单,随同该部会及所属机关财产直接损失汇报表呈院。

2. 第二条(4)、(5)、(6)各款之损失,由各该机关、学校,或事业之主办人员每遇敌军攻击,或遭敌机轰炸,如财产受损失,即于事变发生后三日内填具财产损失报告单报告该管。省市政府,由省市政府关系同一事件之报告单收齐后,分别填列汇报表。但如有官商合办事业遭受损失,其商股名下应摊损失数目,应另列一表汇报,私立中等学校损失,亦应与省市立学校损失分别汇报,以免公私混淆,连同原单呈院。如该省市政府本身有损失,亦应填具财产损失报告单随同该省市政府及所属机关财产直接损失汇报表呈院。

3. 第二条(7)至(9)各款之损失,由各该机关学校或事业之主办人员每遇敌军攻击,或遭敌机轰炸,如财产受有损失,于事变发生后三日内即填具财产损失报告单报告县市政府,由县市政府于关系同一事件之报告单收齐后,分别填列汇报表。但如有官商合办事业遭受损失,其商股名下应摊损失数目应另列一表汇报。私立小学损失亦应与县市立学校及区坊乡镇小学损失分别汇报,以免公私混淆,连同原单呈院,并另缮汇报表呈送该管省政府备查。如该县市政府本身受有损失,亦应填具财产损失报告单随同该县市政府及所属机关财产直接损失汇报表呈院。

4. 第二条(10)至(12)各款之损失由各县市政府每遇敌军攻击,或遭敌机轰炸后立即派员前往出事地点,督同该管警察、保甲长及农工商会等团体,令受损失之人民或人民团体于三日内据实填具财产损失报告单，交由该管保甲长或所属团体加章转报县市政府（如不能觅得物主时可由邻居同事或保甲长代为填报）。由县市政府于关系同一事件之报告单位收齐后，分别填列汇报表连同原单呈院，并另缮汇报表一份呈送该管省政府备查。但银行业之损失，得报由银行公会连同原单迳报财政部，填列汇报表转报行政院，惟须与国家银行损失分别汇报，以免公私混淆。

5. 官商之合办之事业其官股，如原由国库支出，则视为国营事业，其损失迳报主管部会，其官股如为省款或市县款则视为省营或市县营事业其损失报告省或市县政府，但各须附主官股商股成分，该部会或该省市县政府于汇报损失时，对于此种官商合办事业，应将其各项损失数目，按照官商股摊算，将官股应摊损失，填入民营事业财产损失汇报表内，以示区别。

（四）布告人民报告损失

各地方人口伤亡及私有财产损失，除由县市政府于事件发生后，依照（一）、（三）两条办法调查外，并当于事前布告人民遇有上项损失可即向该管保长或所属农工商会等团体报告，以期周密。

（五）追查补报

除自二十八年七月一日以后，各地方每遇敌军攻击，或遭敌军轰炸，所将伤亡人口及公私财产所受之直接损失，应由各部会及各省市县政府督饬所属依（一）、（三）两条之规定，于事变发生后即行查报外，其自抗战发生之日起，至二十八年六月底止，历次伤亡之人口及公私财产所受之直接损失，则应由各部会及各省市县政府，督饬所属限于奉到此项须知后一个月内，追查明确（一）、（三）两条之规定，分次填具单表补报。

其地方现已沦陷者，应由各部会及省市政府，饬令撤退之机关学校事业之原主办人员，及县政府临时办事处负责办理追查补报事宜。（沦陷区域人口伤亡及公私财产损失，亦只就为敌人杀伤之人口及所破坏掠夺之财产，并非将敌人占领区内之人口财产全数列作损失。）

（六）间接损失之分类

公私财产间接损失，只查报下列五类：

1. 税收之减少。

2. 赈济费之支出。

3. 各机关各学校费用之增加。

4. 各种营业可能生产额暨可获纯利额之减少及其费用之增加。

5. 伤亡人口之医药埋葬等费。

(七)间接损失查报方法

前条各类间接损失均限于奉到此项，须知后一个月内先将二十六年下半年份及二十七年份损失数目查报。以后如战事延长，每年报告一次，报告表限于次年一月内送出。其查报之方法如下：

1. 关于国税及省市县税收之损失

应分别由财政部及各省市县政府于每年年终依据以往税收之情形及其趋势，估计本年可能收数，并查明实收数，求出损失数，列表报院。县市政府则应另缮一份呈送该管省政府备查。

2. 关于因制高点支出之赈济费

无论系由国库支出，或由省市县政府筹拨，或由国内外人民或团体捐集，统由赈济委员会于每年终查明实数列表报院。

3. 关于各机关、各学校因抗战增加之支出

如迁移费，防空设备旨同疏散费、救济费、抚恤费等，应由各该机关、学校之主办人员，于每年年终将实在支出数目，列表分别报告主管部会及各省市县政府（各部会直属机关、国立学校及私立专科以上学校，报告主管部会；省属机关省立学校及私立中等学校报告省政府；市或县属机关市或县立学校区坊乡镇小学及私立小学报告市或县政府）。该部会及该省、县、政府于收齐所属机关学校表报后，应加入本机关间接损失汇列总表。但私立学校之损失，应与国、省、市、县立学校之损失分别列表，以别公私呈院；县、市政府则应另缮一份呈送该管省政府备查。

4. 各种营事可能生产额暨可获纯利额之减少

国营者应由该事业之主办人员，于每年年终依后列计算方法，核实估计，并查明因抗战增加之费用（限于拆迁费、防空费、救济费、抚恤费四项列表）报

告主管部会列总表呈院。省市营者则□□□□市政府汇列总表呈院,县市营者则报由县市政府汇列总表二份,以一份呈院,以一份呈送该管省政府备查。民营者则由农工商会等团体于每年年终调查估计,列表报由市县政府汇列总表二份,以一份呈院,以一份呈送该管省政府备查。官商合办事业间接损失依照(三)条(5)款所定办法查报。可能生产减少之计算方法如下:可能生产减少=战前三年生产额平均数(如无三年数字则两年、一年均可)-本年实际生产额。

生产在战前有长期增或减之趋势者用下式：

可能生产减少=依照趋势推算之本年可能生产额-本年实际生产额。

可获纯得减少之计算方法。营业在战前获利而本年获利较少者用下式：

营业进款净数或营业亏损净数=营业进款与营业用款之差；

可获纯利减少=战前三年营业进款净数平均数(如每三年数字一年亦可,如进款净数有长期增减之趋势须依照趋势推算本年营业进款可能净数)。

营业在战前获利而本年亏损者用下式：

可获纯利减少=战前三年营业进款净数平均数。

营业在战前亏损而本年亏损更多者用下式：

可获纯利减少=本年营业亏损净数-战前三年营业亏损净数平均数。

(八)盟旗地方损失之查报

蒙古各盟旗地方人口伤亡及公私财产直接、间接损失可由蒙藏委员会依照以上各条办法制定表式令饬各盟旗长官查报。

(九)旅日华侨损失之查收

旅日华侨因抗战遭受之损失,由侨务委员会制定表式,委托侨团调查填报。

(十)土地沦陷克复之登记

某地沦陷后,应由该管县或市政府立时将沦陷日期、地名、面积([平]方公里数)及经过情形报告省政府,记入表内直辖市之土地沦陷则自行记入固式表内。某地克复后,亦应由县或市政府将克复日期、地名、面积、克复经过情形,及沦陷区内被敌人窃发资源种类、数量,及估值(此处所谓资源系指各地方尚未开采且未谈定矿业权之矿业而言,如已设定矿业权之矿产于沦陷期内,被敌占据开采,则应归入国有市县营或民营事业矿业部分之损失查报)报告省政府记入同一表内。直辖市之土地克复则自行记入,均每届半年照抄呈送行政院。仍先将二十八年六月底以前情形于奉到此项须知后一月内追查补报。

(十一)价值之计算及其单位

物品损失价值,均依照购置时之价值折实计算,其单位为国币一元。

(十二)查报各表纸幅

表格纸幅一律长二十八公分,宽二十点五公分。

2. 日机空袭四川各地概况(1940年)

日机在四川各地共投炸弹一万五千二百四十五枚,共死伤一万四千三百五十九人,损毁房屋四万四千八百间,平均每一百枚炸弹死伤九十四人,毁房二百九十二间,其中以七月份之綦江、合川、万县、涪陵,八月份之隆昌、泸县,九月份之南充,十月份成都等处损失较重。重庆方面,虽有相当损失,但较之二十八年度之损失率减少甚多,盖二十八年度平均敌炸弹每一百枚我方死伤五百三十七人,毁房四百三十四间,而本年度每一百枚炸弹则死伤九十九人,毁房三百七十七间。其锐减原因,实为重庆之防空设备改进,并强迫疏散人口,有以致之。惟损毁房屋方面,因敌采取"空军闪击"战术,投掷大量高度燃烧弹,故其损失率未能与死伤率同样减低。其损害原因于后:

1. 查綦江、合川、隆昌、南充等处在本年七月以前后从未被炸,虽有时敌机临空,但均系经过或侦察性质。此次敌机突施空袭,民众未及趋避,所蒙损害较重。

2. 七月五日,敌机轰炸綦江系分两批进袭。第一批经由成都直趋合川、荣昌、泸县等处迂回进袭;第二批则于十二时四十四分经綦江西飞后在荣昌一带盘旋,忽于十四时十六分趁我防护管制稍形松懈之时,折返投弹予我以不意之袭击。

3. 各次要城市之人口物质,既不遵令疏散,而当地政府又无强制执行之决心,致遭较大损失。

4. 泸县因消防设备简陋,且蓄水池太少,故损毁房屋较多。

5. 十月四日成都被空袭,死伤之市民多在城墙附近,未能远离城区,遂遭灾害。

3. 四川省营业税局为下属各地局、所被炸情形致省政府主席呈 (1941年10月15日)

案查本局各分局、所本年六、七、八等三月份迭遭空袭,兹据报告被炸案件谨分陈如下:

一、奉节稽征所六月齐代电称,敌机炸城,本所无损。受灾商户另报,复据八月梗代电报称,敌机三次炸城,所址稍损,灾况后详。

二、广元稽征所呈报,六月二十二日,敌机侵入城空,投弹多枚,城内北部之工业及住宅,与城外两坝机场死伤各数十人。又据二十三日呈称,敌机复临城空,在下西坝扫射伤亡六人。是日三次警报,人民未得食者八九。

三、松潘稽征所六月预电称,敌机十余架,低飞城空,投弹多枚,城被惨炸,所址震毁,详情另报。二十三日敌机复至,城中被炸,中街被炸,中街尽成灰烬,南北西街已成残壁。

四、梁山稽征所呈称,六月十六日,敌机低飞市空,投燃烧弹十余枚,爆炸弹百余枚,伤亡数十人,房屋被烧甚多,西大街受灾最惨。又据八月十六日呈称,敌机多架侵城,狂炸市街,烧毁房屋,惨不堪言。复报二十三日,敌机又狂炸东西南,各门均受损失,尤以中正街更重,烧毁房屋百余家。

五、万县分局七月世日代电电称,感日午前十一时,敌机数架低飞市空,投弹多枚,城内文明路、土桥子、万安桥河坝等处被炸。复报陷日午后二时,敌机九架侵入投弹,计汽车坝、蒙溪河坝等处无大损失。至报八月,空袭警报次数时间表,业已据实呈请钧府鉴核在案,无庸赘陈。

六、丰都稽征所呈称,七月三十日至八月八日、十日、十一日,连炸七次,共投弹五十余枚,全城精华均付一炬,详情另报。

七、自贡分局报称,七月二十八日被炸六次,投下爆炸弹及燃烧弹数百枚,如正街、三圣街等地,商店中弹倒塌者颇多。此外,营业殷实街段,如新街、东源街、石塔上、长生街完全被焚,[分]局亦中弹,全部焚毁。复据二十九日报称,敌机再侵,轰炸灯杆坝、双塘□、豆芽湾、善后桥等处,商户多被炸毁,为空前惨状。

八、内江分局七月虞代电呈,敌机第一批九架在市区及郊外投弹二十余枚,其余六七批幸未投弹,城内外炸毁房屋七八处,残余数十人,本局□壁□被震坏。复据八月二十日报称,敌机飞入市空,投下大小炸弹及燃烧弹数十枚,城内南街、小东坝街、华佗街、箭道街、县府,及东门外临江路、水巷子、胶房街、过江楼街,与其余各小街道登时多处起火,城内得救,城外延烧最宽,全城房屋约去五分之一。

九、成都分局报称,七月感午,敌机大举袭蓉,金丝街局门中弹,致将炸毁毗连墙壁,悉皆坍塌。内部办公室,门窗户格,震坏尤多,所有陈储待用之各项税票、单据、册簿、文卷等,遗失甚多。又外西观音阁临时办公地点,亦被空中爆发弹毁民房数家,亦遭损坏。

十、富顺稽征所七月陷日代电呈报,丰日敌机经富顺投弹二枚,烧夷弹一枚,并用机枪扫射,烧房屋一幢,伤数人。

十一、南充分局世代电称,感日敌机轰炸本市,红墙街被烧一段,孔迩街炸毁数处,死伤军民二十余人。又报勘□陷三日空袭严重,警报不停,人民惊恐至重。

十二、合川分局八月寒代电称,寒日午前十二点钟敌机十二架,在大小南门外投弹数十枚,均落河内,炸沉船二只,人民与损失极少。复报二十一日敌机袭合,城内柏树街、文通街、人和门炸毁民房多间,学昌门外青新街一带被炸最烈。东津沱、橡丰纱厂一带投弹尤多,工人及人民伤亡三四百之多。又报称二十三日午后二点钟,敌机投弹炸毁各街民房极多,本局营盘街办公地点亦遭轰炸,内院房屋震坏二间,其余屋瓦亦多震碎,幸票据、文件早已疏散,损失甚微。至所有公私物品,损失清册另案呈报。

十三、巫山稽征所电报,八月十七日午后一钟〔点〕,敌机十七架轮番狂炸,投弹百数十枚,商店民房毁伤数十余幢,伤亡数十人,本所全部炸毁。幸备解税款及未用税票先事防备,方得保全。惟连日连夜,警报不解,困难万端。复报十九日再遭敌机狂炸,其惨苦情况,已非人间所有。二十日午后,乘警报偶解到所查看,则断瓦残砖,积满数尺。忽警报又至,简直各事无从清理。至已用之缴复联,暨文卷、簿表等项,容后设法清理再行详报。现移乡办公,仍努力奋斗,以期整顿。

十四、忠县稽征所电称,八月十九日,敌机袭忠,投燃烧弹暨爆炸弹百余枚,十字街、丁字街、徐家坡被焚炸,毁铺户十余家。复报,二十三[日]敌机两次袭忠,约投弹百余枚,市区房屋损坏甚多。

十五、涪陵分局八月电称,养日敌机侵城,投弹数十枚,焚毁商户数家,本局全部被焚,公私损失惨重,童组员亦被炸毙。

十六、云阳稽征所电称,八月回日云城被炸,中弹百余枚,损失甚重同,详情查明再报。

十七、阆中稽征所电称,八月十六日,敌机投弹百余枚,炸毁东大街、太平寺街,郎家拐、岳庙、四牌楼、双栅子、南街、北街、学道街、黄衣庵、白果树、三陈街,其余小巷及东北城官菜园一带损失尤烈,伤亡数百人之多。以上各案除饬令各分局、所迅将公私损失,暨受灾伤户查实造册详报外,所有六、七、八月份各分局、所被炸情况理合汇案,呈请钧府俯赐鉴核备查。谨呈兼四川省政府主席张。

四川省营业税局局长　王子骞
副局长　涂重光

4. 日军飞机近年来炸毁基督教堂学校医院情况表(1942年)

名称	所在地	炸毁时间	备考
重庆基督教青年会培英幼儿园	重庆守备街青年里	1939年	1947年重建
重庆青年会宿舍	重庆徐家坡	1940年9月16日	
重庆青年会南泉分会宿舍	重庆南泉	1940年9月16日	

续表

名称	所在地	炸毁时间	备考
重庆私立淑德女子中学	重庆曾家岩	1939年3月	
重庆卫理公会社交会堂	重庆磁器街	1939年5月3日、5月4日	三次被炸成废墟,1943年重建
重庆青年会唯一电影院	重庆	1939年7月6日	
重庆沙坪坝学生公寓	重庆沙坪坝	1940年5月21日	
重庆青年会两路口办事处	重庆两路口	1940年6月11日	
重庆仁济医院	木牌坊	1940年	全部炸毁,1941年重建
求精中学	重庆曾家岩	1940年5月9日	
安息日会	重庆	1940年5月9日	
重庆青年会办公处、民众电影院、博物馆、蟾秋图书室、少年部、宿舍、农村服务汽车	重庆公园路	1940年8月9日、20日	
重庆女青年会	重庆金汤街	1939年2月	遭日机四次轰炸,1944年重建
重庆青年会民众电影院	重庆	1941年6月1日、2日、15日	重建后又遭日机炸毁
重庆中西英年会	重庆民族路		1943年重建
乐山县中华基督教会礼拜堂	乐山县城白塔街	1939年	后重建
乐山县内地会教堂	乐山县城铁门坎		后重建
宣道会秀山福音堂	秀山县城总爷坝侧	1938年	后重建
成都圣公会皮房街礼拜堂	成都中西顺城街	1941年7月27日	
成都浸礼会福音堂	成都南打金街	1939年秋	后重建
泸县中华基督教会礼拜堂和仁济医院	泸县城三倒拐	1939年	1945年重建
自贡中华基督教会义济高级护士学校	自流井雨台山骑坳井	1939年、1941年	轰炸三次
自流井自立教会	自流井新街	1940年	

续表

名称	所在地	炸毁时间	备考
永川卫理公会女布道会同文小学	永川县城	1940年8月	学校被炸停办
渠县圣公会礼拜堂	渠县城关北大街	1940年	
涪陵县中华基督教会礼拜堂、小学	涪陵县城关镇	1941年8月22日	炸毁
忠县中华基督教会礼拜堂	忠县城关		
重庆中华基督教会礼拜堂	重庆小什字		
奉节路德会教学	奉节城关华家街	1939年6月28日	教堂后来重建
奉节圣公会左城教堂	奉节城关	1939年6月28日	抗战胜利后重建

5. 中央通讯社《参考消息》有关日机近年来空袭四川各地消息选录（1944年）

（1）敌宣传空袭成渝情形（1939年6月13日）

（东方十二日同盟电）昨晚日海军飞机空袭成都、重庆。当日机抵成都时，有华机十八架在天空等候迎击，另有一华机竟冲至距日机五十公尺开枪袭击。空战达二十分钟，当有华机五架被击落，其中一架未证实。当空战时日机即轰击成都南区之各军政机关、第二十八军司令部、省政府财政厅、省党部及电厂等地，并有四处起火云。

又电，华方高射炮火极为猛烈，但日机仍一律安然飞返根据地。成都华西大学以南高射炮阵地极为活跃。又日机昨日空袭重庆，轰炸国民党政府机关及曾家岩修械厂、某某某官邸及城内军事目标，起火者有七处之多，华机六架起飞迎战，当为日机击下两架，曾家岩及南岸高射炮阵地均较前更见增加云。

（2）敌称炸毁我梁山军事设施（1939年8月30日）

（上海30日同盟电）日舰队报道部三十日下午四时发〈表〉〔言〕称，二十九日海军航空队袭川省梁山，轰炸军事设施及飞机修理工场、石油库、弹药库等。

(3)敌方宣传前日袭渝情形(1939年10月13日)

(东京十三日同盟电)日本在华海军司令部今晨发〈表〉〔言〕称,日海军飞机若干架昨晚七时第三次至重庆轰炸首[府],将嘉陵江北岸之中国机关炸毁,次[日]即将华方各高射炮阵地及其他工事炸毁。故凡三、四两日幸免之。华方防御工事昨日已尽遭炸毁,轰炸后各地皆起火,城内秩序大乱。据上海方面消息,重庆之中国高射炮火[力]已大不如前,亦不复发挥效力。故重庆之制空权已□□日方矣。

(4)敌方发表空袭成都情形(1940年5月21日)

(东京二十日同盟电)据前方电讯,日海军机若干架在中村上尉指挥下,于上星期六晚十时四十五分两度空袭成都,予该地军事建设以重大之打击,成都机场为目标投下炸弹,予以重大损失。又星期日清晨,又有日机轰炸重庆西北之遂宁,亦予以重大损失云。

(5)敌发表昨夜袭渝情形(1940年5月21日)

(东京二十一日同盟电)日海军航空部队于昨夜十时三十五分袭渝,轰炸军事目标,华机数架起飞应战,但当日机进攻时,立即逃去,日机全部安然返防。

(6)敌空军前日三度袭渝(1940年5月24日)

(□□根据地二十一日同盟电)海军航空队二十一日深更至二十二日未明,连续三次袭重庆。第一次二十二日上午一时十五分;第二次二时三十五分;第三次三时二十分。先后出动白市驿站及广阳坝,与华军战斗机交战,当击落其一架,并猛炸各飞机场之重要设施,予以甚大损失。

(7)敌机前日袭渝市近郊(1940年5月29日)

(东京二十八日同盟电)军讯,日本海军航空队昨日空袭重庆。于下午二时零五分至四十五分,猛炸×政权,行都近郊之军事目标,新成立之兵工厂及其他军事设备悉经炸后起火,日机全师而回。

(8)敌海军称将每日轰炸重庆(1940年5月30日)

(汉口二十九日路透电)日方海军发言人冲野今午接待记者时称,日方拟每日轰炸重庆,至华方抵抗精神完全消失之时。为此冲野称:日机今晨曾再度轰炸重庆、渠[县],承认重庆本身并非军事目标,但重庆全市之军事目标及高射炮,务须予以消灭,第三国财产之安全日方当予以保护云。

(东京二十八日同盟电)前方讯,日方海军飞机昨曾空袭重庆。今午一时二十分至三时四十分,再袭重庆。重庆近郊之军事目标,直接中弹者甚多;重庆西郊中弹后,即起火。日机曾与华机七架激战,三十分钟击落其一架;三时十分,日机袭广阳坝飞机场,曾与华方战斗机六架激战,又击落其一架,其余华机具经击退,华方高射炮甚见活跃,但日机一律安然飞返,按日机于今年内空袭重庆以此为第□次云。

(9)敌妄称前日袭渝成果(1940年6月14日)

(东京十三日同盟电)军讯,日本海陆军航空队昨再袭重庆陆军航空队。昨午二时十分袭渝,重庆重要兵工厂具中弹,日机并击落华机十三架,炸毁机场上一架,然后安然飞回。海军飞机三队于昨午后二时三十五分至二时四十五分,猛炸各机关及军事设施,虽高射炮及机关枪集中射击,亦所不顾。华机十二架曾起飞迎击,当为日方击落四架,然后安然飞回。

(10)敌捏造我陪都情形(1943年□月8日)

(南京八日同盟电)某前蓝衣社社员本年初自渝出走,近已抵达南京附近某市镇,叙述重庆最近之情形,称重庆〈之防卫城郊〉各区之防卫城郊有坦克车二十辆,宪兵司令贺国光负维持重庆市内治安之责。据采之统计,目前重庆约有运输汽车四千辆,惟缺乏汽油,均以木炭代用。城内有得力便衣分子。三营留居饭店旅馆内,以侦探危险分子城内吸食鸦片者,被警察拘捕强迫运送去充当清道夫。去年轰炸时期,重庆工厂遭受轰炸者达四千五百余人,房屋被焚或被毁者达一千余所。自滇缅路被封锁后,汽油、五金、药物、纺织物等均感到奇缺,致物价高涨,平民生活至苦,财富之家则穷极奢侈,致贫富悬殊。重庆人民〈以〉生活日益艰苦,复苦于兵役,故皆欲逃脱。惟以重庆当局监视甚严,且昧于逃脱之交通方法,致未能离去,迫令继续度其悲惨之生活。

(11)寇称今炸我梁山(1943年□月24日)

(广州二十四日同盟电)渝讯日空军今日下午突击梁山,轰炸并扫射渝方军事建设[设施]。

(12)敌昨炸我梁山飞机场1943年□月25日

(南京二十五日同盟电)日本驻华远征军新闻报道班今日宣布,大队日本陆军轰炸机与战斗机昨日进袭梁山与万县,在梁山破坏其飞机场,而万县则炸毁其沿码头之船支〔只〕。

(13)敌机袭万县、梁山经过(1943年□月25日)

(某空军基地二十五日同盟电)日本陆军航空队之轰炸机毗同战斗机于本年内首次袭川之役,轰炸万县长江中之大号船只,及梁山之飞机场与军事根据地,二地均位于川省东部。日机系飞过川省主要部队驻扎之积雪山间,往袭万县即向长江码头之大批船只集中投弹,轰炸大船上之油舱小船数十艘,被炸沉轰炸为粉碎。当地P-40式战斗机三架,于我机往袭时升空迎击,我机予以穷进回击。□□一周时,另一队日机往袭梁山,炸弹直接命中机场之跑道,大型房舍及其他设备,各军事目标均起火,参加以上战役之我机均安返基地。

(14)敌夸张空军扰万县战果(1943年□月17日)

(某基地十七日同盟电)日陆军大批驱逐机与轰炸机昨日下午袭万县,敌军事建设损失奇重,码头与轮只多艘中弹;有满载军需之六百吨运输轮一艘中弹沉没,另一六百吨之轮船重伤;大型轮六艘与油轮二艘中弹,至被扫射后起火。日机完成辉煌战果后安全飞返。另一队日机袭巴东附近之敌轮,有四百吨之敌轮一艘重创。昨日之空袭为本年第二次。第一次系二月二十四日,敌方虽扬言空军力量如何增强,然未见有飞机起飞。四川全部领空,均在日机控制之下。

(15)敌称渝市届空袭期(1943年□月17日)

(上海十七日同盟电)此间获讯,重庆昨晨拂晓时,即发警报,市民仓皇奔赴防空洞,日机并未往袭。现渝市已届空袭之期,市民闻日机昨炸万县,人心惊慌不已。

(16)敌播称我陪都疏散居民(1943年□月28日)

(广州二十八日同盟电)据悉重庆市当局已决定强令市民疏散,并已成立委员会。在市长贺耀组主持之下,监督疏散工作,并鼓励市民在四月一日至十五日期间离开市区,自十六日起即将施行强迫疏散办法云。

(17)防空司令部已拟定防备办法(1943年□月17日)

(本市讯)敌机日前□袭万县时曾投有延爆弹多枚,警报后□□爆炸事出意外,致平民颇有伤亡。重庆市政府防空司令部得悉后,当即派员前往视察,嗣即□□视察报告,着手研究是项炸弹之防护办法,以策安全。今(十七)日下午三时,贺司令特召集各有关机关代表,会商研究。经详细商讨,结果决定将每次空袭后对所有未爆炸之炸弹,均立即在四周筑以围墙阻滞,不准市民行近。嗣再视其地点所在,斟酌情形迅速采取[下列]三办法中任何一项之处置:(一)事发时间于二小时内将弹挖出;(二)设法使其爆炸;(三)□□□□其弹落在交通要道或人口繁密地区者中,均须采用(一)、(二)两项办法。但因进行时不无危险,故不仅完全调由受有训练之工兵担任,且将订定奖励办法,以利□功□。防空当局表示此[为]初步办法,以□□□继续不断加以研究云。

(18)敌机今袭渝在郊外投弹(1943年8月23日)

(本市消息)敌机五十四架今(二十三日)兵分二批袭川。第一批二十七架于十时半左右袭入市空,在盘溪小龙坡、相国寺、九龙坡各地投弹,此为渝市三十年九月后之第一次落弹,被炸区域损害极微。盘溪沙坪坝对面毁磨房一幢,死伤十余人。小龙坝弹投资渝炼钢厂,仅穿落屋前,别无损失。又汉渝公路资和炼钢厂左近河坝落弹多发,死二十余人,伤十余人。相国寺弹落江边,九龙坡、陈家坪落十余弹。又黄家园子附近落弹,两地无损伤。再对江大渡口落弹,难测今日敌机投弹目标。原在小龙坎、九龙坡、大渡口一带,旋在小龙坎上空,遭遇我机迎战,队形散乱,仓皇投弹而逸。又我机略有损伤。第二次二十七架则在万县投弹。

(19)简阳制糖厂被炸(1944年12月24日)

(成都二十三日电)成都快报载,敌机十九日夜袭川西时,简阳县射洪霸各熬糖厂均未停工熄火,敌机投下小型炸弹约百余枚,幸落荒地,并无死伤。又彭县城西八九里之花牌地方,是夜失火,虽经扑灭,余烬未熄。敌机投下小型炸弹廿余枚,落于火头附近,毁房数间,伤一妇女。

(20)敌称成都机场被炸起火(1944年12月24日)

(中国境内日军基地二十四日同盟电)日轰炸机队十九日夜间猛袭成都、梁山敌方空军基地。我机袭成都时,机场被炸,四处起火,附近之军事设备也被炸毁。其他日机突袭梁山,敌机一架被击起火,其他二处也被炸起火焚烧,出动日机悉数安返。

(21)敌称炸我蓉城附近两机场(时间不详)

(东京五日同盟电)军悉,日海军飞机若干架昨日分两队袭击川省温江及凤凰山机场,击落华机约二十余架并炸毁油库,其详情如下:

海军飞机一队由奥田队长率领,于昨日下午一时袭击成都以北之凤凰山机场,当有华机约三十架迎击,高射炮火亦极猛烈,空战至为激烈,华机十二架被日机击落,坠于成都及遂宁附近,并炸毁机场停机八架左右。日机另一批由宫崎率领,于昨下午一时二十分袭击温江机场,击落华方小型机十架、巨型机三架云。

编者注:中央通讯社编发的《参考消息》均转摘自日军内部刊物。原件存中国第二历史档案馆。

6. 四川抗战以来伤亡及财产损失情况(1945年)

本省抗战损失调查,经省府统计处汇核统计。兹探志其初步结果如下:

(1)人口伤亡损失

本省自二十七年至三十三年七年间,除三十一年未遭受敌机轰炸外,其余六年中遭受敌机轰炸的负伤人数共有二万六千余人,死亡人数共有二万二千五百余人。从各年人口伤亡数字看来,伤亡人数最多是二十八年、二十九年及三十年。在此三年中,负伤人数共有二万五千六百人,约占六年负伤总人数的百分之九八点六七,死亡人数共有二万二千三百余人,约占六年死亡总人数的百分之九九点三〇。

若依各县市人口伤亡分布情形看来,六年中负伤人数在一万人以上的只有重庆市;在一千五百至一万人的有成都市、万县、奉节三县市;在五百至一千人的有自贡市、合川、泸县、涪陵、乐山、梁山六县市;在五百人以下者有温江、□□、华阳、新津、崇庆、新都、双流、内江、简阳、永川、巴县、綦江、璧山、铜梁、北碚、峨眉、宜宾、隆昌、富顺、合江、纳溪、丰都、南川、秀山、开县、忠县、巫山、巫溪、云阳、城口、大竹、渠县、广安、长寿、南充、南部、武胜、遂宁、三台、蓬溪、盐亭、绵阳、金堂、梓潼、苍溪、广元、阆中、达县、松潘四十九个县市。

死亡人数在一千五百至一万人的有重庆市、成都市及万县；在一千至一千五百人的只有奉节一县；在五百至一千人的有合川、泸县、乐山三县；在五百人以下的有自贡市、温江、华阳、新津、崇庆、新都、双流、内江、仁寿、简阳、永川、巴县、江津、綦江、铜梁、璧山、北碚、宜宾、隆昌、富顺、合江、涪陵、丰都、南川、秀山、开县、忠县、巫县、巫溪、云阳、城口、城口、大竹、渠县、广安、梁山、长寿、南充、南部、遂宁、三台、盐亭、绵阳、金堂、苍溪、广元、阆中、达县、松潘等四十九个县市。

负伤的人在各年负伤时所需的医药费用，计共需二千四百二十万元。若依三十四年成都市物价指数折算，此项医药费应该是三十八亿七千三百六十万元。至于死亡的人在各年死亡时所需的埋葬费，计共需五千另〔零〕四十四万元。若照三十四年成都市物价指数折算，应该是一百另〔零〕七亿三千二百另〔零〕一万元。这两种损失总共是一百四十六亿另〔零〕五百六十一万元。

(2)人民财产损失

此项损失项目极为繁多。本省依据各县市呈报的财产项目加以归纳分为十三项，计在六年中被轰炸的房屋共有二十三万三千二百余间，衣服共有三十四万六千余件，牲畜共有二千一百余株〔头〕，人力车共有六十余辆，板车八十余辆，汽车六十余辆，木船三千五百余艘，汽船十三艘，什物共九十七万五千九百余件，现金共有七千七百二十九万八千余元。各年财产损失以二十八年、二十九年两年为最重，三十年与三十二年次之。各县市财产损失以重庆市、成都市、合川、泸县、合江、涪陵、万县、奉节等县市为最重；以自贡市、成都、内江、富顺、梁山等县市次之。以上十三项财产依据各年损失时价值计算，计共损失十二亿五千六百六十五万元；若依三十四年成都市物价指数折算，应该是一千三百五十四亿五千九百一十二万元。

以上人口伤亡所用医药费与埋葬费，以及各项财产损失若依三十四年物价指数折算，计共损失一千五百亿六千四百七十三万元，这只是限于各县市已呈报之材料加以统计的结果。至于曾经遭受轰炸，尚未呈报抗战损失的县份，如新繁、荣县、荣昌、眉山、夹江、屏山、江安、中江等，以及本省各项公有财产直接间接的损失尚未计算在内。所以，本省实际上所遭受的抗战损失总数尚不止此。以上数字已经呈报中央，此后各县及各机关报来的直接、间接的损失，当继续汇核统计。

三、日机轰炸成都及川西区

（一）日机轰炸成都

1. 四川省政府为严防汉奸潜入内地活动密令（1938年9月2日）

案奉国民政府军事委员会办一字第二一七七号通令开：

"据报：查敌汉奸潜入内地活动，其联络标志近又发现两种，即：1. 身上带火柴五根（因日与本两字，如用火柴排成，均为五划）与铜元一枚；2. 身上带香港铜元一仙（一枚），日本铜元一小（一枚），小圆镜一面（敌机临空时，即以镜面向日反射光芒，表示此系奸人所住之地，敌机不得扫射或轰炸），及我国铜元数枚（三枚或五枚不定，闻系代表某月某日之数目字）等情：合行令仰知照，并转饬所属一体知照。"等因，奉此。除分令外，合行令仰知照，并饬属一体知照！此令。

四川省政府　王缵绪

四川省防空司令部　刘兆黎

附：汉奸暗号

一、日本铜币一枚，外国铜币一枚（香港南洋各属不同），中国铜币或铜钱一枚，系敌人来时用以自卫者。

二、举手扬扬白布巾或帽笠——为向敌机指示轰炸目标。

三、手号有多种：

（一）伸出四个指头；

(二)拇指与食指合为圆圈余三指,伸直掀开衣襟。

四、橙色宁波雨伞举起两三次。

五、小圆镜一枚在阳光下摇晃指示敌机目标。

六、绸布手帕边绣红绿"十"字。

2. 成都县政府为征调民工补填日机轰炸毁坏北机场情形致四川省主席呈(1938年11月10日)

敬呈者。本月八日午后四点钟,奉赵主任秘书通知转奉主席面谕。饬于本日午后七钟,征调民工五百名到北机场补填敌机轰坏各处土坑,限次日完成。等因奉此。遵即齐集民工漏夜补修至九日拂晓,填好十九个迄至同日午后补好四十二个,全部补坑工作本日即可完竣。兹据民工总队副王尚志报告称:

"查本月八日敌机轰炸北机场,共计轰坏大小五十九坑,深度有达二丈余者,内有三十六坑系在此次四县奉令征调民工补修机场范围地段。航委会工程处于是日午后三钟召开紧急会议,可决在此次补修机场范围工段三十六个坑,限三日赶筑完竣。成、华两县各担负填补炸坑十个,新都、新繁各担负填补炸坑八个,每个坑由工程处发给津贴十元。查本部新调民工赶筑炸坑计五百名,业于昨日午后七钟许到齐。机场开始工作漏夜补赶。截至本日拂晓,已填好炸坑十九个,午后补好四十二个,全部工作本日即可完成。但工程处会议可决事项概未施行,其他新都、新繁二县并未担负填补炸坑工作。似此情形,本部担任过大未免失平,特具文报请钧座鉴核,恳予转请照顾点工计算,每工日给口食费二角外,并照工程处会议可决每坑发给津贴十元是否有当,伏候令遵。"等情据此。查此次奉令填补土坑,各民工等均能努力工作,遵限完成,漏夜赶工疲劳异常,拟请按照点工计算,每日发给口食费二角外,并照工程处决议每坑津贴洋拾元,以示鼓励。是否有当,理合签请钧座鉴核示遵。谨呈主席王。

成都县县长　陈诗

3. 四川省会警察局长为日机轰炸成都而驰赴灾区致四川省政府报告（1939年10月2日正午十二时于省会警察局）

职于敌机轰炸后驰赴灾区查得情况如下：

1. 到红牌楼机场得晤空军第五大队谭参谋。据谈，本晨三时许，第三批敌机在机场东南角相距一里之地投弹三枚，毫无损失。经复查无异。

2. 旋到元通桥外五里路远之处，查得宴家祠门前投弹二枚，未爆。邻近朱司令官屋前田内落一弹，侵澈面积宽七公尺，距此三丈外又一枚未爆侵澈面积有一尺七寸宽，深度不明。

3. 继到距宴家祠三亩之吴家湾，屋内落弹三枚，毁屋十八间，炸死男女共六人，失踪三人，伤五人，死水牛一只。吴家湾屋侧田内落一弹，虽爆而无损失，水沟外落七弹于荒郊，均无损失。

4. 嗣到凤凰山机场调查，场内西北边投弹四十七枚，仅伤一屋角，及伤打克希司中航机一架。

所有以上调查实况，理合报请鉴核备查。谨呈四川省政府主席王。

省会警察局局长　唐毅

4. 成都县政府为本县二区复兴联保第七保居民被炸伤亡致四川省政府呈（1940年5月23日）

案据第二区复兴联保主任陈心田呈称："窃据第七保保长刘云村报称，窃据第四甲住户杨增荣弟兄四人同院居住，均系贫苦，于本月十八日夜十时许，因敌机经过保内地面，其时省方照空灯将敌机照着施放高射炮，敌机掷炸弹二枚：一枚掷于正房内；一枚掷于大门上，登时将杨远程、杨增安、杨赞春、杨赞先、杨赞文、邱治臣、喻三娘、杨柴氏等击毙。该杨增荣、杨增华、杨周氏、杨王氏、杨么女、杨赞少、杨赞异、杨赞华、杨赞惠、陈顺兴等身负破片，并伤。又附近白庙子李贞女被机枪击毙；又第五甲内住户喻子良家被敌机掷炸弹一枚。于宅外篱寨边，登时击雇工陈老么一名。其喻子良、喻开源、喻开信、杨光明、杨光德、刘璧成、戴明玉等，均负破片，并伤。请予转报，等情前来。据此当即亲往查视，该远程弟兄实属穷困，今遭敌机击毙，深堪悯恻。除饬杨远程等家属,将尸身迅为掩埋以免污秽,并函送杨增荣、喻子良等分赴医院调治外,理合造具花名清册随文呈报钧府,俯赐鉴核,可否拨给该杨远程等烧埋费,暨杨增荣等医药费,以示怜恤,之处仍乞,指令祗遵。"等情。计呈被炸弹伤亡居民花名清册一份到府。

查是夜于敌机去后,即据该联保主任由电话报同前情,当于翌日饬派本县防护团总干事萧仲悦前往该地勘验,并处理善后事宜去讫。兹据该员签呈称:窃职奉派赴斑竹园视察处理被炸善后事宜,当即遵命前往,仅将各种情形录呈于后:

1. 十九日午前一时,有敌机多架,在崇义桥与斑竹园之间,周家碾右方(即二区复兴联保第七保地点)白庙子一带,投弹三十余枚,尚有二十余枚未爆炸,多在喻姓宅附近。

2. 登时炸毙农民九人,轻重伤十五名,状极悲惨,并震塌房屋数间。

3. 已代钧座慰问一切,均甚感谢。

4. 炸毙男女,已饬令尸亲或保甲掩埋,受伤男女已分送各轻重伤医院治疗。

5. 未爆炸弹,已饬令陈联保主任划定范围,派丁看守,严禁行人接近。

6. 详细情形,俟调查清楚再行具报,以免遗漏!

等情。据此。经职复查属实,除分别呈函并指令外,理合缮具名册,呈请钧府俯赐鉴核备查!谨呈四川省政府。

计呈第二区复兴联保第七各被敌机投弹伤亡居民花名清册一份〈略〉

成都县县长　陈诗

5. 成都县政府为本县境内遭受日机两夜轰炸及抚恤情形致四川省政府电(1940年5月31日)

成都。四川省政府兼理主席蒋钧鉴:

导感秘一字第七一七三号代电奉悉。查敌机巧晚在本县崇义桥与斑竹园之间周家碾右方投弹三十余枚,炸毙农民杨远程等九名,轻重伤十五名。又皓晚敌机袭蓉,在天回联保第六保六甲投弹炸毁草房一院,炸毙何成忠等三名，炸伤朱老么一名。所有详细情形前据各该联保呈报到府，当经派员勘明造具被炸伤亡居民花名册，于本月梗有两日分别专案呈报钧府，并一面分呈四川省赈济会，四川全省防空司令部，四川省第一区行政督察专员公署在案；一面函请省会空袭紧急救济联合办事处拨款救济，或由该处派员直接发人去讫。复经本府饬派防护团总干事萧仲悦前赴省会救联处商请拨款赈恤。

旋据该员回府报称：该处借词推诿，以被炸地点系属乡区，不允拨款。迄今数日，对于本府公函亦无只字答复。迭据各该联保请发殓埋、医疗各费，前来本府无法应付。查前奉中央赈济委员会二十八年九月梗渝乙代电开，二十八年九月二日呈及附件均悉，查空袭紧急救济联合办事处专为办理空袭被灾抚恤而设，兹据所拟办法涉及防空各有专司未便照准，且省会联办处业经成立该县自应参加办理。毋庸另行组设。仰即遵照等因。遵奉在案。复查二十八年十一月四日，敌机袭蓉，本县四马联保高筒车地方被炸，死伤人民十余人，被焚房屋数院。曾经专案呈请明令划分紧急救济权责，并核示房屋被炸救济办法一案。奉四川省赈济会二十八救字第一四九八号指令开。本年十一月民字第一七九三号呈表均悉，该县既奉赈济委员会电饬参加省会救灾联处办理，毋庸另行组设，救联处即应遵照办理。是该县境内遭受空袭之救济，当由省会救联处统办，自无权责划分之可言。至该县三区驷马联保高筒车附近被炸，受灾居民既经省会救联处按照规定予以紧急救济，如果有受灾后非赈灾不生赤贫灾民，亦应由该处查明报会核办。除抄发原呈、原表令省会救联处遵办外，仰即遵照等因。此次被炸伤亡人民应领殓埋医疗各费，该处迄未遵令发给，本县救联处复未奉核准组设赈恤经费，既无着落办理，机关仍复推诿。现值空袭紧急时期，警报频传，以后遇有空袭伤亡抚恤，究由何方负责办理，应请转报核示。尚需由县府办理救济抚恤，并请指示经费来源，备请核拨免误事机。奉令前因。对于目前立待赈灾恤之斑竹园、天回镇两地被炸伤亡灾民，拟请钧府严饬省会救联处速予按照规定发给殓埋、医疗各费，俾资救济是否有当，敬候示遵。

成都县县长　陈诗叩

6. 四川省防空司令部关于近期防空注意事项训令（1940年6月6日）

案准重庆防空司令部号办代电开："兹将渝市最近被炸情形及今后应行注意改进各点列后。敌机轰炸方式及情形：

一、敌机每次轰炸渝市时，必先有侦察机一架于晨间飞至市空侦察，尔后敌机即行来袭。其队形固定是一字形、梯形、三角形，及混杂队形。常交互使用。

二、敌机最近以大编队于白昼来袭，初犹分批投弹，近则轰炸市区时系多批于郊外集中后，同时侵入市区投弹。

三、每批敌机之后多有一敌机尾随飞行，似系联络并观测轰炸效果之机。

四、敌机所投之弹，为燃烧、爆炸弹两种，以爆炸弹较多，间有空中爆炸弹，其杀伤力甚大，弹之重量有重至一千公斤者。

五、因敌机轰炸投弹甚多，我通信线路□遭破坏抢修，交通亦有常被炸坏遭阻塞。防护团应行注意及改进之点：

（一）人口应彻底疏散；

（二）有洞者必须入洞；

（三）充分准备食粮、饮料，以防较长时间之连续轰炸；

（四）防空洞抗力不强，公私防空洞务须勒令停止使用，以防不虞；

（五）人民多不在空袭时熄灭炉火，以致经常引起多处火灾，应彻底纠正；

（六）处置未爆炸弹依照规定。原应在一周后掘取，惟一般人士甚形恐惧，故在未□现□期信管炸弹之情形下，应即时从速挖掘，以免纷扰；

（七）被炸烧之高大房屋，如无存在价值者，应即拆除，以免事后倒塌伤人；

（八）为炸后线路能迅速修复起见，应将抢修兵力，及器材充〈分〉〔足〕分配，俾能适时出动，分别抢修；

（九）在敌人大肆轰炸情况下，自来水时有被炸破坏之虞，故开掘蓄水池，以为补救资□不可，或缓之措施。且道路破坏后，巨型消防车辆不能通过时，更应以轻便帮补济其穷。本部有鉴于此，已在渝市各适当地点开掘，完成蓄水池多个。并本部为补救电动警报器之故障，及使市民能明确敌机动向，以充实防空要术，曾分别设置信号球及警报，使用以来颇具效果。兹将该项信号球及警报车□□检奉一份借供参考"等由。附设置信号球、警报车办法一份。准此除分令外，合行抄发原附件令仰知照！

此令。附抄发"信号球"、"警报车"办法各一份〈略〉

兼司令　邓锡侯

7. 成都县斑竹园"5·18"人口伤亡调查表

事件：敌机轰炸

日期：1940年5月18日
地点：斑竹园七保四甲
填报日期：1940年6月14日

姓名	性别	职业	年龄	最高学历	伤或亡
杨远程	男	农	62	△	亡
杨增安	男	农	34	△	亡
杨赞春	男	农	32	△	亡
杨赞先	男	农	12	△	亡
杨赞文	男	农	32	△	亡
邱治臣	男	农	35	△	亡
喻三娘	女	农	72	△	亡
李贞女	女	农	68	△	亡
杨柴氏	女	农	39	△	亡
陈老幺	男	农	35	△	伤
杨增荣	男	农	△	△	伤
杨增华	男	农	△	△	伤
杨周氏	女	农	△	△	伤
杨王氏	女	农	△	△	伤
杨幺女	女	农	△	△	伤
杨赞少	男	农	△	△	伤
杨赞异	男	农	△	△	伤

续表

姓名	性别	职业	年龄	最高学历	伤或亡
杨赞华	男	农	△	△	伤
杨赞惠	男	农	△	△	伤
陈顺兴	男	农	△	△	伤
喻子良	男	农	△	△	伤
喻开源	男	农	△	△	伤
喻开信	男	农	△	△	伤
杨光明	男	农	△	△	伤
杨光德	男	农	△	△	伤
刘壁成	男	农	△	△	伤
戴明玉	男	农	△	△	伤

注：由省会突袭紧急救济联合办事处照章发给医药、葬埋各费

8. 成都县天回镇六保六甲"5·19"人口伤亡调查表

事件：敌机轰炸

日期：1940年5月19日

地点：天回镇六保六甲

填送日期：1940年6月14日

姓名	性别	职业	年龄	最高学历	伤或亡
何桃兴	男	农	△	△	亡
李臣金	男	农	△	△	亡
朱老么	男	农	△	△	亡
何成忠	男	农	△	△	伤

注：由省会空袭紧急救济联合办事处照章发给医药、葬埋各费

9. 成都市政府为日机"7·24"空袭致四川省防空司令部呈（1940年8月9日）

查本年七月二十四日下午二时三十分，敌机三十六架空袭蓉市。在东南城区及附后城投爆炸、烧夷弹多枚，起火达十余处。当由本府特务队及全市保甲人员紧急出动，会同防护团、军警、部队驰赴灾区抢救，幸于二小时内，即

将所有火头悉行扑灭。一面由本府就预定计划分别进行清扫街道,收容难民,殓埋死难灾民,调查损害实况,慰问受伤难民等工作。截至二十七日止,各项工作大体已告完竣。兹谨将各项工作大概情形,列陈如下:

一、清扫街道

本府空袭服务队、清扫队,系由职员及养路工人所组成。是日共出动一百八十余人,分为五队,由工务科技士监工率领,分赴被灾各街,从事清扫整理工作。截至当晚十时,即将所有街道悉行清扫完竣,恢复交通。

二、收容难民

本府空袭服务队、收容队完全由职员担任,于空袭后,迅即在外东天仙桥、茗粥庵、春熙路青年会、城守街、新明电影院,各设难民临时收容所一处,收容难民共三百四十人,计第一所(茗粥庵)男三十二人,女三十七人,儿童三十三人;第二所(青年会)男七十一人,女六十六人,儿童二十四人;第三所(新明电影院)男三十八人,女二十一人,儿童十八人。由本府分派职员分别登记招待,每人每餐发给锅饼二枚。二十五日起,由省会空袭紧急救济联合办事处开始发放抚恤费,难民均先后令〔领〕款□徙,各所于二十七日暂告结束。

三、殓埋死难灾民

本府空袭服务队、棺殓掩埋两队,系职员及人力车夫组成。此次计出动一百零二人,分四组在灾区工作。截至二十七日止,计殓埋灾尸七十四具,内男尸三十七具,女尸三十三具,童尸四具。除由亲属自行备棺者外,计由本府发给棺木六十四具。

四、慰问受伤难民

此次空袭受伤难民,大都集中四圣祠、三大学联合医院、外东临时伤民收容所,及存仁医院等处。二十四、二十五两日,由本府空袭服务队、慰问队派员率同市立小学女教员多人,分赴各处慰问,并分发慰问品。此外,复指定女职员及教员十数人,经常在院协助看护。

五、调查损害实况

二十四日警报解除后,本府空袭服务队、调查队即派员出发调查损害实况。当晚,即将损失大概情形,调查完竣。二十五日复派员详密复查,计此次波及街道共四十条,受灾户数一千零二户,炸毁房屋二千五百五十一间,伤一百一十六人,亡一百零一人,伤亡共计二百一十七人,资产损失估计约七十七万六千九百余元。〈下略〉

成都市市长　杨全宇

10. 成都市防护团"10·4"空袭详报(1940年)①

一、注意情报时刻

午前十时四十五分,奉省防空司令部第二科李股长电话发出注意情报。

二、空袭警报时刻

十一时二十五分,本团闻得空袭警报。

三、紧急警报时刻

十二时七分,本团闻得紧急警报。四架敌机侵入市空〈时刻〉。

十二时四十分,敌机二十七架侵入市空。

四、解除警报时刻

二点三十五分,本团闻得解除警报。

五、投弹地点、弹种、弹数(详附表)

六、损失伤亡详情(详附表)

七、防护人员器材损失伤亡详情

(一)防护人员伤亡

甲、死亡。警备士兵五名,拆卸队员一名。

乙、受伤。警备士兵八名;拆卸队员二名;救护队员二名;防护团员九名;消防队员二名;

(二)器材损失

担架一乘;火钩一把。

八、防护部队施救详情

本团于十二时五十分敌机尚未离开市空时,按本团瞭望哨兵报告,东北方向发生浓密火焰,当即调遣各防护部队驰往施救,详情列后:

---

①原件无日期。

(一)消防

本团立即调遣常备消防中队出动。惟起火地点系在城外,且仅草房数间,在消防队到达灾场时火已熄灭。邻近灾场各义勇消防队,亦正待命出动灾场将余火扑灭。

(二)救护

本日灾情:敌系在东较场及城外亲〔新〕东门猛追湾至东较场缺口以外一带,投掷爆炸弹数枚,民众死伤较重,而救护勤务特别重发〔要〕,乃调遣本团轻伤医院第一及第三两治疗所到达灾场,在东较场开设临时绷带所,救治轻伤一十六人,重伤二十三人。

救护第一中队全队出动九十九人,在新东门开设绷带所,并在附城一带实施急救工作,共计治疗轻伤七十六人,重伤四十人。

救护第二中队全队出动一百二十人,在新东门城墙缺口处开设绷带所,并在附近一带实施救治。共计治疗轻伤四十人,重伤二十四人。

救护第三中队全队出动九十人,在昭忠祠开设绷带所,并在附近实施急救,共计治疗轻伤二十一人,重伤十九人。

救护第四中队全队出动六十人,在城隍庙附近一带实施急救工作,共治疗轻伤四十人,重伤十六人。

救护第五中队全队出动一百三十五人,在新东门同第一中队组合治疗,共计治疗轻伤五十六人,重伤三十五人。

救护独立中队出动五个分队,共四十人,在昭忠祠开设绷带所,并在城缺口处实施急救,共治疗轻伤二十六人,重伤三十人。

天主教信徒救护队出动一百五十人,在灾场各处巡行实施急救,共计治疗五十二人。

成茂师管区补充第五团担架连共出动四个连,在灾场担任搬运伤者工作。川康军人残废教养院救护队在其管区新东门一带实施救治伤者工作,共计六人。

本团救护部队完全出动,在灾场分头工作,各级人员均异常努力,且在敌机甫经投弹,尚未离开市空时即行驰往到灾场施救之伤民,轻伤者予以急救止血后,即输送到伤民收容所;重伤者施以包扎后送入重伤医院治疗。

九、防护团员

在注意情报发出时,[防护团员]各就岗位执行任务。警报班[在]管区内分布各街,实行警报传递;交通管制班各按岗位协助军警指导市民疏散;路线避难管理班分布各该管区之避难室指导市民避难;灯火管制班分布各重发〔要〕街道,协助交通管制,均能沉着应付,指导人民当属适宜。

十、警备部队

在注意情报时,[警备部队]即分布于各街巷实施警备勤务,并分组巡逻注意灾情。

十一、团部人员

于十二时四十七分敌机投弹后,即派干事黄克刚、廖灿儒、韩宗维、刘宗沛、赵正官、戴俊扬、郭开基、白怀仁等,立赴灾场担任调查灾情。同时,总干事左城夫、副总干事罗克章到达灾场指挥;副总干事林舒乔即在团部担任调遣部队工作;股长广鹤霄在东区率领担架营到灾场搬运伤者事宜。

十二、善后详情

(一)伤亡民众

受伤民众除当时由本团救护部队施以急救外,伤之轻重分送各医院治疗,其死亡者即由掩埋队挖掘抬运出城掩埋。

(二)灾区整理

被炸各街之受伤民众立即处理后,即将街面清扫完竣恢复交通。

1. 未爆炸弹

各被炸地点之未爆炸弹据报后,当即电饬该管分团分置未爆炸弹标示牌,并派武装警士及警备班团员看守,告之市民勿得轻意接近窥视及挖掘,必须待过二十四小时后,即由本团呈请防空司令部派遣部队监视挖掘或填埋。

2. 灾民急赈

正由四川省空袭紧急救济联合处登[记]办理中。

3. 防护人员伤亡处理

防护人员受伤轻者,即由本团轻伤医院治疗;其受重伤者,即送四圣祠医院治疗。对于死亡者,除发给烧埋费外,并呈请照章抚恤。

11. 成都市防护团"10·5"空袭详报(1940年)①

一、注意情报时刻

午前十时四十分,奉省防空司令部李股长电话,发出注意情报。

二、空袭警报时刻

午前十一时四十三分本团闻得空袭警报。

三、紧急警报时刻

午正十二时二十四分,本团闻得紧急警报。

四、敌机架数及侵入市空时刻

午后一时,敌机二十七架侵入市空投弹。

五、解除警报时刻

午后一时四十五分,本团闻得解除警报。

六、投弹地点、弹种、弹数〈略〉

七、损失伤亡详情〈略〉

八、防护人员、器材、损失伤亡详情

1. 防护人员伤亡

(1)死亡。消防队员两名。

(2)受伤。拆卸队员一名。

2. 器材损失(无)

九、防护部队施救详情

午后一时二十分,敌机投弹后甫经离开市空。据瞭望哨兵报告,西北方向发生灾情,本团当即调遣防护部队驰往施救,其施救详情列后。

1. 消防

据报,本市北较场中央军校发生浓密火焰,当即调遣本团常备中队,立即出动到达灾场施救。约二十分钟,即将军校被烧之停车房火势扑灭。同时拆卸部队亦到灾场时,惟火灾正大时刻;火被扑灭后,拆卸人员仅到灾场而未工作。至[于]义勇消防,因无火灾,除本管区各队到达外,其余均听从命令调遣。

---

①原件无日期。

2. 救护

本日敌机所投之爆炸弹，除部分在军校外，其余即在附近之人民住宅区，死伤数目系大。本团救护部队全体出动驰赴灾场，施救异常出力，约二小时久，即将灾场伤民施救完毕，分别输送各伤民收容所及重伤医院治疗。其各队施救情形列后：

救护第一中队：全队出动九十六员，在铁箍井开设绷带所，并在附近实施急救，共计治疗轻伤五人。

救护第二中队：全体出动一百四十四员，在铁箍井开设绷带所，并在附近实施急救，共计治疗重伤三人，轻伤十八人。

救护第三中队：出动六十人，在江汉路开设绷带所，并在附近实施急救，共计治疗重伤二十二人，轻伤二十人。

救护第四中队：全队出动一百零一人，在王家塘开设绷带所，并在东打铜街一带施救，共计治疗轻伤二十六人，重伤九人。

救护第五中队：全队出动一百三十六人，在铁箍井开设绷带所，并在附近实施急救，共计治疗轻伤三十八人。

救护独立中队：全队出动三百九十六人，在千祥街开设绷带所，并在东打铜街、北打铜街、苦竹林等街一带实施急救，共计治疗轻伤四十六人，重伤二十九人。

天主教救护中队：全队出动一百五十一人，在北较场、洛阳路、江汉路一带施救，共计治疗重伤六人。

3. 防护团员

在注意情报发出时，各就岗位执行任务。警报班就其管区内分布各街，实行警报传达；交通管制班按各岗位分工，协助管区指导市民疏散；路线避难管理班分布在各该管区之避难室内，指导市民避难；灯火管制班分布各重要街道协助交通管制。

4. 警备部队

在注意情报时，[警备部队]即分布各街实施警备勤务，并分组巡逻注意奸细。尤以九八三团三营机三连上等兵蒋树云，在正府街执行勤务时，扑灭燃烧弹一枚；又第七连中士付志诚、蒋超、王良才、马登仲等,在白家塘街巡逻时,扑灭燃烧弹一枚,勇敢服务堪受嘉许。

5. 团部人员

于一时十五分敌机投弹后,即派股长曹笃干事、黄克刚、戴俊扬、廖灿儒、刘宗沛、韩宗维、郭长环、赵正福、白怀仁、端木卿等出发到达火灾[现场],担任临时指挥及联络调查等工作。同时,总干事左城夫、副总干事罗克章到达灾场指挥；副总干事林舒乔留守团部调遣部队。

十、善后详情

1. 伤亡民众

受伤民众除当时由本团救护部队施以急救外,分别伤之轻重搬运到各医院治疗,其亡者即由掩埋队挖掘抬运出城掩埋。

2. 灾区整理

被炸各街之受伤民众立即处理后,即将街面清扫完竣,恢复交通。

3. 未爆炸弹

各被炸地点之未爆炸弹当即电饬该管分团,分置未爆炸弹标示牌,告知市民勿得轻意接近窥视及挖掘。必须等过二十四小时后,即由本团呈请防空司令部派遣部队监视挖掘及填埋。

4. 灾民急赈

正由四川省会空袭紧急救济联合办事处登记办理中。

5. 防护人员伤亡处理

防护人员受伤者即由本团轻伤医院予以治疗；其受重伤者送回四圣祠医院、圣修医院治疗。至于死亡者,除发给烧埋费外,并呈请照章抚恤。

12. 成都空袭慰问队十月四日、五日慰问灾区工作报告（1940年）

四日午[前]十时许,本市发出注意情报。十二时敌机由东而北,在东北区东较场城内外滥施轰炸,计投大小炸弹百余枚,顿时黑烟四起,灾象竟成。二时,慰问队先后在鼓楼街本府大礼堂集合,共十三人,分两组出发。

一队往新东门外猛追湾城郊一带；一队则迳赴东较城缺口直趋北郊，两队折回并在四圣祠医院、本院，及礼拜堂临时救伤处协助医生护士人员，共同裹伤递送茶水，至六时解散。计本日东较场中投弹最多，死军士十余人。新东门派出所死警士一人，伤七人。场左昭宗祠街口烧毁民房数间，死三人。一老妪被炸惨死，陈尸门前，家人哭之颇哀。经慰问人员嘱其往府领取抚恤，并允代为安葬北郊。西属小学师生无恙，校舍全毁焚，死避难者男女八人，为状至惨。城河对岸土塘边死一家三人。据四圣祠医院是晚挂号统计，求医治者共[一]百八十人，死者二十二人。次晨，随市长往医院慰问伤者，并与院中负责人商医药事，谈毕甫出院，注意情报又作，遂全队分别离散。

五日，敌机以炸军校为目标，不意未中，竟将军校附近各街滥炸而去。午后三时，慰问队复出发往东打铜街、北打铜街、文庙街、正府街、洛阳路一带，向各受伤、受损人家慰问。洛阳路文家院坝内被炸最惨，死董姓一家男妇幼孩等四人，白下路毁去百余间。正细察时，忽左近未爆炸弹爆发，轰然一声逃者颇众。

六日星期日，慰问队分两队往黄浦镇与天府镇，协同镇保人员共同慰问受灾民众，并指示拆卸人员拆除危墙，往铁□井厅、暑[袜]街、黄浦路、灯笼街、千祥街、四府街、暑前街、王家塘、江汉路一带慰问。王家塘塘边死十二人，王保长与副镇长刘鼎新亲在是处殓收死者，热心救灾，殊属难得。

七日星期一，慰问队员十余人再往灾区，向受灾民众宣布政府救济办法，详告领取抚恤手续，代写领条，女队员尤属出力。午后二时，慰问队结束会议，由各队员分别报告工作经过。

慰问队队长　吴熙祖
副队长　李谷君

13. 成都防护团"10·12"空袭详报（1940年）

一、注意情报时刻

午前十一时三十分，司令部李股长电话发出注意情报。

二、空袭警报时刻

零点十五分，本团闻得空袭警报。

三、紧急警报时刻

午后一时，本团闻得紧急警报。

四、敌机架数及侵入市空时刻

午后二时二十分，敌机二十五架侵入市空投弹。

五、解除警报时刻

午后二时五十分，本团闻得解除警报，并发出绿旗。

六、投弹地点、弹种、弹数（详见附表一）〈略〉

七、损失伤亡情形（详见附表二）〈略〉

八、防护人员伤亡情形

1. 防护人员伤亡

（1）死亡。常备消防队组长一名，队员四名，义勇消防队队员二名，防护团员一名。

（2）受伤。常备消防队员五名，救护队员一名。

2. 器材损失

担架六乘。

九、防护部队施救详情

本团于午后二十五分敌机投弹后当未离开市空时，被灾区域即在本团附近一带，当即调遣防护部队驰往灾雾施救，其救治情形分别列后。

1. 消防

本日敌机投弹多在西区，所有烧夷弹均被扑灭，并无火灾，本管区内之消防部队立时到达灾场。当拆卸部队亦陆续到场时，因无火灾，不能实施冷却拆卸，工作即由本团灾场总指挥安排，各消防、拆卸部队担任灾场清扫及抢救压伤人民等工作，以期迅速完成救护任务。其他不属本管区之消防拆卸部队，即听候命令调遣。

2. 救护

本日敌机所投之弹多属重量爆炸弹，伤亡较重。当即调遣救护部队立到灾场，分头施救。各部队救治情形如下：

本团附近之东城根街、多子巷、商业街、黄瓦街、仁厚街、东胜街、桂花巷等处，均被中炸弹，立命住在本团内之轻伤医院第三治疗所主任苏文光率领护士等到达灾场工作。在多子巷口开设临时绷带所，共计治疗轻伤二十九人，重伤六人。

救护第一中队长张思永率领该队所辖四个分队全体出动，官长十五员，队员九十四员，在皇城内开设绷带所，其队员即分头赴皇城内至公堂菜园内，即皮房前街等处实施救治，共计治疗轻伤四人，重伤一人。

救护第二中队长黄克刚率领该队全队队员一百四十四员，在东城根中街开设临时绷带所，其每分队即分头在多子巷、九思巷、斌升街、字库街、平安桥等处实施救治，共计治疗轻伤五十二人，重伤一十六人。

救治第三中队长杨静儒率领全队队员一百二十八员，在西区受灾之长顺上街、多子巷、东城根中街、娘子庙街、商业街、黄瓦街、斌升街、仁厚街、五福街、九思巷、马道街、字库街等处实施急救工作，共计治疗轻伤二十五人，重伤二十四人。

救治第四中队长邓宗正率领全队队员九十三人，在皇城内煤山侧，及小红土地庙、东御河北街、东城根下街、五福街等实施急救包扎工作，共计治疗轻伤三十二人，重伤八人。

救护第五中队长陈玉文率领全队队员一百一十四人，在东城根街及小土地庙两处开设临时绷带所，并在皇城煤山皮房前街及西区灾场施救，共计治疗轻重伤四十二人。

救护独立中队队长曾舜泰率领全队队员三百五十四员，在平安桥、五福街，及西区灾场各处施救，共计治疗轻重伤七十六人。

天主教救护队队长耿震中率领全队队员一百五十一人，在平安桥开设绷带所，并在发思巷、五福街、小红土地庙、东御河街、东城根街等腰三角形处施救，共计治疗轻重伤二十一人。

补充第五团担架四个连,分头到达各灾场担任搬运伤者工作。

本团轻伤医院院长曾孟炎率领各治疗所在长顺街开设临时治疗所,实施急救包扎勤务。

综计本日被炸各街巷之伤民经本团各救治部队之奋勇施救,特别努力并督饬到场之消防、拆卸部队予以抢救压伤之协助,故于三小时内即完成任务,活人甚多。

3. 防护团员

各班防护团员奋发义勇服务精神:在注意情报时,即全体出动,分布各管区之岗位执行任务。警报班执行传递警报责任;交通管制班协助军警指导行人;车辆避难管理班在各管区内之避难室指导市民避难;灯火管制班协助交通指导民众。

4. 警备部队

按照时机,分布各重、次要岗位实施警戒;并组织巡逻,分头巡视,注意严防奸细。

5. 团部人员

敌机甫往投弹后,本团即派股长广霄鹤、干事戴骏扬,立赴皇城煤山处担任临时指挥,及调查登记工作。复派股长曹笃、干事赵正官、郭长环、廖灿儒、李伯楷、韩宗维、白怀仁、郭开基、黄克刚等,分赴各灾场担任临时指挥及调查登记工作。同时,总干事左城夫到达西城各灾场指挥各救护部队办理急救及抢救被压人民;副总干事罗克章到皇城一带指挥;副总干事林舒乔在团部调遣部队后,亦到灾场指挥。全体人员均赴灾场工作,故于最短时间完成任务。

十、善后详情

1. 伤亡民众

各灾场受伤民众:轻伤者即由本团各救护队予以治疗;重伤者予以包扎后送甫澄医院、圣修医院、杨仁医院、仁济医院治疗。死亡之民众即由市府掩埋队分别抬往棺殓所装殓掩埋。

2. 灾区整理

被炸各街巷当时即由本团消防、拆卸队清扫,三小时后即恢复交通。

3. 未爆炸弹

各灾场之未爆炸弹即电令各该管分团安置标示牌，并在周围安置阻碍物，以免行人车辆接近发生危险。经过相当时间后，再由本团呈请防空司令部派员挖掘填埋。

4. 灾民急赈

各被灾区域之灾民，正由四川省会空袭紧急救济联合办事处办理赈济事项。

5. 防护人员伤亡处理

此次共计死亡常备消防队组长一名，队员四名，义勇消防队员二名，防护团员一名，均给予烧埋费每名六十元，并照章办理抚恤。其余重伤人员亦给予慰问金，并派员慰问。

14. 成都县政府为"10·5"日机袭蓉震毁县区房屋致四川省政府呈（1940年10月15日）

窃查本府及本县机关学校，早经遵令疏散乡间工作，惟原有房产仍在成都市区。本年十月五日午后一时，敌机袭蓉，投掷炸弹多枚，警报甫解，立经县长兼团长督同本县防护团总干事傅筑贤率领防护团员前往查勘抢救。计县府落弹一枚，西厢房五间，门壁瓦桷，悉被震坏。其余六间，亦微有损毁。救济院落弹一枚，震坏房屋二间，微有损坏者亦二间。县立女子中学西厢房三间受震，微有损坏。县立城区女子小学（本县小学师资训练班因另无住地现暂住校内）落弹一枚，炸毁房屋五间，其余十间受震损坏。财务委员会经管县有西府街房产，炸毁四间，震坏二间，以上五处所幸人无伤亡，兹经饬据该员绘具略图，并填报财产损失报告单前来，经职复查属实。除径呈外，理合检同原件，并查填财产直接损失汇报表一份，具文呈请钧府鉴核备查！谨呈四川省政府。

计呈略图一份，财产损失报告单五份，财产直接损失汇报表一〈均略〉。

成都县县长兼防护团团长　陈诗

秘书　尹树藩代呈

15. 成都市防护团"10·27"空袭详报（1940年）

一、注意情报时刻

午前十时零五分，奉省防空司令部高参谋长命令，发出注意情报。

二、空袭警报时刻

午前十一时十分，本部闻得空袭警报。

三、紧急警报时刻

午前十一时五十分，本部闻得紧急警报。

四、敌机架数及侵入市空时刻

午后零点二十分，本部目击敌机二十一架侵入市空，在西南区投弹。

五、解除警报时刻

午后一点零五分，本部闻得解除警报。

六、投弹地点、弹种、弹数（详见附表）〈略〉

七、损失伤亡详情（详见附表）〈略〉

八、器材损失、防护人员伤亡详情

1. 防护人员伤亡

（1）死亡（无）。

（2）受伤。消防队员一名。

2. 器材损失（无）

九、防护部队施救详情

1. 消防

本部目击敌机于西南方向投弹后，当未离开市空时，即饬本部常备消防队出动，驰赴灾区。到达少城公园及君平街、将军衙门、小南街、包家巷、将军街、西御西街等处，因无火警，即会同消防第二中队、第三中队，暨拆卸独立第一中队第五分队、第二中队第七分队，与补充第五团第十二、十四两连分别担任清扫工作，立将瓦砾整理恢复交通。

2. 救护

本日敌机所投之弹全系爆炸弹，市民因鉴于历次之伤亡，故于情报发出后,并由本部令饬各区团尽量劝导从容疏散,死伤极微。本部救护部队于敌机甫投弹后,即分头出动驰赴灾区努力施救世主,兹将各队工作情形分述于下:

救护第一中队长张思永率领该队队员一百一十七员,在少城公园开设临时绷带所,并在小西巷、君平街、包家巷等处救治。救治轻伤七人,重伤二人。

救护第二中队中队长黄立刚率领该队队员九十七员,在少城公园内枕流茶社开设绷带所;在皮房前街、房后街、包家巷施救,共治疗轻伤九人,重伤五人。

救护第三中队队长杨静儒率领该队队员一百三十九员,在小南街开设绷带所,并在少城公园、祠堂街、西御西街、山西巷、小河街等处施救,共计治疗轻伤八名、重伤一名。

救护第四中队长邓宗正率领该队队员八十二名,在楞迦奄施救重伤四人,轻伤五人。

救护第五中队队长陈玉文率领该队队员一百三十八名,在小南街设立绷带所,并在君平街、将军街、将军衙门、方池街、皮房前街、小河街一带施救,共计治疗轻伤十二人。

救护独立中队长曾舜泰率领该队队员三百四十三名,在祠堂街、小西街、君平街、小南街、少城公园、包家巷等处施救,共计治疗重伤六人,轻伤十一人。

天主教信徒中队长耿震中率领该队队员一百五十一人,在将军衙门、少城公园、包家巷、君平街一带,治疗轻伤二十一人,重伤六人。

本团轻伤医院院长曾孟炎率领第三治疗所主任苏文光,在少城一带灾区各街施救。

补充第五团第六连、第三连,到达各灾场担任担架、勤务,还搬运伤者到各重伤医院,并饬本部常备消防队及义勇消防队到各灾场人员协助搬运。

总计本部救护各部队完全出动驰赴灾雾工作,均能奋勇服务,努力工作,故于敌机投弹后三小时内即完成工作,将受伤民众完全实施包扎后,分别遣送各医院。

3. 防护人员

各班防护团员于情报发出后，即出动按各岗位实行任务：警报班于注意情报，各就管区岗位传达警报；避难管理班各就避难室指导民众避难；交通管制班各按岗位指导，疏散民众；路线灯火管制班协助交通班管制交通。各防护团员均沉着镇静实行任务。

4. 警备部队

于注意情报后，即按各岗哨配备，并组巡逻队分头于各街、巷巡查，注意宵小，严防奸细。

5. 防护团

团部人员于敌机甫投弹后尚未离开市空时，即派本部股长曹笃、刘成章，干事赵正官、郭长环、郭开基、韩宗维、李伯楷、廖灿儒、戴俊扬等人立即出动，到达灾场担任临时指挥，及调查登记事项。同时，总干事左城夫、副总干事罗克章到各灾区巡视，并指挥部队。股长广鹤霄率领救护队到灾场工作，副总干事林舒乔留部调遣部队后，亦到灾场指挥团部各级人员全体出动均到灾场工作迅速完成任务。

十、善后详情

1. 伤亡民众

本日灾情甚微，受伤民众甚少，经本团治疗后，分别遣散及送医院治疗。至于死亡者，即由市府掩埋队抬出城外棺殓掩埋。

2. 灾区整理

各被炸地点由本部调遣补充五团及消防部队共同担任清扫工作，整理交通。

3. 未爆炸弹

各处未爆炸弹电令各该管分团将标示牌监置，并饬军警守护防止市民接近，由本团转呈省防部派员挖取填埋。

4. 灾民急赈

被炸区域之受灾民众其抚济事宜，由四川省会空袭紧急救济联合办事处登记办理。

5. 防护人员伤亡处理

本日仅伤消防队员一名,经本团救护部队治疗,还无死亡。

本日敌机袭蓉,市民因鉴于已往事实,均能适时出城疏散。在空袭警报后,本市宪兵第二团与警备部队及警察防护团员等出动服务指导民众,并预防乘机破坏的反动份子。故警戒严密,秩序极为良好,敌机投弹后仍积极工作。对于灾区之交通管制及警备勤务亦异常严密,故能迅速完成任务,未发生其他情形。

16. 成都市政府为日机空袭饬令碾户立即停碾致四川省政府呈(1940年11月8日)

案据本府助理秘书向次元签呈称:"近值寇机袭川严重时间,本市正加紧疏散人口,避免无谓之牺牲。惟查省城郊外,水碾甚多,每遇寇机飞翔上空,该碾户等犹放闸碾米,以致水声大作,易惹寇机注意,以为下方地面当有重要工厂。设投掷炸弹,不徒该碾户立即粉碎,而附近民居暨由市逃避空袭之民众俱将波及。川西北路,当寇机航程各县,无知碾户以此罹祸者,时有所闻。职为防备意外,预策安全起见,拟请市座,据情转呈四川省政府,分令各县,转饬乡镇公所。辖境傍河设有碾房之处,该碾户等值县城放出空袭紧急警报,或遥闻寇机飞空嘎嘎声时,务令立即闭闸停碾,必俟解除警报后,始得恢复工作。如违,即以妨害公案律惩罚。庶该碾户等,不致贪图暂时小利,而对于附近民居及由城镇逃避空袭之民众保全殊大。是否有当?为此签呈,伏乞鉴核"。等情。据此,市长查所陈各情,不无见地,理合具文呈请钧府,俯赐衡鉴,是否有当?并候指令祗遵!谨呈四川省政府。

成都市市长　余中英

17. 成都市防护团为填报"7·27"空袭表致四川省防空司令部呈(1941年7月27日)

敬签呈者。窃查本日午前十一时四十分,敌机八十四架轰炸本市,被灾区域共计六十余街。所有损害情形现已分别派员调查,特制成图表进呈:

1. 小南街发生火警,经派出常备消防两中队,经三十分钟施救,旋即扑灭。其他所投燃烧弹多枚,均经各地消防队员、防护团员用沙室熄。

2. 被炸伤市民经各救护中队及轻伤医院各治疗所分别施救,重伤者派队分送四圣祠医院、存仁医院、甫澄医院、省立医院、圣修医院收容治疗。

3. 炸死市民应由市政府掩埋队负责掩埋。职亦派本团常备消拆大队,分赴各地协助收尸,抬往救联处指定之棺殓处所停放待棺殓。

4. 本日各地虽无大火灾发生,所有消拆部队无工作者,即令其清扫整理瓦砾,被炸各街之交通。

5. 本日敌机投弹四[百]一[十]八枚。截至午后六时,据调查所得,轻重伤市民三[百]三[十]七名,伤亡一[百]零四名,损坏房屋约六[百]七[十]二间,理合签呈钧鉴。谨呈兼团长朱。

职 左城夫呈

18. 四川省会警察局为查报"7·27"日机轰炸成都致四川省政府主席电(1941年)

兼理四川省政府主席张钧鉴:案奉钧府俭秘一字第一二二一六号代电,饬将"七·二七"敌机轰炸死伤人数及损失详情查明报府。等因。奉查此次被炸惨烈,现正积极办理清除、掩埋工作。损失详情尚在清查中,兹谨先将被炸死伤人数、投弹数目、炸毁房屋列表具报。

四川省会警察局局长 戴颂仪世叩

附件

四川省会警察局造报"7·27"日机轰炸成都调查表

(填报日期:1941年7月)

区别	街名	毁屋栋数	炸伤人数	炸死人数	投弹数目	备考
南区	青莲巷				1	
	黎花街	8	1		2	
	三桥北街	1	1		1	

续表

区别	街名	毁屋栋数	炸伤人数	炸死人数	投弹数目	备考
	三桥西街	7	4		1	
	染房街	2	2		1	
	东御街	38	5	13	15	
	西御街	50	10	5	3	
	大有巷	4	5	2	1	
	东鹅市巷	34	3	4	2	
	永靖街	58	26	18	5	
	小河街	21	15	10	3	
	小西巷	5	5	3	2	
	皮房前街	3	4	2	2	
	皮房后街	5	8	4	1	
	明远西街	10	50	50	1	
	叠湾巷	31	7	6	2	
	新开街	50	1	1	2	
	南府街	100	2	5	2	
	横丁字街	3				
	东丁字街	30	5	3	1	
	飞龙巷	30	2	7	2	
	盐道街	23	8	5	3	
	指挥街	23	2		3	
	纯化街	3	2	2	4	
	上南大街	22	6	2	2	
	中南大街	12	8		1	
	文庙西街	5	8		2	
	文庙后街	29	37	2	14	
	陕西街	1	5	1	2	
西区	西御西街	135	12	3	12	
	半边桥	35	3	1	3	
	东城根街	52	15	12	6	
	半节巷	12			2	
	牌坊巷	1	1		1	
	永兴街	3	13	8	7	

续表

区别	街名	毁屋栋数	炸伤人数	炸死人数	投弹数目	备考
	将军街	3	5	3	4	
	小南街	56	14	13	9	
	永靖巷				1	
	横小南街	3	1		1	
	方池街	4	7	5	9	
	蜀华街	6	38	69	5	
	包家巷	1	4	3	2	
	金河街	1	2	3	2	
	少城公园	9	58	124	25	
	长顺上街			2		
	支矶石街		3	4		
	奎星楼街				1	
	仁寿巷	14	7	4	2	
	大西巷	12	2	3	2	
	大树拐	3	1	3	2	
	五福街	20	4		1	
	羊市街	2			1	
	板桥子	14	4	5	2	
	青龙街	880	284	354	157	
	青龙巷	6	1		1	
	署前街	18	1	5	1	
	江汉路				1	未爆
	江汉路	114	9	13	13	
	东门街	15	2		2	
	东城根中街	18	8	6		
	长发街	95			6	四枚未爆
	槐树街	18			3	二枚未爆
	实业街	12	3		1	一枚未爆
	黄瓦街	15	1		2	
	中同仁路	25	1	8	5	
	娘娘庙街				1	烧夷弹

续表

区别	街名	毁屋栋数	炸伤人数	炸死人数	投弹数目	备考
	长顺下街	1			1	未爆
	红墙巷	3	1	1	1	
	西马棚街	5	8	4	3	
	东城根街		7	5	1	
	东半节巷				1	未爆
	上半节街				1	未爆
	青龙街			4		
	西御河边	30	10	8	3	
	西皇城边	35	12	16	4	
	平安桥	26	2	4	2	
	马道街	24	14	9	2	
	西华门	16	6	5	2	
北区	正府街	21	2		3	
	东打铜街	38	1	1	2	
	北打铜街	3			1	
	上锣锅巷	6	3		2	
	武圣街	22	2	4	8	
	文圣街	11	5	5	3	
	小福建营	81	2	11	12	
	天成街	10	1	10	2	
	大福建营	19	1		3	
	骡马市街	83	12	7	13	
	西玉龙街	39	4	3	8	
	文庙街	4			3	
	西府北街	15			1	
	中西顺城街	108	6	2	3	
	古中市街	28	1		2	
	上翔街	19			1	
	东御河北后街	70			3	
	东御河沿街	55	4	3	4	
	东二巷	1			1	
	上升街	20	9	4	3	

续表

区别	街名	毁屋栋数	炸伤人数	炸死人数	投弹数目	备考
	义坊巷	未发			1	
	鼓楼南街	3	1		2	
	提督西街	1			1	未爆
	隆盛街	13	1		1	
	红庙子街	15	4		1	
	鼓楼北三街	全院	1		2	
	金丝街	4	3	6	1	
	北城公园内	砖墙	2	6	1	
	红石柱		3	1		
	白家塘	45	5	5	5	未爆二枚
	楞伽巷	85	2	5	7	
	金马街	12	2	3	3	
	酱园公所	全院			1	
	洛阳路		2		1	
	文殊院街				2	未爆
	五岳宫	12			1	
	通顺桥	15	3	1	2	
	下草市	10			1	
	白云寺	65			4	
	银丝街	15			2	
合计	118	2939	583	563	347	

局长：戴颂仪

19. 成都市长顺上镇"7·27"日机空袭死伤人员登记册（1941年）

姓名	性别	年龄	籍贯	职业	住址	伤亡状况	伤亡地点
方俊卿	男	45	广汉		泡桐树街19号	内部受震，眼耳亦伤	老西门外将军碾
李益新	男	41	安乐	泥工	井巷子30号	伤：腰臂腿（颇重）	少城公园
彭绍根	男	50	华阳	菜园	井巷子30号	死亡：破片穿胸	西马棚街

续表

姓名	性别	年龄	籍贯	职业	住址	伤亡状况	伤亡地点
熊淑贞	女	32	双流	雇佣	桂花巷60号	死亡:破片穿胸	顺河街,安家公馆
余傅氏	女	34	郫县		仁厚街3号	死亡:破片中腰、小腹	观音阁,城角
余雷氏	女	22	成都		仁厚街3号	伤:头部及下身	观音阁,城角
刘茂林	男	40	遂宁	小贩	桂花巷86号	伤:头部两处	小南街
李素芳	女	12	三台	学生	支矶石街13号	死亡:破片中头	外西三英小学
何唐氏	女	39	三台		支矶石街13号	伤:右臂折断	三英小学
张湘	男	34	郫县	印钞工人	支矶石街21号	死亡:破片中腰	奎星楼城脚
张宾	男	28	郫县	印钞工人	支矶石街21号	伤:臀部、腿(极重)	奎星楼城脚
陈宜常	男	50	彭县	雇佣	支矶石街24号	死亡:破片中胸	奎星楼城脚
杨德五	男	50	资阳	拉车	宽巷子53号	伤:足、头、臂	小南街
刘玉华	女	19	双流		长顺上街218号	死亡:腰部中破片	外西将军碾
樊成兴	男	18	成都	学徒消防员	长顺上街218号	死亡:头、腿中破片	外西将军碾
魏协和	男	50	华阳	卖药	东城根街4号	死亡:炸弹中身	抚琴台外西

20. 成都市"7·27"空袭紧急会议记录(1941年7月28日)

地点:四川全省防空司令部

时间:三十年七月二十八日午前八时

出席人员:黄季陆、吴石瑜代、胡次威、彭纶、余中英、戴颂仪、严啸虎、牛锡光、官大中、闵次元、谭晋笏、胡义、钟开泽、黄骥、张明儒、陈志潜、朱瑛、高炯、孙成城、许益谦、黄国昌、左城夫

主席:邓锡侯

记录:李成蹊

报告:〈略〉

讨论事项:

(甲)提案:

一、重伤民众收容案

（决议）除救联处自设四郊伤民收容所外，其余受重伤民众由各大医院负责收容，其医药、伙食及食米问题统由救联处、医疗组陈志潜负责接洽，所需款项救联处开支后向中赈会报销。

二、死亡民众掩埋案

（决议）责由成都市政府与空袭紧急救联处加强掩埋队组织，并由市府调用卡车、板车，俾资迅速掩埋工作。

三、各种通信线路抢修案

（决议）空袭后警报线路、长途线路之抢修由电政局、公路局、电灯公司各派定工程队，由省防部情报所长负统一指挥之责。其他各文武机关之自架联络线路被炸后，应限时修复，其详细办法于明（二十九日）［日］召集有关机关开通信紧急会议商定施行。

四、人口、物资疏散应促醒民众尽量遵行案（决议）

1. 凡有力事前疏散者应勒令遵行。

2. 各机关重要物资应即事前疏散。

3. 商业行栈勒令疏散至郊外。

4. 责由市府、警局、警备部会同强迫疏散工作。

五、临时疏散彻底执行案（决议）

1. 无力事前疏散民众，临时由军警、防护团员挨户督饬。先加劝导，继以强迫出城避难。

2. 城缺赶紧将八处开平，工作完成至道路桥梁因需款太巨，俟商张主席决定再办。至〔于〕办理机关，决［定］由市府负责，待经费决定后令遵。

3. 旧有道路桥梁防部有预算者应加紧修整，无预算者或超过预算以外者，另商省府办理之。

六、灾民抚恤案

（决议）灾民抚恤费规定太少，确有增加之必要应请中赈会酌量增加。至［于］办理抚恤手续，应力求简单、迅速，由救联处负责向中赈会请求办理。

七、担任防护部队应认真服务案

（决议）担任防护部队如兼有其他任务，在空袭时即以防护任务为唯一任务。万一旧任务不能停止，亦当若干部队担任。防护倘不认真服务必严惩。

八、官兵防护团员因空袭服务被伤亡应请优抚案

（决议）此案交市长酌量增加烧埋费，因物资高涨，亦酌量增加，通知防护团照发。

临时动议决议事项：

一、各担任防护部队官兵团员于空袭出去担任工作一律照定案每名日给津贴二元，由市府垫拨五万元至十万元交防护团照规定支付，事后向市府报销。

二、为加强防护工作，对担任防护员兵，决[定]严厉[格][执行]奖惩[制度]。

三、空袭时间发生盗窃事件，由警察局、警备部疏散区指挥部负责拿办捕获，真赃实犯立处死刑。

21. 四川省会空袭紧急救联处造报成都市医疗院所轻重伤民暨死亡人数表（1941年8月6日）

院所名称	所在地点	重伤	轻伤	死亡	备考
存仁医院	陕西街	1		466	以上伤亡数字截至八月四日为止。
甫澄纪念医院	少城包家巷	49	10		
传染病院	少城实业街	4			
公立医院	正府街	2			
仁济医院	四圣祠街	75	18		
圣修医院	平安桥	68	44		
东一伤民医院	外东牛市口右首马路侧	32			
东二伤民收容所	外东牛市口距一所半里	34			
北一伤民收容所	外北豆腐街	20			

续表

院所名称	所在地点	重伤	轻伤	死亡	备考
登记领恤外治伤民所			37		
共计		285	109	466	

22. 四川省卫生实验处为在被炸区域施行消毒致四川省政府呈（1941年8月16日）

查本年七月二十七日本市被炸，当于事后派遣章元钧前往被炸区域办理消毒工作去讫。兹据该员报称："谨呈者奉谕理会同市府实施被炸区域消毒事项，旋于八月一日由市府工务科何监工员派来工人十名，经职加以简单说明消毒之意义及方法，遂携带工具及漂白粉由职率领分区工作，谨将实施情形呈报钧鉴：

一、消毒地点：少城公园、皇城及被炸各街巷；

二、工具：水桶十个，饭碗十个（因无喷壶）；

三、消毒水之配制：每一桶水内（七加仑）加漂白粉，用木棒搅和即得；

四、消毒方法：

1. 在尸体停留过之地点测其面积，以碗取消毒水匀淋于地面；

2. 每一平方市尺加消毒水一碗。

五、消毒面积：共计一九六〇平方市尺。

六、消毒水之用量：共用去九[十]八加仑，耗漂白粉一四零市□等情；据此。理合备文，呈报钧府。鉴核备查。谨呈四川省政府。

四川省卫生实验处处长　陈志潜

23. 成都市防护团为"7·27"日机袭蓉详报致四川省政府呈（1941年8月28日）

本年七月二十七日，敌机一百零八架，分四批袭蓉，在本市西、南、北三区投弹甚多，本团于敌机离开市空后，即分派团本部各级人员，并调遣防护部队驰赴各灾场努力抢救,于四小时内完成任务,兹将空袭详情遵照规定造具空袭详报一份,理合具文赍呈钧府,俯赐鉴核,指令袛遵!谨呈四川省政府。

计呈:三十年"七·二七"空袭详报一份。

兼成都市防护团团长　朱瑛

附件

成都市防护团"7·27"日机袭蓉详报(1941年8月28日)

一、注意情报时刻:午前九时二十分,省防空司令部□□□□通知发电注意情报。

二、注意情报时刻:午前十时三十分,本部闻得空袭警报。

三、紧急警报时刻:午前十一时二十分,本部闻得紧急警报。

四、敌机架数及侵入市空时刻:午前十一钟〔时〕四十五分,本部目击敌机四批共一百零八架侵入市空,在西、南、北三区投弹。

五、解除警报时刻:午后一钟〔时〕十五分,本部闻得解除警报。

六、投弹地点、弹种、弹数(详附图表)〈略〉

七、损失伤亡详情(详附表)〈略〉

八、防护人员、器材损失、伤亡详情:

1.防护人员死亡

(1)死亡。救护队组长一员,消防队员八名,防护分团长一员,防护团员一名,警察局巡官一员,警士五名,警备士兵二名。

(2)受伤。救护队员五名,消防队员十六名,警察局警长三员,警士六名,拆卸部队士兵十一名(保安特务团),警备士兵七名。

九、防护部队施救详情

本团于午前十二时,敌机投弹后甫离市空时,探明被灾区域,当即调遣防护各部队驰赴灾场抢救,其工作情形分列于下:

1.消防

本日敌机投下烧夷弹多枚,均由本团防护团员,及义勇消防队员望浓烟起处赶赴用沙扑灭,致未成灾。仅小南街一处着火,立派本部常备消拆大队第六中队全体出动,到达灾场经三十分钟冷却工作即将火焰扑灭。各区义勇消防队因各区均无火灾,乃由灾场指挥人员就地调派各队,担任灾区清扫,及抢救压伤人民等工作,协助救护任务。

2.救护

本日敌机投下爆炸弹,及空中爆炸弹甚多。关于灾区伤亡,即由各救护部队担任急救包扎,各队救治情形分述于后:

本部轻伤医院院长曾盖炎率领该院主任医师邱仲强及护士,先在西外枣子巷、四座磨、三洞桥等处工作后,□□□□少城、西马棚街、东门街、羊市街、西玉龙街、东城根街一带施救,共计□□男女□□□一百二十三名。

轻伤医院第二治疗所在少城公园、小南街□□□□□□□共计治疗男女轻重伤八十七人;第三治疗所所长刘家□□□□□□□□□□棚街口开设绷带所,共计治疗轻重伤男女共二十四人;又在羊市街、东门街一带巡回施救,共治疗二十六人;又在少城公园内,射德会茶社开设绷带所,共治疗六十二人。第五治疗所在少城公园治疗,共三十九人。

救护第二中队副[中队长]岳金华,率领全中队官长、队员一百十七名,在上西顺城街、皇城坝、皮房后街、少城公园等处开设绷带所,并巡回治疗轻伤二百零七名,重伤一百五十五人。

救护第二中队长黄克刚率领全中队官长、队员一百四十八名,在少城公园佛学社开设绷带所,及西御街、东御街、小福建营、奎星楼、东丁字街、西丁字街、三桥南街、贡院街、小南街、包家巷、半边桥等一带巡回施救,共治疗轻伤一百九十四人,重伤九十一人。

救护第三中队长陈□□率领全中队官长、队员九十一名,在外西观音阁开设绷带所,及城内西区小南街、祠堂街、东城根街一带施救,共治疗重伤五十四人,轻伤一百一十七人。

救护第四中队长邓宗正率领全体官长、队员九十八名,在北区小福建营、正府街、羊市街、西府街、东城根街、皇城坝、隆盛街、古中市街、上西顺城街一带施救,共治疗轻伤一百五十六人。

救护第五中队长陈玉文率领全队队员九十二名,在三桥南街、少城公园、南府街、祠堂街、东御街、西御街、西字街、老南门等处施救，共治疗轻伤三十五人，重伤二十三人。

天主教信徒救护中队长耿震中率领全中队官长、队员一百四十二名，在后子门、西御河沿街、上升街、平安桥、青龙街、御河边街、皇城边街等一带施救并搬运伤者，共计治疗轻伤二百四十人，重伤一百四十七人。

救护直属第一分队长杨伯华率领队员二十九名，在少城公园、包家巷、君平街一带施救，共治疗轻伤四十人，重伤二十一人。

救护直属第二分队杨继筠，率领队员一十六人，在陕西街、西御街等地施救，治疗轻重伤五十四人。

保安特务团第二、四两大队，在灾情发生后，到达灾场搬运伤者送医院治疗。

救护独立第一中队长唐文祥，率领队员一百一十四名，在隆兴街、西玉龙街、红庙子、中西顺城街、后子门、皮房街一带施救，共计治疗轻伤一百零五人。

救护独立第二中队长张鸣谦，率领队员一百十二名，在少城公园、皇城坝、皮房街、平安桥一带施救，共计治疗轻重伤九十六人。

本日灾区较宽，受伤市民较多，所有轻伤经救护部队治疗后即行遣散；重伤包扎止血后，送入各医院治疗。惟将送搬运□时指挥，各防护部队及本部常备消拆大队全体队员协助输送，成为义勇服务精神，以救活人甚多。

3.防护大队

在注意情报发出后，□□□□□□全体出动队员六百七十名，就各街及城门、城墙缺口□□□□□□□□□□达警报等任务，指导市民疏散，沉着应付指导人民尚属适宜。

4.警备部队

在注意情报时，即颁布各街实施警备勤务，并物〔特〕别注意各偏僻街巷，分组巡逻缉捕宵小防范奸细。

5.团部人员

敌机甫经投弹后，本团即派副总干事邝鹤霄、罗克章，股长刘成章、黄克刚，干事郭长环、白怀仁、何元礼、刘华、苟兴国等，分赴灾场担任灾场指挥，并调查登记。同时总干事左城夫亦赶各灾区担任总指挥；副总干事林舒乔，即在团部担任调遣部队工作后，赴各灾区指挥巡视。

十、善后详情

1. 伤亡民众

受伤民众，除当时由本部团救护部队施以急救外，[其余]送入医院治疗。死亡者已达□□□。午后四[点]钟，市府掩埋队尚未到达，本团即派本部常备消拆大队全体队员出动，分在各灾区，将死尸搬运出城停放棺殓，于深夜方完成任务。

2. 灾区整理

被炸各街巷，立命救护部队，迅速施救后，一面督饬补充团，及各义勇消防部队，立即清扫，□□□□□恢复交通。

3. 未爆炸弹

本日敌机投下爆炸弹，数量甚多，未爆炸者共有一百六十余枚，当令各该管分团设置未爆炸弹标示牌，告知民众，不得轻意接近，致遭危险。复据各方面请求掩埋，本团乃呈准防空司令部，定期于八月七日开始挖取，雇定工作[人员]六十四名，分作三组，派定干事刘华、何元礼、白怀仁三员担任督工，分组挖掘，每处掘地已达一两丈深，仅有破片及弹壳，判断均第爆炸者，共计掘取五十余处，其他各处挖地已到两丈深度，犹未发现痕迹，乃晓谕市民自行挖掘或填盖。本部掘取工作，于八月十五日结束。

4. 灾民急赈

受伤民众本部派股长刘成章会同司令部曾孟炎赴各医院代表兼团长慰问，每名发给慰问金十元，抚[赈]济由四川省会空袭紧急救济联合办事处办理。

5. 防护人员伤亡处理

防护人员其受轻伤者，即由本团轻伤医院予以治疗；其受重伤者，即送四圣祠医院、圣修医院、甫澄医院治疗，[并]派员慰问。对于殉职者，除给烧埋费外，并呈请照章抚恤。

十一、意见

1. 指挥方面

查空袭时间,本团接受防空部情报,并发布一切命令,专赖电话传达,本团使用之专线、市用电话两种。惟市用电话时生故障,且接线故意延迟,以致每发情报,辄感困难,应请严饬电话局改善,以免贻误事机。

2. 掩埋死尸

查掩埋死尸工作,原由市府发空袭紧急救济联合办事处担任,本日各灾区之死尸,亦由□□□□□□□□体队员,搬运出城掩埋,以后务划明□□□□赴□□□□□□□。

3. 交通器材

在注意情报发出后,除电话通知各区团发布外,本部即派干事四员,乘自行车分赴各灾区街巷,传达□□□,惟以交通器材缺乏,实感困难,拟请拨发自行车□□□□□。

兼成都市防护团团长　朱瑛

24. 四川省赈济会视察员奉令发放"7·27"灾民特恤金报告（1941年9月4日于叶家院本府办公处）

窃职等前奉令派监放委员长蒋颁发蓉市"七·二七"被炸灾民特恤金,饬往省空袭紧急救济联合办事处会同核实散发具报等因。遵于八月十八日前往市区面晤余兼主任委员中英洽商一切进行事宜,十九日由省救联处召集临时紧急会议,当场决定三个步骤:

第一,提前发放现住各医疗院所轻重伤民,免除事后清查困难,自八月二十日起至二十一日止,限期两日完成。

第二,由救联处全体动员,共分四组,职等各分组监放。一面将被灾区域划为西一、西二,及南、北四区,每组分任一区,亲赴各街,按户散发并宣布委座轸恤灾民德意。自八月二十一日起至二十四日止。原限四日,因连日空袭关系,延至二十六日完成。均经职等将一、二两步工作情形分别报告有案。

至[于]第三步工作,为补发应领未领之死亡者家属,及轻重伤民与夫房屋被炸各户特恤金,原限八月二十五日起至月底止完全结束,亦因连日空袭紧张未能如期发清。经省救联处一再商请,延期二日继续补发,亦经职季贤将权宜延期情形报告在案。兹经职等连日加紧督促,所有全部工作业于九月二日午后八时截止发款,三日完全结束。谨将实发恤金各数字分别胪陈于下:

1. 死亡数七百七十八名(省救联处最终查报死亡约为八百名,计少二十二名),每名照案以二[十]六元计,实发去特恤金二万零二百二十八元;

2. 重伤数二百二十八名(救联处原报约数为三百人)每名照案以二十元计,实共发去特恤金四千五百六十元;

3. 轻伤数二百三十六名(救联数原报约数为三百人),每名照案以十元计,实共发去特恤金二千三百六十元;

4. 房屋全部被炸数九百九十三户(救联处原报约数为一千一百八十户)每户照案以十元计,实共发去特恤金九千九百三十元;

5. 房屋半部被炸数一千三百二十五户(救联处原报约数为一千四百户),每户照案以六元计,实共发去特恤金七千九百五十元。

以上五项实共发去特恤金四万五千零二十八元,两数迭除救联处尚余存恤款四千九百七十二元,此项余存恤款应否缴还本府,抑仍交救联处保存作其他有关赈恤之用,应请钧座核定至职等。此次奉派任务,连日多在警报声中工作。虽经延期二日,幸得全部完成。职等亦各于即日仍返原机关销差,照常服务期所发各项恤金数字实发数,均较原报数为少。一因职等遵照钧谕核实监放期无冒滥;一因救联处原报数系属约略估计所致。但以发放时间比较,救联处散发普通恤款日期短促(该处发款期为一个月),中间尚有少数遗漏,亦未可知合并呈明。除取得领款单据全数交由救联处汇齐呈报外,理合将监放经过情形及实发恤款数目,报请秘书长核呈、兼理主席钧鉴。

"7·27"特恤监放员:本府秘书处股长　郑季贤
　　　　　　　　　民政厅视察员　　　王　刚
　　　　　　　　　省赈济会视察员　　周　炎

25. 成都县政府为"7·27"日机空袭伤亡赈济情形致四川省政府呈(1941年9月15日)

窃查本年七月二十七日敌机袭蓉，县属西城乡第二保、第三保，及青苏乡第十三、十四两保同时被炸，大概情形业经呈报在案。前据职县防护团兼团长张遂能呈称："查七·二七被炸灾区，伤亡人数刻经派员会同乡、保、甲长调查完竣，并由该管乡长分别造具清册恳予转请救济"。等情到府，经职复查属实。遵照四川省赈济会救字第二一一零号代电，空袭紧急办法修正条文第三条被炸人民应发恤金之规定，当由职府垫捐恤金四百七十五元，并派社会科科长兼县济会主任委员胡耀章，动委会书记长黄字民，防护团总干事傅筑贤，会同灾区乡、保、甲长，分区按名点发放，借资赈济。前据该员等呈报："所有赈济各款，案经监放竣事，检拨签核在案"，经核相符，至此项垫款，已请四川省赈济会拨发归垫。除分呈四川省赈济会川康绥靖公署四川省第一区行政督察专员公署外，理合将办理情形并检同遭受空袭死伤人数报告表一份，备文呈请钧府鉴核，指令祗遵！谨呈四川省政府。

附呈伤亡人数报告表一份

成都县县长　张遂能

附件

四川省成都县三十年度遭受空袭伤亡人数报告表

填送日期：1941年9月15日

被炸日期	被炸地点	死亡	重伤	轻伤	被炸小地名
七月二十七日	西城乡、青苏乡、第二保、第三保	34	2	13	将军碾，金沙桥，观音阁，三道桥，抚琴台
七月二十七日	青苏乡、十三、十四保	1	无	4	三洞桥，四座磨，刘家大院
合计		35	2	17	
附记	当日已由四川省紧急联合救济办事处发给本县抚恤金：死亡二十一名，重伤七名，轻伤八名。其余死亡三名，重伤四名，轻伤九名，已由职县分别补发，合并声明。				

成都县县长　张遂能

26. 四川省会空袭救联处为发放"7·27"特恤金并呈缴余款清册致四川省主席呈（1941年9月16日）

案查本处遵奉钧府令饬散发"七·二七"特恤五万元，当经拟具发款标准，仰蒙核准示期开放在案。本处遵即派员，会同监放员郑季贤等分别散发。应于八月三十一日停止，嗣因连日警报期间过长，各灾民疏散乡间，多有延误。定限本处为体恤灾黎，计谘商郑监放员展期至九月二日截止，现在业已竣事。计炸亡七百七十八名，发款二万零二百二十八元；重伤二百三十名，发款四千六百元；轻伤二百三十四名，发款二千三百四十元；房屋全毁九百九十一户，发款九千九百一十元；半毁一千三百二十三户，发款七千九百三十八元。以上五项共发款四万五千零一十九元，余存四千九百八十四元，理合造具灾民花名清册，连同发恤领单，备文呈请钧府俯赐核转。令遵。又办理此项特恤印刷暨发款员临时工作费用，另文呈报合并申明！谨呈四川省政府兼理主席张。

附呈特恤余款四千九百八十四元，花名清册五份，炸亡领单七百七十八张，重伤领单二百三十张，轻伤领单二百三十四张，房屋全毁领单九百九十一张，半毁领单一千三百二十三张。〈均略〉

四川省会空袭紧急救济联合办事处主任委员　余中英

27. 成都县为日机空袭机场等地致四川省防空司令部呈（1941年9月16日）

查八月三十一日敌机袭蓉轰炸机场及昭觉寺、飞机修理工厂、县属表龙、驷马两乡，共投炸弹：已爆者四十枚，未爆者十九枚，燃烧弹十四枚。房屋被烧六十三间，坍塌六十六间，拆毁四间，死亡六人，负伤八人，炸损苏春亭黄谷约二亩，猪五只及家具多件。至[于]北机场及飞机修理工厂，因拒绝调查情形不明，难予记载，现经该两乡调查详实呈报来县。

〈下略〉

成都县县长兼防护团团长　张遂能

28. 成都市棺木集放、掩埋地暂定清册①

一、棺木集放地

1. 提督街、三义庙一百副；

2. 老西门外花牌坊一百副；

3. 南门纯化街、关帝庙一百副（现运存二十八副，其余在陆续搬运中）；

4. 东门糠市街、大慈寺——尚待运存；

5. 北门城隍庙、簸箕街——尚待运存。

二、临时掩埋地

1. 外北

（1）城隍庙后官山，面积约十余亩，可埋葬棺材约五百具；

（2）东岭侧有施地坟山一处，约三亩可埋葬棺材一百具；

（3）白马寺左侧有官山一处，约三十余亩，可埋葬三千副。但包车仅能到金华街以外马路，其余均系小道，距城三里有余，交通较感不便。

2. 外东

（1）牛市口车站后方官山约二十余亩，可掩埋一千具，距车站公路约半里，有小路直达；

（2）新东门外猛追湾官山约三十余亩，可掩埋三千余具；

（3）净居寺附近和尚碾高地坟山约三十亩，可掩埋三千余具；

3. 外南

（1）南较场城墙外河□官山面积约十余亩，可掩埋四百余具；

（2）武侯祠左侧大□堡官山面积约四亩，可掩埋二百余具；

（3）新村附近毛家祠子孟官山面积约三亩，可掩埋一百余具；

4. 外西

（1）周家山坡在洗足河左侧约三里，面积四十余亩，可掩埋二千余具；

（2）新西门外送仙桥两侧官山，可掩埋一百余具，但交通不便；

（3）二仙庵后侧官山，可掩埋一百余具，但交通不便；

（4）蜀□中学后面王姓施□约一亩，可掩埋数十具；

---

① 时间不详。

（5）石灰下街清溪洞口外官山约一亩，可掩埋数十具；

（6）新西门与老南门之间大坟堡约四十亩，可掩埋三千余具，但交通不便。

（二）日机轰炸川西

1. 简阳县政府为日机在县属两区投弹致王陵基电（1939年6月16日）

成都。省主席王钧鉴：案据第二区区长吕学端、平施镇联保主任黄子琏先后呈报：本月十一日傍晚，有东飞敌机一批在六区属莲花乡投弹一枚，炸死居民曾文俊家属共五人，伤十余人，毁瓦屋三层。同日六时许，飞至本区属平施镇，即施家坝场东投弹一枚，落稻田中，破片毁伤房屋，各等情前来。除饬分填调查表另报外，谨先电闻。

简阳县县长　杨维中叩

2. 温江县政府为日机空袭本县致四川省政府主席呈（1939年11月9日）

案查前奉四川省第一区行政督察专员公署训令，转奉钧府二十七年秘一字第一二六零九号训令，颁发敌机空袭损失调查表。以后如遇空袭，饬分别按表填注，专案呈报，等因。查本年十一月四日，敌机空袭本县皇天坝机场，及附近李家碾等地，当经本府派员调查明确，所有损失及救济一切情形，理合填具空袭损失调查表，备文赍呈钧府，俯赐鉴核，指令祗遵！谨呈四川省政府兼理主席蒋。

计呈敌机空袭损失调查表一份。

温江县县长　王国番

附录

日机空袭损失调查表

报送时间：二十八年十一月八日

空袭地点	空袭时间	投弹数	死亡	受伤	房屋受损	救护情形
黄天坝机场及附近李家碾	民28年11月4日午前	207颗，6颗未爆。	5人	2人	8间	当由空军总站派人救护

报送人：温江县县长　王国番

3. 简阳县政府为报抗战时期本县人口伤亡及住户财产损失致四川省政府呈（1940年2月20日）

二十八年八月三十日案奉钧府同年秘一蓉字第六九七号训令，为转奉行政院同年七月一日吕字第七四三四号训令略开："查前以抗战迄今前方、后方直接、间接公私损失，亟应详细调查。兹后各地方每遇敌军进攻，或遭敌机轰炸一次，即应将人口伤亡及财产直接损失查报一次，其二十八年六月底以前迭次所受损失，亦应分别追查补报：合将原发附件照印令发，仰即遵照并转饬所属各区保甲长等，一体分别遵照办理。至此项表报，填报机关应填具三份，以二份分别径呈行政院及军委会，以一份呈本府（县府并应分呈该管专署）备案。勿得漏误为要！此令。附发抗战损失查填须知一份，及表式二十九种。"等因，奉此。除遵令节录查填须知第四项规定，各节先行布告周知外，当经抄发原附查填须知及各种表式，转令本县各区署及警佐室遵照饬属查填去讫，兹据各区署及警佐室先后填报来府，并呈复本县幸未遭受敌机轰炸，惟二十八年六月十一日敌机袭蓉时□□□属莲花堰施家坝两处各投一弹，伤亡人民曾文俊等男女九名，并烧毁瓦房一座又二间，炸毁田稻四亩，共计损失约二万三十余元。又同年十月十八日，有国机一架降落养马镇魏家院子，烧毁房屋一座及粮食牲畜等物，共值洋四千八百七十六元，请查核汇转。等情前来，查该陈德仲损失田稻，及魏家院子房屋被灾，虽与敌机投弹轰炸情形不同，然因我空军人员驾机练习，迫降该处致遭焚如，其为抗战损失则一，事关民生疾苦，未便雍于上闻！除分呈察核外，理合填表二份，并检同原调查表，具文呈请钧府俯赐鉴核，指令祗遵！谨呈四川政府。

计呈赍四川省简阳县人口伤亡汇报表及住户财产直接损失汇报表各一份,人口伤亡调查表一份,住户财产直接损失报告表。

简阳县县长　张瑞征

附件1

住户财产直接损失报告表

事件:飞机焚毁延烧民房

日期:1939年10月18日

地点:简阳县养马镇费家沟

填报日期:1940年2月1日

分　类	价　值
共　计	四千八百七十六元正
房　屋	一千七百一十元正
器　具	二百四十元正
现　款	
服着物	一千三百一十六元正
古物书籍	
其　他	一千六百一十元正(粮食猪牛)

报告者:简阳县第四区区长　刘炯

附件2

简阳县第六区直接损失报告表

事件:日机轰炸

日期:1939年6月11日

地点:莲花乡古井沟

填送日期:1940年2月1日

分类	价值
共计	二万三千余元
房屋	六千余元
器具	三千余元
现款	五千余元
服着物	四千余元

续表

分类	价值
古物书籍	二千余元
其他	三千七百余元

报告者：第六区区长　赵铭鼎

附件3

简阳县第六区人口伤亡调查表

事件：日机轰炸

日期：1939年6月11日

地点：莲花乡古井沟

填送日期：1940年2月1日

姓名	性别	年龄	职业	伤或亡	医药费	葬埋费
曾文俊	男	38	无	亡		五百余元
曾杨氏	女	34	无	亡		三百余元
曾蔡氏	女	50	无	亡		一百余元
曾世青	女	26	无	亡		一百余元
赵小发	女	未成年	无	亡		二十余元
曾廖氏	女	45	无	重伤	八十余元	
曾胶氏	女	23	无	轻伤	三十余元	
曾祥祥	男	1	无	亡		十余元
曾杨氏	女	22	无	轻伤	二十余元	

调查者：第六区区长　赵铭鼎

4. 崇庆县政府为日机扫射王场机场情形致四川省政府主席电（1940年10月）

成都。四川省政府兼理主席蒋、四川省征工委员会兼主任委员蒋、温江专员王钧鉴：查本县王场机场于本月二十六日被敌机扫射，略情业以冇末代电呈报在案。当日紧急警报解除后，即由本府飞派防空负责人员及救护医师，本府重要职员多人，携带大批药品、担架队驰赴机场实施紧急救护。一面召集全县各机关、法团全体前往，尽量给予各受伤工友以精神物质上之慰劳。各受伤工友无不深明大义，感激泪零，腐心切齿痛恨敌人为国服役，抗战到底之信心日益坚定，当场彻底清查。计被敌机机枪钢炮扫射，确实死亡一十七名，重伤三十四名,轻伤三十一名外,有本地壮丁乐银山之子乐老三被机枪射中,登时殒命,乐银山亦身被重创。现在死亡民工均已殓埋,重伤者已抬入本城地方医院治疗。如本地医院不能诊者,已饬连夜运赴省会觅诊,轻伤正在就地赶疗。该场自遭射击后,不免秩序大乱,民工目睹惨状相率逃亡,已由本府派队协助堵回数百人。刻下中江县长萧烈业已抵县工场,并已恢复常态,谨续电呈。

崇庆县县长　李大中叩

5. 新繁县政府为日机空袭本县致四川省防空司令部电(1940年10月14日①)

急。成都。防空司令部邓钧鉴:鱼日,据本县防支会总干事黄叔明签呈称:窃职于本月五日午后警报解除时,奉钧座电谕,饬即查明被炸地点及经过情形具报,等因。遵即驰往该处实地查明。兹将被炸地点及被炸原因条陈如下:

一、被炸地点

1. 本县西门外,约七里之中元庄后,距龙藏寺后约二里,杨姓宅院右角,离该院约五十公尺之田中,落一约三百公斤之爆弹,被炸面积约二十余公尺,深约一十五公尺左右。

2. 本县南门外,龙竹乡附近之薛家船河坝内,距薛姓墓地十余丈,落一约三百公斤之爆弹,被炸面积深度与中元庄同。

二、被炸原因

据当地眼见人民称可分为三点:

1. 当敌机飞临该处时,中元庄杨姓田中适有妇女数人在田捞乱草,其中有一农妇,身着白色衣服,见敌机临头,即向杨姓宅院飞跑躲避,故引起敌机轰炸。

2. 当敌机飞临该处时,中元庄杨姓宅院附近乡人正做午饭,炊烟四起所致。

3. 当敌机飞临该处时,薛家船适龙桥河南岸。成郫地面有一农妇,身着

---

① 此系收件时间。

鱼白色衣服,正狂呼骂捞伊田中之乱草贫妇数人,该捞乱草之妇孺见其叫骂,遂即飞跑,故引起敌机轰炸。此地附近一里内,共掷弹三枚,一落薛家船河坝,一落郫县牟朱堰附近,一落成都地面,因此地系三县交界,并闻郫县地面落下之弹未炸。

综列各项,均系查明实情。两处人物均无损伤,理合将查明各情签呈钧长鉴核转呈示遵。谨呈等情。据此,查敌机肆虐狂炸我后方,本县接近省垣,为空战地带,且为北道敌机进袭成都之必经航线,除加强本县消极防空业务,转令县属军警暨乡镇保甲人员,对于空袭时严为管制取缔,以免目标显著,致遭无谓之牺牲,并布告周知外,理合将本县境内微日被炸经过情形电呈鉴核。再查敌机经过县境,并抛下印刷品多张,业饬全数缴府,当即会同党部陈书记长化初,于二堂空坝焚毁。兹特附呈一份,以凭备案,合并呈明。

〈后略〉

代理新繁县县长　侯俊德叩

6. 崇庆县防空支会为日机袭击王场机场致四川省防空司令部电(1940年10月26日)

急。四川省防空司令部兼司令部邓、副司令朱钧鉴:本日午前十一时三十五分,本城发出紧急警报。十二时,有不明机七架,由东北方向飞来,经过市空向西北方向飞去。十二时零五分,据县属王场机场民工总队部来电称,由双流方向飞来敌机十三架,用机枪向机场民工扫射,死伤民工四十余人。除立派救护人员携带担架、药品驰往施救外,谨先电陈敬乞察核。

崇庆县防空支会兼会长　李大中寝叩

7. 崇庆县政府为本县王场机场防空善后意见致四川省政府电(1940年10月30日)

成都。四川省政府兼理主席蒋钧鉴:查有日本县王场机场被敌机扫射,死伤民工八十余人,业以宥俭两代电呈报详情在案。考查该场,此次横罹惨祸虽由于敌寇之残暴性成然,机场过去对于防空疏散设备未周,警术防范欠

严,亦为造成此次事变之原因。鉴往知来应有警惕,兹建议改进办法如下:

一、该场南段正谋兴工,将来民工不下万余人,集中一隅易被敌机窥伺,应请于该场相距一二里地面布置妥当避难所,或防空壕。必须于空袭警报时即迅速实施有秩序之疏散,万不可追赶;工程视工人生命于不顾,如此次已闻紧急警报尚□聚不散,致遭此莫大之惨变。

二、查该场每次空袭情报须由民工总队部发出,而总队部须向县政府听取消息。在县府过去每遇警报自注意情报起即同时用电话通知该总队部,奈队部距工区尚有二三里之遥迨,接到空袭警报后,再用工力传达工区,纵有健足,亦须数十分钟或半小时始能往返一次。近来敌机飞行极速,每月空袭、警急两报同时并举,者欲其不违误时刻极难,应请于该场工区所在地装置话机,随时与本府通话专管情报,始能应付非常不致再蹈过去之失辙。

三、查宥日敌机射击该场机身,离地不及一丈。因该场毫无警备民工,闻警只顾乱叫乱跑,遂致肇此惨祸。设当时敌人竟至降落机场,而我毫无抵抗,亦只好任其携枪扫射为所欲为,其死亡亦必十倍于此,更无法以善其后。闻现驻崇庆县城之一百三十七师四零九旅,原为警卫机场,防御敌人降落伞部队而来。应请转饬即日移驻该场附近地方,以便随时对空警戒,必要时并可掩护民工疏散,不致为敌所乘发生意外。上呈各项,职因见该场南段工程方始,各县正在发动力量,民力工人待遇最薄,工作极重,若再于此次防空毫无布置,生命失其保障,势必相率不前。即勉强到工,亦难期其安心服役。爰贡□忱是否有当,伏候钧鉴,采择施行。

崇庆县县长　李大中叩

8. 松潘县县长为本县被日空袭情形电恳拨款救济致四川省政府电(1941年6月)

成都。省政府钧鉴:本年六月二十三日午前十二时半,突来敌机二十七架大肆轰炸。计城内七十余枚,未爆发者五枚,烧夷弹十余枚,城外投弹五十余枚,未爆者三枚,烧夷弹三枚。本城中街房屋全被焚毁,人民死伤过重,除将死者现由本府派员督同岷山、青云两镇从事安埋外,所有受伤灾民已商请国立职业教育学校及绵羊改良场尽量发药紧急救治。所用药品由救济费内照价拨付。惟本县地方瘠苦,此次罹难空前未有,惨祸救济经费无从筹集,除将空袭详情另案呈核外,特为电恳钧府迅拨赈款用资救济,并乞示遵。

松潘县县长　黄白殊叩

9. 双流县政府为日机空袭县属簇锦镇及受灾情形致四川省政府主席电(1941年6月9日)

四川省政府兼理主席张钧鉴:本月养午敌机空袭蓉郊,在职县簇锦镇附近空军校之南桥一带,投弹数十枚,焚毁民房八十五座,死亡男女居民五十三人,受伤六人,荡产破家惨不忍睹。除立即率同县赈济会主任委员杨卓膺驰往视察,抚慰督饬该镇镇长尽量办理善后,并在该镇积谷项下拨发受灾各户每户食米一市斗暂行救助,暨分呈赈济委员会请予拨款救济外,理合电呈钧府恳于拨款救济,并准先在县救灾准备金项下每户拨发现金二十元,俾资急赈是否有当,宁候示遵!

附呈灾情调查表一份〈略〉

双流县县长　叶楷叩

10. 松潘县长为日机轰炸城郊恳请迅拨款项救济灾民致四川省政府主席电(1941年6月24日)

成都。主席张。密。

(一)昨日敌机确数为27架轰炸县城,毁房200余幢,未袭漳腊;

(二)县城人民今明两日可悉数疏散完竣;

(三)死伤人民自昨日起已开始医治及掩埋;

(四)灾民正设法赈救,并请钧座速拨款赈济;

(五)省银行办事处炸焚,省库拨下松潘补助费悉存该处,目下无从提取,各机关职员行将断炊,请钧座迅速拨款接济;

(六)县政府被敌投弹,房舍公物被毁,现已另设临时办公处,请钧座拨3000元作设置办公处之用;

(七)死伤人数调查确实后具报。

松潘县长　黄白殊

11. 松潘县长为县城梗日被炸致四川省政府主席电(1941年6月25日)

成都。兼理主席张。密。县城梗日被炸,重伤达百余人,轻伤已登记者达二百人,未登记而疏散四乡者尚无统计。本县漳腊既有机场,并运到大批汽油。今后重空袭,决不可免除强迫民众疏散。恳请钧府立饬卫生处多派医士,并运大批药品,兼程来松速组织伤民医院,以资救济。

松潘县长　黄白殊午

12. 第十六区行政督察专员为松潘被炸缺医少药致四川省政府兼理主席电(1941年6月25日)

成都。兼理主席张。密。松潘梗日被炸,伤亡甚多。职派驻茂医疗队于有日前往治疗。据黄县长白殊电告,医生太少,药品缺乏,请速补充等情。拟恳派医官一员携带药品,由练习机载往。并将未设医疗队各县速赐组设。电遵。

职　严光熙叩

13. 松潘县军法看守所附设监狱造呈空袭伤亡表(1941年6月25日)

身份	姓名	性别	年龄	籍贯	伤亡状况及部位	伤亡地点	备考
主任看守	王折之	男	36	松潘	被破片击伤臀部、腿部。	监所右侧	在治疗中
看守	张文明	男	38	松潘	腿部被机枪打断,破片中头部毙命。	监狱左侧	已掩埋
所长发妻	黄育芬	女	50	浙江	破片由腹部进,从腰背穿出,故身亡。	监所隔壁文庙后边	所长搬回掩埋

所长兼监长　祝肇华

14. 简阳县政府为日机空袭县城疏散地致四川省主席张群电
（1941年7月）

四川省政府兼理主席张钧鉴：感日，敌机袭蓉，一大队二十七架转袭简阳，于县府疏散地附近前后投弹四枚，西城一枚均爆炸，又在北门外及旧县府用机枪扫射，计死一伤四，当已将死者饬其家属掩埋，伤者就医治疗。职受飞石微伤，官舍民房均无燃烧，惟疏散之县府办公处损坏屋瓦较多。是日为赶集期，城内人民甚众，幸疏散防护队得力，未成灾。知□垂注，谨电报查，伏乞睿鉴。

简阳县县长　乔诚叩

15. 第十六区行政督察专员为松潘被炸损失情形致川康绥署电
（1941年7月4日）

成都。川康绥署。省府。密。松潘被炸情形据黄县长白殊续电：实死198人，重伤204人，轻伤293人，焚房58幢，毁坏187幢。除加紧医治、收容外，恳拨款救济。

职　严光熙叩　冬保印

16. 双流县政府为灾民钟玉廷惨遭日机轰炸致四川省政府呈
（1941年7月5日）

三十年七月九日案据职县第一区双华乡乡长谢先石呈称："三十年六月二十日案据职属第六保灾民钟玉廷报称：'为惨被烧毁衣物灰尽无力耕作，恳请勘恤事。窃民本年古历二月十七日，敌机残暴来袭，我双桂寺机场得紧急警报时，将机场飞机一架推到民住宅门前掩蔽不及，被敌机瞥见，开枪乱扫，遂将民住宅打燃，此时全家人口疏散到别处无法救护，即将民佃耕数十亩田之农具及衣物概行烧毁，民买入之谷七石米，一石已邀求本保保长呈报县府在案。惟因春耕毫无农具，无力再制，只得在亲友处拉借。又米价高涨，遂负债一千余元，只得报恳钧所准予转呈县府查勘抚恤。俾债只得以打消合家沾感谨呈'等情。据此等情。据此，经职查核属实在情形，理合据情备文转请钧府俯赐查核。指令饬遵。"等情；据此，经职查核属实，理合备文转请钧府鉴核抚恤。指令祇遵！谨呈四川省政府。

双流县县长　叶楷

17. 松潘县政府为日机空袭及善后详情致四川省政府呈（1941年7月6日）

窃本县于六月二十三日被敌机空袭轰炸，受灾情形业经先后分别电呈在案，兹将经过详情及善后办法逐项缕陈查核：

一、事前防空准备

自抗战以来，本县地处边陲，距前线较远，对于防空准备虽经迭饬筹设，而人民心理终以敌机一时不易达到积习太深，颇难推动。本年六月，奉令由县属小河营运输大批汽油存储距县城四十里之漳腊，维时深恐暴敌□□，难免不有一试可能，遂即加紧防空宣传，组设防空机构。殊于六月二十三日午前十一时许，即发现敌侦察机一架，由西北向县城及漳腊机场上空旋绕一匝而去。随于十四日召集防空紧急会议，由各机关分组作扩大之防空宣传，饬县属人民星夜组织消防救护警卫各队，并饬防护团整理警报器具。又于十八日，如令保甲长及各户户长于县城公园详切阐述消极防空之重要，俾家喻户晓，加紧人民疏散，减少无谓牺牲。自十九日起即饬各户安设水缸，设置沙包，开濬入城之水源，并定二十四日举行各种检阅，二十六日举行防空演习，事未果行，敌机即于二十三日来县轰炸。

二、敌机轰炸情形

二十三日上午十二时半，敌机二十七架由南向城飞来，肆意狂炸，低飞扫射，计城内投弹七十余枚，另有五枚未爆，城外投弹五十余枚，另有三枚未爆，并投有烧夷弹十余枚，计人民死亡一百九十八人，重伤二百零四人，轻伤二百九十三人，燃烧房屋五十八幢，炸毁房屋一百八十七幢，县城人户本稀，遭此损失亦云巨矣。

三、损失较大之原因

1. 未得情报

本县仅一防空电台设置城内，一监视哨所设置城外金蓬山顶。此外，即无情报联络。而电台与监视哨之间,又未加设电台。本府前曾请增设哨所,及架设电线,尚未实现,仅奉防空部令俟材料去到,再行统筹办理。当二十三日敌机入川时,电台所得情报,谓敌机在新津盘旋,随即渺无消息,嗣敌机临空始觉。事后得报,敌机系由平武到漳腊,盘旋达半小时之久,若平、松消息灵通,城中预先准备,损失当无若是之巨。且漳腊航空站电台与此间电台从未取得联系,以致彼方发现敌机无从传达,殊属遗憾。

2. 民心误会

当敌机尚未到达前,本府曾奉省令,谓将派拨飞机来县助铲烟苗,此项消息先已晓谕民众周知。是日闻得机声,以为系本国飞机,多在街头观望,且有一部分民众毫无防空常识,不知空袭危险,虽平时宣传,尚存半信[半]疑心理,迨仓促走避,人多聚集一隅,机枪扫射有以致之。

(1) 无防空设备

本县因处边区,无积极防空设备;虽有消极防空,然准备尚未完善。加以情报不通,临时仓皇不及应付,敌机狂炸扫射,低飞将及屋顶,死伤之重,殆由于此。

(2) 目标显著

县属番民,更无防空常识,习惯喜著红色衣服,是时正值番民入城贸易,予以敌机目标,便于扫射。

四、善后处理

1. 灾民收容

城内中街火势正炽时,职即督饬各镇长及防护团与夫后备队、青年团、警察、民壮等努力扑救,拆开火巷,以防延烧,幸只烧毁房屋五十余幢。平民无家可归者,即指定以清真寺、青云镇中心小学、玉真宫、城隍庙等处为灾民暂时收容所。

2. 死亡掩埋

自县城被炸后,满街民众哭声震天,除已慰死者,家属妥为安葬外,其无人收葬,即炸死之牲畜,即命青云、岷山两镇立即掩埋,以防发生疫疾。

3. 伤民救治

受伤民众即时集中在公园内、省立小学校医疗,并请中央职业学校师生、绵羊改良场医生,及国民兵团医官到场义务医治,惟中职校所存药品被炸,现借绵羊改良场药品暂时应用,又经美国人傅教牧师德儿克捐出少数药品,并承亲临医治,无如受伤人多,药品难寻为继,曾电请专署迅派治疗队携带巨量药品来县医治,蒙派张医官到县,并另择定北门外龙王庙为治疗所,若遇空袭以便隐蔽。

4. 难民救济

受害民众内有不能维持最低生活者,经本府令县振〔赈〕济会将购存备灾青稞提出六十石酌量受灾情形分别发放平价借贷,暂维生计。

5. 恢复市面

县城被炸,人心惶惶,大都朝出晚归,关门闭户,市面萧条,殊非久计。经开导,各铺户每日午前六钟照常开铺贸易,九钟出外疏散,午后一钟均可回家开业,各铺户均能遵行,市容渐有可观。

五、恢复办公

县府被炸后,业查清损失,分别先后电呈在案,所有档卷幸未遭毁,业悉数搬往城外拱北保存。该地尚属宏厂,即就此作临时办公地点,已于六月二十七日召集各级职员开始办公,前电请拨购置用具及搬运费三千元,应请迅予拨发。

六、以上五项均系就实际情状录呈查核,其未尽事宜,容再继续呈报。

七、所有县城被敌机轰炸,受灾经过及善后办法除分呈防空司令部、省赈济会、专署外,理合具文呈请鉴核令遵。谨呈四川省政府。

松潘县县长　黄白殊

18. 第十六区行政督察专员为救治松潘灾民情形致四川省政府主席电(1941年7月7日)

急。成都。主席张。密。松潘受伤民众经职派茂县医疗队张队长赶往救治。据黄县长白殊电,张已到,医生过少,药品早□,尚有重伤八十余,轻伤二百余发炎,恳派医携药前往,以救民命。除再派留茂医生兼程前往外,恳饬卫生处加派医生二人,多携药品,由飞机运往。乞电示遵。

职　严光熙叩微印

19. 松潘县政府为本县看守所长发妻遇难看守伤亡转恳抚恤致四川省政府呈（1941年7月10日）

案据本县看守所所长兼监长祝肇华呈称："窃本年六月二十三日正午未闻惊报，即忽然发现敌机二十七架由南而来。职当急督率看守开放监所紧急疏散，乃不数秒钟，敌机已临市空，炸弹机枪同时降击监所左右，各中弹一枚，监门上空机枪密集扫射如雨。彼时人犯刚出监所门首，职全令伏地避免受伤，数名余均幸未死亡。枪声甫停，即四散奔逃，惟职发妻黄育芬被破片打入腹部，由后背穿出，登时身故。主任看守被破片、机枪击伤臀部、腿部等处；看守张文明被破片击破头颅，亦登时毙命。除将职妻移回本所殓殡伤亡，看守分别医治、掩埋，并布告召集逃犯外，理合缮具伤亡人数表，具文报请鉴核转呈，请予救济抚恤，则存殁均感无暨谨呈"等情；据此。查该员祝肇华到职已经四年，平日待遇虽低，尚能忍苦耐劳，对于职务从未懈怠。本年设立司法处，该员仍兼军法、看守所长兼监长。六月二十三日午刻，遇敌机空袭，该员登时将监犯疏散安全地带，故未伤亡一人。而对于家属未遑照料，致其发妻黄育芬被炸殒命。公而忘私，情殊可嘉。惟该员异常贫苦，于伊妻附棺附身，亦无所出。经本府酌予赒助，草草成殓。该看丁王折之、张文明等，当疏散监犯之时，在机弹破片横飞之下，奋不顾身，一伤一亡，亦属可悯。该员丁等，应如何抚恤之处，理合具文转恳钧府俯赐察核！令遵。谨呈四川省政府。

松潘县县长　黄白殊

20. 松潘县政府为转呈县财委被炸遭焚损失公款一案致四川省政府呈（1941年7月11日）

窃查本年六月二十三日午正，本县县城突遭敌机窜入狂施滥炸，县府房屋悉被炸坏，损失器具公物，并献机捐款344400元，县城中街中燃烧弹起火，各金融机关被焚，全街灰烬，县财委损失法币4000余元，曾于有日（六月二十五日）将大略情形电呈钧府鉴核在案。兹据财务委员会呈称："窃吾邑不幸，于六月二十三日正午十二时许,空有敌机二十七架飞市中,肆意轰炸,登时中街中弹起火,势焰猛烈,职会近在咫尺,业已逃避不及,幸事前将卷宗、帐簿先行移去。当起火时敌机临空盘旋,职会仅马主任委员润堂,事务员庞奉如二人,登时将本年帐目抢出,所有本会图记、条章、正副主任私章,及现存省地款、法币四千二百二十五元一角六分(根据日记帐结数查出)以祸在眉睫,无法顾及,遂致全成灰烬。顾全在即,故未将前项各物抢出,特此据实陈报。如有借此虚报,或其他欺饬情事,即请派员彻查。经查不实,甘负赔偿责任,并受严厉处分。为此报请钧府俯锡查核,转请备查令遵。"等情。前来。查县财委会原设中街,当县城被炸时,该会隔壁即中燃烧弹一枚,登时起火,随即延烧,该会遂成灰烬。据称仅将本年帐目抢出,所有图记及现存之省地款、法币4225.16分,因当时敌机以机枪扫射,并所投之杀伤弹及重磅炸弹落于附近者颇多,故无法抢救,以致悉被焚毁。各情查属实在,理合据情转请钧府俯赐鉴核。准将该会损失之公款4225.16元备案核销伏乞。指令祗遵!谨呈四川省政府。

松潘县县长　黄白殊

21. 四川省卫生实验处为奉令速发大批药品寄松潘救济致四川省主席呈(1941年7月12日)

本年七月九日,案奉钧府同月八日秘字第二零三九号训令开:"案据松潘县政府救冬电称本县人民重伤有80余人,均发炎中。职校药品多震毁,余药早用罄。该校现已迁于百里外之黄龙寺,驻茂边区医疗队药品甚少,特请示如下:

(1)恳饬卫生实验处速发大批药品;

(2)饬空袭紧急救济处多拨款购药寄松;

(3)饬边区医疗队常川驻松,以资救济。

并乞电示,等情据此。查本案前据该县政府电呈,曾经令饬该处酌办具报在案已否遵办,尚未据报兹据前情除电复外,合亟令仰遵照迅速具报为要"等因,奉此。查此案本处先后奉到钧府秘字一字第一零四零四号,及第一零七三四号训令,关于救护被炸伤民所需应用药品,当经查酌需要检取一批,发交松潘县政府领用去讫;一面并将遵办情形,具复鉴核在案。兹奉前因,理合具文呈请钧府俯赐鉴察。令遵!谨呈兼理四川省政府主席张。

四川省卫生实验处处长　陈志潜

22. 华阳县政府为日机在中兴镇投弹致四川省防空司令部呈 (1941年7月31日)

窃职县本年七月二十七日午前十[点]钟二十七分,发出空袭警报;旋于十一时四十分发出紧急警报。殊敌机轰炸省垣后,经过县属中兴镇压东南隅距镇八里许,地名石子河,忽投炸弹二枚,并散荒谬传单。经职立令中兴镇镇公所,查明具报去后。兹于同年七月二十八日,据该镇镇长黄元度呈报称:"三十年七月二十八日,案据职属第十二保保长周品三报称,七月二十七日上午十二钟[点],有敌机二十七架,经过职保马家堰、潘家堰上空,投下大小炸弹二枚,一落马家堰内;一落潘家堰坎。由职派丁在塘内挖七尺余深之土,捡得炸弹头盖一个,重二十斤及破片三斤,仅塘坎塘心被炸成坑孔,未伤及人民。兹将拾得炸弹头盖一个,及破片三斤具文呈报钧所,请予转报。"

〈下略〉

华阳县县长　方劲益

23. 四川省卫生实验处遵派医疗副总队长陈历荣携带药品飞抵松潘致四川省主席电(1941年7月31日)

四川省兼理主席张钧鉴:松潘被炸,迭奉钧令饬添派医师携带药品前往救治,遵派本处边区医疗队副总队长陈历荣飞松协助。该员已于本月二十七日上午六时搭乘空军第三路司令部军用飞机,携同药品起飞赴松,次日原机返省带来该员签称:"今晨接司令部通知,乘机飞抵漳腊。因在温江稍有停留,仍沿江潜行飞程历二小时,到已过午。此去县城尚有五十华里,山路崎岖,雇力不便,明晨即赶赴松潘办理医疗等情。"据此。关于救治情形,除俟具报再行详呈外,理合电请鉴核示遵!

四川省卫生实验处处长　陈志潜叩

24. 崇庆县政府为民工王海成死于日机扫射致四川省防空司令部呈(1941年8月8日)

本月二十七日,据报王场机场被炸,本府当即令派军事科长吴承颐前往查询被炸情形,并慰问民工,嘱其安心工作。兹据该科长签呈称:"本月二十七日,奉令驰赴王场机场视察被炸情形及慰问民工。当于该日午后三时半起程,五时半一箭双雕隆兴乡,会同杨副乡长迳往机场工程处询问详情。谓本日到达敌机,系三架一小队,分三批先后到达,均绕机场一匝。于得警报消息时,已属民工完全疏散至机场二三里路以外,当敌机绕场时,发现少数民工微动,乃有机一架下冲扫射,大邑一民工轻伤腿部。本县太平乡民工王海成横受小钢炮弹一枚,立即搬运到县卫生院医治,伤势沉重。职并返赴卫生院慰问,并予该民工家属以抚慰,其余民工以时间到达太晚未及抚慰,已转工程处予以慰劳,嘱为安心工作。"

复据卫生院签称:"民夫王海臣受伤太重,失血过多,无法治疗,已于本日(二十八日)午后四时半命终"。除函请王场机场工程处照章给恤外,理合呈请钧部鉴核备查。

崇庆县县长　李大中叩

25. 简阳县政府为日机袭蓉烧毁县属贾家乡民房致四川省政府呈(1941年8月8日)

本年五月案据本县贾家乡乡长邓九成呈称,窃职于本月二十二日午刻据十二保保长刘才安报称:"查职保于本日午刻敌机袭蓉后,经过属保上空投烧夷弹三枚,将九甲三户居民雷炎如等十一家茅舍数十间焚毁,用具、存粮、牛、羊、衣物,一并付之焚,如幸人口尚未损伤。该雷炎如等十一家,共五十七口,均系贫而无告。经此意外灾害,衣食住宿无着,嗷嗷待哺,实属堪怜,报请核转救济等语前来。"

遵即派巡查队长来开乾前往详查,该地距离场镇八里之遥,又无任何目标,惟房前大塘一口,约五六亩,蓄水已尽。塘内生草为烈日曝成白色,或即为受害之由。除飞令各保严加指导乡民施行消极防空外,理合将惨情据实呈报钧府俯予鉴核,转报惠予救济,以维民困。指令祗遵!等情。据此。当经分别转呈四川省政府赈济会、全省防空司令部备案,予以救济各在案。兹特遵照行政院二十八年吕字第七四三四号训令颁发抗战损失查报表式填报财产汇报表,连同该乡补具财产损失报告单各二份。除分呈并指令外,理合备文呈请钧府俯赐鉴核备查,指令祗遵!谨呈四川省政府兼理主席张。

计呈财产损失汇报表报告单各一份。

简阳县县长　乔诚

附件1

财产直接损失报告表

机关名称:简阳县政府
事件:日机轰炸
日期:1941年5月22日

分　类	价值
共　计	30350元
建筑物	16500元
器　具	13850元
现　款	
图　书	
仪　器	
文　卷	
医药用品	
其　他	

报告者:简阳县县长　乔诚

附件2

财产损失报告单

事件：日机轰炸

日期：1941年5月22日

地点：简阳二区贾家乡第十二保毛家大堰

损失项目	单位	数量	价值（国币元）
房 屋	三院	三十三间	16500元
麦 子	九户	三石七斗	2220元
衣 服	十一户	一百零一件	2340元
寿 木	两户	两具	800元
床柜桌凳	十一户	六十七件	2980元
石木竹具树料	十一户	三十六件	1730元
帐被褥	十一户	三十三床	2660元
猪 羊	四户	一十二只	840元
厨 具	十一户	二十九件	280元
合计九项			30350元

乡长　邓九成

26. 简阳县政府为本县遭日机空袭致四川省防空司令部呈（1941年8月20日）

本年八月二日案据简阳县警察局局长戴鸿涛呈称：案据保安队长孙政复、简城镇警察所巡官陈绍兴呈称：窃查本月一十七日上午八时许，敌机大批袭川。本市先后发出空袭紧急警报，于十时敌机二十七架到达本市，投炸弹四枚，向东驶去。

计查一枚落在北门外张家祠右后侧棉花地，张家祠房屋一部受损，西门外坟园手姓住宅前后各投一枚，炸毙乡民李长富一名，一枚落在城内西南角蔡金山玉米地，炸伤刘冠星、周翠花二名。正调查拟报间，又连日空袭，故未立报。事关灾害，理合报请钧局鉴核备查。

〈下略〉

简阳县县长　乔诚

27. 松潘县政府为复查抚恤军法看守所被炸员役致四川省政府呈（1941年8月21日）

查职府前据军法看守所所长祝肇华呈报，遭受空袭发妻被难看守伤亡转请救济抚恤一案，兹于八月十日奉钧府三十年七月三十日秘一字第一二二三七号指令开："呈附均悉仰即遵照'四川省公务员、雇员遭受空袭损害暂行救济办法'第六七九三条及该办法第十一、十二两条之规定办理具报核夺附存此令"等因。奉此。遵查四川省公务员、雇员、公役遭受空袭损害暂行救济办法第五条规定，公役被炸受伤，得按情势轻重，分别核给一百元至三百元医药费。又第六条二项规定，公役被炸殉难，得核给殓埋费一百元，又同条三项规定，公务员之直系亲属或配偶遇难，死亡一名，得发给殓埋费一百元，各等语。复查本县六月二十三日县城被敌机轰炸，看守王折之受伤虽轻，[但]无力医治，拟请发给医药费一百元。该黄育芬确系该兼军法看守所长祝肇华之妻，与看守张文明同时被炸殒命，均属贫苦，无力埋葬，情列可怜，拟请各发给埋葬费一百元，以资救济。是否有当，理合具文呈请钧府，俯赐察核。令遵！谨呈四川省政府。

松潘县县长　黄白殊

28. 华阳县政府为"7·27"日机袭蓉女看守所被炸致四川省政府呈（1941年8月27日）

案查前准成都警备司令部法字第一零一号公函：为女犯叶王氏架掳成都市商民郭致彬幼子郭长明一案。经拟处无期徒刑，奉准执行，附送女犯叶王氏一口，嘱转解该犯原籍资中县府执行等由。准此。正备文转角间，旋于本年七月二十七日午后三点，据本县管狱员金宝辉呈称："窃查本日午前十二[点]钟，敌机狂炸市空，本署女所中一炸弹，落地深入七八尺，瓦桷折断两皮，叶王氏两腿打断，随即毙命。幸炸弹入地未爆，余犯无恙。除一面通知该犯叶王氏家族外，理合签请钧长鉴核派员相验，以便转知领埋，谨呈"等情。据此，当经派员检验后，饬由该犯家属具状领埋，并据填具死亡证明书及验断书前来，县长察核属实。除函送成都警备司令部核办，并分呈四川全省防空司令部、川康绥靖主任公署、四川省第一区行政督察专员公署察核备查外，理合具[报]钧府，俯赐察核备查。指令祗遵！谨呈四川省政府兼理主席张。

华阳县县长　方劲益

29. 四川省卫生处为陈历荣前往松潘救治伤民情形致四川省主席呈（1941年10月8日）

窃查松潘于本年六月二十三日被敌机轰炸后，关于伤民救治紧急事宜，迭奉钧令饬办，当即电调查派驻茂县边区医疗队第一队前往疗治。继恐应付难周，乃添派本处边区医疗队总队部副总队长陈历荣携药飞松协助督导。所有先后经过情形，业已具报在案。兹据该副总队长陈历荣返省报告称：

"窃历荣于本年七月十一日奉命飞松潘，协助空袭伤民救治事宜，当即遵谕分别前往省府秘书处，及空军司令部洽商乘机办法。是日返处后，并检视备就携带药品，暨呈准添购重要应用各药，一面整顿行装，静待出发，无如翌辰气候不佳，难以飞行，已到机场，旋又折回，继而每日情形均系如此。直至十七日，业经飞过灌县，突然天候陡变，云山模糊，去路不辨，航行困难，仍复飞返。历荣以时日稽延过久，兼之视察十六区内所派各县医疗队工作情形，乃佥准必由陆路前往。正准备启程之际，忽得空军司令部通知，定于二十七日飞往。果在是日值警报声中升火起飞，当日抵达松潘县属之漳腊机场。因该场距离县城尚有五十里之陆路，乃于次晨兼程入城，兹将据探访所得当日之轰炸情形，及伤民救治实际经过，分别胪陈于后：

一、轰炸以前

松潘为边远之山城，空袭准备素为一般人所忽视，地方政府疏于防患，虽奉有上峰关系防空之政令，无如毫未见诸实行，防护团队负责虽有专人，乃以消息阻塞，漫无头绪。当时军用汽油运输繁忙，喧嚣城厢，敌侦察机曾来上空盘旋，更有相传谓为省府派来铲烟与防空演习之荒谬解说，民众尤不少举臂指数之徒,其时正当日中集市交易之际,故伤亡惨重,令人发指。

二、受灾区域

当敌机群越搭子山顶而后变为一字阵形,向市区掠过,投弹在二百枚以上,内中烧夷弹较少,遭炸区域竟遍[及]东、西、南,仅北门稍轻。人群聚集之处如蜂拥而去之西门沟、南门口、东门一带,以及正在授课之中心小学校。炸后益之以猛烈扫射,伤亡时别众多,中街为该县繁盛地点,炸后着火。其中段之省银行内,因枪弹爆炸甚烈,无敢施救,全部毁灭。北达东街,南达泯〔岷〕江,一片瓦砾,目不忍睹。继经统计,共炸毁房屋一百八十余栋,燃烧房屋五十八栋,哀号震山,陈尸垒垒,伤亡惨目,空前未有。

三、伤亡估计

事前既无应付之准备,事后处理伤亡,自难得精确之统计。顺变生意外,施救不及。松潘且为旅客往来之处,故被灾十日后,尚觅得曝露尸体三十五具,以县府一月后之登记调查,当场死亡为二百零四人,重伤二百零四人,轻伤二百九十三人,继复经边区医疗队张队长根据当地施救,估计炸死者约一百八十九人,烧死者七人,受伤者六百八十余人。而受伤之中,除较轻伤约有一百七十余人外,其他轻重各伤均等。此外,尚有无伤惊恐致死之老妇四人,伤民在炸后治疗期中,因不治而死者约在二百五十人以上,或由缺乏医药,或由不愿治疗,或由治疗而无法挽救。又据当地救济院负责人称,掩埋尸体共约七百具。综计此次伤亡当在一千一百人左右;而伤亡中实堪特别提及者,则为南门洞洞口两端各中一弹,几无幸免,及骑马奔驰之西门沟番人完全被难。

四、救治经过

松潘地方毫无卫生医疗组织,驻县之国立职业校本设有卫生实验所一处,但因人事问题,工作无形停顿,其他绵羊改良场亦仅略备药品。敌机轰炸以后,职业校师生及绵羊场医师同传教士德尔克均曾出外施救,但以伤民过多,药品缺乏,技术人员复不易觅,以致无法继续工作。职业校竟以药品炸毁为词,停止工作。伤民中无医药信仰者,任其创伤恶化,兼因情报频传,居民疏散四乡,求医药者无力延请,遂乃转赴内地,此等伤民约有四十余人。据调查所得,国民兵团军医,及职业校师生,于停止公共治疗后,即私下包医,索价至昂,受治伤民因是极少。其时茂县边区医疗队张队长早受松潘省行电邀,继奉省卫生处令赴松施救。途中即遇外出伤民十余人,留阻治疗三日,抵松以后就医人数日达百余。当在公园内省立小学原址成立诊疗所,负伤轻者自来就诊,受伤重者前往诊治,张队长嗣遵处令添派人员在松协助,人力设备渐较充实。于是在外包医久不见愈之伤民,改向诊疗所求治者,约有十七人。自历荣抵松时,轻伤我已告痊,而来所就诊者仍日有三十余,重伤五人,重伤中多因初步处置失当,骨折不加护木,时刻搬运[活动],肌肉组织破坏过大,化脓过甚。所幸在此长时间内尚未因脓血症致死,实应施行肢体截除。但其家属及本人皆不允许,只仍任其姑息治疗,其余创口趋清洁日就良好。

五、创伤概况

松地被炸,事出意外,防空布置极为缺陋。以致伤亡众多。医药设施,兼系临时凑合,以是治疗效果不见佳妙,技术工作大感不暇。应按统计创伤,无从分析。历荣根据推断,及印象情形,约有下列各要点:

1. 受伤部位大半在腰以上及头部居多,其受伤时间多在站立状况;

2. 化脓创伤几无例外,由于一般民众缺乏医药常识,敷裹创口多用烂布、旧棉,或尘灰树屑者;

3. 骨折后不用护木固定,且时刻搬运[活动],以致肌肉组织毁损甚大;

4. 破伤风病据闻尚无发现;

5. 轻伤化脓,短时间即死于脓毒症者颇众。

六、事后布置

经此次严重教训,一般深感卫生医药之需要。地方有士绅集议,拟将业已停办之原址拨作地方永久卫生医疗机关,并筹款修葺制备家具。此种拟议已由县府呈转上峰备案。一面函达边区医疗队办理情形,历荣除嘱驻松医疗人员仍留该县担任诊疗工作外,静候调派人员继续办理。窃查松潘系第十六区所属县份,为北道边区重镇,毗连青海、甘肃、康藏各省,汉夷番交界据点,复有金厂及油库之建设,地势相当重要,实有长期派驻医疗队一整队之必要。特具报告,谨呈鉴核。"等情。

据此查松潘县属之漳腊,既有金厂建筑,复有汽油储藏,地形重要,不言可知。卫生医疗设备绝不可少,除已由处令调驻茂边区医疗队全部移往松潘常川驻守以防不虞外,理合将报告经过情形具文转呈钧府俯赐鉴察。令遵! 谨呈兼理四川省政府主席张。

四川省卫生处处长　陈志潜

30. 新津县政府为永商乡遭日机轰炸受灾惨重致四川省政府主席呈(1942年1月3日)

案据职县永商乡公所三十年九月三十日,呈转属第十三保九甲住户杜裕顺呈称:"为因炸受灾损失惨重恳予救济事,缘民于本月初五日午后出外耕种,忽有飞机由此经过,不知何弹突落民舍,将正瓦房三间,转阁耳房二间一并轰倒,当即燃烧。民闻弹声回家审视,幸邻居协助得力将火救熄。经民检视,此劫除房舍外,其余衣物被褥焚具,厨具各项遭受损失至为惨重,并请凭保甲查勘甚详。民住此穷乡僻壤,干旱连年,谋食已难,无法培修,只得□□破片一角,恳祈钧所转呈体恤,以示怜悯。"等情转呈到府,复查属实,经转令县赈济会查酌办理具报去讫。

兹据该会三十年十二月二十一日济字第一三号呈称:"遵查该民受灾各情,系属平时与空袭时期□别。因法无明文规定,经由职会据情转请四川省赈济会核示去讫,兹奉三十年十二月救字第五二九七号亥删救乙代电,转奉中央赈济委员会第三一五三四号艳渝乙救电:'查此案,既系特殊情形,可即由该县赈济会在地方款项下酌拨救济。'仰即商承县府拟具办法呈请省府核示,仍将办理情形报查。"各等因。奉此,复查该民此次受灾财产损失计正瓦房三间,转阁耳房二间,衣物被褥,焚具厨具各项,经调查最低估计约值法币七千余元。际兹生活高昂,该民的□、住、食艰难,情殊怜悯,拟请从优救济,准予酌给修缮材料各费法币五百元,以示怜悯。是否有当,理合具文报请核转令遵。等情。前来。复查该会拟请准予酌给修缮材料各费法币五百元之处,尚无不合,理合备文转请钧府,准在职县总预算预备金所列赈济会预备金一千二百元数内动支，以次救济。是否有当，仍候示遵！谨呈兼理四川省政府主席张。

新津县县长　赵宗炜

31. 松潘县政府为本府员役王钧五等抚恤情形致四川省政府呈（1942年2月5日）

案查前由本府呈送员役王钧五等遭受空袭伤亡姓名清册，请予抚恤救济示遵一案。现奉钧府三十年十二月二十九日秘一字第二零三零八号指令，仰即依照四川省公务员、雇员、公役遭受空袭损害暂行救济办法各条文之规定，分别拟定办法具报核夺。等因。查被空袭炸伤之王钧五、谢启枢、马岱海三员；袁先德、许多寿、何文彬三名，合于救济方法第五条之规定；被空袭炸毙之马延寿、马俊生、马国梁三员，及袁秀清一名，合于第六条之规定，兹分别拟定办法如下：

一、科员王钧五伤势最重，已成残废，拟予该员医药费三百元，并请依照第九条之规定酌给特别奖恤金，以示体恤。

二、科员谢启枢伤势甚重，拟请给医药费二百五十元。

三、经收员马岱海伤势稍轻，拟请给医药费一百五十元。

四、公役袁先德伤势甚重，拟请给医药费二百元。

五、公役许多寿、何文彬伤势稍轻，拟请各给医药费一百元。

六、经收员马延寿、马俊生、马国梁三员，拟请各给殓埋费二百元。

七、公役袁秀清一名，拟给殓埋费一百元。

以上所拟各节是否有当，理合具文呈请鉴核示遵。至警士陈汉儒一名，已照非常时期奖恤警察暂行条例第二条之规定，予以升级。合并陈明！谨呈四川省政府。

松潘县县长　黄白殊

32. 新津县政府为日机窜入县境投弹致四川省政府电（1944年9月9日）

成都。四川省政府兼理主席张钧鉴：昨夜一时起至三时三十分止，敌机窜县境三次投弹。每次仅机一架，弹均落机场边沿。我机两架轻伤，盟友伤一亡一。当地居民李文轩之妻被害。拂晓职前往，会同空军总站查得实情如上，谨电报查。

新津县县长　赵宗炜

33. 新津县防护团为日机袭扰机场致四川省防空协导委员会呈（1944年9月21日）

案奉钧会三十三年防一字第七九零号训令：饬将九月八日夜至九日晨，敌机袭扰详情具报备核一案。等因奉此。遵查九日晨一时许，敌机三架飞机飞临机场上空，低空绕行机场二三周，两次投弹十余枚，机场跑道左、右中弹三枚，第四十五、四十六停机线附近中弹三枚，油池附近中弹四枚，美军高射机枪阵地中弹一枚，炸毙枪手一名，重伤一名（闻已毙命），轻伤一名，五津镇街口卫兵一名轻伤，机场西北公路侧，炸伤土民及工人各一人，余无损失。至三时二十九分解除警报。奉令前因，理合具文呈请钧会俯锡鉴核，备查示遵。谨呈四川省防空协导委员会。

新津县县长兼团长　赵宗炜

34. 新津县县长为日机空袭机场致四川省政府主席电（1944年10月4日）

成都。四川省政府兼理主席张钧鉴：密。

一、敌机寝午后七时五十分连续轰炸三次。计敌机五架，掷小型炸弹约两百枚，仅五枚落于机场。北端跑道无恙。我机三架受伤，一架将油箱击穿，并未燃烧；两架腹部穿一小孔，人员并无伤亡。

二、其余所投之弹落于花桥乡所属之韦陀堂、指蹶碑、伍家碾、沈家院等处田野中，炸毙住户雷子坦之妻一人，雷姓妇女二人，沈家院厨房墙壁被毁，牲畜亦无伤亡。

三、当敌机临空时，所属车灌坝、纯阳观等处曾发出红色信号枪弹，现秘密侦察中。谨电报查。

新津县新津县县长　赵宗炜叩

35. 新都县政府为不明国籍飞机在本县投弹致四川省政府主席电（1944年10月17日）

兼理四川省政府主席张钧鉴：据报本日午前七时，有国籍不明飞机两架于县属天缘乡第九保一、二两甲地面投弹十五枚，已爆五枚，将江家碾大堰炸毁，并损坏叶小云田约五六分，同时被伤二人，一头部，一脚部，均不见重。其余未爆之弹，一枚落陈金山家内，幸未伤害有人，仅损害房屋一小部分。当经派员前往查看确属实在。除未爆之弹已电话请求省防部派队掘发并分呈省防部外，理合电请鉴核令遵。

新都县县长　冉崇亮叩

36. 松潘县政府统计室调查本县抗战期间损失情形致四川省政府统计处呈（1946年4月1日）

奉本县县长雷交下四川省政府三十四年十二月统一字第四六六八号训令，暨三十五年一月统一字第三七六号代电文两件饬调查松潘在抗战期中所受损失径报钩处凭转。等因奉此。自应遵照奉颁表式填报，惟查省府三十四年十月统一字第三七三四号酉齐代电附颁各种表式，职未准前任咨交遍查档案亦无是以无法照式填报。兹谨将本县在抗战期中所受敌机轰炸损失情形调查如下：

一、被炸地点：松潘县城区及近郊。

二、被炸时间：民国三十年（即公元一九四一年）六月二十三日午前十二时。

三、敌机架数：日本飞机共二十七架。

四、投弹枚数：计共二百四十五枚（仅就炸迹求得枚数，城内投烧夷弹约五十枚，有五枚未炸；城外有三枚未炸，均列二百四十五枚内）。

五、炸毙人数：一百九十八人。

六、炸伤人数：重伤二十四人，轻伤二百九十三人。

七、被炸面积：纵横四华里。

八、炸毁房舍：全部燃烧者计房舍五十八幢，炸毁大部者计房舍一百八十七幢。

九、时值估计：约值现价法币洋三万万元正。

十、重要死者：

1. 财政部资易〔源〕委员会松潘办事处：炸毙电台领班褚天培一员，报务员梁筱波一员，工友陶志诚一名。

2. 中央银行松潘办事处：炸毙会计一员姓名不详。

3. 城区中心学校：炸毙女教师骆丰如，男教师马毓贤各一员。

4. 四川省银行松潘办事处：炸毙会计一员姓名不详。

5. 松潘青年团：团务主任筹备员李继渊，当场炸死。

6. 松潘县政府：炸毙经收员马延寿、马俊生、马国梁等三员，暨科员孙志和，眷属妻、一子，会计室工友袁秀清一名。

以上各情除中行、省行两办事处因炸后不久均相继撤销，真相无法调查，拟请钧处径函中、省两总行调查，求得正确数字，再行并案汇报外，理合将其余松潘在抗战期中所受轰炸损失情形，具文报请核转备查示遵。谨呈四川省政府统计处。

松潘县政府统计室代主任　钱大受

四、日机轰炸重庆及川东区

（一）日机轰炸重庆

1. 四川省政府关于疏散重庆市区人口训令（1938年10月）

〈前略〉

"查抗战以来敌机到处肆虐，我无辜民众多遭残害，深切痛心。近更侵入西南边省,凡较大城市均有被空袭之顾虑。重庆为后方重要市区,极应一面加紧空防设备,一面疏散人口,以避免不必要之牺牲。有见及此爰制定疏散重庆市人口办法颁布施行。惟是被疏散之人口率多战区难民,一旦到达新迁地点,人地生疏,在□均感困难。所有治安之保护居所,职业之介绍及一切应行指导事项,该司令应属遵办法第九、十两项之规定,暂饬涪陵、长寿、江北、巴县、合川、江津、合江、纳溪、泸县、南溪、宜宾、璧山、永川、荣昌、隆昌、内江、綦江、南川各县党部、县政府、动员委员会、救济委员会、驻军保安团队、壮丁队,切实负责俾迁居人口,得以安居乐业,除分令外,合行抄发疏散重庆市人口办法。"

〈后略〉

2. 重庆市疏散人口办法(1938年10月)

一、现在重庆市无职务职业者及其眷属,暨不必常住市内之人口,由重庆市政府会同警备司令部、警察局、宪兵第三团查□,应行疏散之人口,限期迁出本市。惟为经济、时间及应付事机计,应一面调查,一面即实行疏散,以免临时拥挤。

二、经查明应疏散之人口,由市府填发迁移证,分别通知。限于接到通知后一星期内迁出。

三、经查明确属无力迁移人口,得暂缓迁移,另候市府定期通知。

四、接到疏散通知,而逾期不肯迁移者,得由市府强制执行之。

五、为谋疏散人口迁移之便利,应于沿途设置类似旅行社之指导处所,其办法另定之际。

六、疏散人口,暂指定分向长江、嘉陵江上下游,及成渝、川陕两公路旁各县县城及附城地带,暨重庆市各防护区迁移。并令饬各该县限期将该县能容迁移人口数量,调查明确迅速具报。

七、疏散人口需用之车船,应予以便利,由各交通机关协助市府办理,其手续如下:

1. 由市府调查征集各公私停驶之小汽车,交公路局承租,专门作运输被疏散人口之用；

　　2. 由行营交通处行驶成渝、川黔两公路之空车，搭运无力购票之被疏散人口；

　　3. 由民生公司设法增加轮船航行班次；

　　4. 由川江航务管理处调查沿江各县木船数量，报请行营令各该县调集重庆，并通知市府作运送疏散人口之用；

　　5. 由市府警察局准备陆路运送力夫；

　　6. 无力迁移人口，除向陆路疏散者准依第二款办理外，水路疏散人口由市府予以救济；其余搭坐车船者，仍须一律购票。

　　八、车船运送地点，暂定川黔路至松坎止；成渝路至内江止；长江上游至叙府止；下游至涪陵止；嘉陵江上游至合川止。所有各路被疏散人口，到达上列各地点时，如欲另往其他各地，一切应自行料理，但县府仍应尽量协助，俾臻便利。

　　九、疏散人口经过途径及到达地点，由行营电令川康绥靖公署，四川省政府主席兼保安司令，严令各该县驻军、团防、壮丁队负责保护，并径电各该县军团遵照。

　　十、疏散人口到达迁移地点后，由所在地县政府，县党部，及动员委员会、救济委员会代租居所，介绍职业，并负责指导一切。

3. 重庆自来水股份有限公司为制水场被炸致重庆市蒋市长呈（1939年5月5日）

　　窃本月四日午后六[点]钟半，敌机在公司打枪坝水场投弹肆虐，计净水池盖被弹打穿，总放水站中弹，将铁筋洋灰房盖打穿，沉淀池中弹，池墙炸裂，沉淀池旁过水管道亦中弹破坏，水溢管外，致对全市供水顿告断绝。

　　值此非常时期，自来水关系饮料、消防至巨。当经督饬工匠，冒险通宵工作，已于本日午前十[点]钟完工，系暂用[把]临时水管接通，不经滤池，直接放水，以供目前急需。水虽未经沉淀，并无不洁之虑，跟即一面赶紧修理，约三日内可以回复原状。

此次冒险赶工，职工共计受伤六名，死亡一名，警员受伤一名。查敌机所投各弹，以落于清水池旁隙地一枚较大，掘地纵横丈余，深亦如之。内有燃烧弹数枚，幸俱落于空地，未致起火。此即公司制水场被炸赶修之际经过大概。抑有进者，敌机频来，今后有无更大危险，实未敢必。全市需水数量，日以千吨计，一旦不能供应，必须另采紧急救济办法。应请钧府饬属晓谕市民，各备水桶，以备万一之用，并在平常供水不缺时期充分储存。

又公司制水场内旧有废沟，略加修葺，以作职工二百余人临时防空地下室之用。连日以来，每遇空袭时间，常有多人估闯入内，甚至抽出手枪威胁。警员能力薄弱，无法阻止。

查公司制水场关系饮料卫生，责任甚重，如有汉奸混入投毒，为〔危〕害何堪设想。除呈请重庆卫戍司令部酌派宪兵四名，长期驻场维〔持〕秩序外，理合具文呈请鉴核示遵！谨呈重庆市市长蒋。

重庆自来水股份有限公司董事长：潘昌猷
（此件存重庆市档案馆）

4. 日本当局收集重庆大轰炸情报（1939年6月）

1939年5月，日本侵略者为了对蒋介石迫降逼和，先后派出大量飞机，对国民党中央政府所在地——重庆，进行狂轰滥炸。尤其是"五三"、"五四"两日的连续轰炸，给重庆人民的生命财产造成惨重的损害，是重庆历史上前所未有的大浩劫，因而受到了当时国际舆论的强烈谴责。

日机轰炸重庆后，日本当局通过报刊电讯、外交使节、汉奸特务等渠道，广泛收集了有关重庆被其轰炸后的各种情报，以下是部分日方情报译文。[①]

（1）渝字第一九一〇号译文（1939年5月5日）

四日我海军飞机于轰炸重庆之际，因由敌之防空阵地受猛烈之炮火，故对此曾加以轰炸。上述之阵地内，有接近于英、美、法、德等各领事馆之处，因之其炸弹及破片等，难保不害及上述之各领事馆等。此旨曾由海军部有所联络，当于五日午后，应东亚局长要求，驻京德、法大使馆主管官员之来访，大概

---

① 此两段内容为编者所加。

已将上述之事情予以通报，对英、美方面，亦于明(六)日拟作同样之通报云。

(2)渝字第一八九五号译文(1939年5月6日)

四日午后七时，我海军飞机于轰炸重庆之际，在接近英、美、法、德各领事馆所在地之区域，被高射炮五六门轰击，故予以轰炸，使之沉默。当时对各国领事馆或已加以损害，亦未可知。兹据海军方面之恳托，于五日使馆人员偕海军方面往访英、美、德、法部总领事，并经申诉上述之事项，谓各总领事馆虽受损害，但此实有出于不得已之实情，请其原谅等语。皆已表示谅解云。

(3)渝字第一九一六号译文(1939年5月7日)

五日照常例接见外国新闻记者时，关于四日轰炸重庆之海军主管长官之答对情形，已由当地海军电呈，海军省谅已知悉。又六日，当地各英文报纸载有关于此次答对之记事，谓海军方面发言人称：当轰炸重庆之际，该区约有高射炮伍拾架猛烈射击，因自卫不得已加以反击，因而妨害外国权益，尤以外国领事馆被破坏深觉遗憾。惟以不可避免之理由，为卸去日方责任之质问，答以此非讨论责任问题云。

(4)渝字第一九二四号译文(1939年5月7日)

海军航空队于三日及四日前后两次空袭重庆，予以极大之损害。当四日空袭时，敌人于离该地英、法、德、美领事馆约三百米之地点，配置高射炮约五十门猛烈射击，至我编队机甚感觉危险，故对该高射炮阵地投下炸弹。据各方面之情报，其中一弹落英国领事馆地区内，英国秘书一名有负伤之说，现正调查事实。对于此事，上海海军报道发表意见称：此事如果属实，亦系为自卫计而不得已之举云。

(5)渝字第一九九六号译文(1939年5月9日)

四日我方之轰炸重庆，为事变以来最猛烈之轰炸，当地各报连日均以大字标题登载其轰炸情况，予各方面以极大之震动。该地六日正午复有空袭警报，全市顿呈混乱状态，甚至战斗机出动准备截击，结果判明系属基于误报。该地之恐慌情形，其后综合由该地发出之外电，在轰炸后其情况如下：

(一)商业中心区及住宅区被破坏甚重，兼以当日风势极强，致燃烧波及各方，七日方始消灭，全市约三分之一化为灰烬。推测死伤约有五千名。

(二)往市外避难者已三十万名,而连日往市外避难者,依然络绎不绝,故一时往对岸渡船费,较平时突涨至四五倍以上。

(三)中央社及国际无线电台亦被炸毁,致一时对外之联络中断。水道、电灯及电话均中弹,北岸地区顿成黑暗世界。至五、六日,一部分地方业已修复。

(6)渝字第一九九九号译文(1939年5月9日)

五日重庆发出电中,以为日机之来袭在预料中,而防空力如是之薄弱,殊堪遗憾。而今断言其无力,致灰心者有之。综合电内所述如次:

(一)卫戍司令刘峙轻伤(经辨明为救急难民时车辆冲撞)。已判明的伤者1286人,倒塌及烧毁房屋达1842所。蒋夫妇数次视察现场。

(二)五日开会之生产会议,因出席人少延期。

(三)英大使变更出发之预定,延期至□日。

(7)渝字第二〇〇一号译文(1939年5月9日)

续渝字第一九九六号:

(四)食料、水等异常缺乏,各店铺均尚未复业。

(五)治安一时陷于紊乱状态,市内各地发生抢劫行为,并搜劫尸体,其甚者竟从尸体口中拔取金牙。

(六)该地原为鼠之巢窟,而尸体又未清除,故有鼠疫等传染病之虞。

(七)因谣传投下多数有毒之纸烟,故市民拾之恐慌,后始判明,此系被轰炸之纸烟工厂之纸烟飞散于各地。

(八)各报皆停止发行,决定在各报馆合作之下,发行四页之报一张。六日,共产党机关报新华日报曾单独发行,但为当局所制止,仍照各报馆所定办法办理。

(九)政府征集一切车船,以供市民向市外避难之用。且由官吏征集月薪一月,并支款二百万元,以作目前救济难民及被炸地区之复兴费。救济事务负责者为何应钦。许世英亦于六日由香港飞重庆。

(十)有重庆政府移至昆明或成都之说,官方极力否认。

(8)渝字第二〇〇三号译文(1939年5月9日)

此次重庆被轰炸后,因此重庆政府将移至成都,遂有卡尔大使与蒋介石同赴成都之说。据重庆八日路透电称,此地消息通谓:"国民政府仍在重庆,并与移往郊外之多数行政机关保持密切之联络"而否认迁都说。该电承认卡尔大使赴成都之事实,但谓此乃根据从前所定之计划,前往成都视察而已,并非重庆被炸后新订之计划,俟停留数日后即返渝。至英国领事馆则移至南岸,德、法领事馆则移西郊云。

(9)渝字第二〇三七号译文(1939年5月9日)

轰炸重庆事,当地各新闻方面均相当重视而揭载重庆及上海来电,并传英、德大使馆,英、法、德领事馆及美国财产蒙受损害。六日上海发UP电,谓英国大使馆方面极表愤慨;又同日重庆发UP电称,美国人虽无一死伤者,但死伤之数竟达五千云,□□□特电,谓为滥施轰炸。至于社评,仅□□报对于本事件用不文明、野蛮等词句,基于人道的见解加以非难。

(10)渝字第二一〇〇号译文(1939年5月14日)

因轰炸重庆,英国政府财产所受之损失,并危及英国人民之事件,奉本国政府之训令,特再强硬抗议。对重庆盲目轰炸,日本政府当负其全责,应请训令禁止日军,不得再有对一般人民滥施轰炸之情事(包括汕头及福州)。重庆英国领事馆所蒙受生命财产之损失,当追加要求赔偿。日方虽云被炸建筑物之附近有高射炮阵地,但本人现据获有关之情报,不能承认此主张,不得因有高射炮阵地,即以整个马路为一般的或滥施轰炸之正当目标。若仍继续任意轰炸,将使业已恶化之英国舆论更趋恶化,而予日英关系以恶劣影响。

(11)渝字第二一〇三号译文(1939年5月16日)

森岛参事发电,日前曾恳托意国大使馆等报告我方轰炸重庆之状况,十三日应意大使之请予访问,大使根据接到重庆之情报,遂为如下之会谈:

(一)轰炸重庆,该地人心影响极大,官民大部分向郊外避难,呈现恐慌之状况。

(二)死伤者六千之内,已判明姓氏者有二千。

(三)公共建筑物中全毁者,为兵器弹药库、兵工厂、广播局;一部分破坏者,为中央银行、天主教堂;其它四五处官厅,英、法、德领事馆亦已破坏部分。

（四）由技术的见地观之，轰炸尤其燃烧弹命中之正确，殊为惊异，被害之大部分均罹火灾。

（五）政界一部分观测，如日本再续行十五日左右之轰炸，国民政府更暴露危险，除迁往安全之地外，实无办法。意方观测，重庆政府之心为日本所屈服。

（六）官厅之大部分，因迁往市郊外，执务殊感不便。

（七）在意国大使馆附近，置备之华方高射炮，业于十二日撤去。

（12）渝字第二一〇四号译文（1939年5月13日）

法国大使于八日以书翰送致森岛参事。内称：因最近日本空军一再轰炸重庆，法商中法运联合作之建筑物及教会、医院等，均受极大之损害，而法国领事馆亦复受害。该建筑物之院中悬有法国国旗，屋顶并绘有法国旗。特对此事件提出正式抗议，并保留本国政府对日本政府之赔偿要求权云云。森岛参事当加答复，内容与五日及六日之三浦领事答复法国总领事者略同云。

（13）渝字第二一一三号译文（1939年5月16日）

英国大使馆参事，于十一日以书翰送致森岛参事。内称：据报日本飞机轰炸重庆时，该地办事处大受损失，英国政府以此种损害之责任在日本政府，当于最近在东京提出抗议，并保留损害赔偿之要求云。

（14）渝字第二一一四号译文（1939年5月15日）

XYZ情报：关于重庆被害之后，民间通讯一律均被没收。中央银行国库局及宿舍被炸，防空司令部之炸毁亦属确实。又军事以外之机关虽逐渐向成都迁移，但最后选为康定。轰炸后的重庆日用品之缺乏，最成问题云。

（15）渝字第二一七四号译文（1939年5月18日）

我方轰炸各地，最近实趋活跃，华方对此甚感恐慌，当与各方面以极大之影响。当地盛行宣传，称我方轰炸时，轰炸非武装地区，以唤起列国之同情。并称损害轻微，于抗战力毫无影响，最后之胜利仍在握云。据十六日重庆发合众电，蒋介石发表告各省、市政府及全国同胞书，以煽动民心云。

（16）渝字第二一九二号译文（1939年5月19日）

兹接海军报告如下：

防空司令部发出普通警报后,仅5分钟即发紧急警报,因之交通已被阻断,致市民无避难之余地(第一次警报二十分钟后空袭),故死伤甚多。房屋被害者多因火灾。日本飞机在市空盘旋五分钟后,即于长方形之范围内投弹百余枚,其中三分之一落于市内(沉没船舶不少)。轰炸区域由新丰街至商业场、征收局巷、白象街、二府营巷及陕西街、大梁子、神仙口、左营街、打铁街、第一模范市场等处。其被轰炸程度,一如另电所述,又南岸之铜元局及黄桷渡一带最为残酷。火灾之猛烈为空前未有(有六处火,江岸有三四处)。自一时起至晚十时半止,全市化为死街。中央要人有数人负伤(人名秘密)。

政府要人之私有防空壕,因拒绝收容当时在并肩战斗有密集之民众,故非难之声甚高。

(17)渝字第二三六〇译文(1939年5月28日)

第六六五号之要领,二十五日与卡尔大使会谈,其大意如下:

(一)前者轰炸重庆,而市民之受伤者有二千人,经发掘完毕之尸体达三千具,此辈皆为当地之居民,非来自长江下游地方之难民。空袭之结果,与其谓四川人对战争之残酷起恐怖之心,毋宁谓为徒使增强其抗日气焰而已。

(二)曾与蒋介石及其他包括共产党方面之要人会见,彼等皆不顾日本之空袭,精神饱满,一般人民亦较武汉、广东陷落之后士气旺盛,且皆发奋自强。

……

(18)渝字第二四四六号译文(1939年6月1日)

遭我方空袭之重庆,损失奇重,每次政府将残余者从少发表。二十五日空袭,死伤约达二万以上(AM情报)云。鉴于前次疏散令无效,二十六日晚宣布严令调查人口,除由卫戍司令部发给居住证者外,一律不准居住市内,发给迁移证是为谋疏散令彻底。政府要人中死伤者似不少,本地相传有于右任之死亡传说,寓曾统一家中之于氏家族对AM谈称,于氏于廿五日空袭时,因邻家倒塌负伤属实。

(19)渝字第二四五九号译文(1939年6月2日)

关于二十五日我空军轰炸重庆之被害状况,兹综合该地所发外电称:炸弹投中重庆银行,且集中于美丰银行、四川盐业银行及中央公园附近,因而引起大火,致死伤者无数。而市内各报,经我上次空袭后,于共同经营下发行联合日报,其编辑部亦被投中,遂至趋于停刊。再电话局亦投中,致市内电话全部不通云。

(原件存重庆市档案馆)

5. 日机轰炸外国驻渝机构的报道(1941年7月)

南岸弹子石遭炸,美孚洋行内所存南洋烟草公司纸烟及棉花全毁,损失120万元。卫戍司令刘峙、市长蒋志澄亲临现场抢救。隔壁法商吉利洋行幸存。

——《大公报》1939年5月14日载

敌机上月29日袭渝,英大使馆一部被毁,参事巴克木、秘书艾伦夫妇等均受重伤。英政府已向东京提出抗议。乃前晚(7日)敌机袭渝时,李家花园落弹甚多,英大使卡尔爵士私寓竟遭震毁,损失颇重。昨(8日)晨敌机在领事巷集中投弹,致英大使馆直接中弹,全部炸毁。最近敌机潜袭轰炸,在渝外人财产及文化慈善机关受害特多,敌人显系故意违反国际公法,摧毁外侨财产,其狂妄举动,深为举世各文明国家所嫉恨云。

——《新民报》1940年7月9日载

敌机三批,昨日又在我行都逞凶,所有中二路、南纪门、江北等处均被轰炸,我方死伤平民70余名,炸毁房屋380余幢。七星岗之天主教若瑟堂亦被狂炸。敌机迭次袭渝,故意轰炸第三国财产,已屡见不鲜。昨(9日)敌机袭渝时,若瑟天主教堂又被炸毁。查自敌机袭渝以来,天主教之教堂、学校、医院等被炸毁者已达11所之多。

——《新民报》1940年7月10日载

敌机昨(13日)复分三批袭我陪都,计第一批27架,第二批8架,第三批9架。于午前11时左右,相续侵入市空,滥炸市郊及南岸,呈其兽欲。德国大使馆亦成投弹目标之一,房屋炸毁大半,幸使馆人员咸于事先撤出,得免死伤。美以美会求精中学一部被炸毁。此外被炸者有医院、旅社、餐馆、商店、平民住宅等房屋数十间,市民仅有1人受伤,另有一处中弹起火,当时火势颇烈，后经消防队总队长他某亲领消防队员抢救扑灭，并未延烧。又各公共防空洞秩序昨日显见良好，缘各洞管理员业经市警察局全部鉴定，局方并定令（14日）午后召集全体管理员业经市警察局全部鉴定，局方并定令（14日）午后召集全体管理员学习管理常识，并将继续予以一星期之训练。

——《新民报》1940年9月14日载

（中央社讯）敌机54架，昨（10）日分两批由鄂袭渝，每批各27架，于10时47分及11时25分相继侵入市空，经我高射部队射击后，即在市区附近投弹约200余枚向东逸去。被毁房屋余间，死伤10余人。英大使卡尔爵士寓邸附近亦落巨弹，一部被波及。美以美会求精中学内今又中弹。居渝30余年之美教士瑞普，其住宅即在校中，被震毁不能居住云。

九、十两日敌机在市区肆虐，英大使卡尔爵士住宅亦遭波及。外交部王部长得讯后，特于10日下午派该部凌秘书向英大使面致慰问云。

——《国民公报》1941年5月11日载

（中央社讯）敌机昨（15）日袭渝时，敌〈要以前〉播所谓安全区之南岸亦落弹多枚。美大使馆武官办公厅房屋前落弹，办公厅几全部震毁。敌弹碎片击中美军舰"图图拉"号。又望龙门美红十字会募款建筑之平民住宅亦中二弹，毁屋多间。

——《国民公报》1941年6月16日载

（中央社东京30日路透社电）鉴于英驻华大使馆昨日被日机炸毁，中文参事包克木受伤事，东京之英大使馆正录集有关之报告，以便向日政府提出抗议。

（中央社东京30日合众电）英驻日大使克莱琪，现等候英驻华大使馆被炸之详情，以便决定行动。又讯，英使今日曾访日外次大桥，当即提出抗议。

（中央社讯）英大使馆包克木参事昨被敌机炸伤后，我各方纷纷派代表前往慰问。包氏伤势疗治经过良好，昨（30）日已由市民医院迁往仁济医院，又，英大使馆馆址被炸后，昨起已开始修理，仍继续在该处办公云。

（中央社讯）敌机前（29）日袭渝，英大使馆被炸。大使馆参事包克木、秘书艾伦夫妇等不幸受伤。重庆卫戍总副司令刘峙、贺国光，于昨(30)日特派副处长姜吟冰、参议吴茂，代表前往医院慰问云。又，国民外交协会派员代表该会主席前往医院慰问云。

——《国民公报》1941年7月1日载

（中央社讯）敌机130架，昨(30)日复分批由鄂境袭川，在渝市各处滥肆盲目投弹。美舰"图图拉"号附近落弹甚多，舰顶帆布篷被炸毁，舰尾汽艇中弹炸沉。又，今日外侨财产被侵害者，尚有南岸离美大使馆400码处曾中弹，美大使馆受震坏，美孚石油公司亦遭炸震，而拉铁摩尔顾问住宅附近因落弹甚多，亦颇受震毁。

——《新蜀报》1941年7月31日载

南岸弹子石遭炸，美孚洋行内所存南洋烟草公司纸烟及棉花全毁，损失120万元。卫戍司令刘峙、市长蒋志澄亲临现场抢救。隔壁法商吉利洋行幸存。

——《大公报》1939年5月14日载

美驻日大使格鲁访日外相，就日机轰炸重庆，美使馆有波及之虞提出抗议，指出：日机轰炸重庆美以美会，实属挑衅之行为。

——《新民报》1940年6月15日载

日机117架分四批袭渝，在江北、北碚、市区投弹400余，毁房50。英总领事馆全部被炸毁，英大使馆、法总领事馆院内中弹，受震。

——《新民报》1940年6月25日载

敌机80余架上行分三批袭渝，英大使卡尔公馆后被炸，卡尔已去沪。美国安息会附近落弹甚多，房震坏。

——《中央日报》1940年7月9日载

（本报讯）敌机两批(25)日午后袭我陪都，第一批26架，第二批18架，在南岸美大使馆附近及市郊投弹。美舰杜杜伊拉华及太古公司"万象"、"万流"两轮均被炸伤。

——《新民报》1940年10月26日载

（中央社东京合众电） 美驻日大使格鲁向日外相抗议。15日，日机27架入渝，飞甚高，在距美驻华使馆办公厅300码处投弹5枚，一落弹距防空洞仅50码，高思大使正避其中，将陆军副武官之办公厅震毁，大使住宅、办公室及美孚石油公司办事处遭震毁及碎片击。

——《新民报》1941年6月15日载

6. 重庆卫戍总司令部就日机两天空袭情形通报（1940年5月20日10时30分于观音岩本部）

据重庆防空司令部先后报告，昨（十九）今（二十）两日敌机两次分批空袭情形及投弹地点如下：

一、第一次敌机多架于昨（十九）日十六时三十八分起计分五批袭川

1. 第一批敌机九架于十六时三十八分经湖南华容、慈利、桑植、来凤，及四川黔江、彭水、南川、江津、合江、泸县、南溪，于十九时五十分在宜宾投弹后，经合江、綦江、彭水东逸。

2. 第二批敌机九架于十七时十一分经湖北潜江、江陵、建始、武陵、忠县、丰都、涪陵、江津、泸县，于二十时四十四分在宜宾投弹后，经永川、江津、南川、彭水东逸。

3. 第三批敌机九架于十七时十九分经沙洋、当阳、巴东、云阳、达县、营山、南充、三台，于二十[时]十五分在成都之凤凰山投弹后，二十时五十五分在新泽附近上空与我机空战，敌机向三台、营山、宣汉、巫溪东窜。

4. 第四批敌机九架于十八时四十分经当阳、巴东、奉节、云阳、达县、阆中、三台、成都，于二十一时五十分在新泽投弹后，折返资阳经遂宁、合川、涪陵、丰都，向利川逸去。

5. 第五批敌机多架于二十一时三十五分经沙洋、宜昌、奉节、云阳、万县，于二十三时四十八分在梁山先后投弹三次后，遂纷纷向东逸去。

6. 各处损害情形正在调查中。

7. 本市于十八时零七分发布空袭警报，十八时五十四分发布紧急警报，二十日零时十五分发布解除警报。

二、第二次空袭情形如下

1. 本日五时四十七分,湖北沙洋发现敌机二十七架,经荆门、当阳、宜昌、秭归、奉节、云阳、忠县,于七时三十五分在梁山投弹后,折返利川、恩施向东逸去。损害情形容当续报。

2. 本市于七时二十分发布空袭警报,八时零七分发布解除警报。

〈下略〉

重庆卫戍总司令部启

(原件存重庆市档案馆)

7. 重庆市空袭服务救济联合办事处第10号通报(1940年5月28日)

一、据本处调查组及各组、会、处、队报告,二十八日中午敌机来袭重庆,灾害情形如下:

1. 被害地点

□□□□□□□□□中炸弹一枚;中四路二十号康庄中炸弹一枚;又五十七号中炸弹一枚;罗家湾三十号侧面路上中炸弹一枚;又后面池内及林内中炸弹多枚;又三十四号全园中炸弹一枚;□子岚垭二〇六号后面山〈由〉中炸弹一枚;又九十二号侧后山上中炸弹一枚;高家庄二十号侧面中炸弹一枚;又二十二号侧中炸弹一枚;张家花园四十五号侧中炸弹一枚;牛角沱一三九号中炸弹一枚;美专校侧中炸弹一枚;大田湾土坡中炸弹四枚;又附近中炸弹六枚;又六十一号中炸弹一枚;又五十五号中炸弹一枚;六十三号田内中炸弹八枚;上清寺菱园中炸弹一枚;桂花园中燃烧弹一枚;中二路九十五号中炸弹一枚;又一六六号右侧中炸弹一枚;又一七四号中炸弹一枚;又一七七号中炸弹一枚;又重庆车站后面防空洞口中炸弹三枚;飞来寺二号中炸弹二枚;六号中炸弹一枚;十二号中炸弹二枚;康宁路二号中炸弹一八;三号中炸弹一枚;四号中炸弹四枚;七号中燃烧弹一枚;十二号中炸弹一枚;十三号中炸弹九枚;十五号中燃烧弹一枚;春森路十九号右侧中炸弹二枚;二十号侧中炸弹一枚;六号中炸弹二枚;中三路四号中炸弹一枚;又一二四号中炸弹一

枚;一二五号中炸弹一枚;一二七号中炸弹一枚;盐务总局内中炸弹七枚;红十字会内中炸弹四枚;巴县中学内中炸弹二枚;白鹤亭河坝中炸弹一枚;嘉陵江中中炸弹多枚;纯阳洞电话局中炸弹一枚;神仙洞二零五号柏泸中炸弹一枚;果园中炸弹一枚;张必果家祠中炸弹一枚;郭园坎下中炸弹一枚,伤兵管理处中炸弹三枚;财政部中炸弹六枚;教育部(川师内)中炸弹二枚;川东师范内操场花园中炸弹六枚;调查统计局(川师内)中炸弹二枚;市政府(川师内)中炸弹六枚;上南阳马路三号中炸弹一枚;一九八号中炸弹一枚;珊瑚坝飞机场中炸弹三枚,燃烧弹六枚;消防沟一四六号中炸弹一枚;燕喜洞中炸弹二十五枚,燃烧弹五枚;大水井中炸弹二枚;支路坡中炸弹十二枚,燃烧弹一枚;下南区马路七五号中炸弹一枚;南区支路一八号中炸弹一枚;肖家沟街中炸弹一枚。共中炸弹约一百三四十枚,燃烧弹十八枚,被炸地点约八十四处。

2. 死伤人数及损坏房屋

白鹤亭伤七人;纯阳洞电话局伤二人,死二人;柏庐伤一人,死四人,毁屋四间;果园伤四人,死二人;张必果家祠伤十人,死六人;郭园坎下死七人;珊瑚坝毁房一间,伤一人;消防沟伤一人;燕喜洞伤十五人,死十九人,毁屋二十九间;大水井伤六人,死三人,毁屋五间;南区支路、两路口之支路坡伤四十九人,死四十;康庄伤一人,死一人;罗家湾伤一人,毁屋七间;枣子岚垭后山伤四人,死一人,毁屋二间;中四路五十七号毁屋二间;上清寺蜀瓷厂毁屋三间;牛角沱一三九号伤二人,死一人,毁屋三间;美专校侧伤三人,毁屋三十余间;大田湾一带伤十九人,死十二人;菱园毁屋一栋;桂花园毁屋十余间;中二路伤十六人,死十六人,毁屋二十四间;飞来寺二号伤六人,死五人,毁屋四间,六号伤三人,死三人,毁屋二间,十二号毁屋二间;康宁路二十九间,伤十人,死八人;春森路伤十四人,死一人;中三路伤三人,毁屋二十余间;盐务总局伤二人,毁屋数间;红十字会毁屋二十余间;巴县中学伤三人,死一人,毁屋三间;重庆车站后防空洞伤二十七人,死四人;伤兵管理处死五人;财政部重伤十四人,毁屋三十九间;教育部伤五人,毁屋三间;调查统计局死二人,伤二人;市政府死六人,伤十一人。共约轻重伤二百二十余人,死一百三十余人,毁屋二百四十余间,又炸毁汽车十二辆,人力车三十余辆。

二、据本处江北分处报告，今午敌机来袭江北城区，被炸灾害情形如下：

1. 被炸地点有吉人巷、马号街、放生池、永平门、新城、文昌宫、鲁隆桥、水月巷、北府宫、金沙、打铁街、廖家台等处。

2. 中弹数目计炸弹七十九枚，燃烧弹三枚。

3. 轻重伤约一百六十人，死伤四十四人。

4. 毁屋一百二十余间。

三、据本处南岸分处报告：

1. 南坪场、石堡沟、玄坛庙、兴隆湾、下龙门，共中弹四枚。

2. 仅有轻伤二名，毁房二间。

四、本处主任委员许世英，副主任委员谷正纲、刘峙洪、兰友浚，即分途出发，赶赴各灾区督率抢救；主任委员许世英、医护委员会主任庞京周并亲赴各重伤医院、各收容所慰问被炸民众。

五、据本处服务总队部报告：敌机炸后，即发动各服务队至各灾区慰问被炸民众，并指引至救伤站、重伤医院裹伤，至收容所收容。在两路口车站设立临时指挥部督导工作。

六、据本处医护委员会报告：今日第一重伤医院收重伤六十名，连同共收七十三名；第二重伤医院今日收重伤六十名，连前共有七十六人；第三重伤医院收重伤十名，连前共有三十五名；第四重伤医院共收重伤三十七名；第五重伤医院（南岸）今日收一人；第七重伤医院共收二十五名；第八重伤医院今日重伤四十七名，连前共收六十一名；第九重伤医院共收九十人；第十重伤医院共收九十人；第十二重伤医院共收四十二人；第十五重伤医院共收十二名；第十六重伤医院共收十六名。合计本市江北南岸各院共收重伤病人约二百余名。为□出床位，以备急用，现正连夜将病人转送江北第十四重伤医院、南岸第五、第九、第十三、第十一各重伤医院。另经[在]各救伤站、救护队、各重伤医院服药裹伤者共一百余人。

七、据本处抚济组报告，经本处发棺掩埋者有七十余具，江北方面正派队连夜工作中，死伤人数均经登记，即日发放抚恤金。

八、据本处收容运配组报告，南区马路及中二路灾民李海洲等六十余人均经菜园坝第八收容所收容。

九、两路口重庆车站后面土质防空洞倒塌,本处特派副组长曹运督率防护常备大队队员一百余人漏夜赶挖中。

十、各灾区初步救护工作于下午五时即告完成,轻重伤病人均安置。除挖救掩埋工作漏夜赶办外,本处两路口车站灾区总指挥部及各区指挥抢救人员均于八时前后工作完毕回处。

(原件存重庆市档案馆)

8. 重庆卫戍总司令部就日机袭渝通报(1940年5月28日于重庆观音岩本部)

兹将本日(二十八日)敌机袭渝经过损害概况,各机关部队施救概略情形通报如下:

一、空袭经过

本(二十八)日,敌机三批袭渝。第一批敌机三十六架。八时十八分于湖北潜江发现。经十里铺□□□□□□□长寿、邻水、合川,十一时二十分侵入市空投弹。后于十一时二十九分经木洞、南川、彭水、酉阳等地东去。第二批敌机二十六架八时三十五分于湖北沙市发现,经董市、五峰、黔江、彭水、长寿、邻水、合川、北碚,十一时三十分侵入市空投弹。后于十一时二十五分经南川太平场、涪陵、丰都、黔江等地东去。第三批敌机三十六架九时正午湖北沔阳发现,经丰县、桑植、酉阳、彭水、江津、浮图关,十三时零六分至广阳坝上空投弹,后于十三时十四分经长寿、涪陵、垫江等地东去(以上三批每批后有一架尾随飞行)。

本市于九时悬红球一个,九时五十五分发布空袭警报。同时悬红球二个。十时三十四分(下球),并发布紧急警报。十四时三十四分悬红球二个,十四时四十分改悬绿球一个,并发布解除警报。

本日解除警报时,因市区及江北电灯线被炸,电力厂不能输电,故仅龙门浩警官校两处电动警报器发布解除警报,其余各地系令由警报台用手摇警报器发布,并以机动脚踏车辅助传播。

二、我陆空对敌机战斗情形

高射炮战斗情形：敌机九十八架至十一时二十分起，分三批侵入市空（由北向南），高度约5800至6000公尺，我炮兵第四十五团（第二、三、四、五、六连）均予猛烈射击，约共消耗弹药240发，其中二架似有负伤模样。

三、敌机投弹地点与损害情形

1. □□支路政治部附近投爆炸弹一枚，损坏轿车一辆；
2. 三民主义青年团中央团部投爆炸弹二枚；
3. 中三路巴中内投弹三枚，毁房屋数间；
4. 中三路财政部投弹三枚，毁房屋数间；
5. 中三路一一七号至一二七号投弹六枚，死七人，伤五人；
6. 康宁路投弹一枚，毁民房数间；
7. 康宁路后面投弹五枚，死十四人，伤二十人；
8. 俄使馆门前投弹八枚，死五人，伤十人；
9. 中二路川东师范教育部附近一带摊贩投弹数十枚，炸塌房屋四五十栋，伤五六十人，死者尚在挖掘中；
10. 南区公园投弹十余枚，死二三十人，伤三四十人，毁汽车数辆；
11. 上清寺附近落弹数枚，塌房屋四五栋，伤十余人，死七人；
12. □□□□□□□□□□□□□□□□□□□□□□□共伤约四百二十余人；共亡约二百五十余人；共毁房约三百五十余间。

四、本日空袭后，救联处、防护团及本部担架排等均全体出动，分任各项救护工作，颇为努力。

五、其余详细损害情形俟后续报。俟后续报重庆市政府

重庆卫戍总司令部启

（原件存重庆市档案馆）

9. 日空军俘虏清水纪、阪本一郎供词（1940年9月）

1940年10月8日，四川省防空司令部参谋室收到国民政府军委会军令部快电，内容是第二俘虏收容所重庆上报的一份军情报告，此报告根据日空军

俘虏清水纪、阪本一郎供词,以及与关押在收容所的其他俘虏谈话摘录制成。①

从清水纪、阪本一郎二俘所得之敌军军情:

1. 关于二俘自身之履历及作战经过

(1)清水纪

自称为海军航空一等兵,但显系"下士官"。因其身着反领衬衫之海军制版,而一般士兵则仅只着圆领衬衫,在国内曾受五年之航空教育。于民国二十六年(1937年)即来我国参战。在安庆时,即与南乡大尉共同工作,昨年度常来作夜间轰炸。其后复调至海南岛参加轰炸华南一带都市,于今年复调至汉口上游孝感飞机场参加轰炸我陪都。

(2)阪本一郎

自称为航空二等兵,但显系航空一等兵,因普通二等兵尚不能参加作战。曾受二年以上之航空教育。于民国二十七年即来我国参加作战,其作战经过多与清水纪同。据云,来我国参战者约六十名,其中已战死二十名左右。

(3)二俘被捕经过

八月二十日,敌机大举轰炸陪都,该二俘即乘指挥机参加,担任通信职务。驾驶者为尉官阶级之长官。将至重庆时,阪本一郎发现有三油槽漏油,驾驶者即命中途折返,一面将漏油方面之引擎关闭,但此引擎并不能完全停止,竟时转时停,与另一引擎不能取得平衡,待飞至巴东附近,机身几有分裂之势,此时即打电与孝感飞机场声称"不时着地"。而回电亦云"谅解"。于是即择江内似有我国国徽之汽船停泊处降落,以意得外人拯救,但在此处遭我军袭击而被捕。

2. 关于敌机炸我陪都之概况

(1)轰炸重庆之敌机散布状况

汉口敌机场仅存轰炸机六十架左右(藏于格纳库中),以备不时之需。普通均从孝感机场起飞,起飞后有时在宜昌上空与从他处起飞之海军机或陆军机会合飞川。至宜昌机场,则仅有战斗机,此项战斗机系最近编成,此后将保

---

① 本段内容为编者所加。

护轰炸机飞川轰炸。同时并防我机前往轰炸,因前次我机飞炸汉口机场时,敌受损失及惊恐不小。

（2）敌机飞渝轰炸前之准备

敌机起飞后,则一架飞于渝市上空,一架飞于机场（据所指示方向当系广阳坝或白市驿机场）上空,以侦察我机起飞状况（数目及方向等）,用无线电通知敌机。是项侦察机,为前敌朝日新闻社使用之"神风号"（曾飞行东京伦敦间,创造过世界纪录）型飞机,配以最速之发动机,通常只作侦察,不作战用。乘坐二人,保持八千公尺高度,故声音极小,起初由于侦察机之报告,我机起飞时刻,敌轰炸机即盘旋他处,待我机油尽作补充时,便一举侵入市空。以后以我方知道敌计作交错飞行之故,敌机仅靠其侦察机通知我机飞行方向,而定其侵入市空之时刻而已。据敌方所知之我陪都驱逐机之数目为三十架左右。

（3）敌机轰炸陪都概况

敌将我陪都分为A、B、C、D等区,逐次加以毁灭。而区与区之联接处,则重复轰炸,使无脱漏。市郊则以含军事性地带及要人住宅为目标,进行轰炸。据云,对领事区域似相当顾忌,而对避开南岸美国sfondond汽油库一事,尤为苦心。轰炸时由指挥机瞄准投弹,他机即随之而投。投弹方式取梯形前进。投弹前,投弹中及投弹后之状况,皆详细拍照带回,以作下次轰炸之参考。

（4）敌机携带炸弹概况

敌机以二十七架为一队,计划每机携带燃烧弹150公斤至200公斤之炸弹五,而其中有二三架竟带有八百公斤之炸弹者。此系敌方认为我陪都之房屋均系由铜骨水泥所建之故,但这样重量的炸弹常有因飞机避免脱离队形,而不得不忍痛投于途中的（因机一离队最易受攻击）普通乡间,以此故而投弹的不在少数。

（5）关于空战情况

敌机以飞行甚高（通常在六七千公尺间,飞行员携带氧气作呼吸）,对高射炮不甚畏惧,而对我驱逐机之袭击则甚恐慌,尤对正前方来的射击更感无法应对（此二俘后在三斗坪受审时,曾为言最怕由后面来的攻击）。最近因我机曾一度使用落下伞式之空中爆炸弹,以轰炸敌机,使敌方大起恐慌,认为以后非由战斗机保护,殆不能完成轰炸任务,故自八月二十日以后,敌将由宜昌派遣战斗机随护轰炸机前来轰炸。

又据云,敌人轰炸陪都今年度以累积三千架至四千架为限,届时轰炸的目的地当为成都。

以上数点是二俘私向旁俘所述,以后如有所得,当随时呈报备核。

10. 四川省政府驻渝办事处为本处职员住寓被炸致四川省政府电(1940年9月17日)

成都。四川省政府钧鉴:据本处助理秘书董鸿诏、处员许昌衡呈称,"于本年八月二十日,敌机轰炸重庆市时因住寓中弹被焚,职等衣物、被褥应用等件概遭损失,兹谨遵省府颁发救济办法规定,填具损失用物表呈,请鉴核恳予救济。"等情前来。查该员等所呈各情尚属实在,应予救济。理合将该员等填具损失用物表二纸随电附呈鉴核。指令祗遵!用资救济(附职员损失表一纸)。

处长　吴泽湘叩
省渝办条印

附件

四川省政府驻渝办事处员役空袭损失私物报告表

事件:敌机轰炸
被灾日期:1940年8月20日
被灾地点:白象街39号
房屋被炸或震塌:焚烧
填报时间:1940年9月11日

物品名称	品质	数量	损失程度	原价	购买年月	备考
棉被	绸面布里	一床	全焚毁	十五元	一九三二年九月	成都购
棉褥	布套	一床	全焚毁	八元	同上	成都购
灰色单衫	市布	一件	全焚毁	七元	一九三七年三月	成都购
蓝色单衫	洋布	一件	全焚毁	十八元	一九三八年十月	成都购

续表

物品名称	品质	数量	损失程度	原价	购买年月	备考
灰色夹衫	哈几面绸缎	一件	全焚毁	十四元	一九三八年七月	成都购
背心	蜜蜂牌毛线	一件	全焚毁	三元	一九三八年十月	成都购
汗衣裤	白市布	两套	全焚毁	二十三元	一九三八年六月	重庆购
袜子	白黑线	二十一双	全焚毁	六元	一九四零年七月	重庆购
皮鞋	白色革	一双	全焚毁	五元	一九三八年六月	成都购
胶鞋	胶质	一双	全焚毁	九元	一九三九年十一月	重庆购
皮带	黄色革	一根	全焚毁	五元	一九四零年七月	重庆购
名章	石质	一个	全焚毁	十二元	一九三九年十一月	重庆购
号章	象牙	一个	全焚毁	六元	一九三八年三月	成都购
修面刀	铜盒钢片	一盒	全焚毁	四元	一九四零年七月	哈尔滨购
雨伞	油纸	一件	全焚毁	三元二角	一九三九年十月	重庆购
漱口盂	磁质	一个	全焚毁	一元	一九三四年	成都购
德文化学	纸质	一本	全焚毁	七元	一九二五年	德国购
德文一月通	纸质	一本	全焚毁	三元	一九三零年	哈尔滨购
内衬背心	白洋纱	两件	全焚毁	二元六角	一九三九年六月	成都购

填报人：董鸿诏

11. 四川省政府驻渝办事处为本处白象街临时办公地点被炸致四川省政府电（1940年11月18日）

成都。四川省政府钧鉴：

查字水街市参议会内办公地点前因房屋被炸，职处办公室亦被震损，修复略须时日。为免公务停顿，因〔应〕指派一部分职员暂借白象街三十九号办公。乃八月二十日该号房屋亦被焚毁，本处存放该处办公物品、家具等，共损失约值五百余元。除于八月二十二日电呈钧察在案外，理合补开呈烧毁各物清单一份，呈请钧府鉴核，恳赐备查，并令遵为祷。

省渝办庶文印附呈清单一份

本府驻渝办事处处长　吴泽湘叩

附件

四川省政府驻渝办事处
白象街三十九号临时办公地点被炸烧毁物件清单

填报日期：1940年11月18日

物品	数量	单价	合计	备考
大十抽写字桌	一张	2978	2978	
十二抽文卷柜	一个	2775	2775	
公文皮箱	一个	700	700	
装公文竹挑箱	二个	650	650	应为[1300]
铁皮公文箱	一个	300	300	
温水瓶	一个	800	800	
白铜墨盒饭	二个	360	720	
铜笔架	三个	120	360	
水盂盒饭	四个	70	280	
打印台	一个	120	120	
贴花套茶杯盘	三套	150	450	
餐桌桌面布	一张	960	960	
洋刀	二把	125	250	系职员办公用家具文具等
四川省概况书	五十一本			本处转送各方参考余存数
汽油	三十加仑	43380	43380	本处公务汽车随时添用
以上合计			54733	

12. 陪都空袭救护委员会关于日机空袭伤亡损失通报（1941年8月）

编者按：陪都空袭救护委员会，系1941年2月由原陪都空袭服务救济联合办事处改组而成（其前身为1939年初成立的陪都空袭紧急救济联合办事处），直属军事委员会及行政院，1943年12月31日奉令裁撤。以下为该委员会关于空袭情况的通报，属最机密文件。比较及时、完整、具体地统计了自1941年6月底，至8月底两个月中日机历次空袭重庆的范围、人员伤亡与财产损失情况。正文中凡与空袭损失无直接关系的内容，略作删节。

(1)1941年6月29日上午6时通报

一、据报28日敌机袭渝,南温泉一带被炸。

〈中略〉

三、先后据各该会部处报告各项情形如下:

1. 灾区地点　南泉新村(4至7号、11号、19号、20号、21号、22号、24号、26号),仙女洞后山(草房3间),小温泉中央政校(厕所1间)。

2. 灾害损失　死张陈氏1人及不知姓名缝工1人,不知姓名幼童1人,计3人;重伤郑华宣、胡黄氏2人;轻伤王尚富、王化云、吴纪云、张鼎苏、张森源、吴雨林、廖陆氏、蔡新彦、吴丽君、沈鸿举、李洪、彭树招、张子云、项陈氏、朱承宗、郑新芳、朱敬悉、张夏氏、沈肖氏19人。毁房19栋、草房3间、厕所1间。

〈下略〉

(2)1941年6月30日上午6时30分通报

一、据报29日敌机袭渝,城区及南区马路、中一路一带,南岸龙门浩、盐店湾、瓦厂湾等处均被炸。

〈中略〉

三、先后据各该会部处报告各项情形如下:

1. 灾区地点　本市二分局中正路、民族路、左营街、保安路、临江门、夫子池等43处受灾;五分局南区马路、石板坡、领事巷、体心堂、十八梯等11处受灾;四分局中一路、至圣宫、忠烈祠、民生路等20处受灾;一分局新河正街、堆店巷等2处受灾;三分局太平桥、文华街等5处受灾;南岸11分局龙门浩、马鞍山等4处受灾;十二分局盐店湾、海棠正街等7处受灾。

2. 损害情形　本市死男76人,女52人(以太平门太平桥一处为多);南岸男14人,女3人(盐店湾较多)。伤本市男77人,女51人;南岸男11人,女6人;毁房本市233栋[又]147间;南岸60栋,小轮[船]一只。

〈下略〉

(3)1941年6月30日下午12时通报

一、据报敌机来袭,本市新市区,江北刘家台、青草坝、南岸黄桷垭、老君洞等处被炸。

〈中略〉

四、据各该站队报告各项情况如下：

1. 灾区地点　本市枣子岚垭、张家花园、临华街、国府路、学田湾、中二路、康宁路、桂花园、上清寺、牛角沱、中三路、春森路、聚兴村等57处；江北城区金沙街、公园放生池、中山林、保定门等31处受灾；郊区简家台、肖家坪、伍家坡等11处；南岸老君洞山腰。

2. 损害情形　本市伤13人，死1人，毁房17栋又66间；江北伤39人，死14人，毁房56间；南岸伤8人，死2人。

〈下略〉

(4) 1941年7月4日下午12时通报

一、据报敌机今晨袭渝，本市朝天门、千厮门沿江一带，江北觐阳门、保定门一带，南岸海狮路等处被炸。

〈中略〉

四、将各该站队报告灾害详情如下：

1. 灾区地点—本市：曹家巷52号，陕西街826号、二郎庙、千厮门口街、嘉陵码头河边，麻柳湾、信义街口标示牌附近，陕西路当归码头35至42又50至53号。正据码头、西水沟街33至46号，千厮码头70至75号，千厮水码头，千厮正街3至5号又28至44号，石坎坡36号，炭码头74号，蔡家湾公共防空洞口。江北：觐阳顺城街，四方井街，下横街口，觐阳门口，觐阳门新码头，觐阳门老码头，觐阳门左顺城街，保定门河坝，保定门外街，高脚土地街、五花洞、江北正街、黄土坡、放生池、双土地、金沙门兴隆外街、官山坡。南岸：海狮路27、28、29、32号。

2. 损害情形—本市：死18人，重伤13人，轻伤15人，毁屋145栋；江北：死21人，重伤4人，轻伤5人，毁屋84栋；南岸：死1人，轻伤1人，毁房4栋。

〈下略〉

(5) 1941年7月6日上午7时通报

一、据报敌机5日下午袭渝，本市十八梯、绣壁街、川东师范、中三路一带，以及复兴关本会第十重伤医院被炸。

〈中略〉

三、据各站队报告各项情形如下：

1. 灾区地点　刁家巷,凯旋路40号,绣璧街104号、105号,全家巷5号,扁担巷30号,石灰市31号,百子巷、和平路51号,天主堂5号、22号,民生路43号、86号,保安路53号,民族路广场侧,珊瑚河坝,□行街,南纪正街,厚慈街,回水沟,十八梯,关信巷,元块桥,马蹄街,休心堂,仁爱堂,二十梯,中兴路,上南区马路,铜元正街7号,春森路20号,中三路17、115、151、114号,巴中校,重庆府,新村,永庐,大田湾政治部,两浮支路89号,川东师范财政部总务司,川东师范操场,廖家台河坝,崇义路29号,复兴关马家寺。

2. 灾害损失　毁房屋368栋[又]71间,死313人,重伤16人,轻伤35人。间内计：

(1)十八梯关信巷(即小观音岩)4人,重伤15人,轻伤27人;

(2)石灰市朝阳街轻伤6人;

(3)回水沟军粮分局土洞内死亡7人;

(4)马家寺本会第十重伤医院死护士1人,工役1人,共2人,重伤护士1人,轻伤2人。

〈下略〉

(6)1941年7月7日上午7时通报

一、据报6日晚敌机来袭,本府中四路、国府路、大田湾、两路口、美专校街、上清寺等处被炸,两路口、美专校街起火。

〈中略〉

四、据各站队报告各项情形如下：

1. 灾区地点　中四路14、37、25、46号,国府路296、295、306号,巴县中学及门前,重庆府大厦,大田湾体育场、大田湾12号,孟园,美专校街3号新村,中三路131、133、134号,春森路菜市场,两浮支路,中二路飞来寺,上清寺街,成渝路,上清寺镇公所,上清寺69号,飞机码头河边,飞机场坝,下南区马路11号,燕喜洞河边。

2. 损害情形　死2人,轻伤4人,焚毁、炸毁房共179栋,草房24间。

〈下略〉

（7）1941年7月7日夜12时45分通报

一、据报7日上午敌机来蓉,本市菜园坝、上南区马路、两路口、中三路、上清寺、大溪沟一带被炸。

〈中略〉

四、据本会各站队报告各项情形如下：

1. 灾区地点　菜园坝、烂泥湾、南区马路、上清寺、中三路77号至96号、大溪沟、双溪沟等处。

2. 损害情形　菜园坝76号防空洞内死18人,重伤33人,附近毁屋10余栋;其他各灾区重伤21人,轻伤50人。

〈中略〉

五、7日晨3时半,本市临江门豆腐寺塌下大石崖一块,约有七八百方丈,又由城脚滚至江边,遭压毁镇江寺16号附13号、白塔庙1至8号、10、11、22、32到37各号房屋约17栋,计死亡17人,伤66人。

六、7日夜敌机再来袭,本市罗家湾、美专校街、遗爱寺〔祠〕、南纪门、较场口、中一路等处被炸,南岸铜元局水泥厂附近亦中弹。

〈中略〉

八、据本会各站队报告各项情形如下：

1. 灾区地点　罗家湾、巴中、中宣部宿舍、遗爱祠、中训团附近,较场口老街、南区马路、南纪门、天主堂街、中一路、中一支路等处暨中宣部宿舍、巴中内记者招待所、较场口3处起火。

2. 损害情形　除中宣部宿舍及较场口一部分贫民房屋被焚,南纪门、南区马路一带略有伤亡外,巴中伤2人,中训团附近轻[伤]1人。

〈下略〉

（8）1941年7月8日中午1时通报

一、据报今晨敌机来袭,本市临江门、较场口、七星岗、中一路被炸。

〈中略〉

四、据各站队报告灾害概况如下：

1. 市民医院内科室中1弹,贯穿3楼未爆炸,该院尚能工作。

2. 黄家垭口、双溪沟、子弹库防空洞门口中炸弹1枚,死伤[亡]25人,伤56人。

3. 七星岗中燃烧弹、爆炸弹,烧毁房屋数间,汽车站旁压死6人。

4. 菜园坝中弹起火,旋即扑灭。

5. 较场口十八梯一带中弹10余枚。

6. 临江路中爆炸弹1枚,无死伤。

7. 武库街马路旁中弹1枚,无损害。

8. 磁器街马路旁中弹1枚,伤1人。

9. 劝工局乡村书店中炸弹1枚,毁房2间。

10. 南岸龙门下浩莲花山诚信火柴厂中重磅炸弹1枚,死1人,重伤2人。

五、本会救护、服务、赈恤各项详情容再续报。

六、据本会各站队报告:敌机7日夜袭,各项损害确数为:死10人,重伤18人,轻伤13人,毁房129栋31间。

右上项通报×委员××。

(9)1941年7月11日上午6时40分通报

一、据报11[10]日中午敌机来袭,在本市复兴关一带,南岸海棠溪等处,江北相国寺投弹。

〈中略〉

四、据本会各站队报告各项情形如下:

本市:

1. 复兴关一带——复兴关内、新市场、谢家花园、九坑子、草巷子、七牌坊、大坪、肖家湾、李子坝正街、河街、榨房沟、遗爱祠、王家花园。

2. 石桥铺一带——马家堡13、14、16、17、25、26、27、28、29、30、32、33、特1号;南岸海棠溪民生码头66—76,烟雨堡107号,高朝门5号,玄坛庙新院巷12、13号,玄坛庙牛草坪田坝,友千里附近,来缘坊54、57、58号;江北——塔坪邓家花园。

3. 损害情形:计死14人,重伤9人,轻伤16人。本市内复兴关一带死11

人,重伤2人,轻伤4人;石桥铺一带死3人,重伤1人;南岸重伤5人,轻伤2人。毁屋53栋103间,复兴关器材栈及中训团器材库、李子坝扫荡报、大公报一部、新昌公司工人宿舍、海棠溪春记木厂等均被焚毁。

〈下略〉

(10)1941年7月18日下午6时通报

一、据报今午敌机来袭,本市菜园坝、两路口、复兴关等处被炸。

〈中略〉

四、据本会各部会处报告灾害情形如下:

1. 菜园坝重伤1人,烧毁草房2间,炸毁民房20余间。

2. 人和街无死伤。

3. 大田湾无死伤。

4. 学田湾无死伤。

5. 两路口无死伤,毁屋7栋。

6. 老两路口无死伤。

7. 两浮支路无损害。

8. 复兴关无死伤,毁房三四栋。

9. 遗爱祠无死伤。

〈下略〉

(11)1941年7月28日下午6时通报

一、据报今日上午敌机来袭,本市中四路、国府路、学田湾等处及磁器口、张家溪、江北陈家馆一带被炸。

二、〈略〉

三、据各站队报告实况如下:

1. 新市区

(1)学田湾震毁房屋2栋。

(2)国府路中3弹,无损害。

(3)中四路河坝,死2人,伤2人。

2. 磁器口

(1)磁器口河坝轻伤3人。

(2)张家溪河坝中燃烧弹起火,焚屋一间。

(3)张家溪空地中3弹,死1人,伤1人。

3. 江北

(1)陈家馆河坝,死2人,伤2人。

(2)陈家馆川主庙坡上中1弹,无损害。

(3)鲤鱼池山坡中弹10枚,无损害。

〈下略〉

(12)1941年7月29日下午12时通报

一、据报今日敌机来袭,先后在复兴关、王家花园、两路口、罗家湾一带及菜园坝、南区马路、石板坡、中一路、黄家垭口、观音岩、张家花园一带投弹。

二、〈中略〉

三、据报灾情概要如下:

1. 遗爱祠震毁房屋1栋。

2. 卢[罗]家湾毁屋13栋,国伤2人。

3. 中央训练团伤平民1人。

4. 中央团部毁屋5间。

5. 政治部毁屋5间。

6. 石板坡死12人,伤16人。

7. 两路口伤7人。

8. 中一路黄家垭口起至中一路四行印刷所止,沿途铺面多数被炸,或被震毁,死18人,伤39人。

9. 纯阳洞泥洞震塌,伤6人。

10. 张家花园18号、36号、38号、40号及56号(巴蜀小学)被炸毁屋20余间。

11. 枣子岚垭8号右首隔壁死2人。

〈下略〉

(13)1941年7月30日下午9时40分通报

一、据报敌机今日先后在本市朝天门商业场、石板坡、两路口、张家花园、李家花园、复兴关、李子坝、磁器口、南岸海棠溪、铜元局、老君洞、大慈寺及江北刘家台等处投弹。

〈中略〉

四、据各部会处报告灾害概况如下：

1. 本市：

(1)陕西街滨江第一楼中燃烧弹起火，焚毁该楼全部。

(2)市参议会内中燃烧弹一枚，焚毁房屋两间。

(3)姚家巷街口中炸弹两枚，毁屋10间。

(4)商业场市商会防空洞口中一弹，砖墙倒塌，死5人，伤14人。

(5)白象街保甲自建防空洞中弹炸塌，死4人，伤5人。

(6)林森路老鼓楼街小苏州隔壁中一弹，毁屋4间。

(7)新丰街口中一弹，毁屋3间。

(8)永龄巷中弹二枚，毁屋7间。

(9)燕喜洞坡上中二弹，无损害。

(10)南区公园马路下防空洞中一弹，洞石震下一块，死2人，伤7人。

(11)武库街、七星岗一带被炸、无死伤。

(12)三元桥附近被炸起火。

(13)张家花园下黄花园被炸。

(14)大溪沟人和街警察分局分驻所被炸，死1人。

(15)电力公司中弹数枚，微有损失。

(16)张家花园巴蜀小学操场中弹3枚，无损害。

(17)罗家湾中弹二枚。

(18)上清寺外交宾馆中燃烧弹一枚。

(19)中二路、两路口一带中十余弹，毁屋20余间，伤1人。

(20)大溪沟河边码头附近被炸。

(21)两浮支路伤2人。

2. 复兴关李子坝一带：

(1)复兴关上死12人,伤26人。

(2)李子坝大公报机器房、排字间、库房被炸毁;武汉疗养院炸毁三分之一,余亦被震毁,死1人,伤3人;上海银行中燃烧弹起火,建设银行炸毁,建设新村毁屋20余间,交通银行防空洞炸死4人。

3. 磁器口张家溪:

某某厂附近中弹甚多,重伤10人,轻伤20人。

4. 南岸:

(1)老君洞下黄家坡毁屋一栋。

(2)大慈寺河下中弹6枚,炸沉小汽船一,炸伤一。

(3)一天门中弹伤1人。

(4)马鞍山中弹无损害。

(5)菜园村中弹无损害。

(6)敦厚[路]中弹伤1人。

(7)铜元局山后中弹2枚,伤5人。

5. 江北:

(1)刘家台、简家台河街中弹,毁51、52、53房屋3栋,无伤亡。

(2)石马河,共计死亡29人,伤95人,毁屋约110间又5栋,船2只。

〈中略〉

(14)1941年8月8日下午9时通报

一、敌机本日袭炸本市,准防空司令部通知,共系107架,分两次投弹,第一次在江北南岸投弹,第二次在下南区马路、两浮支路、复兴关等地投弹。

〈中略〉

三、据报复兴关、两浮支路及大田湾等处,受伤3人;江北受伤95人,死亡49人;南岸25人,死亡34人。死亡者均经装棺殓埋,受伤者分别轻重伤敷裹送院。

四、下南区马路发生不幸事件,缘第143号公共防空洞洞顶中弹陷塌,因石质关系,随挖随塌,工作进行迟缓。至报告时止,尚有避难人民压陷洞内,未能挖出。该洞系风化石质,共有3个出口,中弹处在第二、第三两口之间,两口均已堵塞,洞内崩塌多处,立时救出者计有轻伤32人,重伤38人(业送重伤医院)。嗣因崩塌之处挖掘困难,当由本会宣布奖励办法:凡救出活口,每口奖给200元,死尸每具50元,因以振作效能。于下午6时半以前,复经掘出活口8名,死尸10具。自6时半至9时,工作益难进行,勉强挖出死尸4具。现为防止再行陷塌以致伤害工作员兵起见,经征调石木工匠,赶竖支撑,继续掏掘。据该洞洞长及附近居民估计,洞内尚约有二三十人,幸石隙尚可通风,或不致全数致死。自当督饬漏夜抢救,并经饬令服务总队部通宵供应茶粥干粮,本会各救伤站守候急救,掩埋队守候验埋。至继续抢救情形,容当续报。

右四项通报□委员□□。

(15)1941年8月9日上午3时通报

一、本日上午零时30分空袭警报,敌机在观音岩、两路口一带投弹,中国饭店炸毁房屋一栋,财政部门口及川东师范附近落弹均未爆,无伤亡。

二、下南区马路崩陷,防空洞加撑工作极不易进行,续掏出一口,当时即毙命,洞内之人恐难有生望。

右二项通报□委员□□。

(16)1941年8月9日下午6时通报

一、敌机于今日上午零时30分、8时、中午12时3次来袭。第一次在观音岩、两路口一带投弹,毁房1栋,无伤亡。第二次在小龙坎、土湾附近投弹,伤3人,已送医院。第三次在大溪沟、中二路、复兴关、中央训练团、国民大会堂及兜子背、黄沙溪等处投弹。计大溪沟、中二路死2人,伤6人,毁屋50余间;中央训练团中炸弹17枚,燃烧弹3枚,死公役2人,伤公役1人,毁坏礼堂及学员宿舍等房屋20余间;国民大会堂全部被炸;兜子背、黄沙溪一带死6人伤4人,毁屋20余间。

〈中略〉

三、下南区马路第143号公共防空洞,截至报告时止,业继续挖出活口,死尸11具,系改由洞顶岩隙向下开掘,一面仍在第3洞内掏挖,仍漏夜赶办,在场工作者计有88师工兵营,菜园坝防护分团,工务局工务队、服务总队部直属第一服务队、振〔赈〕恤处挖埋第一大队等。本会第三、第六、第十六、第三十各救伤站轮流到场守候。急救服务总队部连续供应茶粥,有关各机关均派员督导。总计该洞前后已救出轻伤32人,重伤38人,掘出活口10人,死尸25具。死者除尸亲认领外,并由掩埋队掩殓运埋毕,唯以洞质不良,为时过久,洞内之人恐已难有生望。

四、江北朝音寺虾〔蛤〕蟆口防空洞,昨日空袭时系洞口中弹封闭,当由振〔赈〕恤处掘埋队会同防护团队挖掘,计救出受伤者18人,挖出死尸22具,所有死伤人数,均经列入昨日通报数字以内。

〈下略〉

(17)1941年8月11日上午0时30分通报

八月十日敌机早、中、晚、夜四次袭渝,灾情概略如下:

第一次:两浮支路政治部、中央团部附近及上清寺警分局、大田湾、菜园坝等处投弹,共轻伤6人、重伤2人、毁屋19间又6栋,中央团部中弹3枚,储藏室、饭厅炸毁。

临江门正街、炮台街、天成巷、纸盐河街一带及罗家湾投弹,共死5人。轻伤8人,重伤11人,毁屋76栋、罗家湾棚户37户。

第二次:小龙坎、沙坪坝投弹,共死亡28人,轻伤38人,重伤5人,菜园坝榨菜坊起火,合计炸毁、焚毁房屋80余间。

第三次:观音岩、张家花园、大溪沟投弹,轻伤2人,观音岩起火焚毁房屋20余间。

第四次:上清寺、桂花园、两浮支路投弹,政治部轻伤工友1人,聚兴村中央广播事业管理处房屋炸毁。

上清寺江北投弹损害未〔不〕详。

截至10日晚12时共死亡33人,轻伤53人,重伤18人,毁屋130余间82栋、棚户37户。

〈中略〉

八、下南区马路崩塌,防空洞挖掘工作未停,续掘出死尸12具,因有活口宋姓青年1名,上身已全露出,下身为大岩石压住,正重赏石工打石营救。致多数人员不能同时工作,进行较缓,该青年迭经予以稀粥饮水,尚能言语,唯极端疲乏,预期11日清晨可以救出,救出后即实施大规模挖掘工作,彻底清除。

右八项通报□委员□□

(18)1941年8月11日下午10时20分通报

一、本日敌机两次袭渝,灾情概略如次:

1. 磁器口:金碧寺街、金碧寺后街、菜湾一带,大火焚毁民房140余栋,约400户,田湾、周家院炸毁房屋20余栋,共计死亡6人,轻伤17人。

2. 南岸:11分局辖境大佛段重伤40人,轻伤22人,死亡11人;窍角沱新村重伤51人,轻伤10人,死亡7人,焚毁房屋10余栋,并有防空壕一座炸塌,压埋尸首犹未全数掘出;桃子林裕华纱厂并据报伤亡颇重;十五分局辖境大兴场50兵工厂宿舍及附近民房炸毁,伤56人,死73人。总计本日各处已查明者共死亡97人,伤196人。

〈中略〉

八、十日最后一次空袭,江北方面被炸,经查明浔阳门河坝炸毁木船3只,炸死船夫4人,伤1人,木府宫炸死1人。

〈中略〉

十、下南区马路炸坍防空洞,待救青年1名,因十日连续警报,工作困难,至本日上午2时,因下部被压埋过久,不支毙命。迄后开始大规模开掘工作,继续挖出死尸2具,已发现尸身即可掘出者6具,渐可清理完毕,所有前后已掘出之死亡难民39人,有家族认领者为19人,经由振〔赈〕恤处发给死亡恤金每人60元,共1140元。无家属者20人,经该处掘埋队代为埋葬。

〈下略〉

(19)1941年8月13日下午11时通报

一、本日敌机4次袭渝,灾情概要如下:

第一次

新市区:王家花园、学田湾等处共死2人,重伤5人,轻伤2人,毁屋一间。

第二次

沙坪坝:国际电台及市街一带共死11人,重伤3人,轻伤10人。

第三次

李家沱：顾家岗及马王坪附近，峨山机制洋瓦厂瓦窑、恒心机器厂、纱丝织造厂、酒精厂均被炸，共死10人，重伤7人，轻伤17人，毁屋18间。

化龙桥：正街、大桥、小桥、河坝等处，军政部通讯器材厂，交通部配件修理厂均被炸，共死9人，重伤6人，轻伤5人，毁屋50余间。

综计已查明者：共死23人，重伤21人，轻伤34人，毁屋70余间。

〈中略〉

(20)1941年8月14日上午2时通报

一、13日敌机自上午2时起分批袭炸渝市，计发警报3次，灾情概略如下：

第一次：沙坪坝重庆大学对岸被炸，弹落荒郊，无损害。

第二次：新市区中二路、中三路、学田湾及上清寺等处被炸，重伤1人，轻伤1人，毁屋17栋；广播大厦局部被炸，云庐院内中弹，不能使用，玉川别业起火。

第三次：分四批投弹。

1. 南岸铜元局附近，死6人，重伤6人，轻伤3人，毁屋5栋。

2. 石板坡、神仙洞、观音岩、枣子岚被炸，神仙洞108号公共防空洞两个出口同时中弹，死亡136人，轻伤172人，（内送院104人），重伤208人（全部送院，到达后伤重不治死亡41人），石板坡自由西报邻近起火，轻伤1人，毁屋5栋。

3. 江北陈家馆被炸，死5人，重伤7人，轻伤6人，毁屋47间。

4. 黄家垭口、张家花园、双溪沟被炸，毁屋12栋，无死伤。

总计：13日死亡（连到[医]院自死者合计）188人，轻伤182人，重伤（除到[医]院自死)180人，毁屋52栋又47间。

〈下略〉

(21)1941年8月14日下午10时通报

一、本日敌机于中午分三批袭渝，灾情概略如下：

1. 新市区：通远门炸毁房屋10余间，临华街毁屋7栋（6号—12号），张家花园炸毁，震毁房屋37栋（巴蜀新村全部炸毁），巴蜀小学公债劝募委员会余屋被焚,振〔赈〕济委员会办公厅直接中弹,毁屋8栋,大溪沟、国府路炸毁房屋21栋,以上毁屋73栋又10余间,无死者。临华街49号防空洞被炸,塞没一口,无死伤。两浮支路李家花园山顶,炸死士兵4人,重伤6人,轻伤4人。

2. 江北:陈家馆、廖家台、简家台、刘家台一带,死2人,重伤2人,轻伤9人,毁屋30余栋。

3. 南岸:烟雨堡、高朝门、马瑙溪一带,死9人,重伤5人,轻伤10人,毁屋21间。

综计已查明者:共死15人,重伤14人,轻伤33人,毁屋约110栋30余间。

〈下略〉

(22)1941年8月22日下午11时通报

一、本日敌机于中午分批袭渝,灾情概略如下:

第一批:新市区:国府路、大溪沟、建设路、观音梁、学田湾、曾家岸等处被炸,国民政府毁房六七间,无死伤;自来水厂被炸,锅炉受震;安息洞防空洞被炸,共死3人,重伤6人,轻伤8人,毁屋40多栋又20余间。

第二批:沙坪坝、小龙坎、土湾等处被炸,沙坪坝中大理工学12、14两教室、总办公厅、第三、第四宿舍被毁,重伤校工1人,轻伤女生1人,校工2人;重大理学院被炸,轻伤11人;南开[中学]礼堂、合作社、校医院、宿舍、饭厅被炸,死校工2人;附近之红十字会及红十字会医院(本会第二重伤医院)均被炸,住院难胞全部安全,重伤市民4人,轻伤5人,中渡口中弹起火,陈家湾被炸,死1人,毁屋70余间;小龙坎正街及树人小学、土湾裕丰纱厂被炸,毁屋14间,重伤6人。

总计已查明者:共死6人,重伤18人,轻伤20人,毁屋50余栋又110余间。

〈下略〉

(23)1941年8月23日下午11时通报

一、本日敌机两次袭渝,灾情概略如下:

1. 磁器口:金蓉正街、横街一带中弹起火,死5人,重伤3人,轻伤7人,毁屋120余栋;黄桷坪等处死7人,重伤9人,轻伤8人,毁屋80余栋;宝轮寺公共防空洞洞口中弹,破片入洞,死8人,重伤6人,轻伤11人。共死20人,重伤18人,轻伤26人,毁屋210余栋。

2.沙坪坝:重庆大学、南开中学均中弹,无损害;正街14分局、张家湾、高家花园等处,死2人,重伤5人,轻伤9人,毁屋5栋又20余间。

总计本日查明者:死22人,重伤23人,轻伤35人,毁屋200栋又20余间。〈下略〉

(24)1941年8月30日下午11时45分通报

一、本日敌机分六批袭渝,灾情概略如下:

1.下城区:储奇门外人和湾起火,焚毁房屋71栋。

2.新市区:国府路、罗家湾、学田湾、中三路、中二路、曾家岩、观音岩、纯阳洞一带被炸,死2人,重伤2人,轻伤12人,毁屋20余间,中二路第3号防空洞被炸,封1洞口,轻伤1人。

3.小龙坎、上土湾裕丰纱厂被炸,死2人,重伤8人。

4.新桥镇、高滩岩死9人,重伤3人。

5.磁器口、水码头、蔡家湾、童家桥、金州横街及沙坪坝、观音庙等□□被炸,死9人,重伤6人,轻伤11人,毁屋200余间又20余栋。

6.黄桷垭、海棠溪、龙洞坡、老君坡、复兴村、崇文路、菜市街、清水溪、汪家花园及附近某处被炸,死26人,重伤57人,轻伤56人,毁屋20余间(清水溪何廉住宅被炸,其夫人受伤),本会第13委托医院即红十字会医院黄桷垭分院,本日亦被震毁,住院难胞24人及员役幸均安全。

总计本日已查明者:共死48人,重伤76人,轻伤70人,毁屋220余间又110余栋。

〈下略〉

(25)1941年8月31日下午10时通报

一、本日敌机两批袭渝,灾情概略如下:

第一批:新市区、曾家岩、上清寺、美专校街、聚兴村、大田湾、养花溪一带、国民政府外宾招待所、政治部招待所、中国运输公司驿运管理总站、益世报、商务日报皆被炸,共重伤1人,轻伤2人,毁屋7栋又60余间。中央党部防空洞上中弹2枚,无死伤,大田湾、新民报土洞中弹炸毁,在内避难者2人全死。江北陈家馆、鲤鱼池、袁家堡、河街一带,死10人,重伤6人,轻伤9人,毁屋6间。

第二批:南岸汪山放牛坪、双合塘一带,死13人,重伤10人,毁屋14栋又4间,汽车2辆。大兴场、兰花溪、大竹林湾子一带,死27人,重伤3人,毁屋4栋。大兴场对岸,江北郭家沱某某厂死1人,轻伤5人,毁屋3栋。

总计本日已查明者:死53人,重伤30人,轻伤16人,毁屋28栋又70余间,汽车2辆。

30日,敌机袭渝,沙坪坝中央大学、土湾军政部纱厂、渝鑫铁厂亦曾被炸,仅纱、铁两厂伤5人。

〔下略〕

(原件存重庆市档案馆)

(二)日机轰炸川东

1. 南川县政府为日机空袭投弹致四川省主席电(1939年1月)

成都。省主席王钧鉴。案据防空部四三监视队队长周寿昌转据本县大观镇哨所报告:一月虞日午后一时二十分,有敌机一十二架飞过本县边境,曾在县属干丰乡附近□菜屋基投弹一枚,降至水田爆发,又在范家沟投弹二枚,其一枚炸毁民房一间,炸伤居民一人;其一降至石滩,幸无损失。此外,又在胡家坟坝投弹一枚,有无损害尚待详查。至后,飞至巴县龙岗场地方投弹十余枚,损害颇重。等情据此。干丰乡位在南〔川〕、涪〔陵〕接壤地,岭峻林深,人民生活贫困。因系穷乡僻壤,平时毫无防空设备,敌机竟至,绝灭人性,滥事轰炸,殊堪痛恨。除饬该处联保主任将伤者送医外,理合遵照前颁表式,逐项填明电呈鉴核。

〔下略〕

南川县县长　陈文藻　叩真印

2. 奉节县县长为日机二次空袭转恳拨款赈济致四川省政府电（1939年7月13日）

省政府主席王、绥靖主任邓、副主任潘、省赈济委员会电呈：敌机二次袭奉，共炸十余处，毁房屋二百余户，负伤兵、民六人，死四人。前昨惨重疮痍未复，再遭轰炸灾重万分，恳再拨款赈济，以活灾黎。

奉节县长兼紧急救济联合办事处主任委员　易元明叩

3. 第九区督察专员为日机文日午后空袭奉节县城致四川省政府电（1939年7月14日）

成都。省政府、绥靖署。据奉节县电：文日午后，敌机九架，复在县城投弹三十余枚，毁房屋二百余户，伤亡十人。等情。该县前次被灾惨重，仅由万县难民总站垫发一万一千元，依情赈恤，不敷甚巨；兹又被炸，前后难民待救，迫切恳迅赐拨款赈济，候电示。

第九区专员　闵永濂叩　寒万民印

4. 第九区行政督察专员为奉节县城被炸损害惨重致川康绥靖公署呈（1939年7月25日）

成都。川康绥靖主任邓，副主任潘钧鉴：查奉节县于上月俭日被敌机轰炸，灾情惨重，曾迭电呈请拨发巨款赈济在案。当被炸之次日，职以该县□□贫苦，并缺少医务人员，乃商同赈济委员会运配难民万县总站，世界红十字会万县分会，万县市防空指挥部，万县县立医院组织慰问救济团，带同医务人员八名及药品等，前往救济慰问。并商得运配难民万县总站先行垫款五千元，红十字会万县分会捐洋三千元，由慰问救济团持往该县办理急赈。

兹据该慰问团代表廖介诚、沈昌忻、刘巨源、王谪仙、文启菁等呈称，窃代表等奉令查救奉节被炸灾情，遵于冬日驰抵该县详查被灾区域，抚慰被难同胞及听取各方报告，其灾情惨重，实有出于意料。皆查敌机于六月二十八日午后三点二十分飞临该县市空，开始轮回轰炸。空[袭]投弹七次，弹雨枪林两[个]钟[头]之久；任情狂炸，尽逞暴行。除投入城中炸弹十余枚外，计西南半城及西南门外全部连绵投弹,炸成焦土。共毁民房二千三百余户,公共建筑三十余所,死难同胞约共六百余人,重伤三百余人,轻伤九百余人,损毁公私财产约在三万余元。代表等详考被炸区域及灾情状况,当日投弹大[约]在二百枚以上。被炸以后,经易县长督导各机关团体竭力救护,业将受伤全数送由军政部一六零及一零三两地方医院治疗;刻正掩埋死尸,清掘余尸,恢复交通,调查被炸户口,整理灾后市状,惟查奉节原系东川瘠苦县份,被匪被灾迭经多次,在乡原无巨富,在市亦无巨商。此次被灾区域约全市二分之一以上,伤亡人数达二千余人之多,实较蓉、万过去灾情倍加惨重。称贫苦之区,罹此空前损害;人力财力,均感艰[难]。目睹情状,殊堪悯恻。代表等此次仅携赈款八千元,按照中央赈委会规定,空袭紧急救济办法实属杯水车薪,不敷赈放,特恳分电上峰及各慈善团体,迅予汇款拨巨款,以济灾黎。

而□□□等情附被灾区略图一张。据此查呈称,奉节[炸灾]确属实情,该县素称瘠苦,而灾情又如此严重,实无力自救。除商由运配难民万县总站续垫六千元[对]奉[节]急赈并分电外,谨照制被炸灾区域略图电呈钧座俯赐察核,迅予拨发巨款,赈恤以资救济,伏候示遵。

第九区行政督察专员　闵永濂叩　麻秘印

5. 南川县政府为日机投弹炸毁民居致四川省政府主席电（1939年8月）

四川省政府主席王钧鉴。顷据县属鸣玉镇联保书记龚正平电话报称:本月三十日,敌机袭川于深夜三[点]钟飞过本场高空时,在本联保第十保三甲住户曹炳康住宅投掷炸弹一枚,当即爆炸将炳康房屋器具全部炸毁,死亡丁壮妇孺五人,重伤六人,全家十余丁口余男女各二人未受伤害。查炳康住居乡村,并非场镇市集,敌机盲目滥炸,实属可恨。炳康家世力农素无储蓄,此次横遭惨祸,情殊可怜,特恳设法救济,以示怜恤。等情据此。当经本府立即派遣医生前往救治,并饬该管联保主任驻邻近保甲人员督饬邻居帮助埋葬,除径电中央赈济会拨款赈济外,理合电请钧座俯赐转恳拨款救济。电示祗遵。

南川县空袭紧急联合办事处兼主任委员　陈文藻叩

6. 第九区行政督察专员为日机空袭忠县转致四川省政府主席呈（1939年8月25日）

案据忠县县长兼防护团团长蒲殿钦呈称："案据三汇乡第四六防护分团长谢诵三报称：八月二日晚，有敌机多架东下经过职乡猫耳石邹海云宅右，投弹三枚，飘坠于田野间，炸毁田禾数□，树木多株，并将附近岳五楼之住宅震倒数壁，余无损失。职于次晨率丁前往审视，觅得破片一枚，重六市斤，业经拾回陈列等情。复据庙垭乡第三十防护分团长杜俊甫报称，于八月二日三更时分，敌机多架东下，在职乡第四保保长秦祥高住宅半里许秧田内，投下燃烧弹一枚，爆发入土深约六市尺，裂土约一方丈，黑烟满沟，燃有一钟〔个小时〕之久始熄。同时，相距五十公尺之土内投有爆炸弹一枚，入土约一丈深，宽二尺许，此弹未爆发。在燃烧弹破片上有昭和十四年等字样，已拾存展览。其未爆发之弹究应如何处理，等情前来业饬各该分团将弹壳切实保存，并请渝万区江防指挥部迫击炮兵第一营杨排长会同县府科员萧靖江前往庙垭是地查勘，将未爆发炸弹设法搬运回城，暂时保存，静候核示。除分呈四川省防空司令部外，理合填报敌机损害情况调查表，敌机空袭调查表，敌机空袭统计表各一份，具文呈请钧署鉴核备查。指令袛遵。"等情。〈中略〉谨呈四川省政府主席王。

省第九区行政督察专员　闵永濂

附件

财产直接损失报告表

事件：遭日机轰炸
日期：1939年8月2日
地点：忠县三汇、庙垭两乡

分　类	价　值
共　计	五百一十四元
秧　苗	五十四元

续表

分 类	价 值
树 木	四百五十元
土 墙	十元

忠县县长　蒲殿钦

7. 奉节县政府造具"9·30"日机空袭损毁物品清册（1939年10月）

室别	品名	数量	备考
办公厅		全所	
	坑床	一张	
	办公桌	八张	
	方凳	九根	
秘书室	房间	二间	
	木床	一架	
	长板凳	四根	
	条桌	一张	
	小文[件]柜	一口	
雇员室	房间	四间	
	长桌	一张	
	长条凳	二根	
	独凳	四根	
	木床	一架	
一三兵各科档案室	房间	三间	
	卷柜	四口	
	板凳	三根	
	小桌	一张	
会客室	房间	一间	
	餐桌	一张	
	木椅	全堂	
监印室	房间	一间	
	木床	一架	

续表

室别	品名	数量	备考
庶务室	方桌	一张	
	房间	二间	
	行床	一架	
	条桌	一张	
	方桌	一张	
	方凳	四根	
	木柜	二口	
	米柜	一口	
	食米	二石	
	清油	三十二斤	
	油墨	十筒	
	原纸	四筒	
	大小笔	百余支	
	墨	四十锭	
	对口	五刀	
	毛边纸	六刀	
	呈文公函	查各种纸张与表式数目悉行炸毁,不易清理,大约可值五六十元,特此申明	

8. 奉节县县长为陷晚日机多架狂炸数十里区域致四川省政府电(1939年10月3日)

成都。四川省政府,四川省赈济委员会,四川省防空司令部钧鉴:陷晚九至[凌晨]二时,敌机多架更轮番狂炸奉节十二次,投弹数百枚,被灾区域约数十里,伤亡及损失情形续报。

奉节县县长　易元明叩

9. 南川县县长为日机狂炸城区致四川省政府主席电(1939年10月14日)

急。成都。兼省主席蒋钧鉴:南川元午遭敌机十八架狂炸,投弹百余枚,全城起火，县府暨地方各机关、法团均被炸毁或焚去，损失甚重。城内居民万余幸事先努力疏散，死伤约二三百人。县府职员暨防护团、警队人员，因救护民众殉职者甚多。除电渝赈委会派员来南急赈，并赶办善后外，特电叩闻至，乞迅即派员来南协同救济，以惠灾黎，至所盼切。

南川县县长　陈文藻叩

10. 南川县政府为日机狂炸城区情形致四川省政府呈（1939年10月18日）

窃南川于十月十三日正午，敌机十八架布成米字形，在城中心区上空分队低飞狂炸，并以机枪猛烈扫射。是日适逢场期，乡民纷纷入城赶集，连同城内居民，合计不下万余。当空袭警报发出后，十五分钟内敌机已临上空，盘旋一周即向綦江方面飞去。但不到十分钟又复折回，即行开始狂炸。自空袭警报发出，以迄敌机投弹狂炸，前后只距二十五分钟。在此短促时间内，因文藻督同县府秘书科长等全体迅速出动，指挥市街防护团队努力督导疏散，万余居民得以十九脱难危险区域。敌机投弹狂炸时，掷燃烧弹五枚，瞬即全城起火，延烧各处。文藻等在敌机轰炸时，仍在市区内外抢救难民，几遭不测，且阵风大作，火势猖獗，虽经十六补充兵训练处、第三团侯团长派出士兵两营努力扑救，卒无效果。县府首被炸毁，印信文卷，大部冒火入内抢出，损失详情，俟查明续报外，刻正由南川空袭紧急救济联合办事处，会同赈灾救济委员会、新运总会、第二飞机制造厂等，派遣莅南之救护队人员，努力抚济救护、医疗各善后工作，并[设]立难民收容所，收容无家可归、衣食无依之难民；同时散发急赈，以资救济；并呈请赈济委员会来南，设立小本买卖借贷处，以谋持久救济，而维[持]难民生活。谨先将此次地方损失调查情况，列表呈报钧府鉴核备查，伏候指令只遵，余俟查明续报。

南川县县长　陈文藻叩

附件1

南川县死伤人数调查表

原有人数	死亡数			受伤人数						备考
	男	女	共计	轻伤		重伤		共计		城内现有人口已疏散
9764	84	67	151	男	女	男	女	男	女	
				63	54	12	13	75	67	

附件2

南川县房屋损失调查表

原有房屋数(户数)	被毁房屋数	备 考
2064	821	

附件3

南川县公共机关损失调查表

原有数			损失数		
机关法团	寺庙	外人住宅	机关法团	寺庙	外人住宅
27	2	1	12	2	1

附件4

南川县难民调查表

东区难民收容所 (杨家祠堂)	南区难民收容所 (南城小学)	西区难民收容所 (道南小学)	北区难民收容所 (协和小学)
56人	7人	6人	204人

附件5

南川县城区街道损失调查表

区别	东区	中区	南区	西区	北区
街道名称	东街		南街	西街	北街
	小东街	中和街	南外街	西外街	半边街
	东外街		后街	考棚	北外街
				后圃	
	小东街	中和街	后街		

附件6

南川县日机投弹数目调查表

已炸数(枚)	未炸数(枚)	共 计(枚)
88	5	93
其中燃烧弹5枚		500磅炸弹20余枚 其余皆为200磅炸弹

11. 南川县空袭紧急救济联合办事处为日机空袭投弹致四川省政府主席代电(1939年10月19日)

成都。四川省政府主席蒋钧鉴：本县元日午前,遭敌机十八架盘旋市空,大肆轰炸往复三次;并用机枪扫射,约为二十分钟之久。于是全城黑烟笼罩,火光四起。虽经督同军警冒险抢救,奈火势燎原,东扑西窜,城内各街,终成灰烬。犹幸事先疏散民众,或闻警纷纷[外]出,尚少逗留城内,[不然]时值场期,不免损害。总计敌机投重、轻量炸弹约一百二十枚,烧夷弹五枚。最近调查登记,截至十七日止,计死亡男子八十四人,女子六十七人,共一百五十一人;受伤男子七十五人,女子六十七人,共一百四十二人,正会同掩埋救济中。被毁房屋占百分之九十五,残余无几,可以查见。承蒙中央赈济会拨款万元,施放急赈;并蒙委座派员赈恤,情致殷切,惠及灾黎,感激实深。唯毁城洗劫灾情过钜[巨],伏祈拨给钜[巨]款广为赈济,并恳拨款五千元办理小本借贷,俾小商恢复营业以给生活,则感庆更生靡有涯矣,无任垂涕待命之至。

南川县空袭紧急救济联合办事处主任委员　陈文藻叩皓

12. 南川县政府为从优抚恤防护团总干事王洪德致四川省政府主席呈(1939年10月21日)

本月十三日,大批敌机空袭本县,滥施轰炸,曾经电报钧府在案。除由县长督同所属机关法团,及地方人士赶办善后事宜外,兹查本县防护团总干事王洪德于敌机已飞入市空狂炸,犹奋不顾身,认真工作,尽力防护,卒致鞠躬尽瘁,遇难殉职而已。当由县长发给烧埋费二百元,交其家属,具领安葬。窃以该故总干事王洪德以身殉职,固分属当然,惟其临难不苟,舍生取义,实堪嘉尚,足资矜式,并考其生平行事,早已献身党国,矢忠矢勇,以图报效,当其留学渝州之时,见于国难之作,毅然弃学从军,受训于中央军校特训班,备为国用,迄从又加入三民主义青年团,被奉派任重庆支团一分团部服务队长,于参加敌机历次空袭渝市救护工作,尚属努力,故县长于该王洪德前月归来省亲,即委充本县团总干事。到职以来,勤尽厥职,关于防护事宜,无不细心规划,逐步实施,如先即集训防护团人员也。如每次遇有空袭,即督同团员工作也,无尽无夜,不懈不怠,县长倚畀正殷,今遽殉职,至深奋不顾身,尽力防护,以身殉职缘由;理合备文,呈请钧府俯予从优抚恤,以资激励,而慰忠魂,实为公便。谨呈四川省政府兼主席蒋。

南川县县长　陈文藻

13. 奉节警备司令为日机狂炸内外城区致四川省政府秘书长电（1939年10月26日）

特急。成都。省政府秘书长贺。密。敬晚寇机狂炸奉节,十八时三十分空袭警报,十九时四十分紧急警报,二十时三十分侵入市空。第一批九架,投燃烧弹及炸弹约百枚,当时大东门外民房起火;第二批六架,于二十时五十分投弹约五十余枚,狂炸城内外各处后,职即指挥城内军警及防护团队施行消防及救护。迄夜十二时火始熄灭。至翌晨午前二时解除警报,职复率本部参谋详查被炸情形如下:

1. 职部中院、后院军法处、军械处、军医院、电务室、特务连、卫兵室,及监所、军需室、储藏库投弹九枚,工兵连连部及该连一排驻所投弹四枚,各该处房屋均炸毁,所有械弹及器材、木器损失容详查续报。

2. 城内外被炸地点为考棚街、长顺街、三道拐、总爷坝、木牌坊、大东门内外、闹巴池、火神街、府正街、协台坝、盐市府盐局、大水井新公馆、过街楼、中正街、黄州街、邵家巷、清静庵、走马街、禹王宫、华家街、十里铺等处。

3. 职部炸死服勤务工兵连中尉排长左秀峰一员,该员临难不避,尽忠厥职,已经另文呈请从优抚恤。重伤通信连准尉特务长洪震一员及东门工兵连守卫士兵,死四名,轻、重伤四名。

4.市民死约三十四名,轻重伤约七十余名,炸毁及焚烧房屋约四百余间,烧毁被炸最烈者为大东门内外,损失正详查中。

5.此次奉节市民财产损失较重,已由奉节空袭联合紧急委员会另文呈请救济。

6.关于收容伤者,掩埋死者,收容难民,整理交通各项善后处置,当经分别[由]如今易县长及田警佐、甘联保主任、防护团主要人员及本部重要干部,分配任务分别办理。已于有日七时以前处置完毕。乞纾钧念。

兼奉节警备司令　李端浩

14. 奉节县县长为日机空袭县城内外损毁房屋致四川省政府主席电(1939年10月27日)

成都。省政府兼主席蒋,绥靖主任邓、潘,四川省赈济会钧鉴:酉敬二十点三十分起,二十点五十分止,被敌机多架在县城内外投重量爆炸弹、烧夷弹一百五十余枚,民房焚毁三百余,震毁一百余户,县府房舍一部炸毁,一部震塌,人民死亡三十八人,重伤四十六人,轻伤二十四人。职县迭罹惨祸恳予赈济以恤灾黎。

奉节县县长兼空袭联办处主任委员　易元明

15. 奉节警备司令为日机狂炸县城后的善后处理情形致四川省政府秘书长电(1939年11月6日)

成都。省政府秘书长贺。密。有午夔参电计邀鉴察。查奉节敬晚被敌机狂炸后,关于善后处理续呈如下:

1.市民死三十八名,重伤四十六名,轻伤二十四名,已皆饬奉节空袭紧急联合委员会按行政院规定,死[亡]三十元,重伤二十元,轻伤十元,分别确放无余。

2.无家可归之难民四百八十二名,已皆饬地方机关、法团组织难民收容所被炸后立马收容,并以前次捐款计红十字会五千元;邓晋康三千元发放,非赈不生之难民。

3. 城厢内外被炸地点经饬警察所联保主任及职部驻□□□队,于三日内将城厢内外交通整理完毕。

4. 九月三十日,及十月前日,奉节两次被敌机狂炸后,关于善后处理及交通整理皆甚迅速,确实其原因在督饬加强组织防护,及健全空袭紧急联合委员会与临时难民收容所所致。上四项电呈鉴核,乞纡钧念。

奉节警备司令　李端浩叩　俭夔参印

16. 奉节县政府为"10·24"日机夜袭城区办公地址致四川省政府主席呈(1939年11月9日)

窃职县于九月三十日被敌机夜袭所有,职府损失情形业经呈报在案,兹于十月二十四日复遭敌机多架夜袭职府,共中重量弹四枚,计第一、第三兵役各科及军法室全院悉数炸毁,县长办公室客厅、第二禁烟两科全院、收发室、大堂、二堂、公差堂,亦一部炸毁,一部震坏。此外尚有文卷公物之损失。查二十四年川政统一县府改组以后文卷,兹已悉行移置万家祠临时办公处,惟二十四年县府未改组以前,各科旧卷因调阅极稀,重以卷宗浩繁,不特搬运宣泄易,且临时办公处地点窄狭,无从置放,乃集藏府内比较安全地点,用次保存,距十月二十四日敌机狂炸,该室全部炸毁,所有文卷同罹浩劫,毁灭无余。至公物损失,则以职府虽移一部职员在临时办公处办公,但职及收发监印与交际人员因职务关系仍常□住府,每周并有科长、科员、雇员各一轮流住府值星,办理一切临时事件,故不能不酌留一部分器物,以备应用,此次亦悉被炸毁,住府职员随身行李衣物亦多损失。职现已将炸破屋数间略为修葺,伯督率一部职员住府照常办公,用资维系。除分呈专署、省赈济会外,理合次职府被炸情形并缮具被炸损失清册一份,具文呈报钧府鉴核备查,指令袛遵!谨呈四川省政府兼主席蒋。

奉节县县长　易元明

17. 奉节县县长为日机投下似同玻璃瓶的物具情形致四川省政府主席电（1939年12月）

四川省政府兼理主席蒋钧鉴：本月十九日，敌机二十六架由梁[平]、万[县]方向于午后四点五十分飞临职县上空，在距城百余里之公坪乡投下形同玻璃瓶之物具一枚，落于该乡毛姓院内，当该具坠地破碎时，颇有异香，后附近乡人将该具木塞拾得，上镌[有]长崎市，外到尾侧镌[有]长崎矿泉株式会社谨制等字。同时又在距城二十余里之浣花溪吉木嘴地方，投下炸弹一枚，落于荒郊毫无损害。除分电外，谨电鉴核示遵。

奉节县县长　易元明叩　皓防印

18. 四川省防空司令部为从优抚恤王洪德因公殉职给南川县政府公函（1939年12月13日）

案准贵府第一二一三号公函为据，南川县政府呈请从优抚恤殉职防护团总干事王洪德一员等情，嘱为酌核办理，令饬遵照一案等由。准此查人民守土伤亡抚恤实施办法第二条内载防护团抚恤，依本办法之规定办理。第四条未载。凡领导民众守土抗敌，具有特殊勋劳因而伤亡者，得专案呈请从优议恤各等语。该南川县殉职防护团总干事王洪德在敌机狂炸下，指挥防护，竟以身殉职殊深悼惜。其亲老家贫，情尤可悯，既由该县县府发给烧埋费二百元，尚属适当。仍请从优抚恤，给与遗族相当年抚金，以资生活。兹准前由，相应复请查核办理为荷。此致

四川省政府兼司令　邓锡侯

19. 忠县县政府为白银坪遭日机轰炸情形致四川省政府电（1940年7月）

本年六月二十八日案据忠县防护团呈称："据本团第一区团团长苏达三报称：查六月二十七日上午十时发出紧急警报时，有敌机十八架西上，经过县城后，忽有三架与大队脱离，分向南北两方飞去，惟向北飞行之敌机一架，在县城北门盘旋两周，即折向附城低空飞行，忽发爆炸声甚强，当即派本区团团

员调查。据报,离城十里白银坪周万发住宅,被敌机投爆炸弹一枚,落该宅屋后干田内爆发,等语。职当即会同空袭紧急联合办事处调查组组长侯朝绶,抚济组组长沈光彩,并沿途布置警戒,将救护班带至出事地点,实行救护,计炸毁长五间正屋一座,横屋两间,较远土墙屋一间未倒,但屋瓦损坏已尽,当由救护人员搬出死尸四具,约计损失财产二千元以上,业将死尸备棺收殓,由该家长周万发自行埋葬去讫,惟照规定应给恤金、给养,共计一百三十五元,已向本镇士绅募捐给讫,理合赍呈被灾调查登记表,被灾人领款表,防空情况报告表各二份,报请钧部鉴核转呈,谨呈,等情,附呈表各二份,据此。除提存一份外,理合检呈原表各一份,具文呈请钧府鉴核转报,示遵,谨呈。"等情,附表各一份,据此。除分呈赈济会,省赈会,省防部,省协会,万专署,万指挥部外,理合检呈忠县空袭被灾调查登记表,忠县空袭被灾人领款表,防空情况报告表各一份,具文呈请钧府鉴核,准予核销,指令祗遵!谨呈四川省政府兼理主席蒋。

忠县县长　蒲殿钦

附件

忠县白银坪空袭遭灾调查表

填报日期:1940年7月

姓名	年龄	籍贯	死亡	受伤部位	损失财物	备注
萧地干	四九	忠县			坐宅及家具银物被毁损失一千元零	
周万发	四三	忠县			坐宅及家具银物被毁殆尽妻刘氏妾刘氏媳肖氏子周毛被炸死	
周刘氏	四二	忠县	死亡			
周刘氏	二六	忠县	死亡			
周萧氏	一九	忠县	死亡			
周毛	五	忠县	死亡			
周武云	三八	忠县		脚伤	坐宅家具银物被毁,损失一千元零	
刘国顺	三六	忠县		腿部伤	同	
萧地文	二九	忠县		手伤	同	
萧洪福	四六	忠县			坐宅家具被毁	

20. 邻水县政府为日机在袁双镇投弹致四川省防空司令部呈（1940年7月14日）

二十九年七月四日案据袁双镇镇长李昌孝、副镇长应兴报告称：

"一、六月二十七日午前十[点]钟，敌机三[十]六架由东向西飞行，经过本镇上空投弹一枚，落离袁市场四里之看墙湾侧石坝上。

二、职前往踏勘，确见地上硫黄气味甚重，并有未燃烧之硫黄，证明所投者为烧液弹。着地处成一深坑，约一方丈，深约五尺，除碎石飞起落附近十丈外之民房上压碎瓦片数十匹外，另无损失。破片四散，乡人拾得小块颇多。

三、职当及返镇，向民家宣传防空重要，并饬令即日污黑墙壁，可免敌机注目，并先将镇公所房屋用靛渣滓涂过，以资倡导。

以上三项谨呈四川省防空司令部。"

〈下略〉

邻水县县长　王亢枢

21. 綦江县政府为日机空袭及本县救济详情致四川省防空司令部呈（1940年7月20日）

窃查本月五日敌机轰炸本县情形，曾以代电呈请鉴核在案，兹再分别详为陈之。

一、空袭情形

七月五日午后一时三十五分，敌机第一批二十三架，成一字形由酉（阳）飞来，即在县府、国民兵团团部、车站附近繁华市街一带投弹数十枚，向东飞去约二十分钟，第二批敌机又至。一机在前，计三十六架，仍为一字形微作低旋，向石佛岗一带又投弹数十枚而去。据监视队报告，前后两批共投弹一百一十余枚，城区方面业经查出者四十二处。此外则投于对河石佛岗一带及江中。

二、防护工作

本县防护团各队班及各服务队，于是日午后一时□十分，即第一批敌机投弹后约十分钟之后，由城西南水井沟、城西欧家湾驻城北碑坊沟各隐蔽待

命地点,分别先后赶到市区救护,其各队工作情形如下:

1. 消防队

各班由全队长率领,于第一批敌机去后,由牌坊沟入城,经白云宾馆,为弹穴所阻。又值第二批敌机投弹,于暂时隐蔽之后,□□通过弹穴趋至中正路口火场,竭力灌〔抢〕救拆卸。

2. 担架队

由张中队长轮卿统率进入市区,立即搜索伤者,抬赴卫生院紧急救治,后因灌〔抢〕救吃紧,乃并入消防队合力灌〔抢〕救。

3. 急救队

急救药箱四个,队员八人,由钱医师率领将〔进〕入市区,因伤者络绎入院,遂返院施行救治。

4. 掩埋队

除防护团全体外,并由保安中队及北渡通惠三□□□□□□义勇工作队协力担任,共计三百余人分组出动搜觅灾场,发掘尸体(伤者送院医治)。先抬至北较场上首山坡停放,听由尸亲认领,计共领去二十余具。七日上午九时,遂将无人认领九十六具分三处埋藏。一面仍搜掘灾场,继续工作。

5. 清除队

清除市街零乱木石砖瓦,撤去危楼断垣,修平灾场,使归整洁。此项工作上列各队,于其任务完毕之后,仍协同办理。

6. 情报班

由县府电话处及监视队担任。计此次被炸三线,业已修复一线,情报可告无虞。

7. 紧急医疗所

防护团原存紧急治疗药物两大箱,自卫生院成立后,此项工作即交由该院担任,辅以国民兵团之罗医官及动委会工作队。据报收治轻重伤二百余人,现计重伤六十余人中,不治者已有十余人,余皆逐渐平复。

三、延烧原因

是日敌投弹后,发现火源三起。一为警报发出后,铺家未下炉火,炸后燃烧,在北街转角处,幸经扑熄。其余二起,系烧夷弹:一在县府右侧民家;一在中正街口。此处火势极为猛烈,适在炸毁房屋之下,倒塌木柱砖石堆积其上,高达一丈左右,投以沙包,不能□底,赶用水龙灌〔扑〕救,惜水龙仅有一部。竭力灌〔扑〕救,将熄灭不熄时,值天将大雨,风势甚疾,经一小时许,火势反大,延及街右楼檐,不可向尔。此时水龙复又发生故障,而水源路道又为倒塌房屋阻塞,只得暂停灌〔扑〕救,集全力于北街、正街及文昌巷。各方面加紧撤〔拆〕卸,至午后六时半,大雨始至,防护团员乃以桶取水,灌注各处火头,辛勤奋勇,彻夜不辍,火势乃熄。

四、损失概况

县府右角中一弹;左侧司法处中一弹,倒塌房屋数间,监所及全府房舍均被震坏。其余附近机关及民房或中弹,或震塌,或延烧,共约六百余间。财产损失估计总值约〔一〕百六十万元,生命之损害计一百余人,诚綦邑空前之浩劫也。再县府原于六月一日□□□外□公园□、军法室、收发处少数职员在原地工作,此次被炸除军法室书记员杜世华殒命外,公物文件亦□损失。又监所墙房为炸弹震塌,人犯亦有死伤逃亡。除需即分别医治、葬埋、缉捕外,复派员赶速清理。一俟清理完竣,即行专案呈报。

五、善后措置

七月六日,本县仍集中人力,除灌〔扑〕救余尽〔烬〕外,并派队首先填复街心弹穴三处。由晨至午,交通完全恢复。一面着手清除道路,挖掘灾场,抬出尸体,收拾电线,治疗伤者,供应粥水,亲往慰问,登记难民,筹办振〔赈〕恤等工作。由县府、党部、动委会、防护团、国民兵团、财委会、警察所、民教馆等机关抽调人员,集合民教馆,设空袭紧急救济联合办事处,办理上述各项善后事宜,并一面呈请、列举赈恤救济。

对于防护事项,经此大难后,一般绅民已知从前准备尚属不足,如消防器材。除随时注意保管、修理旧件外,亟应筹款充实。街道亦宜加宽火巷,宜多拆除。而于团员之组织、训练,更须特别注重,以防不虞。

六、各方协助

此次被炸,驻綦各部队、乡自动出发协助救护。如第二补训总处、十六补训处、军医处,借农场设所收容伤者,施以急救不下八十余起;又派工兵营到场协助拆卸及事后填平市街,清理北街道路等。第二补训处亦派特务连灌〔扑〕救余火,奋勇辛勤,充分表现军民合作之精神。

各机关、部队长官,或亲到灾场巡视,或派员慰问,极为关心。导准委员会沈副委员长及战团桂教育长,认捐一千元,愿捐款救济。韩国独立党领袖金九先生,首于七月六日晨派陈海先生亲到灾场慰问,捐款百元。又收到张总延长捐款二百元,现又加捐七百元。本县永兴镇绅民捐款三百零三元,以作赈恤救济之用。至今各方尚续有捐款。

以上各项即本县被炸及事后之详细情形,理合备文,附具灾区图说及善后工作概况,呈请钧部鉴核。指令祗遵。谨呈四川省防空司令部。

綦江县县长　李白英

22. 合川县政府为本县遭日机轰炸致四川省防空协会电（1940年7月25日）

四川省防空协会钧鉴:查本月二十二日午刻十二点三十分,得三十八监视队电,敌机多架分批由湖北宜都、五峰等处袭川。十二点三十四分,敌机已到施南本县,于十二点四十分发出空袭警报。至一点二十九分,复得三十八监视队电,敌机于一点二十五分已到岳池,本县即于一点三十一分发出紧急警报。一点四十六分,第一批敌机二十四架由品字队形变为三个一字形自东南方侵入市空,投掷燃烧弹及炸弹多枚,并施以机枪扫射。经三分钟,第二批二十七架投弹。第三批三十六架继续入市空,亦为一字队形,投掷最重量炸弹,前后投弹约五百余枚,并在空中盘旋约四分钟,始折转东南方飞去。霎时全市火势大作,烈焰冲霄。本团电话线路全部破坏,情报断绝,不能发布紧急命令,当即派遣防护团员飞令消防队及救护队立刻出动工作。消防方面因拆卸队疏散城外,被弹炸毙三十余人。同时,民生公司储水池及警察所消防大队部,将之消防拆卸运水器具全部被重弹炸毁埋没,仅抢出堪用水龙三部。计全市火头二十一处,兼以风助火威,完全燃出街面,杯水车薪,水龙亦不能发生效力。遂征集各街木匠铺用具,运用隔离法施救,终以人力有限,顾此失彼。四点零五分得三十八监视队专丁报告，重庆已解除警报；四点零七分，本县始行解除警报。童训班、青年团及南津镇防护团消防队方出动协助，特训班亦出动部分学生士兵拆房打火。翌晨三时许，始全将火头扑灭，但城厢街巷已有五分之一以上被焚。救护方面因敌机所投炸弹遍布市区，且多系重量炸弹，震倒房屋约占全市百分之一十五，故死伤亦将近千人，尤以法院监狱为数最多。除将重伤送沙坪乡及北城外烟墩寺两临时收容所医疗外，急救工作注重挖掘、掩埋、运输、治疗等工作，并协助中央振〔赈〕济委员会放振〔赈〕。同时举行初步调查，计已清出炸毙警察所实习员一名，警士十名，防护团员四名，自卫队兵十七名，轻重伤警士十三名，防护团员三十七名，平民死亡五百五十余名，重伤二百一十余名，被毁房屋约四千三百余户。

本团会及各机关如县政府地方法院、营业税局、管狱署、四川省银行、民众教育馆均全部被炸毁。特训班、动员会、商会合作指导室等，所住房屋亦大部击坏。涪江及嘉陵江之木船，被击沉者九十余只，物质损失在三千万元以上。其详细精确数字，正饬各直属分团长协同保甲加紧调查统计中。一俟调查完竣，另文表报。

（下略）

四川省防空协会合川县支会会长兼防护团团长　谢天民叩

23. 南川县政府为日机滥肆轰炸城区致四川省政府代电（1940年8月3日）

四川省政府兼理主席蒋钧鉴：窃查本县于七月佳日午后一时，被敌机九架滥肆轰炸，当经电呈在案。兹查是日，敌机共投弹四十一枚，登时西城内外房屋倒塌，公路阻滞，旧县府及党部均炸毁过半。县立女子小学亦中弹起火，民众伤亡虽少，余之残破房屋亦被毁灭，厥状极惨。当经县长督同团警将火扑灭，修复路基交通如常，并赓即召集机关、法团，及地方士绅共谋善后，妥为抚恤。已由本县空袭紧急救济联办处将死伤人数分别给恤，并蒙赈济委员会轸念灾黎，派员施放急赈。除分电外，理合将被炸情形，及伤亡人口、数目、财产损失载列另表，电请鉴核备查。

〈表格略〉

南川县县长　施启叩　江印

24. 南川县政府为本县七月俭日被炸转恳拨款救济致四川省政府主席电（1940年8月5日）

　　四川省政府兼理主席蒋钧鉴：蓉艳秘电。奉悉七月俭日午后二时，敌机二十五架分三批袭炸县城，投弹约二百余枚，多系重量炸弹，漏孔有深至三四丈者。灾情异常惨重。幸敌机技术尚劣，投弹虽多，大半坠落城郊，约共死亡二十余人，轻重伤四十余人，炸毁房屋五百余间，捣毁稻田六七十亩，详情尚在调查中，一俟调查清楚，依照规定另表报。核窃职县弹丸小邑僻处边远，经济枯窘，人民生计素极艰难，年来县城连续被炸四次，乡村被炸二次，全城毁灭仅余之东门外铺房稍为完整。此次亦遭炸毁，元气丧尽，灾民嗷嗷，露宿野处，惨不忍睹。除邀集机关、法团首长及士绅在空袭准备金项下，拨款办理伤亡抚恤、灾民急赈，并妥为抚绥外，唯是迭炸之余灾区广大灾民众多，杯水车薪难慰渴望，敬祈钧座核发大量赈款，俾资普遍存活，无任感祷。

南川县县长　施启叩　微印

25. 广安县政府为日机轰炸本县致四川省政府电（1940年8月7日）

　　四川省政府钧鉴：查本月二日午后一时九分，敌机二十六架西上经过本县上空滥施轰炸，并用机枪扫射，计投于县城对河二三里许护安乡之石河桥附近，炸弹为九十余枚，致毙十五人，轻重伤四十五人，毁房屋二十一间，又在离城十里许广门乡之蛇龙山投弹四枚，焚房屋一，人畜并无死伤。在县城南门外投弹二枚，一落荒郊，一落河间均爆，炸死船夫二，沉船一。所有物质损失，下从详清查中。除详细情形另案依照规定具报，并照章抚恤医治及慰问被难人民外，合将被炸情形分电呈请鉴核备查，并请救恤。

广安县县长　邬绳武叩

26. 南川县政府为七月俭日县城被炸情形致四川省政府电（1940年8月13日）

四川省政府兼理主席蒋鉴：查七月俭日午后二时，敌机二十五架，分三批袭炸县城，灾情异常惨重。即经分别电报在案，兹经连日会同空袭紧急救济联合办事处，及士绅赈恤伤亡，慰问难胞，结果计此次敌机投弹二百二十五枚，死亡二十四人，重伤二十四人，轻伤二十二人，炸毁房屋五百六十五间，捣毁稻田六七十亩，当在空袭救济准备金项下拨款一千三百六十五元办理伤亡急赈，理合遵式填表恳请鉴核备查。再者年来县城连续被炸四次元气丧尽，余之东外铺房亦遭毁灭损失惨重，良用恻然罹难伤亡虽已赈恤一部，但非赈无生之灾民尚属众多，杯水车薪无济渴望，应恳钧座格外惠拨巨款，俾资普遍存活无任感祷。

南川县县长 施启叩 元印

27. 第十区行政督察专员为"8·2"日机滥施轰炸广安县城致四川省政府主席呈（1940年8月24日）

案据广安县长邹绳武二十九年八月江代电开："查本月二日午后一时九分，敌机二十六架西上经过本县上空滥施轰炸，并用机枪扫射。计投于县城对河二三里许护安乡之石河桥附近炸弹为九十余枚，致毙十五人，轻重伤四十五人，毁房屋二十一间。又在离城十里许广大门乡之蛇龙山投弹四枚，焚房屋一[间]，人畜并无死伤。在县城南门外，投弹二枚，一落荒郊，一落河间，均爆炸，死船夫二人，沉船一只，所有物资损失正从详清查中。除详细情形另案依照规定具报并照章抚恤医治及慰问被难人民外，合将被炸情形分电呈请鉴核备查，并请救恤。"等情。据此。除指令外，理合据情呈请钧府鉴核，转函救济，并候令遵。谨呈兼理四川政府主席蒋。

四川省第十区行政督察专员 孙则让
第一科科长 周达代行

28. 广安县政府为表报被炸损失并恳求拨款赈济致四川省政府主席呈（1940年8月28日）

八月二日午前十二时,本县被敌机滥施轰炸,城南王爷庙及河心各投一弹,护安乡境内投爆炸弹七八十枚,燃烧弹二十七枚,弹重一百磅至五百磅,弹壳刊有一九三八及昭和十四年字样,损失惨重。当已急电赈济会请予救济在案。兹经本府派员前往调查结果,总计死十七人,重伤四人,轻伤四十二人,财产损失共五万七千余元。除分别呈报外,理合造具人口伤亡汇报表,及民营事业财产直接损失汇报表各一份呈报钧府,请予鉴核备查。并请拨款救济。谨呈省政府兼理主席蒋。附人口伤亡汇报表、民营财产直接损失汇报表各一份。

广安县县长　邬绳武

附件1

广安县人口伤亡报告表

事件:日机轰炸
日期:[1940年]8月2日
地点:城厢镇及护安乡
填送日期:1940年8月

性别＼伤亡人数	重伤	轻伤	死亡
男		12	5
女	2	16	6
童	2	14	6
合计	4	42	17

报告者:广安县县长　邬绳武

附件2

广安县民营事业财产直接损失报告表
（农业部分）

事件：日机轰炸

日期：1940年8月2日

地点：广安县护安乡

填送日期：1940年8月

分类		
共计		41118.7元
房屋		20850元
器具		19145元
现款		444元
产品	农产品	15851元
	林产品	920元
	水产品	
	畜产品	1070元
工具	农具	
	渔具	
	其他	1997.5元
牲畜		1845元
运输工具		500元
其他		分口合同红契各一件

填报人：广安县县长　邬绳武

29. 璧山县政府为呈报"9·13"空战我机损毁及飞行员损伤详情致四川省主席电（1940年9月）

急。成都。省政府兼理主席蒋钧鉴：

查本月元日寇机与我机在县境空战，所有我机及飞行员伤亡情形及善后经过，谨分呈如下：

一、我机被迫降落县境，经派员四出清查，共计十三架，飞行员负伤三名，阵亡十名。

二、跳伞负伤飞行员武振华、王广荣、王特谦,经本县自卫队防护团分别寻获救护,由卫生院救护队包扎伤痕,予以治疗慰问招待,后均送交空军救护车运走。

三、我阵亡飞行员经派人寻获或掘行尸身后,经分别洗洁,一律以白洋布裹尸,并赶制木漆内棺十口装殓,各覆国旗,以示尊崇。旋于十四日午前七时会同党政军民各界举行盛大公祭典礼,空军代表亦参加仪式,至为隆重。当运棺四具由万余群众于悲愤声中送到车站,交空军运输车运走,沿途高呼"打倒倭寇!""为殉国空军烈士复仇!"口号,情绪至为悲壮激昂。余棺六具为避免声色,计于次晚秘密送运。

四、空军第二总站及空军第三、第四大队办理善后人员柳哲生等,到县后均经妥为招待,并派员引导分往[飞]机降落地点检查拆卸,予以工作上种种便利。

五、我机降落地方均派保甲壮丁武装警戒,严密守护。现正由空军总站机务人员拆卸零件搬运中。

六、各乡镇在阵亡飞行员附近拾得之物件法币,缴呈来府者除尚有坏机枪二挺,子弹四百八十发及残翼等件存府待运外,余均交空军第三大队副队长柳哲生,及二十三队装配员霍国荣等运去。附呈运去物件法币清单。祈鉴核。

七、所有救护伤者、棺殓死者、搬运尸体、派兵守护残机,暨招待空军人员开公祭大会,一切费用将近二千元,拟请于县预备金项下核实开支。

以上各缘由除呈报重庆防空司令部并分呈省防空部外,理合电请鉴核示遵!

附:九一三空战在璧损毁我机及飞行员伤亡调查表一份;
计开运去物件法币清单一张〈略〉

璧山县县长　王士悌叩

附件

"9·13"空战我机损毁及飞行员伤亡调查表

迫降地点	机种	机号	损毁情形	姓名	伤亡情形	备考
城东乡天门坡脚	E-15	2104	坠焚毁	黄栋监	阵亡(尸体不全)	已棺殓运走
城南乡新塔附近	E-15	7113	炸毁	雷廷之	阵亡	已棺殓运走

续表

迫降地点	机种	机号	损毁情形	姓名	伤亡情形	备考
城南乡七保	E-15	7208	炸毁	曹飞	重伤阵亡	已棺殓运走
狮子镇黑石岩	E-15	7201	炸毁	张鸿澡	重伤阵亡	已棺殓运走
狮子镇七保熊家坪	E-15	2118	炸毁	武振华	头胸部受伤	救护车运走
狮子镇七保熊家坪	E-15	2308	坠焚毁	王广云	跳伞负伤	救护车运走
福禄镇十三保	E-15	3202	炸毁	何觉民	重伤阵亡	已棺殓运走
大兴乡十二保	E-15	2123	焚毁	司徒坚	重伤阵亡	已棺殓运走
大兴乡十二保		2415	焚毁	杨萝青	重伤阵亡	已棺殓运走
大兴乡八保	E-15	2115	机坠毁	余拨峰	重伤身亡	已棺殓运走
大兴乡六保	E-15	2306	机坠毁	康葆忠	重伤身亡	已棺殓运走
大兴乡九保	E-15	2304	机坠毁	刘英役	重伤身亡	已棺殓运走
大兴乡八保	E-15	2108	机坠毁	王特谦	跳伞负伤	救护车运走

璧山县县政府　制

30. 广安县政府为本月三日县城遭炸损失救济情形致四川省政府呈（1940年9月7日）

九月三日午后一时，敌机二十七架在本县市区低飞投弹，计轻、重弹二百一十余枚，当将城区西北街近郊悉炸毁，县府附近之横街当时大火。职在敌机甫离市空后，解除警报以前，跟即督同本府各级职员由花园临时办公处乘急东赶，赴县城督饬防护团之消防班抢救火灾，同时并派国民兵团自卫队保安八十三中队，伙同担架队将受伤民众抬赴救护班之临时治疗处施以救治。所有房屋炸毁，无家可归之民众则指导前往县城中学及西城小学临时收容所驻扎，并派得力科员三人守驻该地办理给养寝室事宜。且发动本府各级职员各机关人员分别慰问，且火速拨借地款派员于当晚发放急赈藉资救济，并饬警赶速掩埋尸体及填平扫清街道。复炸本县在空袭紧急救济联合办事处调查所得，计伤亡二百一十一名，死七十名，重伤五十五名，轻伤八十六名，多系疏散在城近郊之无知平民并毁房屋数百余栋，物资损失正调查中。除分呈并另案照规定表式填报外，理合将损害程度及救济详情具文呈请钧府鉴核，并恳设法再予救济。谨呈四川省政府。

广安县县长　邬绳武

31. 南川县政府为日机七月轰炸简师校旧址损失房屋器具情形致四川省政府呈(1940年10月3日)

窃查本县县府自去年十月元日即被敌机轰炸,全部毁灭曾经陈前县长。由城内迁至城外东之初级小学校临时办公,复迁至城内后圃简易师范学校旧址。县长于三月中到任,以简师校后侧接近红十字会之高楼目标显著,去冬十二月皓日之二次轰炸几遭不测,乃将县政府迁往距城东南三里之杨氏私祠办公,及本年七月佳日县城三次被炸,简师房屋即县长接收时之县府遂全部炸毁,而前戒烟所移存之炊□等项器具亦损失无遗,迭经督饬丁役发掘亦多粉碎,不堪此种事实人所共见,唯事关公产不能不据实陈明,理合缮就被炸损失房屋、器具清册一份,呈请钧府鉴核备查。指令祗遵。谨呈四川省政府兼理主席蒋。计呈被炸损失房屋器具清册一份。

南川县县长　施□

附件

南川县政府
(后圃简师校旧地)本年7月9日被炸损失房屋清册

损失种类	数目	估计价值〔元〕
客厅	一大间	30000
办公室	四通间	120000
会议厅	一大间	30000
军法室	一间	25000
县长室	一间	25000
秘书室	一间	25000
会计室	一间	25000
庶务室	一间	25000
电话室	一间	25000
合作指导室	二间	50000
检定室	一大间	30000
职员寝室	六间	150000
审判室	一间	30000

续表

损失种类	数目	估计价值〔元〕
政警室	三间	75000
收发室	二间	50000
兵役协会	一大间	30000
卫兵室	二间	50000
公役室	一大间	30000
传达室	二间	50000
茶房室	一间	30000
饭厅	二间	50000
油印室	一间	20000
沐浴室	二间	40000
储藏室	一间	30000
厨房	一间	30000
厕所	一间	20000
小计	42间	1095000

注：〈器具清册略〉

32. 广安县县长为"9·3"日机滥炸本县城致四川省政府兼理主席呈（1940年11月1日）

九月三日敌机二十七架滥炸本县城内横街、北街、北沧路、及西门外、北门外、小北门外等处，共投下爆炸弹二百一十九枚，弹重一百磅至五百磅，损失惨重。当经电呈并垫款急赈在案。兹经详细调查结果，总计死五十八人，重伤三十五人，轻伤五十五人，财产共约二十五万元。除分别呈报外，合将人口伤亡汇报表、住户财产直接损失汇报表各一份报请钧府鉴核备查。谨呈省政府兼理主席蒋。

附人口伤亡汇报表及财产损失汇报表各一份

广安县县长　邬绳武

附件1

[广安]市、县人口伤亡报告表

事件：敌机轰炸

时间：1940年9月3日

地点：广安县城城厢

填送日期：1940年9月5日

性别＼伤亡人数	重伤	轻伤	死亡
男	一二	二六	一七
女	一八	二七	三四
童	五	二	七
小计	三五	五五	五八

报告者：张

附件2

广安县住户财产损失报告表

事件：日机轰炸

日期：1940年9月3日

地点：四川广安县城镇厢

填送日期：1940年9月5日

分类	价值
共计	二四九五三七元
房屋	一一七二四五元
器具	八三三五二元
现款	三〇元
服着物	四一五四六元
古物书籍	七八四元
其他	六五八〇元

报告者：张

33. 四川省赈济会为办理渠县县政府科员王肇禹等空袭受损应予救济公函（1941年1月7日）

案据渠县赈济会呈称："顷据渠县县政府军事科防空科员王肇禹、事务员王家槐、邹成章等呈称：'窃查敌机此次来渠轰炸，毗邻员等住宅之农仓库首先着火，烈焰奔腾，势极凶猛，员等因负防空专责及督饬工役抢救文卷公物，在此紧张时间，不惶顾及家口中，致使住宅财物，同罹浩劫，妻子儿女宿露餐风，无法安置，情至凄惨状尤狼狈。且值疏散期中，迁徙各费，均付缺如万不获已，除呈请县长李予以证明，并加具空袭损害调查表外，只得恳祈钧会俯念下情，准予转详。层峰从优救济，以示体恤！'等情。查该员等籍县城，此次遭受空袭，克以职务关系，未能返家抢救各节。经查概属实情，有爱遵照钧会二十八年十一月总字第六号训令，颁发之中央公务员、雇员、工役遭受空袭损害，暂行救济办法第七项一款一条之规定，理合加具遭受空袭损害证明书各二份，连同损害调查表各一份，随文赍呈钧会鉴核救济。指令祗遵。"

附证明书调查表各一份。〈略〉

四川省政府兼主任委员　张群

34. 广安县政府为发放委座私人赈款致四川省政府呈（1941年5月17日）

案查本县于去年八月二日被敌机轰炸，蒙委座私人拨发赈款一万元。嗣奉钧府民二字第二零九五一号代电饬照规定：以死亡人民每名发给三十至四十元，重伤每名发给二十至三十元，轻伤十至二十元。如有余款拨作防护医药之需，并于发放后造册检据报查。等因奉此。查本县去年八月二日被炸死伤人数不多，业经赈济委员会拨赈款一千二百一十元急赈在案。委座所发赈款未便重发死伤赈恤，仅拨作八月二日及三日两次被炸之防护医药费用二千六百三十四元二角四分，尚余七千三百六十五元七角六分，业准邹前县长专案移交到府，兹造具防护医药费用计□一册，连同单据一册（计四十一张）报请鉴核备查示遵！谨呈四川省政府。

附防护医药费用计算书一册单据一册〈略〉

广安县县长　王元枢公出
秘书　徐灵君代行

35. 第九区行政督察专员为忠县被炸致四川省政府主席电
　　（1941年5月20日）

　　成都。四川省政府主席张。密。据忠县县长蒲殿钦铣军电称：本午十点［钟］，敌机一架在忠［县］城东盐镇投弹四枚，毁房屋三十余间，死三十余人，伤十余人。除将死者照相安埋，伤者送院治疗外，已倒之房屋现正督队挖掘中。等情。理合报请。鉴核备查。

万职　闵永濂　铣民印

36. 第九区行政督察专员为万市被炸情形致四川省行辕主任电
　　（1941年5月24日）

　　成都。行辕主任张。航委会。防空总部译呈委员长蒋。绥署主任邓、副主任潘、省府主席张。密。此次万市被炸，详细损害情形如下：

　　计于市区南门口东堡坎，南堡坎，东门外两层桥，法院街及南岸徐沱一猪毛厂，击中投掷爆炸弹及燃烧弹共五十八枚，警察死伤各一人，防护团员死三伤一，军队死三十三人，伤二十人，民死一十三人，伤二十一人。房屋炸毁三十八栋，现有四十二栋。除积极办理善后外，谨电奉闻。

职　闵永濂叩

37. 忠县县政府为日机空袭及善后情形致四川省政府主席呈
　　（1941年5月25日）

　　查五月十六日上午八时四十五分本市发出空袭警报，于九时三十九分发出紧急警报。后有敌机一架由涪陵经丰都窜入市空，盘旋一周即投下爆炸弹四枚。一落东门外国术馆门前；一落艾北平院内；一落马路口街上；一落河内。计损失房屋四十一间，死市民二十二人，及一零二后方医院伤兵死十一人,轻重伤共计四十人。当经本府督本城防护团人员,暨空袭联办处各服务队,一律出动施救,立将死亡市民备棺掩埋,所有轻重伤分别送交一零二后方医院,及卫生所治疗。从速整理街道,恢复交通,并拆卸危险墙壁。赓即于十七日上午八时,由空袭联办处会同赈济会,前往东坡镇镇公所,遵照赈济委员会规定,垫发伤亡恤金二千五百七十元。再由空袭救济基金内拨发急赈洋三千五百四十元,以作无家可归之贫民临时生活费,业经办理完毕。除分呈赈济会,省赈会,发还恤金外,理合赍呈〈中略〉,具文呈请钧府鉴核,准予筹还急赈洋三千五百四十元,以资还垫。是否有当?指令祗遵!谨呈四川省政府主席张。

县长 蒲殿钦

38. 万县县长为日机先后侵入本县市空投弹情形致四川省政府主席电(1941年5月26日)

成都。兼主席张。密。□申敌机末批十二架先后侵入本县市空投弹八十余枚,陆上中弹五十八枚,未爆五枚,余三十余枚投弹入两层桥河内,计人民死十三人,伤二十一人;警察、防护团死四伤二,军队死三十三,伤二十,损毁房屋八十间。被炸地有南岸徐沱,市区南门外柑子园,钟鼓楼两层桥大桥溪等处。又南门外柑子园钟鼓楼三处起火,经施救随即扑灭。除详情另报,并分别医治、掩埋、救济及督饬防护团服务队恢复交通外,谨电陈闻。

万县县长 杨用斌叩

39. 梁山县防护团为日机多架轰炸市区机场致防空司令邓锡侯电(1941年6月7日)

急。成都。四川全省防空司令部邓钧鉴:本年六月六日,敌轰炸机八架,驱逐机多架,由东向西飞行本市。十二点三十六分,发出空袭警报。十三点,本市发出紧急警报。同时,敌机到达市空。

十三点零一分,敌轰炸机三架第一次投弹;十三点零三分,敌轰炸机二架二次投弹；十三点零五分，敌轰炸机三架第三次投弹；十三点零六分，敌机多架第一次机枪扫射；十三点零七分，敌机多架中空飞行；十三点零八分，敌轰炸机二架第四次投弹；十三点零九分，敌机二架二次机枪扫射；十三点零十分，敌机三架第三次机枪扫射；十三点十一分，敌机三架第四次机枪扫射；十三点零十二分，敌机三架第五次扫射；十三点十四分，敌机二架第六次机枪射；十三点十五分，敌机五架第七次机枪扫射；十三点十七分，敌机五架第八次机枪扫射；十三点十八分，敌机三架投弹后，向东北飞行；十三点十九分，敌机二架投弹后东飞；十三点二十分，敌机二架第九次机枪扫射；十三点二十一分，敌机三架第十次机枪扫射。十三点二十三分，敌机五架向东北飞行。同时，高空敌机一批亦向东北飞行；又敌机一批在中空向东北飞行。弹落西乡市区暨飞行场内。计已爆弹四十枚，慢性弹八枚。除损失另表填报外，所有轰炸情形，理合电请钧座鉴核示遵。

县长兼团长　黄乃安叩

40. 万县空袭服务救济联合办事处为"5·22"日机空袭抚恤救灾致四川省政府呈（1941年6月29日）

窃查本处办理空袭救济金，收支各款业经呈报至本年度三月份底。于五月二十二日敌机肆虐空袭万市灾况详情，当经电陈暨列表呈报各在案，所有被炸灾民五日急赈灾轻伤、重伤、死亡等项抚恤，亦经遵章函请党政各机关派员会同发放完竣，综计支国币八千五百三十二元整，又掩埋掘弹暨医药伙食等费，计支国币一万一千六百四十五元七角五分整。以上各项粘据簿册现已编造齐全，并于六月五日提交万县党政各机关会同审核，无异纪录在案。除将死伤抚恤各项粘件呈送中赈会核销，掩埋、掘弹各项粘件检赍四川省赈济会核销外，理合缮具四柱清册一份，备文呈报钧府鉴核。俯赐备查。指令袛遵！谨呈四川省政府。

万县空袭服务救济联合办事处主任委员　闵永濂
副主任委员　杨用斌、钱澹吾

41. 第九区行政督察专员为俭日日机在忠县投弹致四川省主席等急电(1941年6月30日)

成都。防空司令邓、省主席张、行辕主任张、省赈会、绥署主任邓、副主任潘。密。据忠县六二监视队俭电称:本日两点三十五分,敌机过忠县,投弹七枚,毁屋七十二所,伤亡十余人,特报等情,特此电呈。

万职　闵永濂叩

42. 奉节县空袭服务救济联合办事处造报永安镇"7·7"被炸受伤姓名表册(1941年7月)

保别	甲别	姓名	性别	受伤轻重	备考
第十保	第七甲	李茂盛	男	重伤	
第十保	第十二甲	张洛四	男	重伤	
第十保	第十二甲	李福兴	男	重伤	
第十保	第十二甲	李隆圣	男	重伤	
第十保	第十二甲	刘建元	男	重伤	
第十保	第十二甲	陈仲富	男	重伤	
第十四保	第十二甲	陈光耀	男	重伤	
第十四保	第十二甲	彭王氏	女	重伤	
第十五保		刘国全	男	重伤	
第十五保		范徐氏	女	重伤	
第十五保		陈心贵	男	重伤	
第十五保		向坤斗	男	重伤	
第十五保		刘长娃	男	重伤	
第十五保		刘小儿	男	重伤	
第十五保		马安玉	男	重伤	
第十五保		魏佐商	男	重伤	
第十五保		杨老头	男	重伤	
第十五保		汪王氏	女	重伤	
第十五保		翁魏氏	女	重伤	
第十五保		朱由富	男	重伤	
第十五保		朱龙氏	女	重伤	

续表

保别	甲别	姓名	性别	受伤轻重	备考
第十六保		刘振朝	男	重伤	
第十六保		徐大州	男	重伤	
第七保		张陈氏	女	重伤	
第九保		刘海清	男	重伤	
第九保		李刘氏	女	重伤	
第九保		尹大海	男	重伤	
第九保		刘光光	男	重伤	
		徐曾氏	女	重伤	
		郭吴氏	女	重伤	
		郭应武	男	重伤	
		郭应毕	女	重伤	
		郭廖氏	女	重伤	
		方杰三	男	重伤	
		朱有富	男	重伤	
		李达浩	男	重伤	
		李本立	男	重伤	
		李张氏	女	重伤	
第八保		戈余氏	女	重伤	
		吴子英	男	重伤	
第十一保		陈吉祥	男	重伤	
		玉世招	男	重伤	
第十二保		杨世兴	男	重伤	
第十保		萧德厚	男	重伤	
		陈傅氏	女	重伤	
		向苏氏	女	重伤	
		张菊生	女	重伤	
		李杰生	男	重伤	
第十四保		谢桂枝	女	轻伤	
		谢向氏	女	轻伤	
		谭孝文	男	轻伤	
第十三保		沈李氏	女	轻伤	

续表

保别	甲别	姓名	性别	受伤轻重	备考
		李东兰	女	轻伤	
第九保		陈尹氏	女	轻伤	
		张德涛	男	轻伤	
		姚杨氏	女	轻伤	
		郭家二	男	轻伤	
		李唐氏	女	轻伤	
		李奎英	女	轻伤	
		苏刘氏	女	轻伤	
合计		六十名		重伤四十三名,轻伤一十七名	

43. 第九区行政督察专员为俭日日机多架空袭忠县致四川省政府主席电(1941年7月2日)

成都。兼理四川省政府主席张钧鉴:据忠县县长蒲殿钦俭电称,本日午后二[点]钟,敌机多架由上而下经本县市空,投弹六枚。一落城内全作金库,将县府房屋大部震倒;一落黄龙门外;一落西关外;一落大江。现正查中。伤亡损失暨办善后详情另报。又续据该县长艳电称,昨日第二批敌机由上下飞过忠县时,有一架在市空盘旋一周,即投下爆炸弹七枚,惟投合作金库一枚,将金库房屋大部炸碎。因其地紧接县政府,故县府一部分房屋亦被震倒,计金库内炸死陈会计一家五口,警士一名,自卫队丁一名,外有无名小孩一名,共死八人,受伤三人。除已分别掩埋及送医外,所有护守金库不能离开之警士一名,自卫兵一名应请转报省防部从优给恤,以励来兹至。其余投弹之处,均无损害,特报等情。据此除指令并分报外,谨转请钧府鉴核示遵。

四川省第九区行政督察专员　闵永濂叩印

44. 第九区行政督察专员为俭日日机轰炸万市市区致四川省防空司令电(1941年7月4日)

成都。全省防空司令邓、绥靖主任邓、副主任潘、省主席张、航委会、省赈会。密。俭日敌机二十五架轰炸本市市区,损害情形当经艳电呈报鉴核在案。兹查是日,敌机同时在市区外城十余里之天城镇投弹十一枚,人民受伤十二人,死二十一人,毁民房十三间;东藩镇投弹十五枚,人民受伤一人,毁民房二间,他无损害。除能办理救济外,谨电续呈。

万专员兼防空指挥　闵永濂叩

45. 忠县防护团为本县城区遭日机轰炸致四川省防空司令部呈（1941年7月11日）

本年六月二十八日上午十一时四十八分,有敌机二批西上,共五十二架,本城发出空袭警报。于十二时四十四分发出紧急警报,敌机两批均掠城而过。于午后二时三十五分,第二批敌机共二十五架,由丰都折回。

先头一架在本场面盘旋一周,即投下爆炸弹七枚。一落神溪口,李姓坐屋附近,无损伤。二枚落城西向家嘴溪沟内,仍无损伤。一落吴家祠堂内,因弹尾脱离,爆发力弱,毫无损伤。一落周达全屋内,房屋一间被炸碎,其余尚完整,周达全受微伤。一落合作金库门口,城墙毁二丈宽、二丈深缺口,死七人,伤二人,横屋被炸碎三间。一落城北川主庙侧空地,无损伤。

当即由本团第一、二、三区团各救护班,会同各医师救护队分别将轻重伤包裹,由担架队送往医院治疗。由掩埋队将死亡人员收殓就各公地掩埋。由各工务班整理道路,拆卸各危险墙壁,恢复交通。

除各死伤人员照省赈济会规定垫发□金洋八百三十五元,呈由县府转请归还外,所有房屋器具全毁各住户,照例发给临时救济费共三百八十元。已呈请县府转请省府,准予筹还。至各种善后事宜,业经分别办理完毕。除分呈万县指挥部、省防协会外,理合□呈照片两张,敌机轰炸情形报告表一张,防空情况报表一张,空袭被灾调查登记表一份,空袭被灾人领款表一份,具文呈请钧部鉴核备查,指令祗遵。谨呈四川全省防空司令部邓。

〈下略〉

兼团长　蒲殿钦

46. 奉节县空袭服务救济联合办事处造报县属永安镇"7·7"空袭死亡人员姓名表册(1941年7月18日)

保别	甲别	姓名	性别	死亡地点	备考
第十保	第六甲	陈德绪	男	锅底池	
第十保	第六甲	张陈氏	女	锅底池	
第十保	第六甲	沈其明	男	锅底池	
第十保	第七甲	颜胡氏	女	锅底池	
第十保	第七甲	李张氏	女	锅底池	
第十保	十二甲	李甘氏	女	小南门	
第十保	十三甲	朱家迈	男	兴隆街	
第十四保	第二甲	兰作舟	男	小南门	
第十四保	第二甲	李正本	男	走马街	
第十六保	第二甲	张杨氏	女	码头上	
第九保	第二甲	王李氏	女	码头上	
第九保	第二甲	邵前金	男	长顺街	
第九保	第二甲	陈大善	男	库房沟	
第九保	第二甲	胡明甲	男	库房沟	
第九保	第二甲	熊伯林	男	长顺街	
第九保	第二甲	刘吴氏	女	小南门	
第九保	第二甲	聂维俊	男	长顺街	
第九保	第二甲	郭应秀	女	长顺街	
第九保	第二甲	陶黄氏	女	长顺街	
第九保	第二甲	易兴顺	男	长顺街	
第九保	第二甲	方卢氏	女	库房沟	
第九保	第二甲	无名氏	女	库房沟	
第九保	第二甲	李顺发	男	码头上	
第九保	第二甲	刘徐氏	女	码头上	
第九保	第二甲	张周氏	女	码头上	
第九保	第二甲	周易氏	女	码头上	
第九保		张小儿	男	码头上	
第九保		张小女	女	码头上	
第十五保		杨茂金	男	码头上	
		沈第发	男	码头上	

续表

保别	甲别	姓名	性别	死亡地点	备考
临时保		张扬波	男	河风溪	
		易炳兴	男	小南门	
		谢文清	男	小南门	
合计		三十三名			

47. 第九区行政督察专员为"8·5"日机轰炸云阳云安镇致四川省政府电（1941年8月5日）

成都。兼理四川省政府主席张钧鉴：据云阳县县长何宗杰冬防电称，本日午前十[点]钟，敌机十架分[批]入县属云安镇市空投弹，被炸二十余处，三处起火，当即扑灭。除已派员查勘并饬会同当地镇长绅耆设法安抚办理善后事宜外，谨先电陈损失详情。另电呈报等情。当经电饬速将若干及死伤人民毁损房屋数目查明具报，并赶办紧急救济支后。兹据该府江防电称，冬民电奉悉。当经饬据云安镇镇长陶彦生电复称，冬日午前十时敌机十架轰炸云厂，共投弹三十余枚，燃烧弹四枚，三处起火，共死亡五十余人，受重轻伤者七十余人，炸毁房屋五十余间。除将伤亡紧急治疗并掩埋外，其余被炸毁房屋，倒塌毙命人数，俟发觉取尸后再行电呈。等情。据此除分别呈报并令饬妥办救济暨表报损失情形外，谨电请鉴核示遵。

四川省第九区行政督察专员　闵永濂叩　微万民印

48. 丰都县政府为日机在城区空袭投弹致四川省赈济会电（1941年8月10日）

成都。省政府、省赈会钧鉴：本月十日，敌机十八架，投弹十二枚，燃烧弹一枚，爆炸弹十一枚，死亡男女约五人，轻重伤十余人，毁损房屋五十间。十一日投弹一枚，无伤亡。除遵规定先行救济外，饬另详报。静候示遵。

丰都县县长　李之青叩

49. 云阳县政府为填报"8·2"云安盐场遭空袭伤亡报告致四川省政府呈（1941年8月15日）

查职县直机关属云安盐场，于本月二日被敌机轰炸，业经呈报在案。兹特遵照规定填具遭受空袭伤亡人数报告表，及敌机袭炸伤亡损失报告表各一份。除分别呈报备查外，理合具文连同上项报告表各一份，赍请钧府鉴核备查。谨呈四川省政府主[席]张。

计呈遭受敌机空袭伤亡人数报告表

云阳县县长　何宗杰

附件

四川省云阳县日机空袭伤亡损失报告表

填报日期：1941年8月7日

被灾区	被炸日期	伤亡人数	毁屋间数	抚恤数目	损失估计
云阳云安厂	8月2日	轻伤41人，重伤38人，死亡55人	炸毁51间烧毁8间	死亡每人30元，重伤每人20元，轻伤每人10元	约值5000元

50. 合川县防护团为敌机空袭本县致四川省防空协会呈（1941年8月16日）

本月十二日，敌机袭川。本县于午前七时发出预行警报。七时二十一分，发空袭警报。七时四十一分，发紧急警报。八时三十分，敌机十六架由东北方侵入市空，由品字形突变为一字队形，高度约三千五百公尺，俯冲投弹盘旋空际约一分钟久，又投弹，始折转逸去。

本团立即派遣团员出动，发现药市街民房中燃烧弹一枚起火，当经消防人员奋力扑灭，仅毁房屋一栋，未酿巨患。其余丁市街、明月街、只牌坊、民生公司水电厂，及郊外芭豆湾等处，共落炸弹十六枚，毁房屋四十七栋，炸毙平民二人，轻伤一人，余无损失。

九时四十八分，解除警报后赓即掩埋死者、抚济灾民、整理市容、恢复秩序诸善后事宜。所有此次被炸情形，理合填具空袭损失及救济工作报告表，随文赍呈钧会鉴核备查。谨呈四川省防空协会。

兼团长　袁雪崖

51. 南川县政府为日机滥肆轰炸城区致四川省政府主席电（1941年8月18日）

四川省政府。兼理主席张钧鉴：窃查本县于八月寒日午后零点四十分，被敌机二十六架滥肆轰炸，当经电呈在案。经详查，是日敌机共投弹四十四枚，以本府督饬居民强迫疏散，并经防护团工作努力，故仅炸毁民房十一间，震坍九间，炸死居民一人，伤四人。此次南川系第五次被炸，损害虽微，而炸毁房屋多系贫民，厥状极惨。当经县长督同团警修复路基，并设法赈济；一面加紧空防，以备将来。除分电外，理合将被炸情形及伤亡人口数目、财产损失详列另表，随电报请察核备查。

南川县县长　杨伯元巧叩印

52. 忠县县长为日机空袭投弹损毁民居致四川省政府电（1941年8月22日）

成都。省政府钧鉴：本日上午八时三十八分，敌机十五架轰炸本城，投下爆炸弹及燃烧弹一百余枚，计伤亡市民□□□人，烧毁房屋1070间，被灾人702名，无家可归之难民2000余人。除由本县先向银行借款七万办理急赈，并分电省赈会外，不敷赈款甚巨，理合电恳钧府鉴核。迅予拨发巨款，以资救济。

忠县县长　戴叔锴叩

53. 丰都县政府为日机空袭城区致四川省政府电（1941年8月22日）

成都。四川省赈济会、四川省政府、四川防空司令部。急。奎。本日午后二点二十分，被敌机投弹五枚，计已清得炸死十四人，重伤十二名，轻伤七名，毁损房屋三十八间。除遵规定救济外，特先电呈。静候示遵。至伤亡确数,另电详报。

丰都县县长　李之青

县赈济会兼主任委员　周回澜叩

54. 第九区行政督察专员为日机窜入云阳县城投弹致四川省主席电(1941年8月24日)

成都。兼理四川省政府主席张钧鉴:据云阳县长何宗杰[来]电称,昨日午前十一时许,敌机十七架分两批窜入本县市空,投弹百余枚,当有数处起火,烟尘蔽空。幸防护团员抢救得力,旋即扑灭。计中央银行、征收局、国民兵团三处屋宇全毁,损失较重。本府后院及调验所与省银行、卫生院、女师附小、盐业公会、邮政局大部屋宇被毁,民房被炸七[十]九间,死亡男女四[十]五人,轻重伤男女五十余人。经饬财委会垫款,抚恤、掩埋、治疗。除另案表报损害详情暨分呈外,谨先电陈。伏乞察核示遵。等情。除饬赶办紧急救济并表报外,谨电请鉴核示遵。

四川省第九区行政督察专员　闵永濂叩

55. 丰都县政府为日机空袭投弹致四川省政府电(1941年8月25日)

成都。省政府、省赈济会、省防空司令部。急鉴。八月二十三日午后一时,敌机九架,三次袭都,投弹六七十枚,伤亡人数百余人,焚毁房屋二百余间,详情续报。

丰都县县长　李之青敬叩

56. 忠县县政府为日机"8·19"轰炸情形致四川省政府主席呈(1941年9月)

本年八月十九日上午七时,本城发出空袭警报,有敌机十五架上驶,于八时三十八分窜入市空,投下爆炸弹及燃烧弹百余枚。丁字街一带,随即三处着火;又向家嘴茅草屋多间亦着火二处,火势甚盛。当经警察及防护团、消防队奋勇扑灭,蔓延未广。计烧毁丁字街房屋九十九家,五十二栋;向家嘴茅屋七十间,一百零一家,死亡二人,重伤八人,轻伤二人,共十二人。业经本府督率军、警、防护团抢救火灾,搬运伤亡,整理道路,恢复交通,并拆卸危险墙壁。所有无家可归之灾民共计七百零二人,业经指定机神庙、轩辕宫,财神庙等地作为收容所。当即每人发给急赈洋二十元,以维生活。计总发洋一万四千零四十元,又照规定垫付伤亡恤金共洋四百七十元,均经逐一办理完毕。除分呈航委会、中赈会、省赈会、万专署外,理合赍呈〈中略〉。呈请钧府鉴核,准予将急赈项一万四千零四十元,在三十年县预备费项下开支,或另拨款□还,以免虚悬。是否有当?指令祇遵!谨呈四川省政府主席张。

忠县县长　戴叔锴

附件1

忠县空袭受灾调查登记表

填报日期:1941年8月19日

被灾人姓名	年龄	籍贯	死亡	受伤部位	损失财物	备考
朱冉氏	60	忠县	死亡	全身炸毁	房屋烧毁	
朱川	10	忠县	死亡	全身炸毁	房屋烧毁	
谭康文	25	忠县		头部	房屋烧毁	
张启堂	30	忠县		脚颈骨	房屋烧毁	
黎赵氏	34	忠县		腰部	房屋烧毁	
傅大嫂	42	忠县		腿部重伤	房屋烧毁	
杨月波	30	忠县		左肩轻伤	房屋烧毁	
闫学祥	28	忠县		头部	房屋烧毁	
贺二姐	27	忠县		头部	房屋烧毁	
易张氏	39	忠县		腰部	房屋烧毁	
秦海云	40	忠县		双足重伤	房屋烧毁	
杨熊氏	28	忠县		头部	房屋烧毁	

附件2

忠县空袭受灾人领款表

填报日期：1941年8月19日

被灾人姓名	受伤或死亡	与死亡或受伤关系	领款数目	领款人盖章或指拇印	警察所或保甲盖章
朱冉氏	死亡	朱正福领，母子关系	陆拾元		
朱川	死亡	朱正福领，父子关系	陆拾元		
谭康文	重伤	亲领	肆拾元		
张启堂	轻伤	亲领	拾伍元		
黎赵氏	重伤	亲领	肆拾元		
傅大嫂	重伤	傅忠才领，母子关系	肆拾元		
杨月波	轻伤	亲领	拾伍元		
闫学祥	重伤	亲领	肆拾元		
贺二姐	重伤	亲领	肆拾元		
易张氏	重伤	亲领	肆拾元		
秦海云	重伤	亲领	肆拾元		
杨熊氏	重伤	杨月波领，夫妻关系	肆拾元		

57. 忠县县政府为"8·23"日机两次轰炸县城情形致四川省政府主席呈（1941年9月）

本年八月二十三日上午七时三十五分，本市发出空袭警报，敌机五批上驶，于二时三十分折回。敌机一批共九架，到达县城向家嘴，即行投弹，计临江岩、老街、正街、东门、弓箭街、丁字街、会仙桥、三牌坊、横街、北门场一带，共投爆炸弹及燃烧弹六十余枚。炸毁房屋四十五间，伤二人，并无死亡。所有燃烧弹，均经扑灭，尚未成灾，正由各防护人员工作中。复三时二十分，由汉口上驶敌机一批，共八架，在本市上空旋绕两周，即于郊外周屏山一带，投下爆炸及燃烧弹共五十九枚。该处房屋稀少，计烧毁茅屋五间，死八人，伤十九人。当即督饬各防护区团救护班，将死亡市民备棺掩埋，轻、重伤分送各医院治疗。由工务班将被炸各街道一律[清]理，恢复交通。随即由赈济会、义民分站，会同防护团人员，发放无家可归之灾民急赈洋一万三千二百八十元，并垫发伤亡恤金洋一千一百四十五元，均经逐一办理完毕。除分呈航委会、赈委会、省赈会、万专署外，理合赍呈〈中略〉，具文呈请钧府鉴核。准予筹还急赈洋一万三千二百八十元,以资归垫。是否有当?指令祗遵!谨呈四川省政府主席张。

忠县县长　戴叔锴

58. 万县县长为日机三次空袭泊江华轮及城郊致四川省政府主席电(1941年9月)

成都。主席张。密。陷末敌机一次三架;二次九架;三次一架,先后三次俯冲袭轮,沿江停泊各轮以及城郊共投弹约百余枚。计县属里牌溪泊江华轮,钓龙滩泊大达轮,陶家沟泊民宪轮,徐沱泊民政轮,明镜滩泊民泰、鸿贞两轮,杨家河泊楚建夏等八轮。其中民宪、民政、民泰、鸿贞等四艘当即中弹沉江;[江]华、大达两轮均中烧夷弹,舱面焚毁未沉。楚建中弹二枚,锅炉被毁尚有一枚未爆;建航尾部被破片击伤。综计各轮共死亡员工妇孺39人,重伤16人,轻伤16人。又城郊关口投弹二枚,落田中,重伤市民3人,房屋无损。除当将各轮被炸,灾民妥为安置,并遵章分别[进行]医疗、掩埋、抚慰、赈恤外,谨电陈闻。

万县县长　杨用斌叩

59. 第九区行政督察专员为日机空袭损毁泊江华轮致四川省防空司令部电(1941年9月6日)

成都。省防部兼司令邓、省府主席张、绥署主任邓、副主任潘、行辕主任张。密。本日敌机袭川,本部于五时五十三分发空袭警报,六时三十七分发紧急警报。六时四十分,敌机三架在万市下游十五里之李家溪炸毁江化、大达、民宪三轮;十三时十分,敌机十架在市南岸之徐沱炸沉民政轮,又在上游十五里之明镜滩炸沉民太、洪贞、建夏三轮,伤楚圆炮舰,及驳轮三艘。十三时十二分,敌机一架在近郊城寨外投弹,幸无损害。警报于十五时十六分解除。除详情续报外,谨电报闻。

万职　闵永濂叩

60. 四川省赈济会为忠县八月号日被炸损失情形给该县县政府公函(1941年9月10日)

案据忠县县政府号民电称:"本日上午八时三十分,敌机十五架轰炸本城,投下爆炸弹及燃烧弹一百余枚,计伤亡市民三十余人,烧毁房屋一零七零间,被灾民七零二名,无家可归之难民二千余人。除由本县先向银行借款三万办理急赈并分电省赈会外,不敷赈款巨,理合电恳钧会鉴核。迅予拨发巨款以资救济。"等情。据此。除饬遵照中赈会规定抚恤标准分别照章办理抚恤救济[外],并以该县遭此袭炸,灾情甚重,复由本会另予特拨赈款伍千元,以作救济被炸。经紧急救济后,非赈不生之赤贫灾民,饬县妥为查放,安辑灾黎,相应函请查照为荷!

四川省政府兼主任委员　张群

61. 忠县空袭受灾调查登记表(1941年9月15日)

被灾人姓名	年龄	籍贯	死亡	受伤部位	损失财物	备考
张道	14	忠县	死亡	头部		
周达祥	59	忠县	死亡	胸部		
吴正宽	52	忠县	死亡	腹部		
樊高氏	38	忠县	重伤	手膀		
吴黄氏	48	忠县	重伤	腿部		
吴光海	36	忠县	重伤	手膀		
吴光厚	25	忠县	重伤	脸面		
易发江	58	忠县	重伤	腿部		
易心洁	16	忠县	重伤	手腕		
易丁氏	46	忠县	重伤	面部		
杨永贞	45	忠县	轻伤	手部		
成康明	47	忠县	重伤	腿腕		
陈周氏	49	忠县	重伤	后背		
陈潘氏	53	忠县	死亡	胸部		
冯人刚	43	忠县	轻伤	面部		
钟林毓	39	忠县	轻伤	面部		

续表

被灾人姓名	年龄	籍贯	死亡	受伤部位	损失财物	备考
冯国秀	47	忠县	轻伤	面部		
沈光才	28	忠县	重伤	头部		
周兰芳	30	忠县	重伤	腰部		
郭裕华	35	忠县	重伤	胸部		
彭家朝	32	忠县	轻伤	足胫	房屋全毁	
周至山	35	忠县	轻伤	手腕	家具全毁	
陈宁熙	28	忠县	重伤	腰部	房屋全毁	
陈乐氏	31	忠县	重伤	臂膀	用具全毁	
叶天明	42	忠县	死亡	头部	房屋全毁	
李王氏	55	忠县	死亡	压死	房屋全毁	
王何氏	75	忠县	死亡	两腿炸断	家具全毁	
王范氏	51	忠县	死亡	后背炸穿	房屋全毁	

62. 丰都县政府为报送抗战损失统计表致四川省政府电(1941年9月27日)

四川省政府钧鉴。查本县于前八月内连遭敌机四次轰炸,计投弹八十余枚,毁屋四百四十五栋,一千二百七十二间,死四十人,伤一百零四人。均经先后布告,令催受损报告单,惟因疏散一空,每多置而弗理。兹就本府令饬乡、镇公所详细调查所得,遵照院颁抗战损失查报须知,制就人口伤亡调查表、人口伤亡汇报表、住户财产损失汇报表、财产间接损失报告表各一份。除径呈国民政府主计处外,理合检表随电赍请鉴核。备查示遵。

丰都县县长　李之青叩

附件1

丰都县财产间接损失报告表

事件：敌机轰炸

日期：[1941年]8月8日、10日、22日、23日

地点：[丰都]城区

分 类	数价（单位国币元）
共 计	144000元
迁移费	10000元
防空设备费	46000元
疏散费	80000元
救济费	3200元
抚恤费	5385元

报告者：县长 李之青

附件2

丰都县住户财产直接损失报告表

事件：敌机轰炸

日期：[1941年]8月8日、10日、22日、23日

地点：[丰都]城区及高家镇

分 类	价 值
共 计	3500000元
房 屋	3364000元
器 具	10000元
现 款	20000元
服着物	15000元
古物书籍	1000元
其 他	

报告者：县长 李之青

附件3

丰都县人口伤亡报告表

事件：敌机轰炸

日期：[1941年]8月8日、10日、22日、23日

地点：[丰都]城区及高家镇

伤亡人数 \ 性别	重伤	轻伤	死伤
男	41	32	22
女	13	13	14
童	3	2	4
不明			

报告者：县长　李之青

附件4

丰都县人口伤亡调查表

事件：敌机轰炸

日期：[1941年]8月8日、10日、22日、23日

地点：[丰都]城区及高家镇

姓名	性别	职业	年龄	最高学历	伤或亡	费用(元) 医药	费用(元) 葬埋
杨昌贵	男	自由业	38	识字	伤	15	
代现廷	男	自由业	45	识字	伤	40	
戴陶氏	女	自由业	42	不识字	伤	40	
梁其云	男	自由业	34	不识字	伤	40	
梁廖氏	女	自由业	32	不识字	亡		60
梁大毛	男	自由业	14	识字	亡		60
吴玉成	男	自由业	27	识字	伤	15	
李胡氏	女	自由业	28	不识字	亡		60
殷王氏	女	自由业	66	不识字	亡		60
殷淑碧	女	自由业	16	识字	伤	40	
殷湛氏	女	自由业	24	识字	亡		60

续表

姓　名	性别	职业	年　龄	最高学历	伤或亡	费用(元) 医药	费用(元) 葬埋
陈朝明	男	自由业	38	识字	伤	40	
陈素平	男	自由业	21	识字	亡		60
殷王氏	女	自由业	28	不识字	亡		60
殷永芳	男	自由业	25	识字	伤	15	
殷先裕	男	自由业	30	识字	伤	40	
殷□氏	女	自由业	28	识字	伤	40	
秦云昌	男	自由业	21	识字	伤	15	
高曹氏	女	自由业	20	识字	伤	15	
李观龙	男	自由业	34	识字	伤		60

注：后四张表格略。

63. 忠县县政府为日机轰炸城北情形致四川省政府呈（1941年10月）

查本年八月十四日下午二时三十分，有敌机二十七架，自渝、涪各地扰乱后下驶，掠城北而过，末尾一架投下爆炸弹一枚，落鸣玉溪大桥侧，当即爆炸，房屋微有损失。惟该弹爆炸力强，所有破片飞至四五十丈以外，杀伤避难市民七人，一人伤重，旋即毙命。现有重伤二名，轻伤四人，当由本府督饬各救护队，分别包裹用担架送往医院治疗。所有伤亡抚恤费，业经遵照规定，垫发洋二百元去讫。除分呈中央赈委会、省赈会、万县专署外，理合赍呈轰炸情形报告表、防空情况报告表、伤亡登记表、受灾人领款表各一份，具文呈请钧府鉴核备查。指令祇遵！谨呈四川省政府主席张。

忠县县长　戴叔锴

附件1

忠县空袭受灾人领款表

填报日期：1941年8月15日

被灾人姓名	死亡或受伤	领恤数目	领款人与死亡或受伤人关系	领款人盖章或指拇印	警察所或保甲盖章
魏国志	死亡	陆拾元	魏石氏代领，夫妻关系		
石世华	轻伤	拾伍元	亲领		
沈德川	轻伤	拾伍元	沈周氏领，夫妻关系		
郭守云	轻伤	拾伍元	亲领		
冉尊云	重伤	肆拾元	亲领		
张莫氏	重伤	肆拾元	张云树领，夫妻关系		
李生云	轻伤	拾伍元	李陶氏领，夫妻关系		

附件2

忠县空袭受灾调查登记表

填报日期：1941年8月15日

被灾人姓名	年龄	籍贯	死亡	受伤部位	损失财物	备考
魏国志	32	梁山	死亡	全身炸毁	无	
石世华	16	梁山		头部受伤	无	
沈德川	34	忠县		左足受伤	无	
冉尊云	16	忠县		臀部	无	
张莫氏	24	忠县		左手受伤	无	
李生云	36	忠县		左手受伤	房屋损失	

64. 忠县县政府为"7·27"日机轰炸情形致四川省政府呈（1941年10月30日）

本年七月二十七日上午八时三十分，本城发出空袭警报，有敌机三批，分袭成、渝各地，至午后二点四十五分，敌机九架经丰都下驶，掠城而过，随即投下爆炸弹七枚，均落黄龙门郊外，该地房屋稀少，惟疏散市民较多，又敌弹均系空中爆炸弹，以致死市民五人，伤十四名。当经本府督饬各救护队将轻、重伤包裹，由担架队分别送往各医院治疗，再由掩埋队将已死市民备棺埋葬。

各交通路道,均经工务班整理完竣。于二十九日饬由救济院长任位宾、义民分站主任沈光彩,防护团总干事何少甫驰赴该地,会同保甲,垫发伤亡恤金,共计七百一十元。除分呈中央赈委会、省赈会、专署外,理合赍呈防空情况报告表,敌机轰炸情形报告表,空袭被灾调查登记表,空袭被灾人领款表各一份,具文呈请钧府鉴核备查。指令袛遵! 谨呈四川省政府主席张。

县长:戴叔锴

附件1

忠县空袭受灾人领款表

1941年7月29日填报

受灾人姓名	死亡或受伤	领恤数目	领款人与死亡或受伤人关系	盖章或拇指印	警察所或保甲盖章
喻兴祥	重伤	肆拾元	亲领		
喻妹	重伤	肆拾元	喻陈氏代领,母女关系		
何天贞	轻伤	伍拾元	亲领		
崔显贵	轻伤	拾伍元	亲领		
王陈氏	重伤	肆拾元	王妹代领,母女关系		
杨光富	重伤	肆拾元	杨陈氏代领,夫妻关系		
杨光玉	重伤	肆拾元	亲领		
杨光清	轻伤	拾伍元	亲领		
高毛	死	陆拾元	高苏氏代领,母子关系		
杨光华	轻伤	拾伍元	杨陈氏代领,夫妻关系		
周吴氏	重伤	肆拾元	亲领		

附件2

忠县空袭受灾人领款表

1941年8月3日填报

受灾人姓名	死亡或受伤	领恤数目	领款人与死亡或受伤人关系	盖章或拇指印	警察所或保甲盖章
刘妹	重伤	肆拾元	刘周氏领,母女关系		
李喻氏	死	陆拾元	李玉函领,夫妻关系		
喻王氏	死	陆拾元	喻成桂领,母子关系		
罗永祥	轻伤	拾伍元	亲领		

续表

受灾人姓名	死亡或受伤	领恤数目	领款人与死亡或受伤人关系	盖章或拇指印	警察所或保甲盖章
罗石氏	死	陆拾元	罗天桂领,夫妻关系		
莫杨氏	死	陆拾元	莫熊氏领,婆媳关系		
秦康氏	轻伤	拾伍元	康任氏领,母女关系		
刘和碧	重伤	肆拾元	刘毛领,父子关系		

附件3

忠县空袭受灾调查登记表

1941年7月29日填报

受灾人姓名	年龄	籍贯	死亡	受伤部位	损失财物	备考
喻兴祥	10	忠县		头部及脚部	家具损失	
喻妹	13	忠县		脚颈骨	家具损失	
何天贞	14	忠县		背部	无	
崔显贵	64	忠县		脚部	无	
王陈氏	55	忠县		腿部重伤	无	
杨光富	24	忠县		腰股重伤	无	
杨光玉	18	忠县		头肩重伤	无	
杨光清	12	忠县		头手轻伤	无	
高毛	14	忠县		腰折	无	
杨光华	27	忠县		腿轻伤	无	
周吴氏	48	忠县		腰部重伤	无	

附件4

忠县空袭受灾调查登记表

1941年8月3日填报

受灾人姓名	年龄	籍贯	死亡	受伤部位	损失财物	备考
刘妹	13	忠县		头部	无	
李喻氏	22	忠县	死亡	全身炸毁	无	
喻王氏	48	忠县	死亡	腰部洞穿	无	
罗永祥	48	忠县		腹部擦伤	房屋全毁	
罗石氏	43	忠县	死亡	腰部全毁	房屋全毁	
莫杨氏	37	忠县	死亡	全身炸毁	无	
秦康氏	32	忠县		脚部	无	
刘和碧	30	忠县		腿部	无	

65. 第九区行政督察专员为忠县被炸及筹集防空救济金致四川省政府呈(1942年4月17日)

案查前奉钧府三十年秘一字第二零零七五号训令,以据忠县县政府呈请筹还三十年八月二十三日该县被炸所发急赈洋一万三千二百八十元。因当时未据呈报有案筹款办法,亦未据详细呈明,饬连同二十九年该县筹集防空救济基金情形并案彻查具报。等因。遵经令饬本署视察刘巨源前往详查去讫。兹据该视察呈称:"遵即驰赴该县,召集有关机关、法团之负责人询问明确,并分别调卷查阅,谨将查明情形报告于次。忠县三十年八月二十三日被敌机轰炸情形,据该县动员委员会总干事,兼空联处总务组长何少甫面称,三十年八月二十三日,本县城区受空袭,重灾情形当时即以洋电分别呈报省府、省防部、专署及万防部。有案旋经戴县长督同防护团、警察队、城区保甲丁壮等,于敌机甫离市空即全力办理救死扶伤,整理市容等急救工作,计发放伤亡恤金一千一百四十五元,急赈洋一万三千二百八十元,立即取据拇印,列册分别呈报省政府,及省赈会备查伤亡恤金。例由地方先行设法筹垫,取据专册报请省赈会,补发至急赈洋一万三千二百八十元。因原筹防空救济基金已无存款,当时此项开支至为迫切,乃向财委会暂时借垫支付。于急赈发放后,以军防循字第二一号呈(即奉查本件)报请准予筹还办法,仍拟照筹集防空救济基金办法办理,即以所需筹集之总数,按照保之富力平均分摊。"等语。

又据该县财委会前届主任委员黄在方,暨现主任委员陈中志等面称:"本县二十九年奉令筹集防空救济基金,其办法业呈省府有案,故军防循字第二一号呈,未再将筹还办法赘明。二十九年奉令筹集之防空救济基金,预定为三万四千七百元,系以保为单位,每保筹足五十至一百元,统由县财委会代收付。截至三十年十二月底止,共收足三万二千七百元。支付方面计:

一、购置卫生救护医药材料费二千元(由县卫生院代办保管使用);

二、购置消防材料器械费四千五百三十五元;

三、三十年五月十六日至八月二十三日六次被炸伤亡恤金五千九百三十元；

四、三十年五月十六日至八月二十三日，六次被炸之四次急赈共三万一千二百四十元。以上四笔共支付四万三千七百零五元。除省赈会先后汇还垫借恤金三千四百零五元(省赈会尚欠该县垫借恤金二千五百二十五元)，作为基金收入外收支相抵实亏七千六百元。此项亏款系由财委会负责借垫，亟待筹还归垫，以清手续。现已奉明令自三十一年起，规定炸灾急赈，一律改发食米，不用代金，似此前筹之防空救济基金三万二千七百元，既已用罄，可不必归还。则祗请省政府准予拨还，或照筹集防空救济基金办法，将亏垫之七千六百元，向本县各保摊筹□垫。"等语。

查该县各次被炸记载，及二十九年筹集防空救济基金全卷，均经调集详阅，发放恤金急赈细账及救济基金收据存根亦经详细核阅，均与该员等报告相符。该县二十九年筹集之防空救济金，在三十年八月十九日第五次空袭重灾已开支罄尽(彼时是项基金尚未收足)。八月二十三日遭敌机两次轰炸，灾情至重，所发急赈一万三千二百八十元，系由县财委会担保向县银行临时透借。嗣经该县迫催各保，至三十年十二月底将所欠基金收足三万二千七百元，省赈会又先后汇还垫发伤亡恤金之一部分，计三千四百零五元，收方共为三万六千一百零五元，发放六次伤亡恤金，四次急赈及购置救护医药消防器材等。支方共为四万三千七百零五元，收支相抵，实亏七千六百元。此项亏款，现仍由县财委会负责垫借，应准该县自行设法筹还□垫。此后遇有炸灾，既已明定急赈为发给食米。该县二十九年筹集之防空基金又已用罄，似可不再筹集，应饬其将收支详细情形公开揭示，并呈报上峰查核。兹将该县动员委员会总干事何少甫，答复对本案所问各点书面申明，附呈备阅。以上奉查情形，理合签请鉴核，并赐核转示遵。等情。附呈忠县防护团总干事，兼空袭服务联合办事处总务组组长何少甫申明一件；忠县逐次炸灾被难人数及领数目表一件。

据此，查该县三十年八月二十三日被炸，曾据该县府三十年军防循字第二一号呈具报本署，据称已分呈钧府，当饬遵照奉颁抗战损失查报须知规定表式分报去讫。惟查阅档卷，尚未见有洋电报署。至该视察呈报各情，复查均属实在。具文呈请钧府鉴核。指令祗遵！谨呈兼理四川省政府主席张。

四川省第九区行政督察专员　闵永濂

66. 万县县长为敬日午前日机在本县多处投弹致四川省政府主席电（1943年2月24日）

成都。兼理四川省主席张钧鉴：二月敬日午前十一时二十一分发出警报，敌机十七架入川由东西上。十二时四十五分，经市空窜入梁山与我机接触，因而折回在本县王家坟、驷马桥、五显庙、土桥子、南门口等地投弹二十八枚，内有延期信管弹七枚，于是晚陆续爆发四枚，其未爆发者继续由航技处派技师设法挖取。计人民死亡十二名，受伤十三名，军队死一名，伤一名，消防队员伤三名。房屋炸毁七栋，焚毁二百六十四间。正分头赶救，恢复交通，并遵章分别医治、掩埋、抚慰、赈恤中。又据太龙乡报称，当本市被炸时，该乡上空有飞机数架类似空战，旋见一机降落于晒纲坝中。除雇工探捞并分电外，谨电鉴核。

万县县长　黄宝轩丑敬军叩

67. 万县县政府为三月铣日日机两批窜入市空轰炸致四川省政府主席电（1943年3月）

成都。兼理四川省政府主席张钧鉴：三月铣日，敌机二十七架分批袭川。本县于十三时四十三分，第一批八架窜入市空西山路、西山公园、石佛寺、米花街、岔街子、臭水井、十字街、民生码头、磨子巷、三块石、草盘石一带轰炸。十三时四十八分，第二批八架窜入市空东北聚鱼沱江边一带轰炸。十五时二十七分，解除警报。共计投弹九十余枚，内有三枚未爆，伤民五十人，防护团员一人死亡，军人二人［死亡］，民三十八人［死亡］，防护团员一人［死亡］。炸毁房五十七间，烧毁木船二十八只〔支〕。除立即妥办善后外，谨电鉴核。

万县县长　黄宝轩叩

68. 万县县政府为发放"3·16"赈恤各费清册致四川省政府呈
（1943年4月20日）

查本年三月十六日敌机袭万,所有伤亡损失情业电呈在案。关于应发赈恤,兹已依照"二·二四"被炸发放赈恤标准,于三月二十三日救济院会同党政及有关机关发放完竣,计应发放五日急赈者共七十六户,大口二百七十六人,小口五十人,共发出赈款一万二千零四十元;死亡二十六人,共发出抚恤费三千一百二十元;重伤二十四人,计发养伤费一千九百二十元;轻伤二人,比照上次减少十元,计发养伤费八十元。以上总计实发国币一万七千一百六十元。除分呈备查外,理合汇造发放五日急赈死亡抚恤被炸负伤各费清册一份,备文呈请钧府鉴核备查。并候示遵！谨呈兼理四川省政府主席张。

万县县长　黄宝轩

附件

万县县政府造具发放

"3·16"被炸死亡人民抚恤费姓名册

姓名	性别	年龄	乡镇别	被炸地点	死亡日期	抚恤金额
陈周氏	女	80	双溪乡	聚鱼沱	三月十六	12000
刘兴五	男	40	双溪乡	同	同	12000
赵世美	男	46	双溪乡	同	同	12000
赵大妹	女	12	双溪乡	同	同	12000
赵小妹	女	10	双溪乡	同	同	12000
黎大云	女	30	双溪乡	同	同	12000
敖领江	男	67	双溪乡	同	同	同
李王氏	女	44	双溪乡	同	同	同
魏太民	男	57	城守镇	同	同	同
晏登云	男	70	智和镇	沙嘴河坝	同	同
张长发	男	32	智和镇	同	同	同
李向氏	女	40	智和镇	同	同	同
杨刘氏	女	29	陈家镇	草盘石	同	同
王世显	男	41	陈家镇	同	同	同
陈明发	男	32	陈家镇	同	同	同

续表

姓名	性别	年龄	乡镇别	被炸地点	死亡日期	抚恤金额
陈帮富	男	60	陈家镇	同	同	12000
姚永田	男	33	陈家镇	同	同	同
牟长福	男	28	陈家镇	同	同	同
罗其贵	男	36	陈家镇	同	同	同
黎永才	男	31	陈家镇	同	同	同
向之田	男	37	陈家镇	同	同	同
冉崇洲	男	20	陈家镇	同	同	同
总计				合计22户,死亡26人,抚恤金额312000元		

69. 梁山县防护团为本县遭日机反复轰炸扫射致邓锡侯电（1943年6月8日）

急。成都。四川省防空协导委员会主任委员邓钧鉴：本年五月二十九日，敌轰炸机九架，驱逐机□架，由东南方向、西北方向飞行，于午前十点五十八分到达本县市空盘旋。十点五十九分，敌机多架机枪扫射。十一点零一分，敌轰炸机三架投弹。十一点零四分，敌轰炸机三架二次投弹。十一点零七分，敌轰炸机三架第三次投弹。复行机枪扫射后，即由西向东飞去。弹落机场内。本市除流弹击毙二人，伤三人外，其余房屋等项毫无损毁，理合电请钧座。鉴核示遵。

县长兼团长　黄乃安叩

70. 万县防空指挥部为"5·10"日机夜袭梁平情形致四川省政府主席电（1944年5月22日）

四川省政府主席张钧鉴：案据梁山县县长兼防护团团长黄乃安辰文代电称："本月十日午后十点二十二分，敌机多架由东向西飞本县。于十点三十七分发出空袭警报，十一点发出紧急警报。十一点二十六分，敌机一架投弹六枚后，向东飞去。十一点五十七分，敌机多架第二次投弹；十一点五十八分，敌机多架投弹后，机枪扫射随即向东飞行。十一日零点二十六分敌机一架四次投弹，由西向东飞行；零点三十分，敌机一架第五次投弹复行机枪扫射后，向东飞去。一点五十六分,本县解除警报,弹落机场内暨城北乡荒地金带乡,属主姓院子驻军死一伤一,居民一人受伤。此外毫无损失。除分电外,用特电请钧座鉴核。示遵等情。并理合抄呈上项汇报表,随电赍请钧部俯赐鉴核。备查示遵。

兼万县区防空指挥　曾德威
副指挥　张鹏翼叩

五、日机轰炸川南、川北区

(一) 日机轰炸川南

1. 第七区行政督察专员为泸县被炸及办理善后情形致四川省政府代电(1939年1月)

四川省政府主席王钧鉴:〈中略〉,兹据该县电称:奉查本县于一月十日遭敌机轰炸后,县长当即随同钧座亲往被炸区域慰问受灾人民。其有死亡人口无力掩埋者,即由县长督饬警佐商同救济机关团体给资安葬,受伤者抬往担任霜天县防护团救护组之红十字会医院及仁济医院医治。均已次第痊愈。炸毁房屋及墙壁,更由驻泸军政部应用化学研究所郦主任会同警佐查勘。可以挖掘者,即移置他处;不可挖掘者,即设法消除其爆炸能力,仍用土掩盖填平。所有善后,业经办理完竣。等情前来。经职复查,属实。理合电呈,鉴核备查。

第七区行政督察专员　张清源
秘书　李泽民　代行叩元印

2. 第七区行政督察专员为日机空袭泸县市区致四川省政府主席电(1939年1月10日)

省政府主席王钧鉴:敌机八架,灰午袭泸。在市区掷弹十八枚,死七人,伤二十人，毁房屋十余栋，民生趸船被炸。已亲往慰抚，并督饬善后。谨先电陈。

第七区行政督察专员　张清源叩

3. 第七区行政督察专员为日机轰炸泸县致四川省政府主席呈（1939年9月）

成都。四川省政府主席王钧鉴：本月十一日午刻，敌机袭泸，业以文电驰报在案，谨将本署损失及抢救情形电陈于后。查本署为防患未然，计早将重要文物存置本署后院地下室内。是日上午，以值本区行政会议开幕典礼，为审查提案及提示各县应办事项，曾将卷宗调出一部分，在办公室参考各项统计图表，亦陈列井然。十一时发出空袭警报，随即摄影散会。十一时十五分发出紧急警报。未几，敌机三十余架已窜入市空，在繁华市区及各机关衙署投弹。往复狂炸，各处起火。本署中弹，房屋器具全部塌毁，并遭机枪扫射。本署卫兵死者二人，受伤五人。职一面督率各机关首长及军警分赴各地救火，一面督饬本署职员抢救文物，终以风狂火烈延烧及于地下室。除将重要文卷抢出一部外，所有房屋、器具、文卷、单据及地下室所存文物，均被焚毁。除详查数目，造册再行另文呈报外，谨先电陈。鉴核备查。

四川省第七区行政督察专员　张清源叩咸印

4. 日机空袭泸县被焚文卷清册（1939年9月11日）

一、接收前任卷宗

1. 民政

隆昌呈报中心工作表一卷；省府令查合江丁汉告刘裕常一卷；省府训令公务员任用及登记审查一卷；省府训令控告官吏督行办法一卷；省府训令麻醉药品一卷；泸县警政统计表一卷；富顺雷夏证明张宗载一卷；省府训令禁烟罚金月报表一卷；各县请委警佐一卷；公务员不吸烟切结一卷；省府训令烟民旅行证一卷；禁烟执照一卷；省主席代电禁毒大会一卷；各县报禁烟委员会预计□一卷；烟民登记一卷；查缉私土一卷；省令各县公文统由专署呈一卷；省

府训令禁种二卷;省府训令古物保存一卷;小市三华山请示保护一卷;专署组织条例一卷;军医校毕业[生]入普通医院一卷;隆昌呈报警政统计表一卷;各县报请工作概况表一卷;各县请委[任]区科长一卷;传染病月报表一卷;富顺王体尧告区长刘人杰一卷;叙永刘湘阴告县长陆条生一卷;省府训令红十字征求会员章程一卷;省府训令惩治哥老会章程一卷;省府训令禁烟治罪一卷;丁显庸告尧坝卡员查烟一卷;省府训令婚、丧仪办法一卷;改组防止走私一卷;省府训令防空协会一卷;省府训令卫生署组织法一卷;省府购置面具一卷;川康绥靖主任就职一卷;铣电叙永查扣合利粮食一卷;省府训令公民训练一卷;省府训令自新证明书一卷;省府训令人民团体名称一卷;各县呈请嘉奖保甲一卷;省府指令报振学警卷;合江警士等级表一卷;省府训令报警政统计表一卷;省府训令公墓暂行条例一卷;泸县政警服装一卷;各县报户口异动表一卷;省府训令公安行政概况表一卷;省府训令饬报灾情一卷;省府训令赈务组织一卷;省府训令禁宰耕牛一卷;高三法院函隆昌程茂云启事一卷;省府训令禁妇缠脚一卷;富顺王德昭请划分疆界一卷;省府训令警官任用一卷;叙永萧明轩告刘奉章一卷;省府训令取缔慈善团体一卷;禁烟分局组织通则一卷;修正河南粮食一卷;各县呈报剿匪一卷;省府训令执行行政处分一卷;各县训练壮丁一卷;隆昌耿郁文告李吉祥一卷;省府令查隆昌奸邪一卷;呈报地方财力及区署经费一卷;各县呈报请奖一卷;隆昌呈报饥民夺米一卷;训令各县办年关振[赈]济一卷;省府训令报各县保甲概况表一卷;各县分区设署一卷;新运会经费列支办法一卷;训令视察员王谪仙查富顺区长刘人杰被控一卷;省府令查古宋秘书陈步弯被控一卷;各县县长请假一卷;省府训令各县召集行政会议一卷。

〈后略〉

2. 财务

四川省合作金库暂行模范章程一卷;隆昌县长王学渊呈经费八折从二十一元以上起一卷;隆昌县呈县府经费预算一卷;隆昌呈防空支会及各项预算一卷;省府训令军政部委托各省代办军需物品一卷;军委会财盐处函二十五年度决算一卷;富顺县报二十六年度后期半度补充预算一卷;省府训令税警

入境执行任务协助一卷;各县报财委会改组及裁撤县经库经征处一卷;省府训令搭车乘客携带法币免运费一卷;省府训令抄发四川土地陈报暂行章程一卷;省府训令民间信用借贷分别完粮一卷;省府训令叙永故区长李仁欠款一卷;省府电仍报地方财政工作月报表一卷;古宋呈二十六年度后期补充预算一卷;省府发还闵前专员报二十六年七八两月计算一卷;省府训令发各省县市解送人犯办法一卷;省府训令发主计人员任用条例一卷;各县报二十六年度决算一卷;二区专员王咨自贡布厂枯穷请救济一卷;纳溪呈二十六年度后期补充预算一卷;合江呈二十六年度后期补充预算一卷;省府令发川滇区税务督察专员暂行办法一卷;合江呈奉公计算一卷;古苓呈二十六年后期补充预算一卷;省府令查朱花朝告纳溪收纸捐处罚一卷;省府令二十七年国防公债条例一卷;各县报屠宰税增减一卷;省府训令二十七年公债条例一卷;专兼县经费一卷;各机关请抄发经济事业以便编辑一卷;电叙永报二十六年后期补充预算一卷;隆昌县呈各项计算二卷;汇报飞机捐一卷;电各县二十六年度后期补充预算省府核准后仍补报一卷;省府训令已成立司法处各县经费向财委会代领一卷;合江县各项计算一卷;省府训令司法军法机关囚粮应报计算一卷;潘寅久函请补印契约一卷;隆昌呈县政经费计算一卷;财政厅电发解款简明表一卷;富顺解款简明表一卷;隆昌解款简明表一卷;泸县解款简明表一卷;合江解款简明表一卷;纳溪解款简明表一卷;奉令催征完粮一卷;古苓解款简明表一卷;叙永杨丽荣告易趾祥一卷;古苓谢学古告唐海荣一卷;富顺舒鸣举告舒崇礼一卷;富顺屈尧告李大洲一卷;合江陈炳南告蒋步舟一卷;古宋李华江告县长王致和一卷;叙永龙祝三告抽人头税一卷;行营令查隆昌张云衢告范元之一卷;古宋蒋子成因欠粮税被押一卷;叙永蒲伯民告郑壁光一卷;合江杨海洲告文保三一卷。

〈后略〉

3. 承审

泸县三区小队附具诉区长彭萝卜一卷;泸县第三区长游朝琦违法擅杀一卷;保安二十一团呈送窝匪张周氏一卷;保安第十团呈送匪王和生一卷;保安独立第二大队呈送要匪先树生一卷;保安第十团送匪犯吴锡周一卷;一四八

师二旅四团送嫌疑犯张炳林一卷;保安第十团呈送盗匪王有湘一卷;保安第十团呈送嫌疑船夫胡绍荣一卷;保安第十团呈送匪犯王炳荣一卷;保安第十团呈匪犯张治成一卷;保安第十团呈送匪犯刘自先一卷;保安第十团呈送嫌疑人犯官云风一卷;保安第十团呈送匪犯罗金元一卷;省府令审理徐国卿告张廉访一卷;保安第十团编余特务长黄廷据告周叔先一卷;雷明亮具诉赵化镇徐队长一卷;郭大祺具控经理处股长沈仕钧一卷;保安第十团呈送捏报强[奸]案妓女陈三一卷;保安第二十一团呈送劫米饥民郭鲁成一卷;牟宗藩告合江征收局长蒙树谟一卷;禁烟治罪暂行条例一卷;惩治汉奸条例一卷;中华民国战时军律一卷;军委会军法总监部督察暂行办法一卷;全国军法会议一卷;惩治贪污暂行条例一卷;保安第二十一团送私运烟土贩周银三一卷;通缉逃亡员兵一卷;通缉汉奸一卷。

〈后略〉

4. 教育

农林实验学校学务卷;隆昌学务杂案一卷;富顺县立中学学务杂案一卷;私立蜀光中学学务杂案一卷;各县划分小学区设教委一卷;隆昌设立幼稚园一卷;隆昌呈报男女合并一卷;富顺学务杂案一卷;筹办泸富隆联立小学一卷;隆昌县中合并简易乡师一卷;合江学务杂案一卷;叙永学务杂案一卷;叙属联立中学学务杂案一卷;私立天府中学学务杂案一卷;富顺经费卷;纳溪经费卷;泸合联立小学经费卷;泸县经费一卷;各县童军训练经费一卷;省府分发特种教育经费一卷;隆昌县立初级中学预计算一卷;农林实验学校预计算一卷;合江县立初级中学预计算一卷;富顺县立中学预计一卷;本署教育科任免一卷;教育人员请录用一卷;农林实验学校毕业生分配服务一卷;泸合联立小学任免一卷;富顺教育人员任免一卷;巡回电影教育一卷;教育部社会教育工作团一卷;省府核阅例行公文一览表一卷;体育法令一卷;苗夷教育法令一卷;电化教育法令一卷;省府令发国民历一卷;边民教育法令一卷;教育行政计划一卷;关于新闻报社法令一卷;关于战时各项教育法令一卷;隆昌县立初级中学学生表报一卷;中等学校学生体育教员受训一卷;二十六年元旦童军检阅一卷;选送电化教育人员赴京受训一卷;普教师资训练班一卷;初中以上学生寒假在校战时

受训一卷;第六届中学会考一卷;第七届中学会考一卷;第八届中学会考一卷;本署订阅刊物一卷;民众学校课本一卷;审查教育图书一卷;查禁反动刊物一卷;教育人员资格审查一卷;中学师范教员试验检定一卷;各县呈报小学校长姓名学生人数表一卷;教育人员登记表一卷;新闻纸调查一卷;师范毕业生服务一览表一卷;失学民众及失学儿童统计表一卷;各县申送农实校学生一卷;师范学校统一招生一卷;教育人员嘉奖一卷;抚恤病故教员一卷;自贡国术馆一卷;教训班同学会一卷;关于各报社新闻一卷;省督学一卷;教育人员请假一卷;第七届全运会七区预选会一卷;征集破铜烂铁一卷。

〈前后均有略〉

5. 建设

各项碉堡法令卷;建修碉堡楼一卷;碉堡调查图表一卷;关于交通法令一卷;全国电讯图表二卷;考送收音学员一卷;全区电话联话图一卷;电报法令一卷;电信员工登记一卷;使用电纸一卷;电话培修经费一卷;无线电台许可证书声〔申〕请书许可执照一卷;乡村电话一卷;修正标明航运包件重要章程一卷;乡村电话线路建筑规则及线路联络原则一卷;修理无线电一卷;关于汽车业一卷;电话生停职一卷;电话调查一卷;交通调查一卷;关于小轮民船运输一卷;乡村电话管理处通话日报一卷;装设收音机法令一卷;川滇东路征购电杆材料一卷;无线电台调查一卷;交通部电信机料修造厂一卷;水文站规则一卷;水利局组织规程一卷;船舶工人灾害一卷;水利招收学员简章一卷;关于兴办水利一卷;关于测量所一卷;关于河堰陆路调查一卷;关于渔业规则一卷;关于水产调查一卷;地质奖金一卷;资源委员会调查轻工业一卷;调查粮食小麦报告一卷;农林机关调查一卷;工厂调查一卷;工商业法令一卷;总理纪念植树一卷;三年计划地方事业生产一卷;民工技术工人调查一卷;工人蓄储年报一卷;小工业手工业调查一卷;工商调查一卷;工商业二卷;农业技士受训一卷;煤矿规则法令一卷;畜牧一卷;棉业调查一卷;公司法令一卷;公司登记一卷;农业法令一卷;工厂规则法令一卷;植物征集一卷;工厂登记一卷;公司登记印花税一卷;关于荒地申请登记一卷;关于车业一卷;关于金属矿一卷;职员及技术人员一览表一卷;关于铁矿法令一卷;关于棉业一卷;工商业

法令一卷;农产征集一卷;关于车业法令一卷;关于建设工作月报一卷;林木征集一卷;保护信鸽一卷;泸县炭煤区管理组织法令规程一卷;公共地面积种植杂粮一卷;战时增加粮食一卷;工厂规则法令一卷;汽车店修理调查一卷;农业技士到职一卷;工厂工务报告一卷;非常时期月底人口粮食调查一卷;川康铁路一卷;民工技术工人调查一卷;公路伤亡抚恤一卷;泸隆马路经费一卷;通车公路调查一卷;国民工役法令一卷;花会比赛一卷;规定植树经费一卷。

〈前后均有略〉

二、本任新立卷宗

1.民政

禁种报告切结一卷;各部队机关请代筹驻地一卷;修建仓厂一卷;筹办积谷一卷;汇报慈善团体调查表一卷;防空流动教育班一卷;属县呈报联保主任调整考核表一卷;关于禁种控告杂案一卷;各县区署概况表一卷;各县联保概况表一卷;各县财政概况一览表一卷;兵役法令一卷。

2.财务

本署呈请动支准备费一卷;会计人员调查表一卷;古宋解款简明表一卷;叙永解款简明表一卷;关于二十四年善后公债一卷;隆昌呈报修枪预计算一卷;本署钤印各项税捐票据一卷;合江呈报出差旅费一卷;关于各种储金一卷;合江县府经费一卷;合江财委会预计算一卷;合江剿匪经费一卷;合江农会预计算一卷;合江各区署预算一卷;合江军法经费一卷;合江警佐室预计算一卷;合江县金库一卷;合江救济院预计算一卷;合江经征处预计算一卷;合江红十字分会预计算一卷;隆昌县建设经费一卷;隆昌县府经费一卷;隆昌军法经费一卷;隆昌社训军费一卷;隆昌兵役科预计算一卷;隆昌卫生院预计算一卷;隆昌农村合作指导室预计算一卷;泸县培修购置经费一卷;泸县县政府经费一卷;泸县委员会预计算一卷。

3.教育

本署呈请改设初级农校一卷;江门小学纠纷一卷;合江县立初级中学预决算一卷;富顺县立中学预决算一卷;省府令派教育视导主任一卷;本署派员

赴各校视察一卷;第六区专署请令叙永释放学佃恢复灯杆山初小一卷。

4. 建设

矿业法令一卷;合江织布业代表请制止勒销一卷;关于各县修筑机场一卷;严禁出售未经检定度量衡器一卷;关于衡器铁砝码一卷;全省度政会议一卷;呈报所在地度政工作月报联单一卷;合江度政工作报告表联单一卷;隆昌度政工作报告表联单一卷;富顺度政工作报告表联单一卷;各县呈报推行度量衡情形及检查结果表一卷;检分所呈职员调查等表一卷;关于电线桩被砍杂案一卷;四川陶瓷厂一卷;署派员视察度政一卷。话线机预计算一卷;川滇东路函报一卷;各机关首长任免通知一卷;关于合作事业法令一卷;考核检定员意见一本;署派员视察度政一卷;话线机预计算一卷;川滇东路函报一卷;各机关首长任免通知一卷;关于合作事业法令一卷;考核检定员意见一卷;检定分所经费一卷。

〈后略〉

5. 泸县为日机轰炸本县城区致四川省政府电(1939年9月12日)

行辕、四川省政府、绥靖主任公署、防空司令部、赈委会钧鉴:十日晚七时,本县城外大河街因居民失慎起火,焚至十一日晨一时救熄,损失已重。至十一时,又有敌机三十一架袭泸。往复。燃烧弹数百枚。我党政军各机关均各中弹,县府中五百磅重弹一枚,房屋文卷顿时全毁。看守所人犯因墙壁震倒,全数逃散街巷。四处起火,职等会同驻军在场抢救。因风势猛烈,火头太多,此灭彼起,延烧至十余个小时始熄。全城精华概付一炬,专署、县府、法院、警局炸剩部分,亦烧毁净尽。伤亡已查悉者,有五百余,财产损失近千万,灾民数千露宿无归。刻正举办施粥,并疏散回乡安插,速电拨巨款抚济。

第七区行政督察专员　张清源

泸县县长　袁守成叩文

6. 泸县县政府为"9·11"日机空袭及办理善后事宜致四川省政府呈（1939年9月18日）

本月十一日午刻，敌机狂炸泸城，损失死亡，具属惨重。前已电呈灾情概略，兹将当日空袭情形，及日来善后经过，为钧府缕陈之：

（一）过去防空情形

今年三月，本区张专员会同驻军新编十八师周师长，呈奉省防空司令部核准，成立泸县防空指挥部，以驻军师长兼任指挥官，专员兼任副指挥官，县长兼任主任秘书，积极加强组织，充实设备，前后募集捐款三万余元，奉令管辖四个防空监视队，十六个监视哨，借用十八师无线电台，联络远方情报，利用县政府乡村电话管理处之各地乡村电话，传达近地情报，设电动警报器于城中钟楼上，发放警报。于城内遍筑地下室，城外遍挖露天防空壕。今年四月起，命令凡无地方责任之机关学校，一律疏散下乡，居民被疏散者亦已达全数二分之一以上，县长于八月二十一日到任，复命加紧疏散并催促开辟火巷，并令附郭之小市蓝田坝两大乡场同时开辟。在消极防空方面，自信已尽最大之努力。

（二）轰炸时情形

九月十一日上午，专署召集之区行政会议举行开幕典礼，各机关法团首长及县府全体职员，皆奉召前往参加。十一时会方毕，即闻空袭警报。县长率同员警巡察街巷，全城居民或入地下室掩蔽，或出城疏散。紧急警报发后约二十分钟，敌机三十六架侵入市空，在城之东、西、北三隅，往复狂炸，并以机枪扫射，共投下爆炸、燃烧弹二百余枚（计三分之二[爆]炸弹，三分之一燃烧弹）。党政军各机关及各繁盛街道均中弹起火，县府办公厅前落一枚五百磅炸弹，房屋与一部分文卷及公私器物全毁，职员、卫兵均有死伤，在押人犯全部逃散。迨敌机离去市空，县长立与师部先参谋长及张专员亲督消防、拆房等队，驻军保安各部队，及本县国民兵团等，共动员官兵二千余人，分头抢救。无如风势猛烈，火头太多，加以房屋皆系竹木所建，月余未雨，房屋过于干燥，故燃烧迅速；且以城中向无自来水，一时救熄不易，拆辟火巷及原来马路三道,皆被火焰越过,延烧至十二日午前三时,卒以军警全力施救,皆被扑灭。全城房屋被炸,及被焚烧者有二分之一,大小机关(包括专署、县府、警局、高分院、师部、师管区司令部,县党部等等)及精华市区,尽付一炬。只以地下室及露天防空壕事前设置甚多,故人口伤亡较少。经详细调查结果,及医生、保甲长或直属长官证明者,计死三百八十五人,重伤一百四十二人,轻伤三百零三人,共八百三十人(包括勤务部队,及江中被炸沉之船,淹毙者均在内),建筑物财产损失估计约值三千万元以上。

(三)处理善后经过

县府既被炸毁,县长于次日火熄后,一面会同各机关赶办善后,一面集合县府职员在西门外附郭之忠山职业学校内照常办公,免使县政陷于停顿。本县空袭紧急救济联合办事处系王前县长任内,遵照本省通案组织,由县长兼任主任委员,县党部书记长与警察局长兼任副主任委员。自经此次灾变,县长深感于紧急救济工作,至繁且重,加以泸县环境特殊,中央及省之高级机关林立,非变更组织,运用难期灵活,爰商得专员暨驻军高级长官同意,召集驻泸各机关、法团共同商讨,决议将已有组织扩大,使力量加强,并推定十八师周成虎为主任委员,叙泸师管区司令周建陶与张专员为副主任委员,县长为总干事,县府秘书黄立三为副总干事,师政治部、县党部、青年团分团部、宪兵队、警察局,及其他各法团首长,暨地方士绅,一律参加各组工作。以本处为办理全部善后之总发动机关(曾已另文呈报在案),觅定城南育群女子中学为办公地址,周师长因公晋〔进〕省,县长与张专员并黄秘书,常川驻处办公,各组组长则于前日上午九时集合会〔汇〕报一次,十一日所被炸伤之民众,于警报解除后,即陆续由救护担架等队,青年团团员,及十八师特务营,始送各重伤医院,惟泸县规模最大、设备最周之重伤医院(仁济医院),及规模稍大之各医院,均已炸毁,致其他小医院不能容纳,当暂以峨岷体育会为临时收容所。泸县医生人数本来甚少,又有过半数因住处被炸,或伤或逃,集合需时,而次日新运总会奉命派遣医师飞临,第五日卫生署医生护士十余人又到,困难顿减,实为感幸。现本县一切医药与设备,经各方面努力征集,已可敷用,并有存储以备急需。复另编配红十字会为第一重伤医院,大昌医院为第二重伤医院,小市戒烟医院为第三重伤医院。住院伤者,各给衣被火〔伙〕食,征调入院服务之医生护士,均各酌给津贴。惟城区及附郭究非安全之地,刻已在乡间觅妥地址,稍事布置,即行将伤者迁移,以策安全。至炸死尸体,凡无家属经理者,均由救护组之掩埋队,及十八师部队之一部代为掩埋,插签标志。其房屋被毁无家可归之难民,于当日开始施粥,共设粥厂二十处,一面令青年团举办登记,分别配送各指定地区。责成保甲长挨户安插收容,每人日给伙食费,大人一角八分,小孩减半。此项难民共有四千八百七十九名,户数为一千二百五十户,已收容完竣,并由县政府饬知各疏散区内,自卫团队加紧戒备,未发生意外。市面秩序于被炸复第三日已全恢复,各街道亦均扫除洁净。重庆新运总会与内政部、卫生署,先后派遣莅县协助张主任、王组长、翁队长,及其所率领之医护人员,考察本处所设各伤病医院具臻健全,已先后返渝复命。中央赈济委员会派遣重庆难民配送总站主任姚慈仁,携款二万元前来施放急赈,本处奉命协同办理,于本月十八、十九、二十、二十一等日发放赈款。按照此次死伤人数及规定数额,计发死者家属一万一千五百五十元,重伤二千八百四十元,轻伤三千零三十元,总计一万七千四百二十元。至[于]被炸毁房屋之户,因就原有户口册调查统计,共有四千余家,应发救济恤款为数甚巨,已由姚主任亲返重庆请示,尚无结果。

军事委员会委员长代表马中将登瀛携款五万元,钧府秘书李绪恢奉派携款一万二千元,于最近先后抵此,一俟分配办法会商确定,即可发放。至于复兴市面计划,亦经拟议,然考之目前情况,泸城为后方军事、经济、交通中心,敌人空袭之目的所在。为防患未然,实有继续疏散之必要,一时尚不宜于大兴土木。目前急切工作,惟在强迫现住城内之居民疏散,继续拆除火巷,整顿自卫武力,保障乡村安宁。县长职责所在,今后当注全力督促进行,期收补牢之效。除关于改进防空设备部分,另由防空指挥部具报外,理合将"九一一"敌机袭炸后两旬来办理善后经过,备文呈请钧府鉴核。指令祗遵。谨呈四川省政府主席王。

泸县县长　袁守成

7. 第七区行政督察公署为本署全部办公家具悉遭焚毁致四川省政府呈（1939年9月25日）

四川省第七区行政督察专员公署呈。查本区召集所属各县县长，于九月十一日在本署举行区行政会议。原期于切磋观摩计划推进之外，并拟以本署之内部布置，人事管理，工作支配等项范示各县，借以矫正已往衙署之积气，故所有各室之整理，图表之安排，物品之分配，无不力求精致。不料开会式将毕，即闻警报。嗣闻紧急警报，仓促之间，支配员工，分别留守疏散，已迫切不及；而一切物品，乃不及收拾，旋以敌机窜入市空，本署中弹被炸，复被延烧，并遭机枪扫射；而敌机又往复轰炸，警报延长甚久，当时除冒险抢出一部重要文卷外，其余所有物品家具，连同房屋，或被炸毁，或正在烧，已无法从事抢救；兼之风狂火烈，延烧复及地下室，于是本署部之全部家具物品，悉成灰烬。惟思私人损失，固不足论；而公有物品，则丝毫为重。虽系既值举行会议，而又事出意外，为不可抗力之灾害，而职以责任所在，咎有难辞，不敢不据实陈明。呈请钧府准将本署部及区度量衡检定所之全部家具赐予核销，以符事实，实为德便。谨呈四川省政府主席兼全省保安司令王。

四川省第七区行政督察专员兼司令　张清源

8. 第七区行政督察专员关于日机空袭泸县致四川省主席报告（1939年9月28日）

本年九月十一日正午，敌机狂炸泸城，焚烧死亡，具属惨重。前奉钧座元省秘一电垂询灾情，业经以咸代电呈报在案。两周以来，所有善后之处理，均已就绪，谨将过去防空工作，当日空袭情形，及处理善后经过，再为钧座缕晰陈之。

一、过去防空工作

职于客腊到任后，鉴于泸县防政过于疏略，爰如今驻泸县之中央、省、地方、各机关首长屡次商讨，于今年二月会同具呈四川省防空司令部，请求援照万县及自流井之例，准设防空指挥部，专司防空之责。三月奉四川省防空司令部核准,并委任十八师师长兼任指挥官,职兼任副指挥官,泸县县长兼任主任秘书,积极加强组织,充实设备。前后向本县富绅、巨商募集捐款三万余元,作为指挥部事业费及行政费。又奉省防部令,管辖四个防空监视队,十六个监视哨。借用十八师无线电台,联络远方情报;利用县政府、乡村电话管理处各级乡村电话机,传达近地情报。设电动警报器于城中钟楼,发放警报。城内遍筑地下室,城外遍挖露天防空壕。自本年四月起,命令并劝导凡无地方责任之机关、学校,早已一律疏散下乡。居民被疏散者,亦已达全数二分之一以上。并组织消防、担架、救护、拆卸四中队,以备不虞。

二、当日被炸情形

九月十一日上午八时起,本署召集之区行政会议举行开幕典礼,中央、省、地方各机关法团及主要职员均来参加。十一时大会甫毕,即闻空袭警报。职一面督促职员疏散,一面督同防空部人员及县长、警察局长巡行街巷。全城居民或出城疏散,或入城内地下室掩蔽,各街道寂无人声。十一时三十五分,闻紧急警报。复约二十五分钟,敌机三十余架侵入市空,在城之东、西、北三隅往复狂炸,约二十五分钟,并以机枪扫射。共投下爆炸弹及燃烧弹二百余枚(计三分之二爆炸弹,三分之一燃烧弹)。党、政、军各机关及各繁盛街道,均中弹起火(专署中院西厢房落百余磅炸弹一枚,后场外落五百磅炸弹两枚,隔壁县府办公厅前落五百磅炸弹一枚),致本署房屋文卷全毁,卫兵死二名,伤五名。敌机方离市空,职即亲督消防、拆卸各队及驻军、保安、县国民兵团各部队,共动员官兵约二千余人分头救火。无如风势猛烈,火头太多,加以此间房屋,皆系竹木所建,月余未雨,房屋过于干燥,故燃烧极为迅速;且城中向无自来水,力量有限,二时救熄不易。所辟火巷及原来马路六条,皆被火焰越过,甚至本署前公园中之独立钟楼,四面皆系空地,不靠任何房屋,而亦竟被波及延烧。至十二日午前三时,卒以军警、消防队全力施救,火被扑灭,全城房屋被炸及被焚者有二分之一弱,大小机关(包括专署、县府、警察局、高三分院、十八师司令部、师管区司令部、县党部等)及精华街道尽付一炬。只以场内地下室及城外露天防空壕事前设置甚多,故市民伤亡较少。经详细调查结果及医生、保甲长或直属长官证明者,计死者三百八十五人,重伤者一百四十二人,轻伤者三百零三人,共八百三十人(包括勤务部队及江中被炸沉之船淹毙者。据报,当时有载客木船三只,在沱江中被炸沉,人均淹死)。建筑物财产损失,估计约值三千万元以上。

三、处理善后经过

1. 泸县空袭紧急救济联合办事处之组织加强

泸县政府前遵照本省通令,组织空袭紧急救济联合办事处,由县长兼任主任委员,县党部书记及警察局长兼任副主任委员。自此次灾变发生,深感于救济工作至繁且重,加以泸县环境特殊,中央及省立高级机关林立,非加强及充实组织,运用[空]难[时]期灵活〈确〉切[实的抢救措施]。爰由职召集驻泸党政军各机关法团共同商讨决议,将已有组织扩大,使力量加强。并推定十八师师长周成虎为主任委员,叙泸师管区周建陶及职为副主任委员,县长袁守成任总干事;十八师政治部、三民主义青年团、中央赈委会难民分站、防空指挥部、宪兵队、警察局、商会、财委会、妇女会,及其他各法团首长暨一地方士绅,一律参加各组工作,即以泸县空袭紧急救济联合办事处为全部善后之总发动机关,觅定育群女子中学为办公地点,职与县长各率署内一部分职员常驻处办公,各组组长则于每日上午九时,集合会[汇]报一次,以资联击[系],并商决各种问题。

2. 各项工作之进行

(1)死者之掩埋:凡被炸死尸体,无家属经理者,均由救护组之掩埋队,及各部队代为掩埋,插牌标志。埋葬一具酌合奖金。十二、十三两日掩埋工作即行完毕。分埋于指定之城西南山下一带,此种[项]工作,极为迅速。

(2)伤者之医疗:十一日被炸伤之民众于警报解除后,即陆续由救护担架等队青年团员及驻军之一部抬送各重伤医院治疗,惟泸县规模最大,设备最周全之重伤医院(仁济医院),及规模稍次之各医院均被炸焚毁,尚余三个较小医院不能容纳,当暂以峨岷体育会为临时伤民医疗所。泸县医生人数甚少,又有多人因其居住[所]被炸或伤或逃,集合需时。适次日新运总会奉命派遣医师飞临,十五日中央卫生署医生护士十余人又到,困难顿减,实为感幸。现泸县一切救急医药与设备,经各方面努力征集,已可敷用。复另编配红十字会医院为第一重伤医院,大昌医院为第二重伤医院,戒烟医院为第三重伤医院。住院伤者,各给衣被及伙食,征调服务之医生护士,均各酌给津贴。惟查城区及附郭医院,究非安全之地,刻已在乡间觅妥地址,稍事布置,即行将伤者迁移,以策安全。现轻伤者已陆续出院,重伤者尚有五十八人。预计以两月时间,可以医疗痊愈。

(3)难民之安插。凡房屋被毁,无家可归之难民,于当日开始施粥。共设粥厂二十处,并指定蓝田坝、小市、南阳门外三个区域,利用保甲组织分别收容。一面由青年团举办登记,分别配送各指定地点,责成保甲长按各户人口房间,安插收容。每人日给伙食费:大人一角八分,小孩减半。此项难民共有四千八百七十九名,共为一千二百五十户,早已收容完竣。同时,由职商同县政府、驻军调集各部队,在各疏散区内,加紧戒备。故自被炸后,至今两周有余,未发生意外。市面秩序,已于被炸第三日完全恢复,各大小街道亦均扫除洁净。

(4)中央派员来泸协助工作,现已返渝。重庆新运总会与内政部卫生署先后派员协助工作者,有张主任信孚、王组长作民、翁队长文渊,及其所有率领之医生看护,考察因泸县空袭紧急救济联合办事处所主办之各医院组织具臻健全,已先后返渝复命矣。

(5)中央赈济委员会派员到泸办理急赈。中央赈济委员会派遣重庆难民配送总站主任姚慈仁携款二万元来泸施放急赈,联合办事处奉命协同办理,于九月十八、十九、二十、二十一[日]四天发放赈款。按照中央规定,计发死者家属一万一千五百五十元,重伤者二千八百四十元,轻伤者三千零三十元,总计一万七千四百二十元,已于二十二日发放完毕返渝。

(6)被炸烧房屋之调查。被炸后延烧甚烈,被毁房屋之户,就原有户口册调查统计,全烧者四千七百四十户,半烧者三百六十户,为救火拆毁者九十六户。依照中央规定应发救济恤款,因为数[目]甚巨,已由姚主任返渝,向中央赈济会请示办理。

(7)收到赈款之分配。①委员长派代表马高级参议来登瀛来泸慰问伤民、难民,并赐发五万元作为急赈。②成都行辕贺主任汇来一千元,绥靖公署邓主任派黄参谋来泸慰问,并赐发二千元作为急赈。③钧座派李秘书绪恢来泸慰问伤民，并赐发一万二千元，以为急赈。

以上数项均由职会同各代表妥为分配，悉用在赈济伤民、难民方面。

(8)统制收买破钉碎铁防止出口。泸市被炸烧后，房屋铁钉及碎铁不少，一般贫民拾者甚多。职以此系军事工业重要材料，当由联合办事处布告，统制给价收买，并通知川江航务处泸县办事处检查船只，防止出口，以免奸人图利资敌。截至现在，已收集二万余斤，拟售于兵工署第二十一厂，作为造械之用，现已派员前往接洽矣。

(9)加紧防空工作。泸市为后方军事经济交通中心，且为敌人空袭之目标所在，实有继续疏散之必要。至于房屋一节二时，尚不宜于赶速建筑。目前急切工作，一面强迫城内居民疏散，继续拆除火巷；一面整顿自卫武力，保障乡村安宁，便利市民疏散，职率同县长以全力督促进行。至关于防空应行加强及改进事项，已商同防空指挥部加紧工作。

四、本署损失之奇重及精神动员之表现

此次敌机袭泸，本署除重要卷宗冒险抢出一部分外，其余一切房屋、公物、单据、账本，以及各职员公役私物尽付一炬。所有损失，较其他机关为重。其原因：

1.本署为地方最高行政机关，一切均应以身作则，为人示范。故历次警报，职向持镇静，并亲自巡视各处秩序，指导民众疏散，从未躲避。故此次敌机狂炸时，职适在街中巡视，当即在街衢卧倒，炸后即督率各机关首长，指挥各消防、拆房队救火。无如风势甚大，延烧极速。本署三面是火，先抢公有文卷，不及个人私物。

2.十一日上午，正值本区行政会议开幕典礼，为使各县长及所属各机关参阅起见，所有统计图表，照常布置于礼堂客厅中。空袭警报发出，赶令职员疏散，未及收拾，故各种图表及一切物件均被焚烧，此种事实上不可抗力之损害，谅在钧座洞鉴之中。

3.本署召集区行政会议，虽敌机肆虐，未受任何影响。第二天一面赶办善后，一面仍照常举行会议。对于各种提案，详加讨论，第三日圆满结束。此乃仰体钧座所昭示"精神胜于物质"之表现，倭寇大肆轰炸，而未丝毫影响后方行政与建设工作。

总之，自敌机袭泸狂炸后，职以责任所在，寝食不安，日夜从公，未遑稍息。现在善后工作，虽已就绪，而未完工作及一切建设更有待于努力。谨以钢的精神，铁的毅力努力迈进，以符钧座殷殷期望之至意。兹谨将泸县被炸情形及处理善后经过缘由，理合详细呈报。恭请鉴核。谨呈四川省政府主席王。

四川省第七区行政督察专员　张清源谨呈

9. 泸县为本府被炸乃移城西忠山武侯祠内办公致四川省政府主席呈（1939年10月2日）

窃职府前为避免空袭，曾将一部分文卷移送城西忠山武侯祠内，设立忠山临时办事处，业经具报钧府奉令备查在案。不幸九月十一日敌机袭泸，本府在城房舍被炸毁灭，乃全部移到武侯祠内办公。另于城内育群女中，设驻城临时办事处。除分呈外，理合将县府迁移办公情形具文报请鉴核备查。谨呈四川省政府主席王。

泸县县长　袁守成

10. 泸县空袭紧急救济联合办事处为日机炸泸致四川省赈济委员会电（1939年10月3日）

成都行辕、省政府绥靖公署、防空司令部、赈济委员会钧鉴：昨夜十一时起，有敌机六批过泸西飞，每批九架，十八架不等。第四批投下爆炸弹二十余枚，炸毁公私房屋八栋。死四人，轻、重伤各七人。本晨四时，解除警报。除分别救治并按章急赈外，谨闻泸县空袭紧急救济联合办事处叩。

泸县空袭紧急救济联合办事处　江印

11. 第七区行政督察专员为日机轰炸泸县致四川省政府主席电（1939年10月4日）

成都。四川省政府主席王钧鉴：密。江丑时，敌机六批共约八十余架过泸。第四批在城内投弹二十余枚,死四人,伤十四人,毁房四十余栋。续办善后。

第七区行政督察专员 张清源叩

12. 旅省同乡筹赈委员会为泸县遭日机轰炸需增拨赈款致四川省政府呈(1939年10月19日)

窃吾泸不幸于九月十一日遭残暴之敌机轮番轰炸,全城精华尽付一炬。除仅余南门一角外,所有东、西、北各门皆成瓦砾,财产损失数千万元,死伤统计亦在三千人以上。其他被炸残骸与葬身火窟浮尸江流者,尚不知凡几,至今尚未得确切统计数字报告。灾情之严重,诚空前之浩劫,比之嘉定尤有过之。噩耗传来,同深〔声〕悲愤,本会谊关、桑梓援助赈救义无反顾,已迭次召集旅省各界同乡开会筹商援助赈救办法。当经决议,就省同乡会成立泸县炸灾旅省同乡筹赈委员会,并呈报市党部备案。惟本会同人虽各尽其力之所及然,究以能力薄弱,杯水车薪无济于事,兼以秋寒袭人,严冬将届,哀鸿遍野,待哺嗷嗷,凡稍具仁慈观念者,实已目不忍睹、耳不忍闻,若不有宏大之救济,将何以谋善后。钧府恫瘝在抱,慈善为怀。凡所设施,均属至善前承派员急赈,本会已感激莫名。不过灾情较其他重大死亡之惨重,亦非比寻常。兹特推举本会同人崔峄晖、梅啸东两先生,代表本会向钧府陈明详细灾情,并致谢悃即恳于规定放赈之外,特按事实增拨赈款妥谋善后。则不独被灾同乡生死感激,即本会同人亦铭篆无暨矣!迫切陈词伏候。示遵谨呈四川省政府。

泸县炸灾旅省同乡筹赈委员会主任委员 郭昌明

13. 泸县县长为微日日机在西会菴投弹致四川省主席电(1940年7月12日)

成都。四川省政府兼理主席蒋钧鉴:密顷。据第六区区长李湘如电称:据来奇联保主任刘希□报称:微日午后二时,敌机百余架在西会菴寨外投弹三枚,落于钱姓石踏边谷田内,深约二三丈宽,约二丈房屋禾苗均被毁坏,幸未伤人。等情前来。除立派员前往查勘外,谨电奉闻等情据此。除分电外,谨电鉴察。

泸县县长　袁守成叩

14. 成都行辕为日机轰炸泸县希查核拨款救济致四川省政府电（1940年8月）

成都。四川省政府勋鉴：据泸县防空指挥周成虎等电称：泸县冬日被炸两次，毁损房屋达三分之一，死伤军民约三百余人。灾区较广，贫苦者多，恳转电赐予赈恤，并派医士携药施救。等情。除电中赈会查核赈济外，仍希查核拨款救济为盼。

委员长成都行辕　麻战

15. 泸县专员、县长为日机袭泸致蒋主席电（1940年8月3日）

成都。兼主席蒋：敌机三十余架冬、午两次袭泸，炸毁民房甚多。五处起火，市民亦有死伤，火均经亲睹扑灭。除详陈并督饬军警赶办善后外，谨先电陈。

泸县专员　张清源
县长　袁守成叩冬即

16. 泸县专员、县长为日机两次袭泸再致四川省政府电（1940年8月4日）

成都。省政府钧鉴：密。本日午后一时半，敌机二十六架袭泸。午后二时，又有八架袭泸，先后投下爆炸、烧夷弹百余枚，毁损民房达三分之一，死伤军民约三百人。职等于敌机离去市空后，立即率领全府僚佐督饬县防护团队及县训练所官长学员，会同十八师派出部队出面抢救。至午后七时，即将全城火势扑灭，受伤之人亦均送交医院施治，并即夜召集空袭紧急救济联合办事处各负责人开始办理善后。惟此次灾区较广，受灾之人贫苦者多，住所一经炸焚，生活顿失。本据恳速赐款急赈，以宏抚济。余情容续报。

第七区行政督察专员　张清源
泸县县长　袁守成叩冬即

17. 四川省战时服务团团员林昌瑶关于日机轰炸隆昌县城及善后处理报告（1940年8月7日）

窃八月二日敌机袭隆，理应将被炸损失情形，及善后处理暨职服务经过具文呈请备查。

一、空袭前

八月二日午后一时许，敌机分三批（每批九架）袭隆。先两批由荣昌方面窜入市空投弹，三批则由北向南迂回向隆郊外投弹，计三批先后在城内投弹百余枚，城中之弹多中目标，故全城皆受波及。中有燃烧弹，故致城中数处起火，城外之弹多落荒郊。然敌机目标不但在近郊之大房，即距城十里之大茅村、罗星坝、么店亦投弹数枚，幸未命中。

二、空袭时

城内居民当空袭及紧急警报发出后，犹存侥幸心理，敌机临空亦若司空见惯。既至敌机投弹，则已逃避不及，是以不死于敌机弹片，省而被房屋压毙者比比皆是。又市民不懂空防，临时仓皇失措，抢渡者亦伤亡甚多。城外市民见敌机临空投弹，仅相牵乱窜而已。是时，职与此间驻之补充团陈连长在县立第一男小校侧竭力维持秩序，老百姓未乱窜，但该校目标甚大，并有树木，前后附近中弹五枚，屋角田里落一燃烧弹，次晨犹未熄灭。三批敌机于投弹后，散发敌伪小型报多种，兹随文附呈伪上海小申报、民众时报，共三份备查。

三、空袭后

当敌机肆虐后，警报尚未解除，职即驰城内服务于新街口，晤刘县长正调防护团及师训保两班学员实施抢救。时河街之火正炽，公馆巷内及菜园坝、衙前街相继起火。与刘略谈，即嘱职指挥公馆巷防护团抢救。然防护团因经验少，临时不免手忙脚乱，甚有规避者。幸该处老百姓参加者多，并余庆祥大药行，参加抢救者每人奖国币伍元，是以施救得力未及燎原。

四、善后事宜

后往各灾区视察,以新街口、菜园子、姚家巷口、北街陈氏祠、官井巷内遭炸甚惨。河街、顺城街、公馆巷内起火,尤以河街为甚,全街付之一炬。其他民教馆附近,县党部、县政府、文庙坝等处,中五百公斤以上爆炸弹多枚,弹片有十五市斤重者,损失约计五十万元。又敌所投弹中间有大石,投森林内。炸后,县府即成立空袭紧急联合办事处。三日午前八时起,在东外车站设难民登记处。然炸后人心惶恐万状,有如惊弓之鸟,草木皆兵,谣言警报时起。且是日午后二时许,此间又发出空袭紧急警报,故难民前往登记者甚少,因之伤亡人数暂时无法统计。

〈后略〉

四川省战时服务团第二区团团员 林昌瑶

18. 隆昌县政府、县空袭救济联合办事处为日机轰炸乞恳各慈善团体救济致四川省政府呈(1940年8月9日)

四川省政府钧鉴:由隆发冬电并由富转呈。本县于八月冬日午后一时许,遭敌机四十五架,分三批轮番轰炸,并投烧夷弹兼以机枪扫射。经半小时之久,全城烟火冲天,南外河街全毁,东北新街公馆巷、官井巷、姚家巷、菜园子,大半炸毁。政府、县党部、财委会、文庙县立一男小秘教馆均被炸,尤以县府内外四周炸弹频集。职时在府幸免于难。敌机遁后,即督率防空、防护警卫人员努力救济,至四时烟火完全扑灭。当经调查清理,城厢房舍除外南街、外北街较为完整外,全被烽毁,达三百余幢。其余亦均遭牵连,震破几无一足资□息之所。惟以平时疏散积极,死伤较轻。据现已查出,死亡者不及百人,轻重伤二百余人。调查炸痕,敌机所投炸弹在三百公斤以上者,约五六十枚;其中尚有六枚未爆炸,不稔系不发抑,为慢性爆炸弹,现已派员监守待查。其他重量手榴弹,多不可计。至[于]善后事宜,经督饬赈济会空袭紧急救济联合办事处及各机关法团、城厢三镇公所会议议决,协力进行并尽先挪用赈款及救灾准备金办理急赈,调集各乡民工掩埋尸体,清除街道,整理房屋。并由县卫生院、仁济医院日夜治疗。惟灾情惨重,远非地方救济力量所逮,乞转中枢及本省各赈济机关、慈善团体发汇巨款,救济俾免流离。除详情遵照章令另案填报并分电外,谨电陈鉴察。

          隆昌县县长兼救济委员会主任委员刘觉民

     空袭紧急救济联合办事处主任委员程方九、刘觉民、段质文叩

19. 泸县专员、县长为日机先后轰炸城内致四川省政府电(1940年8月13日)

  成都。四川省政府钧鉴:密。本日午后一时二十分,敌机两批先后侵入市空。第一批九架,第二批二十七架,在城内投爆炸弹一枚,炸毁房屋一间,轻伤人力车夫一名,余无恙。谨电奉闻职。

              第七区专员 张清源

              泸县县长 袁守成文叩即

20. 泸县防空指挥部关于日机空袭及救济情形报告(1940年8月15日)

  谨将八月二日泸县被敌机空袭及救济情形条呈于后:

  一、敌机袭泸经过

  八月二日十时五十五分,据长途台报,敌机三十六架已到黔江上空,职部即发出预行警报。十二时六分,敌机已过涪陵上空,即发出空袭警报。十二时五十七分,敌机到江津上空,即发出紧急警报各勤务部队已分就预定警备位置。敌机复经合江上空转向荣昌上空飞行,分为两批:第一批二十六架,于十三时三十二分临空,高约三千公尺,投下炸弹、烧夷弹、空炸弹多枚。十三时五十二分,向南逸去;第二批八架于十四时七分临空,高约二千公尺投弹;十四时二十八分,向东南逸去。十五时十三分,解除警报。

  二、施救经过

  1. 救火

  当第二批敌机逸去后,职部鉴于电话线已被炸断,即派员分头通知防护团及警备部队四出施救。当时,南极路、公园路、凝光门、宝庆街、慈善路、水

井沟、东城垣街、上中平远路、营沟头、黄州路各处着火,且已成燎原之势;尤以凝光门、宝庆路、南极路、火势极猛。又飞调蓝田指挥所,及十八师特务营教育队帮助。职部全体职员分组督饬,一面拆卸着火场附近房屋,一面运水倾泼。于即日十九时顷将火全行扑灭。

2. 救伤

经敌机两批轰炸后,各街巷负伤民众触目皆是。除一面饬救护担架四出救护,分送泸县各医院治疗,各部队及各医院之医务人员全体参加工作[外],又集合泸县热心慈善之绅耆,组设临时医院一所,共同收容。

3. 掩埋死者

解除警报后,即发还乡团、防护团、县行政干部训练所学员总队、十八师教育队、城区各联保壮丁,挖掘被房屋压毙之死尸,及寻检各街巷曝露之炸死民众。除有亲属自行收埋者外,其余无人承领之死尸身,[皆由]收集全市棺木悉予掩埋。因无亲属关系,其姓名、籍贯无从查询,权用竹板注明挖掘之地点,并编号数标示之。

4. 难民救济

凡房屋被炸,无家可归之民众,由泸县空袭紧急救济联合办事处在公园内、南门外分设粥厂,及临时宿舍若干处收容。

5. 街市扫除

三日晨起,由十八师驻泸部队扫除焚烧区域瓦砾,拆倒危墙孤柱,扑灭余烬。即日午后,即已恢复交通。职部又协同化学研究所派员处理未爆之弹,均于是日竣事。

6. 善后处理

当夜即同紧急救济联合办事处召开紧急会议,筹商一切善后事宜。详情由救联处另报。

〈下略〉

指挥　周成虎
副指挥　张清源

21. 泸县专员、县长为日机折返空袭致四川省政府电(1940年8月17日)

成都。四川省政府钧鉴：密。本日午前十一时五十分，敌机五十四架，经市空向宜宾飞行。旋于十二时二十七分折返，侵入市空投下爆炸弹多枚。幸未起火，死伤亦微。详情正调查中，谨电奉闻职。

第七区专员　张清源
泸县县长　袁守成叩

22. 重庆赈济委员会为日机轰炸泸县派员赈济慰问致四川省政府电(1940年8月17日)

成都。四川省政府。据报："本日敌机两次袭炸泸县，极深轸念。本会即日调派重庆市空袭服务救济联合办事处医护委员会医务总团长阮尚丞博士，率医疗救护人员及上海童子军战时服务队，连同药品星夜驰往抢救，并代表本会慰[问]难胞宣达中央轸念德意；一面再拨救济费二万元交由该团长带交本会聘任委员黄参政员炎培办理振[赈]济。除分呈并分电外，特电查照。"

重庆赈济委员会　铣二渝乙

23. 隆昌县长为县政府惨遭日机轮番轰炸暂设办公地点致四川省政府主席电(1940年8月19日)[①]

四川省政府兼理主席蒋钧鉴：本月冬日午，县城惨遭敌机四十五架三次轰炸，全城顿成瓦砾之场。县府中二弹，几无一瓦之存。幸职府办公地点早经疏散，文卷移置乡间未被焚如惟一部分家具及收发室警佐室未便迁移疏散者均被毁并死政警二名，重伤警察六名。现警佐室及本府收发室暂设东门口乡师校旧址办公，该地虽被炸，尚可避风雨，也除紧急施救及调查损失专案呈报外，所有职府被炸情形理合电呈示遵。

隆昌县县长　刘觉民佳叩

---

① 此为收文时间。

24. 四川省防空司令部为转请拨款救济隆昌灾民致四川省政府电（1940年8月22日）

四川省政府大鉴：据隆昌县政府及隆昌紧急救济联合办事处代电称，本县于八月冬日午后一时许，遭敌机四十五架分三批轮番轰炸，并投烧夷弹，兼以机枪扫射，时经半小时之久。全城烟火冲天，南外河街全毁。东北新街、公馆巷、官井巷、姚家巷、菜园子大半炸毁；县政府、县党部、财委会、文庙县立一男小、民教馆均被炸，尤以县府内外四周炸弹频集。职时在府，幸免于难。敌机遁后即督率防护、警卫等员努力救济至四时，烟火完全扑灭。当经调查清理城厢房舍，除外南街、外北街较为完整外，全被炸毁达三百余幢，其余亦均遭牵连，震破几无一足资栖息之所。惟以平时疏散积极，死伤较轻。据现已查出死亡者，不及百人，轻重伤二百余人。调查炸痕，敌机所投炸弹在三百公斤以上者，约五六十枚。其中尚有六枚不稔系不发抑，为慢性爆炸弹，现已派员监守待查。其他重量手榴弹，多不可计。至[于]善后事宜，经督饬赈济会、空袭紧急救济联合办事处，及各机关、法团、城厢三镇公所会议议决，协力进行并尽先挪用赈款及救灾准备金办理急赈，调集各乡民工掩埋尸体，清除街道，整理房屋，并由县卫生院、仁济医院日夜治疗。惟灾情惨重，远非地方投济力量所□。乞转中枢及本省各赈济机关、慈善团体发汇巨款救济，俾免流离。除详情遵照章令另案填报并分电外，谨电呈鉴察等情。据此特电。请予救济为荷。

四川全省防空司令部　真防参印

25. 四川省防空司令部为日机轰炸泸县转请拨款赈济灾民致四川省政府呈（1940年8月22日）

四川省政府。□□□黄参政员炎培，暨泸县防空指挥周成虎冬早电称：冬日十三时半，敌机两批共三十四架，炸泸县城内及蓝田坝。除蓝田坝弹落山涧未炸[外]，其第一批炸城内兴隆街至凝光门一带；第二批炸南门沿马路至十字口一带，立时多处起火。至十九[时]始行扑灭，被焚民屋数量尚难查知,确数被炸死伤人民触目皆是,大概总[数]在三百人以上。当由驻泸十八师部于敌机稍远,立即令知各警戒部队会同地方团队详察,[并]紧急施救。一面救护伤亡;一面折[拆]屋救火,得力[使火]不致蔓延。[除]立即召集各地方机关成立空袭紧急联合办事处施行急赈外,特先呈报。仰乞。迅予令饬赈委会分派医士携药施救,并拨急赈以济眉急,不胜待命。等情。到部除由本部立即电汇一千元办理急赈,列查该县灾情较重[外],应请大府拨款赈济,以全灾黎。至为感荷。

兼全川防空司令　邓锡侯　阳防参印

26. 第七区行政督察专员为派员处理合江县被炸善后情形致四川省政府主席电(1940年9月)

　　成都。四川省政府兼理主席蒋钧鉴:案查合江县被炸一案。前据该县各机关,及地方士绅呈请到署。业经派本署科员张立中前往会同县府等处理……。查合江县于八月十六日遭敌机狂炸,北门外大街迄码头一带均焚毁,城内县府附近亦被炸毁,伤亡八百余人,灾情较重。因该县驻军单位较多,情形较复杂,被炸以后情势紧张,兼驻县伤兵管束欠周,间有少数行动越轨,是以地方秩序稍形不安。前据该县各机关,及地方士绅呈请到署,即经奉钧谕派职前往会同县府等处理。查合江被炸后因办理善后迟缓,故迄至八月二十六日后地方始复常态。职抵合[江]后,当同周县长于八月三十日下午召开各机关联席会,决定组设军警联合办事处,由国民兵团,及三十四补训处、十四军医院等共任巡查事宜,正拟成立实行间。适新十八师朱团[长]奉令移合[江]负清剿之责,遂将联合处扩大组织,共任城乡巡查等事。是以地方秩序已形平靖如常矣!至[于]被炸善后,截至九月初已经职督办竣事。空袭救济联合办事处正日夜赶办伤亡调查审核事宜,一俟上峰监放赈款委员到合[江]即行会同办理,奉谕饬查。理合签呈专座鉴核。〈后略〉。

四川省第七区行政督察专员　张清源叩感印

27. 四川省赈济会为自贡等被日机轰炸县份发放救济费报告
　　（1940年9月）

（一）〈略〉

（二）查自贡市复于本月文日被炸，兹经本会依照大会409次会议决拨振〔赈〕标准，酌定发给该市文日被炸救济费二千元，仍派富顺振〔赈〕济会常务委员李仲霖前往监放此款，仍请财厅照数拨交，以便兑发提会报告案。

（三）查永川、合江同于八月十六日；渠县、达县同于八月二十一日先后被炸。兹经本会依照大会议决配振〔赈〕标准，酌定发给永川救济费一千元；渠县三千元；达县三千元。惟合江一县：据该县机关、法团及士绅夏之时等来电称，该县十六日被炸，灾情惨重，伤亡二千余人，故予破格发给救济费五千元，分别派员监放，特提会报告。

四川省政府委员会会议记录第十二辑

28. 泸县县长为日机袭泸及经过情形致四川省政府主席呈
　　（1940年9月13日）

查八月十六日敌机分批袭泸，所有经过及救护情形，谨分别呈于后。

1. 敌机袭泸经过

是日上午十时十分，防空指挥部发出预行警报；十一时十分发出空袭警报；十一时二十五分发出紧急警报。十一时五十分，敌机五十四架，即临泸县市空，径向宜宾方向飞行。旋即折回分为两批：第一批二十七架，于十二时二十七分侵入市空，高约二千公尺，投下爆炸弹、空炸弹多枚，幸未起火灾；第二批二十七架继第一批之后，横掠泸空而过直袭合江。其第一批敌机在泸县投弹后，于十二时三十五分向东逸去，一时三十分解除警报。

2. 施救经过

（1）救伤。敌机轰炸后，泸县防护团、救护、担架各队即全部出动，向被炸区域搜寻，负伤民众计城区负伤四人，大江南岸、二郎滩、沙湾、桥沟头等处负伤十名，当即送仁济、民生医院治疗。

（2）掩埋死者。城内伤亡三人。乃派员到大江南岸、二郎滩、沙湾、桥沟头等处搜寻,当查获死尸七具,内有两具由其他亲属领回,其余五具悉予掩埋。

(3)难民救济。凡房屋被炸无家可归之民众,即由泸县空袭紧急救济联合办事处予以安插,并发放急赈。

(4)街市扫除。是日午后,由军、警、团分段扫除被炸区域之瓦砾,及拆卸孤柱危墙,即日竣事。

(5)修理电线。敌机轰炸[时],在忠山本府四周投弹较多,所有电话线悉被炸断。当饬电话管理处漏夜赶修,次日拂晓即告完成。

3. 善后处理

是夜即同泸县空袭紧急救济联合办事处召开紧急会议,筹商一切善后事宜,详情由救联处另报。

4. 其余伤亡损失详情如附表

以上各项理合呈报钧府俯赐察核。谨呈兼理四川政府主席蒋。附空袭损害统计表一份。〈略〉

泸县县长　袁守成

29. 第七区行政督察专员为合江县被炸及伤亡情形致四川省政府主席呈(1940年9月16日)

案据合江县县长周荫棠呈称:"案据职县治城镇镇长王学昌报告称:'敌机肆虐到处轰炸,吾县不幸亦于八月十六日午刻遭敌投弹百余枚,旋经调查着弹地点:辅德堂附近十二枚;水井沟、终南山一带十一枚;大寺巷口至北门口一带约二十枚;城内县府征收局、李家巷、衙后街、仁家沟一带约十四枚;南门外水洞街、财神庙、文昌巷、田弯头,及陆家坝、冯家祠堂一带约二十枚。此外之流水沟、丁家巷、张家沟、稻谷仓、玉荷弯等处约二十四枚;马街子、昆卢寺亦中弹二枚;驻县十四医院又中弹三枚;上街至北门口一带中烧夷弹五枚。时风狂火烈,民房焚毁二千余家,城厢民众负轻伤一百四十三名,重伤一百五十名,炸死民众三百零四名,公私损失在千万元以上,实为空前未有之奇灾。受火灾的民众大多流离露宿,其惨状真不堪言喻。除公私财产损失及乡民到城被害人数一俟调查完竣即行补报外,理合先将被炸伤亡调查册造具二份,请钧俯念灾黎,设法赈救实为公便。再调查册内所一死亡未将家属姓名填出,因各家被炸焚毁后食宿无地,全体疏散到乡,刻间尚无法调查。俟查确实后,再行补报,合并陈明。'〈中略〉"

　　谨呈兼理四川省政府主席　蒋

四川省第七区行政督导专员　张清源

30. 四川省防空司令部为泸县被炸转恳拨款赈济灾民致四川省政府电(1940年9月26日)

　　四川省政府:案据泸县防空指挥部真未电称:敌机三批今下午袭泸,投弹百余枚,全城大火。现[正]由新十八师驻泸部队抢救中,死亡详情容再呈报。等情。到部当经转电中央赈济委员会拨款赈济,并电令该部会同地方政府妥办善后,续报详细灾情去讫。兹复据该部文电称:敌机袭泸,正午起火,烈风猛火,猥至全城,延烧区域达阔幸新。十八师抢救得力,于文日午前三时将火扑灭,被烧灾区二分[之]一,皆属城内商业精华之所。善后救济,难民安插,市容恢复等均已商[定]。由军政机关逐一办理军民死伤,详情容另续陈。伏祈钧座,俯念灾情。转恳上峰早赐巨款,以慰黎庶。等情前来。除分电外,特电奉达,敬希拨款赈济,无任感祷。

兼全川防空司令　邓锡侯元防参印

31. 泸县县政府为本府职员遭受空袭损害恳准动用县救灾准备金报销致四川省民政厅呈(1941年1月7日)

　　窃查本府职员公役在二十八年九月十一日,及二十九年八月二日两次遭受敌机空袭轰炸损害,前经列册呈报有案,统计本府受灾员役共六十一名。迄今天寒地冻,物价飞涨,尚多单衣薄絮,状极难堪。迭据各受灾员役纷纷请设法先行发给求助费,以御严寒前来。核其情形,实堪怜悯。伏查本县警察局员役,遭受轰炸早经呈奉省府二十九年二月十四日民二字第三二三五号指令,准在地方公款项下拨发救济,以示体恤在案。本府员役之受损害者,应当予以一体待遇，而一般因空袭受损害之民众业一再经中央及省县之赈济，独服公务者久未蒙受实惠，于情似觉失平。爰谨依照省府令颁四川省公务员雇员公役遭受空袭损害暂行救济办法第七条之规定，审核各员役灾情轻重，整定求助数额，共需救助费五千一百零五元，并照同办法第十二条之规定，恳准在本县预备费或救灾准备金项下动支报销，以资救济。除饬财委会先行拨款将急需救济之员役分别借支外，理合造具发给救助费数目清册，备文赍请钧厅察核示遵。谨呈四川省政府民政厅。

附呈拟发救助费数目清册一份。〈略〉

泸县县长　袁守成

32. 宜宾县政府为日机空袭菜坝机场致四川省兼理主席张群电（1941年6月2日）

成都。四川省政府兼理主席张钧鉴：（密）。五月㔺日午刻，敌机27架飞宜宾菜坝机场，投弹200余枚。当经令饬本县抢修机场，民工大队立调民工660名驰往抢修，业于陷日完工。至[于]被炸损失，当经电请空军站第一站查明，函复在案。兹经派员前往查明，谨将损失情形电呈于下：

1. 中国航空公司邮航机峨眉号被炸毁右翼一只；
2. 我军用机七五火克一架亦中破片，修理后尚可应用；
3. 焚毁汽油拾余桶；
4. 空军第一站办公室及宿舍被炸塌数间；
5. 场侧有第六修理工厂草屋一座亦被焚毁；
6. 炸毙场夫一名，警戒卫兵一名，余无损失。

所有以上征工抢修机场及被炸损失各情形除分电外，理合报请钧署。鉴核备查。

宜宾县县长　刘治国叩

33. 泸县专员、县长为日机空袭城区致四川省政府电（1941年7月28日）

成都。四川省政府钧鉴：密。本年敌机六批袭川内。十八架于十一时四十分窜入本市上空,在城区及郊外投弹百余枚,计轻伤十六名,重伤十名,死亡十二名,炸毁房屋四十余间,正办理善后。谨呈电闻。

第七区行政督察专员　张清源

泸县县长　袁守成叩俭印

34. 自贡市政府为本市被炸及善后情形致四川省防空司令部电（1941年8月）

成都。四川全省防空司令部钧鉴:查本市七月二十八、九两日遭受敌机轰炸,所有损失及伤亡情形业经先后电报在案。计每次被炸后:

1. 由医疗组分十二救伤队,立即赶赴各灾区就地治疗受伤人员,后分别轻伤送仁济医院,重伤送盐管局总医院治疗。

2. 对于死亡市民,备有棺板;死亡防护人员,即购置棺材,并以白布裹尸。官长用白绸,由掩埋队星夜掩埋,埋死尸二五五具。

3. 为安慰受伤人员,计由本府及各机关首长组织慰问队,亲赴各员兵市民医伤地点亲切慰问。各送糖果代金,官长三十元,士兵二十元,市民拾元。受慰问者一百一十二人,计发代金二千零三十元。

4. 设难民收容所于川主庙、亮公祠两地收容难民,宿舍由新运会办理登记。计五百五十五家,二千四百四十一口。

5. 于郭家坳借盐灶煮熬稀粥,运往灾区发给贫民取食,每顿约六百人。所有以上各费系暂由本府借垫,将来拟向地方人士募捐归还。

6. 被炸后,瓦砾柱壁阻塞交通,即动员本市军、警、宪各部队分段负责,大加扫除。并由本府组织临时工程队八[个]分队分区修补拆卸。被炸后最短时间所有交通秩序即已全部恢复。

7. 我□□述明中央轸念灾黎之至意,负伤人员及死亡者家属莫不感激零涕。计因公死亡五[十]五人,重伤六[十]八人,轻伤一[百]一[十]二人;市民死亡一[百]七[十]二人,重伤九[十]一人,轻伤三[十]五人。共发恤金三万二千二百元。因时间仓促,尚有继续补报者,余款拟作补发之用。尚有余时,即并作振〔赈〕济极贫灾民之款。

8. 同时,中央持济委员会来电,拨款三万元;兼理主席张来电,拨款四万元。俟收到后,即遵照各上峰令谕办理。至[于]因公殉职人员之追悼及极贫灾民之救济,暨今后本市应注意应准备各事项,刻正积极筹办中。所有办理本市被炸善后详细情形,理合报请钧部鉴核。

自贡市市长　郑献征叩

35. 宜宾县县长为本县遭受日机轰炸致四川省政府主席电（1941年8月）

成都。省[政]府主席张:密。本月十一日午前十钟,敌机二十九架飞入职县城区市空,投弹一百余枚,炸毁街道三十余条,焚烧房屋五十余家,伤亡二百余[人]。

当时,防护工作办理迅速,损失尚不重大,惟整日未能解除警报。对于损失及伤亡详情,待调查确实另报。再职府内中三枚,守卫丁炸死二人,伤一人。狱中囚犯百余人乘机逃走。当即派警四路搜捕,登时获得十余人。现在继续查缉逃犯,并查办管理人员。

至事后,伤亡救济已分别办理。惟杯水车薪无济于事,尚乞拨发大量款项振[赈]济,以免被灾者流离失所。谨先电呈,伏祈核示。

宜宾县县长　刘治国
秘书　徐熙代叩文

36. 富顺县县长为日机在舒平乡投弹致四川省防空司令部电（1941年8月）

四川省全省防空司令部钧鉴:本月十七日,寇机十八架轰炸自贡市时,毗连县属舒平乡,投弹二十三枚,死居民男五人,女一人;伤男四人,女二人;毁民房四间,耕牛一头。除派员携款前往赈救外,理合电报钧部。鉴核备查。再该乡乡长以电话不通、距城过远,呈报迟缓,已予记大过一次,合并申明。

富顺县县长　刘仁庵叩

37. 宜宾防空指挥部为本日日机侵入市空投弹轰炸致委员长电
（1941年8月11日）

成都。委员长、行辕、航空委员会、四川全省防空司令部、四川省政府：密。本日九时零分，敌机二十七架侵入宜宾市空，在市区投爆炸弹约百余枚，并用机枪扫射，伤亡共约一百余人，房屋炸毁及震倒约百余间，焚毁约五十余间。敌机甫离市空，薰南元、宗立平主任参谋，戴楷第一股长，余绍铭第三股长，李伯伦及保安副司令杨廷栋，防护副司令黄殿民，国民兵团副团长严子举，警察局长林建勋缺席。饬防护人员及军警、团、保甲人员驰往灾区抢救，故未四处起火，均能于一小时内扑灭，未成大灾。敌机往复侵入市空，工作亦未停顿。幸未二次轰炸，薰南得以幸免。刻善后事宜，均已就绪。除详情另报外，谨先电阅。

宜宾县防空指挥部兼指挥　冷薰南
副指挥　李元宗叩

38. 宜宾县政府为县城被炸议决抚恤事宜致四川省政府电
（1941年8月24日）

四川省政府兼理主席张钧鉴：八月十一日，寇机九架侵入职县市空，掷弹百余枚，损失情形于文日电呈在案。查此次被炸死伤人民亟待救济，当即召开空袭紧急会议，议决在本县救灾准备金项下拨款一万元提前发给。惟事关切用公款，谨此电呈。鉴核示遵。

宜宾县县长　刘治国
秘书　徐熙代行叩

39. 视察员为日机两次轰炸内江情形致四川省防空司令部呈
（1941年9月）

〈上略〉

查七月二十七日敌机滥炸蓉市东道各县，间之咸具戒心，且当晚职即在资中电话简阳、资阳、内江等县防护团，令其于有警报时，务彻底执行任务，强迫疏散。故于二十八日情报发生后,据报各县秩序均佳。

是日,敌机九架当在内江市区投爆炸弹十四枚,被炸街道八条,毁房屋四十七幢。市民有匿不疏散及疏散不良者,死十五人,重伤十四人,轻伤二十八人。

八月二十二日,情报发生后,资[阳]内一带适大雨,因之有少数人以为气候可恃,遂逗匿市内。结果敌机九架窜入市空,投爆炸弹四十四枚,燃烧弹七枚,被炸街道十四条,炸毁房屋四百七十间,燃烧房屋七百六十三间,被灾户口八百五十九户;死七十二人,重伤四十二人,轻伤八十一人,防护团员死一人,伤十七人。

又本日因赶集,后据各乡镇调查,尚有五人于当日前往[赶集]失踪,或系葬身火窟。至行后,两次被炸。区域谨绘制一内江县市区略图,将灾区注明,用备查考。奉令前因,理合将内江两次被炸详情具报备查。谨呈四川省防空司令部兼司令邓、副司令朱。

视察员 畅洵

40. 阆中县防空指挥部为日机往返轰炸本县致四川省防空司令部呈(1941年9月1日)

查八月二十九日,敌轰炸机二十七架,于十时十五分飞临阆中上空,当于机场及城西北角投弹约二百余枚。向南飞去,旋有九架折返,于锦屏山、阆南桥、马家沟一带乡间,投弹十五六枚,并机枪[扫射]。

职俟敌机离去市空后,即率员驰赴机场及各灾区视察,并饬防护团将受伤军民救护送仁济医院及卫生院治疗。当晚,复召集联办处及各负责机关进行善后处置。并由职部与县府负责,又向省行贷款伍千元,以作抚济之用。其款仍向本市募集归还。其死亡军民,当令于即晚漏夜掩埋。

次日仍由职率员发给受伤及死亡者家属恤金。惟因阆中连遭轰炸,复经本部实施强迫疏散后,各照相馆早已远避乡间,且最近均感材料缺乏,临时不及拍制照片并呈明。兹将被炸情形填具表册,随文赍请鉴核示遵。谨呈兼司令邓。

阆中县防空指挥部 潘清洲

41. 泸县防护团为日机袭泸及救济情形致四川省政府主席报告
（1941年9月19日）

谨将七月二十八日敌机袭泸经过及救济情形呈于下：

一、敌机袭泸经过

七月二十八日午前十一时四十分，敌机十八架经江津、合江至本市上空，高约二千公尺以上，城区及郊外投下炸弹，及空中爆炸弹一百余枚，并用机枪扫射投弹，后即沿江向东逸去。

二、施救经过

1. 救伤

当敌机逸去后，我防护团救护、担架各队全体出动，努力救护。

卑送仁济医院治疗，共计重伤十人，轻伤三十六人。查伤亡人均系因警报时间较久，潜回住地所致。至〔于〕轻伤，多系微伤，并未住院。

2. 掩埋死者

敌机逸去后，派员到各灾区清查。发现死尸八具，内有四具由其亲属自行掩埋；余四具立即备棺，速同在仁济医院因伤殒命之四具同时掩埋，共计死亡十二人。

3. 灾区整理

解除警报后，由十八师特务营全部分赴各被炸区域，扫除瓦砾，整理街道所有交通秩序。当于本日午后七时即行恢复。

三、善后处理

午后六时，召集各机关、法团开紧急会议，筹商一切善后事宜。

此次灾情尚不十分严重，当即决议抚恤赈济事项。订〔定〕明日调查完竣，赓即发放赈款。

四、其余详情如附表〈下略〉

谨呈四川省政府主席　张

泸县县长兼团长　袁守成

42. 仁寿县防护团为乡民李廖氏被炸身亡致四川省防空司令部呈（1944年10月）

窃查本月七日夜，敌机入川。属团接收各方情报，于二十三点三十分发出空袭紧急警报。经过三小时半，始告解除。曾经表报有案。

顷据富家乡第三区团报告称："八月七日夜十二时又二十分，有敌机一架经过本乡距场十里许之张坪山。适有该地居民李廖氏深夜在屋外舂米，灯光泄漏，致敌机投弹八枚（内有燃烧弹一枚），一枚落于田内，余落于山地皆爆炸，当将该李廖氏炸毙，房屋无损。除饬该家属将尸体掩埋，并分令各乡镇、区分团，暨保甲住户以后应切实注意外，理合据情报请钧部鉴核。备查示遵。谨呈四川全省防空司令部

兼团长　陈兴雯

43. 乐山县政府为日机在苏稽乡轰炸扫射致四川省防空司令部呈（1941年10月14日）

案查本县本年八月二十三日午后二时，敌机在县城投弹，旋复飞往县属苏稽场轰炸，并以机枪扫射。

〈中略〉

查是日轰炸后，县街金花巷一带街房悉行着火。县长督饬本府及防护团人员分头率领防空队兵奋勇施救，立即将火扑灭，未及延烧，县城损害较小。

惟苏稽场是日正值集期，人民于警报发出后，疏散场外，不善掩护，为机枪所中伤亡较大。乡长宋余庆及副乡长马标锦指挥疏散，均已负伤。所有死亡者业经督饬掩埋，受伤者由本县空袭救护队悉行救护，分别送往治疗。并经县长召集紧急会议，募集捐款，振〔赈〕济受灾民众，使不失所。此即轰炸后，办理善后之实在情形也。

兹谨将县城及苏稽场两处损失，查明确数，逐一填列表式，理合备文呈请钧部鉴核。

〈下略〉

乐山县县长　石完成

(二)日机轰炸川北

1. 三台县政府为本县被炸及善后情形致四川省防空司令部呈（1940年7月26日）

窃查职县七月十日被敌机惨炸,所有损失及伤亡情形当曾飞电呈报在案。兹谨将当时被炸经过与临时紧急处置及善后详情,暨县长及少数住城职员、公役因公损害各情分呈如下:

一、关于敌机惨炸之经过

十日上午十一时,敌机二十七架侵入市空。初未投弹,径沿潼绵公路向西飞行。未几折,转县城滥施狂炸。经事后调查,共投重量炸弹及燃烧弹[一]百零三枚,毁坏房屋五百七十余间,县府全部炸毁,监狱损毁一部分。此外,被炸机关计有县党部、盐务局、县商会、国本初中、征收局、图书馆、救济院、佛教会、北城小学、真武宫、联保处,及吉泰丝厂。平民损害重大,多属家产荡然,立待救济。此次死难同胞,经详查共有八十九人,轻重伤一百二十七人。前电所报之数有出入。[此]为职县被敌机惨炸之经过情形也。

二、关于被炸后之紧急处置

当敌机轰炸剧烈,并用机枪扫射时,职以责任重大,未便远避,仍在县府镇。敌机逸去,赓即指挥[防]护团、工作人员,暨警员全体出动,分头工作。当将投下燃烧弹势焰扑灭,未成火灾。受伤难胞,均饬界入当地仁济医院疗治。死难同胞即买棺殓埋,由掩埋所负责其事。时东北大学员生,暨盐务、税警协助救护,亦颇努力。因此,各项救护工作极为迅速,殆警报解除,交通立复常态。随借东北大学校地[召]开紧急会议,其重要议案为被炸房屋震塌之下,恐尚有未行救出难胞,应行扩大总检察〔查〕,与动员全县医师及筹措医药费用,诸问题当均圆满解决,□积极进行。至[于]未爆炸弹九枚,立饬妥置目标,[一面]禁止市民傍〔接〕近,免生危险;一面电请派指导掘取。复将被炸情形,分电请示救济。此职县被炸后紧急处置之情形也。

三、关于善后方面之进行状况

此次被炸区域除部分属于机关外,大部属贫民同胞。房屋、财产全毁,生机断绝,立待救济。而救死扶伤事关紧急,尤待详商善后。于次日召集各机关、法团、首长及地方士绅,在千佛岩县财委开会,商讨善后办法。当经决议:关于抚恤、救济、殓埋、医药各费,先由地方垫支;赓即开始发放;并由县党部督同各保甲遵章办理。其他有关各案,均经议决执行。昨日(七月十八日),中央振〔赈〕济委员会窦主任晓东、黄专员葆全携振〔赈〕款万元来县,由县空袭紧急救济联合办事处,及各机关、法团、开会欢迎,席间商讨决定:职县财会前向银行暂借七千元,发入急振〔赈〕;按中央紧急救济办法规定,死亡者每名三十元,重伤二十元,轻伤十元。实数发放截至十八日止,共发出六千余元。尚有漏发、未发放者,须待补发。此项垫款,即由此次中央发下急振〔赈〕款一万元拨还,并另拨二千元,作补发漏领难胞振〔赈〕款。共计拨九千元,余一千元仍由窦主任带转至房〔屋〕被炸五百余户之救济。办法决议由各机关、法团联名电请中央□□□□□□□□资救济等语纪录在案。此职县被炸善后之进行状况也。今后俟将抚恤死难,救扶伤胞,及振〔赈〕济灾民各事宜办理结束,另案呈报。

四、关于此次被炸,县长及少数住城办公职员、公役、政警,及警务人员因公损害情形

窃职县对于疏散工作,向即严厉执行。县府亦迁琴泉寺办公,以资示范。但仍有多数机关、民众,因生活环境及业务上之关系,不能尽量疏散。县长为便于各机关、士绅公务上之接洽,及维持城内治安,暨指挥疏散、防护诸事宜,均得留城办公。又军法室及收发、会计、庶务便于工作于审理案件,收发公文款项,与夫警、佐室、管狱署等,均以职责特殊,须住城办公,以致此次均蒙重大损害。尤以县长身旁连中数弹,全家七口衣物等件损毁,余幸得仅以身免。除本府被炸蒙受损害,各职员、警役专案报请核示救济外,〔还有〕住家损失,县府房屋全毁,公物损失一部分。

〈下略〉

三台县县长 吴业祥

2. 盐亭县政府为日机轰炸县城致四川省防空司令部呈（1941年7月29日）

窃敌机九架感日（二十七日）轰炸县城，投弹九枚，当时死二人，伤七人。曾电呈在案。

查当日适逢场期，人民到城赶场者甚众。防护团于午前七时十分接敌机二十三架由湖北松枝起飞情报；八时十五分接敌机五十四架自湖南五十二队入川情报；八时四十五分接南塘车发现敌机二[十]八架情报；十时十五分接敌机到达合川情报。即发出空袭警报，俾民众得以疏散，避免无谓牺牲。

幸皆遵从命令指挥，积极疏散，秩序颇为良好，隐蔽亦属得法。十时二十六分得敌机到达潼南情报，即发出紧急警报。午后一时许，敌机九架窜入市空，初用机枪扫射，继投弹九枚逸去，所投炸弹幸均落于西郊空坝爆炸，其[中]三枚均未爆裂。除当时炸毙二人业由亲属领回埋葬外，所有受伤人民立由防护团救护队携带药品前往治疗。盐亭县府迄今因伤重而死者仅有一人，余则尚无异状。

而当日午后二时零五分始行解除警报，此该日被炸之情形也。所有被炸死伤人数暨损失财产数量，业派员会同城乡镇公所防护团调查清楚，据实填具人口伤亡调查表、人口伤亡汇报表、财产损失报告单、财产直接损失汇报表，理合将被炸详细情形备文连同附表赍请钧部鉴核。俯予拨款赈济。以示体恤，而慰民心。当否？伏乞示遵。谨呈四川全省防空司令部。

盐亭县县长　蔡天石叩

3. 阆中县防护团为本县被炸情形致四川省防空协会呈（1941年8月1日）

窃查七月二十七日午前十时，敌机一批九架飞达大竹本市，即发出空袭警报；旋于十二时敌机又一批二十七架到达盐亭，本市面上即发紧急警报。十二时三十分，敌机由盐亭北飞窜抵阆中，在上新街、下新街、南门外河边投弹。共计投下燃烧弹二枚，爆炸弹七枚。上新街中段当即着弹起火。

本团第二中队消防队驰赴灾区抢救，跟即扑灭，幸未延烧。于十二时四十分,敌机旋即窜出市空,当由本团分令全体官长分别率领第一、第二中队,及五金业、转运业丙空服队,由各该待机地点前往灾区实施消防抢救、救护、拆卸,及清除道路等工作。

事后调查,计共炸毙居民及船夫男女十六人,重伤六人,较重伤五人,轻伤二十四人;炸毁民房计瓦屋三十一间,草屋十四间;炸沉南关外销处盐船一只,余一只船尾炸毁未沉。将受伤民众送卫生院治疗,已死十六人,备木板棺材。饬转运业空服队分别掩埋外,理合将被炸后救灾情形、被炸房屋损失调查表,及被炸人民伤亡调查表随文呈钧会俯予鉴核备查,并乞示遵。谨呈兼四川省防空协会会长邓。

阆中县县长兼防护团团长　萧毅安

4. 三台防护团为本县被炸及损失情形致四川省防空协会呈 (1941年8月7日)

本年七月二十七日,有敌机数批陆续由湖北入川西行。九点五十四分到广安一哨,本团发布空袭警报;十点十八分至合川上空,发布紧急警报。有三批均经遂宁、三台境地,西上至蓉。十二点十五分,有敌机二十七架,银灰色,由西到东,道貌岸然经三台城区,在东街、上升街、学街、东门口一带等地,施行轰炸后即东行。十四点三十八分,已离警报范围,始行解除。旋经派员调查清楚,计投爆炸二十二枚,内有二枚入地尚未爆发。共炸毙市民十人,轻重伤二十九;损毁瓦平房一百六十八间。所有受伤市民,敌机甫离市空即由职督同各防护区团,及各机关组织之救护队员、临时空袭救护队分别地区急救,并送各医院治疗。死者派工掩埋。未爆之炸弹二枚,已由县府专门电呈请指派技术人员前往挖掘。除善后救济事项另有主管机关负责办理外,理合将是日被炸详情及处置办法具文呈报。赍呈钧会。俯赐鉴核。指令祗遵。谨呈四川省防空协会。

三台县防护团兼团长　吴业祥

5. 阆中县政府为本市被炸损失情形致四川省防空司令部电
（1941年8月28日）

四川全省防空司令部钧鉴：查本（八）月十六日上午十一时四十五分，敌机二十七架由陕入川，经汉中、广元侵入本市上空投弹百余枚。内烧夷弹二十余枚，未爆炸弹七枚，并在疏散区机枪扫射。被灾区为西四牌楼街、礼拜寺街、关帝庙街（即家拐街）、四眼井街、官菜园街、太平寺街、文昌宫街、古莲池街、白果树街、中东大街、北街、白花奄街、南街等处，并有五处起火。当经职于警报未解除前督率防护团分头扑灭，幸未延烧。

惟此次损失奇重，伤亡尤惨。计炸毁民房七十四院，炸伤一九零人，炸死一六八人。此等死伤民众俱系家境清贫，向虽迭令疏散，咸因一离市区，生活即濒绝境。一旦罹此浩劫，县长实深内疚。内有防护团员炸伤十一人，炸死二人。

当时，因被灾民众亟待赈救，由县长负责向省行办事处借款一万元办理急赈，一面将各受伤民众分送卫生院及仁济医院治疗；已死民众备棺掩埋。所有善后工作，刻已完成，市区秩序渐复常态。除将此次被炸损失情形分呈备查外，理合填造敌机袭炸伤亡损失报告表一份〈略〉，电请钧部俯赐鉴核备查。

阆中县县长 萧毅安叩

6. 苍溪县防护团为表报本县被炸情形致四川省防空司令部呈
（1941年9月17日）

本年九月五日，案据本县城厢镇公所、三川乡公所先后报称："为于八月二十九日午前十时，突有敌机多架，在保内刘家嘴投弹八枚，登时炸死男女八人，受伤三人。职即时到地查明，当将被炸情形呈报镇公所在案。除职派人检尸安埋八人外，惟三妇人受伤甚重，兼因城内连日均发警报，不便来城治疗，理合恳请钧团速派医士到地诊治。"等情。

据此，本团除已令派救护干事谢云及携带救护药品前往该地分别医治外，理合遵照前颁表式填就警报实施报告表，暨空袭损失救济工作报告表各一份〈略〉，具文赍请钧部。俯予鉴核。备查示遵。

谨呈四川省防空司令部兼司令 邓

苍溪县防护团兼团长 曾锦柏

六、附录

1. 日机空袭四川大事记(1938—1944年)

1938年

11月8日：成都，敌机18架，投炸弹96枚，伤5人，亡3人，毁房6幢；

11月15日：成都，敌机17架，投炸弹103枚，伤1人，毁房3幢。

合计：敌机35架，投炸弹199枚，伤6人，亡3人，毁房9幢。

1939年

1月7日：重庆，敌机19架，投炸弹74枚，伤7人，亡5人，损房5幢；

1月10日：重庆，敌机3批27架，投炸弹10枚；

1月10日：泸县，敌机8架，投炸弹19枚，伤20人，亡7人；

1月14日：万县，敌机6架，投炸弹31枚，伤65人，亡47人，损房45幢；

1月15日：重庆，敌机3批27架，投炸弹9枚，伤55人，亡34人；

2月4日：万县，敌机2批18架，投炸弹134枚，伤219人，亡229人，损房352幢；

2月6日：万县，敌机2批18架，投炸弹99枚，伤150人，亡235人，损房155幢；

3月29日：万县，敌机1批9架，投炸弹1枚，损房6幢；

5月3日：重庆，敌机4批36架，投炸弹166枚，伤350人，亡673人，损房1068幢；

5月4日：重庆，敌机3批27架，投炸弹126枚，伤1937人，亡3318人，损房3803幢；

5月12日：重庆，敌机3批27架，投炸弹116枚，伤348人，亡62人，损房

362幢；

5月25日：重庆，敌机3批27架，投炸弹118枚，伤536人，亡44人，损房屋492幢；

6月7日：万县，敌机4批36架，投炸弹25枚，伤6人，亡2人，损房92幢；

6月9日：重庆，敌机3批27架，投炸弹69枚，伤21人，亡12人，损房216幢；

6月11日：成都，敌机3批27架，投炸弹111枚，伤432人，亡226人，损房4709幢；

6月11日：重庆，敌机3批27架，投炸弹139枚，伤90人，亡181人，损房119幢；

6月28日：奉节，敌机3批27架，投弹若干，伤1200人，亡600人，损房过半；

6月30日：梁山，敌机27架，投烧夷弹100枚，损房40幢；

7月5日：重庆，敌机4批，投炸弹37枚，伤71人，亡42人，损房412幢；

7月6日：重庆，敌机3批，投炸弹46枚，伤92人，亡2人，损房118幢；

7月12日：奉节，敌机投炸弹41枚，伤13人，亡5人，损房121幢；

7月12日：巫山，敌机4批，投炸弹61枚，伤59人，亡106人，损房105幢；

7月24日：重庆，敌机1批，投炸弹136枚，伤58人，亡29人，损房205幢；

7月25日：巫山，敌机1批4架，投炸弹48枚，伤6人，亡8人，损房340幢；

7月31日：重庆，敌机2批，投炸弹38枚，伤5人，亡6人，损房77幢；

8月2日：重庆，敌机2批，投炸弹85枚，伤134人，亡80人，损房45幢；

8月2日：忠县，敌机1批，投炸弹4枚；

8月3日：重庆，敌机2批，投炸弹59枚，伤8人，亡12人，损房21幢；

8月4日：重庆，敌机2批，投炸弹81枚，伤22人，亡4人，损房60幢；

8月19日：乐山，敌机4批36架，投炸弹100枚，伤380人，亡838人，损房3000幢；

8月23日：重庆，敌机2批，投炸弹13枚，伤4人，亡3人，损房6幢；

8月28日：重庆，敌机2批，投炸弹102枚，伤47人，亡33人，损房45幢；

8月31日：重庆，敌机2批，投炸弹60枚，伤31人，亡52人，损房37幢；

8月31日：南川，敌机1批，投弹1枚，伤4人，亡5人；

9月1日：重庆，敌机1批，在广阳坝机场投弹；

9月1日：梁山，敌机3批18架，投炸弹136枚伤15人，亡2人，损房158幢；

9月1日：万县，敌机1批，投炸弹18枚，伤78人，亡58人，损房51幢；

9月4日：重庆，敌机3批，投炸弹88枚，伤27人，亡8人，损房8幢；

9月4日：奉节，敌机1批，投炸弹2枚；

9月11日：泸县，敌机2批36架，投炸弹185枚，伤446人，亡303人，损房3326幢；

9月12日：万县，敌机27架空扰；

9月28日：重庆，敌机3批，在广阳坝机场投弹；

9月29日：重庆，敌机2批，在广阳坝机场投弹；

9月29日：遂宁，敌机1批，投炸弹110枚，伤2人，亡3人；

9月29日：梁山，敌机9批，投炸弹161枚，伤14人，亡30人，损房65幢；

9月29日：奉节，敌机投炸弹23枚；

9月29日：奉节，敌机2批，投炸弹300枚，伤145人，亡120人，损房265幢；

9月30日：奉节，敌机2批，投炸弹300枚，伤145人，亡120人，损房265幢；

10月1日：成都，敌机2批，投炸弹50枚，伤1人，亡7人，损房2幢；

10月1日：遂宁，敌机2批，投炸弹90枚；

10月1日：新都，敌机投炸弹1枚；

10月1日：武胜，敌机投炸弹7枚；

10月2日：泸县，敌机6批，投炸弹14枚，伤21人，亡2人，损房9幢；

10月2日：宜宾，敌机2批18架，投炸弹300枚，伤4人，亡6人，损房10幢；

10月3日：重庆，敌机9架，投炸弹54枚，伤2人，亡1人，损房3幢；

10月4日：重庆，敌机5批，投炸弹12枚，伤3人；

10月10日：自贡，敌机17架，投炸弹110枚，伤80人，亡27人，损房170幢；

10月10日：秀山，敌机6架，投炸弹若干，伤31人，亡18人，损房1260幢；

10月13日：南川，敌机18架，投炸弹93枚，伤142人，亡151人，损房821幢；

10月13日：梁山，敌机36架，投炸弹314枚，伤30人，亡28人，损房765幢；

10月13日：云阳，敌机投炸弹1枚；

10月24日：遂宁，敌机3批，投炸弹200枚，伤2人，损房1幢；

10月24日：奉节，敌机2批，投炸弹100枚，伤70人，亡28人，损房400幢；

10月24日：巫山，敌机5架，投炸弹58枚，伤21人，亡13人，损房4幢；

10月24日：武胜，敌机投炸弹4枚；

10月25日：裳川，敌机3批27架空扰；

11月4日：成都，敌机27架，投炸弹123枚，伤18人，亡16人，损房62幢；

11月4日：温江，敌机27架，投炸弹210枚，亡6人；

11月18日：裳川，敌机27架空扰；

11月18日：梁山，敌机26架，投炸弹170枚，伤14人，亡8人，损房29幢；

11月18日：达县，敌机投炸弹1枚；

11月19日：梁山，敌机26架，投炸弹200枚，伤1人；

11月19日：南川，敌机21架，投炸弹80枚，伤17人，亡8人，损房17幢；

11月19日：宜宾，敌机4批36架，投炸弹100枚；

11月19日：奉节，敌机投炸弹1枚。

合计：敌机126批913架，投弹5743枚，伤7333人，亡7960人，损房24662幢。

1940年

4月22日：宜宾，敌机3批，投炸弹160枚，伤3人，损房4幢；

4月23日：遂宁，敌机18架，投炸弹100枚，伤2人，亡3人，损房2幢；

4月23日:重庆,敌机32架,投炸弹24枚,伤1人,亡4人,损房44幢;

4月30日:重庆,敌机18架,投炸弹50枚,损房20幢;

4月30日:梁山,敌机投炸弹63枚,伤2人,亡4人,损房12幢;

10月。30日:巫山,敌机4架,投炸弹30枚,伤66人,亡37人;[1]

5月18日:成都,敌机18架,投炸弹100枚,伤18人,亡30人;

5月18日:温江,敌机投炸弹30枚;

5月18日:南充,敌机投炸弹25枚,伤3人,亡4人,损房2幢;

5月18日:荣县,敌机投弹4枚;

5月19日:宜宾,敌机投弹150枚,伤25人,亡14人,损房40幢;

5月19日:成都,敌机18架,投弹96枚,伤8人,亡3人,损房2幢;

5月19日:梁山,敌机18架,投弹264枚,伤9人,亡15人,损房12幢;

5月20日:重庆,敌机45架,投弹176枚,伤2人,亡1人,损房6幢;

5月20日:开县,敌机4架,投弹1枚;

5月21日:梁山,敌机27架,投弹232枚,伤14人,亡8人,损房105幢;

5月21日:达县,敌机投炸弹12枚,伤3人,亡1人;

5月21日:重庆,敌机投炸弹58枚,伤5人,亡8人;

5月26日:重庆,敌机3批99架,投弹210枚,伤103人,亡64人,损房25幢;

5月27日:重庆,敌机3批99架,投弹167枚,伤131人,亡78人,损房21幢;

5月28日:重庆,敌机3批90架,投弹246枚,伤408人,亡178人,损房248幢;

5月29日:重庆,敌机2批63架,投弹257枚,伤34人,亡24人,损房64幢;

5月30日:重庆,敌机27架,投弹96枚,伤84人,亡175人,损房300幢;

5月30日:合川,敌机投弹30枚,伤149人,亡175人,损房89幢;

5月30日:涪陵,敌机投弹8枚,伤89人,亡95人,损房368幢;

---

[1] 原件如此。

6月6日：重庆,敌机36架,投弹4枚,伤6人,亡5人；

6月6日：遂宁,敌机63架,投弹880枚,伤37人,亡27人,损房30幢；

6月6日：开县,敌机投弹2枚；

6月6日：梁山,敌机33架,投弹348枚,伤2人,损房12幢；

6月6日：武胜,敌机投弹1枚,伤1人；

6月10日：重庆,敌机4批126架,投弹82枚,伤23人,亡12人,损房296幢；

6月10日：梁山,敌机35架,投弹102枚,伤3人,损房242幢；

6月11日：重庆,敌机4批126架,投弹310枚,伤172人,亡64人,损房657幢；

6月12日：重庆,敌机4批117架,投弹305枚,伤463人,亡222人,损房1112幢；

6月12日：广安,敌机投弹3枚；

6月12日：渠县,敌机投弹7枚；

6月16日：重庆,敌机117架,投弹263枚,伤108人,亡286人,损房499幢；

6月17日：重庆,敌机75架,投弹370枚,伤13人,亡12人,损房132幢；

6月17日：涪陵,敌机投弹2枚；

6月24日：重庆,敌机126架,投弹318枚,伤67人,亡22人,损房828幢；

6月25日：重庆,敌机150架,投弹92枚,伤48人,亡20人,损房200幢；

6月25日：江津,敌机27架,投弹100枚；

6月25日：开县,敌机投弹2枚,伤11人,亡7人,损房15幢；

6月25日：梁山,敌机34架,投弹235枚,亡2人,损房30幢；

6月25日：涪陵,敌机投弹2枚；

6月26日：重庆,敌机90架,投弹270枚,伤124人,亡19人,损房629幢；

6月26日：邻水,敌机投弹3枚；

6月27日：重庆,敌机99架,投弹185枚,伤125人,亡51人,损房44幢；

6月27日：万县,敌机1架,投弹2枚；

6月27日：邻水，敌机投弹1枚；

6月27日：忠县，敌机1架，投弹1枚，伤3人，亡4人，损房8幢；

6月28日：重庆，敌机99架，投弹197枚，伤128人，亡77人，损房318幢，毁房328幢；

6月29日：重庆，敌机117架，投弹196枚，伤19人，亡12人，损房505幢；

6月30日：簗川，敌机35架袭扰；

7月3日：巫山，敌机2批18架，投弹72枚，伤17人，亡8人，损房46幢；

7月4日：重庆，敌机63架，投弹203枚，伤9人，亡12人，损房18幢；

7月4日：遂宁，敌机35架，投弹200枚，伤7人，亡1人，损房4幢；

7月5日：自贡，敌机2批80架，投弹97枚，伤141人，亡73人，损房90幢；

7月5日：綦江，敌机63架，投弹209枚，伤245人，亡150人，损房300幢；

7月5日：泸县，敌机投弹2枚，损房1幢；

7月5日：富顺，敌机投弹6枚，损房2幢；

7月8日：重庆，敌机3批89架，投弹329枚，伤81人，亡98人，损房734幢；

7月9日：重庆，敌机3批90架，投弹326枚，伤92人，亡45人，损房468幢；

7月9日：南川，敌机9架，投弹41枚，伤33人，亡9人，损房360幢；

7月10日：三台，敌机27架，投弹95枚，伤127人，亡87人，损房573幢；

7月10日：荣昌，敌机18架，投弹2枚；

7月16日：重庆，敌机2批54架，投弹134枚，伤27人，亡10人，损房255幢；

7月22日：合川，敌机99架，投弹500枚，伤255人，亡624人，损房4000幢；

7月22日：綦江，敌机27架，投弹70枚，伤15人，亡10人，损房20幢；

7月24日：成都，敌机36架，投弹138枚，伤93人，亡82人，损房638幢；

7月24日：德阳，敌机投弹1枚；

7月28日：万县，敌机80架，投弹321枚，伤422人，亡367人，损房99幢；

7月28日：南川，敌机25架，投弹225枚，伤46人，亡24人，损房565幢；

7月28日：奉节，敌机投弹8枚，伤9人，损房15幢；

7月31日：涪陵，敌机18架，投弹87枚，伤120人，亡200人，损房1000幢；

7月31日：铜梁，敌机36架，投弹100枚，伤59人，亡23人，损房170幢；

8月2日：广安，敌机26架，投弹107枚，伤46人，亡17人，损房193幢；

8月2日：泸县，敌机34架，投弹85枚，伤337人，亡335人，损房1663幢；

8月2日：大竹，敌机投弹2枚，伤1人，亡3人，损房4幢；

8月2日：璧山，敌机36架，投弹119枚，伤56人，亡40人，损房82幢；

8月2日：隆昌，敌机45架，投弹若干，伤195人，亡157人，损房637幢；

8月2日：邻水，敌机投弹8枚，伤1人；

8月2日：安岳，敌机投弹1枚；

8月3日：铜梁，敌机36架，投弹247枚，伤8人，亡7人，损房1268幢；

8月9日：重庆，敌机90架，投弹278枚，伤173人，亡199人，损房1798幢；

8月9日：秀山，敌机投弹1枚；

8月11日：重庆，敌机90架，投弹182枚，伤48人，亡65人，损房243幢；

8月11日：万县，敌机1架，投弹2枚，伤6人，损房35幢；

8月12日：泸县，敌机54架，投弹2枚，损房3幢；

8月12日：自贡，敌机81架，投弹297枚，伤157人，亡92人，损房282幢；

8月17日：永川，敌机26架，投弹136枚，伤257人，亡147人，损房1826幢；

8月18日：重庆，敌机投弹9枚，伤12人，亡14人，损房12幢；

8月18日：万县，敌机投弹128枚，伤13人，亡12人，损房293幢；

8月19日：重庆，敌机135架，投弹411枚，伤132人，亡181人，损房2194幢；

8月19日：涪陵，敌机9架，投弹4枚，伤1人，损房28幢；

8月19日：奉节，敌机1架，投弹2枚，伤10人，损房8幢；

8月19日：江津，敌机27架，投弹87枚；

8月20日：重庆，敌机4批126架，投弹422枚，伤148人，亡133人，损房

5921幢；

  8月20日：万县，敌机3架，投弹5枚，损房33幢；
  8月20日：涪陵，敌机3架，投弹10枚，伤25人，亡31人，损房2000幢；
  8月21日：渠县，敌机36架，投弹371枚，伤133人，亡29人，损房5488幢；
  8月21日：达县，敌机36架，投弹44枚，伤137人，亡80人，损房84幢；
  8月23日：重庆，敌机81架，投弹284枚，伤22人，亡10人，损房348幢；
  9月3日：广安，敌机27架，投弹219枚，伤169人，亡61人，损房410幢；
  9月3日：南充，敌机36架，投弹288枚，伤251人，亡453人，损房400幢；
  9月12日：重庆，敌机62架，投弹80枚，伤32人，亡25人，损房264幢；
  9月13日：重庆，敌机45架，投弹86枚，伤7人，亡25人，损房247幢；
  9月14日：重庆，敌机60架，投弹11枚，损房1幢；
  9月15日：重庆，敌机39架，投弹12枚，伤19人，亡38人，损房187幢；
  9月16日：重庆，敌机71架，投弹58枚，伤31人，亡5人，损房106幢；
  10月4日：成都，敌机36架，投弹93枚，伤225人，亡105人，损房160幢；
  10月4日：万县，敌机2批13架，投弹30枚，伤30人，亡8人，损房60幢；
  10月5日：成都，敌机36架，投弹100枚，伤57人，亡33人，损房539幢；
  10月6日：重庆，敌机42架，投弹120枚，伤105人，亡48人，损房373幢；
  10月6日：梁山，敌机15架，投弹71枚，伤23人，损房74幢；
  10月6日：涪陵，敌机投弹1枚；
  10月10日：重庆，敌机31架，投弹41枚，伤22人，亡4人，损房30幢；
  10月12日：成都，敌机29架，投弹96枚，伤177人，亡124人，损房588幢；
  10月13日：万县，敌机36架，投弹177枚，伤68人，亡75人，损房648幢；
  10月16日：重庆，敌机3架，投弹11枚，伤4人，亡4人，损房29幢；
  10月17日：重庆，敌机18架，投弹57枚，伤17人，亡25人，损房467幢；
  10月25日：重庆，敌机44架，投弹115枚，伤42人，亡46人，损房316幢；
  10月25日：涪陵，敌机投弹8枚，伤5人，亡3人，损房30幢；
  10月26日：重庆，敌机33架，投弹77枚，伤33人，亡15人，损房252幢；
  10月26日：成都，敌机8架在崇庆县属王场扫射，伤亡约40人；

10月26日：涪陵，敌机投弹1枚；

10月27日：成都，敌机21架，投弹94枚，伤29人，亡26人，损房440幢；

10月27日：万县，敌机2批15架，投弹59枚，伤7人，亡3人，损房282幢；

12月1日：重庆，敌机9架袭扰；

12月11日：梁山，敌机6架，投弹29枚，伤9人，亡18人，损房46幢；

12月12日：袭川，敌机9架袭扰；

10月30日：成都，敌机8架，在各机场用机枪扫射。

合计：敌机146批4667架，投弹13495枚，伤7515人，亡6272人，损房46106幢。

附记：夜袭时不明架数之敌机及侦察机均未入列。

1941年

1月20日：巫山，敌机9架，投弹43枚，伤4人，亡17人，损房2幢，毁房1幢；

3月20日：遂宁，敌机1批3架，投烧夷弹18枚，损房7幢；

4月29日：梁山，敌机空扰；

5月17日：巫山，敌机9架，投炸弹36枚，烧夷弹7枚，伤6人，亡5人，损房34幢，毁房116幢；

5月20日：宜宾，敌机27架，投弹200枚，伤2人，损房1幢，毁房20幢；

5月20日：成都，敌机21架，在南北机场及武侯祠、青羊宫扫射；

5月20日：梁山，敌机12架，投弹73枚，烧夷弹4枚，伤77人，亡18人，损房31幢，毁房8幢；

5月21日：梁山，敌机27架，投弹274枚，烧夷弹6枚，亡1人，损房152幢，毁房18幢；

5月22日：成都，敌机5批54架，投弹42枚，伤11人，亡29人，损房109幢，毁房12幢；

5月22日：梁山，敌机1批8架，投弹16枚，损房3幢，毁房2幢；

5月22日：万县，敌机12架，投弹53枚，伤51人，亡61人，损房80幢；

6月16日：梁山，敌机27架，投弹158枚，烧夷弹25枚，伤11人，亡1人，损房15幢，毁房22幢；

6月22日：广元，敌机27架，投弹162枚，伤80人，亡44人，毁房4幢；

6月22日：新津，敌驱逐机数架在机场扫射；

6月23日：松潘，敌机36架，投弹105枚，伤497人，亡198人，损房58幢，毁房187幢；

6月28日：万县，敌机25架，投弹190枚，伤84人，亡58人，损房164幢，毁房158幢；

7月4日：梁山，敌机2批29架，投弹185枚；

7月6日：巫山，敌机9架，投弹42枚，伤19人，亡21人，损房120幢，毁房14幢；

7月7日：奉节，敌机3批9架，投弹35枚，伤71人，亡34人，损房194幢，毁房278幢；

7月7日：巫山，敌机3架，投弹21枚，毁房23幢；

7月27日：成都，敌机108架，投弹426枚，烧夷弹20枚，伤905人，亡698人，损房1512幢，毁房1791幢；

7月27日：崇庆，敌机3架，机枪扫射，伤2人；

7月27日：绵阳，敌机27架，投弹10枚，伤5人；

7月27日：遂宁，敌机9架，投弹7枚，损房23幢；

7月27日：阆中，敌机27架，投弹7枚，烧夷弹2枚，伤35人，亡16人，损房46幢；

7月27日：三台，敌机27架，投弹20枚，伤29人，亡10人，损房168幢；

7月27日：梓潼，敌机8架，投弹4枚，伤2人；

7月27日：万县，敌机108架，投弹4枚，损房5幢；毁房1幢；

7月27日：简阳，敌机27架，投弹4枚，伤4人，亡1人；

7月27日：南充，敌机27架，投弹28枚，伤17人，亡17人，毁房7幢；

7月28日：万县，敌机25架，投弹134枚，伤91人，亡76人，毁房418幢；

7月28日：自贡，敌机4批99架，投弹235枚，烧夷弹140枚，伤133人，亡104人，毁房1000幢；

7月28日：泸县，敌机6批18架，投弹100枚，伤46人，亡12人，损房47

幢,毁房7幢;

7月28日:内江,敌机9架,投弹18枚,伤42人,亡15人,损房45幢,毁房3幢;

7月28日:忠县,敌机1架,投弹3枚,损房1幢;

7月29日:自贡,敌机24架,投弹158枚,伤15人,亡48人,毁房500幢;

7月30日:梁山,敌机27架,投弹32枚,伤13人,亡2人,损房5幢,毁房2幢;

7月30日:万县,敌机27架,投弹1枚,伤1人;

7月31日:万县,敌机27架,投弹32枚,烧夷弹1枚,伤13人,亡2人,损房7幢;

8月1日:奉节,敌机17架,投弹49枚,烧夷弹12枚,伤55人,亡11人,损房467幢,毁房24幢;

8月2日:奉节,敌机2批8架,投弹49枚,烧夷弹12枚,伤55人,亡11人,毁房500幢;

8月2日:云阳,敌机10架,投炸弹32枚,烧夷弹5枚,伤89人,亡55人,损房8幢,毁房51幢;

8月8日:巫溪,敌机7架,投炸弹35枚,伤9人,亡4人,损房20幢;

8月8日:巫山,敌机9架,投炸弹39枚,烧夷弹54枚,伤15人,亡6人,毁房47幢;

8月11日:纳溪,敌机26架,投炸弹1枚,伤1人,损房5幢;

8月11日:开县,敌机9架,投炸弹46枚,伤18人,亡28人,损房12幢;

8月11日:宜宾,敌机27架,投炸弹100枚,伤51人,亡49人,损房84幢,毁房62幢;

8月11日:奉节,敌机6架,投炸弹39枚,烧夷弹29枚,伤52人,亡21人,损房155幢,毁房108幢;

8月12日:忠县,敌机9架,投炸弹9枚,损房2幢;

8月12日:奉节,敌机8架,投炸弹40枚,烧夷弹7枚,伤6人,损房3幢,毁房25幢;

8月13日：万县，敌机1架，投炸弹3枚，伤2人，损房2幢，毁房21幢；

8月14日：巫山，敌机6架，投炸弹18枚；

8月14日：忠县，敌机1架，投炸弹1枚，伤7人，亡1人；

8月15日：万县，敌机18架，投炸弹99枚，烧夷弹4枚，伤63人，亡38人，损房399幢；

8月16日：阆中，敌机27架，投炸弹110枚，烧夷弹20枚，伤199人，亡158人，损房759幢；

8月17日：开县，敌机16架，投炸弹76枚，烧夷弹90枚，伤82人，毁房30幢；

8月16日：阆中，敌机27架，投炸弹110枚，烧夷弹20枚，伤199人，亡158人，损房759幢；

8月17日：自贡，敌机27架，投炸弹118枚，烧夷弹149枚，伤49人，亡36人，损房76幢，毁房53幢；

8月18日：云阳，敌机3架，投炸弹9枚，伤7人；

8月18日：富顺，敌机18架，投炸弹23枚，伤6人，亡6人，毁房4幢；

8月19日：忠县，敌机15架，投炸弹80枚，烧夷弹40枚，伤10人，亡2人，损房122幢，毁房12幢；

8月19日：巫山，敌机4架，投炸弹26枚，烧夷弹2枚，亡2人；

8月19日：自贡，敌机27架，投炸弹118枚，烧夷弹112枚，伤46人，亡24人，损房29幢，毁房70幢；

8月19日：南部，敌机9架，投炸弹9枚，伤3人，亡1人；

8月22日：内江，敌机9架，投炸弹44枚，烧夷弹7枚，伤123人，亡72人，损房763幢，毁房470间；

8月23日：乐山，敌机7架，投炸弹34枚，烧夷弹12枚，伤30人，亡11人，损房40幢，毁房60幢；

8月23日：奉节，敌机7架，投炸弹76枚，烧夷弹2枚，伤76人，亡40人，损房199幢，毁房113幢；

8月23日：忠县，敌机9架，投炸弹86枚，伤11人，亡10人，毁房25幢；

8月23日：梁山,敌机9架,投炸弹93枚,烧夷弹14枚,伤3人,亡1人,损房28幢,毁房25幢；

8月24日：广元,敌机17架,投炸弹304枚,烧夷弹15枚,伤80人,亡38人,损房30幢,毁房52幢；

8月24日：阆中,敌机36架,投炸弹300枚,伤75人,亡43人,毁房302幢；

8月24日：广元,敌机17架,投炸弹304枚,烧夷弹15枚,伤80人,亡38人,损房30幢,毁房52幢；

8月24日：苍溪,敌机27架,投炸弹6枚,烧夷弹3枚,伤5人,亡8人,毁房2幢；

8月30日：万县,敌机13架,投炸弹100枚,亡35人,损房39幢；

8月30日：云阳,敌机17架,投炸弹110枚,伤41人,亡21人,毁房49幢；

8月31日：成都,敌机27架,投炸弹59枚,烧夷弹14枚,伤8人,亡6人,损房63幢,毁房66幢；

8月31日：梁山,敌机16架,投炸弹137枚,伤8人,亡5人,毁房16幢；

8月31日：万县,敌机3架,投炸弹6枚,伤5人,亡1人,毁房27幢；

8月31日：双流,敌机4架,投炸弹1枚,亡2人；

8月31日：广元,敌机4架,低飞扫射；

10月2日：巫山,敌机2架,投炸弹3枚,伤2人。

合计：敌机1529架,投炸弹5455枚,烧夷弹896枚,伤3684人,亡2299人,损房1571幢,毁房11444幢。

1942年

敌机无大的空袭。

1943年

2月24日：万县,敌机9架,投炸弹28枚,伤17人,亡13人,损房264幢,毁房7幢；

2月24日：梁山,敌机9架,投炸弹18枚；

3月16日：万县,敌机27架,投炸弹90枚,伤51人,亡47人,损房57幢；

5月20日：梁山,敌机25架,投炸弹75枚,烧夷弹12枚,伤9人,亡3人,损

房10幢,毁房24幢;

5月29日:梁山,敌机36架,投炸弹44枚,伤3人,亡2人;

6月6日:梁山,敌机18架,投炸弹40枚,伤8人,亡10人,毁房4幢;

8月23日:万县,敌机27架,投炸弹64枚,伤51人,亡22人,损房475幢,毁房54幢;

8月23日:重庆,敌机41架,投炸弹64枚;

8月24日:万县,敌机2批41架,投炸弹140枚,伤35人,亡18人,损房736幢,毁房136幢。

合计:敌机236架,投弹563枚,伤174人,亡109人,损房1542幢,毁房225幢。

1944年

5月10日:万县,敌机3架,投炸弹14枚,伤1人,亡1人,毁房2幢;

5月10日:梁山,敌机投弹37枚,伤2人,亡1人;

5月30日:梁山,敌机投弹109枚,伤6人,亡7人,毁房3幢;

6月12日:梁山,敌机投弹62枚;

7月8日:梁山,敌机投弹18枚;

8月29日:梁山,敌机投弹,伤6人,亡4人;

9月9日:新津,敌机投弹,伤3人,亡2人,毁房5幢;

9月9日:德阳,敌机投弹8枚;

9月9日:郫县,敌机投弹20枚,伤1人;

9月9日:剑阁,敌机投弹7枚;

9月9日:华阳,敌机投弹6枚;

9月9日:彰明,敌机投弹9枚;

9月9日:绵竹,敌机投弹14枚;

9月9日:中江,敌机投弹7枚;

9月25日:梁山,敌机4批,投弹25枚,烧夷弹3枚;

10月7日:广汉,敌机3批袭扰;

10月27日:梁山,敌机投弹100枚;

11月21日：成都，敌机轰炸，机场油弹库均着火；

11月21日：夹江，敌机投弹12枚；

11月21日：温江，敌机投弹3枚，烧夷弹5枚；

11月21日：安岳，敌机投弹6枚；

11月23日：梁山，敌机3批，投弹10枚。

合计：敌机投弹467枚，烧夷弹8枚，伤16人，亡15人，毁房11幢。

2. 1939年乐山县"8·19"大轰炸受害者自诉

1939年8月19日，日军飞机轰炸了乐山县城，给乐山人民带来深重灾难。2003年8月，在纪念"8·19"乐山大轰炸64周年座谈会上，乐山大轰炸受害者首次提出向日本国索赔诉讼。2004年，乐山正式组成对日（民间）索赔团，并与重庆大轰炸对日（民间）索赔团进行联络，索赔的取证工作随即有序进行。到2005年，已有20多份乐山大轰炸受害者家人的诉讼状送到索赔团负责人手中。以下是日机轰炸乐山时的受害者自诉。①

黄俊华，女，汉族。1926年8月20日生，四川省乐山市市中区滨江路下段20号——

日军轰炸乐山前，我家住板厂街中段，现在的观佛楼对上去附近。家有一楼一底砖木结构两百多平方米住房一套，父母亲、我和妹妹黄俊清，全家四口人，靠父亲搬运为生，日子平安祥和。

1939年8月19日那天上午11点过，日军已在板厂街、迎春门等地方丢下数枚炸弹，城门被炸倒，到处是浓烟滚滚，我家房子的铺板也被炸倒，我与母亲、妹妹三人急忙从家里跑出来，之前因多次跑警报跑够了，出来后分辨不清方向，掉在炸弹坑里挣扎多次都爬不出去，后被街上一大男子把我们拉上去，到岷江河边坐弯头竹筏到簸子街，竹筏上挤满了逃难的人，水淹到我们的胸口，大家手挽手，不敢随便动一下，生怕竹筏下沉。到了河对岸，全身湿透了，又无衣服换，只好任其厄干。

轰炸过后，我们回去，我家房子被炸光了，街上死了几百人，好多是全家

---

①编者注。

被炸死。我父亲黄明金当时在肖公嘴搞搬运,也被日军炸死了。那时我13岁,妹妹才5岁,母亲黄郭氏气得脖子上生满了气瘩,瘩子比脸还大,一年后就去世了,丢下我和妹妹靠舅舅郭荣华、叔爷黄明清救济长大。

是日本帝国主义害得我家破人亡,年幼丧失父、母亲,使我的街坊乡亲生命财产遭受巨大损失,当时轰炸情景惨不忍睹。日本帝国主义对我们乐山人民犯下了滔天大罪。我要控诉,要日本赔偿损失!

李玉玲(原名:伍玲),女,汉族——

我出生在乐山土桥街,父亲伍兴炳在"8·19"大轰炸中遇难,时年仅32岁。当年,父亲在土桥街开了一个饭馆"杏花天",饭馆后面还有一个旅馆。父亲有一流的炒菜手艺,会做一手地道的川菜,获当时社会和客人的好评,在乐山颇有名气。店堂内有二十多张桌子,可容纳二百人席位;旅馆生意兴隆,有三十多间客房。母亲李世贤在家带孩子,一家人的生活过得非常幸福。是日本侵略者惨无人道地狂轰滥炸,夺走了我父亲的生命,炸毁了我的家。从此,我和母亲过着流浪的生活。

1939年8月19日,那天是我刻骨铭心的日子。

连续几天发警报,整个乐山人民人心惶惶,父亲提前把我送到映山崖外婆家,于8月18日回到土桥街"杏花天"饭馆里,备齐物资喊齐伙计,于19日照常营业。大概是到12点左右,开始发预先警报,人们好像见惯不惊。紧接着发出紧急警报,街上的人奔命地跑,我父亲不敢离开,店门也来不及关,走到街上已经禁止通行了,灾难终于降临到乐山人民头上。躲在乡下的我们,只见几十架飞机,"轰隆"、"轰隆"的爆炸声,整个乐山城火光冲天,无数乐山百姓和我的家就在这一瞬间毁灭了。

下午解除警报了,整个乐山城沉浸在悲痛之中。那些来不及跑出城的人,被敌机俯冲下来用机枪扫射,尸体遍布玉堂街、铁牛门……被炸的较场坝、土桥街……成了一片废墟,残壁、破碎的桌凳还在燃烧,没有跑的百姓身首各异,哪里是去的家?哪里去找我的父亲和十多个伙计?在土桥街"杏花街"饭店后面的废墟里发现一条腿,那里找着黑糊糊的头,或是几个烧煳了的身躯。在那旅馆内被烧焦的大树枝上,挂着熏黑了的肠子、肝子……简直目不忍睹。在那一米五长的大石缸里,全是炸烂了的人肉和裸露的骨头。哪是我父亲的尸骨,简直无法辨认!这是谁的过?谁的错?谁造下的罪?这是日本侵略者夺走了我父亲的生命!毁掉了我的家!从此,母亲为了生存,改嫁他乡。我成了孤儿,全靠以农为生的家婆养育。家婆年岁大,生活无着,只好带着我时而到大姨妈家吃几天;时而到五姨妈家吃几月。这样艰辛的日子直到解放,我这个受宠的伍玲也只好更名为李玉玲了。

日本侵略者对乐山的狂轰滥炸是一段难忘的灾难史。今天我们要求赔偿不仅是经济上的。一个国家的尊严,一个民族的创伤,一个家庭的骨肉分离,是日本侵略者永远无法赔偿的,我们是要通过这次赔偿声讨,让后人牢记:只有牢记历史,才能更好珍惜和平生活;只有国家强大,才不受外来侵略。

罗保清,男,1925年5月24日生,汉族,四川省乐山市中区人民南路109号——

1939年8月19日日本飞机轰炸乐山时,我只有15岁,和父亲、母亲、弟弟、妹妹共5人,住在原乐山肖公庙汇江门交界处。父亲罗怀德,当时43岁,做金漆编织生意,有门面、住房共120平方米左右(平房),全家生活殷实。1939年8月19日,日本飞机轰炸乐山时,我们那里整个被炸,火光冲天。我父亲罗怀德当时被炸身亡,房屋财产全家被毁。可怜剩下我们母女4人艰难度日。

这次轰炸,给我们全家造成了无可估量的痛苦和损失。我父亲被炸身亡,使我们失去了生活来源,给我们母子4人今后的生活造成了严重的恶果。房屋财产全部被毁,只此一项,现今已值100多万元。

解放后,我们才参加工作,工作单位是乐山市东方红航运公司。

〈后略〉

邓力成,男——

我家住在乐山较场坝,街牌38号。其房建筑是木结构,一楼一底,坐东向西,就是原来旧地址"豪沟街",整个面积大约100多平方米。我家共计三人,父亲早年去世,我和母亲生活较为一般,算是可以,那时我只有八岁,在箱箱街公信学校读书,我和母亲身体都很健康。就在这样美好的日子里,即

1939年8月19日,侵略者出动30多架轰炸机,对肖公嘴到新码头一带进行狂轰滥炸。当时大约是中午12点钟,太阳当空,天气非常热,人们身上都穿件单衣,炸弹落地后就火光四起,尘土飞天,伸手不见五指,对面不见人影,立时悲惨之声不绝于耳,烟雾及尘土将人变为黑面形状,我和母亲被炸毁房屋木材倒下来压在身上,母亲爬出来将我抱在怀里。烟雾稍散,母亲发现我左脚踝骨分离,鲜血长淌,母亲右脚腓骨被砸坏,当时又无其他任何人帮忙施救。万般无奈情况下,母亲把我背在背上,慢慢爬行脱离险地。到了肖公嘴河边,在众[人]争抢过河情况下,遇着较熟的好心人将我们母子抬上渡船,过河投靠了婆家,暂时居住下来。谁知惊恐未定,瘟疫又向人民袭来,我和母亲同时身染疟疾;再加上母亲脚杆溃脓,行走很艰难。[全家]一无医药,二无经济,一拖再拖,我的踝骨伤痕直到一年多时间才有所好转。我与母亲疟疾当时都很严重,时烧、时冷,有时烧到40摄氏度,母子俩病得枯瘦如柴。最终,经乡下人草药[才得以]治愈。母亲腓骨虽痊愈,其伤痕[却至今]还在。以上情况,均是我亲眼目睹和亲身体会,家庭血泪深仇令我终生难忘。

〈后略〉

邓伯瑜,男,汉族。1922年6月28日出生,四川省峨眉市绥山镇白龙北路112号——

我的父亲邓德芳(又名邓克俊),早年从军。曾先后任新津县县长、云阳县县长,后任47军驻重庆办事处内设军需处处长(当地政府有案可查)。1939年春夏之交(大概时间),日军飞机对重庆狂轰滥炸,我父亲在两路口附近组织、指挥老百姓疏散转移,不幸被炸身亡,时年约48岁。事发后,"重庆方面将我父亲的遗体和遗物收拾整理完毕,并已经将遗体入棺,[当时的]重庆市军管会通知峨眉县政府,县政府派员和我么叔邓克勤(已故)同去重庆,认领我父亲残缺的遗体和遗物。当时我和二姐岁数还小,又在成都读书,未安排[我们]去重庆,但我赶回来参加了追悼会和安葬仪式。随同护送我父亲遗体和遗物回峨的,还有他生前的勤务兵向长兴(遂宁人,当年约二十几岁,现在情况不详)。[父亲]遗体送回后,安放在当时的雁门街观音堂(即现在的雁北南路78号绥山一小学校)。

谈到我家的损失,真不知该怎么说起。财产的损失可以评估,生命的损失无法估量。一个活生生的大活人,被日本侵略者剥夺了生命;他不是死在战场上,而是被日本法西斯军队炸死在战场以外的大后方城市。同时遇害伤残的,还有成千上万的老百姓。

〈后略〉

马炎超,男,汉族。1911年11月26日生,四川省乐山市市中区顺城街105号——

1939年"8·19"日本飞机轰炸嘉定(乐山)城以前,我家住乐山迎春门(现在西坝大酒店对面),有房三百多平方米,开的是金铺、碗铺和茶馆,价值上千万元人民币。

日本轰炸乐山那天中午,我提着一口皮箱从家里出来往河边跑,刚到榨子门附近,榨子门就被炸倒了。我的箱子被压住,我拖箱子时,被日本飞机(当时飞得很低)上的机枪扫中右腰部。经人救助坐船过河到河对门龙安寺,当时的十七师军医院为我取出了子弹。一周后,我转入乐山专区医院,由一姓黄的男医生医治,数日后才出院。此后几十年稍有不慎就常感腰痛。

我家的房子和所有财产全部被炸光了,迎春门被炸成了一片废墟。我的姐姐被炸死了,时年33岁。

在此,我要控诉日军罪行,警示后人。我和千千万万个无辜善良的乐山人民一样,无端遭受到日本侵略者大轰炸之害,强烈要求日本国向我们进行谢罪和赔偿。

罗舜卿,女,汉族——

我的翁爹阚选卿,[是]乐山县剑丰乡阚家山人,刚成年就来到当时的乐山城里帮工,学会了做生意,后与我的婆母毛玉珍相识结为夫妻。因我翁爹阚选卿为人诚实勤奋,加上毛氏的家底,逐渐地自主经营,在较场坝街中段靠东面开办了当时较为有名的"阚兴隆"旅馆兼茶铺,生意确实很兴隆。茶、旅馆分楼上楼下,楼下大厅就是茶馆,面积约有四五百平方米。旅馆背面约50米远的新码头另有住房(也是一楼一底的一栋房),约两百平米,旅馆能[住]一百多人。光靠自己一家人是忙不过来的,从我过门到阚家起,记得常雇请帮工五六人不等。雇请人员中,就有本家侄儿(名字记不起来了)、侄孙人华(即我的侄儿),我叫他春娃儿。他年纪小,做不了大人干的重体力活,就帮助照看茶水,做做杂活。

记得在一九三九年农历七月初五(即公历八月十九日),日本强盗的飞机轰炸了乐山中心城区,我们家所处地段就是轰炸的重灾区。回想起当时的惨状,真是触目惊心,不堪回首。听到防空警报,较场坝街一片混乱,逃的逃,叫的叫,最恐慌的小孩吓得大声惊叫哭闹,猪狗鸡鸭[也]在狂吠乱叫。天空中的日本飞机鬼怪般地直扑乐山城上空。霎时间,罪恶的炸弹投掷下来,惨绝人寰的轰炸灾难降临到乐山人民头上。

我的翁爹阚选卿,身为旅馆业主。当防空警报响起后,他首先想到的是周围邻居的生死安全。他一边组织群众疏散;一边让店伙计快快撤离。我当时正怀起长子,行走已不大方便,也跟随着群众一起向岷江、大渡河交汇处的河边逃跑。那时人多船少,像我们逃得慢的人根本就过不了河。在河滩上我看到一些尸体躺着,更是害怕极了。当回头看城内,只见到处火光冲天,浓烟滚滚,伴着房屋被炸燃烧而不断倒塌的巨响;一片血肉纷飞,惨不忍睹。待稍微定下神来,才急忙回跑,回到旅馆一看,意想不到的情景发生了。喊叫爹爹,不见回音;喊叫春娃儿他们的名字,也听不到答应的声音。到处寻找啊,找啊!最后只找到翁爹被炸成碎片的残腿胳膊,从炸碎的衣片中找到了阚选卿(翁爹)的一枚私章,这才求人把残碎尸体收拾起来埋葬了。与翁爹阚选卿一起遇难的还有阚春华和他的父亲二人。转眼间,我们家里被日本强盗飞机夺去了三条生命,这笔血债一定要叫日本侵略者偿还!旅、茶馆及住房共六七百平方米也葬身在轰炸灾难之中。必须要日本侵略者赔偿,我们才甘心。

我现已八十八岁。经过回忆,那段悲惨的遭遇还历历在目,现还健在的街坊老年人都能证明我叙述的情形,也能旁证当时"阚兴隆"茶、旅馆的兴盛,及其被炸焚毁的主要情况。

〈后略〉

王曼君,女,汉族。1935年6月10日生,四川省乐山市中区箱箱街——1939年"8·19"日军飞机轰炸乐山前,[我]家住当时的喊荡街,现名盐关街。家里有四百多平方米的砖木结构、一楼一底大房子,开的是旅馆、茶馆、堆店。因父亲名字叫王万顺,旅馆名就叫"万顺茶旅馆"。由于父亲因病早逝,母亲王袁氏请了两个伙计帮洗被罩、烧开水等,我们孤儿寡母七口人——母亲、三个哥哥、一个姐姐,我和妹妹,全靠母亲经营生意为生,生活过得还不错。

日军轰炸乐山之前,结婚在福禄镇童街子的大姐,把我们兄妹五人接去她家躲警报,母亲一人留在家里照管生意。因为多次跑警报跑伤了,"8·19"那天母亲就没有跑,连同一些旅客一起被炸死了,房屋财产也被炸光了。留下我们年幼的五兄妹,无爹无妈又无家,好不凄惨啊!无家可归的大哥、二哥只好由舅舅袁玉星接到成都抚养;我和三哥、小妹由大姐接到童街子抚养。

母亲被炸死,全部家产被炸光,姐姐长期忧伤成病,过早去世,我又被接到成都舅舅家抚养长大,1951年才回乐山。

〈中略〉

是日本帝国主义无端轰炸乐山,给我们乐山人民带来巨大的灾难,我要控告日本帝国主义的罪行,要日本政府向我们赔罪,并赔偿我们的损失!

赵树信,男,四川乐山市中区人——

我们含着血泪,控诉日本帝国主义1939年8月19日野蛮轰炸乐山,炸死亲人的滔天罪行。

我们家住在乐山城区较场坝街28号,800多平方米居家、铺面一体的"天和长"商行,[主要]经营糖酒、烟草、油料、山货等各类土特产副食品。"8·19"那天,当吃过午饭,几十架飞机从牛华方向轰鸣而至,人们还没有弄明白怎么回事,炸弹就像雨点一样落下来。顷刻,飞机的轰鸣声、[被炸人的]嘶叫声、哭泣声。伴随着冲天火光和滚滚浓烟,[城内外顿时]血流满地,哀鸿遍野。

我们家被数发炸弹击中,火光顿起,几十坛油(1.5吨),五坛酒(2.5吨)付之火海,其他货物一同化为灰烬,经济损失数百余万元。更可恶的是,20岁的学徒刘坤,也在日本帝国主义的狂轰乱炸中丧身。惨不忍睹的是堂姊在洗碗,来不及逃生,大火又燃起来,[她]就往水缸里躲。警报解除,大火灭熄,堂姊从水缸里被捞出来,已散架,骨肉分离。尊敬的法官,生命是宝贵的,[生命]只有一次,再多的金钱也换不回[死者的]生灵。

我们三世同堂的欢乐家庭,被这场从天而降的横祸打破。失掉父亲这根顶梁柱,一家九口人无家可归。在那暗无天日的旧社会,叫天天不应,叫地地不灵,[家里]上有老下有小,全靠老母亲拉扯回乡下种田维生,从而改变了我们生存、生活的道路。家里常常是有上顿无下顿,度日如年。由于营养不良,大姐赵淑芳,二哥赵树仲早逝,活着的人也落得一身病痛。

尊敬的法官,天下有良知的人,都应声讨日本帝国主义的滔天罪行。我们强烈要求日本政府,赔偿我们的生命财产损失和精神损失,以告慰九泉之下的亲人。

王荣昌,男,汉族,1920年4月15日生,四川省乐山市市中区较场坝街24号——

1939年8月19日那天,我在肖公庙看新科社在舞台上演的《四进士》。当扮演文小生的金文品刚上场,舞台打杂师便挂出了"预先警报"的牌子,满场观众无可奈何地开始陆续退场,我也随之回到较场坝演武街的家。这时,我五姐从家门口经过说:"你[平常]有警报就跑,今天为啥不跑啊?"我说:"太阳这么大,不如在家好些!"她接着说了"这也是"后,便往她在板厂街的家去了。哎!谁知我俩姐弟这一别,便成为了我们难忘的永诀!

姐走后,我信步来到较场口,遇上倪福海、钟鹏和另一个人,倪邀我去他那里打牌,他买了肉。我们正要走,即听到不远方向传来的飞机轰鸣声,大家不约而同地喊着"拐啰"!便各自往家跑。我刚跑到离我家只有三间铺面的"董肥肠"店门口,即见肖公嘴方向被炸腾起的浓浓黑烟。当时真把我吓得三魂少二魂似的。在此生死之间的情况下,不容我稍许迟疑,便急忙跨进店门,侧卧在"董肥肠"炖肥肠汤和蒸肉的双锅双灶下。之后,我在一连串的沉雷轰顶,山摇地动中失去知觉。不知过了多久,我忽然下意识地问自己:"我死了吗?""不!我是有知觉的!还没死!"我试着睁开眼坐起:"哎呀!我的天!"原来这家店面正处在成丁字形两街的拐角地方,而又仅是几平方米的双面店堂,房屋已被震倒,其所有房料都砸向灶台一方,幸有那些房料给我顶住,不然全砸到我的身上。灶上炖肥肠的大鼎锅被砸烂,肥肠汤洒满一地,两笼蒸肉的蒸笼子不翼而飞。

我失魂落魄地逃离现场,近在咫尺的家都没想到回去看看,昏昏然地直往不远处巷子走去。刚穿出小巷,就被刚炸成的一个弹坑阻住,我即折回打铁街。道经我家街的拐角处,才想到应回家看看,可家已不成家,无法进屋了。我留恋地回身经打铁街出盐关口,放眼满河岸,全都是逃出的乡亲。好不容易我随大伙上了一条装有水烟叶的大船,便觉脸上火辣辣地疼痛。用手一摸,抹下一层肉皮。还没待细想,抬眼便见一架敌机肆无忌惮地掠尘而过,而这时我们的船又搁浅在九龙滩头,一船难民只好再由小船渡上岸。

我经蓖子街到关子门,与去牛华贩盐赶回的母亲相遇,她老人家一见我满身泥土便吓住了,急忙将我从头至脚一一查看,面部和右耳被肥肠汤烫伤,右腿下肢外侧有两处创伤(今疤痕犹在),肩背处有不少血迹。我负伤时人已吓得半死,哪里还知道痛。在母亲问话时,我才觉得耳力失灵。不久,去苏溪卖盐贩米的父亲也寻了来,只是姐一直不见来。第二天姐夫从峨眉赶来,我们才知道姐和同住的两家,共五人全都遇难,尸骨也难于寻觅!闻此噩耗,我们一家都处在悲痛之中,母亲尤其伤心。

灾后人们首要解决的是吃、住问题,幸有大佛寺僧众在蓖子街每天无偿供给两餐稀饭,而当地的所有岩墓便成了难民的家。我家住的即是现蓖子街公交站亭后面的岩墓。

之后我每天去设在龙泓寺的救伤医院治伤,伤好后右耳却失灵,左耳至今也无听觉。我家在岩墓住不久,即在蓖子街桥头修了两间房子,一间自住,一间与一家水烟铺连起做了榨房。父母在此为我完了婚。是年八月某日,我正在苏溪铁桴山下的盐市上交易,又遇上空袭警报,我有前车之鉴,匆忙爬上铁桴山腰与同业王志乐坐在一起。不久,只见九架轰炸了乐山的日本飞机又飞临铁桴山处。霎时,泥石横飞,密如冰雹地四下散落,吓得我俩抱头闯进草丛缩住一团,幸好我俩有惊无险。

黄淑芸,女,汉族。1937年1月11日生,四川省乐山市市中区东大街44号——

我出生的那年家住乐山城区最繁华的东大街,门牌44号,老地名又叫天棚居。我爸爸叫黄瑞清，他是做干菜生意的。家的底层是门市和仓库，楼上住宿，大约有160平方米，全家人的生活全靠他，虽然不是很富裕，但一家人衣食无忧，日子过得安宁、温暖、快乐、开心。

我的母亲名叫何世清，是个勤劳的良家妇女，1939年8月19日被日本飞机炸死。1939年春节后不久，母亲就抱着我跑警报，当时我母亲肚子里已怀着我妹妹。1939年7月，我妹妹黄淑玉出生。我母亲在坐月子当中，也不得安宁，经常背着我妹妹，手里抱着我跑出去躲警报。母亲病倒了，姨妈见我母女三人如此受罪，就把我交给她乡下的亲戚。1939年8月19日，我母亲和刚满月的妹妹被日本飞机活生生地炸死在家中，我幸免未亡。

我们东大街是炸得最惨、烧得最凶的重灾区之一，满街血流成河，浓烟四起，火光冲天，惨叫声不绝于耳。我母亲和妹妹尸骨不全，惨不忍睹！我家中的房子、财产全部被炸毁，就连一双竹筷、一个碗都没有留下。

我父亲含泪埋了母亲和妹妹，到乡下把我抱回来，当时的政府把我们难民安排在河对门的庙子里，过着像乞丐一样的日子。几年后，我父亲因穷困，郁闷得病身亡。没了妈，没了爸，我无人疼爱，从小缺吃少穿，经常生病，险些丧命。我灾难深重的童年，没有欢乐，没有笑声，更没条件受到良好的教育，只有流不尽的伤心泪，这都是日本侵略者造成的。

我母亲是个美丽善良的人，她没有惹恼日本，没拿日本一针一线，日本的东条英机凭什么叫日本飞机轰炸死她！凭什么炸死我那刚刚满月的妹妹？凭什么炸毁我的家！凭什么要害我们全家！

日本侵略我国，给我们中国人民、重庆人民、乐山人民造成的灾难令人发指！日本应该向我们赔礼道歉，赔偿我们的损失。

灾难过去几十年，但是日本的行为在我幼小的心灵留下的伤痛是无法愈合的。假如日本仍不承认历史事实，不道歉、不赔偿，我们受害者及子子孙孙是不会原谅日本的！世世代代，永永远远都不原谅！

商荣清，男，汉，1926年3月28日出生，四川省乐山市市中区较场坝街50号——

在1939年"8·19"日机轰炸乐山时，我正在家侧面的"董肥肠"店外。当敌机临空我还没反应过来时，便听见炸药声巨响，眼见着我家连着的几间房子垮塌，尘土迷眼，吓得我不知所措，只好跟着他人逃命。经打铁街出盐关过河，在蓖子街见到母亲。

是时，我虽幸免于难，但我可怜的七十高寿长年卧病在床的老祖母没能逃脱噩运；我九岁的小妹，和由我家扶养的表弟他姐弟俩，当时在外面玩耍也不幸一同遇难。那种悲惨困境是难以用语言表达的。

〈后略〉

杨世君，**女**，**汉族**，1930年4月20日出生，四川乐山市中区育贤街君子巷4号——

我的家原属四川省乐山县(又名嘉定府)城区内的中土桥街大十字口，正处热闹街道的黄金地段。家中成员有父母双亲，三个哥哥和我共六口人。我的父母均是农民出身，是个勤劳朴实，精明能干，会经商理财的能手。我家自建有房屋一幢(一楼一底)，外加有一晒楼，共分前、后楼。楼上有两侧回廊，房屋正中间是堂屋，屋顶上全安装有亮瓦，取名叫干天井，堂屋上方供有祖先位及灵位。

房屋的前面是铺面(双间门面)，主要经营皮货，兼经营灯笼生意，写旗子、标语等。旧社会国民党政府、机关、团体、部队用。房屋后面是全家人生活居住，整个建筑面积大约300多平方米，全砖木结构的古青式瓦房。

我们全家在这美丽古老、青山绿水的小城市里，过着节俭、平淡、安宁的生活。可是好景不长，谁也没料到从天而降飞来的横祸，打破了我们安宁的生活；这突如其来的灾难，降临到乐山县这个小城市。

据我五哥杨世焱回忆，1939年8月19日这天，日本侵略者出动36架飞机，沉重的马达声像闷雷似的震撼着大地。当敌机飞到市郊外，人们还认为是我们自己的飞机(飞机不敢停机场，飞到边远小地区停放)。当时，我正在街中间，等待观看飞机，因声音实在振动太大，才意识到有问题。我慌忙往屋里跑，喊我四哥杨世鑫、师友张文安，他们都叫我快跑，不要等他们两个了。我还未跑出家门，就听见四面八方惨叫声。这时，我很清楚地往高北门方向跑。到蒋焕廷公馆侧边一条小巷子处，刚要上城墙时，又听到第二次惨叫声，那种可怕紧张的场面,不知又出了啥事,我正在奔跑时回头一看,才知是日本飞机俯冲降下,用飞机上的机关枪乱扫射四处逃出来的人群,大肆屠杀,一个市民都不让活下来。相隔几分钟,日本飞机又低飞照相（主要是摄像,照当时狂轰滥炸后的场面）。日本飞机正往我这个方面飞来拍照时,我把飞机上的飞行人员看得很清楚,包括飞行人员穿戴的衣帽。敌机照相时,[拍照的人]还把头伸出来看下面……〈略〉

当我从敌机狂轰滥炸的炸弹中逃命奔跑出来的时候,还不知害怕,只是感觉到呼吸很困难,胸部很紧。刚要跑上城墙才看见和我一同跑出来的人,互相都不认识是谁,只是看见对方两眼处有点光亮；脸上及全身皆是灰尘,鼻孔、耳部、口腔里都是灰沙。正当我往上土桥街方向拼命奔跑时,听到了呼喊救命啊的凄惨声音,这时我们不约而同地就往叫喊声方向跑去。[到了那里一看,发现有人被压在倒塌的房檐下面]。当时大家齐心合力抬[起]房架,搬开房柱、楼架及砖、瓦,及时救出好几个人。幸好碰上我们几个人发现,否则[那些人]会被无情的大火烧死在里面。就在这个时候,他们几个人发现我的头部、右上肩膀及手心处[都]在流血,可能是在奔跑逃命时,敌机轰炸炸弹破片炸伤了我。当时,我完全没有感觉,不知道痛处,只是[觉得]救人要紧。

我在往前跑上城墙十几分钟的时候,看见有不少烟柱浓烟上升,有的烟柱还夹着大火,很快就慢〔蔓〕延到各处,乐山这座小县城霎时间变成火海一样,整个城市全被熊熊大火吞没了。

顷刻间,敌机的轰鸣声,炸弹声,房屋倒塌声夹杂在一起,掩盖了人们的呐喊声,嘶叫声,哭泣声,呼救声。

敌机飞走后,我在废墟中寻找我的亲人四哥杨世鑫（当年19岁）、师友张文安（当年36岁）,[可]没有一点影子,次后又同我老父亲一道跑遍了乐山城区几个医院、门诊部、住院部。[只见]病房内,病床上,病房地上都睡满了各种伤员,有的断腿、断臂、断手,全身是血；头部、脚部、胸部、背部等,[真是]惨不忍睹。后又来到仁济医院,走廊上、花园地上、草地上都睡满了伤员,我和老父亲逐个伤员挨次查看,均无我四哥杨世鑫,师友张文安。后又往各医院停尸房查找,均无踪影。

因花费了两三天时间，查找亲人未果，听人说四哥杨世鑫在原鼓楼街绘芳相馆门前被炸伤倒下去了，我和老父亲立即去该处，在砖瓦废墟中查出一具被烧成火柴棍、焦锅巴样的尸体，此时无法辨认是否是我的亲人四哥，只好将这具尸体收殓好带上山去安埋了。

事隔不久，当时国民党政府号召市民动员大家清扫敌机炸毁的场地，恢复经营做生意，我的老父亲带领五哥杨世焱，六哥杨世铨，三父子去自家炸毁废墟场地清扫时，我的老父亲在搬砖头往侧边炸弹坑内丢砖石时，开始发现大布包一个，经查看好像是我四哥杨世鑫的衣物，随又发现一只鞋，紧接着又发现脚腿，当时街上[还有]路过的行人，大家走拢来看，很快地帮助我们搬出两具尸体。一看，正是我的四哥杨世鑫、师友张文安。已经有二个多月时间，熊熊烈火烧两天两夜，活活炸死在废墟中，尸体已腐烂。真是晴天霹雳，我的老父亲、五哥杨世焱、六哥杨世铨三父子含着悲伤的泪水，忍受着巨大痛苦，又安埋了这两具尸体，好凄惨啊！

尸体安埋过后几天，我的老母亲在乡下听到这一不幸消息，顿时嚎啕大哭起来。喊天天不应，叫地地不灵，气得死去活来不知多少次。从此，我的老父、母亲晚上睡觉经常都从噩梦中惊醒。恐惧、惊恐、发抖……精神失常，受到严重刺激，每天茶饭不思，身体逐渐消瘦，以致造成病情加重，医治无效。

这是日本帝国主义侵略者杀害我亲人的罪证，凡天下有良知的人，都应声讨日本帝国主义侵略者犯下的滔天罪行。我们强烈要求日本政府赔偿我们的财产和精神损失，以告慰九泉下的亲人。

杨俊华，女，1932年6月18日生，四川省乐山市市中区育贤街49号——
我父亲在盐关做竹木编藤生意，店号"同兴长"，全家几口人以此业为生。在抗日战争之初，我还是个几岁的孩子，最难忘的是防空袭跑警报，这个没日没夜，有时一天要跑两三次。初时在我儿童心中认为好玩，久之则生厌烦，更憎恨这种没完没了跑警报的日子，给人们生活上、精神上的压力是沉重的，现回想犹生反感。

日机轰炸乐山的当天，我家除幺爸在家留守，姐姐不知到哪家玩去了。爸爸带着一家老小刚渡河上岸时，敌机即临空了，随之接二连三地炸弹爆炸把地皮都震动了。爸爸急喊我们坐下不要动,我被吓得不敢哭,妈妈忙把我揽在怀里,另一只手紧抱着还在吃奶的弟弟,奶奶、姑姑俩母女吓得发抖。恰在这时姐姐寻来了,她全身水淋淋的像个落汤鸡。原来,是她正与女友玩耍时,敌机投弹了。她慌不择路地跑到河边,见一只装满了人的船刚准备离岸,旁边又没其他船,为逃命她急跳下水抓紧离岸的船舷,船行不远后,船上人才把她拖上船过河。但是,幺爸直到天黑也不见到来,全家人特别是奶奶、姑姑更感不安。

当晚,一家人在农家屋檐下熬过灾难后的第一宿漫漫长夜,时不时从远处传来呼儿寻人之声,更引发了奶奶想念幺爸之情,奶奶不停地自言自语轻呼叹息!好不容易苦熬到第二天,我们回到盐关街一看:天啊,我家赖以生存的家业已荡然无存,住址已成为一片废墟。在残垣断壁中找到不成人形、几成焦炭的幺爸尸体,奶奶一见立即软瘫在地不省人事。经爸爸与姑姑耐心护理,奶奶方才苏醒过来,并儿呀!并儿的叫个不停。

试想想,在日机肆无忌惮的狂轰滥炸下,人们家破人亡的悲哀是不言而喻的;那些无家可归、嗷嗷待哺的场面至今犹有余痛。我要以受害者身份,向日本政府讨还公道,要日本政府对我幺爸在"8·19"灾难中遇害死亡,以及我家一栋约200平方米的木结构楼房在轰炸中被损毁给予赔偿。

〈后略〉

罗淑芳,女,河北大学人文学院教授,69岁——

1939年8月19日是我们永远难忘的日子。这一天,我们的母亲和一个哥哥、一个姐姐,惨死在侵华日军飞机投下的烧夷弹下。

此日之前,已有传闻日军飞机要轰炸乐山。我们姐妹尚小(我不到4岁,妹妹1岁多),被父亲送到乡下(双水碾老家)躲避,留下母亲和我们的哥、姐在乐山家中,家中挖了个防空洞可以随时躲避。

我们家在乐山东大街,长辈经营的"豫大亨商行",主要批发中药材,已有相当的规模。地址在乐山东大街(即现在的乐山药材公司的地址),临街是铺面,后是住宅;父亲主持批发销售业务,家眷就住在后面的宅院里。

当时,常有警报响起,但又未见日军飞机飞来。8月19日这天,日军飞机突然袭击,猛烈轰炸,警报紧急,母亲同我们的哥、姐躲进自家防空洞,姐姐又去屋里取东西,这时日军飞机投下烧夷弹,住宅和商行被炸,一片火海,母亲和我们的哥姐三人同时遇难。据我们家的幸存者回忆,烧夷弹爆炸使我们母亲和哥哥被烧死在防空洞中,姐姐被炸死在卧室中的床边,其状况惨不忍睹。当时的幸存者五哥罗膺找到母亲和哥哥的遗体,发现母亲还紧紧保护着哥哥,是姐姐根据头上的发卡辨认出母亲的。因为难以收尸,五哥只好买来白绸子,包起母子俩遗体完成了后事。是年,母亲张氏36岁,哥罗策华14岁(1925年生),姐姐罗淑操12岁(1927年生)。

　　父亲罗肇基经历了这场灾难,目睹亲人惨死、家业全毁,精神受到极大打击,不久便病故了。日军飞机轰炸乐山,使我们家破人亡,产业毁灭。每思至此,心中悲愤难平。

　　〈后略〉

　　　　——转摘自乐山市人民防空办公室2005年8月《乐山大轰炸》一书。